라디오, 연극, 키네마

식민지 지식인 최승일의 삶과 생각

이상길

연세대학교 신문방송학과 및 같은 과 대학원을 졸업한 뒤 파리5대학에서
사회학 박사학위를 받았고, 파리1대학에서 철학과 DEA 과정을 수료했다.
현재 연세대 커뮤니케이션대학원 교수로 재직 중이다. 지은 책으로
『상징권력과 문화』,『아틀라스의 발』이 있으며, 함께 쓴 책으로『프랑스철학과
정신분석』,『책장을 번지다, 예술을 읽다』,『한국의 미디어 사회문화사』,
『한국 방송의 사회문화사』 등이, 옮긴 책으로『랭스로 되돌아가다』,『성찰적
사회학으로의 초대』,『사회학자와 역사학자』(공역),『비장소』(공역),
『푸코, 사유와 인간』,『헤테로토피아』,『부르디외, 커뮤니케이션을 말하다』,
『근대의 사회적 상상』,『역사를 어떻게 쓰는가』(공역) 등이 있다.

방송문화진흥총서 214

라디오
연극
키네마

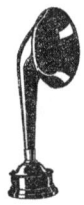

식민지 지식인 최승일의 삶과 생각

이상길 지음

 이음

차례

일러두기

- 일간지는 '연.월.일.'로 월간지는 '연.월'로 표기했다.
- 신문과 잡지는 홑화살괄호(〈〉), 책과 음반은 겹낫표(『』)로 표기했다.
- 작품(시, 소설, 산문, 평론, 연극, 희곡, 영화) 제목은 (「」)로 표기했으며,
  기사 제목, 기고문, 논문 제목은 겹따옴표("")로 표기했다.
- 외래어 표기법을 따랐으며, 일부는 흔히 통용되는 표기를 사용했다.
- 한자는 한글과 병기하고 괄호 안에 넣었다.

들어가며:
'최승일'이라는 이름

일제 강점기에 한 문사가 있었다. 여느 문사들처럼 그는 시와 소설을 썼고 문예지를 창간했으며 이런저런 단체에서 활동했고 몇몇 문예단체를 조직했다. 그런데 조금 특이한 것은 그의 활동이 단지 문인의 영역에만 머무르지는 않았다는 점이다. 지금껏 그는 주로 '글의 사람'으로 알려져 왔지만, 사실 '말의 사람' 쪽에 한층 가까웠던 것도 같다. 일본 유학 시절부터 연극에 관심을 두었던 그는 초창기 라디오극의 발전을 주도했고 연극을 연출했으며 영화를 제작했다. 또 지금껏 그는 '생산자'이자 '창작자'로만 알려져 왔으나, 차라리 '매개자', '기획자'로서의 경력이 더 길고 뛰어났던 것처럼 보인다. 극단과 무용연구소의 매니저, 공연의 흥행사, 영화사의 제작자 노릇 또한 그의 활동상에서 중요했기 때문이다. 그가 직간접적으로 관여한 문화예술 분야의 실천은, 어떤 면에서는 작가로서 그가 남긴 저작 못지않게, 아니 어쩌면 그것보다도 훨씬 더 흥미롭고 역사적 의미가 큰 것으로 평가받을 만하다. 1920년대에 카프의 결성 과정에서 일익을 담당했던 그는 한국 최초의 생신문(生新聞)에 참여했으며, 최초의 라디오 방송 JODK에서 PD 업무를 했다. 1930년대에 그는 합법적 프로연극 「하차」를 연출했고, 일본 신쿄우(新協) 극단의 「춘향전」 공연을 조선에 초빙했으며, 최초의 지원병 선전 영화를 제작했다. 그리고 무엇보다도 그는 세계적 무용가 최승희의 활약과 성공을 내내 뒷바라지했다. 최승희의 큰 오빠였던 그의 이름은 바로 최승일(崔承一)이다.

십여 년 전 나는 일제시대 미디어 문화에 관한 연구 과정에서 최승일이라는 인물에 관심을 갖게 되었다. 관심의 출발점은 그가 라디오 방송 초창기에 조선인 직원으로서 했던 활동이었지만, 곧 다양한 문화예술 영역에 남긴 여러 흔적으로 넓어졌고 마침내 '그'라는 사람 자체에까지 이르렀다. 단순한 우연일 수도 있겠으나 신기하게도 최승일은 일제강점기의 중요한 문화적 사건에 이리저리 얽혀있었다. 그 영역은 문학은 물론, 라디오, 무용, 연극, 영화를 망라하며 그의 역할 또한 비유하자면 주연에서부터 조연, 단역에 이르기까지 다채롭게 걸쳐 있었다. 그런데 그가 다른 무엇보다 작가로서 널리 알려진 이유는 아마도 '문자 텍스트'가 갖는 상대적 지속성, '저자'라는 지위의 특권적 가시성, 그리고 문화예술 분야에서 오랫동안 문학이 점해온 높은 위상 때문일 것이다. 예컨대, 그가 참여했던 숱한 라디오극과 연극들은 구술 자료가 대개 그렇듯 당대의 대기 속으로 흩어져 버린 채 그 원본이 거의 남아 있지 않다. 또 그가 수행한 방송국 PD, 공연 매니저, 영화제작자 등의 역할은 통념상 '가장 고상한 예술'인 '문학'의 '단독 창작자'로서 '저자'가 누리는 만큼의 가치와 중요성을 부여받지 못하고, 그저 생계의 방편이거나 부수적인 활동인 양 여겨졌다. 그의 다양한 존재 양태가 오랫동안 '작가'라는 일면으로만 축소, 인식되어온 상황은 이 모든 요인이 중첩적으로 작용한 결과일 테다.

하기야 '작가 최승일'에 대해서조차 아직껏 이렇다 할 연구가 별로 나와 있지 않은 것이 엄연한 현실이다. 그나마 예외적인 글이라면 최승일의 주요 문학 작품들을 편집한 손정수(2005)가 저작선의 말미에 붙인 해제 정도일 것이다. 거기서 저자는 최승일의 생애를 소개하고 문학 세계를 전반적으로 해설한다. 이 글이 아마도 가장 처음 나온 본격적인 '최승일론'이었을 텐데, 그 이후로도 작가 최승일에 관한 논의는 거의 눈에 띄지 않는다. 이러한 상황에는 무엇보다도 그가 근대문학에서 뚜렷하고 깊이 있는 성과를 거두지 못했다는 사실이 주된 이유로 작용했을 것으로 보인다. 그는 문학, 연극, 방송, 영화 등 여러 방면에서 일정한 재능을 발휘했지만 어떠한 분야에서도 괄목할 만한 성취를 이루었다고 말하기 힘들고, 이는 그나마 평가가 나은 문학에서조차 근본적으로 다르지 않다.

그런데 나는 어떤 면에서 최승일의 박약한 문학적 성취와도 짝을 이루는, 생애 상의 다면적 이력에 더 주목할 필요가 있다고 생각한다. 이는 내게 작가 최승일의 문학사적 위치를 판단할 의향이나 능력이 없기 때문만은 아니다. 작가로서의 정체성은 물론 그에게 매우 중요했으며, 그 성과와 흔적 또한 적지만 뚜렷하다. 그런데 그것은 역설적으로 문화예술의 여러 영역에서 최승일이 구축한 다면적 정체성을 비가시화하는 효과를 낳은 것으로 여겨진다. 프로이트의 차폐 기억 개념을 비틀어, 우리는 '작가'가 최승일에 대한 사후의 논의에서 일종의 차폐 정체성(screen-identity)으로 기능해왔다고도 말할 수 있을 것이다. '고상한 주연'인 작가, 혹은 문인이라는 정체성은 그것보다 하찮은 것으로 여겨지는 여러 조역 같은 정체성들을 부지불식간에 차단하는 요소로 작용한 듯싶다. 어쩌면 그는 '문인'보다는 방송인이나 연극인, 혹은 '창작자'보다는 기획자나 매개자로서 훨씬 더 흥미로운 면모를 많이 가진 인물인지도 모르는데 말이다.

최승일의 다면적 정체성에 눈길을 돌리면, 우리는 그가 지닌 두 가지 특징 또한 마주하게 된다. 우선 그가 1920~30년대의 중요한 문화예술 현장 곳곳을 누비며 활동했다는 것이다. 단적으로, 그처럼 방송국 생활까지 오래 한 문사는 식민지 조선에 드물었다. 이는 그의 개인적 특이성이라 할 수 있다. 하지만 동시에 그가 어떤 지식인 집단의 일원으로서 전형성 또한 드러낸다는 점을 간과할 수 없다. 당시에 모든 문사가 전업 방송인은 아니었을지언정, 방송에 관여한 조선인은 문인이나 신문기자 출신이 많았다(이승윤 2007). 음반계라든지 영화계에서도 사정은 다르지 않았다. 더욱이 조금씩 개인적인 차이는 있을지라도 최승일처럼 다양한 문예 영역에서 활약한 사람들 또한 적지 않았다. 그의 가까이에 있었던 김영팔, 이경손, 안석영, 심훈 등만 하더라도 제각기 문학, 언론, 연극, 영화, 방송, 미술 등의 분야에서 경계를 가로지르며 활동했던 인물들이다. 이 시기에는 "가수이면서 배우이고 영화감독이기도 하고, 작사가이면서 시인이며 극작가이기도 했던" 문사들이 많았다(강옥희 외 2006:12). 나아가 최승일은 좌파 민족주의적 성향으로부터 출발해, 점차 일제에 협력적인 태도로 전향했다가 해방 후에는 월북하는 인생의 굴곡을 겪는다. 이러한 삶의 궤적 역시 그 주변의 적지 않은 동료들이 집합적으로 공유한 비극이기도 하다.

내가 최승일에 관한 책을 쓰기로 마음먹은 이유는 이처럼 그가 일종의 '예외적 전형'으로서 일제 강점기의 미디어 문화공간을 좀 더 자세히, 그리고 입체적으로 들여다보게 해주는 렌즈 역할을 해줄 수 있겠다고 판단했기 때문이다. 예사롭지 않은 그의 이력이 지닌 개별적 특수성이 식민지 문화공간의 주요 사건과 쟁점들을 함께 엮어 조망할 수 있게 해준다면, 다른 지식인들과 공유하는 집단적 일반성은 그 공간의 기본 구조와 성격을 파악할 수 있게 해준다. 그렇다면 최승일의 복잡다단한 정체성을 재구성하는 작업은 식민지 시대 문화예술의 특징적 사건과 구조를 탐색하는 과정에서 내부자적 관점의 흥미로운 길잡이가 되어줄 수 있을 것이다. 게다가 최승일은 당시 경성의 미디어 정경에 대한 관찰과 경험, 성찰을 텍스트로 남겼다. 시와 소설 같은 문학작품을 제외한다면, 그가 쓴 글들은 거의 모두가 라디오, 연극, 무용, 영화 등을 제재로 삼고 있다. 그 사유의 편린들이 특별히 심오하거나 체계적인 사상을 구축했다고는 말할 수 없지만, 당대 문화예술 생산의 현장에 있던 지식인이 내놓은 소중한 감상이자 가치 있는 증언이라는 사실마저 부인할 수는 없다. 한마디로, 최승일의 삶과 생각은 여러 가지 면에서 식민지기 미디어 문화공간의 총체적인 이해에 훌륭한 진입로를 제공하는 셈이다.

그리하여 이 책은 '최승일의 경우'를 통해 일제 강점기의 미디어 문화를 탐색하려는 목적을 지닌다. 이러한 기획은 자연스럽게 미시사(micro-history)와 미디어 사회문화사(socio-cultural history of media)를 역사 쓰기 방법론으로서 결합한다.[1] 미시사적 역사 쓰기는 '개인적인 것'이 함축하는 집단적·구조적 특성을 드러내는 한편, 그러한 일반성에서 벗어나는 특이성 또한 간파함으로써 '사회적인 것'으로 온전히 환원되지 않는 역사의 미세한 결들에 주목한다. 미디어 사회문화사는 특히 근대 이후 인간 생활의 기술적 중심 환경으로서 그 위상을 확고히 구축하는 미디어 장치가 어떤 역사적 과정을 통해 사회 구성원들의 실천과 경

---

[1]   미시사란 "역사적 실재의 축소비율을 높임으로써 관찰 배율을 올리는" 서술 형식으로, 말하자면 작은 부분의 클로즈업을 통해 전체적 상(像)을 한층 명확하게 포착하려는 시도이다. 그것은 특히 "구체적인 상황, 국지적인 관계망 속에 놓인 행위자의 실천"을 부각함으로써, 거대하고 추상적인 구조와 전반적인 경향성만을 주시하는 거시사(macro-history)의 한계를 극복하고자 한다(이상길 2014:74). 한편 미디어 사회문화사는 다양한 미디어 장치의 사회적 형성과 이용과정에 주목하는 동시에, 그러한 장치가 사회제도와 관계 양식에서부터 상징형식과 예술 장르, 공통감각과 의미 생산, 신체와 정동 등 여러 영역에 가하는 영향과 변화를 탐구하는 역사 쓰기 유형을 가리킨다(이상길 2005, 2008 참조).

험을 빚어내는지 관심을 갖는다. 그렇다면 최승일이라는 지식인 개인의 생애를 재구성해가며 문학, 방송, 연극, 영화, 공연예술 등 다방면에 걸친 그의 실천이 구체적으로 어떻게 펼쳐졌는지 살펴보는 이 책의 접근은 미시사의 스케일 위에서 수행하는 일종의 미디어 사회문화사라고 할 수 있다. 즉 최승일의 생애와 사유를 세밀히 분석함으로써 일제 강점기 지식인(집단)이 자신의 의지적·무의지적 활동 속에서 근대 미디어에 기반한 문화공간을 어떻게 구성해갔으며, 역으로 그 공간은 어떻게 그 안팎에 있던 개인들의 사회적 궤적과 집단적 경험을 구조화했는지 그 단면을 생생하게 기술해보려는 것이다.

이러한 목적 아래 나는 이 책을 다음과 같이 구성했다. 먼저 1장에서는 최승일의 성장 배경과 교육 과정에서 드러나는 특징을 간략히 정리하고, 다양한 조직 활동과 문인으로서의 궤적을 재구성했다. 이와 함께 '중요한 타자들'과의 관계가 최승일의 삶을 조명하는 데 어떤 의미를 갖는지, 또 그가 자기 생애를 스스로 어떻게 서사화했는지 살펴보았다. 2장에서는 JODK 경성방송국에 촉탁직원으로 입사한 최승일이 일종의 PD이자 편성 담당자로서 펼친 활동, 나아가 방송 생활이 그에게 지녔던 의미를 따져보았다. 특히 라디오극연구회를 조직한 이후 그가 조선인 출연진과 함께 어떤 라디오극들을 만들었으며, 그 실천의 의의는 무엇인지 논의하였다. 3장에서는 1920~30년대 신문, 영화, 음반, 라디오 등 새로운 미디어의 발전에 따라 식민지 문인들에게 어떠한 기회 구조와 경험 공간이 생겨났는지, 또 거기에서 그들이 어떻게 주요 생산자이자 관찰자로 활약하게 되었는지 기술하였다. 이러한 맥락에서 최승일이 쓴 다양한 텍스트를 해석하며 근대 미디어 문화에 대한 그의 인식과 평가를 들여다보았다.

4장에서는 그가 연극계와 공연예술계에서 보인 활동상을 검토하였다. 특히 프롤레타리아 연극의 연출자로부터 신쿄우 춘향전의 흥행사에 이르는 그의 정체성 변모 양상이 1930년대의 문화적 분위기 속에서 어떤 사상적 전향을 동반했는지 짚어보았다. 5장에서는 1930년대 말 영화제작자로 변신한 최승일이 본격적인 친일영화 「지원병」을 제작, 개봉한 과정과 그 정치적·문화적 함의를 다루었다. 또 해방 이후 그와 주변 사람들이 벌인 행적 또한 간략히 살펴보았다. 맺음말에서는 일제 강점기 문학, 방송, 연극, 영화 등 다양한 영역을 넘나들며 활동했던 최승일의 생애사가 당시 지식인 집단의 존재 조건, 그리고 식민지 미디어 공간과 문화 구조를 이해하는 데 어떤 함의를 지니는지 되돌아보았다. 한편 책 뒷부분에는 근대 미디어와 문화에 관한 최승일의 텍스트 24편을 현대어로 옮겨 발표 시기순으로 실었다. 이 부록은 최승일이 생전에 쓴 산문과 수필, 평론 가운데 현재 구할 수 있는 글 대부분을 포함하는 것으로, 아직껏 체계적으로 정리된 적이 없는 자료이다.

미리 말해두자면 이 책에서 뒤쫓을 최승일의 궤적에는 모호한 부분이 적지 않다. 주로 내 능력의 한계 탓이겠지만, 그에 관한 자료들은 어떤 사실을 확고하게 구축하기에 충분하지 않은 경우가 많다. 그럼에도 여기저기 흐릿하게 흩어져 있는 그의 흔적들이 식민지의 문화 정경을 탐색하는 도정에서, 때로 부정확할지 몰라도 결코 부적절하지는 않은 이정표를 제공해준다는 내 믿음에는 변함이 없다. 그러니 이제 그의 이름을 실마리 삼아 경성의 지식인 집단과 미디어 공간 속으로 좀 더 깊숙이 들어가 보기로 하자.

Box 1.
미시사와 생애사적 접근

이탈리아의 대표적인 미시사가 조반니 레비는 역사 쓰기에서 생애사적 접근의 활용을 둘러싼 네 가지 쟁점을 제기한 바 있다(Lévi 1989:1329-1333). 첫째, 집단전기(prosopographie)와 양식적 전기(biographie modale)의 문제이다. 개인의 생애사는 때로 어떤 지위나 행태의 전형적인 양식을 예시하기 위해 쓰일 수 있다. 이때 그것은 어떤 집단의 특성이나 구조적 유형을 단적으로 보여주는 하나의 사례가 된다.

둘째, 전기와 맥락이라는 문제이다. 개인의 특수성을 담는 생애사에서도 시대와 환경이 중요하게 다루어질 수 있다. 사회적인 맥락은 두 가지 다른 용도로 소환되곤 한다. 개인의 특이한 경험을 정상적인 것으로 이해할 수 있게 해주는 용도, 그리고 개인에 관한 구체적 자료에 공백이 있을 때 구멍을 메우는 용도가 바로 그것이다. 그런데 어느 쪽에서든 맥락이 견고하고 불변하는 배경으로 설정된다면 바람직하지 않다.

셋째, 전기와 한계 사례(les cas limites)의 문제이다. 생애사는 종종 맥락을 조명할 목적으로 쓰이기도 한다. 특히 미시사 연구들은 한계 사례를 기술하면서 사회적 장의 주변부, 또는 가장자리를 부각한다. 이 경우, 한계 사례를 전체 사회와 무관한 것처럼 논의한다거나 그 맥락을 지나치게 경직된 것으로 제시하는 일은 피해야 한다.

넷째, 전기와 해석학의 문제이다. 해석인류학의 관점에서 보자면, 생애사 자료는 이렇게도 저렇게도 해석 가능한 담론이며 우리는 그것의 '본래' 의미에 결코 이를 수 없다. 이때 중요한 것은 어떤 전기적 사실에 의미를 부여함으로써 텍스트를 끊임없이 변화시키는 과정, 즉 해석행위 그 자체가 된다. 이러한 해석학적 이용에는 생애사 쓰기의 불가능성에 대한 고민이 깔려 있으며, 이는 자칫 상대주의적 관점으로 빠져버릴 위험성을 내포한다. 하지만 그것은 생애사 쓰기가 무한하고 불확정적인 대화 과정임을 일깨워준다는 장점이 있다.

최승일의 생애사 역시 레비가 제시한 상호중첩적인 문제 지평에서 결코 자유롭지 않다. 최승일은 과연 전형적인 사례일까, 아니면 극단적인 사례일까? 그의 생애를 재구성하는 과정에서 수많은 자료의 공백은 어떤 식으로 메워져야 할까? 개인의 생애와 상호작용하는 방식으로 유연한 역사적 맥락을 구축하려면 어떻게 해야 할까? 최승일에 관한 글쓰기는 이 모든 질문을 부담으로 끌어안고 그것이 자아내는 긴장과 더불어 나아갈 수밖에 없다.

#1

'신경향파' 청년 문사

'가난'과 '방랑'의 모티브

해주 최씨 대종회의 가계도에 따르면, 최승일은 1901년 5월 22일에 태어났다. 호는 추곡(秋谷)이다. 이 해주 최씨 집안은 정승판서가 나온 명문가에 속했다. 고종 때 진사에 합격해 해주 최참봉으로 통했던 아버지 최준현은 서울에 있는 집에 한문 서당을 만들어 동네 아이들을 공부시켰다. 그는 소리와 춤에도 취미가 있고, 시인 묵객들과 자주 교류하는 인물이었다. 성품이 활달했던 어머니는 밀양 박씨로 이름은 성녀 또는 용경이라고 전해진다. 아버지의 첩인 작은어머니 한 분이 있었는데, 전주 이씨로 이름은 재원이었고 매우 다정다감한 사람이었다. 최승일 아래로는 남동생 승오, 여동생 영희와 승희가 있었다(정병호 2004:23). 1911년 11월 24일생으로 열 살 어렸던 막냇동생 최승희는 특히 작은어머니와 친밀한 교감을 나눴다(최승일 편 1937:5-10). 한편 최승일의 회고에 따르면, 원래 그에게는 세 살 많은 누이가 한 명 있었으나 그가 여덟 살 때 죽은 것으로 보인다(〈어린이〉 1928.5/6).

그의 고향이 어디인지에 대해서는 다소 논의가 분분하다. 경성에서 태어나 계속 살았다는 설도 있고, 본래 홍천에서 살다가 최승희가 예닐곱 살 무렵에 경성으로 이사했다는 주장도 있다.[2] 아버지 최준현이 1911년 6월 27일 '경성부 수창동 198번지' 가옥을 매입해 거주했다가 1923년 매도한 사실로 미루어보면, 최소한 최승일이 10대에 들어서는 가족이 상경했던 것으로 여겨진다.[3] 최준현은 전통적인 양반이자 한학자였지만, 자식들에게 모두 신식 교육을 받게 할 만큼 개방적이었다. 최승일은 배재고등보통학교를 중퇴하고 1920년 일본으로 건너가 도쿄에 있는 니혼대학 미학과에서 수학하였다. 원래 그의 집안은 넉넉한 편이었으나, 점차 몰락하여 그가 일본에서 돌아온 뒤로는 무척 형편이 어려웠던 것으로 보인다. 최승희가 숙명여자고등보통학교에 입학한 1922년 가세는 급속히 기울었다. 1910년 조선을 합병한 일제는 1912년 토지조사령을 공표하고 토지조사사업을 개시하는데, 이 사업이 1918년 완료되면서 조선인의 토지 소유와 농업에도 엄청난 변화가 일어났다. 최준현 또한 그 여파로 경성 근교에 소유한 전답을 일본인들에게 빼앗기면서 경제적 파탄 상황에 이르고 말았다. 그는 종로에서 포목점을 했으나 무능과 방탕으로 인해 가난을 벗어나지 못했고, 수운동의 기와집에서 살다가 체부동 137번지의 초가집으로 이사해 살아야 했다(김찬정 2003:23). 가정 경제의 급작스러운 추락에 대해 최승일은 다음과 같이 회상한 바 있다.

"중학 시대로부터 동경에 처음 건너갈 때까지는 물론, 나도 호가(豪

---

2   최승일을 소개하는 한 신문 기사는 "원래 강원도 홍천 태생"이라고 적고 있다(《매일신보》 1927.4.3.).

3   이는 최승희 연구자이자 다큐멘터리 PD인 조정희가 발견한 자료에 따른 것이다. 이원영, "'전설의 춤꾼' 최승희 생가터 확인…연세대와 인연은?"
      http://www.upinews.kr/newsView/upi202008270081

家) 자제로 의식에나 학비에나 아무 그럴 것이 없이, 말하자면 호강스러운 편이어서 아무런 풍상을 모르고 지나온 안방 서방님이었습니다. 그러나 변천 많은 세태는 언제까지고 내게 그런 생활을 허락할 이치가 만무하여, 내가 동경으로부터 돌아오던 그때에는 지금까지 넉넉하던 가정의 형편이 의외로 실패하여 전날 살림과는 아주 딴판이 되어 버렸습니다."(〈별건곤〉 1927.3)

최승희에 따르면, 그 무렵에는 최승일이 밤새워 써서 받는 원고료 몇 푼을 제외하고는 집안에 아무런 수입이 없었다고 한다. 그리하여 아침 식사 때가 되면 부모님과 형제들이 서로 밥을 사양하면서 먹지 않고, 하루에 두 끼도 제대로 먹지 못하는 날이 많았다는 것이다. 영락한 대가족 집안의 장남으로 끼니조차 잇기 어려워 고심하는 소설가가 주인공인 최승일의 단편 「콩나물죽과 소설」은 자전적인 면모가 엿보인다. 당시 최승일이 경험한 가난은 친구 박영희의 증언을 통해서도 여실히 드러난다. "그때의 최승일 군은 잘살던 집안이 급속히 몰락해버렸으므로 군의 생활이야말로 조반석죽(朝飯夕죽)으로 지내고 있었다. 그러므로 군의 작품에는 어느 것에나 콩나물죽이 아니 나오는 때가 없었다. 그래서 친구들은 군의 소설을 가리켜 콩나물죽의 소설이라고 농담까지 하게 되었다."(박영희 1997b:335) 문인이자 연극인으로서, 또 다양한 직업인으로서 최승일의 경력은 이렇듯 쇠락한 집안의 가난 속에서, 도쿄 유학 직후부터 본격적으로 펼쳐지기 시작한다. 그는 식민지 근대화 과정에서 경제적으로 몰락한 양반 가문 태생의 장남이자, 신식 교육을 받은 고학력자 남성이었다. 이러한 사회경제적 위치는 향후 최승일이 자기 삶을 통해 드러낸 여러 선택과 성향, 그리고 자기 서사를 규정짓는 근본 조건으로 작용한다.

일제 치하에서 전통적 지주 가문의 파산이라든지 가난의 경험은 사실 최승일과 그의 가족만이 겪은 특별한 사건이랄 수는 없다. 이는 그가 소설 「경매」에서 잘 형상화한 바 있듯, 식민지 자본주의 사회가 배태한 모순의 결과이기도 했다. 그럼에도 그가 감내해야 했던 빈곤은 이전의 유복한 생활과 대비되는 사회적 지위 하락의 징표이기도 했기에, 훨씬 강렬한 체험으로 다가왔던 것으로 보인다. 「경매」에서 최승일이 쓴 표현을 그대로 가져오면, "봉건시대 적에 나서 비단옷 속에 싸여 자라났건마는 세상이 언제 변하였는지 그것도 모르고서"(손정수 편 2005:132) 자산의 보전에 실패하고 빚만 잔뜩 진 사람들이 기하급수적으로 증가하는 상황에서 그의 아버지 또한 예외가 아니었다. 최승일은 장남으로서 집안 식구들을 먹여 살려야 한다는 도덕적 책임감, 혹은 일종의 사명감을 강하게 느끼고 있었다. 가족의 경제적 부양과 이를 위한 가난 극복의 의지는 그가 1920년대 조선에 돌아온 이후 종종 사용한 "원수의 돈" 같은 표현에서 드러나며, 나중에는 체신국이나 경성방송국에의 취직을 스스로 정당화하는 심리적 모티브이기도 했다. 이는 1930년대 중반 이후로는 예술 활동에서 자본이 갖는 중요성에 대한 재인식으로 나타난다.

한편 '방랑'은 '가난의 시련'과 더불어 최승일이 자기 삶을 서사화하는 데 이용한 또 다른 핵심어였다. 그는 젊은 시절부터 일본과 중국을 자주 오갔고, 연극 공연을 위해 전국 곳곳은 물론 외국까지도 돌아다녔다. 최승희의 공연을 돕기 시작하면서부터는 그 때문에 지방에 가는 일도 잦았다. 당연히 안정적인 거처가 없었던 것은 아니지만, 자신이 원하는 일을 하기 위해 이리저리 떠돌아다녀야만 하는 상황은 최승일이 자기 자신을 '방랑자'로 정체화하도록 이끌었다. 그런데 그가 방랑의 이미지를 자기 생에 투영한 이유가 단지 자신의 실제 물리적 이동 경험 때문만은 아니었던 것 같다. 가상의 이동 또한 그의 삶에서 큰 부분을 차지했기 때문이다. 라디오 방송국에서 일하면서 최승일은 국경을 초월해 '매개된 현존'을 실현하는 전파의 힘을 실감했고, 1930년대 동생 최승희의 미국·유럽·남미 등지의 순회공연을 지원하면서 훨씬 더 넓은 영토를 정신적으로 혹은 상상적으로 떠돌 수 있었다. 이 모든 직간접의 경험이 그의 내면에서 자유로운 이동과 방황, 유랑의 심상을 강화했을 것이다. 그러한 방랑은 그의 심리적인 불안정이나 이념적인 표류와도 무관하지 않았던 것으로 보이는데, 특히 1930년대 후반 그가 쓴 여러 산문을 통해 이를 추론할 수 있다.

　가족을 위해 돈을 벌어야 하는 장남으로서의 운명과 이런 일 저런 일로 이곳저곳 떠돌아다녀야 하는 방랑자로서의 정체성이 최승일의 자기 이해 방식에서 결정적인 요인으로 작용했다면, 그의 삶을 객관적으로 조명하기 위해 각별히 중요한 두 사람이 있다. 한 명은 동생 최승희이고, 다른 한 명은 친구 김영팔이다. 일제 강점기 전 세계적으로 명성을 떨쳤고 조선인들의 우상이기도 했던 무용가 최승희는 그의 한참 어린 막냇동생이었다. 최승일은 동생의 생애에 결정적인 영향을 끼쳤다. 잘 알려진 전기적 일화이지만, 그는 동생에게 무용을 해보도록 권유했고, 동생이 당시 일본의 이름난 근대 무용가였던 이시이 바쿠(石井漠)에게 사사할 수 있도록 적극적으로 주선했다. 숙명여학교를 졸업한 최승희는 원래 음악가가 되고 싶어 도쿄 우에노의 음악학교에 진학하려 했으나, 두 차례의 월반에 따른 어린 나이로 인해 입학을 허가받지 못했다. 그녀는 계획을 바꿔 수업료가 면제되고 졸업 후엔 교사로 임용될 수 있는 경성사범학교에 지원, 합격했지만 이번에도 16세가 될 때까지 1년간 입학을 보류당했다. 마침 경성공회당에서 공연할 예정이던 이시이 바쿠가 조선인 연구생을 모집한다는 〈경성일보〉 기사를 본 최승일은 실의에 빠진 최승희에게 무용가가 되어보도록 추천했다. 1926년 3월 동생과 이시이의 공연을 함께 본 그는 〈경성일보〉 학예부장 데라다 토시오(寺田壽夫)의 추천으로 이시이를 찾아가 동생을 제자로 받아

달라고 간청했고, 이시이는 마침내 제안을 승낙했다(〈신여성〉 1933.1). 무용에 대한 일반인들의 인식이 '기생춤' 수준에 머물러 있던 그 당시 최승일은 최승희에게 예술적 야심을 불어 넣어주었을 뿐만 아니라, 부모님과 주변 사람들을 설득해 일본 유학을 성사시켰다. 그는 이후 최승희가 여러 가지 이유로 결혼을 결심하자, 친구 박영희 집의 서재에서 당시 일본 와세다 대학에서 유학 중이던 안막(본명 안필승)을 동생에게 소개해준다(〈삼천리〉 1938.10; 〈신여성〉 1933.1). 그렇게 해서 최승희는 평생의 반려자이자 후원자였던 남편을 만날 수 있었다. 이처럼 최승일은 최승희 인생의 중요한 순간순간마다 결정적인 개입의 흔적을 남겼던 것이다.

여동생에 대한 오빠의 영향은 비단 생애사적 계기에만 한정되지 않았으며, 내면적인 차원에까지 깊이 새겨져 있었다. 최승희는 자신의 성격, 취향, 가치관이 최승일에게 받은 영향을 다음과 같이 밝히고 있다.

"지금 내가 다소간이나마 의지가 강하고 노력하는 여성이라고 보이는 것도 여학교 시대에 받은 고생의 은덕이라고 생각한다. 이러한 나의 성격은 또한 나의 오빠 최승일 씨의 영향을 많이 받았다고 생각한다. 그때에 오빠는 진보적 '인테리'로서 문학자로서 신극 방면에서 활동하면서 소설을 쓰고 있었는데, 나에게 대한 오빠의 애정과 지도는 얼마나 나를 격려하였으며 장려하였는지 모른다. 오빠는 나에게 사물에 대한 정당한 관찰과 이해에 길을 열어주며 가르쳐주었다. 그래서 어떠한 곤란에도 참고 나갈만한 귀중한 각오를 보여주었다. 나는 오빠의 영향을 많이 받아서 시와 소설을 읽었다. 그러나 꿀처럼 달고 꿈처럼 헛된 시와 소설은 나의 마음에 아무러한 재미도 없었다. 말하자면 현실 속으로 파고 들어가서 생활의식이 풍부한 작품을 애독하였다. 석천탁목(石川啄木)의 시와 노래를 한없이 애독하였는데 지금 생각하면 그립기 한이 없다. 오늘 와

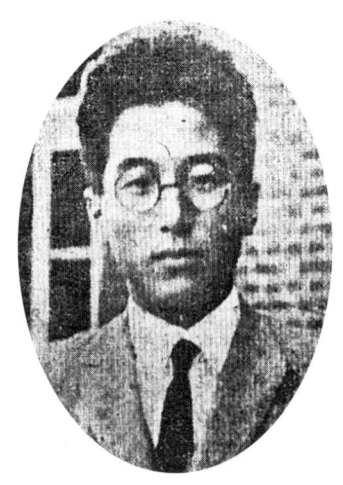

<매일신보>(1926.11.14.)에 실린 최승일의 사진

서 생각해 보면, 그때의 나의 생각과 감정이 지금 나의 무용의 밑을 흐르고 있는 것이겠다."(최승일 편 1937:11-12)

그렇다면 최승희는 최승일의 삶에서 어떤 존재였을까? 이와 관련해 1935년 그가 쓴 "누이 최승희에게 주는 편지"의 한 대목은 곱씹어볼 만하다.

"아, 나는 너를 생각할 때 참으로 적막하다. 너는 '왜 적막이라니 별안간에 오빠두' 하리라마는 이 적막이란 무엇이라고 형언할 수 없는 적막이다. 이 지금의 나의 심경은 너도 모르리라. 지금에 세계를 무대로 삼고 발랄하게 진출하는 너에게 대하여 나는 왜 이러한 감정을 갖게 되느냐. 지금이 고요한, 쓸쓸한 겨울의 새벽이라 그런지 내 마음 나도 알 수 없어 서운하다. 그뿐이랴. 언젠가 내 편지 보고 네가 나한테 보낸 답장 속에 "오빠는 너무도 세속화하여 갑니다"라는 이 한 마디 나는 참으로 슬펐다. 그러나 나는 참는다. 그리고 기뻐한다. 이 형의 세속화란 내가 너와 고시정에서 무용연구소 간판을 붙였을 때 그 때 이삼년 동안 너를 데리고 있었을 그 때 나는 각오한 바이다."(《삼천리》 1935.12)

이 인용문은 최승일이 '동생의 성공을 위한 희생'으로서 자신의 "세속화", 예컨대, 경성방송국에서의 직장생활 같은 '현실과의 타협'을 합리화하고 있었음을 암시한다. 사실 최승일의 "직업에 대한 번민"(《별건곤》 1927.10)은 지속적인 자기 비하와 심리적 갈등의 근원으로 자리 잡았다고 해도 과언이 아니다. 여러 글로 미루어 판단하건대, 그는 자신이 가족의 부양과 생활의 안락을 위해 지식인으로서의 이념과 예술가

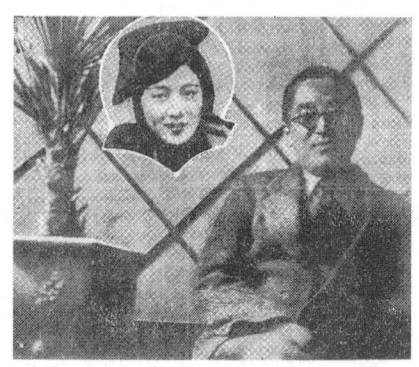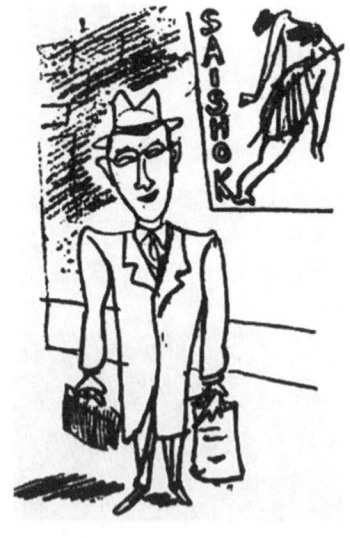

왼쪽 사진은 세계적인 무용가가 된 누이 최승희의 삶과 일본에서의 인기에 관해 인터뷰하는 최승일의 모습이다(《조선신문》 1938.2.25.). 동경 출장 중의 최승일이 최승희의 일본어 이름인 사이 쇼키(Sai Shoki)가 적힌 포스터를 배경으로 웃는 오른쪽 그림은 안석영의 작품이다(《조선일보》 1940.4.12.).

로서의 이상을 포기하고 있다는 자책감에 적잖이 시달렸던 것으로 보인다. 이러한 맥락에서 최승희는 어쩌면 최승일 자신과 가장 가까운 곳에 현존하면서 그의 이상을 현실에서 구현해낸 사람이었을지도 모른다. 특히나 그녀가 이른바 '조선적인 것'을 포기하지 않고서, 아니 오히려 그것을 매개로 '세계'와 '근대'에 접속한 예술가가 되었다는 점에서 말이다. 최승희는 나중에 조선 전통의 궁중무용, 민간 무용, 승무, 무당춤, 기생춤 등을 깊이 연구하면서 그것을 창의적으로 개량하고 변형해, 예술작품의 수준으로까지 끌어올렸다는 평가를 받았다. 최승일은 최승희가 국제적으로 성과를 올리던 1930년대 중반 이후 편지 형식의 글들로 누이와 가진 내면적 대화를 공표하는데, 거기엔 자책과 자괴감, 누이의 성공에 대한 동경과 대리만족 등이 복잡하게 얽혀있는 것으로 보인다.

최승희가 최승일 개인의 복합적 심리를 이해하는 데 중요한 타자라면, 작가 김영팔은 최승일 생애의 집단전기적 특성을 이해하는 데 중요한 타자라 할 수 있다. 최승일의 삶에는 개인적 특이성 못지않게 집합적 속성이 드러나는데, 김영팔의 존재는 그것을 일깨우는 단적인 사례이기 때문이다. 두 사람은 흥미롭게도 일본 유학에서부터 방송국 생활까지 십여 년간의 중요한 사회적 궤적을 거의 똑같이 공유한다. 김영팔은 최승일보다 한 살 어린 1902년생이다.[4] 두 사람은 동경 유학 시절 같은 학생 신분으로 만났을 것으로 추측된다. 서울 사직동의 노동자 가정에서 태어난 김영팔은 여덟 살 때 아버지를 여의고 홀어머니 아래 어렵게 생활했다. 그는 소학교 4년을 마친 뒤 14세 때부터 인쇄소에

---

4   간혹 김영팔의 생년을 1904년으로 기록한 문헌도 있으나, 1927년 〈매일신보〉 기사 (4.10.)에선 "방년 26세 원래 경성 태생이며"로, 1931년 〈경성일보〉 기사(6.5.)에선 "올해 30세(年三十)"로 각각 소개된 것으로 보아 1902년생이 맞는 것으로 보인다.

서 문선공으로 생계를 꾸려가며 독학을 했다(〈별나라〉 1929.5; 〈조선지광〉 1927.2). 1920년 일본에 간 후에도 문선공으로 일했던 그는 니혼대학 예술과를 다니다가 중퇴했다. 유학 시절부터 최승일과 김영팔은 온갖 단체의 가입과 사회활동을 함께 한다. 그들은 1920년 동경의 극예술협회

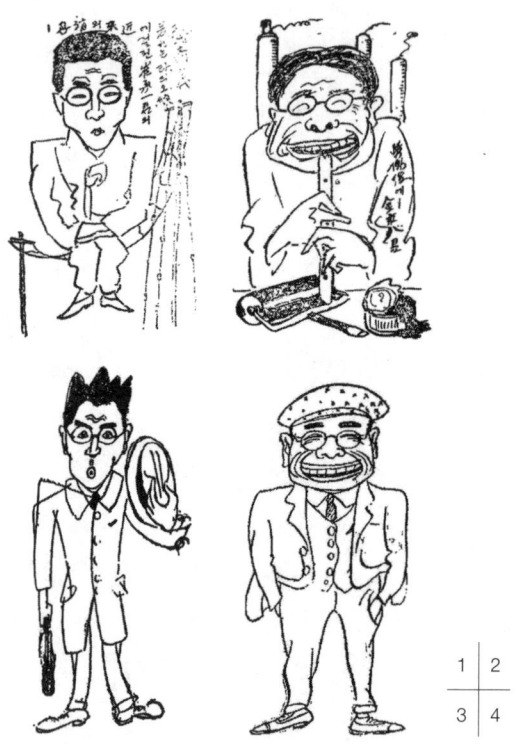

1	2
3	4

일본 유학 후 미술, 영화, 문학, 연극의 여러 분야에서 활동했던 최승일의 죽마고우 안석영은 당대의 문인들을 종종 그림 속에 담곤 했다. 1과 2는 〈개벽〉 창간 6주년 특별호(1926.7)에 실린 두 사람의 모습이며, 3과 4는 1927년 〈조선일보〉에 안석영이 연재한 "만화자가 본 문인" 시리즈의 삽화이다(11.4와 11.6.). 〈개벽〉에서 그는 "라디오 선에 걸린 최승일 군"을 글과 그림으로 표현하는데, 이는 최승일이 1926년 7월 이전에 이미 체신국에서 방송 관련 업무를 하고 있었다는 사실을 알려주는 단서 가운데 하나이다. 김영팔은 "노동 후에"라는 문구와 함께 인쇄노동자 신분을 암시하는 모습으로 그려졌다. 그런데 두 사람이 모두 경성방송국에 안착한 1927년 겨울의 〈조선일보〉 만평에서는 옷차림이 의미심장하게도 세련된 양복으로 변화한다.

동인을 시작으로 형설회 순회극단, 사회주의 단체 북풍회, 연극연구단체 극문회, 문화운동단체 염군사와 카프, 라디오극연구회, 영화인회에 이르기까지 다양한 모임에 언제나 같이 있었다. 두 사람은 또 경성방송국에 나란히 입사해 각각 문서계원과 아나운서의 일을 맡았다. 아마도 최승일이 유학 직후 관여했던 〈신청년〉 동인 정도만 제외하면, 두 사람의 십여 년 행보는 놀라울 정도의 유사성을 지닌다. 「해고사령장」 등의 소설 10여 편과 「미쳐가는 처녀」 등의 희곡 10여 편을 발표했던 김영팔은, 최승일과 마찬가지로, 1920년대 프로극작가의 중요한 일원이었고 연극, 영화, 방송 일에도 관여했던 인물이었다. 박영희의 평가에 따르면, "김영팔군은 노동자이면서도 작품은 순문학적인 데로 기울어지는 까닭에 늘 동지들의 권고와 충고를 받았었고, 어느 때는 공격도 받았다. 그리하여 군은 서서히 무산계급 의식으로 들어오기 시작하였던 것이다."(1997b:334-335) 두 사람은 심지어 신여성과의 재혼 경험마저도 공유한다. 이처럼 거의 비슷하게 펼쳐졌던 두 사람의 궤적이 물리적으로나 사회적으로 점차 갈라지기 시작한 것은 대략 1930년대 초반 경성방송국의 조직 재개편이 이루어지고 김영팔이 만주로 떠난 이후부터인 것으로 보인다. 다만 이렇게 해서 지역적인 활동 공간은 변화하지만, 둘 다 점차 이념적으로 일제에 협력하는 노선을 걸었던 이력 또한 유사성이 있다.

중류층 집안의 자제로 비교적 곱게 자란 최승일과 어렸을 적부터 노동자나 다름없었던 김영팔을 이어준 끈은 무엇이었을까? 그것은 유학 생활의 학연에서부터 학생이자 문사 지망생으로서 모종의 공통된 성향, 심지어 외모나 성격상의 특징에 이르기까지 여러 면에 널리 걸쳐 있었을 것이다. 어쨌거나 김영팔이라는 인물은 최승일과 유사한 사회학적 궤적을 밟은 지식인 집단의 존재를 환기하는 한편 최승일이 개별자나 단독자가 아닌, 어떤 긴밀한 상호의존과 상호작용의 네트워크

안에 있는 행위자였다는 사실을 새삼스레 일깨운다. 이력을 김영팔만큼이나 공유하는 정도는 아니지만, 최승일의 주변에는 그와 비슷한 활동을 함께 벌였던 몇몇 인물이 있었다. 이경손, 심훈(본명 심대섭), 안석영(본명 안석주), 박영희, 안막 등이 그들이다. 최승일은 이들과 어떤 경우 중고등교육의 학연이 닿아있기도 했고, 신념과 변절을 포함해 사상적인 공통점을 가지고 있기도 했지만, 반드시 그러한 요인들에 의해서만은 아닌, 서로 간의 인간적 이끌림을 통해 능동적이고 자발적인 융합을 이루었던 것으로 보인다. 그들 관계에 일종의 선택적 친화성(affinité élective)이 작동했다는 말이다. 최승일과 네트워크를 이루고 있었던 식민지 지식인들은 일정한 사회적 거리와 기질상의 차이점에도 불구하고 같이 어울리며 서로 정신적·정서적 영향을 주고받았고, 때로는 적극적인 협력관계를 맺었다. 그들의 모임 구성과 공동 작업, 다양한 지적·문화적 협력은 그들의 의도와는 어느 정도 무관하게, 당시의 미디어 문화공간을 구조화하는 중요한 요인으로 작용했다. 이렇게 보자면, 최승일의 개인적 궤적은 그가 속해있었던 어떤 인텔리겐치아 집단의 사회적 경로를 드러내는 하나의 지표라고도 말할 수 있을 것이다. 최승일의 생애와 경력은 이처럼 최승희가 상징하는 근대 예술가적 자유의지, 그리고 김영팔이 상징하는 사회학적 관계망 안에서 이해될 필요가 있다.

Box 2.
인간적 이끌림과 어울림

선택적 친화성 개념을 정교화시켜 문화사회학의 방법적 도구로
이용하고자 했던 정치철학자 미카엘 뢰비(Michael Löwy)에 따르면,
그것은 원래 서양사의 연금술 전통에서 나온 용어다. 괴테가 1809
년 발표한 자신의 소설 제목을 「선택적 친화성」이라고 붙이면서
문학 안으로 들어온 이 용어는 두 존재가 은밀한 교감에 의해 서로
이끌리고 상호작용하는 와중에 새롭게 나타나는 친밀한 결합을
가리켰다. 이는 막스 베버가 특정한 종교적 신앙(청교도주의)과 직
업윤리(기업가 정신) 사이에 일종의 선택적 친화성을 발견하면서, 다
시 사회학 개념으로까지 발전한다(Löwy 1988:7-21). 우리는 어떤 존
재들 간, 또는 사유나 사조들 간에 유인과 선택, 융합 속에서 전통
적 의미의 영향이나 직접적 결정 논리로 보기 어려운 구조적 상동
성이나 조응이 나타날 때, 이를 선택적 친화성으로 규정할 수 있을
것이다.

　　인간관계에서의 친분을 말할 때 쓰는 "초록은 동색", "가재는
게 편"이라든지 "끼리끼리 논다"는 등의 속어는 선택적 친화성의
논리를 잘 드러낸다. 보통은 유사한 가정환경과 교육 배경에서 자
라난 사람들이 비슷한 성격과 취향을 갖게 되고, 이를 통해 결과적
으로 유사한 부류의 사람들이 어울리게 되는 현상을 선택적 친화
성으로 볼 수 있다. 다만 이 개념은 사람들 간의 그러한 관계가 단
순히 기계적이거나 합리적으로 맺어지지는 않는다는 함의를 띤
다. 인간관계에서 선택적 친화성은 전 존재를 매개로, 때로는 의

외의 방식으로 나타난다는 것이다. 예컨대, 외모는 성격이나 취향, 지성 등과 한데 어울려 선택적 친화성을 촉진하면서도, 종종 다른 요인들의 작용을 중화할 정도로 강한 힘을 발휘할 수 있다. 그 것은 또 예측 불가능한 특징을 지닌다. 누구에게 어떤 외모가 매력 있을지 미리 알기 어렵다는 뜻이다. 그 원천은 유사성일 수도, 차이일 수도 있고 그 평가 기준은 지극히 개인적일 수도, 사회적일 수도 있다. 예컨대, 김영팔의 인물평으로는, "어디를 보든지 유순해 보일 뿐이고 성격이 모진 데가 없어" 보이며 "그러면서도 쾌남아의 기상을 갖추어 가지고" 있다거나, "입이 넓적하고 얼굴이 평원형이니만치 우스갯소리를 잘한다"는 기사가 눈에 띈다(〈삼천리〉 1932.2와 1932.9). 김영팔은 스스로 "얼굴이 둥근데" "몸집이 약간 뚱뚱한 편"이고, "말이 많은 사람"이며 "동적"이고 "다소 쾌활"하다고 묘사한 바 있다. 바로 그렇기에 7년을 연애한 자기 아내(이화학당 고등과 출신 진덕순)는 "아주 정반대의 이성", 즉 얼굴이 갸름하고 날씬하며 온화한 성격이어서 좋아했다는 것이다(〈시대일보〉 1926.1.6.; 〈삼천리〉 1930.4).

한편 김영팔의 잘 알려진 죽마고우는 작가 윤기정인데, 두 친구가 외모나 스타일 면에서 매우 대조적이었다는 평은 흥미롭다. 김영팔이 둥글둥글한 인상에 뚱뚱한 편이었고 유머 감각이 뛰어났다면, 윤기정은 4, 5척의 작은 키에 빼빼 마른 몸이었고, 남에게 날카롭게 빈정거리기를 잘했다(〈삼천리〉 1933.3). 하지만 윤기정은 일본으로 가는 김영팔의 성공을 기원하며 신문에 절절한 배웅기를 남긴 적도 있다(〈매일신보〉 1922.9.2와 9.8.). 젊은 시절의 최승일은 배우 같은 미남자에 애교 있는 목소리를 가진 호리호리한 체구의 인물로 묘사되었고(〈별건곤〉 1927.2), 친구 안석영의 평에 따르면,

"최씨가 가지고 있는 보배는 누구에게나 솔직한 것, 웃는 입이 귀여움성스러워서 인상이 좋은 것"이었다(《조선일보》 1940.4.11.). 최승일과 김영팔의 대비되는 외모와 성품이 서로에게 매력으로 작용했을 수도 있음을 짐작하게 하는 대목이다. 선택적 친화성은 이처럼 존재들 간 '조응의 신비'를 포괄하는 개념이라 할 수 있다.

도쿄 유학과 그 영향

최승일은 동네 서당에서, 또 나중에는 아버지가 집 사랑방에 차린 서당에서 열 살이 넘어서까지 유학 교육을 받았다. 그때 자신이 "맹자를 천독(千讀)을 하고 대학을 이천독"했다고 표현하는 것을 보면 상당히 집중적인 구식 교육을 거쳤음을 짐작할 수 있다(⟨별나라⟩ 1929.5). 1917년 배재고보에 입학한 그는 1920년 일본으로 유학을 떠난다.[5] 그의 학교생활과 유학 동기를 상세히 알려주는 자료는 없지만, 주변 인물의 회고 등을 통해 당시의 상황이나 분위기를 간접적이나마 파악해 볼 수 있을 것이다. 이 점에서 팔봉 김기진의 사례는 시사적이다. 충청북도 영동에

---

5   이 당시 조선의 근대적 학교 체제는 입학 연령이 특별히 정해지지 않은 채, 보통학교 4
     년-고등보통학교 4년(여자고보는 3년)-전문학교의 과정으로 짜여 있었다. 따라서 고등
     보통학교를 졸업한 이후에 전문학교에 진학하지 않으면 외국으로 유학을 떠나야 고
     등교육을 받을 수 있었다. 민족차별을 근간으로 한 식민교육 정책의 전반적인 수정은
     1922년 공포된 제2차 조선교육령에 의해 이루어졌다. 그에 따라 수업연한은 보통학교
     6년-고등보통학교 5년(여자고보는 4년)으로 일본과 동일하게 변화했고, 민족 간 공학,
     사범학교와 대학의 신설이 허용되었다. 대학 교육의 제도화는 1924년에야 비로소 경
     성제국대학의 설치와 함께 첫발을 내디딘다.

서 영동보통학교를 졸업한 김기진은 1916년 서울로 올라와 경성고등보통학교에 입학시험을 보았다가 낙방하고, 그해 새로 설립 인가된 배재고보에 입학했다. 김기진에 따르면, 당시 1학년 생도 140여 명을 갑을병정 네 반으로 편성했다. 김기진은 정반이었고, 같은 반에는 박영희, 박팔양, 장용하 등이 있었으며, 나도향은 을반이었다. 김기진과 박영희는 이 시절부터 절친한 관계를 유지했다. 3학년 기말시험을 치르고 4학년이 되기 전인 1919년 2월부터 학교 안의 공기가 술렁이기 시작했는데, 김기진은 반장 장용하의 지시에 따라 3월 1일의 만세운동에 참가했다. 다시 3월 5일의 만세운동에 참여하려던 그는 본정경찰서에 끌려갔다가 풀려났고, 4학년 과정을 거치면서 진로를 진지하게 고민하게 된다. 그러던 중 와세다대학에 다니던 이성규(매부의 동생)의 설득에 넘어간 김기진은 1920년 2월 말 무렵 동경 유학을 떠나고, 동기동창이던 박영희도 설득해서 함께 유학하기에 이른다(김기진 1988:330-336).

이즈음의 동경 유학은 단지 개인적 선택의 결과라기보다는, 다양한 구조적 원인이 배양한 집합적 추세로 보아야 한다(김현경 2006). 이와 관련해 1919년 3개월가량 이어진 3.1운동은 특히 중요한 배경을 제공했다. 그것은 거시적 차원에서는 단순한 반식민지 투쟁을 넘어서 조선인들이 스스로 근대를 성취하고자 했던 사건이었지만, 미시적 차원에서는 학생들의 진로와 미래에 대한 불안감을 키웠고, 유학을 일종의 출구로 고려하도록 자극했다. 양정고보 출신의 김을한(1986:66-72)은 3.1운동 이후 각 학교가 폐쇄되고 가담자에 대한 검거 열풍이 일어나 어수선한 분위기 속에서 유학에 대한 학생들의 관심이 커졌다고 증언한다. 학교는 9월에 다시 개학했는데, 동맹휴학이 자주 일어나 제대로 공부를 할 수 있는 환경이 아니었다. 반면 전 사회적 수준에서 실력양성운동의 기치 아래 근대화를 위한 향학열은 엄청나게 고조되었고, 이 역시 유학생 증가의 원인이 되었다(〈신조선〉 1932.10/11). 1910년대를 거치며 유학이 개인의 입신출세와 본격적인 연관을 맺게 되었다는 점 역시 무시할 수 없을 것이다.

나아가 3.1운동은 유학과 관련된 조선총독부의 정책이 변화하도록 이끌었다. 즉 만세운동을 통해 조선 인민의 강고한 저항 의지를 확인한 일제는 일본 내부에서 제기된 조선 식민정책에 대한 여러 비판을 토대로 조선 통치의 기본 방침을 변경한다. 강압적인 무단 통치에서 자발적 동화를 유도하는 문화정치로 이행하는 것이다. 이는 이전까지 시행하던 조선총독부의 유학 억제책을 완화하는 결과를 가져왔다. 1920년 11월 6일 총독부는 사비생에 대한 각종 유학 절차를 완전히 철폐하는 등의 내용이 담긴 유학 규정을 발표했다. 이는 다시 1922년 2월 4일 2차 조선교육령을 통해 조선에도 일본과 같은 학제를 마련함으로써 관비생이나 사비생 모두 유학 기간을 단축할 수 있도록 하는 조치로 이어진다. 이렇게 해서 총독부는 소수 관비생을 선정해 유학을 후원하던 이전의 방식을 대신해, 사비생 유학을 자율화하고 유학 중인 모든 학생을 총독부 학자금 후원사업 대상으로 상정하여 유학생 포섭의 규모와 정도를 확대했다. 이는 '교화'와 '형정'을 함께 구사하는 일제 식민지 지배체제의 양면 정책 가운데 하나였는데, 유학생이 급속히 증가하는 계기를 마련했다(정미량 2012:46-47).

1910년대 5백~6백 명대였던 재일 조선 유학생 숫자는 1920년 1천 명을 넘고, 1930년에는 4천 명대에 이른다. 이처럼 유학생 증가는 1920년대에 일반적인 사회 현상으로 자리 잡았다. 1910년대에는 유복한 집안의 자제가 아니면 엄두를 내기 어려웠던 사비 유학이 '만세 후'에는 고학을 각오한다면 누구든 실현 가능한 꿈이 되었다. 일본의 고등교육기관에 조선에는 없는 전공학과들이 많이 갖춰져 있다는 사실 또한 중요했다. 집이 가난해도 유학을 가서 새로운 지식을 배우고 돌아오면 미래를 이끌어갈 인물이 될 수 있다는 희망이 청년들에게 자리 잡왔다. 그리하여 유학은 의사, 변호사, 약제사에서 기자, (사립중등학교) 교원, 예술가 등 새로운 전문직의 자격 획득 통로로도 널리 받아들여졌다 (요시카와 나기 2015:60; 정미량 2012:78).

최승일 역시 3.1운동 직후 조선인 학생들의 일본 유학에 대한 관심이 증가하던 시기인 1920년 초에 도일한 것으로 보인다. 그는 1920년 3월 김우진이 주도한 극예술협회에 발기인으로 참여했고,[6] 이후 니혼대학 미학과(예술과)에 입학했다. 니혼대학은 1920년에 '대학령에 의한 대학'으로 인가받았고, 음악, 미술, 연극 등 예술에 재능 있는 학생의 교육을 목적으로 하는 미학과는 1921년 4월에 생겼다. 그러니 최승일의 본격적인 학교생활은 그 이후부터였을 것이다. 니혼대학에 입학하기 전 1년여 기간 동안 그는 동경과 경성, 그리고 아마도 중국의 몇몇 도시를 오갔던 것으로 보인다. 정확한 시기를 특정하기는 어렵지만, 최승일은 남경의 금능대학에도 잠시 머물렀던 것으로 나타나는데, 유학지로서 동경과 남경을 저울질하다가 결국 동경을 선택하지 않았나 짐작된다.[7] 그가 1920년 말부터 1921년 상반기에는 문예지 〈신청년〉의 발간

---

6   '첫사랑의 추억'을 회고하는 지면에서 최승일은 갓 스무 살 나이에 사모했던 여학생과 이케부쿠로(池袋)에 있는 릿쿄대학 뒤뜰을 함께 걸었다고 적었다(〈중앙〉 1934.5).

7   그 경험이 인상적이었던지, 최승일은 여러 편의 글에서 남경 체류를 회고한 바 있다. 1926년에 쓴 기행문에서 최승일은 5, 6년 전의 일로 회상하면서 '화소환'이라는 배를 타고 압록강을 건너 중국 천진에 도착한 뒤 남경행 기차를 탄 여정을 이야기한다(〈개벽〉 1926.6). 한편 1929년의 소설 「이단자의 사랑」은 9년 전의 일로 회고하면서 남경에 체류하며 만난 어떤 여성과의 에피소드를 풀어놓고는 "그해 가을에 또다시 동경으로 돌아갔던 것"이라고 끝맺고 있다(이 글은 '젊은 시절의 로맨스-그 여자와 나'라는 제목 아래 〈조선일보〉 학예부에서 기획한 18인 작가의 릴레이 소설 가운데 한 편이었다). 음반극 「이국의 사랑」은 '남경편', '동경편'으로 구성되어 있으며, 「순례자」에는 남경 화패루가 배경으로 나온다. 한편 1936년의 수필에서 그는 15, 6년 전 남경 금능대학에서 한 조선인 여학생을 만나 짝사랑에 빠졌다가 "어찌어찌 되어 일본으로 건너가게" 되었다고 적고 있다(〈삼천리〉 1936.2). 이러한 글들로 미루어보건대, 최승일이 남경에 한동안 머물렀을 개연성은 매

을 위해 경성에 있었고, 1922년 4월에는 역시 경성에서 극문회 창립에 관여했으며, 1923년 7월 형설회 순회공연단을 통해 동경에서 귀국한 후 실질적으로 유학 생활을 마무리했던 사실을 고려하면, 니혼대학에서 실제로 공부한 기간은 길게 잡아야 2년 남짓이었을 것으로 여겨진다. 이는 최승일이 미학과의 어떤 과정에 있었든, 수학은 했어도 졸업하기는 어려웠을 것이라는 뜻이기도 하다.

니혼대학이 문부성에서 허가받은 정식 명칭은 미학과였지만, 학교 내에서는 예술과로 통칭하곤 했다. 학과는 학부(3년)와 예과(2년)로 이루어졌고, 학부는 다시 본과와 선과로 나뉘었다. 학부도 예과도 모두 수업 시간이 오후 5시 반에서 9시 반까지인 야학이어서 고학생이 다니기에 적합했다. 특히 미학과는 다른 대학에 없는 참신한 학과인 데다, 인기 작가나 유명 인사가 강의를 하는 매력적인 학과였다. 학생을 성심껏 대하는 진보적·자유주의적 성향의 선생들이 학과 분위기를 주도했다. 게다가 1921년과 1922년 니혼대학 미학과 선과는 거의 서류만 내면 들어갈 수 있을 정도로 입학 규정이 느슨하고 정원 제한도 없었는데, 이는 고보를 중퇴한 경우가 많았던 조선인 학생들에게는 유리한 조건이었다. 최승일과 함께 예술과를 다닌 유학생들로는 김영팔(1902-1950), 고한승, 마해송, 고한용에 뒤이어 임화(1908-1953), 김기림(1908-?), 박용구(1914-), 김춘수(1922-2004) 등이 있었다. 또 태평양 전쟁 전

우 높지만, 그 시기가 1920년인지 아니면 1921년인지는 분명치 않다. 한편 1926년의 〈매일신보〉 기사(11.14.)는 최승일을 "일찍이 상해와 동경 등지에서 문예에 대한 연구를 쌓은 후, 조선에 돌아와서 〈개벽〉, 〈신여성〉을 비롯하여 〈신문예〉, 〈문예운동〉에 수다한 창작을 발표하고 겸하여 태서(泰西) 유명한 작품을 번역한 것도 여러 권 있으니 현 문단의 인기 있는 총아"라고 소개했다. 이는 1921년 〈신청년〉 주간을 하던 최승일이 동경, 상해를 돌아다니다 다시 조선에 왔다는 박영희(1997b:330)의 회고와도 일정하게 부합한다.

에 니혼대학에서 예술과 이외의 학과에 다닌 문학가로는 한설야(1900-1976), 이용악(1914-1971), 이원조(1909-1955), 구상(1919-2004), 손창섭(1922-2010), 정비석(1911-1991), 이육사(1904-1944) 등이 있었다. 이들은 대부분 학업을 끝까지 마치지 못한 채 중퇴했다(요시카와 나기 2015:45-50). 최승일도 그중 한 명이었던 것으로 보인다.

최승일이 동경 유학을 떠난 목적이나 하필 니혼대 미학과(연극 전공)를 택한 이유에 대해서는 딱히 알려지지 않았지만, 어느 정도 추론은 가능하다. 3.1운동 직후의 어수선한 상황과 분위기, 김기진, 박영희, 안석영 등 친구들의 도일, 총독부 유학 정책의 변화, 식민지 현실이 허용하지 않는 고등학문에 대한 열정, 학벌이 보장해줄 미래(입신양명)에 대한 막연한 전망 등이 모두 유학을 결정하는 데 복합적인 동기 요인으로 개입했을 것이다. 또 그가 니혼대 미학과에 지원한 계기로는 이 학제가 지닌 다양한 장점 이외에도, 배재고보 시절 친구들과 교사로부터 받은 자극을 간과할 수 없을 것이다. 그 무렵 문학을 지망했던 박영희, 김기진, 나도향, 장용하 같은 친구들이 있었고, 셰익스피어와 바이런, 셸리를 논하는 산현(山顯)이라는 노교사가 있어 문예에 대한 흥미를 일깨웠기 때문이다(박영희 1997b:116-120). 당시 많은 학생이 분명한 내적 근거나 뚜렷한 목적의식을 가지고 유학을 결심했다기보다는, 그것을 '근대적 인간형'으로 다시 태어나기 위한 일종의 통과의례처럼 받아들였다는 점 또한 지적해둘 필요가 있다. 유학은 오랜 기간 외국에서 생활하며 전문지식을 습득하는 과정이라기보다는, 신생활을 잠시 경험해보고 연극, 음악회, 활동사진, 스포츠, 공원, 기차와 자동차 등 근대 신문물에 대한 감각과 취미를 익히는 기회에 가까웠다(소영현 2008:65-69). 게다가 그렇게 만들어지는 '근대적 인간형'은 언제나 이상적인 모습을 띠지는 않았으며, 때로는 '겉멋'과 '흉내내기'에만 찌들어 있는 것처럼 보이기도 했다.

이와 관련해 재일본동경조선유학생학우회의 기관지였던 〈학지광〉에 유학생들이 쓴 몇몇 글은 시사적이다. 그 가운데 글 한 편은 당시 유학생들 사이에 "동경유학생 7백인이라고 하지오마는, 기실은 4조 반 유학생 7백인"이라는 자조적 비판이 나오는 상황이라고 지적한다. 즉 좁디좁은 하숙집의 4조 반 크기 다다미방에 갇혀 유학 생활을 하고 있다는 말이다. 그리하여 "식견이 4조 반을 나지 못하며 안광이 4조 반을 넘지 못하여" 일본은커녕 눈으로 보며 발로 걸어 다니는 동경도 제대로 알지 못한다는 것이다. 이 신랄한 비평문은 동경 유학생들이 십중팔구 대단한 독서가라도 되는 듯이 무테안경을 쓰는데, 이는 독서용이 아니라 맵시용이어서 서점이나 도서관에는 이들을 찾아볼 수가 없고, 통성명을 한 뒤에는 곧바로 고향이 어딘지를 묻는 습성이 있어 분리주의적 추태를 보이며, 제대로 하지도 못하는 영어 열로 들떠 있다고 묘사한다. 같은 잡지의 또 다른 글은 유학생 가운데 "최다수를 점령한 것은 건달 학생"이라며, 이들은 세상 물정에 어두운 부모를 설득해 현해탄을 건너온 뒤 금테안경에 양복, 모자, 지팡이로 외양만 신식으로 꾸미고 산보나 하는 "고등 생활"을 하다가, "사립대학 전문부에 무시험으로 입학"은 하지만 부족한 학식과 일어 실력 때문에 수업은 제대로 듣지도 않은 채 연한이 되면 편법으로 어찌어찌 졸업장을 따고 본국에 돌아가서는 거만하게 지사인 양 행세한다고 맹렬하게 비판한다(〈학지광〉 1920.1).

이러한 냉소적 비판이 모든 동경 유학생의 생활을 온전히 알려주지는 않는다 해도, 당시 유학 생활의 어떤 중요한 단면을 드러내 준다는 점마저 부인할 수는 없다. 사실 조선의 교육제도가 1910년대 말까지도 정비되어 있지 않았던 상황에서 유학 온 학생들은 언어상의 장벽과 전공지식의 결여는 물론, 경제적 곤란까지 더해 제대로 된 고등교육을 받기 힘든 조건에 처해 있었다. 1921년 1월 말 현재 학우회는 동경

현지 유학생 수를 1천 1, 2백 명 선으로 추산하면서 그 가운데 902명을 확인해 출신 지역별, 재학 학교별 통계자료를 냈는데 당시 니혼대학의 유학생은 37명으로 집계되었다. 한 달 생활비는 최소 40원에서 60원 정도가 쓰이는 것으로 나타났으며, 40원이 없으면 고학생 생활을 해야만 했다. 절반 이상의 유학생은 스스로 학비를 벌면서 힘든 유학 생활을 꾸려나가야만 했다. 고학생들은 여러 명이 방을 하나 얻어 같이 살았고, 학비를 충당하기 위해 신문이나 우유 배달을 하거나 인력거꾼 등 자유노동에 종사하기도 했다(〈개벽〉 1921.3; 김을한 1986:52).

　　최승일은 애초에 풍족한 집안의 장남으로 유학을 왔다가, 집안 사정이 나빠지면서 점차 고학생으로 어렵게 지냈던 것 같다. 그와 같은 시기에 유학했던 고한용은 부잣집 아들이었지만 동경에서 고학을 했는데, 이즈음에는 고학이 유학생만의 전매특허가 아니라 일본 학생들 사이에서도 거의 유행이라 할 만큼 일반적인 분위기였다(요시카와 나기 2015:55-57). 사실 유학은 학식과 교양의 내실 있는 축적 그 자체보다는, 일제의 중심부에서 피상적이나마 새로운 문물을 접하고 어떤 성향 및 인식체계를 계발하는 경험의 계기였고, 유학생들 간 친분과 관계망을 만드는 기능이 훨씬 더 컸던 것으로 보인다. 하지만 그렇다고 해서 그 과정에서 아무런 지식의 습득도 제대로 일어나지 않았다고 말할 수는 없다(박찬승 2003). 1920년대 초 동경 유학은 사회주의 사상을 자연스럽게 학습하는 통로이기도 했다. 당시 일본 사회는 제1차 세계대전과 러시아혁명의 여파로 노동계급의 혁명적 성장이 두드러지던 시기였다. 공산주의자의 지도 아래 노동조합이 결성되고 합법적 파업 투쟁이나 보통선거 투쟁 등이 격렬하게 벌어졌다. 일본 대중운동의 고양과 급진 사상의 확산은 조선인 학생과 노동자들에게도 큰 영향을 끼쳤다. 주로 동경에서 공부하던 유학생들은 서점마다 범람하던 각종 사상 서적을 탐독하고, 일본 사상단체 활동에 참여하거나 조선인만의 사상단체 결성을 추진하기도 했다. 열악한 노동환경과 민족차별에 시달렸던 고학생들은 특히 급진적이며 혁명적인 사회주의 사상에 쉽게 매료당했다(김명섭 2001:9-13).

최승일 역시 귀국 후 사회주의 운동 단체에 한동안 관여했던 사실로 미루어보면, 유학 시절 급진사상의 영향을 강하게 받았던 것으로 여겨진다. 식민지 지식인으로서의 자기 인식과 니혼대 미학과의 개방적 분위기가 이러한 경향을 촉진했을 것이다. 나중에 카프를 결성하는 문인 가운데는 이 무렵 동경에 유학한 이들이 적지 않았다. 한편 최승일에게 동경 유학은 문학, 무용, 연극 등 다양한 예술에 대한 취향과 지식을 배양하고, 일본과 조선의 근대화 수준의 차이를 절감하며 식민지 지식인으로서 민족적 정체성을 새삼 자각하는 계기를 마련해주었을 터이다. 이는 그가 귀국 이후에 여러 동료와 함께 좌파 문학인이자 연극인으로 활동하는 기반을 제공했을 뿐만 아니라, 주위의 반대에도 불구하고 동생 최승희에게 '무용가'라는 새로운 미래 전망을 권유하는 데 결정적인 역할을 한다. 즉 그가 동경에서 근대 무용공연을 보고 '예술가로서의 무용가'에 대한 시각을 가질 기회가 있었기에, 그러한 직업상을 동생에게 제시할 수도 있었다는 말이다.

사회적 실천으로서의 문예

최승일의 가시적인 문예 활동 경력은 바로 동경 유학 시절 연극으로부
터 시작한다. 연극은 그의 전공이었을 뿐만 아니라, 이후 다른 어떤 것
보다 오랫동안 꾸준한 관심을 기울인 예술 장르이기도 했다. 그는 1920
년 3월 동경에서 김우진을 비롯한 조명희, 홍해성, 고한승, 조춘광, 김
영팔 등 조선 유학생들과 더불어 본격적인 근대극 단체인 극예술협회
를 창립했다. 최승일은 다카다쵸(高田町)에 있는 자기 집에서 김우진과
극예술협회에 대해 의논했다는 회고를 남기기도 했다(〈별건곤〉 1926.11).
회원들은 매주 토요일마다 모여 셰익스피어, 괴테, 하우프트만, 고골
리, 체호프, 고리키 등 외국의 고전 및 근대 희곡작품을 연구했다. 극예
술협회는 1921년 7월 9일부터 8월 18일까지 동경의 고학생과 노동자
모임인 동우회와 함께 동우회 회관 건립기금을 모으기 위한 하기 순회연
극단을 조직해, 부산으로부터 북상하며 김해·마산·경주·대구·목포·서
울·평양·진남포·원산 등지에서 전국 공연을 했다(유민영 1996:518-519).
　극예술협회는 이를 계기로 1910년대 초 조선에 등장해 3.1운동 이
후 학생 세력을 중심으로 퍼져간 소인극(素人劇) 운동을 본격화시키게

된다. 소인극이란 용어는 원래 일본말로 '아마추어극'이란 뜻이다. 이는 직업적 전문인의 연극에 대비되는 개념으로, 아마추어에 의해 연출, 제작되는 연극, 즉 직장연극, 농촌연극, 청년연극, 학교연극 등을 아울러 가리킨다. 조선에서는 1919년 3·1운동 직후 학생회, 청년회, 청년종교회 등을 중심으로 문화예술을 통한 민족운동의 일환으로 등장했다(유민영 1996:512-515). 극예술협회의 고국 순회공연은 그 운동을 전국적으로 확산시키는 전기가 되었다. 그것은 또한 저급한 신파극만 유행하던 시기에 서구 근대 사실주의극을 이식하려 한 최초의 시도이기도 했다.

최승일의 문학 활동, 모임 활동의 시초에 있었던 〈신청년〉은 원래 〈창조〉의 첫 호가 동경에서 발간되기 열흘 전인 1919년 1월 20일에 창간호를 냈다. 〈신청년〉은 3.1운동의 기운이 무르익던 시기 방정환, 유광렬, 이복원, 이중각 등이 주도한 경성청년구락부라는 단체에서 펴낸 일종의 기관지 성격을 띠었는데, 사회운동가들과 문인들이 결합한 전례 없는 문예지로 꾸려졌다(한기형 2002b:167). 사회운동을 추구했던 이 잡지는 3호 이후 주축 세력이 배재고보 동창생들인 최승일, 박영희, 나도향 등으로 넘어가면서 문예운동의 지향성을 현저히 나타내게 되었다(박현수 2008:164-170; 한기형 2002a, 2002b, 2015). 최승일은 1920년 동경에 있다가 하반기에 다시 경성에 들어와 잡지 제작을 주도했던 것으로 보인다. 그는 〈신청년〉 4~6호까지 발행인으로 이름을 올렸고, 1921년 6월 〈개벽〉의 설문 기사는 그를 〈신청년〉 주간으로 소개했다. 박영희는 "이 잡지는 최승일 군의 성력(誠力)으로 한두 호[정확히는 세 호] 속간하였다가 폐간되어 버렸다"(1997b:117)고 술회한 바 있는데, 그가 전하는 다음의 일화는 최승일이 〈신청년〉 발간에 얼마나 열성을 기울였는지 생생히 보여준다.

"1921년 〈신청년〉 지를 내기로 하고 최승일 군이 그 비용을 내기로 하여 한 호를 내어놓고 그 다음 호를 내려고 군은 군의 부친에게 잡지의 취지를 이야기하고 비용을 청구하여 보았으나, 한문이라야 문장으로 아는 그의 부친은 그들의 문장에서 가치를 인정해주지 않을 뿐 아니라 비용 청구에 대하여서도 거절을 당하게 되매, 최군은 너무 속이 상하고 걱정이 되어 그 열화가 몰려 넓적다리에 큰 종기가 되고 말게 되니, 군의 부친도 하는 수 없이 제2호의 발행 비용을 내놓았으나, 때는 이미 늦게 되어 군은 결국 병원에 입원하고 대수술을 하는 등 죽다가 살아났었다. 후일 그의 넓적다리에 커다란 흠을 볼 때마다 나는 감회 깊이 고소(苦笑)를 않을 수 없었다."(박영희 1997b:297)

최승일의 종기와 잡지 발간 의욕이 실제로 의학적 연관성이 있다고는 볼 수 없겠으나, 적어도 그가 강한 의지로 〈신청년〉을 지원했다는 사실을 시사하는 일화인 것만은 틀림없다. 1921년이면 그의 집안이 완전히 경제적인 나락으로 굴러떨어지기 한 해쯤 전이었던 것으로 보인다. 최승일은 〈신청년〉 4호에 시 「애(愛)와 이성(異性)」, 5호와 6호에는 각각 「울음」과 「무덤」이라는 소설을 발표하였다. 현재 실물이 확인 가능한 〈신청년〉 4호는 1921년 1월 1일, 6호는 7월 15일에 각각 발행되었으므로, 최승일의 관련 활동은 대략 1920년 말부터 1921년 상반기까지 이루어진 것으로 추정할 수 있다. 〈신청년〉은 사회 변혁의 이상과 문학적 형상화 노력을 통합해 문예의 새로운 길을 모색한 중요한 사례로 평가받는다. 그것은 최승일, 나도향, 박영희 중심의 새로운 체제를 매개로 이후 한국 근대문학의 핵심을 이룰 낭만주의 운동과 프로문학 운동의 계기를 배양했다. 즉 나중에 낭만주의 운동을 이끈 〈백조〉에 동인으로 참여한 나도향, 박영희, 박종화, 현진건 등과 염군사를 통해 프로문학 운동에 가담한 최승일, 심훈은 모두 〈신청년〉을 문학적 출발점으로 삼고 있었던 것이다. 그렇게 이 잡지는 3.1운동에 능동적으로 참여해나가는 한국 근대문학의 내부적 동력을 보여주었다(한기형 2002b:169, 205).

한편 1922년 4월 최승일은 극문회(劇文會) 창립을 발기했다(〈동아일보〉 1922.4.5.; 〈개벽〉 1922.5). 하지만 조선의 연극을 개량하기 위해 동서 연극의 연구 시연, 가무 연극에 대한 강연, 연극에 대한 잡지 발행을 내걸고서 사직동 187번지에 자리 잡은 이 모임이 특별한 활동을 벌이거나 구체적인 성과를 거두었다는 기록은 나타나지 않는다. 이후 그는 동경으로 다시 돌아갔던 모양인지, 1923년 7월 김영팔, 고한승 등과 함께 형설회 순회연극단에 참가하여 귀국한다. 이 순회공연은 극예술협회와 형설회의 협력 아래 이루어진 것으로, 그 목적은 조선인 유학생 기숙사 건축기금 마련에 있었다. 6월 9일 동경 스루가다이(駿河臺) 불교회관에서 시연회를 가진 연극단은 7월 6일부터 8월 1일까지 동우회와 거의 같은 경로로 전국 순회공연을 가진 뒤에 곧 해산하였다. 레퍼토리는 조춘광 작 「개성이 눈뜰 때」 전2막, 고한승 작 「사인남매(四人男妹)」와 「장구한 밤」 등이었다. 「사인남매(四人男妹)」는 어느 목사의 가정에서 벌어지는 사상대립의 갈등을 그린 작품이고, 「장구한 밤」은 하우프트만의 「외로운 사람들」의 영향을 받은 작품으로 알려져 있다. 창작극만을 상연한 것은 높이 살 일이지만, 그 수준은 대체로 모방적인 내용이었던 것으로 보인다(이두현 1966:116-117).

1920년대 초 청년단체들을 비롯한 여러 사회단체가 광범위하게 결성되었다. 이들은 대개 사회주의 사상과 자유주의 사상이 뒤섞인 계몽사상을 바탕으로 합법적이고 개량주의적인 문화운동을 표방하고 있었다. 이러한 시대적 분위기 속에서 1920년대 초의 소인극은 전국 각지에서 청년단체와 학생단체를 중심으로 조직된 소인극 단체에서 공연되었고, 대부분 구사상 타파, 풍속개량 등의 주제를 가진 개량주의적 문화운동에 걸맞은 신파적인 공연물이었다. 그것은 많은 경우 청년회의 활동비나 지역의 사회교육 경비를 조달하기 위한 흥행 위주의 작품이었다. 심층적으로 이러한 '아마추어 연예'는 전 사회적 동정에 기반한 상호부조를 통해 민족 공동체의 생존과 지속을 도모하고 민족 정체성을 확인하는 민족주의적 실천의 양상을 띠었다(우수진 2020:3부; 유선영 2014). 하지만 대중운동의 기조가 점차 사회주의적 노선으로 전환하게 되자, 소인극 역시 그 사상적 전환에 따라 일정한 변화를 보이게 된다. 청년회뿐만 아니라 노동단체, 농민단체 등에서 소인극이 많이 이루어지고, 극 내용상으로도 1920년대 초의 신파적인 계몽성에서 벗어나 경향적인 성격을 띠게 되는 것이다. 나아가 소인극의 준직업화 추세에 따라 지방극단이 출현하기에 이른다. 이러한 배경 아래 1923년 무렵부터는 소인극의 확산과 더불어 사회주의 사상이 지도이념으로 등장하고 사회주의 청년단체가 발전하면서 프로연극적인 소인극 운동이 부상하였다. 이는 노동계급이나 농민계급이 불합리한 사회제도로 인해 고통받는 비참한 생활상을 조명하는 식으로 식민지 현실을 반영하는 내용이었다. 또 그와 함께 일제의 연극탄압과 검열이 흥행물 취체 규칙의 제정과 관계없이 이루어졌다. 대략 1925년을 기점으로 프로연극적 소인극은 사회주의 사상을 고취하는 일종의 정치극으로 변모한다(안광희 2002:2장).

1923년 최승일은 김영팔과 더불어 북성회, 그리고 염군사에 가입하게 된다. 북성회는 1921년 일본에서 조직된 최초의 재일조선인 사회주의 단체인 흑도회가 1922년 12월 분열되면서 나온 공산주의계의 조직이었다(김명섭 2001). 한편 염군사는 1922년 9월 조선에서 조직된 최초의 사회주의 문화단체였다. 당시 조선에서는 러시아와 일본 등지로부터 유입된 사회주의 사상이 부르주아 민족주의를 압도하는 분위기가 팽배했다. 또 문예 방면에서는 각종 동인지의 발간으로 일종의 사회주의 부흥기를 이루고 있었다. 이러한 상황에서 염군사는 무산계급 해방문화의 연구와 운동을 강령으로 송영, 이호, 이적효, 김홍파, 김두수 등에 의해 창립되었다. 이들은 검열을 피하기 위해 일본 사회주의자 명의를 빌려 기관지 〈염군〉을 출판했으나, 발간 즉시 경찰 당국에 압수당하는 수난을 겪는다.[8] 결국 염군사의 중심인물이었던 송영은 잡지 발행을 포기하고 문학부, 음악부, 극부를 둔 예술단체로서 염군사의 확장을 시도한다. 이 무렵 형설회 고국순회공연단원으로 경성에 와 있었던 최승일, 김영팔 등은 염군사에 가담했고 주로 경성에서 활동을 이어나갔다. 집안 경제 사정의 급작스런 악화, 그리고 1923년 9월 발생한 간토 대지진 때문에라도 최승일이 동경으로 다시 돌아가는 일은 여의치 않

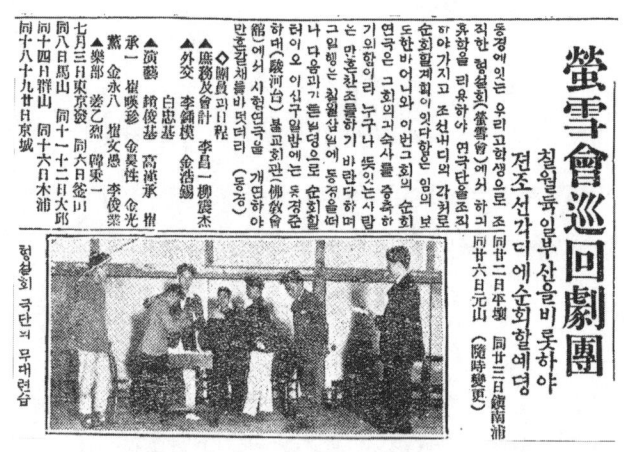

형설회의 공연 연습 장면(〈동아일보〉 1923.7.2.). 우수진(2020:275)에 따르면,
전국 규모의 순회모금 공연은 1920년대 소인극 운동의 백미나 다름없었다.
그 시초는 1921년 여름 동우회와 갈돕회가 마련했다. 당시 〈조선일보〉, 〈동아일보〉
같은 신문들은 이들 단체를 후원하면서 공연의 준비과정과 일정, 연극 내용과
관극 분위기, 모금 액수 및 기부자 명단 등을 구체적이고 반복적으로 중계 보도했다.
이러한 보도는 순회모금 공연을 하나의 미디어 이벤트로 만들었다.
그로부터 생겨난 스펙터클은 독자 대중에게 가상적인 관극 경험을 제공했고,
'동정'과 '상조'를 바탕으로 한 공동체 감각의 형성을 자극했다.

왔다. 니혼대학의 시설은 이때 거의 불타 버렸다.

이렇게 해서 최승일, 심훈, 김영팔, 이용석 등으로 진용을 갖추게 된 염군사 극부는 심훈 작 「먼동이 틀 때」와 최승일 작 「선술집」, 고리키의 「밤주막」 등을 가지고 단원들을 모아 반년 동안 공연을 준비했다. 일제의 탄압과 자금 문제로 극부의 공연은 결국 불발에 그쳤지만, 프롤레타리아 예술에 대한 분명한 의식을 가지고 연극에 관여하고자한 최초의 시도로서 그 의의가 결코 작지 않다(권영민 1998:28-38; 안광희 2002:73-75)[9]. 문학 활동도 계속 이어져, 1924년 2월 최승일은 이계훈 등 8명과 함께 동인지 〈신문예〉를 발간한다(〈매일신보〉 1924.1.29.). 그는 〈신문예〉 창간호에 「참패자」, 2호에 「혼탁」을 실었고 3호에는 「바람」이라는 제목의 작품을 예고했다(권보드래 2014)[10]. 1920년대에 최승일은 자신이 직접 관여한 〈신청년〉과 〈신문예〉 이외에 〈개벽〉, 〈신여성〉, 〈별건곤〉 등 개벽사 발간 잡지들에 주로 글을 실었다. 1924년 〈신여성〉에 소

---

8   송영의 회고에 따르면, 〈염군〉은 4·6배판 32페이지의 리플렛 형으로 매호 3천 부를 발행했고 인쇄 비용이 70원가량 들었다. 이 비용은 염군사 동인들이 몇 원씩 추렴해서 마련했다(〈조선예술〉 1957.3).

9   한효에 의하면, 염군사 극부는 1924년 4월 18일 조선로농총동맹 창립대회에서 투쟁을 고무하기 위한 축하 연예 공연을 했다(2010:245).

10   〈신문예〉의 동인은 이계훈, 김준호, 최승일, 윤기정, 강애천, 심대섭, 유월양, 조춘광, 고한승이었다(〈조선일보〉 1924.1.7.). 지금까지는 주로 「기념식」 혹은 「떠나가는 날」이 최승일의 문단 데뷔작으로 여겨져 왔으나, 〈신청년〉과 〈신문예〉의 발굴 덕분에 그의 소설 창작이 동인 활동을 중심으로 좀 더 일찍 시작되었음을 알 수 있다. 〈신문예〉에 실린 소설들, 그리고 〈시대일보〉에 실린 「반광」은 그동안 그 존재조차 제대로 알려지지 않았다. 그런데 〈신문예〉의 창간호는 현재 실물을 확인할 수 없고, 3호는 실제 발간 여부가 불확실하므로, 우리가 지금 실제로 읽을 수 있는 최승일의 초기 작품은 「혼탁」과 「반광」 뿐이다. 이 가운데 「혼탁」은 유학생이 느끼는 '민중에 대한 빚'이라는 감정을 다루고 있으며, 「반광」은 식민지 지식인의 정신적 혼란과 불안감을 형상화하고 있다. 한편 김영팔은 1924년 〈매일신보〉의 문예 공모에 2등 현상당선작인 「해고사령장」을 발표하며 등단했다.

설「안해」,「떠나가는 날」,「그 여자」등을 차례로 발표하면서 본격적으로 등단한 그는 같은 해 가을 〈시대일보〉 지면에 소설「기념식」,「반광(半狂)」등을 게재한다. 최승일이 1925년 초 발표한 수필「겨울에 서서」의 한 대목은 당시 그가 암울한 식민지 상황에 대해 가지고 있던 상념의 일단을 드러내 준다.

> "조선 안에 모든 것은 운다. 산도 울고 들도 울고 사람도 운다. 얼마 동안인지 그렇게 울다가 이제는 아주 지쳐서 사지를 기운 없이 펼치고 가쁜 호흡을 아려가면서 몽롱하여진 것 같다. 그렇다. 지금 조선은 잠들었다. 그 속에 있는 사람들은 떨며 울다가 기진하여 자빠져 있다. (...) 모든 싸움은 생활 때문에 난다. 모든 정의는 생활 때문에 생겨났다. 생활을 붙잡으려고 싸우고 생활을 얻으려고 정의를 부르짖는다. 그런데 우리는 이 생활을 빼앗기였다. 부르조아에게 빼앗기였다. 지배계급에게 빼앗기였다. 지배계급은 또 세계 지배계급에게 빼앗기였다. 그러므로 우리는 빼앗기였어도 이중삼중으로 빼앗기였다. (...) 아무 희망 없고 우울한 밤은 조선을 둘러쌌다......오오 자살(自殺)이나 자살(刺殺)하기 위하여 칼을 잡을 때는 왔다. 그리하여 깊은 밤 고요한 밤에 가슴은 들먹들먹하고 영혼은 떨며 운다."(〈조선일보〉 1925.1.19.)

최승일은 조선의 현실을 민중에 대한 지배계급의 착취, 식민지에 대한 제국주의 국가들의 착취가 복잡하게 얽힌 구도의 결과로 이해하면서, 이제 적을 향해서든 자신을 향해서든 칼을 들 때라고 주장한다. 그의 이러한 인식은 갑작스럽게 몰락한 집안과 그로 인해 몇 년간 어렵기만 했던 살림살이 사정과도 무관하지 않았을 것이다. 무언가 결단의 순간을 앞에 두고 있다는 자의식은 그에게 두려움을 불러일으키고, 이런 생각을 하면서 그는 만년필로 원고를 끄적거리는 것 또한 울음이라고 말한다. 이를 사람들은 "여유 있는 울음"이라고 할 테지만, 결코 그렇지 않다는 것이다. 최승일이 프롤레타리아 문학에 경도된 것 또한 이러한 현실 인식의 발로였을 터이다. 개인적·사회적 비참을 겪으며 그가 느낀 괴로움의 정조는 1925년 10월 〈신여성〉에 게재한 수필 「무제」에서도 다시 한번 나타난다. 가을 특집의 한 꼭지로 쓰인 이 글에서 최승일은 가을을 "죽음의 가을", "슬픔의 가을", "애상의 가을"로 표현하며, 내면의 고통을 다음과 같이 토로한다.

"참으로 이러고는 못 살겠다. 죽지도 않고 살아있는 것도 아니고! 그래도 이 세상엔 가을맞이에 산뜻하여진 사람이 있으련마는 이것이 웬일이냐? 미쳐 날뛰어지지도 않고 그렇다고 아주 정신 모르게 아프고 쓰리지도 않고 다만 자다가 놀라고 찬 땀이 흐르고 한숨이 나오고 달을 보고 미워하고 — 이것이 어찌 될 조짐이냐. 등 뒤에는 무엇이 눌리느냐? 앞이 어째 이리도 캄캄하냐! 가을을 맞아도 달을 보아도? 귀뚜라미의 우는 소리를 들어도 무슨 내 몸을 철사로 얽어매어 깊은 진흙 구렁텅이에 집어넣고 쳐다보고 듣고 맞는 것과 같구나!"(〈신여성〉 1925.10)

한편 비슷한 시기 검열에 걸려 전문이 삭제된 최승일의 원고 또한 있었음을 지적해두자. 〈신여성〉 1924년 11월호의 목차에 제목만 실린 "여성전선(女性戰線): 권애라 씨에 대한 공개장"이 그것이다. 그 내용은 현재로서는 전혀 알 수 없다. 다만 최승일의 원고와 함께 묶인 두 편의 글이 "~씨에 대한 공개장"이라는 공통제목 아래 근대 여성 작가의 원조 격인 김명순과 김원주(김일엽)를 비판한 평론이었다는 점, 그리고 권애라가 3·1운동의 주도 세력 가운데 한 명으로 옥고를 치른 전력이 있으며, 강연회 등을 통해 민족의식 고취에 주력한 대표적인 신여성이자 항일 운동가였다는 점으로 미루어 볼 때, 상당히 민감한 내용이 담겼음을 짐작할 수 있다. 사실 김명순과 김원주에 대한 김기진의 평문에는 자유주의적·개인주의적 태도에 대한 프로문학가의 비판적 관점보다는, 신여성 작가의 삶과 작품에 대한 남성 지식인의 가부장적 편견에 가득한 시선이 훨씬 두드러진다. 이러한 맥락에서 과연 최승일의 글은 어떤 기조였을지 궁금증이 더해지지만, 확인할 길은 없다. 어쨌거나 동경 유학에서 실질적으로 돌아온 뒤 최승일은 몇 년간 꾸준히 소설을 발표했고, 이는 1926년에 정점에 이르렀다가 아마도 방송국 업무 등에 밀리면서 차츰 뜸해지는 것으로 나타난다. 1930년에 발표한 「거리의 여자」와 「누가 이기었느냐」가 그가 쓴 마지막 소설이었던 것으로 보인다.

최승일은 소설 창작 이외에 외국 문학작품의 번역에 나서기도 했

박문서관에서 출판한 최승일의 번역서 『봄물결』과 『홍등야화』의 묶음 광고(〈조선일보〉 1926.11.14.)

다. 1925년 그가 알프레드 드 뮈세(Alfred de Musset)의 『이인의 애인(*Les deux maîtresses*)』(1837) 번역을 마치고 회동서관에서 출간할 예정이라는 보도가 있으나(〈조선일보〉 1925.4.6.), 실제로 출판이 이루어지지는 않았던 것 같다. 다만 이 소설은 화자가 두 여인을 동시에 사랑하게 된 어떤 친구의 이야기를 들려주는 형식으로, 이후 결혼과 이혼을 거듭한 최승일의 사생활을 연결해 보아도 흥미로운 구석이 있다. 1926년은 최승일이 번역 작품을 여럿 내놓은 시기이다. 그는 〈개벽〉(1926.7) 지에 일본 프롤레타리아 문학 운동의 대표 작가인 하야마 요시키(葉山嘉樹)의 1925년 소설 「매음부(賣淫婦)」를 번역·게재했고, 이반 투르게네프의 『봄물결』, 그리고 편역본 『홍등야화(紅燈夜話)』를 박문서관에서 출판하기도 했다. 다양한 국적의 작품을 대상으로 한 이러한 번역 활동은 일본어를 매개로 이루어졌다. 예컨대, 『봄물결』의 번역대본은 1921년 신초우샤(新潮社)에서 간행한 『하루노나미(春の波)』였다(김병철 1978:660-661). 또 『아라비안나이트』에서 「알라딘」, 「알리바바」, 「신드바드」 등 유명한 이야기 여섯 편을 뽑아 실은 번역본 『홍등야화』는 1924년 아사다 소우시치(朝田摠七)가 분교우샤(文行社)에서 간행한 같은 제목의 책을 재편집한 것으로 보인다. 최승일 자신은 특히 단행본 번역서 출판의 경우, 원고료로 생활비를 벌기 위한 것이었다고 말한 바 있다. 하지만 그의 원래 의도야 어떠했든, 번역이 그의 문학적 취향과 일정하게 영향을 주고받았으리라는 추정은 가능하다.

예컨대, 하야마 요시키 작품의 번역, 소개는 당시 프로문학 작가로서 그의 뚜렷한 성향을 고려하면 자연스러운 일이지만, 투르게네프 작품들의 번역 또한 그가 당시 가장 좋아하는 작가로 독일 표현주의 극작가 게오르크 카이저와 더불어 투르게네프를 꼽았다는 점을 고려하면, 순전히 문학 외적인 이유에 따른 선택만은 아니라고 볼 수 있다(〈매일신보〉 1927.4.3.). 물론 1920년대 국내 문학 시장에서 투르게네프와 체호프 등의 러시아 소설은 상업성이 있었다.[11] 특히 투르게네프의 몇몇 소설은 러시아의 사회적 과제라든지 시대적 주체 의식보다는, 사랑과 죽음 같은 좀 더 보편적인 소재를 서정적인 문체로 다루어 큰 인기를 끌었다. 그것들은 검열의 부담을 피하기 쉬웠고, 일본어판의 중역으로서 이미 일본 시장에서 대중성을 검증받았다는 장점이 있었다. 사실 일제 강점기 내내 투르게네프는 조선인 독자들에게 가장 많이 번역되고 사랑받은 대표적인 러시아 작가였다(권영민·박중소·오원교·이지연 2016; 김병철 1978:442-443). 그런 만큼 최승일이 투르게네프 작품을 번역한 데에는 출판사나 그 자신의 경제적 계산이 작용했을 수도 있겠으나, 개인적인 선호 역시 간과할 수 없을 터이다. 『이인의 사랑』과 『봄물결』 같은 최승일의 번역 작품들은 사실 그의 프로문학적 지향성 이면에서 모종의 낭만주의가 면면히 흐르고 있지 않았는지 조심스레 추정하게 만든다. 개인적 정서와 주관적 감정을 때로는 과잉되게 표출하는 그의 산문들에서 그러한 낭만주의적 경향을 감지할 수 있기 때문이다.[12] 한마디 덧붙인다면, 최승일이 직접 번역을 시도한 적은 없는 저자이지만, 그의 산문들에서 나타나는 게오르크 카이저의 영향 또한 간단히 언급해둘 필요가 있을 것이다. 독일 표현주의 희곡의 기수로 꼽히는 카이저는 「칼레의 시민」, 「아침부터 자정까지」, 「가스」 등의 작품으로 유명하며, 깊이 있는 사유와 뛰어난 기교를 결합한 드라마 속에서 자본과 노동, 지배자와 예속자, 기술자와 노동자, 나아가 기술 문명과 인간 사이의 대립을 솜씨 있게 형상화한 것으로 평가받는다. 한데 그러한 테마는 후에 최승일이 자신의 산문들에서 되풀이해 변주하게 되는 것이기도 하다. 이는 근대 미디어 문화에 대한 그의 초창기 시각에서 특히 도드라지게 나타난다.

11 일본 유학생들이 러시아에 대한 사회적 관심을 지속하고 증폭시킨 매개자 역할을 했다는 점 또한 말해둘 가치가 있을 것이다. 1917년 러시아혁명의 여파 속에서, 그리고 다이쇼 시기의 자유주의적 분위기 아래서 그들은 아나키즘에서 니힐리즘까지 일본어로 번역된 다양한 러시아 사상을 접했고 러시아 소설을 읽었다. 그런데 김현경에 따르면, "혁명 이전의 러시아의 사회 상황은 어딘가 식민지 조선을 연상시키는 데가 있었다. 검열과 공포정치가 지배하는 차르 치하의 숨 막히는 분위기, 비참 속에서 신음하는 민중, 아직 도처에 존재하는 봉건적 예속의 굴레, 그리고 가난하지만 거대한 인본주의적 이상에 불타는 젊은 지식인들의 존재, 러시아 소설에서 묘사된 이 모든 것은 한국의 독자들에게 소설의 주인공에게 커다란 공감을 불러일으키는 동시에, 그들 자신의 나라를 생각하게 만들었을 것이다."(2008:57)

12 1920년대 초반 최승일은 다다이즘에도 관심을 기울였던 것으로 보인다. 그는 조선에서 다다이즘의 수용을 주도한 고한용(高漢容)과 니혼대 미학과 동창이며 개인적인 친분도 있었다. 당시 다다이즘은 비분, 반항, 절망, 자조 등을 함축한 세기말적 허무주의로 이해되었고, 고한용은 '고따따'라는 필명으로 다다이즘을 소개하는 글을 여러 편 발표했다. 1927년 1월에 박팔양(朴八陽, 김니콜라이)이 발표한 다다 시 '윤전기와 사층 집'의 맨 끝에는 "고따따, 방따따, 최따따, 죽었는지 살았는지 적적무문이다"라고 쓰여 있는데, 고한용의 생애를 연구한 요시카와 나기는 고따따는 고한용, 방따따는 방원룡(김화산과 동일인물로 추정), 그리고 최따따는 최승일을 가리키는 것 같다고 해석한다. 그는 또일본의 다다이스트 쓰지 준이 1926년 조선에 왔을 때 체부동에 있는 친구 고한용의 집에 머물렀는데 당시 같은 동네에 살았던 최승일과도 함께 어울렸을 가능성이 크며, 최승일이 최승희를 이시이 바쿠 문하에 의탁하는 과정에서도 이시이와 각별한 신뢰 관계를 맺고 있었던 쓰지의 영향이 있었을 것이라고 지적한다(요시카와 나기 2015:144-147). 그런데 '최따따'가 정말 최승일이라면, 1920년대 초 그가 사회주의 운동과 계급문학에 대한 분명한 성향을 구축하던 상황에서 다다이즘을 어떻게 병합할 수 있었을까 하는 의구심이 생긴다. 요시카와는 이를 다다의 사상적 모호성과 연결 지어 논한다. 즉 그가 보기에, 다다에는 스스로 무엇을 하고 있는지에 대한 명료한 자의식도, 무엇을 하면 된다는 구체적 단서도 없다. 그러므로 다다이스트는 좋은 사회 건설을 위한 실천의 목적과 방향이 분명한 사상이 유행할 때 그 논리의 정당성에 쉽게 굴복할 수 있다는 것이다. 요시카와는 다다를 자처한 조선 청년들이 프로문학의 흐름에 휩쓸린 내적 계기가 그 점에 있다고 주장한다(요시카와 나기 2015:195-196, 121).

프로문학과
조직 활동에의 투신

문인 시절 최승일에게 작품 창작 못지않게 중요한 또 하나의 실천은 바로 조직 활동이었다. 그는 카프(KAPF, 조선프롤레타리아예술가동맹)의 결성 과정에서 의미 있는 역할을 담당한다. 여기에는 일본의 사회주의자이자 프롤레타리아 문학 작가인 나카니시 이노스케(中西伊之助)의 방한이 일종의 촉매제로 작용하였다. 나카니시는 여러 소설에서 조선인을 주인공으로 내세워 조선 청년 독자층의 주의를 끌었으며, 당시 조선의 작가들에게 큰 영향을 미쳤다(정종현 2020). 예를 들면 김기진은 자신이 1921년 말 '예술을 위한 예술'에서 '현실 참여적인 예술'로 사상 전환을 하게 된 중대한 계기 중의 하나로 나카니시의 「붉은 흙에서 싹터나는 것」을 읽은 경험을 든 바 있다. 그는 일본인의 억압과 착취 아래 빈궁하고 억울하게 사는 조선인들의 생활상을 묘사한 이 소설을 통해 자신이 일본인보다도 조선인의 현실을 깊이 관찰하지 못한 점을 반성했다고 적었다(김기진 1988:343).

나카니시는 1924년 12월 경성을 방문해 태서관에서 저녁 식사를 겸한 좌담회를 가졌다. 여기엔 최승일을 비롯해 박영희, 이호, 박용대,

김기진, 송영 등이 참석했다. 이 자리에서 조선인 문인 참석자들은 나카니시의 저서 가운데 조선인을 토인이라고 쓴 내용에 대해 항의하였다. 이는 사회주의 혁명가에게 어울리지 않게 조선을 식민지 취급한 모욕적인 묘사라는 것이다. 이러한 항의를 통해 나카니시에게 책을 재판할 때 반드시 정정하겠다는 약속을 받아냈으며, 이 사건은 작가들에게 아무리 사회주의자라 해도 조선인과 일본인은 다르다는 경험으로 받아들여졌다. 또 일본에는 벌써 나프(NAPF, 일본프롤레타리아예술가동맹)가 결성되었고, 〈문예전선〉이라는 기관지도 여러 호 발행한 때였으므로 조선에서도 빨리 예술단체를 만들어보자는 논의가 활발해졌다(〈조선일보〉 1924.12.25.; 박영희 1997b:331-333). 염군사 경성청년회 편집부는 12월 30일에 "당래(當來)할 조선에 혁명예술을 위하여 계급문예전선에 선 동지들의 간담과 또는 단결"을 도모하는 송년 모임을 주최했다(〈동아일보〉 1924.12.25.). 1925년 8월 14일 여성 사회주의자 오구 우메코와 함께 4개 단체(화요회, 조선노동당, 무산자동맹, 북풍회) 연합위원회의 초청을 받아 다시 경성을 방문한 나카니시는 15일엔 강연을 하고, 17일에는 4개 단체와 차담회를 가졌다. 이를 계기로 조선프로문예연맹준비회가 만들어졌다(〈동아일보〉 1925.8.15.; 〈시대일보〉 1925.8.15와 8.19.).

이 당시 최승일의 급진 좌파 성향과 프롤레타리아 문학 지향성은 상당히 강했던 것으로 보인다. 그는 1925년 4월 15~17일 경성에서 열린 전조선기자대회에 〈염군〉 기자로 이호, 박남중과 함께 참석했다.[13] 사실 〈염군〉은 당시 같이 참석한 〈해방운동〉과 마찬가지로 일제 고등경찰의 검열과 발매 금지 명령 때문에 제대로 배포가 이뤄진 적이 없었다. 그럼에도 민족주의와 사회주의 세력이 모든 '조선어 신문잡지'의 '조선인 기자'를 한데 소집하는 대회 개최라는 목표를 위해 연합한 상

---

13   경성 종로경찰서장, "京鍾警高秘 제2755호, 전조선기자대회의 건,"(1925.4.17.)

황이었기에, 〈염군〉에서도 기자들 3인을 파견할 수 있었다(임경석 2013).
한편 나카니시의 경성 방문에 즈음해 염군사 동인 7인(이적효, 김영팔, 최
승일, 박영대, 김온, 송영, 효천)은 〈시대일보〉 지면에 환영사를 실었는데, 최
승일은 다음과 같이 썼다.

"짓밟힌 자유를 살리려고 예술을 가두에로 해방한 동지를 대하게
되었다. 조선에 '프롤레타리아' 예술운동과 염군사-일본에 전투문
야(戰鬪文野)와 씨(氏)-이 같은 처지에 서서 우리와 씨 거기에는 감
격한 극적 씬이 약연(躍然)한 생각을 마지 못하겠다. 비록 염군사가
지열로 파묻힌 이때나 폭발! 약진! 돌관(突貫)!이 머지 않은 이때 차
(此)와 작전여(作戰餘)에 지내는 것이 있을 것을 생각하고 더욱 그러
한 감이 불무(不無)하다. 서론(序論)이 지난 이때에도 단칸방 안에서
만 헛소리들을 하는 분 ─ 배속 편한 예술론을 운운하는 선생들은
냉한삼두(冷汗三斗)를 내지 않을 것이다 ─ 염천에 서울까지 오는
건투야말로---"(〈시대일보〉 1925.8.17.)

나카니시의 경성 방문은 염군사가 파스큘라와 합작해 KAPF를 결
성하는 기회를 마련했다(권영민 1991). 파스큘라(PASKULA)는 1923년 박
영희, 김석송, 김기진, 연학년, 안석주, 이익상 등이 조직한 문예단체였
다. 최승일은 박영희, 김기진과 더불어 염군사와 파스큘라의 통합에 주
도적인 역할을 했다(권영민 1998:2장; 박현수 2008). 거기엔 세 사람이 어린
시절부터 친구였다는 사실이 의미 있게 작용했을 것이다. 이와 관련해
최승일 자신은 별다른 기록을 남긴 바 없지만, 김기진과 박영희의 전언
을 참고할 수 있다. 먼저 김기진의 회고를 보자. "최승일이 박영희와 함
께 찾아와서 전하는 염군사의 의향이란 무엇이냐 하면, 두 개의 집단이
공통적인 이념을 갖고 있으니까 파스큘라와 염군사가 합동을 해 가지

고 사회주의적 계급의식을 청년 지식층과 노동자 농민층에 보급시키는 선전활동을 하자는 것이었다. 문학작품을 통해서만이 아니라 강연회, 토론회, 학생극, 또는 동맹파업의 선동 등 모든 기회를 이용해서 활동하자는 것이었다."(김기진 1988:193) 한편 박영희의 회고는 이렇다. "최승일 군은 〈신청년〉 이후 동경, 상해 등지에서 공부를 하다가 돌아와서는 곧 사상단체에 들게 되었었다. 그는 사회주의 단체인 북풍회와 경성청년동맹의 회원이었었는데, 그중에서 문학적 취미를 가지고 문학으로 나와 보려는 이호와 박용대 양군을 나에게 소개하여 주었다. 이 두 사람은 그 후 문학적으로는 아무러한 성과가 없었으나, 프롤레타리아

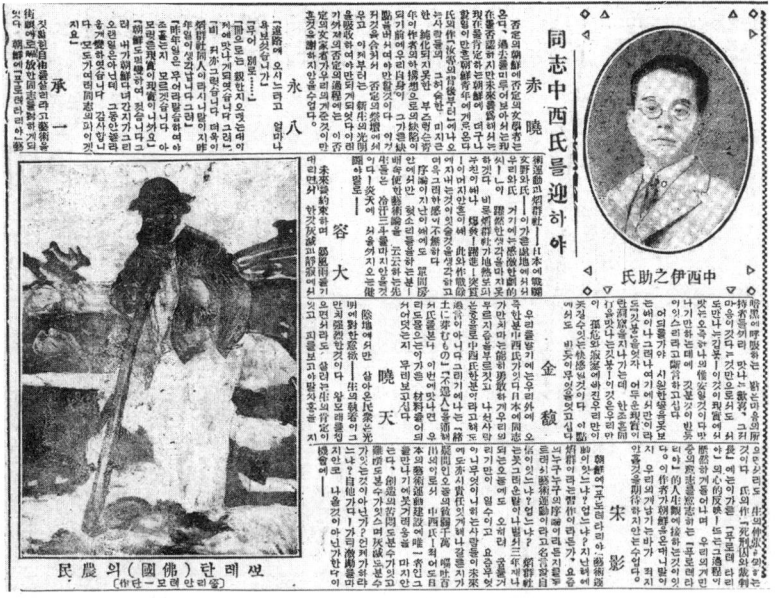

염군사는 계급문학 동지들의 규합과 조직화에 열성을 보였다. 1924년 말에는 프로작가 망년회를 주최하는가 하면(《동아일보》 1924.12.25.), 1925년 여름 일본 프로문학 작가 나카니시의 경성 방문에 단체로 환영사를 게재하기도 했다(《시대일보》 1925.8.17.).

예술동맹을 조직하는데 그 초기에 많은 노력을 한 사람들이었었다."(박영희 1997b:330) 이들의 회고는 카프의 결성에 최승일이 일종의 핵심 연결 고리 노릇을 했음을 알려준다.

이렇게 해서 카프는 1925년 8월에 전 조선을 포괄하는 유일한 공식 프로예술 운동단체로 발족했고, 최승일은 카프의 중앙위원이 되었다. 카프는 사회주의 조직 운동과 문예 영역의 교차적·횡단적 실천으로서의 성격을 띠고 있었지만, 창립 이후 실질적인 활동이 거의 없는 상태로 1년 이상의 시간을 보낸다. 게다가 카프의 목표가 주로 시와 소설을 중심으로 한 문학운동에 국한되어 있었기 때문인지, 최승일은 1925년 9월 별도로 극문회 결성을 도모한다(〈동아일보〉 1925.9.14.). 순전히 연극 문학과 무대예술을 진보적 관점에서 연구하는 조직단체를 표방한 극문회에는 최승일 외에도 고한승, 김영보, 김영팔, 임남산, 이경손, 이승만, 심대섭, 안석주, 최선익 등이 참여하였다. 극문회는 10월 하순 1회 공연을 열고 매년 4-5회 공연을 갖기로 계획했으나, 별다른 성과를 거두지는 못했다(〈매일신보〉 1925.9.12.; 안광희 2002:77).

한편 박영희의 증언처럼, 최승일의 사회주의 단체 참여는 (북성회의 국내지부인) 북풍회와 (북풍회 계열의 단체인) 경성청년회에도 걸쳐 있었다. 최승일은 1924년 12월 청년운동을 표방하며 25세 이하의 회원만으로 결성한 경성청년회의 집행위원을 맡았다(〈시대일보〉 1924.12.13.). 1920년대는 크게 민족주의와 사회주의 계열로 나눌 수 있는 다양한 사회운동, 청년운동 단체가 만들어진 시기였다. 경성에서만 하더라도 서울청년회, 화요회, 무산자동지회 등 개별 단체는 물론, 한양청년연맹, 신흥청년연맹, 경성청년연맹 같은 연합회도 여럿 생겨났다. 이들은 서로 협력하고 또 때로는 경쟁하거나 반목하기도 했다(〈시대일보〉 1926.1.1.; 〈개벽〉 1926.3; 이기훈 2004). 경성청년회는 "조선 청년에 마르크스 사상을 보급하고, 교양과 계급적 단결을 목적으로" 삼았으며,[14] 강좌, 강연회, 연구회의 개최, 순회문고와 도서종람소 설치, 국내외에 연구원 파송과 같은 사업을 계획했다(〈시대일보〉 1926.1.9.). 카프가 이렇다 할 움직임 없이 정체해 있는 동안 최승일은 경성청년회 일에 주로 관여하였다. 그는 1926년 1월에는 경성청년회의 기관지 〈청년(靑年)의 성(聲)〉 편집부원, 3월에는 교양부 위원이 되었고, 경성청년회가 여러 청년단체와 협력해 기획한 국제무산청년데이에도 출판부 집행위원으로 참여하였다.[15]

　　주목할만한 사실은 경성청년회가 벽신문과 생(生)신문(혹은 산신문)을 차례로 발간하였는데, 이 과정에 최승일 또한 관여했다는 것이다. 당시 조선에서는 혁명 이후의 러시아에 대한 사회적 관심이 높았는데, 벽신문과 생신문은 이러한 맥락에서 논의되고 또 도입된 것으로 보인다. 예를 들면, 한 기사는 이 새로운 유형의 신문을 다음과 같이 소개하였다. "러시아에 특별한 제도로 하여서는 '벽신문'과 '산신문'이 있다. 벽신문이라는 것은 매월 약 2회씩 발행하여 군영이나 학교나 공장의 벽에 게시하는 것이오, 산신문이라 하는 것은 구두로 신문의 내용을 전달하는 것이다. 이 두 가지 제도가 혁명기에 있어서 물자가 결핍되어 신문지의 공급이 부족하고 또 러시아와 같이 문맹자가 수다한 나라에서는 다대한 활동을 하여 왔다. 지금은 벽신문의 수효가 3, 4천에 달하고 그 편집원이 약 5만에 달한다."(〈조선일보〉 1925.7.15.) 러시아혁명 기념일 축하 계획을 세운다든지 러시아어 연구반을 두는 등 러시아 사정에

14　경성 종로경찰서장, "京鍾警高秘 제15141호의 1, 경성청년회 창립총회의 건,"(1924.12.12.)

15　경성 종로경찰서장, "京鍾警高秘 제9866호의 1, 경성청년회 제4차 임시총회에 관한 건,"(1925.9.5.) 한편 최승일은 이호, 이적효, 배덕수, 박용대 등과 함께 사회주의 잡지 〈해방운동〉의 속간을 위한 동인으로 참여했으나, 이 계획은 난항을 거듭하면서 제대로 이뤄지지 못했다(〈동아일보〉 1926.5.20.; 〈중외일보〉 1926.12.18.). 원래 1924년 김약수, 마명, 서정희, 신철 등이 조선 무산대중을 대변한다는 대의 아래 동경에서 창간했던 이 잡지는 당국의 압수와 발매 금지로 인해 안정적으로 간행하지 못했다.

관심이 많았던 좌파 계열의 청년단체들에서는 이러한 부류의 소식에 자극받았기 때문인지, 1926년 초 벽신문의 발간을 앞다투어 준비했는데, 그러한 단체들로는 경성청년회를 비롯해 한양청년연맹, 신흥청년연맹, 무산청년회, 조선노동당 등이 있었다(〈조선일보〉1926.1.20과 2.17.).

특히 경성청년회의 벽신문은 당시 신문들의 주목을 크게 받은 것으로 보인다. 경성청년회는 신문잡지가 감수해야 하는 정치경제적 제약(검열 및 자본)을 극복하고 민중의 의사를 표현하기 위한 효율적 방편으로 벽신문과 생신문 발간을 결정하고 1월 20일부터 준비에 들어갔다. 그렇게 해서 만들어진 벽신문은 2월 3일 경성청년회관에 내걸렸고, 게시하는 동안 많은 회원과 일반인이 관람해 성적이 매우 양호하다는 평가를 받았다. 창간호에는 조선경제 소식, 각 단체 소식, 사상운동, 농민·노동운동의 선동, 시사문제, 만화 등이 실렸다. 특히 칼 리프크네히트, 로자 룩셈부르크 등 세계 무산계급을 위해 희생한 이들을 본받아 우리도 의지를 가지고 노력하자는 정치적 내용은 당국을 자극했다.[16] 이 무렵 청년단체들에서 벽신문 제작과 게시가 잇따르자, 경찰 당국은 2월 중순 불온한 내용과 치안 방해 등을 구실로 경성청년회를 비롯한 신흥청년연맹, 무산청년회, 한양청년연맹 등의 벽신문을 압수하고 향후 유사한 시도를 불허한다고 천명했다(〈조선일보〉1926.2.6과 2.17.;〈동아일보〉1926.2.6.).

경성청년회는 벽신문에 대한 탄압에 대응해 원래 계획했던 생신문을 곧이어 제작한다. 1926년 3월 7일 오후 8시에 경성청년회는 연구반을 열고 이어서 생신문회를 개최하였다.[17] 그것은 신문 기사를 준비해 사람들 앞에서 낭독하는 식이었는데, 사장인 신주극이 창간사를 낭독한 뒤 정치부, 경제부, 사회부 등 각 부서의 기자가 관련 기사를 구술하는 일종의 연행이었던 것으로 보인다. 기사는 동경의 〈무산신문〉이라든지 〈조선일보〉 같은 기존 신문들에서 발췌한 내용 또한 포함했다.

최승일은 혼자서 정치부, 지방부, 학예부 등 여러 부서의 기사를 낭독했는데, 그 내용은 러시아의 소비에트 정부와 의회 상황, 각 지방의 청년·농민단체 조직 상황, 회원이 투고한 감상문과 문학 등이었다. 경성청년회의 이 첫 번째 생신문회는 25명 정도의 청중이 모여 참관했다. 러시아에서 생신문은 문맹인 청중을 대상으로 중요한 시사 문제들을 알려주고 계몽하려는 목적 아래 신문 낭독에 연극적 성격을 가미하였고, 이는 소비에트연방 건설을 위한 정치적 선동과 교육의 수단이라는 연극의 새로운 역할 설정과도 관련이 있었다(박정희 2020:15). 따라서 최승일은 그의 연극 경험 덕분에 생신문회에 비중 있게 참여할 수 있었던 것으로 여겨진다. 다만 이 생신문이 러시아에서처럼 문맹인 청중을 위한 것이었다고 보기는 어렵다. 그보다는 활자 미디어가 감수해야 하는 검열의 제약을 피하고 회보나 기관지 발간의 비용을 절감하는 한편, 발언과 표현의 자유를 확보함으로써 단체의 이념을 내외적으로 선전하려는 목적이 더 강했을 법하다. 회원들의 교양을 함양하고 의견 교환을 촉진하려는 기대 또한 있었을 것이다. 하지만 경찰 당국은 생신문 내용의 불온성을 문제 삼아 사장인 신주극에 구류처분을 내리고 발행금지

---

16 경성 종로경찰서장, "京鍾警高秘 제1761호. 벽신문 압수에 관한 건,"(1926.2.19.) 및 "京鍾警高秘 제1792호. 시내 각 단체의 벽신문 게재 내용의 건,"(1926.2.20.)

17 경성 종로경찰서장, "京鍾警高秘 제1376호. 경성청년회 제2회 정기총회의 건,"(1926.2.8.); "京鍾警高秘 제2407호. 경성청년회의 연구반 및 생신문회의 건,"(1926.3.8.); "京鍾警高秘 제2407호의 1, 生新聞에 관한 건,"(1926.3.8.) 이는 원래 보도되었던 생신문 발간 계획과는 다소 차이를 보인다. 〈시대일보〉는 경성청년회가 1926일 3월 6일부터 〈생신문〉을 발간하기로 하고 신주극(申周極)을 사장으로, 책임위원으로 편집국 최승일, 정치부 이적효, 경제부 김유선, 사회부 정웅, 지방부 박영해, 학예부 최시강을 임명했다고 보도한 바 있다(1926.3.3.). 실제로는 다른 부서들은 같았지만, 최승일은 정치부, 지방부, 학예부의 기사들을 낭독했다. 신문 보도가 정확하다면, 최승일이 생신문의 편집 전체를 관장했을 가능성도 있다.

를 명령하였다.[18]

경성청년회가 그 시발점을 마련했던 벽신문과 생신문은 당초 계획처럼 매월 1회 발간은커녕 후속 제작이 제대로 이루어지지 못했던 듯싶다. 1926년 초 경성청년회는 총회에서의 '공산주의 만세' 제창 등을 비롯해 벽신문과 생신문 등이 야기한 이른바 '치안 방해' 문제를 이유로 경찰 당국으로부터 한 달가량 모든 집회를 금지한다는 통보를 받았다(〈조선일보〉 1926.3.23.; 〈매일신보〉 1926.4.25.). 그럼에도 벽신문과 생신문의 미디어 형식은 이후로도 상당한 기간 각 지역의 청년단체 등에서 널리 유행하게 된다(박정희 2020). 그것은 "공장, 집회장, 사무소, 합숙소 같은 많은 사람이 모이는 곳의 벽을 이용해서 여러 가지 문제의 논설, 보고 같은 것을 써 붙여서 신문과 같은 게시판을 만드는 것"이라는 정의를 부여받았다(〈실생활〉 1932.6). 생신문 또한 벽신문만큼은 아닐지라도, 신흥청년동맹, 협우청년회 등 경성 지역의 단체를 비롯해 봉화, 함흥, 성진 등 각지의 청년동맹에서 시도되었다(〈조선일보〉 1926.3.6과 4.10.). "간단한 시사 문제를 연극 비슷한 형식으로" 대중에게 전달하는 이 신문에 관한 정보 역시 급진 단체들을 중심으로 꾸준히 공유되었다(〈집단〉 1932.2).

이처럼 초창기의 실험 이후 몇 년간 이어진 벽신문, 생신문의 명맥은 문예 영역에서 '벽소설'로 발전하거나 '산신문극'의 형식으로 논의되기에 이른다. 벽소설은 조선의 계급문학 진영에서 '예술대중화론'의 전략으로 제작된 양식으로서 송영, 이동규 등이 창작했다(박정희 2020). 또 산신문극은 유치진이 생신문의 신문적 성격보다는 연극적 성격을 한층 강조하면서, "국내에서나 해외에서 일어나는 일상의 변동을 인쇄

---

18   경성지방법원 검사정, "地檢秘 제**호. 生新聞에 관한 건,"(1926.3.11.); 경성 종로경찰서장, "京鍾警高秘 제2962호. 경성청년회 월례회에 관한 건,"(1926.3.22.)

활자로써 신문 지면으로 보도하던 것을 동작과 육성과 음영으로 번역하여 일반사회에 전달시키려는 극형식"으로 재규정한 개념이었다(《동아일보》 1931.12.17~19.). 원래 청년단체들의 생신문은 이러한 극적 형식보다는 단순한 낭독의 차원이 두드러졌던 것으로 짐작된다. 그러니까 유치진이 말하는 "신문의 연극화"였다기보다는, 일종의 '보고 듣는 신문'에 가까웠다는 뜻이다.

Box 3.
경성청년회의 벽신문과 생신문

1926년 〈동아일보〉는 "문패의 내력담"이라는 제목 아래 문패가 일인칭으로 단체를 소개하는 형식의 기사를 연재했다. 이 가운데 경성청년회 관련 기사는 기존 청년단체들이 15~50세까지 섞여 있다는 데 문제의식을 지닌 이 단체가 15~25세까지만 회원으로 받으며, 청년 당사자의 목소리를 중시한다는 원칙이 뚜렷하다고 소개한다(아래 그림, 〈동아일보〉 1926.1.9.). 경성청년회는 벽신문과 생

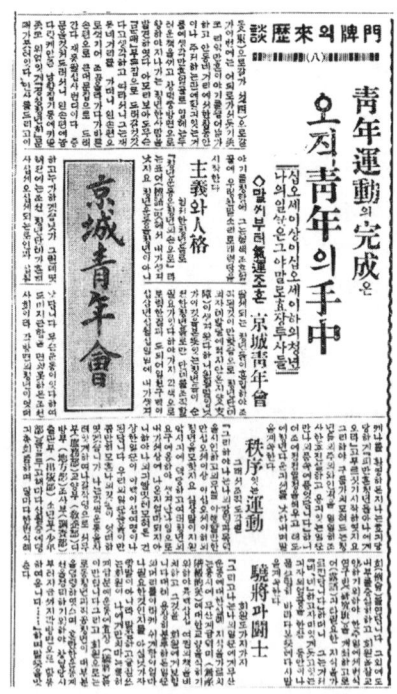

신문을 제작했다. 벽신문에 관한 언론 보도 가운데 맨 처음 등장하는 것은 1926년 2월 3일 재동 84번지의 경성청년회 건물 안에 나붙은 경성청년회의 벽신문이다. 여러 신문 기사가 그 발행과 준비 과정, 사후 반응을 알렸다.

그런데 1926년 2월 10일자 〈조선일보〉는 "벽신문의 효시"라는 제목의 사진기사를 싣고서, 인사동 한양청년연맹의 회관에 게시된 벽신문이 국내 최초라고 해설하고 있다(왼쪽 그림). 이 사진을 자세히 보면, '벽신문'이라는 제호 양옆으로 (1920년대에 크게 유행했던) '미래는 청년의 것이다'라는 독일의 사회주의자 카를 리프크네히트의 경구와 '만국 무산자 단결하라!!'는 『공산당 선언』의 구호가 쓰여있다. 〈동아일보〉는 2월 11일자 지면에 같은 벽신문을 담은 비슷한 구도의 사진을 "처음으로 시작된 벽신문"이라는 간단한 설명만 달아 게재했다(오른쪽 그림). 한편 그 이튿날 〈조선일보〉는 다시 1면에 "벽신문의 탄생"이라는 단평을 싣고 "한양청년연맹에 의하여 벽신문이 탄생되었다. 이것이 일반민중을 교양하는 데 큰 효과가 있었던 것은 우리가 아는 바이다. 또 산(생)신문도 탄생하게 되기를 바란다. 벽신문과 산신문은 더군다나 농민 야학 등에

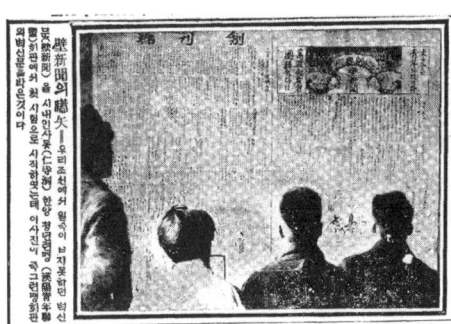

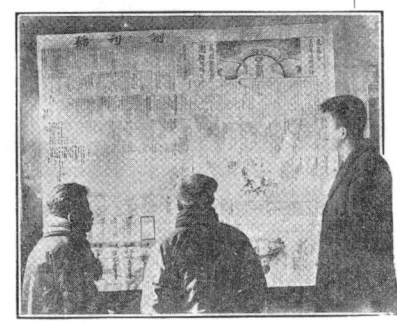

67

있어서 많이 응용되어야 할 성질의 것이다. 우리는 온갖 수단으로써 더욱 학대받는 동포들의 눈을 열어야 하겠다. 그리하여 민중의 창조력을 신뢰하고 나아가야 하겠다."고 쓴다(1926.2.12.). 〈조선일보〉는 이후 종로경찰서에서 한양청년연맹의 벽신문을 불온하다는 이유로 압수했다는 기사를 내기도 했다(1926.2.17.).

　　그런데 이상한 점은 이 한양청년연맹의 벽신문 관련 기록이 별로 발견되지 않는다는 것이다. 그것이 정확히 언제 발간되었는지, 만일 경성청년회의 벽신문보다 먼저 나왔다면 왜 2월 10일 이후에야 사진기사 형식으로만 보도되었는지는 현재로서는 알기 어렵다. 또한 〈조선일보〉를 제외한 다른 신문들은 물론, 종로경찰서의 벽신문 관련 문건들에서도 경성청년회, 신흥청년연맹, 조선공산당만이 언급될 뿐, 한양청년연맹은 언급되지 않는다. 그래서인지 몇몇 문헌은 경성청년회가 국내에서 처음으로 벽신문을 발행했다고 기술하고 있다. 한편 1926년 3월 3일자 〈시대일보〉는 생신문 발간 소식을 알린 바 있다(아래 그림).

최승일이 1926년 3월 21일과 7월 10일 경성청년회 교양부 집행위원으로 선임되었다는 점을 고려하면, 생신문회 이후로도 그의 청년회 활동은 한동안 지속되었던 것 같다(〈동아일보〉 1926.3.24.; 〈조선일보〉 1926.7.13.). 하지만 그것은 대략 1926년 하반기부터는 뜸해졌거나 중단되었을 것으로 여겨진다. 그즈음 그가 체신국에서 경성방송국 개국 준비를 위한 촉탁직 업무를 시작했기 때문이다. 물론 방송국에서 일하는 동안에도 그는 이런저런 단체 활동을 계속하긴 했지만, 사회운동 조직에서보다는 문예운동 조직에서였다. 한 예로, 1927년 6월 25일 최승일은 "조선학생예술운동의 조직화"를 표방한 조선학생예술연구회 창립대회에 15인 집행위원 가운데 한 명으로 참여한다(〈동아일보〉 1927.6.28.). 이 단체는 1928년까지도 명맥은 유지하였으나 뚜렷한 성과를 거두지는 못한 것으로 보인다. 그가 1926년 이후에도 수년간 꾸준하게 관여한 조직은 무엇보다 카프였다.

카프는 1925년 8월 이래 별다른 움직임이 없다가, 1926년 초 준기관지 성격의 잡지 〈문예운동〉을 발간하면서 활동의 단초를 마련하였다. 카프의 준기관지 〈문예운동〉은 1926년 2월 창간호를 냈고, 그해 5월 제2호를 발간했다. 창간호의 단평란에 참여한 최승일은 2호에는 소설 「구세군」을 기고했는데, 이 원고는 이기영, 이적효의 글과 함께 검열 때문에 실리지 못했다. 편집자는 제2호 발간 후기에 동지들의 원고가 "몸 성히 활자의 형체를 빌려 가지고 세상에 나오겠느냐? 하는 큰 문제"가 한 가지 걱정이었다고 적었는데, 그 우려가 현실이 된 셈이었다. 김기진에 따르면, 이 잡지는 1927년 1월 제3호의 원고를 압수당한 이래 결국 폐간되고 만다(〈조선일보〉 1929.1.16.). 이처럼 단명하긴 했지만, 〈문예운동〉은 "1920년대 전반기 사회주의 조직운동(가)과 예술(가)을 매개하며 이루어진 미학적 지향이 처음으로 물질화(집단화)되었다는 점에서 매우 중요한 잡지"로 평가받는다(최병구 2013:27). 사회주의 이념에 기초한 이데올로기적 실천이자 미학적 실천으로 프로문학을 규정할 수 있다면, 이 잡지는 바로 미학적 실천을 위한 자기규정의 근거를 현실화했다는 것이다. 〈문예운동〉은 또 1926년 12월 18일 문예대강연회를 종로 YMCA 강당에서 조선일보사 후원으로 개최하였다. 연사로는 조명희, 박팔양, 박영희, 홍기문, 이익상, 이량, 최승일, 방정환, 김동환 등이 나섰고, 기성 문단에 대한 비판과 장래 문예 활동의 전망, 시 낭독, 극본 낭독 등 다양한 프로그램으로 청중의 큰 호응을 얻었다(〈중외일보〉 1926.12.20.).

　1926년 12월 24일 카프는 임시 총회를 열어 "우리는 단결로서 여명기에 있는 조선 무산계급 문화의 수립을 기함"이라는 강령을 내세우고 규약을 개정하면서 재창립을 하게 된다. 이때 최승일은 박영희, 김기진, 안석영 등과 더불어 위원으로 선출되었다(〈시대일보〉 1926.12.26.). 1927년 11월 카프는 기관지 〈예술운동〉을 동경에서 발행했다가 간행 전에 발간 금지 조치를 당하고, 1929년 5월 다시 경성에서 〈조선문예〉를 창간한다. 박영희가 실질적인 편집주간을 맡았던 〈조선문예〉는 총

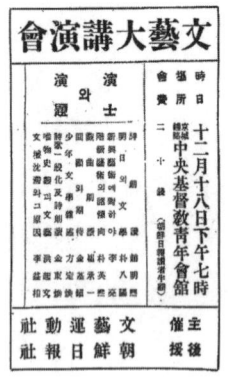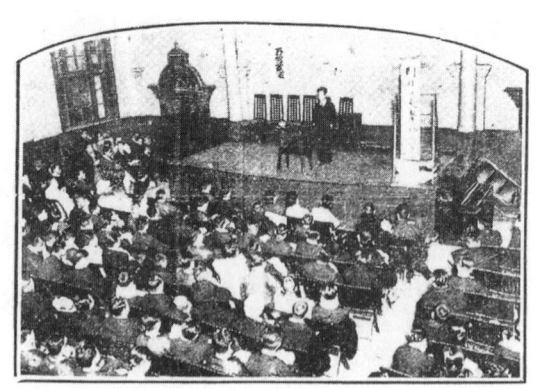

〈문예운동〉사 주최 문예대강연회의 프로그램과 실제 모임 풍경
(왼쪽 그림, 〈조선일보〉 1926.12.17.; 오른쪽 그림, 〈중외일보〉 1926.12.20.).

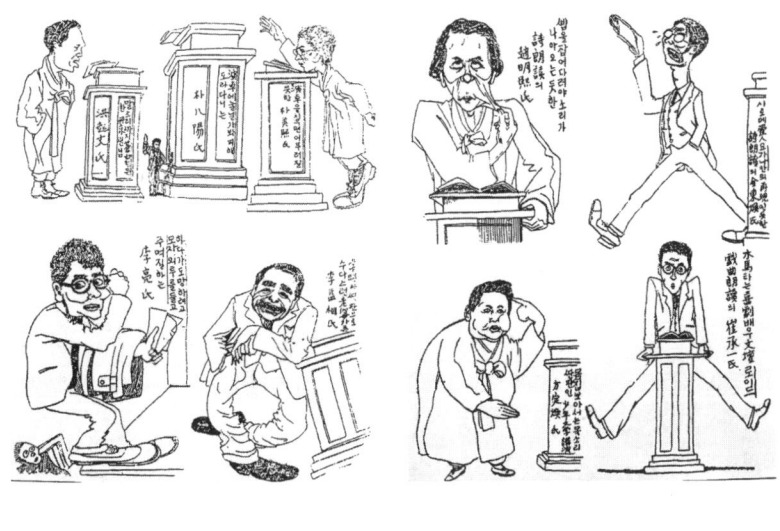

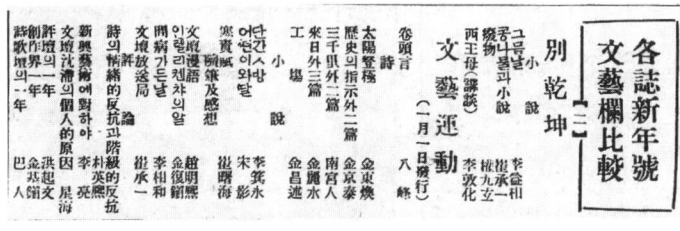

이 강연회는 문인 강사들의 인상에 대한 만평 기사까지 나올 만큼 상당한 주목을 받았다
(1과 2 〈별건곤〉 1927.2). 만평 인물은 윗줄 왼쪽부터 홍기문, 박팔양, 박영희, 조명희, 김동환,
아랫줄 왼쪽부터 이량, 이익상, 방정환, 최승일이다. 최승일에 대해 만평자는 "목마 타는
희극 배우 문단 로이드, 희곡낭독의 최승일 씨"라고 적었다. 한편 1927년 1월 나올 예정이었던
〈문예운동〉 제3호는 검열과 원고 압수로 인해 발간이 아예 불발되면서(최병구 2013:29),
그동안 그 내용 또한 알려지지 않았다. 이와 관련해 〈중외일보〉에 실린 상세 목차는 참고할
가치가 있다(3, 〈중외일보〉 1926.12.26.). 시, 소설 외에 '수필 및 감상'란 필자들 가운데
박영희, 이량, 홍기문, 김기진 등의 글은 문예대강연회 발표 내용과 상당히 겹쳤을 것으로
추측된다. 또 최승일은 "문단방송국"이라는 제목의 글을 투고한 것으로 나와 있다.

2호 발간에 그쳤는데, 최승일은 원고를 기고하고 좌담회에 참여했다.

　몇 년 뒤인 1930년 4월 카프는 조직을 확대해 서기국, 교양부, 출판부, 조직부 외에 예술운동을 관할하는 기술부를 신설하고, 기술부 아래 문학부, 영화부, 연극부, 미술부, 음악부의 다섯 개 부서를 두어 예술운동 조직으로서의 성격을 강화한다. 연극부에서는 상임위원 김기진 외에 최승일, 안막, 한택호, 신영이 위원을 맡았다(〈동아일보〉 1930.4.29.; 안광희 2002:91-93). 하지만 카프 연극부는 몇몇 공연 외에 이렇다 할 성과를 보여주지 못했다. 1930년 9월 최승일의 연출로 미나도좌에서 「하차」, 「산」 등 일련의 경향극 각본을 상연한 것이 그 활동의 전부였다. 그런데 박영희가 미나도좌 공연을 프롤레타리아 연극의 첫 행진이며 발전과정이라고 평하자, 카프의 지역 맹원인 민병휘는 박영희의 관점이 지닌 문제점을 지적하면서 카프 중앙에 대한 공격으로 논의를 확대하게 된다(이승희 2004:65-66). 이동극장 형식의 연극 활동을 강조한 민병휘의 입론은 카프 중앙과는 별개로 카프 재조직을 추진하려 했던 개성지부 양창준의 주장과 연결되면서, 이른바 '반카프 음모'의 '군기(群旗) 사건'이 일어난다. 이는 카프 개성지부 구성원들이 잡지 〈군기〉를 매개로 카프 중앙에 대한 '기만적 역선전'을 통해 전조선무산자예술단체협의회를 결성하려고 기도하다가 카프 서기국에 적발된 사건을 말한다(안광희 2002:95-97).

　군기 사건이 진행되는 중이던 1931년 4월 카프 연극부의 지도 아래 서울에서 청복극장이라는 직계극단이 창립된다. 그런데 임화, 안막, 김남천, 이규설 등 그 구성원들의 명단에 최승일의 이름은 보이지 않는다. 이후 카프의 조직 명부에서도 최승일의 이름을 찾아볼 수 없다(권영민 1998:396; 안광희 2002:99). 아마도 최승일은 1930년 미나도좌의 연극 공연에 따른 논쟁을 전후해 카프에서 심정적으로나 실질적으로 멀어졌던 것으로 보인다. 그가 1930년에는 신흥극장 창단, 1931년에는 토월회 재결성 등에 각각 참여하고 청복극장에 참여하지 않았다는 사실이 그 분명한 정황증거라 할 수 있다. 그가 카프에서 제명당했던 시기가 이 무렵이었을 가능성도 크다. 다시 이야기할 테지만, 1930년을 즈음해 그에게는 경성방송국 내부의 변동, 이혼과 재혼 등으로 인한 여러 변화가 한꺼번에 일어났던 것 같다.

하지만 카프 조직에도 곧 일제의 탄압으로 인한 큰 변화가 밀어닥쳤다. 1931년 8월 조선공산당협의회 사건의 검거 작전에서 일제는 카프의 연루 사실을 들어 맹원들에 대한 1차 검거를 실시한다. 동경에서 이북만 등이 출판한 금서 『무산자』의 국내 비밀배포와 영화 「지하촌」 사건 등으로 김남천을 비롯한 11명의 동맹원이 체포되자, 카프의 조직은 크게 위축된다. 1934년 9월 다시 카프 맹원 중심의 프로극단 신건설 사건으로 이기영, 한설야, 윤기정, 송영 등 23명이 2차로 검거되자, 카프는 와해의 위기에 몰린다. '신건설'이 독일 작가 레마르크 원작 소설의 「서부전선 이상 없다」를 성황리에 공연하던 중, 전북경찰서는 금산 독서회와 인적 연결 고리가 있는 신건설을 전북공산당 재건 운동의 세포조직으로 받아들이고, '신건설'과 카프의 관계자들을 마구 검거해 들이기 시작했던 것이다. 이처럼 1931년과 1934년 일제의 두 차례에 걸친 대 탄압은 카프 내에서 전향자를 속출하게 만드는 결과를 초래했다. 박영희 등 카프 중심인물들의 변절의 시기가 뒤따랐다. 1935년 5월 마침내 조직 지도부인 임화, 김남천, 김기진이 협의 아래 해산계를 제출함으로써, 10년의 카프 시대는 막을 내린다(권영민 1998:5장; 유민영 2001:252-255).

문학적 실패와
카프에서의 제명

1920년대 초반부터 1930년 무렵까지는 최승일이 연극과 방송, 운동 조직 등에 다양하게 관여하면서 문학 창작 또한 활발하게 벌인 시기였다. 당대에 그의 작품은 프로문학 계열에 대한 의미 있는 기여로 인정받았지만, 미학적 차원에서는 성과가 부족하다고 혹독하게 비판받기도 했다. 이는 그가 문학에 대해 관념적·추상적 접근을 우선시한 것과도 무관하지 않은 것으로 보인다. 예컨대, 그는 1929년 2월 25일 조선일보사 학예부가 주최한 문인좌담회에서 임화의 시를 높이 평가하고 문학에서 이데올로기의 중요성을 역설한다. 소재를 형상화하는 과정에서의 방법적 문제를 도외시하지 않으면서도, 최승일은 프롤레타리아문학에서 이론의 우위를 당연한 일로 간주하는 입장에 선다(《조선일보》1929.2.28.). 또 "조선문단에서 초학자(初學者)에게 독서방법을 어떻게 지도할까?"에 관한 한 잡지의 설문에 답하면서 그는 "먼저 기초지식-예하면 심리학, 논리학-그 외에 철학에 대한 지식 같은 것을 먼저 보고 일반 문예작품 같은 것은 나중 읽는 것이 좋을 줄로 생각"한다고 말한다. 작품을 읽기 전에 그 작품을 읽을 만한 힘을 갖게 만드는 기초지식을 쌓는 일이 중요하다는 것이다(〈대중공론〉 1930.7). 이러한 답변은 문학의 창작이나 감상에서 이념을 일차적으로 중시한 최승일의 면모를 잘 드러낸다.

1925년 박영희는 최서해, 이기영, 송영, 이익상, 김기진, 김영팔, 조명희 등 이른바 '신경향파' 작가들의 출현을 반기며, 「두 젊은 사람」을 쓴 최승일도 그러한 작가군의 한 명으로 꼽았다. 그는 우리 문단에 확실히 새로운 경향이 시작되었으며, 부르주아의 몰락이 머지않은 상황에서 "신경향파(新傾向派)는 더 심각한 각오를 가지고 무산계급에 유용한 문학을 건설하기에 힘써야 할 것"이라고 썼다(〈개벽〉 1925.12). 몇 해 뒤에도 박영희는 자기 판단의 타당성을 재확인하며 "[1925년 발표된 신경향파의] 그 작품들이 모두 다 무산계급 문학으로서 완성된 작품이라고는 할 수 없는 것이 나뿐만이 할 말이 아니라 작자 자신도 할 말일 줄로 안다. 다만 부르주아 문학의 전통과 전형에서 벗어나서 새로운 경향을 보여주었다는 것만은 자신 있게 할 소리인 줄로 안다"고 언급한다(〈삼천리〉 1929.9).[19] 비슷한 맥락에서 김기진은 최승일이 1926년 겨울에 발표한 「경매」를 "근래에 드물게 보는 역작"으로 평가했다. 그는 「봉희」를 썼던 최승일이 "그 필치가 이 소설에 와서 전연히 일변"하였고,

---

19   문학평론가 박상준은 이른바 '신경향파 문학담론'이 해당 작가군으로 거론한 박영희, 최서해, 김기진, 이익상, 조명희, 김영팔, 이기영, 송영, 이종명, 주요섭, 최승일, 한설야 등의 저자들 가운데 상당수의 작가와 작품은 '신경향파'에 속한다고 보기 어렵다는 평가를 내린다. 예컨대, 최승일의 「두 젊은 사람」은 적대적 모순에 기초한 사회영역에서의 갈등을 형상화하지 않았을뿐더러, 인물 구성이나 편집자적 논평 등을 통해서 설정, 제시하지도 않았다는 것이다(박상준 2000:397). 한편 문학평론가 손정수(2005)는 최승일의 소설 세계를 대체로 세 시기로 나누어 평가한다. 초기 소설들이 자유연애를 소재로 반봉건의 이념을 표현하는 데 주력했다면, '신경향파' 시기에는 계급 이념의 지향성을 드러냈고, '신경향파' 시기 이후에는 소시민 가정의 몰락과 극단적인 궁핍으로 인해 빚어지는 암울한 현실을 형상화했다는 것이다.

전작에 비해 성공했다고 적는다. 「경매」는 "자본 운용의 지능도 없이 남의 흉내 내어가며 금리를 탐하다가 그만 얼마 되지 않는 가산을 탕진"하고 거리로 내몰린 가족의 이야기를 그린다. 주인공 순구네 집은 일본인에게 경매로 넘어가고, 그 집이 헐린 자리에는 네모반듯한 일본 가옥이 세워진다. 가족은 어디로 뿔뿔이 흩어졌는지 알 길이 없다. "뒤숭숭한 경매장의 분위기를 드러내기에 적합"한 문장으로 쓰인 이 소설에 대해 김기진은 "작자의 현실 인식은 건실하다"고 평가한다(《중외일보》 1926.12.21.). 한편 권구현은 최승일이 1927년 벽두에 발표한 「콩나물죽과 소설」에 대해 제재의 선택, 구상과 표현이 모두 지극히 평범해 "차라리 실패라고 밖에는 볼 수 없다"고 단언한다. 가난한 문사가 꾸리는 일상생활의 한 단면을 그린 이 단편에서 특히 주인공 소설가가 의사가 된 보통학교 동창생에게 자선을 구하고 푸대접을 받는 꿈 장면은 "낭만주의적 공상파 작가들이나 취할 짓이오, 적어도 유물론적·과학적 기초를 둔 우리네의 실증문학에 있어서는 환영할 수 없는 작풍"이라는 것이다 (《동아일보》 1927.2.1.).

이후 "십년 간 조선 문예 변천 과정"을 논한 글에서 김기진은 전체적 작풍에 대한 추상적 구분이라는 단서를 달면서도 카프 계열 문인들을 "리얼리즘적 경향"과 "로맨티즘적 경향"으로 나누고, 전자에 속하는 이들로 조명희, 송영, 최승일, 이량 등을, 그리고 후자에 속하는 이들로 최서해, 이기영, 박영희, 한설야 등을 꼽았다(《조선일보》 1929.1.27.). 한편 앞서 언급한 문인좌담회를 계기로 좌우파의 작가 17명이 함께 3월 한 달간 조선일보 지면에 장편소설(掌篇小說) 장르를 실험하는데, 최승일도 여기 참여하였다. 한데 그가 기고한 「도회소경」은 이 장르의 계급문학적 가능성을 검토한 한설야로부터 주인공의 행동이 비현실적이고 "역사를 못 보는 체하고 뚱딴지같은 사실을 빚어"내었으며, 전반의 묘사가 후반과 분절되는 등 형식에도 문제가 있어 "화호유구(畵虎類狗)의 격

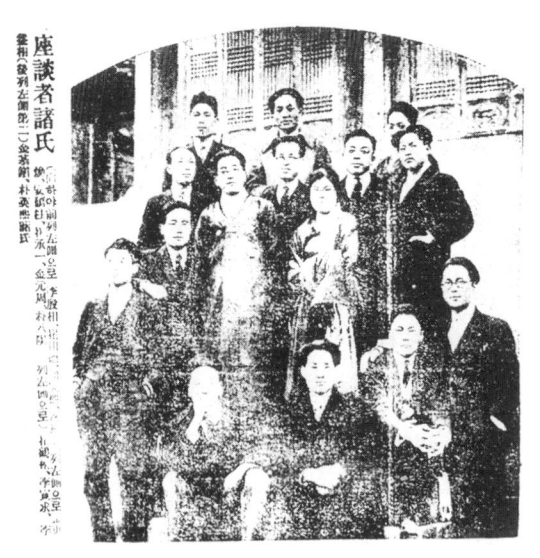

문인좌담회의 사진(《조선일보》 1929.2.28.). 참석자는 맨 앞줄 왼쪽부터 이은상,
최상덕, 류완희, 심훈, 2열 왼쪽부터 김동환, 안석영, 최승일, 김원주, 박팔양,
3열 왼쪽부터 최학송, 이관구, 이익상, 맨 뒷줄 왼쪽부터 김기진, 박영희였다.

이 되고 말았다"는 혹평을 받았다(《조선지광》 1929.6). 최승일이 1930년
에 발표한 「거리의 여자」 또한 함일돈에게서 제재 자체는 신선미가 있
으나 작품은 졸렬하다는 냉정한 평가를 받았다(《동아일보》 1931.2.1.). 특
히 카프의 윤기정은 이 소설이 "기교나 문장에 있어서 '모던'적으로 표
현하기를 힘쓴 흔적이 보인다"면서도 "작자 자신의 신변잡사에 지나지
않는다"고 비판하고 다음과 같은 힐난으로 평을 맺는다. "'거리의 여자'
는 의도만으로라도 프롤레타리아 작품을 만들겠다는 생각이 없었던
것은 사실이다. 이 작자는 왜 이러한 전형적 소뿌르의 작품을 거리낌
없이 발표했는가를 묻고 싶다."(《대조》 1930.6/7)[20]

20   윤기정은 이 소설이 흔히 볼 수 있는 일반적인 '모던걸'의 부박한 행태를 풍자적으로

한편 최승일의 마지막 소설로 여겨지는 「누가 이기었느냐?」에 대해서는 특별한 평을 찾아보기 어렵다. 이 작품은 청년단체에서 벌어진 싸움에 휘말려 미결수로 수감된 화자의 이야기를 다룬다. 동경에 유학하던 주인공은 "여름방학에 쉬러 왔다는 것이 연극이니 강연이니 하고 시골 서울로 쫓아다니고 집에라고는 하루도 붙어있지를 아니하더니" 동지들 사이에 큰 싸움이 벌어지는 통에 감방까지 들어가게 된다. 그는 감방에서 판결을 기다리며 이런저런 일들을 회상한다. 그 큰 부분은 유학 시절 만나 사랑을 약속했으나 계급적 차이로 이별한 애인과의 과거, 그리고 경성에 와서 함께 일을 도모하던 사상 동지들과의 공연한 다툼이다. 간수가 보기에는 모두 사회주의자 한패에 불과한 그들 사이에 내분이 벌어진 것은 화자를 비롯한 한 분파가 "부르주아지의 장식-향락품"을 간혹 소비한다는 이유에서였다. "'이놈- 없는 놈이 양복 입고 요리 먹고 그러고 무슨 일을 한다고' 기분은 이리로 쏠리어 싸움이 벌어졌다." 아무리 무산계급 출신 사회주의 운동가라 해도 가끔 좋은 옷을 입고 고급 요리를 먹을 수도 있다고 생각하는 이들과 그것을 비난하는 이들 간에 불거진 말싸움은 치고받는 몸싸움으로까지 번졌다. 소설은 자신의 경솔한 행동을 반성하고 대의를 위해 분열과 반목을 떨쳐버려야 한다는 데 공감한 청년들이 출감 이후 "진실한 의미의 싸움"을 위해

그런 것처럼 서술하고 있지만, 사실 그것이 작품의 내용을 명확히 이해한 비평인지는 의문이다. 소설은 함일돈이 잘 요약했듯이, "이십 세 전후의 여자 밀정이 이리저리 사상운동자의 집을 방문하며 그 무엇을 탐지하고자 하는 주책없는 행동을 하다가 필경 그 정체가 발로된다는 테마"이기 때문이다. 더욱이 소설 속에서 화자는 겉보기에 허영기 어린 '모던걸'의 품행을 그의 사연에 비추어 이해하려 애쓰는 인물로 나온다. 화자는 단적으로 다음과 같이 말한다. "조롱을 받는 사람더러 못났다는 것보다도, 조롱을 하는 인간이 나쁜 것은 정한 이치가 아닌가. 그리고 채 알지도 못하고 '그 여자는 버렸어'라는 구실로 진실치 못한 마음으로 대하니 그 이들은 결국 자연히 이리저리 돌아다니게 되는 것이야. 그런 것이 다- 누구의 죄인가?"

"××동맹"을 새롭게 결성하는 것으로 끝난다.

어쨌거나 주목할 점은 1930년대 초반이면 이미 최승일이 프로문학과는 거리가 먼 인물로 여겨지기에 이른다는 사실이다. 그리하여 그의 연극을 두고 박영희와 논전을 벌였던 평론가 민병휘는 1932년 "조선푸로작가론"이라는 글에서 "지금에 처음으로 박영희, 김기진, 윤기정, 이량, 최학송, 김영팔, 류완희, 최승일, 이익상 씨 등이 프롤레타리아 작가란 말을 들을 때 의외로 생각할 독자들도 많을 것"이라며, "그러나 이분들도 옛날에는 프롤레타리아 ××를 위한다고 많은 작품을 내어 놓았었다. (...) 그러나 이들은 혹은 몰락 혹은 반동- 혹은 평론으로 방향하고 있다"고 비난의 날을 세운다(《삼천리》 1932.9). 이는 최승일이 1930년에 시도한 프로연극의 작업이 혹독한 비판을 받은 뒤 프로문예의 이념과 카프로부터 실질적으로 이탈했으리라는 추정을 뒷받침한다.

문학과 미술, 영화, 음악 등 다방면에 재주가 뛰어났던 안석영은 1927년 〈조선일보〉 지면에 "만화자가 본 문인"이라는 제목 아래 현진건, 박영희, 최남선, 김영팔 등 당대 문인들의 캐리커처를 곁들인 인상평을 연재한 바 있다. 그중 한 명으로 카프의 동지이자 동갑내기 죽마고우인 최승일을 평하며, 그는 '신경향파' 문인이라는 부제를 수식어로 달았다.

"이시이 바쿠(석정막)가 서울서 공연하였을 때에 무용 세레나타로 일반 관중을 미혹케 한 최승희 양이 바로 이 홍안 미동 최승일 씨의 매(妹)씨다. 씨는 형설회 연극에 그 미소를 일반에게 보여주었지만 어쨌든 그 미소로 인하여 파란도 어지간하였단 말도 있었다. 씨는 문학청년들의 습작 발표기관이었던 〈신문예〉나 기타 신문 문예란을 통하여 씨를 알게 된 사람이 많을 것이다. 씨의 작품 중에는 〈콩나물죽과 문예(?)〉 등이 있지만 어쨌든 신경향파의 문인인 듯싶다. 씨가 경성방송국에 입국한 후로는 대개 그의 작품에는 라디오, 라디오드라마 등 신경향파 문구가 삽입되는 것이다. 이리하여 씨는 독특한 문예를 창조하는 길에 들어서려는 듯싶다. 생활 환경과 창작, 직업과 작품! 씨는 그만큼 솔직한 것이 다른 문인에게 볼 수 없는 특점이겠지? 현 일본 영화계가 대중적으로 변천되어 나간다는 셈으로 '나니와부시'를 방송하는 것이 변하여 기타 다른 것으로 방송할 것을 예측함이리라고 할 수 있다. 대개 그의 작품은 씨의 안면에 주름살이 없는 이만치 굴곡이 적고 씨의 혈색이 무시로 붉고 고우니만치 격랑이 없다고 하리라. 이 만화자는 씨를 이렇게 보았다."(〈조선일보〉 1927.11.4.)

그런데 안석영이 쓴 '신경향파'라는 수식어는 단지 최승일의 프로 문학 활동을 가리키기 위한 것만은 아니었다. 그것은 그가 언제나 새로운 경향을 추구하는 문사라는 뜻이기도 했다. 안석영은 최승일이 방송국에 들어간 뒤에는 그 작품에 라디오, 라디오드라마 등의 문구가 삽입된다는 점을 그가 '신경향파'라는 근거로 들었다. 사실 최승일에게는 늘 새로운 것에 대한 개방성과 호기심이 있었다. 이는 그가 최승희에게 당시로서는 전인미답이나 다름없었던 예술인 무용을, 바로 그 점을 이유로 권유했던 데서도 잘 드러난다. 최승일은 연극에서나 사상에서나 문학에서나 늘 전위를 지향했다. 그는 카프 활동을 하던 와중에도 이미 라디오 방송에 참여하면서 새로운 미디어의 정치적·미학적 가능성에 대한 탐구에 열을 올리고 있었다. 그는 1927년 2월 경성방송국 개국 전부터 일했던 몇 명 안 되는 조선인 직원 가운데 하나였다. 물론 거기엔 경제적 동기가 무엇보다도 중요하게 작용했다. 안석영은 이를 놓고, 최승일이 이처럼 창작을 하면서도 생활의 안정을 꾀하고 작품과 직업을 모두 병행하고자 한다는 점에서 "그만큼 솔직한 것이 다른 문인에게는 볼 수 없는 특점"이라고 지적한다.

하지만 최승일의 방송국행을 그저 '창작도 하고 싶고, 적당히 먹고 살고도 싶은' 욕심에서만 비롯했다고 단정짓기는 어렵다. 그렇게 보기엔 그 자신의 지적·감정적 투자가 너무 컸기 때문이다. 자신의 인지 부조화를 극복하려는 합리화의 결과일 수도 있겠지만, 그에게 라디오는 한동안 순전한 생계 방편 이상의 의미를 지니고 있었던 것 같다. 또는 적어도 그는 그 이상의 의미를 부여하고 그러한 방향으로 자신의 실천을 조금이나마 이끌어 나가려 했던 것으로 보인다. 그 방향은 기본적으로는 억압받는 인민에 대한 애정을 가지고 예술을 통한 계몽을 지향했던 그의 당시 연극관, 문학관으로부터 동떨어져 있지 않았던 것으로 짐작된다. 만일 이러한 추정이 크게 틀리지 않는다면, 그가 방송국에 입사했다는 이유로 인해 자신이 결성을 주도했던 카프로부터 결국 제명당했다는 기록은 사뭇 역설적이다.

최승일이 카프로부터 언제 제명되었는지는 명확하지 않다. 김영팔의 경우, 1931년 경성방송극협회 고문이 되면서 카프에서 제명되었다고 알려져 있는데(〈동아일보〉 1931.12.27.; 권영민 2004:160; 박명진 2004:458), 홍요민, 안석영 등과 함께 이미 1928년 7월 동맹규약 제18조에 의거해 제명당했다는 보도도 있다(〈중외일보〉 1928.8.1.).[21] 비슷한 시기 최승일은 카프 전국대회의 준비위원으로 위촉된 바 있고(〈중외일보〉 1928.7.29.), 1930년에는 카프 연극부의 일원으로 활약했다는 점에 비춰보자면, 제명 시점은 1930년대 초반의 어느 때일 것으로 추정된다. 그러한 제명에 과연 충분한 명분이 있었는지도 다소 의심스럽다. 1933년 카프에 퇴맹원을 제출했다가 수리가 보류되자 1934년 1월 〈동아일보〉에 "최

---

21   종로경찰서장, "京鍾警高秘 제8684호. 조선프로레타리아예술동맹 위원회 개최의 건,"(1928.7.28.)

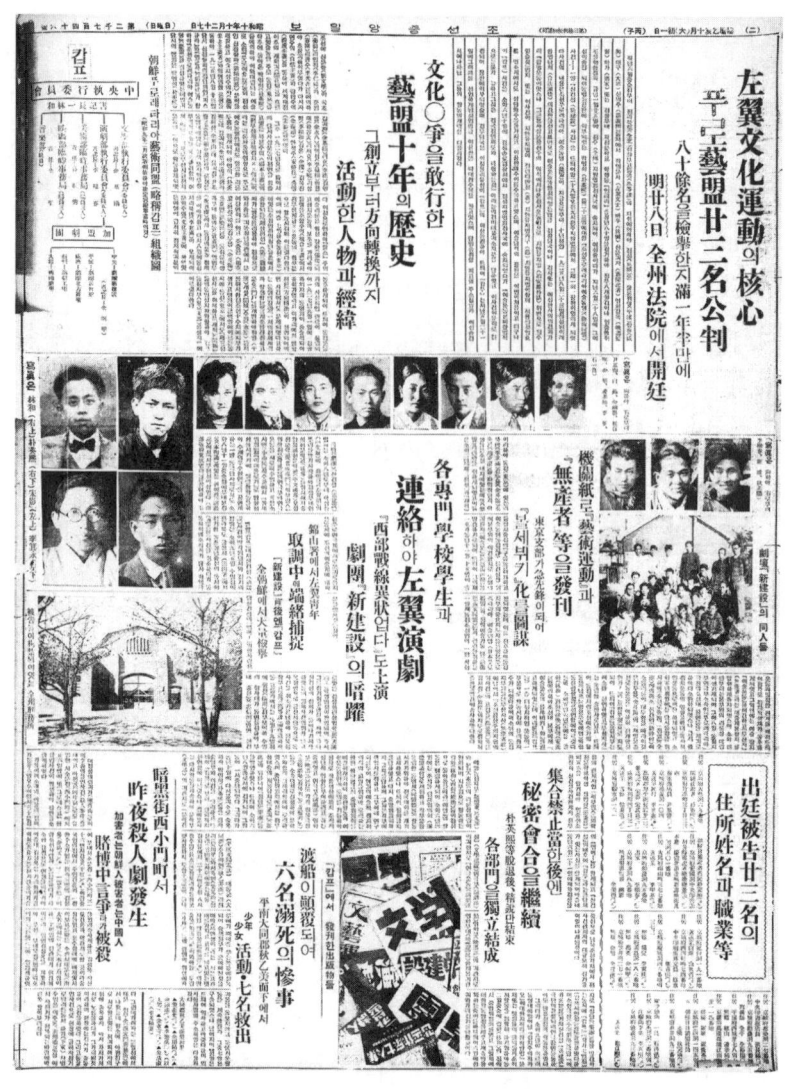

카프 맹원 23명의 공판 사건을 계기로 카프 조직의 성격과
10년 역사를 조명한 신문지면(〈조선중앙일보〉 1935.10.27.).

82

근 문예이론의 신전개와 그 경향"을 연재하며 '전향선언'을 한 박영희는 카프가 예술적 이유가 아닌 "정견의 소소한 차이, 소뿌르적 언행, 카프의 비판적 태도" 때문에 여러 맹원을 제명하였다고 폭로한다(〈동아일보〉 1934.1.10.). 당파성에 입각한 분파주의가 지배하면서 카프가 어느새 예술단체이기보다는 정치조직으로 변해버렸다는 것이다. 이에 대한 김기진의 반론과 자기변호 또한 없지 않았지만(〈동아일보〉 1934.2.2.), 사실 카프의 그러한 '비예술적' 내부 정치에 대해서는 박영희 전후로도 비판적인 지적이 계속 나온 바 있었다.

1932년에 이미 심훈은 프로문학계가 당면한 문제 가운데 하나로 새로운 동지를 포용할 아량의 부족을 언급하며, "모모위원 수삼명의 의견으로 고집으로 툭하면 손쉽게 제명, 성토, 매장 등 가혹(?)한 처분을 내리니 그것은 확실히 살이 살을 먹는 것"이라고 성찰을 촉구하였다(〈동아일보〉 1932.1.15.). 또 1934년 정순정은 카프의 폐쇄성과 경직성을 질타하면서 "맹원의 직업 문제, 예를 들자면 최승일, 김영팔 씨 등의 조선방송국에 취직하였다는 사실로서 단연히 제명 처분을 내렸다는 것은 동맹의 내부 모순 중에도 극악한 것으로서 그 '완고'에는 실로 언어도단에 치(致)할 것"이라고 비판했다(임규찬·한기형 편 1990:256). 그 처분의 조직 내 명분이야 무엇이었든 간에, 최승일은 1930년대 초 카프로부터 제명 당했던 것으로 보이고, 이를 통해 방송국 취직 이래 경험했던 경제적 기반과 미학적·이데올로기적 지향 사이의 불편한 괴리를 어느 정도 해소하기에 이른다. 그가 자의반타의반 포기한 좌파 이념의 빈자리에는 전통과 민족, 제국과 세계가 복잡한 짝을 이루는 모종의 근대주의가 들어설 터였다.

#2

경성방송국 직원

체신국에의 취직

최승일은 1926년의 어느 시점부터 조선총독부 경성 체신국 무선방송소 문서계에서 근무했던 것으로 보인다(〈조선일보〉 1926.11.23.). 그의 방송 활동이 정확히 언제 시작해서 언제 끝났는가에 관해서는 정확한 기록을 확인할 수 없다. 다만 여러 자료를 통한 대체적인 추정은 가능하다. 1926년은 최승일이 신상에 여러 변화를 겪은 해였다. 그는 결혼을 했고 최승희를 동경에 유학 보냈으며 체신국에 방송 일을 위해 입사했고 동료들과 라디오극연구회를 결성해 시험방송에 참여했다. 우선 그의 혼인은 2월 6일에 있었다(〈조선일보〉 1926.2.5.). 신부 마현경(본명 마재성)은 1904년생으로 함북 성진에서 보통학교를 졸업하고 서울에 올라와 경성여자고등보통학교를 다닌 신식 여성이었다(〈삼천리〉 1935.8; 〈매일신보〉 1928.4.20.). 그의 신혼생활에 관한 당시 인터뷰 기사는 두 사람 결혼의 정황을 비교적 자세히 알려준다. 기사에 따르면, 최승일은 친구 집에 갔다가 친구의 누이이자 세 살 연하의 마현경을 우연히 알게 되어 연애 결혼에 이른다. 결혼 비용은 최승일이 투르게네프『봄물결』의 번역료로 받은 120원으로 빠듯하게나마 치를 수 있었다. 결혼식은 요릿

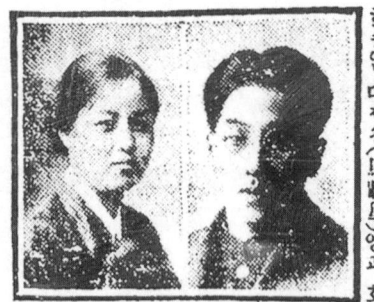

1926년 2월 6일 열린 최승일과 마현경(본명 마재성)의
결혼식 소식(〈조선일보〉 1926.2.5.)

집 식도원에서 친구의 주례로 이루어졌는데, 당시로서는 다소 이례적
으로 혼례와 피로연을 한 공간에서 같이 치렀고 돈이 없어 신혼여행은
따로 가지 못했다(〈매일신보〉 1928.4.20.).

최승희와 이시이 바쿠의 경성 공연을 함께 보고 최승희에게 유학
을 권유한 것은 3월 하순의 일이다. 이시이의 무용시(舞踊詩) 공연은 정
확히 3월 21~23일에 경성공회당에서 있었고, 두 사람은 공연 관람 후
이시이에게 찾아갔다. 이시이의 승낙을 받은 최승희는 3월 25일 동경
으로 떠난다. 사실 1923년 동경 유학에서 돌아온 후 최승일은 무언가
직업을 구해서 돈을 벌어야 한다는 압박감을 강하게 느낀 듯하다. 1926
년에는 새로 결혼까지 했으니 부담감이 더 심해졌을 것이다. 그가 방송
국에 재직 중이던 1929년 한 잡지에 기고한 "취직경험담"은 체신국에
들어간 무렵의 정황을 다음과 같이 서술하고 있다.

"가정의 형편으로든지 나 자신의 사정으로 보든지 가정 살림에 보
태기까지는 그만두고 혼자 몸뚱이나 지탱해갈 만큼 벌어야 하겠
다는 생각이 들자 직업에 대한 걷잡을 수 없는 번민이 시작되었습

니다. 혹 가다 신문이나 잡지에 되나 안되나 원고를 써 보내기도 하였으나, 몇 푼 되지 않는 고료로서는 가정은 고사하고 자기 일신을 거두어 가기에도 아무 도움이 되지 못하였고, 물론 각 방면으로 직업을 구하여 본 일이 한두 번이 아니었습니다. 직업을 소개하는 명치정(明治町)의 인사상담소(人事相談所)까지 찾아가서 이력서를 제출하여 보았으나, 거기는 원래가 막벌이 노동자나 남의 상점이나 개인 가정의 심부름꾼 같은 그런 직업만 소개해주는 곳이라, 나의 이력서를 보고 나의 얼굴을 쳐다보고 하다가는, 이력이라든지 모양 생김이라든지 아무리 보아도 그런 직업을 구할 것 같이는 보이지 아니하였던지 사무원 한 분이 '도대체 당신은 무슨 직업을 구하느냐'고 하며 빈정대는 바람에 두말 여부도 못 들어보고 그대로 돌아선 일까지도 있었습니다. 이렇게 하여 취직난의 지옥에서 방황한 지 3, 4년 동안에 도리어 졸이던 마음이 누글누글해져서 '될 테면 되고 말 테면 말아라'하는 생각에 그렁저렁 갖은 쓴 경험 쓰라린 경우를 당하며 있는 때인데, 그때에 체신국에 있던 나와 절친한 사람의 소개로 아주 방향상위(方向相違)의 이 방송국에 와 있게 되어 이것도 한 직업이라 할는지, 그날그날의 방송순서를 짜기에 고심하고 있습니다." (〈별건곤〉 1929.4)

이 회고에 따르면, 그는 당시 체신국에서 근무하던 친구의 소개로 일자리를 얻었던 셈인데, 그것이 정확히 언제인지 또 친구가 과연 누구인지, 조선인이었는지 일본인이었는지도 확실하지 않다. 다만 최승일이 라디오극연구회를 결성한 때가 1926년 6월 중순이고 그가 준비한 조선어 시험방송이 이루어진 때가 7월 중순이니, 최소한 그 이전부터 체신국 내에 있던 무선전화방송소에서 일했다고 보아야 합리적이다. 하지만 최승희가 3월 말 이시이의 공연을 오빠와 같이 보러 갔을 무렵의 상황을 자서전에 기술한 내용으로 미루어보면, 이때에는 경성방송국에 취직해 있었다고 보기 어렵다. 또 5월에는 그가 사회주의 잡지 〈해방운동〉의 발간 준비에 분주했다는 보도가 있는 만큼, 그의 취직 시기는 대략 6월 초로 보는 편이 적절할 듯하다.

사단법인 경성방송국은 1926년 2월 15일 발기인대회를 마치고 조선식산은행 내에 창립사무소를 설치했으며, 3월부터는 사원모집에 착수했다. 경성방송국은 개국을 준비하면서 각종 기술적, 재정적 문제를 해결해야 했는데 프로그램 제작과 편성은 또 다른 중요한 문제였다. 초기에 이 업무의 담당자는 경찰부장과 이왕직 서무과장 등을 역임하고 조선의 풍속과 생활양식의 연구에도 일가견이 있던 이마무라 도모(今村鞆)였다. 그는 퇴관 후에 체신국 촉탁으로 일하면서 청취자층의 기호를 조사하고 강연, 가곡, 동요, 동화극, 라디오극, 영화, 나니와부시(浪花節), 라쿠고(落語), 조선 음악 등 다양한 프로그램 편성에 고심했다. 또한 그는 경성부 내 연예 단체와 명사. 전문가 군을 파악하고 잠재적인 출연진 명단을 마련했다(〈경성일보〉 1926.5.15와 6.23.).

최승일은 이러한 작업의 와중에 조선어 프로그램의 편성과 출연진 조사 및 섭외를 담당하는 인력으로 체신국에 입사했을 개연성이 크다. 일본어 방송 위주인 경성방송국을 준비하는 과정에서, 기술직도 아닌 조선인 직원의 업무는 제한적이며 불규칙적일 수밖에 없었을 것이다. 방송국 개국 일정이 계속 예정보다 미뤄지면서 최승일이 한 일은 시험방송의 일부를 차지한 조선어방송의 프로그램 편성과 출연자 섭외로부터 아나운서와 연출에 이르기까지 다양했다(김성호 2000). 그럼에도 이 일자리가 그에게 안정적으로 대단한 수입을 보장해주지 않았음은 분명하다. 수필 「대목만담」에서 그는 1926년에 자신이 경제적으로 얼마나 어려웠는지를 다음과 같이 회상한다.

"올해를 어찌어찌하여 가지고 지내왔나? 무엇을 하고 지내왔나 하고 곰곰이 생각을 하니 참 딱하다. 올해는 책 한 권 똑똑히 읽은 것이 없다 가만히 생각을 하면 가난, 주림 그것이 나의 일 년 동안의 생활의 전부이다. 아—지긋지긋하기도 한량이 없다. 남은 일 년이 언제 지냈나? 정월 초하루가 어제 같으니 하지마는 내게는 일 년 지나간 것이 생각하면 참 아득하다. 한 백 년이나 지나간 듯싶다. 나의 생활은 그만큼 지루하고, 하루 지나가는 것이 그렇게 어려웠던 까닭이다. 또 생각하면 한편으로 이상하기도 하다. 일 년 동안을 두고 예닐곱 식구가 어떻게 지내왔을꼬! 일 년의 수입이라고는 불과 한 돈 백 원이나 되었을까? 자— 이만하면 내가 여태껏 살아왔던 일 년 동안 이것은 일종의 기적이었다. 어느 친구를 만나서 그 친구 말이 요새는 어찌 지내가나? 하고 물으면 나의 올 일 년 동안 대답해 내려온 것은 '그럭저럭'하고 대답할 따름이었다. '그럭저럭'이 우리의 전 생활을 깊고 깊은 의미로 상징하는 말이라 하여두자."(〈문예시대〉 1927.1)

같은 시기 신혼생활 1년의 소회를 묻는 신문의 인터뷰에서도 최승일은 경제적 곤궁으로 인해 "올 일 년은 혼이 나서 죽을 뻔"하였고 "아기자기한 재미 대신에 싸움만 밤낮" 했다며 "비참하다는 생각밖에는 안 난다"고 회고한다. "올해도 작년과 같이 이 사회가 내게 갖다준 이 사회의 커다란 선물—맨 밑바닥의 생활—, 남에게 종노릇이나 하고 얻어먹으며 또한 그것을 가지고 무능한 부모, 처, 그들을 먹여 살리게 된다는 천부의 사명"밖에는 없다는 것이다(〈중외일보〉 1927.1.2.). 그의 글이나 말에 다소간의 과장이 섞여 있다 하더라도, 그의 수입이 신통치 않았다는 것, 그리고 그가 거듭 지연되는 경성방송국 개국 준비 업무에 힘들어했다는 것은 의심의 여지가 없어 보인다. 그로서는 대단한 돈벌이가 되지도 않고 뚜렷한 보람도 없는 일, 게다가 구성원 대부분이 일본인인 조직 내부의 말단에서 처리하는 각종 사무에 유별난 애착을 지니기 어려웠을 것이다.

라디오극연구회의 창립

하지만 최승일이 방송 일 그 자체에 전적으로 무관심한 채 순전히 밥벌이를 위한 의무감으로만 대했다고 볼 수는 없다. 몇 가지 사실이 이러한 추정을 뒷받침한다. 1926년 말에는 그가 "결혼한 뒤에 무엇을 자각(?)하였는지, 경성방송국에 적을 두게 되어서 허구한 날 방송자를 주워 모으기에 어지간히 골몰한 중인데, 그의 민첩한 활동에 방송국에서는 대만열(大滿悅)의 상태"라는 문단 소식 기사가 나왔다(《문예시대》 1926.11). 최승일 자신의 불평불만과는 달리, 그가 방송 일을 열성적으로 잘해나가고 있다는 세평이 있었던 것이다. 비슷한 시기에 그는 「라디오·스포츠·키네마」라는 글을 발표해, 개국을 앞둔 라디오 방송이 조선 문화 전반에 가져올 변화를 예감하고 민중이 전기 문명을 누릴 수 있게 되길 기원한다(《별건곤》 1926.12).

특히 중요한 의미를 띤 활동은 바로 라디오극연구회(혹은 라디오드라마연구회)의 결성이었다. 최승일은 1926년 6월 14일 이경손, 김영팔 등 2, 3인과 함께 라디오극연구회를 창립하고, 자신의 집인 체부동 137번지를 사무소로 삼았다. 6월 16일자 〈시대일보〉 기사는 이 연구회가 매달 두 차례씩 국내외의 연극을 방송하려는 계획을 세우고 6월 마지막 일요일 첫 시험방송으로 최승일 원작, 이경손 각색의 「파멸」을 준비했다고 전한다. 이 기사대로라면 원래 6월 27일 방송 예정이었던 「파멸」은 어찌 된 일인지, 예정보다 한 주 전에 전파를 탄다. 6월 22일자 〈매일신보〉 기사에 의하면, 6월 20일 최승일, 이경손, 윤심덕이 방송한 라디오극 「파멸」은 "장안의 라디오 팬의 다대한 환영을 받았"다. 여기서 주목할 점은 윤심덕 또한 라디오극연구회에 참여했다는 사실이다. 일찍이 토월회 연극 「동도(東道)」 출연을 통해 이경손과 인연이 있었던 윤심덕은 당시 유일한 소프라노 성악가로 인기가 높았는데, 기자에게 앞으로도 라디오 연극방송에 많은 연구를 하여 "오락이 적은 조선 가정에 라디오의 취미를 기르고자" 한다는 포부를 밝히기도 했다(〈매일신보〉 1926.6.22.).[22]

　　시험방송기와 정규방송기를 통틀어 따진다면 최초의 우리말 라디오극이라도 할 수 있는 「파멸」은 어떤 내용이었을까?[23] 이경손의 각색이 어떻게 이루어졌는지 알 수 없지만, 최승일 원작은 동경에서 돌아

최승일, 이경손 외 2, 3인의 발기에 따른 라디오극연구회 창립 기사(〈조선일보〉 1926.6.17.)

온 주인공 이경호가 그곳에서 만나 사랑을 나눈 여성에게 청혼을 거절당하는 한편, 구식결혼으로 맺어진 아내에게는 이별을 통보하고서 괴로워하는 줄거리의 단편이다. 소설의 맨 마지막 부분은 제목의 의미를 분명히 알려준다. "어머니는 치마끈으로 눈물을 씻으며 「네가 같이 살자고 하든 계집이 싫다고 하고 가는 것이나 쟤가 같이 살겠다는데 네가 싫다고 내쫓는 것이나 다- 똑같다」. 경호는 그만 울어버리고 말았다. 싫다는 혜경을 생각하고, 가는 아내의 장래를 생각하고, 자기의 운명을 생각하고... 그날 새벽 두 시였다. 종로로 술이 한껏 취해서 올라오는 경호를 경호 자신이 혼자 볼 수가 있었다." 다분히 최승일 자신의 개인적

22 사실 1926년 6월 20일자 시험방송 편성표를 유일하게 게재하고 있는 신문은 〈경성일보〉인데, 여기에는 「파멸」이 나와 있지 않다. 라디오드라마로는 일본희곡 「뱀을 파는 여자(蛇を賣る女)」(미쓰나가 시쵸(光永紫潮) 지휘), 그리고 홍난파의 바이올린 독주와 윤심덕의 소프라노 독창 등 음악 프로그램들이 잡혀 있는 것이다. 하지만 이 편성표가 6월 20일 전날에 나오는 〈경성일보〉석간의 '내일의 방송(あずの放送)' 란에 실려 있다는 점을 고려하면, 20일 당일의 프로그램에 변경사항이 생겼다고 볼 수 있다. 또 6월 27일자 〈동아일보〉에는 「파멸」이 6월 그믐께 방송 예정이라는 기사가 실렸는데, 아마도 청취자들의 호응에 힘입어 다시 편성된 것으로 추정된다. 「파멸」은 경성방송국 개국 이후인 1927년 4월 27일에 창작 낭독극의 형식으로도 전파를 탔다.

23 월탄 박종화는 "갑자문단총횡관"이라는 평문에서 1924년 한 해 동안 자신이 읽은 것 중 기억나는 작품 목록을 간단히 작성하였는데, 거기에 "崔承一씨 '破滅'"이라는 소설 제목이 나온다. 그런데 〈개벽〉지 1924년 7월호에 실려 있는 「파멸」은 '최석주'라는 작가의 작품으로, 4주년 기념 현상 문예 공모의 2등 당선작으로 실린 것이다. 염상섭이 심사한 당시 공모전 소설 부문에서 1등 당선작은 없었고, 소설 2등 1편, 3등 1편이 나왔으며, 김정진이 심사한 희곡 부문에서는 3등 1편만이 나왔다(〈개벽〉1924.7; 1924.8). 여러 정황으로 미루어보면, 「파멸」의 작가 '최석주(崔錫周)'는 가정형편 때문에 상금이 걸린 공모전에 소설을 출품한 최승일의 필명-아마도 친구 안석주의 이름에서 따온-이었을 개연성이 매우 큰 것으로 보인다. 희곡 부문에는 김영팔이 「미쳐가는 처녀」로 응모했으나 입상하지는 못하고 김태수의 「희생자」가 3등으로 뽑혔다. 최승일은 1924년 6월 〈신여성〉에 「안해」를, 같은 잡지 8월호에 「떠나가는 날」을 실었다. 최승일의 배재고보 후배이자 염군사 동지였던 송영은 송동량이라는 필명으로 1925년 〈개벽〉의 현상문예 공모에 「늘어가는 무리」가 3등으로 입선하면서 공식적으로 등단한다.

인 경험을 반영하고 있는 듯한 이 소설은 근대로의 전환기에 전통과 구습으로 고통받는 인텔리의 내면을 흥미롭게 묘파하고 있다.[24] 자유와 개성을 중시하는 개인이 사랑과 결혼의 문제를 놓고 겪는 심적 갈등은 「파멸」뿐만 아니라, 이후 라디오극연구회가 방송한 여러 드라마에서 반복적인 주제로 나타난다.

　　방송과 관련해 최승일이 라디오극연구회를 결성하는 등 어떤 의미로든 적극성을 보일 수 있었다면, 그것은 일단 식민지 사회에서 이 새로운 미디어의 가능성이 다양한 양상으로 드러났기 때문이었을 것이다. 경성방송국이 개국하기 몇 년 전인 1924년부터 이미 총독부 체신국이라든지 몇몇 신문사와 단체 등이 주관한 이런저런 시험방송이 이루어졌다. 1924년 3월 실험용 방송무선전화에 관한 계획을 세운 총독부는 체신국 공무과에 무선실험실을 두고 연구를 진행했으며, 시노하라 쇼조(篠元昌三) 등 담당 직원을 일본에 파견해 기술을 배우게 했다 (시노하라 쇼조 편 1981/2006:205). 같은 해 11월 29일 체신국은 기자들 십여 명을 초청해 라디오 실험방송을 실시했고(〈동아일보〉 1926.12.1.), 이듬해 3월부터는 주 4회의 정기적인 시험방송을 개시해 라디오에 대한 일반 대중의 관심 역시 점차 높아진다. 한편 조선일보사도 새로운 미디어의 가능성을 타진하기 위해 1924년 12월 17일부터 사흘간 '무선전화방송 공개시험'을 개최했다. 방송 첫날 오후 1시 수표정 조선일보 사

24　이 소설에서 주인공 이경호−친구 이경손의 이름에서 나온 작명일 수도 있다−의 생김새에 대한 묘사는 최승일 자신의 모습과 매우 흡사하다. 또 여자 주인공 혜경 역시 최승일이 첫사랑으로 회고한 여학생을 연상시킨다. 그는 1930년대 초 동경에서 만나 풋사랑을 나누었으나 "사상이 온전치 못한 청년, 가정생활이 안정치 못한 청년"인 자신이 결국 이유 모를 퇴짜를 맞은 여학생에 관한 이야기를 쓴 바 있는데(〈중앙〉 1934.5), 삼촌과 함께 살았던 이 유복한 여자 유학생에 대한 묘사는 여러 면에서 혜경이라는 인물을 떠올리게 한다.

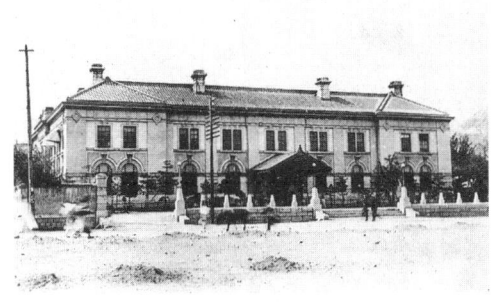

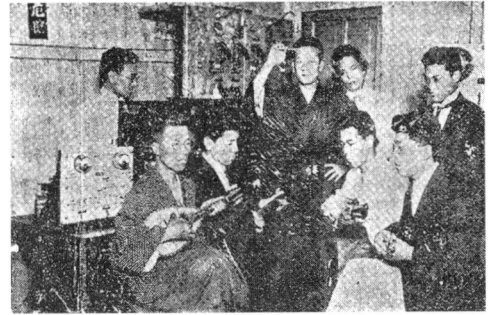

위 사진은 조선총독부 체신국의
전경(KBS 방송박물관 자료). 일제는
체신국 내부에 무전방송소를
마련해 라디오 방송을 시험했다.
아래는 1925년 6월 23일 밤
체신국 시험방송실에서 음악을
방송하는 광경
(《동아일보》 1925.6.26.)

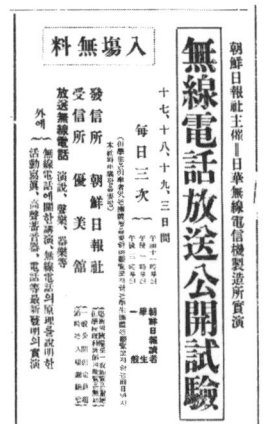

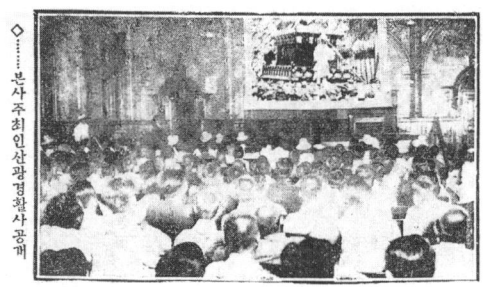

왼쪽은 조선일보사의 '무선전화방송 공개시험' 공지문(《조선일보》 1924.12.17.)
오른쪽은 시대일보사 주최의 순종 인산 영화와 라디오 방송 병행 공개 장면(《시대일보》 1926.6.13.)

장실에서 최은희 기자의 방송 개시 안내로부터 조선일보 사장 이상재의 연설, 바이올린 연주와 성악 공연, 무선전화에 관한 강연 등 다채로운 프로그램이 이어졌다. 경성공회당과 종로 우미관에서 고성능 확성기를 통해 방송 청취의 진기한 경험을 한 청중은 열광적인 반응을 보였다. 이후 조선일보의 공개실험 행사는 인천, 수원, 개성 등지에서도 이루어졌다.

1926년 5월 13일 경복궁에서 개회한 조선박람회에서는 라디오로 개회사 및 취지 설명을 내보냈다(〈동아일보〉 1926.5.13.). 또 그해 6월에는 〈시대일보〉 주최 아래 영화 상영과 라디오 방송을 조합한 특이한 행사가 열렸다. 4월 26일 서거한 순종 황제를 전국적으로 애도하는 분위기 속에 인산일인 6월 10일에는 대대적인 만세 운동이 일어났는데, 〈시대일보〉는 자체 활동사진반을 내보내 인산 광경을 일종의 뉴스영화로 급히 제작하고 6월 11일과 12일 이틀에 걸쳐 종로 기독교청년회관에서 공개했다. 첫날은 무성의 뉴스영화를 2회에 나누어 상영했는데,[25] 다음날 밤에는 흥미롭게도 영화 상영과 동시에 회관 강당에 설치한 확대형 수신기에서 라디오 방송을 병행하는 초유의 실험을 했다. 〈시대일보〉 사원이 라디오로 개회사를 한 후, 필름이 영사되는 동안 간간이 국내외 뉴스와 라디오에 대한 과학적 설명을 방송하는 식이었다. 보도에 따르면, "사진 장면에 감격을 느끼는 관중은 물질문명의 신비로움을 함께 느끼었다." 신문 지면을 통해 공지한 이 행사에는 1만여 명의 인파가 몰렸고, 신문사가 원래 2회 상영을 계획했다가 한 차례를 더했음에

---

25   신문은 이 활동사진의 관람 광경을 다음과 같이 전한다. "서막이 열리자 승하하신 선제의 어진이 나타나시매, 자리에 착석하였던 수천 군중은 어느새 일제히 일어나서 머리를 수그려 잠깐동안 추모의 뜻을 표하였으며, 그다음으로 수운이 중첩한 창덕궁 전경을 비롯하여 비장한 인산 행렬이 역력히 나타날 때 장내는 몹시 엄숙한 가운데 숨소리만 들릴 뿐으로 자연히 슬픈 공기가 떠돌았다."(〈시대일보〉 1926.6.13.)

도 미처 보지 못한 관중이 귀가하지 않고 모여 있는 바람에 종로경찰서 사복 경관 수십 명이 정리에 나서야 했다(《시대일보》 1926.6.13과 6.14.).

그런데 이러한 일반의 관심과 반응이 진지하게 오래가는 것이었다고 보기는 어려울 것이다. 사실 경성방송국 창립사무소까지 만들어진 1926년에조차 조선인들은 "라디오 방송국의 창설에 아무런 필요도 흥미도, 거개가 다 느끼지 못했"고, "새 학문을 배우고 첨단적 문화를 힘입은 신사들도 거기에 대해서는 너무도 등한시하여 왔었다"는 보고가 있을 만큼(《삼천리》 1935.8), 라디오 미디어는 극소수 인구만의 관심사였다. 이는 방송국 개국 전에는 물론, 개국 이후에도 오랫동안 수신기 보유자 수가 극히 적었던 데서 잘 드러난다. 1926년 3월 실험 당시 수신기 보유자는 7백여 명(그중 5백여 명이 경성부 거주자)에 불과했고, 대다수는 사업가였다. 한편 시험방송이 한창이던 1926년 11월에는 그 수가 1,220여 명(경성부 거주자 약 860명)으로 추산되었는데, 이 가운데 일본 방송을 듣는 수신자가 280명, 시험방송을 듣는 수신자가 940여 명이었고, 전체 청취자 가운데 조선인 청취자는 100여 명에 불과했다(《매일신보》 1926.3.6과 11.6.). 8개월 동안 고작 5백여 명 증가한 셈이다. 이처럼 수신기 보급이 저조했던 이유는 그 가격이 매우 비싼 데 반해, 일종의 '신기효과'를 걷어내고 나면 이 미디어에 요긴한 쓸모가 있다고 여겨지지 않았기 때문일 것이다. 신문과 유성기를 합쳐놓은 것 같은 이 미디어는 뒤집어 보면 이미 가정에 있는 신문과 유성기로 대체 가능한 것이기도 했다. 수신기 가격은 한두 명이 들을 수 있는 광석식의 경우 안테나 포함 6~15원, 진공관식으로 확성기를 이용해 함께 들을 수 있는 세트는 40~100원 정도였다(쓰가와 이즈미 1993/1999:45).

민중이 신기한 근대문명의 산물로서 라디오에 대해 막연한 호기심을 갖고 일시적 열광을 드러낸 것은 사실이다. 하지만 그러한 현상 이면의 의미를 간파한 지식인이 이 미디어의 아직 도래하지 않은 미학적 가능성이나 사회적 영향력을 의식하고 그것을 이용해 무언가 해보고자 한다는 것은 별개의 문제일 수밖에 없다. 최승일과 동료들의 라디오극연구회 결성이 각별한 의의를 지니는 사건으로 다가오는 것도 바로 그러한 이유에서다. 유의할 것은 이미 성공적으로 라디오 방송을 개시한 일본의 사례가 지식인들에게 의미 있는 준거로 작용했다는 사실이다. 라디오극연구회 창설에 즈음하여 이경손은 신문 지면에 두 차례 글을 싣는다. 이는 그 자신의 라디오드라마 예술관을 피력한 글이었지만, 6월 20일 라디오극 「파멸」의 시험방송 다음 날 실린 만큼 일종의 창립취지문이나 다를 바 없었다. 여기서 그는 연구회의 창립 경위를 "드디어 우리들의 어느 자각과 방송국의 청으로 말미암아 라디오극연구회라는 것이 출생케 되었으니"라고 짧게 언급하며, "우리보다 선진인 일본의 '라디오드라마연구회'" 또한 거론한다(〈시대일보〉 1926.6.21.). 달리 말하면, 조선의 라디오극연구회 결성에는 우리 문화예술인들의 자각 못지않게 '방송국의 청'이 있었고, 일본의 연구회가 일종의 모델이 되었다는 것이다. 여기서 "방송국의 청"이란 경성방송국 경영진 차원의 주문이라기보다는, 당시 조선어 시험방송 관련 사무를 맡고 있었던 최승일의 요청을 가리키는 것으로 보인다(박진 1977). 또한 이 글에서 이경손은 기존의 연극, 영화와 라디오극의 차이라든지, 라디오극의 다양한 종류, 순(純)라디오극의 특징 등에 대한 상세한 지식을 드러내는데, 이러한 내용이 "오사나이(小山內薫), 나가타(長田幹彦) 씨 등의 집합으로 편성된 ○○의 방송조목"이라고 명시한다(〈시대일보〉 1926.6.28.).

일본은 1925년 도쿄, 오사카, 나고야 방송국이 방송을 개시하면서 본격적인 라디오 시대에 돌입했다. 오사나이 카오루(小山內薫)와 나가타 미키히코(長田幹彦)는 이 초창기에 라디오드라마 장르의 정립에 크게 이바지한 작가들이다. 일본에서는 1925년 5월부터 「사야아테(鞘当)」, 「쿠니사다츄지(国定忠治)」, 「호토토기스(不如歸)」, 「기리히토하(桐一葉)」, 「대

위의 딸(大尉の娘)」 등의 드라마를 방송했는데, 이는 기본적으로 무대극을 라디오용으로 적당히 각색한 것이었다. 최초의 본격적인 라디오드라마는 1925년 8월 13일 오사나이가 연출한 「탄갱 속(炭坑の中)」이 꼽힌다(佐佐健治 1934:100-103). 영국의 극작가 리처드 휴즈가 BBC 방송용으로 쓴 「위험(Danger)」을 번안한 「탄갱 속」은 탄갱에서 갑자기 폭발이 일어난 뒤 그 안에 남은 젊은 남녀와 노인이 어둠 속에서 다가오는 죽음의 공포를 느끼며 삶에 집착하는 모습을 그린 20분짜리 작품이었다. 당시 츠키지(築地) 소극장을 맡고 있던 오사나이는 소속 배우들을 데리고 이 라디오극을 연출했는데, 적절한 효과음의 활용 등으로 각계의 호평을 받았다.[26] 유럽 아방가르드 예술운동에 조예가 깊었던 오사나이는 영화와 라디오의 미학적 잠재력을 간파했고, 새로운 기술로 표현 영역을 개척해 리얼리즘 전통에서 벗어나고자 했던 것이다. 오사나이 이후 츠키지 소극장을 계승하고 나중에 일본에서 「춘향전」을 연출하는 무라야마 도모요시(村山知義)도 비슷한 인식을 지니고 있었다.

어쨌거나 「탄갱 속」의 성공에 힘입어 방송극에 대한 관심이 커지자, 당시 도쿄방송국의 방송부 촉탁으로 있었던 나가타가 1925년 8월 오사나이, 구보타 만타로(久保田万太郎) 등 관계자들을 규합해 라디오드라마연구회를 설립한다. 연구회는 라디오드라마 창작의 필요성을 자각하고 목소리 연기를 전문으로 할 연구생의 양성에 나서는 등, 활발한 활동을 벌였다.[27] 하지만 도쿄의 라디오드라마연구회는 경성에 연구회

---

26 「탄갱 속」은 1935년 3월 31일 JODK에서 조선어로 방송되었다(〈동아일보〉 1935.3.31.). 이중방송기 종종 방송극에 참여한 신향회(新響會) 명의의 이 드라마에는 안정호, 하순이, 이청현 등이 출연했다.

27 도쿄방송국의 라디오드라마연구회 소식은 조선어 신문에도 실린 바 있다. 연구회가 내지 각 부와 현에 라디오드라마 각색을 위한 선행 미담 수집을 의뢰했다는 기사였다(〈조선일보〉 1926.3.11.).

가 만들어지고 얼마 지나지 않은 1926년 8월 도쿄, 오사카, 나고야 세 개 방송국을 통합한 일본방송협회가 설립되고 나가타가 방송부장직을 사직하면서 1년 만에 해산했다(竹山昭子 2002:234-236). 원래 세 방송국은 경영과 프로그램 제작에서 독립성을 가진 조직이었으나, 라디오가 급속히 보급되고 사회적 영향력이 증대되자 체신성은 방송사업을 더욱 강력한 국가통제 아래 두고자 했다. 그 결과, 세 방송국을 일원화하는 일본방송협회가 만들어지고 전국을 하나로 묶는 방송망을 구축한다. 체신성의 엄격한 관리와 감독을 받게 된 일본의 라디오는 이후 1930년대의 전시체제에 이르는 일련의 흐름 속에서 점점 심한 감시와 검열 아래 놓이고 국가 미디어로 전화해간다. 라디오드라마연구회의 해체는 이러한 "라디오의 국가 장치화" 과정 초반의 부산물이었다(요시미 순야 1995/2005:337; NHK 編 1977:28-29).

　　일본과 달리 조선의 라디오극연구회는 한 차례의 시험방송 공연 외에 특기할 만한 활동이 없다가, 창립 1년 후인 1927년 7월 좀 더 발전한 모습으로 다시 등장한다. 구성원도 최승일, 이경손, 김영팔, 심훈, 고한승, 박희수, 류일순 등 10여 명으로 늘어났고, "앞으로는 공중을 무대로 삼고 조선의 연극 운동에 조금이라도 공헌이 있도록 노력하리라"는 각오를 새삼 다졌다(〈매일신보〉 1927.7.2.). 무엇보다도 그 넉 달쯤 전에 경성방송국이 개국해 본격적으로 정규방송을 개시함으로써 연구회의 활동 기반이 탄탄해졌다는 데 힘입은 바 컸을 것이다. 이제 라디오를 매개로 신극은 극장이라는 한정된 공간을 벗어나 무대도, 배경도, 의상도, 분장도 필요 없이 오직 소리(목소리, 음악, 효과음)로만 전파를 타고 경성 곳곳에 울려 퍼질 수 있었다. 이렇게 해서 방송극은 신극 대중화 운동에 일익을 담당하기 시작했던 것이다.

　　같은 시기 최승일은 영화에 대한 합평 등을 통해 조선 영화의 발전을 도모한다는 취지의 영화인회 창립에도 참여하였다. 그 구성원은 최승일 외에 이경손, 안석영, 심훈, 나운규, 김영팔, 김기진, 안종화, 김철, 임화, 김을한 등으로 라디오극연구회와도 상당수 겹친다(〈매일신보〉 1927.7.5.). 사실 라디오극연구회 구성원들이 모두 라디오극 제작에 활발히 참여했다고 보기는 어렵다. 그러기에는 일단 조선어방송 시간 자체가 하루 1시간가량으로 매우 제한적이었고, 그나마도 연예 편성의 무게중심은 각종 음악 프로그램에 쏠려 있었다. 1926년에 라디오극 연구에 진력하겠다고 공언한 이경손만 해도, 당장 그 해에 「장한몽」, 「산채왕」 등을 각색, 감독하고 「봉황의 면류관」을 발표하는 등 영화에 남다른 열성과 성과를 보였다. 이처럼 작가나 언론인, 영화감독 등으로 본업을 가진 이들로서는 연구회 활동이 부수적인 일일 수밖에 없었다. 그럼에도 이들이 느슨한 네트워크 안에서 방송극 제작에 참여하며 그 발전에 이바지했다는 점 또한 간과해서는 안 될 것이다.

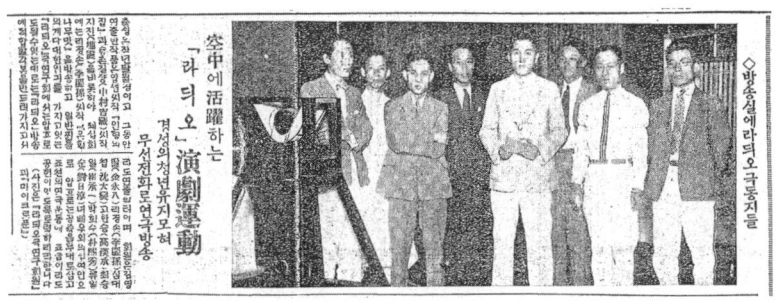

라디오극연구회 구성원들의 사진. 〈매일신보〉는 "출정은 작년 8월[6월의 오기로 보인다] 경이고, 그동안 연출한 작품은 입센 씨 작 「인형의 집」과 중촌길장(中村吉藏) 씨 작 「지진」을 비롯하여 제10회에는 이경손 씨 작 「은행나무 밑」을 방송하고, 일반 팬들에게 다대한 인기를 가지고 있는 라디오극연구회"라고 지칭하면서, 회원들로는 "김영팔, 이경손, 심대섭, 고한승, 최승일, 박희수, 류일순, 여배우 외의 10여 인"이 있다고 썼다(1927.7.2.).

조선어방송의 실험과
JODK의 개국

조선총독부 체신국에서는 1925년 3월 14일부터 정기 시험방송을 송출했으며, 이는 경성방송국 본방송 개시 한 달 전인 1927년 1월 16일까지 계속되었다. 시험방송은 매주 일요일, 화요일, 목요일, 금요일에 저녁 7시부터 9시까지 이루어졌고, 방송내용은 뉴스, 일기예보, 강연, 음악, 동화, 동요 등이었다. 특히 1926년 7월 8일부터는 그전까지 부분적으로만 이루어진 조선어 시험방송이 본격적으로 실시되었다. 즉 목요일은 두 시간 전부, 일요일은 절반인 한 시간을 조선말로 방송하기 시작한 것이다(서재길 2006a; 황문평 1998:344-356). 이와 함께 체신국은 탑골공원 음악당에 라디오 청취기(수화기와 확성기)를 설비하고, 모인 사람들이 공동으로 청취할 수 있도록 했다. 이는 정식방송을 앞두고 특히 조선인 가입자 수를 늘리려는 노력의 일환이었다(〈매일신보〉 1926.7.9.). 아직 시험방송기라고 해도 개국이 머지않은 상황에서 〈경성일보〉가 사설을 통해 방송편성이 너무 부실하다고 비판할 정도로(1926.7.13.), 라디오에는 청취자를 잡아끌 만한 프로그램이 마땅치 않았다. 이러한 상황에서 최승일은 조선어방송을 준비하기 위해 적지 않은 노력을 기울인 것으로 보인다.

1926년 6월 말 라디오극연구회의 「파멸」 방송 이후 조선어방송 시간을 채운 프로그램들은 전통음악, 양악, 유행가, 강연, 영화해설, 동화, 라디오극, 아동극 등 나름대로 다채로운 편이다(이상길 2012). 이 가운데 특히 7월 15일과 11월 4일의 편성은 출연진의 면면이 화려했기 때문이었는지 각 신문에서 비교적 크게 다루어졌다. 우선 7월 15일의 시험방송에는 조선악과 유행가, 김파영의 영화해설 「부활(카추샤)」, 그리고 윤심덕의 가극 「춘희」의 노래 독창(윤성덕 반주) 등이 있었다.[28] 또 11월 4일에는 피아노, 플루트 같은 양악기 연주, 전통음악, 그리고 라디오극 「새벽종소리」 방송이 있었다. 출연진은 변기종, 박팔, 손이선, 곽탄양, 권일청, 이원재, 이석구, 이경환, 복혜숙 등 극우회 배우들이었는데, 극우회는 1926년 봄에 토월회원, 민립극단원 일부와 배우 몇 명이 합세해 창단한 연극단체였다. 전1막의 희비극이라는 설명을 단 「새벽종소리」는 극우회의 무대 공연 프로그램 가운데 하나를 방송 시간 30분에 맞게 각색한 것으로 여겨진다. 배우 복혜숙의 증언에 기대면, 체신국 뒤 방을 하나 빌려 한 겹 포장만 친 방음장치에 대단한 효과음 도구도 없이 방송극을 공연했는데, 연출은 "담당 아나운서"였던 최승일이었다. 복혜숙은 또 최승일의 제안으로 '소설낭독'을 했다면서, 이는 대개 30분짜리로 해설과 여러 배역과 해설의 목소리를 혼자서 입체적

---

28   1926년 8월 동생 최승희를 만나기 위해 일본을 향해 가는 배 안에서 최승일은 불과 며칠 전에 정사한 친구 김우진과 윤심덕을 회상한다(두 사람의 비극적인 동반 자살, 조선 사회를 떠들썩하게 만든 이 희대의 스캔들은 8월 6일에 있었다). 그에 따르면, 윤심덕은 동생 윤성덕과 함께 도일하려던 날(정확히는 1926년 7월 17일이었다) 전날 밤에 "라디오 방송국에 와서 마이크로폰 앞에서 가극 「춘희」 중의 일부―주인공이 혼자서 애타는 가슴을 하소연하는 장면의 노래를 방송하고는 밤비는 축축이 내리는데 자동차도 아니 타고 혼자서 너털웃음을 의미 없이 웃어대며 걸어" 나갔다는 것이다(〈별건곤〉 1926.11).

◇十五日順序

라듸오放送

경성텽라듸오방송국에서는데신국방송소를 빌리여서 매일여러가지로 조선방송을 하는중 목요일마다 조선가곡을 방송한다함은 긔보한바어니와 금십오일에는 하오칠시부터 아래와 가튼방송을 하리라하며 방송공개를관원안에서 무료공개를하리라더라

朝鮮古樂音樂順序로그람
(坌洞公園內無料公開)

一、猥樂(器樂竝奏) 朝鮮努音
一、徐珊瑚珠、同金水鶯
一、陸樂節(仙樂) 同徐珊瑚珠
一、同金水鶯
一、雜歌(西道雜歌) 同金水鶯
一、同白雲仙
一、同上(南道雜歌) 同金彩鳳
一、쏘푸라노獨唱(曲目)× 郑弄月
 演奏者 尹心悳、伴奏尹聖喜
一、朝鮮首樂(正樂) 長笈金淳
 歌、玄琴洪永來、洋琴金相淳
一、短蕭節奏爽
一、朝鮮語映講解説
 추사: 優美館内 金波影
一、流行歌(曲目) 물도라、푸
 를벌、배노래
 演奏者李貞淑
崔承一

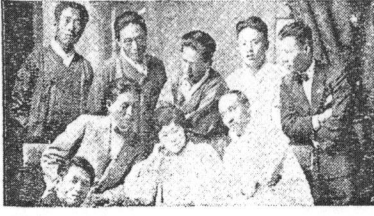

劇友會의 放送

사진은 조선극우회의 배우일동 이 이 사일밤 경성방송에서써승동 대사를 방송하는장면이 이올시다

단성사에 서공연됨으로 하야 갈재됨도 하고 방으로순연됨이무러히남전지하나다 복판에 안진녀배우가복혜숙양 이올시다

위 그림은 체신국 방송소의 조선어 시험방송 프로그램 편성표이다(〈동아일보〉 1926.7.15.). 이 표의 맨 끝부분에는 출연자가 아닌 최승일의 이름이 들어가 있다. 같은 날짜의 〈조선일보〉와 〈매일신보〉에 실린 편성표에는 그 이름이 빠져 있는데, 아마도 〈동아일보〉의 편집자가 보도자료로 받은 편성표에 나온 작성자 최승일의 이름을 실수로 기사에 넣었을 개연성이 높다. 당시 편성표 기사는 방송국에서 방송 전날 오후에 다음날 치 방송순서를 신문사에 보내서 싣도록 했다.
아래 그림은 당시 「새벽종소리」라는 극방송을 했던 조선극우회의 사진으로 가운데 있는 여배우가 복혜숙이다(〈매일신보〉 1926.11.6.).

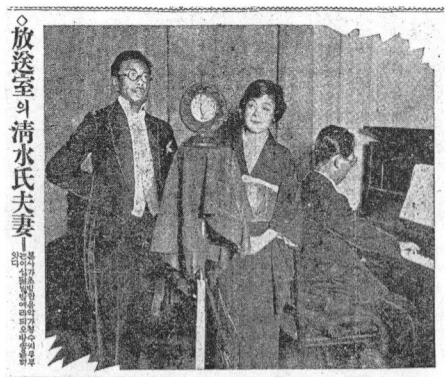

◇放送室의 淸水氏夫妻

당대 큰 명성을 누렸던 일본 성악가 시미즈 긴타로(淸水金太郎) 부부가 경성 방문 기회에 시험방송에 참여한 사진이다(〈매일신보〉 1926.11.30.).

으로 내는 식이었다고 회고했다(1960:86-87). 최승일은 당시 방송국 일과 라디오극연구회의 경험으로 여러 유형의 극 방송에 각별한 관심을 기울였던 것으로 보인다. 1926년 12월 18일 그가 카프의 본격적인 출범을 알리는 〈문예운동〉 주최의 강연회에 참여해 희곡을 낭독했던 것도 이러한 맥락에서였을 법하다. 한편 11월 11일 JODK는 '순조선음악데이'라는 명칭 아래 당시 일동레코드 전속이었던 명창 송만갑을 비롯해 고수 한성준 등이 참여하는 음악방송을 내보냈다. 11월 30일에는 당대의 거장 바리톤 성악가 시미즈가 매일신보사 주최의 경성 초빙공연에 왔다가 시험방송에 참여해, 라디오를 매개로 한 제국과 식민지의 문화 교류에 시발점을 마련했다.

사단법인 경성방송국은 이사회 이하 총무부, 가입부, 기술부, 방송부 등 4개 실무 부서로 구성되었다. 각 부의 주임은 모두 일본인이 맡았는데, 방송부 주임인 미쓰나가 시쵸(光永姿潮)는 경성일보 문예부에서 11년 동안 근무한 언론인 출신이었다. 1926년 11월 말 취임한 미쓰나가는 12월 5일부터 도쿄, 오사카, 나고야의 세 방송국을 2주간 시찰하며 방송부 직제, 근무 시간 분할, 방송 실황과 출연자 등에 관한 정보를 수집했다. 방송부는 방송 내용의 기획, 편성, 보도 등을 담당했다. 시험방송기에 조선인이나 일본인 청취자를 막론하고 교화·교양 프로그램보다는 음악·연예프로그램의 인기가 훨씬 높은 것으로 나타나, 프로그램 편성은 매우 까다로운 작업일 수밖에 없었다(〈경성일보〉 1926.12.5와 12.23.). 〈매일신보〉는 사설에서 "청취자의 대부분이 기대하는 예술방송에 재(在)하야 아직 조선에는 적당한 대가가 핍(乏)하야 금에 체신국이 1주 4회의 가(假)방송을 위함에도 기(其) '프로그램'의 편성에 고심하는 사실에 감(鑑)하야 금후 방송국의 상당한 곤란을 감(感)할 것"이라고 지적하기도 했다(〈매일신보〉 1926.12.8.). 경성방송국은 본방송을 개시하기 전 방송부를 정비하면서 정식으로 전형을 거쳐 인력을 충원하였다. 이 과정에서 조선어 연예방송 담당에 최승일이, 또 어린이시간 담당에 조선아동협회의 사다 시코우(佐田至弘)가 촉탁 직원으로 선임되었다(〈경성일보〉 1926.12.25.).[29] 이전까지 체신국에서 일했던 최승일은 이렇게 해서 경성방송국 소속이 되었고, 비슷한 업무지만 좀 더 큰 부담을 안은 채 체계적으로 수행하지 않을 수 없게 되었다.

1927년 2월 16일 오후 1시 경성방송국이 시험방송 단계를 마치고 개국했다. 서울이 한눈에 내려다보이는 정동 언덕에 높이 45미터의 거대한 송신탑 2기와 지하 1층, 지상 2층의 최신식 건물로 우뚝 선 방송국은 많은 사람의 눈길을 끌었다. 경성방송국은 출력 1kW, 주파수 690kHz에 호출부호는 JODK였다. 이 부호는 일본이 ITU로부터 받은 국가 부호 JO에 도쿄 AK, 오사카 BK, 나고야 CK 뒤를 잇는 DK를 붙인 것으로, 일제의 네 번째 방송국이라는 의미를 담고 있었다. 원래 11개의 민간단체가 조선총독부에 방송사업 허가를 신청했으나, 총독부는 이들이 한 개의 사단법인체를 구성하게 하고 그것을 직접 주도함으로써 방송국 인사와 운영에 대한 통제권 일체를 행사했다. 사단법인 경성방송국의 이사회는 일본인 이사 11명과 조선인 이사 5인으로 이루어졌으며, 이사들은 대부분 사업가, 은행 대표, 지주 등 자본가였다. 이처럼 경성방송국은 민간 자본가들의 참여 자본을 기반으로 하면서도, 제도상 총독부 체신국이 관리·감독하는 반관반민의 특징을 지니고 있었다. 1926년 12월 9일자 조선총독부 고시 제379호가 방송국 설립 허가의 법적 근거를 마련했다. 총독부의 초기 라디오 정책은 일본의 1915년 무선통신법을 근간으로 삼았는데, 이를 매개로 일제가 조선의 방송

---

29 경성방송국 개국 시기부터 기술부 직원으로 일한 한덕봉의 증언에 따르면, 개국 당시 임직원 수는 임원 3명(비상임 이사장 1인, 상임이사 2인), 정규직 23명, 촉탁직 31명으로 총 57명이었다고 한다(유병은 1998:28).

을 장악하는 구조가 만들어질 수 있었다(김성호 2007).

　개국 당시 경성방송국은 총독부의 문화정치 기조에 맞추어 '조선에서 문화의 향상 발전에 기여한다'는 원칙을 내걸었고, 일본어와 조선어방송을 균등하게 5:5로 편성한다는 방침을 세웠다. 이는 1910년 17만여 명에서 1930년 약 53만 명에 이를 정도로 증가세가 가팔랐던 재조(在朝)일본인의 조선 문화 적응을 돕는 한편, 조선인에게도 일본 문화를 효과적으로 전파하기 위한 것이었다. 하지만 실제 방송에서는 일본어 대 조선어 비율이 7:3 정도였다. 기본 편성시간은 평일이 오전 9시 40분부터 오후 4시까지, 다시 저녁 6시부터 9시 30분까지였고, 일요일과 기념일에는 낮 12시 30분부터 2시까지, 그리고 저녁 6시부터 9시 30분까지로 정해졌다. 한 프로그램이 끝나면 5~20분씩 방송이 끊어졌다가 다시 이어지는 식이어서 실제 방송 시간은 6시간 30분 정도에 지나지 않았고, 조선어방송 시간은 대략 1시간 30분에 불과했다. 조선인 청취자들은 비록 극소수에 지나지 않았지만, 이러한 방송 방식과 편성 전반에 대한 사회적인 불만은 적지 않았다. 신문 등에서 계속 비난이 일자, 그해 7월 일본어 대 조선어 비율이 약 3:2 정도로 조정되었다. 실제 프로그램은 양국어로 방송되는 뉴스와 일기예보, 물가시세를 비롯해 서양 고전음악, 밴드 음악, 나니와부시, 가부키극, 조선 가곡, 유행가, 방송극, 각본낭독, 영어강좌, 영화해설, 동요, 동화 등으로 다양하게 편성되었다. 순수한 우리말 방송으로는 창, 민요, 고담, 동화, 방송극 등이 있었다(서재길 2006a:164-165).

Box 4.

경성방송국의 탄생

일본 최초의 라디오 방송은 1925년 3월 22일 사단법인 도쿄방송
국이 콜사인 JOAK로 시험방송을 송출하면서 이루어졌다. 본 방송
은 7월 2일에 개시했는데, 당시 약 3,500명에 지나지 않았던 청취
자 수가 10월에 접어들자 10만 명을 돌파하는 등, 라디오는 큰 인
기를 끌게 된다. 도쿄방송국 개국 이후 불과 1년이 못 되어 조선에
서 경성방송국의 설립 계획이 출현했다. 사단법인 경성방송국은
초기 자본금 20만엔 전액을 조선식산은행에서 기채했다. 그에 따
라 설립위원회 사무실도 식산은행에 본부를 두었고, 비상임의 초
대이사장도 식산은행 이사 모리 고이치(森悟一)가 맡았다. 역시 식
산은행에 근무하는 건축기사가 방송국 설계를 담당했다(아래 그림, 〈경

近く着工する放送局の設計圖

성일보〉1926.6.22.). 건축 위치는 경성 시내에서 가장 높은 곳이어야 한다는 조건 아래 시내가 한눈에 내려다보이는 해발 84미터의 정동 1번지 10호(현재 정동 1번지)로 정해졌다.

1926년 7월 1일 기공식을 가진 경성방송국은 원래 그해 안에 개국을 목표로 했으나, 심한 여름 장마 때문에 공사가 지연되면서 10월 27일에 상량식을 하고, 12월 27일 마침내 준공식을 가질 수 있었다(1, 〈동아일보〉1926.12.19.; 2, 〈조선신문〉1926.12.1.). 개국식은 1927년 2월 16일 오후 1시에 거행되었다. 방송부 주임의 사회로 열린 이 행사에 조선 총독은 불참했으며, 조선인 대표로 박영효가 참석하였다. 1930년대 후반의 사진 엽서는 구세군사관학교와 그 왼편의 경성여자공립보통학교 뒤편으로 높은 철탑 2기와 함께 자리한 경성방송국 전경을 보여준다(3, 서울역사박물관 아카이브 번호 103353). 대지 190평에 지하 1층, 지상 2층으로 세워진 방송국은 지하실 63평, 1층 94평, 2층 94평으로 건물 총 면적이 251평에 달했다. 1층에는 이사장실, 사무실, 응접실, 귀빈실이, 2층에는 각각 24평, 10평인 스튜디오 2개와 방송지휘실이 갖춰졌다. 호화로운 최신식 실내 시설과 영국 마르코니 회사제 방송 장비를 구비한 방송국의 건축비용으로 총 23만 엔이 소요되는 바람에, 사단법인 경성방송국은 개국에서부터 자본금 전액을 잠식한 상태로 출발했고 한동안 심각한 경영난에 시달릴 수밖에 없었다. 그 결과, 모리 고이치(2의 인물)는 방송 시작 5개월도 채 안 된 1927년 7월 1일 이사장직을 사임하고 식산은행으로 복귀했다.

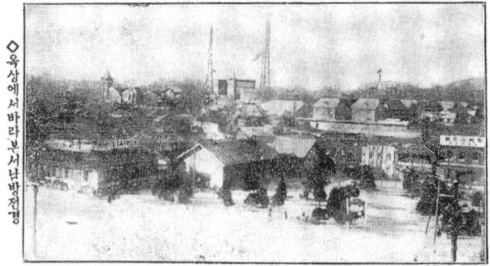

◇육상에서 바라본 서남방전경

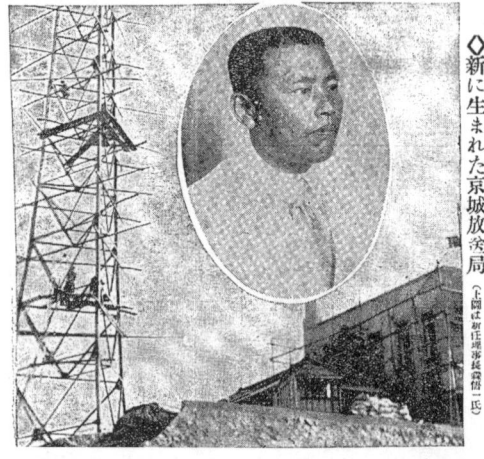

◇新に生まれた京城放送局（上圖は新任堺澤局長森僑一氏）

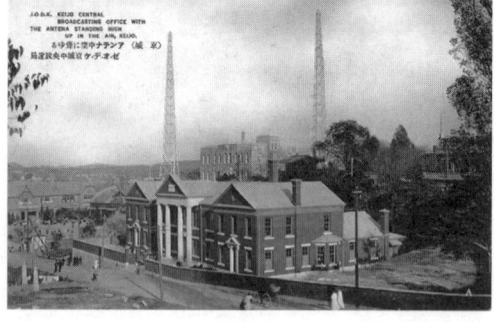

이처럼 하나의 채널에서 두 개 언어를 교대로 내보내는 단일혼합 방송 체제는 식민지 상황을 고려하더라도 세계적으로 극히 예외적이었다. 이는 조선인과 일본인 청취자 모두에게 큰 불평 요인이었으며, 청취자층의 확장에도 근본적인 장애 요소로 작용했다. 하지만 이 기이한 형태는 1933년 조선어방송을 제2채널에서 전담하는 이중방송 체제로 이행할 때까지 지속되었다. 단일방송기 프로그램의 편성과 제작 과정에 대해서는 남아 있는 자료가 별로 없어서 정확히 알기 어렵다. 다만 개국 직전의 사정을 보면, 프로그램은 방송국 담당자와 감독관청인 체신국 사이의 협의에 따라 결정되었고, 1개월 예상 목록을 미리 작성해 방송 출연자들을 섭외하는 식이었다(《동아일보》 1927.1.9.). 이러한 관행은 정식방송 이후에도 크게 바뀌지 않았을 개연성이 높고, 최승일의 업무 역시 기본적으로는 이와 같은 틀 안에 있었을 것이다. 다만 그는 일본인 방송부장과 상의해가며 조선어 프로그램을 짜고 체신국의 허가를 받아내고 출연자를 섭외하는 일 말고도, 아나운서와 연출자 역할 또한 해야만 했다.[30] 이는 방송국에 조선인 인력이 절대적으로 적었던 상황에서 어느 정도 불가피한 일이었다.

경성방송국 개국 당시 방송국에는 50여 명의 직원이 있었는데, 그 가운데 조선인은 기술부에 노창성과 한덕봉, 방송부에 최승일, 아나운서 이옥경과 마현경 등 모두 5명에 불과했다. 김영팔은 개국 이후 얼마 안 된 시점에 방송국에서 조선인 직원이 더 필요하다는 판단에 따라 영입한 것으로 보인다.[31] 유의할 점은 시험방송기에 경무당국이 라디오

---

30 아나운서 이옥경은 경성방송국 초기 전체 직원들 가운데 아나운서는 7~8명이었고, 그중 한국인 아나운서는 자신과 마현경 이외에 "최승일 씨가 문예 관계 일을 보면서 아나운서처럼 방송을 하기도 했다"고 회고한 바 있다(《조선일보》 1973.1.18.).

31 김영팔이 정확히 언제부터 근무했는지는 확실치 않지만, 몇 가지 자료를 바탕으로 대체적인 추론은 가능하다. 1927년 2월 JODK 개국 직전 김영팔은 자신의 "직공 생활 십

방송을 거의 간섭 없는 상태로 내버려 두고 검열을 제대로 하지 않았다는 사실이다(〈조선신문〉 1927.1.8.). 정규방송을 개시한 이후에는 어느 정도 상황이 달라졌지만, 뉴스와 강연 이외에 조선어 연예방송에 대해서는 검열과 통제를 아주 엄격하게 시행하지는 않았던 것으로 추정된다. 이는 관련 프로그램의 편성과 제작에 어느 정도 자유의 여지가 있었음을 시사한다.[32]

방송국 추진 단계에서부터 설립 이후까지도 조선일보, 동아일보, 매일신보 등 여러 신문사는 라디오대회 및 강습회, 라디오순회대, 방송국 견학 등과 같은 다양한 행사를 마련했고, 민간단체들도 라디오청취

년의 감상 일부분"을 회고하면서 이제 문선공 일을 그만두고 싶다는 희망을 피력한다(〈조선지광〉 1927.2). 그런데 같은 해 4월 10일자 〈매일신보〉는 그를 "신진문사로, 극작가로, 그뿐 아니라 경성방송국에서 사무 보는 이로 익살 잘 부리는 낙천가"라고 소개한다. 두 기사가 나온 시점으로 미루어보면, 김영팔이 개국 직원은 아니라 해도 이후 금세 입사했음을 짐작할 수 있다. 그는 애당초 최승일과 비슷한 문서계원으로 들어갔다가, 곧 아나운서 일을 주로 맡게 된 것으로 여겨진다. 1931년 말에 김영팔은 자신이 JODK에서 청춘기의 5년을 보냈다고 회고한 바 있다(〈시대상〉 1931.11). 한편 〈경성일보〉 1931년 6월 5일자는 김영팔을 "DK 창설 당시 들어왔던 능구렁이"라고 소개했다.

32 조선어 방송 시간이 매우 적고 그나마도 오락 중심이며 조선인 청취자 수 또한 미미했던 단일방송기의 상황에서 총독부와 체신국은 조선어 방송에 대해 엄격한 통제와 검열을 실시하지는 않았던 것으로 여겨진다. 이는 조선의 전통을 제국 지방문화의 일부로서 적극적으로 편입하고 전시하려는 정책 아래 조선인들에게 어느 정도 자유로운 발화 공간을 허용했던 문화정치의 맥락과도 이어진다. 실제 방송국 내에서 프로그램의 제작과 편성을 둘러싸고 일본인과 조선인 간의 잠재적 갈등을 내포한 불안정한 협력적 공간이 형성되었음을 알 수 있다. 심각한 권력의 불균형과 경합 속에서도 개개인의 친분, 일상적 상호작용을 통한 감정교류와 신뢰, 업무상 불가피한 협력 등이 일어난 것으로 보인다(시노하라 쇼조 편 1981/2006). 일본인들이 운영, 감독하는 방송국의 다소 느슨한 통제체제 아래서 조선인 직원과 문화예술인들은 방송 제작에 적게나마 상대적인 자율성을 누릴 수 있었다. 우발성과 현장성, 일과성이 작용하는 실연 상황에서 조선어 방송이 별도로 이루어졌다는 점 또한 그들의 자율성에 우호적인 요인이 되었을 것이다. JODK 초창기의 다양한 조선어 연예프로그램은 그러한 제작 조건의 산물이었다고 볼 수 있다(이상길 2012).

회 등을 열어 일반 민중의 흥미를 자극했다. 이러한 행사들은 라디오라는 진기한 발명품을 직접 체험함으로써 일상생활에서 신문물과 과학 지식을 적극적으로 수용해야 한다는 문명론적 발상에 기대고 있었다(서재길 2006a:156-163). 하지만 대중적 관심의 확산이 실제 조선인 청취자의 증가로 이어지는 데는 실질적인 제약과 한계가 분명했다. JODK는 방송 권역을 전 조선으로 설정했으나 1kW의 저출력이라 기술적인 수신 반경은 경성부 외곽 정도에 머물렀다. 게다가 라디오 수신기가 고가였을 뿐만 아니라, 개국 이후 방송을 계속 듣기 위해서는 이 수신기를 등록하고 매달 2원의 청취료를 내야만 했다. 청취료가 너무 비싸다는 여론에 따라 1927년 10월 1일부터는 월 1원으로 감액이 이루어졌지만, 당시 일반 조선인 가정의 수입을 감안하면 아직도 결코 만만한 액수가 아니었다. 등록 수신기에 청취료가 부과되다 보니, 미등록 수신기로 도청이 이루어지는 경우도 많아서, 1932년에는 그 수가 등록 대수의 4배에 이른다는 추정이 나올 정도였다. 이처럼 경성방송국은 설립 당시부터 영세한 자본금과 적은 청취료 수입으로 고전하다가, 수신기 보급이 계속 지지부진한 상태에 머물자 1930년 무렵에는 심각한 경영난에 시달리게 된다. 이중방송 실시로 조선인 청취자층을 확대하려는 방송국의 계획 역시 이러한 사정과 연관되어 있었다.

Box 5.
경성방송국 순례기

경성방송국의 개국은 장안의 큰 화젯거리였다. 당시 신문기사는 라디오를 가리켜 "이것은 줄 없는 전화 같으며 판 없이 듣는 유성기와 같아 그야말로 귀신도 하품을 할 듯한 신기한 이치로 된 것이니 가만히 집에 앉아서 지붕 위에 ■줄만 매고 귀에 기계만 대면 살림살이에 관한 강연이며 어린이들이 즐기는 옛날이야기 또는 갖은 화창한 노래가 여실히 들려 드는 것이올시다."라고 소개했다(〈매일신보〉1927.3.1.). 방송국 견학도 이어졌다. 〈매일신보〉는 부인견학단 100명을 모집해 경성방송국을 방문하는 프로그램을 기획했는데, 1927년 3월 5일 12시 30분에서 2시까지 진행된 견학은 110여 명이 몰려드는 성황을 이뤘다(왼쪽 그림, 1927.3.6.; 오른쪽 그림, 1927.3.2.). 참가자들은 방송국 내부 설명, 노창성의 라디오 기술

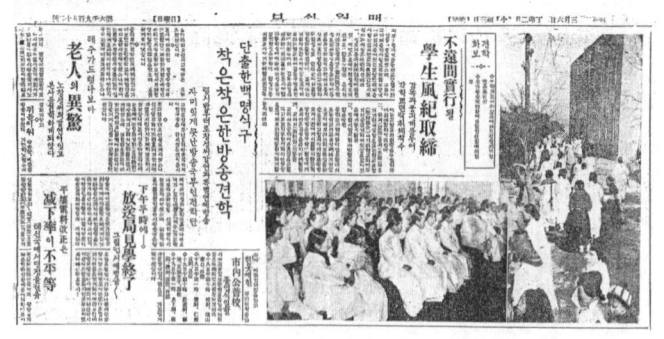

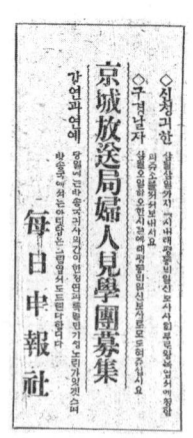

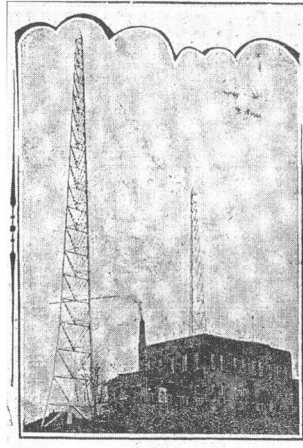

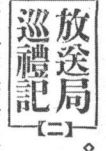

放送局
巡禮記
【一】

△개성방송국을오신것 큰손이수(守)여러분이네기게전환함시켜기와
계(機械)가위유(危愚)에그동안이곳방송국을보시 느긴비지(基地)을보이오시
들은 다. 인만나니 이곳방송국의간립이된경위와 위한진(雜音)소리가 듯
솔이 이됩니다. 이땅안에가진남립소리가 기기등이
를통힌것갈게귀체상에떠리지

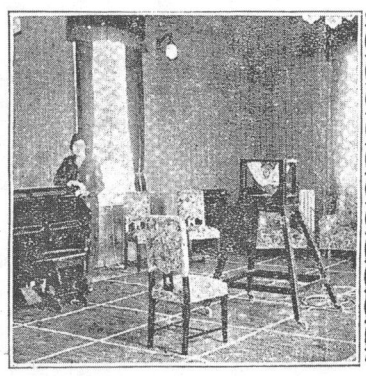

放送局
巡禮記
【二】

◇이곳 이곳바송 국이층에잇는바송실
이올시다 ◇한록판느노린것이 피말코
너ㅡ 직 송회기입니다 ◇한레에노힌
등지쇠탁이에다 다히고 소리를니
면ㅡ소리가감가워로롱이나서 니야기노
것이니 ◇오갓때四의의소화의시초느여과서부시시작핑니다

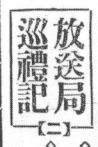

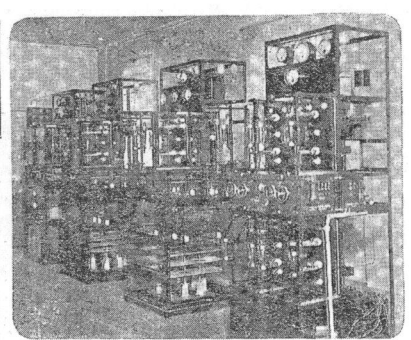

放送局
巡禮記
【二】

◇오를님레 드를것는다는손레속에서이모회
이곳의긔게에ㅡ연이오느보게계실니올시다
시오마다전긔를롤이난잣녯이알못만다아 독소리
를ㅡ롤롯레트리피거햄한짓이이울시다

117

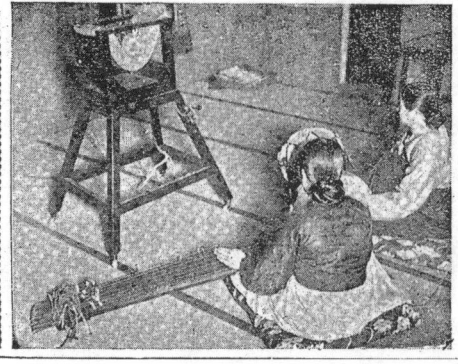

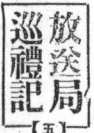

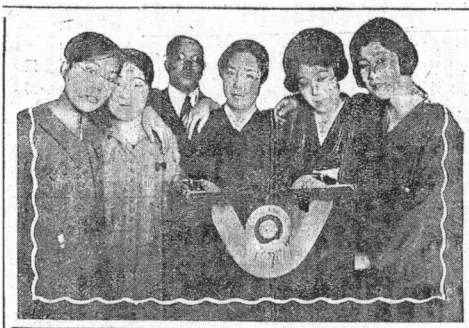

관련 강연과 특별연예방송 등을 참관한 후 기념선물로 그림엽서
를 받았다. 〈매일신보〉는 견학 직전까지 "방송국 순례기"라는 제
목 아래 모두 다섯 차례에 걸쳐 방송국을 소개하는 사진기사를 싣
는다. 거대한 송신탑이 두드러진 사옥 전경(117쪽 1, 1927.2.28.), 복
잡하고 웅장한 기계실(117쪽 2, 1927.3.1.), 송신용 마이크가 놓인 방
송실(117쪽 3, 1927.3.2.), 기생들이 노래하는 특별방송실(118쪽 위,
1927.3.3.), 아나운서의 진용(118쪽 아래, 1927.3.4.)을 담은 이 기사들은
당시 방송과 그것이 상징하는 근대성이 시각적으로 어떻게 표상되
었는지 그 일단을 보여준다.

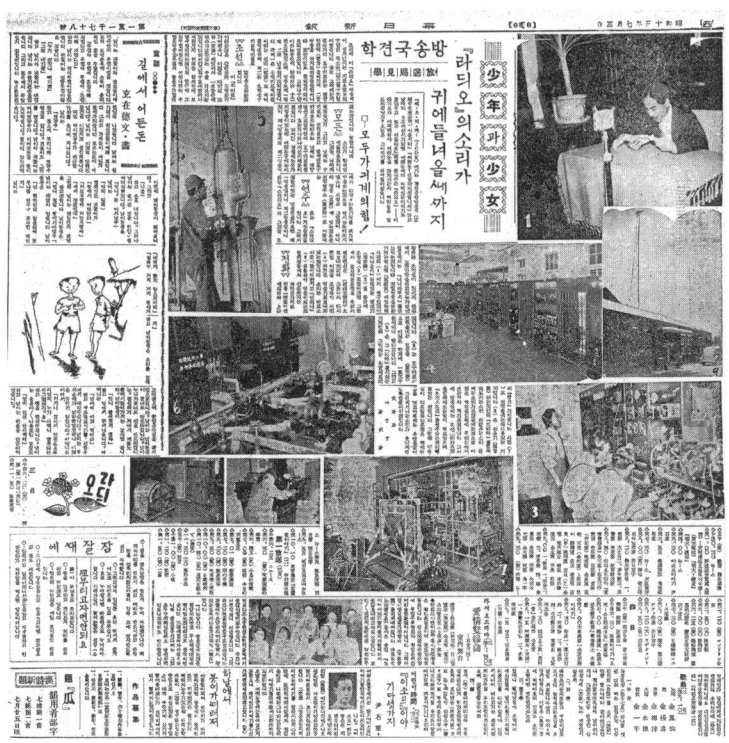

한편 경성방송국 개국 10여 년 뒤 〈매일신보〉는 어린이 지면에 '방송국 견학'을 꾸미고, 방송의 기술적 원리를 몇 장의 사진으로 시각화했다. 방송국 스튜디오의 마이크 앞에서 내는 소리가 청취자 귀에 들리기까지 어떤 기계장치들을 거치는지 이미지와 함께 제시한 것이다. 그 이면에 "모두가 기계의 힘!"이라는, 근대 기술 문명에 대한 경탄이 깔려 있었음은 물론이다(1938.7.3.).

라디오극연구회의 활약

JODK 개국 이후 최승일은 문서계원으로 일하면서 다양한 프로그램의 편성과 제작에 이바지했다. 그가 특히 열성을 쏟은 프로그램은 방송극이었던 것으로 보인다. 사실 개국 이전의 시험방송 때부터도 그는 라디오극연구회의 결성과 더불어 「파멸」을 공연했으며, 극우회 회원들을 모아 「새벽종소리」를 연출, 방송하기도 했다. 라디오 방송의 공식적인 개시는 이러한 활동에 탄력을 더했다. 지금껏 최초의 우리말 라디오 드라마는 라디오극연구회가 1927년 5월 23일 방송한 입센의 「인형의 가(家)-제3막」으로 알려져 왔다. 하지만 이미 2월 28일 박진(본명 박승진), 신일선, 이소연이 출연한 「명예와 시인」이 우리말 방송극으로는 처음 공식 전파를 탔던 것으로 나타난다(〈동아일보〉 1937.10.13.). 이 방송극은 아일랜드 극작가 던세니 경(Lord Dunsany)의 작품(원제 「Fame and the Poet」)을 번안한 것이다. '명예의 여신을 그리는 청년 시인이 절망에 빠지는 몽환극'으로 소개된 이 극에서는 박진이 기병 소좌 역, 이소연이 시인 역, 그리고 신일선이 여신 역을 맡았다.

출연자 중 한 명인 박진의 회고에 따르면, 방송극을 해보자는 최승일의 제안을 받고 자신이 일본 문예 잡지에 실린 대본을 번역했으며, 아무것도 없는 휑한 스튜디오에 들어가 출연진 세 사람이 각자의 대사를 나눠 읽는 식으로 공연을 했다(박진 1966:72-73과 1977:671-672)[33]. 이러한 증언으로 미루어 짐작하면, 당시 별도의 연출자는 없이 최승일이 최소한의 역할만을 맡았을 것으로 보인다. 박진의 회고담 가운데 주목할 부분은 최승일이 그에게 '일본인 국장의 반대에 맞서 싸운 끝에 방송극을 하게 되었다'고 말했다는 대목이다. 경성방송국 측에서는 조선어 방송극이라는 장르가 제작비는 많이 드는 반면(박진은 공연의 사례로 세 명이 합쳐 일금 10원을 받았다고 회고했다), 청취자층에게서 대단한 반응을 기대하기는 어렵다고 판단했을 법하다. 사실 빈약한 재정 상황 탓에 방송국 측에서 제작 경비의 절감 문제는 상당히 중요했고, 이는 1927년 5월 주간 연예방송을 폐지한다든지 1929년 야간 연예방송을 일본어 방송 중계로 대체하는 등의 조치를 낳기도 했다. 어쨌거나 박진의 증언이 정확하다면, 최승일은 내부의 이견을 무릅쓰고서 우리말 방송극의 제작을 관철한 셈이다.

첫 번째 작품의 방송 이후 조선어 방송극의 제작은 계속 이어졌다. 1927년 4월 3일자 〈매일신보〉는 최승일이 "지금은 가정생활상 여러 가지 관계로 극과 소설도 쓸 사이도 없이 '라디오드라마'를 연구하는 중"이라고 보도했다. 라디오극연구회는 그러한 활동의 중요한 토대를 제공했다. JODK가 정식 개국한 후 1년 동안 라디오극연구회 명의로 된 방송극 목록을 정리해 보면, 모두 20회의 공연을 한 것으로 나타난다. 1926년 6월 결성 직후의 시험방송 「파멸」을 포함하면, 1927년 말

---

33 「명예와 시인」은 토월회가 1925년 5월 광무대에서 공연한 적이 있는 작품이다. 박진은 토월회 간부이기도 했기에, 방송극을 위해 그 대본을 직접 번역했다는 말에는 착오의 여지도 없지 않다.

<표1> 라디오극연구회의 방송극 공연 연보(1926.6~1927.12)*34

방송일자	제목	작가	기타 정보
1926년 6월 27일	파멸	최승일	시험방송 공연
1927년 4월 3일	순교자	이광수	
1927년 4월 17일	가난한 부부	김낭운[추정]	박희수, 김채성 외 1명 출연
1927년 5월 15일	금요일		희극
1927년 5월 23일	인형의 가(家) (제3막)	입센 원작	'입센 탄생 백년제'의 일환
1927년 5월 29일	순경왕자	최윤수	「경순왕자」의 오기로 추정
1927년 6월 7일	어떤 무대감독의 이야기	김영팔	〈별건곤〉(1927.10)에 라디오극연구회 7회 공연 대본으로 게재
1927년 6월 12일	지동(地動)	구영생(拘永生) 안	나카무라 기치죠(中村吉藏)의 단막극 「지진(地震)」(1922)을 번안
1927년 6월 19일	현해탄	김영팔	
1927년 6월 26일	은행수(銀杏樹)의 그늘	이경손	〈신민〉(1927.6)에 희곡 게재
1927년 9월 11일	「춘향전」 중 광한루		
1927년 9월 17일	오전 열 시	박희수	
1927년 9월 27일	「춘향전」 중 옥중막		
1927년 10월 9일	희생		복혜숙 외 3인 출연 〈경성일보〉의 해설: "조선인들이 가지고 있는 유일한 라디오극 연구의 사람들. 「에이지고로시(嬰児殺し)」와 비슷한 줄거리이다."35
1927년 10월 16일	여성	김영팔[추정]	
1927년 10월 22일	희무정(噫無情)(능정의 집 장면)		빅토르 위고의 「레미제라블」 번안
1927년 11월 2일	「베니쓰의 상인」 중 법정의 막		셰익스피어 원작
1927년 11월 8일	새 우는 집		
1927년 11월 17일	개성(個性)의 눈 뜬 뒤	조춘광[추정]	
1927년 11월 24일	그날 밤[혹은 그 밤(其夜)]	박길수[추정]	
1927년 12월 4일	부음	김영팔[추정]	

* 〈동아일보〉, 〈조선일보〉, 〈매일신보〉, 〈경성일보〉 라디오 편성표 기사를 기초로 작성

까지 라디오극연구회의 이름으로 모두 스물한 차례 극방송을 한 것이다(〈표1〉 참조). 대표적인 신극단체이자 이중방송기에 가장 활발한 라디오극 공연을 했다고 평가받는 극예술연구회가 1933년 2월부터 1938년 2월까지 30회가량의 극방송을 했음을 떠올리면, 수준이나 완성도에 차이가 있다 해도 라디오극연구회가 결성 1년 반 만에 21회의 방송을 한 것은 대단한 성과가 아닐 수 없다. 적어도 이 기간에는 라디오극연구회가 조선어 방송극의 형성과 발전을 주도했던 셈이다.

라디오극연구회(편성표에 라디오드라마연구회, 라디오드라마클럽 등으로도 표기)는 핵심 구성원은 있었으나, 폐쇄적이고 고정된 극단의 형태보다는 느슨하고 유연한 팀 형태로 운영된 것으로 보인다. 기존 극단에 속해있던 복혜숙 같은 배우들이 라디오극연구회 이름 아래 공연하기도 했고, 목소리 연기만 요구되는 미디어의 특성상 문사들이 배우 역할을 수행하기도 했다.[36] 라디오극연구회가 공연한 조선어 방송극은 어떤 특징을 지니고 있었을까? 우선 정확한 정보 확인이 어려운 세 편(「금요

---

34   〈별건곤〉에 실린 김영팔의 희곡 「어떤 무대감독의 이야기」에는 '라디오극연구회의 7회 공연 대본'이라는 해설이 붙어있다. 또 〈매일신보〉에서는 이경손의 희곡 「은행나무 밑」이 10회 공연 작품으로 언급된다(1927.7.2.). 이것들을 기준으로 역산하면, 시험방송기인 1926년 6월의 「파멸」을 첫 번째 공연 작품으로 간주했음을 알 수 있다. 한편 최승일은 〈별건곤〉 1927년 12월호에 "공기와 연극"이라는 제목의 짧은 글을 썼는데, 그 부제를 "무전극(無電劇) 이십회 방송에 제(際)하여"라고 달았다. 11월 24일 방송된 「그날밤」이 통산 20회 작품이므로, 이 역시 집필 시기와 부합한다.

35   「에이지고로시(嬰児殺し)」는 야마모토 유조(山本有三)가 1920년 발표한 1막 희곡이다. 생활고 때문에 영아를 살해한 여공과 그녀를 동정하면서도 결국 연행할 수밖에 없는 순사의 이야기를 통해 당시 사회의 모순을 그려낸 작품으로 알려져 있다.

36   한 예로, 「어떤 무대감독의 이야기」의 배역은 "이감독: 심훈, 모친: 이경손, 박영숙: 류일순, 최병환: 최승일, 여관주인 노파: 김영팔"로 나와 있다. 물론 이들은 모두 연기 경험이 있는 문사들이었다.

일」, 「희생」, 「새 우는 집」)을 제외하면, 연구회는 번안극 네 편(「인형의 가」, 「지동」, 「희무정」, 「베니스의 상인」), 고전극 두 편(「춘향전」 중 광한루, 「춘향전」 중 옥중막), 그리고 창작극 열두 편을 방송했다. 개국 이후 일 년 동안 거의 매달 한편 꼴로 창작 방송극을 올린 꼴이다. 창작극 가운데 김영팔 작품이 네 편으로 많았고, 이경손, 이광수, 최윤수, 박희수, 박길수, 김낭운, 조춘광, 최승일 작품이 각 한 편씩이었다.[37] 이중방송기 극예술연구회의 6년간 방송 연보에서 창작극은 10편이 채 안 된다는 점을 비교하면, 라디오극연구회의 성취가 나름대로 얼마나 의미 있는지 짐작할 수 있다. 번안극은 셰익스피어, 빅토르 위고, 헨리크 입센, 그리고 입센의 영향을 받은 일본의 사회극 작가인 나카무라 기치죠(中村吉藏)의 작품이었다.

더욱이 라디오극연구회가 방송한 극들은 작품의 내적·외적 가치가 작지 않다. 방송 대본이 남아 있는 경우는 「어떤 무대감독의 이야기」 말고는 없지만, 원작 소설이나 희곡을 기준으로 파악해볼 때, 그것들은 대체로 네 가지 유형으로 구분할 수 있다. 우선 결혼과 애정 문제를 둘러싸고 근대적 가치와 전근대적 도덕 사이에서 생겨나는 갈등을 다루는 근대극 유형이다. 「파멸」을 비롯해, 「순교자」, 「가난한 부부」, 「은행나무 밑」, 「여성」, 「개성의 눈뜬 뒤」 등 대부분의 창작극, 그리고 「인형의 가」 같은 번안극이 여기 해당한다. 「인형의 가(혹은 인형의 집)」는 전근대와 식민지를 이중적으로 문제시할 수 있는 텍스트로서 일제 강점기 내내 공연이 원칙적으로 금지되어 있었다. 이 점을 고려하면 비록 3막에 한정된 방송 공연이었다 해도 그 의의가 결코 작지 않다.[38]

또 다른 유형은 민족주의적 의식을 담은 역사극 유형이다. 각각 마의태자와 동학혁명을 소재로 삼은 것으로 보이는 「경순왕자」, 「그날밤」이 여기 속한다. 상업성 있는 고전극 유형 역시 존재한다. 바로 「춘향전」이라든지 「베니스의 상인」, 「희무정」 등이 그렇다. 「춘향전」의 경우, 구활자본 고전소설로는 물론 일본인 하야가와 제작의 무성영화

(1923)와 토월회의 광무대 공연(1925) 등으로 일제 강점기 내내 대중적 인기가 대단했으므로, 공연작 선정이 자연스러워 보인다. 유의할 것은 「베니스의 상인」과 「희무정」 등은 일본 라디오드라마연구회의 공연 작품이기도 하다는 것이다. 일본의 연구회는 1925년 8월부터 약 1년만 존속하고는 단명했지만, 2~3일 간격으로 새로운 극을 방송하고 연구생의 시연 작품이라든지 외국인 출연자의 영어 방송극을 시도하는 등, 짧은 기간 동안 의욕적으로 밀도 있는 활동을 펼쳤다고 평가받는다(요시미 순야 1995/2005:333-335). 시기적으로 볼 때, 조선의 연구회가 일본의

---

37   활발한 조선어 창작 극방송의 배경에는 초창기 경성방송국의 적은 제작비와 저작권료의 문제 역시 깔려 있었던 것으로 보인다. JODK는 개국 전후 동경문예가협회와 저작권료를 둘러싼 갈등을 두 차례 겪었다. 시험방송 중이던 1927년 2월 11일 나가타 원작의 방송무대극 「전남편의 아들」을 무단 방송했다는 이유로 협회에서 항의를 받고 각본 사용료를 청구 당했다. 또 4월에는 「카르멘」을 방송 준비하고 있다가 가와무라의 번역 각색료를 징수하겠다는 협회의 강경한 태도에 방송 중지를 결정했다. 이 소동에 대해 경성문예가협회는 조선의 극예술 운동을 저해하는 행동으로 규정하고, 장차 조선 문인들의 창작극을 적극적으로 방송할 것을 결의하였다(쓰가와 이즈미 1993/1999:52). 경성방송국 조선어 극방송의 열악한 창작 현실은 도쿄방송국과 극명하게 대비된다. 1926년에 도쿄방송은 문단의 일류작가들에게 라디오드라마 집필을 의뢰하였고, 편당 500엔의 고료를 지급했다. 이른바 '500엔 드라마'는 신문잡지의 화젯거리가 되었다. 당시 500엔은 집 한 채를 지을 수 있는 금액이었다(NHK 編 1977:29).

38   참고로 김재석(2017:140-142)에 따르면, 식민지 조선에서 「인형의 가」는 공연금지가 원칙이었다. 남편의 억압에서 벗어나려는 노라의 자각과 가출이 식민지 조선인의 정서와 결합될 가능성을 일제가 우려했기 때문이라는 것이다. 1920년대에 작품 전체가 공연된 예는 1926년 근화여학교 후원회의 「인형의 가」 공연이 일제의 공연금지 조치로 취소된 이후, 1929년 5월 잡지 〈중성(衆聲)〉이 주최한 창간기념공연이 유일해 보인다. 이후 1934년 4월 극예술연구회의 「인형의 가」 공연이 이루어졌는데, 이마저도 조선에서의 마지막 공연이라는 전제로 공연 허가를 받았으며 실제 그 뒤로는 공연을 찾아볼 수 없다(이수은 2017:120). 그런데 우수진에 의하면, 어느 "경성유지 청년들"이 고학생 갈돕회를 위해 1920년 12월 윤백남의 「운명」과 입센의 「인형의 가」를 소인극으로 공연한 바 있었다. 또 일반적으로 「인형의 가」는 1925년 9월 현철의 조선배우학교에 의해 초연된 것으로 알려져 있다고 한다(우수진 2020:228).

연구회로부터 작품 선정이나 대본 등에서 다소 영향을 받았을 가능성도 있을 것이다. 그렇다고 해서 조선의 라디오극연구회가 그 독자성이 덜했다는 의미는 아니다.

마지막으로 실험적인 성격을 띠는 근대극 유형이 있는데, 김영팔의 「어떤 무대감독의 이야기」와 「부음」을 예로 들 수 있다. 「어떤 무대감독의 이야기」는 김영팔이 순전히 방송만을 위해 창작한 작품으로 추측된다(박명진 2004; 서재길 2007a:101-107).[39] 이 극본은 연극을 하고자 하는 가난한 청년과 여배우가 되고 싶은 여성의 대화를 중심으로 이루어진다. 둘은 모두 사회의 억압과 핍박을 의식하면서도 그것을 극복하기 위해 노력하고자 한다. 어려운 상황에서도 의지를 놓지 않는 인물들을 묘사하는 이 극본은 무엇보다도 자기 반영적인 작품이라는 점에서 눈여겨볼 만하다.[40] 이 작품의 남자 배역들을 심훈, 이경손, 김영팔, 최승일이 연기했다는 점 또한 흥미롭다.

「부음」은 「어떤 무대감독의 이야기」와는 다른 차원에서 주목을 요한다. 사회주의 운동을 하며 도망 다니는 투사와 그를 연모하는 여성을 주축으로 전개되는 이 작품은 주인공이 영양실조에 따른 병환으로 돌아가신 어머니의 부음을 받고도 일제와 끝까지 싸우기 위해 북간도로 망명을 떠난다는 내용이다. 이 희곡은 식민지의 빈곤과 열악한 사회상을 묘사하면서도 기존 프로문학의 현실폭로 수준에서 한 단계 더 나아가 청년 지식인의 사회적인 사명과 계급운동이라는 목적성을 드러냈다고 평가받는다. 일정한 정도의 각색과 변형이 있었으리라는 점을 고려하더라도, 라디오를 통해 김영팔의 대표적인 경향극을 방송했다는 사실 자체만으로도 과감한 시도라 하지 않을 수 없다.[41] 사실 최승일은 1927년 말 라디오극연구회 20회 방송(11월 24일의 「그날 밤」으로 추정) 즈음에 "내년에 들어서면, 우리는 라디오에 적합한 새로운 방식의 극본을 만들어내야 하겠다는 것을 선언한다"며 방송극 제작에 강한 의욕을 드러낸다. 「부음」은 21회 방송이자 그해 마지막 공연이었는데, 최승일의 공언이 무색하게도 정작 1928년부터 라디오극연구회의 극방송은 그 이유를 명확히 알 수는 없으나 제대로 이어지지 않았다.

어쨌거나 한 해 동안의 공연 연보만 검토해보더라도, 라디오극연구회의 방송작품 선정과 제작에 알게 모르게 작용한 기준이 분명해진다. 그것은 대체로 근대적 개인주의의 옹호, 민족주의의 고취, 식민지 현실의 비판과 같은 성격을 띠고 있었다. 이와 관련해 앞서 제시한 방송극 유형들이 서로 일정하게 겹쳐지며, 최승일과 김영팔이 당시 경향파 문학의 작가였다는 점에 유념할 필요가 있다. 예를 들어, 「춘향전」은 나름대로 상업성을 갖춘 고전극이지만 동시에 그 당시의 구체제 비판,

---

39   6월 19일 방송된 김영팔의 「현해탄」 역시 방송용 창작드라마일 가능성이 크다. 한편 6월 26일 방송된 이경손의 「은행나무 밑」은 〈신민〉 1927년 6월호에 발표되었는데, 지문 등으로 미루어볼 때, 기본적으로는 무대공연용 희곡으로 여겨진다. 다만 원고 작성일이 그해 5월 18일로 표기되어 있는 것으로 보아, 최소한 초연이 라디오를 통해 이루어진 것으로 짐작할 수 있다.

40   김영팔이 1931년 5월 〈혜성〉에 발표한 「우는 아내와 웃는 남편」은 라디오극에 대한 그의 자의식이 직접적으로 드러나는 흥미로운 작품이다. 라디오 극방송을 듣는 부부의 침실 장면에서 시작하는 이 희곡은 가정이 있으면서도 영애라는 여자와 연애를 하는 남편과 이를 알고 불만을 토로하는 아내의 말다툼을 소재로 한 것이다. 이 말다툼은 연애는 일시적이며 자신은 아내를 언제나 사랑한다는 남편의 설득과 더불어 부부의 화해로 끝나는데, 남편은 이러한 상황이 모두 연극 같다고 생각한다. 희곡의 첫 대사는 '라우드스피커'를 통해 라디오드라마를 다 듣고 난 남편의 대사로 시작한다. "오늘 밤 방송은 퍽 재미있지? 남도소리나 서도잡가보다도 저런 연극이나 자주 하면 가정에도 퍽 유익하겠어. 그렇지 않아, 여보?" 한편 김영팔이 1929년 5월 〈조선문예〉에 발표한 「대학생」은 한국 근대 희곡사에서 최초의 모노드라마로 꼽힌다.

41   1931년 11월에 창단된 이동식소형극장은 공장이나 농촌의 노동자, 농민들을 대상으로 하는 이동식 공연을 주로 기획했다. 이 프롤레타리아 연극단체는 첫 번째 중앙공연으로 번역극 외의 창작극 레퍼토리 가운데 송영의 「호신술」, 김유영의 「지하층 소동」, 유진오의 「박첨지」 등과 함께 김영팔의 「부음」 또한 준비하였다. 하지만 이 공연은 각본 불허가 등으로 인해 성사되지 못했다(〈동아일보〉 1931.11.15.; 〈조선일보〉 1932.2.19.). 「부음」이라는 작품의 정치적 성격을 뚜렷이 알려주는 일화라 할 수 있다.

자유연애와 여권 신장의 분위기에 공명하는 작품이었으며, 나아가 '조선적인 것'을 표상함으로써 민족의식의 형성에 이바지할 수 있는 극이기도 했다. 라디오극연구회의 방송극들은 전반적으로 개성의 자각이라는 근대적 개인의 문제를 중시하고, 구습의 타파와 봉건적 잔재의 청산을 역설하며 민족주의적 저항 의식을 고취했던 것이다. 이러한 경향성은 특히 연구회의 중심인물이자 방송국에서 직접 극방송의 편성과 제작 업무를 담당했던 최승일(그리고 김영팔)이 가진 이념적 성향에 기인한 것으로 보인다. 또한 당시에 다소 과격한 내용의 라디오드라마까지도 편성이 가능할 수 있었다면, 이는 단일방송기의 비교적 허술한 조선어 방송 검열 환경 덕분이었을 것으로 추정할 수 있다. 한편 최승일은 라디오 미디어의 특성상 기존 무대극의 단순한 재연보다는, "사건은 단순하고, 할 수 있는 대로 등장인물이 적고, 성격이 복잡지 아니하고, 콕콕 찌르는 맛이 있는 '라디오드라마'"가 적합하다고 주장했는데(《조선문예》 1929.6), 이러한 인식이 창작물에 얼마나 반영되었는지는 정확히 알 수 없다.

공식적으로 라디오극연구회의 이름 아래 이루어진 활동은 극방송뿐이었지만, 그 구성원들(김영팔, 이경손, 심훈 등)은 조선어 연예방송 일반에 관여하는 최승일을 매개로 각본낭독 같은 프로그램에도 참여했다. 그것은 한 사람이 나와 극본에 적힌 무대 지시문과 대사까지 모두 읽는 형식이었다. 각본낭독은 다른 프로그램들과 마찬가지로 일본 방송의 영향 아래 나타났는데, 라디오소설과 라디오드라마가 정착하기 이전 과도기적 장르라는 성격이 강해서인지, 1930년대 이후로는 방송 편성에서 별로 눈에 띄지 않는다.

흥미로운 점은 초창기 JODK에서 이 장르가 드러낸 독특성이다. 일본 방송에서 각본낭독의 대상은 주로 가부키 극본이었고, 이는 극장에서 비싼 관람료를 내고 가부키극을 볼 수 없었던 일반대중의 인기를

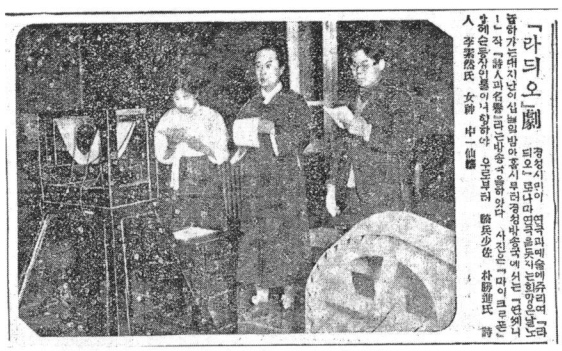

JODK 개국 이후 최초의 우리말 방송극 「명예와 여신」 방송 장면으로,
왼쪽부터 출연자 신일선, 이소연, 박승진의 모습이 담겨있다 (《매일신보》 1927.3.2.).

끌었다고 한다(서재길 2007a:60). 한데 조선에서는 이와 다르게 상황이 전개되었다. JODK의 각본낭독은 외국과 국내의 근대극 중심으로 이루어졌다. 외국 작품으로는 셰익스피어나 톨스토이, 빅토르 위고 외에도 당대의 대표적인 희곡작가였던 체홉, 스트린드베리, 유진 오닐 등의 각본이 주요 레퍼토리를 구성했다. 국내 창작물 또한 적지 않았는데 김영팔의 「미쳐가는 처녀」, 「여성」, 최승일의 「참패자」, 심훈의 「먼동이 틀 때」, 윤백남의 「운명」, 김성의 「형님의 이혼사건」 등이 대표적이다.[42] 이 작품들은 전통 질서와 구습을 비판하고 개인의 자유를 옹호하는 근대적 성격이 강하다는 공통점을 지닌다. 심훈, 이경손 등은 원작자로 작품을 제공했을 뿐만 아니라, 낭독자로 직접 마이크 앞에 서기도 했다.

---

[42] 이 가운데 「참패자」와 「먼동이 틀 때」 두 희곡은 각각 〈신문예〉 창간호와 3호에 실린 바 있다. 아쉽게도 현재로서는 발간 목차 외에 그 실물이 남아 있지 않다.

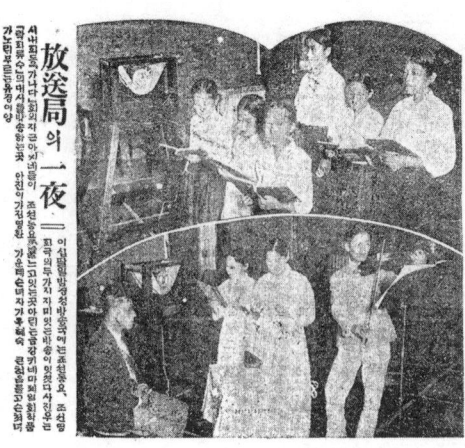

JODK의 개국 초기는 조선어 연예방송 형식을 다양하게 실험한 시기이기도 했다.
위 그림은 1927년 9월 28일 저녁의 사례를 들어, 그 풍경 한 장면을 보여준다.
위의 사진은 가나다회에서 조선 동요를 방송하는 장면이고, 아래 사진은 금강키네마
창립 작품 「낙화유수」를 영화극으로 방송하는 장면이다(《매일신보》 1927.9.30.).
아래 사진 왼쪽부터 변사 김영환, 가수 유경이, 그리고 배우 복혜숙이 차례로 눈에 띈다.
맨 오른쪽에 바이올린을 들고 있는 남자는 단성사 관현단 소속의 반주자였을 것이다.
흥미롭게도 이 방송은 1929년 1월 빅타레코드에서 발매한 영화극 음반
『낙화유수』(Victor 49017)와 동일한 출연진으로 이루어져 있다. 시기상으로 미루어 보아,
방송 영화극이 음반 영화극의 원형을 제공했을 것으로 여겨진다. 음반에서 「낙화유수」의
원작자인 김영환은 변사 역할과 등장인물 연기를 같이 맡았는데, 방송에서도
그랬을 가능성이 크다. 김영환은 당시 많은 인기를 끌며 유행했던 「낙화유수」의
주제가 「강남달」을 작사·작곡한 장본인이기도 하다. 아래 그림은 1927년 10월 25~26일
이시이 바쿠 무용단의 일원으로 장곡천정 공회당 공연차 경성에 왔던 최승희가
26일 JODK의 동요 방송에 참여한 장면이다(《매일신보》 1927.10.28.).

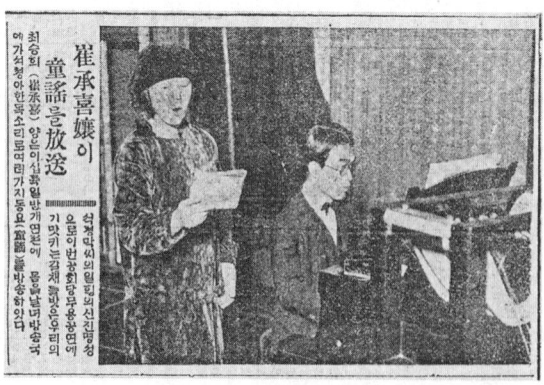

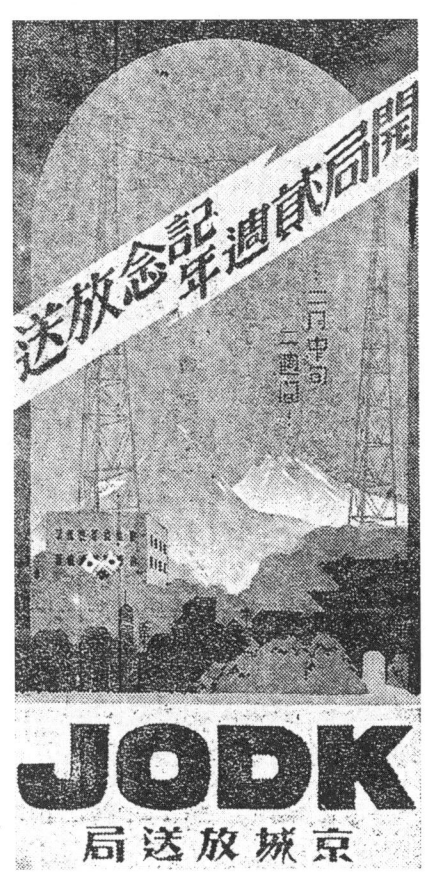

JODK 2주년 기념방송 포스터(《경성일보》 1929.2.11.)

토월회의 그림자

라디오극연구회는 언제까지 활동을 지속했을까? 1927년 2월부터 (최 승일이 퇴사하기 전으로 추정되는) 1930년 2월까지의 JODK 편성표를 검토 하면, 라디오극연구회라는 이름 아래 모두 60여 차례 방송극이 제작된 것으로 나타난다. 그런데 첫 1년 이후에 참여했던 단체가 최승일, 김영 팔, 이경손 등이 주축이 된 라디오극연구회와 동일한 집단인지에 대해 서는 의문의 여지가 있다. 1928년 들어 3, 4, 5월에 각각 한 작품만을 방송했던 라디오극연구회는 반년 가까이 휴면 상태에 있다가, 11월 말 부터 이듬해 11월까지 40편을 방송하는 등 활발한 활동을 벌인다. 유 의할 것은 라디오극연구회가 활동을 재개하기 직전인 10월에 토월회 명의의 방송극이 두 차례 이루어졌다는 사실이다. 그로부터 한 달 뒤에 부활해 약 1년간 맹활약을 보인 라디오극연구회를 1927년의 연구회와 같은 단체로 간주하기는 어려워 보인다. 출연진 명단이라든지 공연 연 보 등을 고려하면, 라디오극연구회가 그 무렵 해산과 재기를 거듭한 토 월회의 프로젝트 팀 이름으로 여겨지기 때문이다(이상길 2014:79-81). 따 라서 1926년 결성되고 1927년에만 20차례의 극방송을 한 라디오극연구회는 1928년 5월 이후, 혹은 그 이전에 실질적으로 해소되었다고 보아야 할 것이다. 그 해소의 주원인은 아마도 JODK가 조선어 연예방송의 예산을 긴축하고 방송극에 대한 대중의 반응도 미미한 상황에서 연구회 구성원들의 열의와 결속력 또한 해이해진 데 있었을 것으로 짐작된다. 그렇게 한동안 중단되었던 방송극 프로그램이 1928년 하반기에 토월회 구성원들에 힘입어 다시 시작되었고, 최승일이 이들을 라디오극연구회의 이름 아래 아울렀던 듯 싶다. 1929년 6월에 나온 그의 다음과 같은 언급은 이러한 추측을 부분적으로 뒷받침한다.

"혹 ― 자가선전 같지마는 최근 몇몇 동호인들이 하여 나아가는 '라디오드라마연구회'에서는 대소(大小) 각본 근 오십 개를 방송하였는데, 안방에 앉으신 어머님과 아버님을 위하여 방송하여드린 '추풍감별곡' 같은 것은 옛날의 선풍도골(仙風道骨)인 서방님 한 분이 창의를 입고 재즈에 발맞추어 찰스턴을 추는 격이다. 그 대신 일부의 욕을 먹었지마는 '라디오 레뷰-정초 풍경' 같은 것은 그 템포가 빠른 촌극의 연결인 것만큼 젊은이의 흥미가 몰렸던 것도 사실이다."(〈조선문예〉 1929.6)

최승일은 이처럼 1928년 하반기 이후 1년가량 토월회 맹원들을 중심으로 이전에 비해 좀 더 대중적이고 안정적인 극방송을 이어간 것으로 보인다(〈표2〉 참조). 실질적으로 극본, 연출, 출연 모든 면에서 토월회가 주도하는 극방송이었을 것으로 여겨지지만, "자가선전"이라는 표현으로 미루어 최승일 역시 편성 담당자로서 일정한 역할 수행을 자임했던 것 같다. 이 시기의 라디오극연구회를 이전과 구분해 제2기라고 부를 수도 있을 터이다. 그렇다면 토월회를 근간으로 라디오극연구회가 재구성되는 과정은 어떻게 일어났을까? 최승일이 1928년 가을부터

<표2> 토월회와 라디오극연구회의 방송극 공연 연보(1928.1~1929.12)[43]

방송일자	제목	작가	기타 정보
1928년 3월 11일	어리석은 자여, 너의 이름은 처(妻)이다	전래홍	
1928년 4월 22일	산곡간(山谷間)의 그늘	[존 싱 원작]	
1928년 5월 13일	사인(死人)에게 입이 업다 [死人無口]		
1928년 10월 11일	혈육*	박승희 작	복혜숙, 석금성, 박제행, 이소연 외 3명
1928년 10월 25일	이 대감 망할 대감(此大監惡大監)*	박승희 작	남우: 이소연, 윤성민, 서월영 여우: 복혜숙, 석금성, 전옥
1928년 11월 24일	양상군자(梁上君子)	박회월 역	
1928년 11월 30일	곽공(郭公)	김송연 역	
1928년 12월 16일	곽공(郭公) (1막)	김송연 역	
1928년 12월 25일	라디오코메디: 복면의 의사	영주생(影州生) 작	
1929년 1월 13일	모반(謀叛)의 혈(血)*	박승희 편	출연: 복혜숙, 석금성, 이소연 외 수명
1929년 1월 27일	교장의 딸 (1막)*	박승희 편	복혜숙, 석금성, 이소연
1929년 1월 28일	윌리엄 텔 (1막)	실러 작	음악효과: M 소사이어티
1929년 1월 31일	교장의 딸*		석금성, 이소연, 홍개명
1929년 2월 4일	전당포 (전1막)	영주생 역	
1929년 2월 12일	라디오레뷰: 정초풍경	송암생 편	제1경 가두, 제2경 가정 1) 실내 2) 사랑, 제3경 카페, 제4경 극장, 제5경 가두로 구성. 복혜숙, 석금성 외 수명 기생 김소향 김옥엽, 극중극 극문회

43 1928년부터 2년간 JODK가 방송한 조선어 방송극 가운데 토월회나 라디오극연구회가 주관하지 않은 극으로는 광무대 일행의 「방송구파극-춘향전」이 있다. 1928년 8월 21일부터 29일까지 하루걸러 한 번씩 총 5회 전파를 탄 연속극 「춘향전」은 「광한루의 막」, 「신관 부임의 막」, 「어사 남원행의 막」, 「춘향가(春香歌)와 옥중의 막」, 「어사 출도의 막」으로 구성되었다. 출연진은 백점봉, 김종기, 임명옥, 송옥주, 김옥진, 이일선을 비롯해 광무대의 남녀 배우 일동, 그리고 광무대 음악사 일동이었다. 1928년 광무대의 운영권이 일본인에게 넘어가자 소속 배우들은 종로의 공연장 권상장(勸商場)을 장기간 임대해 구극 상설관을 특설하고, 남녀 구극가무단을 만들어서 8월 15일부터 「춘향연의(春香演義)」 등을 공연한다(〈동아일보〉 1928.8.15.). 이 구파극이 뒤이어 이루어지는 방송극의 기반을 마련한 것으로 보인다.

날짜	작품	원작/역	출연진
1929년 2월 23일	지주(蜘蛛)의 소(巢)	유진 오닐 원작	서일성, 박누월, 석금성, 김운방 외
1929년 3월 12일	부활 (제1막)	톨스토이 원작 녹천생 (綠川生) 역	카츄샤 석금성 외 수명
1929년 3월 13일	부활 (제2막)		
1929년 3월 14일	부활 (제3막)		
1929년 3월 21일	순례(巡禮)	영주생 역안(譯案)	아타: 석금성, 아베루토: 서일성, 모친: 박제행, 순례: 윤성묘, 부친: 염유일, 수부(水夫): 이운방, 노동자: 박누월
1929년 3월 28일	애(愛)와 사(死) (전1막)		석금성, 서일성, 이운방, 윤성묘, 박누월 외 [박승희 작의 무용가극 「사랑과 죽엄」으로 추정]
1929년 4월 5일	추풍감별곡(제1막)		추향: 노정숙, 채봉: 석금성, 강필성: 박누월, 채봉모: 박제행, 부(진사): 윤성묘, 기생부: 염유성, 감사: 박호진
1929년 4월 6일	추풍감별곡(제2, 3막)		
1929년 4월 13일	라디오코메디: 국교단절	[박승희 작]	석금성, 이운방, 서일성 외
1929년 4월 21일	아버지와 아들 (전1막)		임정숙, 박누월, 윤성민, 서일성 외 수명
1929년 4월 28일	양귀비 제1막		석금성, 박제행, 윤성민, 박누월 외
1929년 4월 29일	양귀비 제2막		석금성, 서일성, 윤성민, 박제행 외
1929년 5월 7일	병오(炳五)의 죽엄		임정숙, 서일성, 윤성민, 이운방, 염유일
1929년 5월 15일	승리자와 패배자 제1막 제1장	골즈워디	석금성, 서일성, 윤성민, 염유일 외
1929년 6월 1일	라디오코메디: 금 이백원야(金 二百圓也)	이운방 역	
1929년 6월 8일	카르멘 제1막	이운방 역	쓰니카: 박제행, 카르멘: 석금성, 루카스: 서일성, 호세: 윤성묘, 취객 2,3외
1929년 6월 9일	카르멘 제2막		루카스: 서일성, 호세: 윤성묘, 카르멘: 석금성, 이운방, 쓰니카: 박제행
1929년 6월 10일	카르멘 제3막		박제행, 석금성, 서일성, 윤성묘 외
1929년 6월 17일	라디오넌센스: 여름 거리의 작은 코메디(전1막 3장)	이운방 안	지휘: 이해월(李海月)
1929년 6월 25일	순갑(順甲)의 운명 순이의 운명		지휘: 이일광(李一光) [박승희 작 「운명」으로 추정]
1929년 7월 3일	희무정(噫無情) (전1막 3장)		윤성묘, 박제행, 이운방 외, 방송지휘: 이일광

1929년 7월 12일	경성견물(京城見物)		윤성묘, 이운방, 박제행, 임정숙, 박춘해 방송지휘: 임영, 음효과: 이낙천
1929년 7월 18일	정조(貞操) (전1막)	이운방 번안 연출	박제행, 윤성묘, 임정숙, 지휘: 이일광
1929년 7월 25일	진객(珍客) (전1막)		박제행, 이운방, 윤성묘, 임정숙 외
1929년 8월 3일	방송고대극 옥루몽(1막)	이운방 각색	양창유: 박제행, 동자: 이영파, 연옥: 전애성, 강남홍: 노정숙, 지휘: 이일광
1929년 8월 13일	라디오코메디 가방		만돌: 박제행, 춘삼: 윤성묘, 한 여자: 임정숙, 한 남자: 이운방 외, 지휘: 이일광
1929년 8월 22일	바다와 싸우는 사람들		칠성: 윤성묘, 그 처: 임정숙, 부: 박제행, 그 누이: 김애성, 촌인: 이운방, 지휘: 이일광
1929년 8월 31일	방랑자의 사랑		부: 박제행, 낭: 임정숙, 인낭: 전애성, 방랑자: 윤성묘, 방송지휘: 이일광
1929년 9월 13일	폭풍우 (1막)		부: 박제행, 형: 박희수, 제: 윤성묘, 매: 임정숙, 이웃집 여자: 전애성, 순사: 이운방, 방송지휘: 이일광
1929년 10월 13일	바다에 가는 자 (1막)	싱 작 이방(李芳) 역	모: 박제행, 자: 박희수, 낭: 임정숙, 낭: 김애성 등 지휘: 이일광
1929년 10월 22일	희생 (전1막)	박승희 작	옥엽: 임정숙, 향화: 전애성, 영호: 박희수, 부: 박제행 등 방송지휘: 이일광
1929년 11월 17일	즐거운 인생*	[박승희 편]	시인 아루후레트: 이소연, 화가 아루후아트: 이백수, 가장(父): 박제행, 화가의 우인(友人): 서일성, 화가의 애인: 석금성 외 남녀 액스트라 십수명, 효과: 이운방, 지휘: 박승희
1929년 12월 3일	아리랑 고개 (1막)*	[박승희 작]	길룡: 이백수, 노인: 이소연, 길룡 부: 윤성묘, 봉이: 석금성, 봉이 부: 박제행, 마을 여인: 김소영, 강석연, 강석제, 김수영

*는 토월회 명의로 방송, 나머지는 모두 라디오극연구회 명의로 방송

토월회와 협력한 것은 양자 간의 인적 관계망을 통해서이겠지만, 근본적으로는 이해관계가 서로 잘 맞았기 때문일 것이다. 최승일로서는 제1기 라디오극연구회가 해소되고 방송국의 재정 문제 등으로 인해 약화된 조선어 극방송을 재개하려는 시점에서 만 2년간의 휴면기를 마치고 활동을 재개한 토월회가 좋은 파트너로 여겨졌을 법하다. 특히 라디오극만을 위한 새로운 연구회를 설립해 운영과 실패를 경험해본 그의 입장에서 기존 극단과의 협업은 극본과 배우의 안정적인 확보 등으로 인한 장점이 커 보였을 것이다. 토월회 구성원들의 관점에서는 대개 자신들의 공연을 재탕하는 식의 극방송으로 얻을 수 있는 경제적 수입이 쉽게 거부할 수 없는 매력으로 다가왔을 터이다. 토월회의 공식 활동이 중단된 기간이라면 더 말할 필요도 없다.

그런데 1928년 1월부터 1929년 12월까지의 방송극 편성 정보를 검토해 보면, 라디오극연구회와 토월회의 이름이 섞여 있음을 알 수 있다. 라디오극연구회 명의의 방송에서도 참여자들은 대개 토월회 맹원들이었는데, 왜 어떤 경우엔 토월회, 어떤 경우엔 라디오극연구회 이름으로 방송이 나갔을까? 관련 정보가 부족한 상황에서 두 가지 추측이 가능하다. 우선 토월회가 공식적인 활동 기간에만 방송극에 자기 극단의 명칭을 썼을 개연성이다. 토월회는 1928년 10월 우미관에서 부흥공연을 가지고 한동안 활동한 뒤 다시 침체해있다가 1929년 11월 조선극장에서 재차 부흥공연을 가진다(〈조선일보〉1929.11.21.). 따라서 토월회가 활동할 당시에는 토월회 이름으로, 휴지기일 때는 라디오극연구회 이름으로 방송했을 수 있다. 아니면 연출자가 박승희인 작품에만 토월회의 명칭을 썼을지도 모른다. 라디오극연구회 명의의 작품은 1929년 6월 이전까지는 연출자가 밝혀져 있지 않으며, 그 이후로는 대개 이일광 지휘로 나와있다. 연출자 이름이 드러나 있지 않은 경우는 당시 관행상 최승일이 맡았을 가능성이 높다. 한편 이일광에 관해서는 정보가 별로 없다. 그는 1929년 동아일보사의 단편소설 공모에 2등으로 당선돼「세모편경」을 게재했는데(1.4~1.6.), 그해 6월 말부터 10월까지 집중적으로 라디오극연구회의 지휘를 맡았다. 그의 이후 행적은 알려져 있지 않지만, 적어도 해당 기간에는 아마도 토월회에 연구생으로 들어가 연출 공부를 하지 않았나 짐작된다. 그렇다면 방송극의 지휘도 그에게는 중요한 실습 기회였을 것이다. 어떻든 이러한 두 가지 추정은 서로 배타적인 것이 아니다. 즉 토월회가 무대공연을 하던 시기에는 토월회 이름으로 방송극 또한 맡아서 책임자인 박승희가 연출을 했고, 휴지기에는 박승희의 관여 없이 토월회의 일부 구성원들이 최승일이나 이일광의 지휘 아래 라디오극연구회 이름으로 활동했을 가능성이 있다는 것이다.[44]

제2기 라디오극연구회의 공연작품 목록을 살펴보면, 토월회의 레퍼토리를 근간으로 하고 있는 만큼 그것이 지닌 장단점을 고스란히 물려받고 있다는 인상을 준다. 1923년 박승희를 중심으로 도쿄 유학생들이 결성한 토월회는 초창기 대표적인 신극 단체로, 주로 서양 희곡을 사실주의적으로 형상화해 근대극의 정착 과정에 나름대로 이바지한 면이 있다. 토월회는 대체로 학생극에서 신극, 그리고 다시 개량신파극, 대중극으로 그 공연 작품의 경향이 점차 변화해갔는데 극본이나 연기에서 기존의 신파조 극단과 학생극 단체의 수준을 크게 벗어나지 못했고, 근대극에 대한 충분한 탐색 없이 성급히 전문화를 시도함으로써 전근대적인 상업극의 길로 나아갔다고 비판받는다(서연호 2003:179). 반면 근래에는 토월회가 일본 근대극 운동의 '동류화'로부터 시작해 식민지 조선의 관객 정서와 현실을 자각한 '고유화' 운동으로 나아갔고, 주

---

44 박승희에 따르면, 1929년 11월 말 현재 토월회 구성원은 연출부-박승희, 문예부-박승희 박진 이운영, 무용장치부 및 조명-원우전, 무용부-조택원, 출연부-이백수 이소연 서일성 박제행 윤정섭 (여배우) 석금성 강석연 강석제 (객원) 권익남 김영순 김도영 김소영 김마리아 김광자 외 연구생 8명이었다(〈조선일보〉 1929.11.21.).

체적인 연극의 방향성을 탐색했다는 평가도 없지 않다. 1920년대 근대극 형성기의 핵심 화두가 검열을 통과하고 대중성을 확보해 극의 교화성을 최대한 발휘하는 공연이었다면, 토월회의 '대중극단화'는 단순한 상업적 변신이나 타락으로만 간주할 수 없다는 주장이다. 그 공연 목록에 근대적 작품과 전근대적 작품이 뒤섞여 있다는 점 또한 다른 해석이 가능하다. 즉 전근대적 작품의 공연 경험을 근대극 공연에 활용함으로써 토월회는 조선에 특유한 정서를 계발하고 더 많은 관객에게 소구하려는 노력을 기울였다는 것이다(김재석 2017:6장).

제2기 라디오극연구회의 공연 연보는 토월회의 레퍼토리를 거의 재연함으로써 그것이 지닌 몇 가지 특징을 그대로 드러낸다. 우선 「추풍감별곡」이나 「양귀비」, 「옥루몽」 등 고전극과 「산곡간의 그늘」, 「바다에 가는 자」, 「승리자와 패배자」, 등 외국의 번안 근대극, 그리고 「국교단절」, 「금 이백원야」, 「가방」 등 가벼운 희극 류의 대중극이 섞여 있다. 창작극은 거의 박승희의 작품이며, 고대물이나 외국 희곡의 경우 이운방이 다수 작품을 번안했다. 토월회 연구생 출신으로 알려진 이운방은 1931년 무렵부터 영화와 연극계에서 본격적으로 활동을 시작하는데, 이 시기 극방송을 통해 일종의 극본 집필 연습을 한 셈이다. 그는 나중에 동양극장의 사극 전속극단 동극좌에서 전속작가로 활동하며 비극 류를 많이 집필했다(김남석 2018:178-200). 한편 이 시기 공연 연보에는 '라디오 레뷰'나 '라디오 넌센스'의 시도 또한 일부 나타난다. 이는 극방송의 대중성을 확장하는 동시에, 라디오 고유의 특성을 고려한 드라마를 제작해보려는 실험으로 여겨진다.

그렇다면 공연의 내용상 특성은 어떠할까? 일단 1928년의 방송극들은 대부분(「어리석은 자여, 너의 이름은 처이다」, 「사인무구(死人無口)」, 「곽공」, 「복면의 의사」) 구체적인 희곡 내용을 확인하기 어렵다. 그나마 확인 가능한 「산곡간의 그늘」은 아일랜드 작가 존 밀링턴 싱(John Millington

Synge)의 희곡(원제「In the Shadow of the Glen」)을 번안한 작품이다. 이 작품은 재치 있는 대사가 웃음을 유발하는 희극으로 토월회의 무대공연 목록 가운데 하나이기도 했다. 이 극은 남편에게 얽매여 살아가던 노라가 우연한 사건으로 인해 여성의 자유로운 삶을 약속한 방랑자를 따라 떠난다는 내용인데, 토월회는 남편과 노라의 관계를 일제와 식민지 조선의 관계로 은유해 관객의 호응을 이끌어냈다(김재석 2017:410-411). 1929년 2월 이후의 방송극 목록에는 기존의 토월회 무대공연 작품들이 다수를 차지하고 있다.「부활(카츄샤)」,「카르멘」,「추풍감별곡」을 비롯해 박승희 작의「애(愛)와 사(死)」,「국교단절」,「혈육」,「순이의 운명」 등이 그렇다.

이 가운데 원래「운명」이라는 제목의 무대 공연작으로 보이는「순이의 운명」은 시골 중류 가정에서 사생아를 낳아 집에 돌아와 있는 딸 순이를 다른 사람에게 시집보내려고 하는 아버지와 그에 반대하는 남매의 갈등을 다룬 작품이다. 결혼을 둘러싼 신구사상의 충돌로 인한 비극을 보여주는 이 무대극에 대해서 김기진은 "구체적인 인물의 성격도 사건도 없고 뜨는 현실 외 사회생활에 대한 아무런 파악도 없다"는 혹평을 날린 바 있다(〈조선일보〉 1929.12.22.). 번역극들 가운데「승리자와 패배자」는 자유주의적·인도주의적 관점에서 사회 내 억압의 실상을 고발한 영국 작가 존 골즈워디(John Galsworthy)의 작품이고,「바다에 가는 자」는「바다로 가는 기사들」로도 번역된 바 있는 싱의 작품(원제「Riders to the Sea」)이다.「바다에 가는 자」는 주인공 모랴의 불행과 고통이 식민지민의 비참한 현실을 떠올리게 만들기 때문에 조선의 연극인들에게 이상적인 아일랜드 비극으로 여겨졌다. 하지만 극본은 몇 차례 번역, 소개되었음에도 불구하고 실제 공연은 검열의 벽에 부딪혀 이루어지지 못했다(김재석 2017:396-402). 그런 작품이 라디오 방송의 전파를 탔던 것이다.

한편 무대공연에 즈음해 같은 레퍼토리로 되풀이된 토월회 명의의 방송극들에 대한 논평을 빼놓을 수 없다. 우선 박승희의 「혈육」과 「이 대감 망할 대감」은 1928년 10월 1∼3일 토월회 재기공연에서 초연되었던 작품들로, 그달 중순과 말에 각각 방송되었다. 「혈육」은 가난 때문에 자식을 팔고 괴로워하는 여인을 그린 희곡이다. 「이 대감 망할 대감」은 배비장전을 토대로 극적 시공간과 사건을 새롭게 꾸민 것이다. 이 작품에서 대감은 매관매직과 부녀자 강간까지 감행하는 부도덕한 인물로 그려져 있으며, 상대역인 내수와 그의 처까지도 벼슬을 위해 뇌물을 바치고 사기극까지 연출하는 인물로 나와 현실의 구조적인 부정부패에 대한 작가의 은근한 풍자 정신이 드러난다. 하지만 풍자의 대상과 주체가 애매해진 상태에서 자극적인 놀이, 감각적이고 감상적인 언어와 행위에 집중해 대중적인 즐거움을 주로 추구했다고 평가받는다 (서연호 2003:348-349). 「모반의 혈」(마데오)은 「교장의 딸」과 함께 토월회가 1928년 12월 30∼31일 우미관에서 가진 망년공연의 레퍼토리였는데, 1929년 1월 중순에 전파를 탔고 그해 11월의 제2회 부흥공연에서 다시 무대에 올랐다. 박승희가 번안한 이 작품은 코르시카섬에 사는 강직한 기독교도의 아들인 소년 마데오가 산적에게 돈을 받고 은신처를 제공했다가 다시 시계로 유혹한 병사에게 산적을 내주는 바람에 아버지의 의분을 사고 결국 총살형을 당한다는 내용이다. 「모반의 혈」은 상연 당시 극본이 흥미롭고 연출이 효과적이라는 호평을 받은 바 있다(《조선일보》 1929.11.10.).

　　1929년 11월 1일 열린 토월회 부흥공연 레퍼토리의 하나였던 「즐거운 인생」은 소박하나마 오페라식 성악곡이 중심인 가극이었다. 오페라 카르멘을 극중극으로 도입한 이 번안작은 예술가의 인생을 희극적으로 그리는 내용이었다(서연호 2003:269-270). 하지만 심훈은 이를 서양 것도 일본 것도 조선 것도 아닌 데다 실감도 감격도 없는 졸작으로 비판했고(《조선일보》 1929.11.5~6.), 훗날 박진은 이를 박승희의 다작이 만들어낸 "엉터리 연극"이라고 혹평하기도 했다(박진 1972:228). 같은 해 12월 단막극 「아리랑 고개」의 방송은 특기할만한 것이다. 일제의 식민통치로 토지를 잃고 북간도로 가는 한 실향민 가족의 참담한 이야기인 이 작품은 비록 대중적인 상업극이었지만, 수탈로 인한 민족의 궁핍상을 매우 감상적으로 묘파함으로써 11월 22일 인사동 조선극장 공연 당시에 큰 반향을 불러일으켰다.[45] 특히 신간회 간부 김무삼이 공연장에서 광주학생운동에 관한 삐라를 뿌리고 즉각 체포되는 사건이 일어나는 바람에, 토월회는 공연정지를 당하고 민요 아리랑조차 금지곡이 되었다(유민영 2001:234; 박진 1972:215-277).[46] 그런데 이러한 작품이 무대공연 이후 JODK의 전파를 탈 수 있었다는 사실은 당시 방송극의 성격과 표현 공간에 대해 나름대로 시사하는 바가 크다. 같은 맥락에서 원작자 불명의 「순례」, 그리고 박영희 번역의 「양상군자」역시 주목할만하다. 이 대본들은 프로극으로 1929년 말 카프 수원지부에서 공연을

---

45 이 연극에 대해 한 평자는 민요 아리랑은 망국적 정서가 깃든 노래지만, "토월회 박승희 씨 작 「아리랑 고개」는 그같은 '아리랑'을 높은 '아리랑 고개'에 올려놓고서 새로운 햇빛으로 옷을 입혀 주었다"고 상찬하기도 했다(《조선일보》 1929.11.26.). 또 다른 평자는 "석금성 양의 최후의 아리랑은 듣는 사람의 머리끝을 쭈뼛하게 한다. 그리고 이백수의 창은 더욱 그러하다. 표현에 있어서 간결을 결한 점도 없지 않으나 전체적으로 보아 성공이다"라는 감상을 내놓았다(《동아일보》 1929.11.27.). 복혜숙은 「아리랑 고개」를 공연할 때 관객들이 보인 반응을 배우생활에서 가장 인상적이었던 경험 가운데 하나로 회고한다. 연극에서 처녀 봉이(석금성 분)가 일본인에게 농토를 뺏긴 아버지를 따라 괴나리봇짐을 들고 간도로 가며 사랑하는 총각과 이별하며 눈물을 흘리는 장면에서 극장 안의 관객들은 물론 임검 경관마저 울어 눈물바다가 되었다는 것이다(《경향신문》 1972.6.23.).

46 참고로, 1929년 신문사 영화담당 기자들이 결성한 친목 단체인 찬영회 주최의 '무용·극·영화의 밤'이 조선극장에서 12월 5~7일 열렸는데, 이 공연에서는 토월회의 「아리랑 고개」, 영화 「닥터 마부제」, 그리고 최승희의 무용을 볼 수 있었다(《동아일보》 1929.12.7.).

준비하다가 검열을 통과하지 못했다고 전해지기 때문이다(〈조선일보〉 1929.12.9.). 이처럼 계급적 혹은 민족주의적 관점 탓에 '불온한' 것으로 낙인찍힌 작품들까지 전파를 탔다는 사실은 당시 경성방송국의 사전 검열 체제가 아직 철저하게 작동하지 못하고 있었다는 증거로 여겨질 수 있을 것이다.

한편 토월회 기반의 제2기 라디오극연구회는 1929년 말 「아리랑 고개」의 방송을 마지막으로, 이후 활동을 더 지속하지 못한 것으로 보인다. 이는 방송 편성표 상으로 확인 가능한데, 1930년 초가 되면 라디오극연구회의 방송극이 사라져버리는 것이다. 1930년 3월까지만 보더라도, 석 달 동안 조선어 극방송은 세 차례 이루어지는데 각각 금파회 (2.16.), 조선연극사(2.26.), 월요회(3.25.) 명의로 이루어진다. 라디오드라마를 포함한 연예방송은 이처럼 도쿄, 오사카 등 일본 내지에서의 중계 프로그램 위주가 되고, 기악이나 야담, 각본낭독 등으로 채워지며 그밖에 강연, 관청공시 사항, 직업소개 사항 등 정보 프로그램이 증가한다. 4월 이후로는 조선어 라디오드라마 프로그램 자체가 거의 나타나지 않으며, 간혹 방송되는 경우에는 조선연극사, 신극연구회 등이 제작단체로 명기된다.

이러한 변화에는 크게 두 가지 요인이 작용한 것으로 보인다. 하나는 조선어 연예프로그램 담당자인 최승일이 이 무렵 퇴사했을 가능성이다. 다시 논의하겠지만, 방송국 내에서 모종의 문제가 불거져서든 아니면 누이의 공연 활동에 대한 본격적인 지원을 위해서든 최승일은 1930년 1월 말 2월 초쯤 방송일을 그만두었을 개연성이 크다. 또 다른 하나는 토월회 자체의 쇠락이다. 토월회는 1930년 초 공연을 재개하고 지방 순회공연 등을 벌이며 명맥을 유지하였으나, 복잡한 내부 사정으로 인해 1930년 중반에는 심영, 석금성 같은 몇몇 주연급 배우가 탈퇴하는 등 다시 실질적인 해산 상태에 들어갔다(〈조선일보〉 1930.8.28.). 이러한 두 요인의 결합은 결국 토월회 기반의 라디오극연구회가 더 이상 존속하기 어렵게 만든 것으로 보인다. 또 이로 인해 조선어 방송극은 1933년 4월 조선어 이중방송의 개시에 힘입어 본격적인 재정립의 전기를 마련하기까지 침체기에 들어선다.[47]

어쨌거나 1928~29년에 펼쳐진 제2기 라디오극연구회의 극방송은 1927년 이루어진 제1기 라디오극연구회의 극방송과 그 성격에서 상당히 달랐다는 점을 지적해두어야 한다. 제2기의 공연 목록은 제1기가 보여준 창작극 중심의 예술적 실험성보다는, 번안극 중심의 상업성과 대중적 취향이 훨씬 두드러졌던 것이다. 그러한 성격 변화의 이면에는 세월이 흐를수록 예술적 퇴락과 상업적 타협 경향이 심해진 토월회의 그림자가 진하게 드리워있다고 볼 수 있다. 최승일이 토월회 구성원들에게 일종의 일거리를 제공하고 프로그램 편성의 안정성을 확보했다면, 토월회는 경제적 수입을 올리면서 연출, 각본, 연기 등을 연습하는 용도로 방송 기회를 활용했던 것 같다. 방송극을 대하는 최승일의 태도 역시 이율배반적이었다고 평가받을 만하다. 이런저런 글에서는 여전히 민중의 생활환경과 의식을 제대로 표현하는 문예의 중요성을 역설했던 그가 실제로는 토월회 극본을 주로 편성, 방송했기 때문이다. 그런데 토월회의 레퍼토리를 제1회 때부터 빼먹지 않고 보아왔다는 심훈이 "종래의 토월회의 상연극본이 거개 우리의 생활환경과는 상거(相距)가 멀고 때로는 조선을 망각하고 나왔던 사실을 부인치 못할 것"이라고 언급한 점을 상기하면(〈조선일보〉 1929.11.5.), 최승일의 태도는 이론과 실천이 맞지 않는 일종의 자가당착이었던 셈이다.

47 단일방송기에는 경성라디오극연구회라는 이름의 일본인 방송극 단체가 있었다. 라디오극연구회의 이름은 1930년 이후로는 나타나지 않다가, 이중방송기에 들어가서야 새로운 조선인 방송극 단체의 이름으로 쓰이게 된다.

숙식을 자주 최승일의 집에서 해결할 정도로 그와 친분이 두터웠던 이경손은 1932년 초 자신이 "밥을 위하여 백오십 차나 극방송을 하였다"고 회상한 바 있다(〈영화시대〉 1932.1). 여기서 '극방송'이 좁은 의미의 라디오드라마뿐만 아니라 각본낭독, 방송무대극, 영화극, 영화해설 등 다양한 장르를 포괄한다 해도, 이 말에는 상당한 과장이 있는 것으로 여겨진다. 하지만 단일방송기에도 우리말 극방송이 적지 않게 만들어졌다는 사실, 그리고 최승일이 그 과정에서 라디오극연구회의 이름 아래 핵심적인 역할을 했다는 사실만은 의심의 여지가 없다. 최승일은 방송극 제작에 라디오를 이용한 일종의 신극 대중화 운동이라는 의미를 부여했던 것으로 보인다.

라디오극연구회의 조직과 활동은 1930년 초를 기점으로 더 이상 나타나지 않지만, 토월회 해산 이후 박승희는 1931년 5월 극단 대장안(大長安)을 조직하고 12월에는 새로운 방송극 단체를 만들었다. 이소연, 박진, 윤성묘, 강대일, 강석연, 강석제, 김영팔을 맹원으로 하고 김을한을 고문으로 하는 경성방송극협회가 그것이다(〈매일신보〉 1931.12.26.). 다만 경성방송극협회의 활동은 오래가지 못했는데, 1932년 박승희는 다시 구 토월회 단원들 중심으로 태양극장을 조직하고 그해 3월에서 6월 사이 몇 차례 라디오드라마를 방송하였다. 이후 1933년 조선어 제2방송이 출범하면서 극예술연구회라든지 라디오플레이미팅 등이 중요한 방송극 단체로서 라디오극연구회의 명맥을 이어나간다. 특히 라디오플레이미팅은 1933년 연출가 박진, 극작가 김희창, 배우 윤성묘 등 구 토월회 및 제2기 라디오극연구회원들이 대거 참여함으로써 라디오극연구회가 남긴 무형의 유산을 드러낸다.

이혼, 새로운 결혼 그리고 퇴사

개국 초 경성방송국에는 두 쌍의 조선인 부부 직원이 있었다. 아나운서 이옥경은 기술부 노창성의 부인이었고, 마현경(본명 마재성)은 최승일의 부인이었다. 이러한 사실은 세간의 화제를 불러일으켰다. 원래 최승일의 첫 번째 부인은 한영명이었으나, 아이가 없다는 이유로 이혼하였다.[48] 1926년 2월 마현경과의 결혼은 최승일에게는 재혼이었던 셈이다. 최승일의 신혼생활은 "꿀같이 달콤한 스위-트 홈에 날 가는 줄을 모른다"고 주변 사람들 사이에 소문이 날 정도였으나, 방송국 설립 준비로 분주한 남편의 생활이 아내에게는 불안의 요인이었는지 뒷말도 없지 않았다. 라디오 시험방송에는 경성 권번의 이름난 기생들이 자주 출연했는데, "방송국의 방송자가 대부분 꽃 같은 미기(美妓) 아씨님들인 까닭에 호남자(好男子)인 부군이 어찌하지나 않을까? 하는 숙덕(淑德)이 높은 영부인의 어심려(御心慮)"가 있다는 것이다(〈문예시대〉 1926.11).

뜻밖에도 마현경은 1927년 1월 5일 최초의 아나운서 공개채용 시험에 지원해 합격하고, 그전 해 7월부터 경성체신국 무선방송소 아나운서로 근무하고 있던 이옥경과 함께 일하게 된다.[49] 당시 소감을 묻는 취재기자에게 마현경은 처음 취직을 해 생활이 새로워졌다면서, "직업 부인이 된다는 것은 첫째 경제적으로 남자와 같은 권리를 가지자는, 다시 말하면 자기의 빵 문제를 자기가 해결하자는 것이겠지요마는 '아나운서'라는 조선에서 처음 되는 직업이요 따라서 일이 극히 단순하고 산뜻하니만큼 유쾌한 직업적 관념을 가지게 될 것이 무엇보다 좋은 일"이라는 소감을 밝혔다(〈조선일보〉 1927.1.9.). 마현경이 어떻게 하다 아나운서 공채에 지원했는지, 그 구체적인 동기에 관해서는 자세히 알려져 있지 않다. 그가 남편의 방송 활동에서 느꼈다는 불안감도 여러 이유 가운데 하나일 수 있겠으나, 그보다는 미모와 미성(美聲), 학식을 고루 갖춘 그의 역량, 그리고 가정 경제상의 필요성이 한층 중요하게 작용했을 것이다. 당시 아나운서의 월수입은 견습생이 수당 30원 내외, 그리고 경력자의 경우 50~60원 내외로 상당한 수준이었다(〈매일신보〉 1927.2.23.). 마현경은 여성의 직업에 대해 상당히 진취적인 태도를 지니고 있었던 것 같다. 그는 "만일 내게 기쁨이 있다면 생활을 위하여 두 사

48 소설 「파멸」의 주인공 경호가 구식결혼의 상대였던 자기 아내에게 하는 다음과 같은 말은, 설령 문자 그대로의 사실은 아닐지 몰라도, 최승일 자신의 체험을 진지하게 투영한 것처럼 읽힌다. "자- 우리 생각해 봅시다. 난 열세 살, 당신은 열다섯 살 적에 결혼이라고 하지 않았소. 난 참말이지 그때 모 본단 마고자에 삼팔바지 해주는 바람에 갔다고 하여도 망발은 되지 않을 줄 아오. 그 후 우리가 십 년이 지나도록 정다운 이야기나 한 마디 하여 본 적이 있소. 또 그리고 집안에서는 우리에게 속은 셈이요. 우리는 싸움 한 번 없이 그저 그대로 지내니까 의까지 좋다고 한 것이 아니겠소. 그리고 또 내가 당신을 사랑하여 보려고 얼만큼 노력도 하여 보았소. 그러나 억지로 내가 당신을 사랑하겠으니 같이 살자고 하는 것이 죄악 관념이 들어가니까 어찌할 수 없는 일이고... 그러나 내가 사람으로서는 당신을 동정하지 않는 것은 아니오. 그러니까 만일 다- 같은 사람으로 살려고 우리 집에 온다면 좀 모순된 일이지만 그대로 살려거든 살아보구려."

49 당시 공채에서는 마현경 외에 일본인 여성 아나운서 두 명, 남성 아나운서 한 명이 선발되었다. 이때 함께 입사한 남성 아나운서는 최초의 조선인 남성 아나운서 마도청(馬渡淸)이라고 잘못 알려지기도 했지만, 실제로는 경성전기에서 근무했던 마와다리 세이쇼로 나중에 스포츠 중계를 담당했던 일본인 아나운서였다.

147

람이 다 제일선(第一線)에 선 것"이라고 말하면서, 생활 때문에 가정부인도 직업을 가져야만 하는 상황에서 사회제도는 그에 맞춰 변화한 상태가 아니라 유감이라고 지적했다(〈조선일보〉 1928.11.24.). 그는 또 1928년 아나운서 생활 1년을 되돌아보는 자리에서 다음과 같이 술회했다.

> "작년 일 년 중에는 조선말로 방송하는 재료가 적음으로 기(其)를 유감으로 생각하고 지금 있는 조선말의 방송 재료 이외에 일반 인사에게 듣기 좋고 유익할 조선말의 재료를 발견하고자 남모르게 홀로 고심을 많이 하여 보았습니다마는 한 가지도 발견치 못한 것을 무한히 뉘우칩니다. 동시에 신년 중에는 작년에 발견치 못한 좋은 재료를 발견하기에 열심을 다하겠습니다."(〈매일신보〉 1928.1.1.).

마현경이 조선어방송 아나운서로서 나름대로 어떤 직업의식을 갖고 있었는지 짐작할 수 있게 해주는 발언이다. 부인의 취직과 더불어 최승일은 1927년부터는 이전까지 그를 짓눌러왔던 생활고에서 벗어날 수 있었을 것이다. 자유 결혼한 부인과의 애정도 널리 화제에 오른 것으로 보인다. 〈매일신보〉는 문인 소개 기사에서 "신진문학가로 경성방송국에서 일을 보아 문명의 사도 노릇을 겸하여 하는 최승일 씨"는 "새로 맞은 부인과 금슬이 지극하여 밤과 낮을 떠나기가 어려운 시 방송국에서 같이 사무를 보는 문단의 총아요 가정의 행복자이니, 당년 25세의 장래 구만리 같은 분"이라고 묘사했다(〈매일신보〉 1927.4.3.). 그가 부인과 함께 방송국에 출근하는 모습은 그 무렵의 문단 풍문기에 실릴 정도로 사람들의 이목을 끌었다.

> "최승일 씨는 동부인과 '라디오 방송국'에 매일 출동하는 모양인데 그런 탓으로 요사이는 콩나물죽은 면하였다 할 수 있지만, 책 볼

시간과 글 쓸 시간이 없을 뿐 아니라 친구 심방할 틈이 없어서(친우들은 대개 이해하여주지만) 걱정인데도 그 '나니와부시'와 '삼미선(三味線)' 소리에 골머리가 아프다고 하더라고."(〈별건곤〉 1927.3)

이 유명인 부부의 일상생활을 자세하게 소개하는 보도 기사들이 나오기도 했다. 그중 하나에 따르면, 최승일의 취미는 책 읽기, 잡지 읽기 외에 운동 구경, 연극 구경, 활동사진 구경 등이고, 마현경의 취미는 일본어 부인잡지 읽기, 신문연재소설 읽기, 남편과 활동사진 구경하기 등이었다. 마현경은 최승일이 의복을 좀 신경 쓰는 성향이 있고 친구들과 술자리에서 가정사, 세상사를 논하길 즐기는데, 종합적으로 "웬만한 모던은 되리라"고 평했다(〈조선일보〉 1928.11.24.). 그런데 두 사람 사이에는 아이가 없었고, 그 때문이었는지 둘의 결혼생활은 만 3년을 채 넘기지 못한 것으로 보인다. 1929년에 들어서면 두 사람은 실질적인 파경에 이른 듯하다. 최승일이 배우 석금성(본명 석정의)과의 관계에서 아이를 얻고 다시 결혼하게 되기 때문이다. 당시 최승일에 대한 문단의 한 평문은 그를 '고속도(高速度)'의 인물로 규정하는 한편, 그가 자기 아이 앞에서 어쩔 줄 몰라 하며 좋아하는 모습을 다음과 같이 묘사한다.

"최승일 씨 – 씨가 마이크로폰 앞에 서서 '제이·오·디·케이' '지금부터 방송을 시작하겠습니다' 할 동안에 전파는 그의 목소리를 등에 지고 1초 간에 일곱 번이나 휘도는 고속도로 –'스피드·풀'– 공기 중에서 휘휘 돌아 여울친다. 눈의 불이 번쩍나게 빠른 것만큼 씨도 차츰차츰 근대화해가는 모양이다. 근래의 씨는 고속도, '풀·스피드' 순간정조(瞬間情操)의 구성! 이것이 그의 주위를 획획 돌아간다. 그래 그런지 씨는 조금만 흥분하면 상체를 앞으로 두고 발을 자주 떼는 것이 마치 수영하는 사람같이 보인다. 고속도의 그는 인간의 기계인 양각(兩脚)이 마음대로 빨리 가지지 않고 마음은 급해서 상체 먼저 앞으로 나가는 모양! 씨는 가정에 있어서도 고속도는 망각치 않으신다. 책도 보시어야 하지만 영화 스틸도 안 보실 수 없고, 창작도 쓰여야 하겠지만 고속도 식의 만담도 안 쓰실 수도 없다. 밥상을 물리시면 열냉(熱冷)도 잡수어야겠지만 '들깨'도 안 잡수실 수도 없다. 왜? '들깨'를 잡수시느냐? 하면 씨는 모든 것이 다 고속도로 핑핑 회전하시는 까닭에 호흡까지도 고속도로 변태(變態)가 되신다. 오직 초인간적 위력을 가진 고성의 '트림'을 초시간적으로 과다(夥多)히 하시는 까닭이다. 그 방지제가 이 '들깨'이다. 이렇게 방지제를 써도 '트림'의 도수는 십 분마다 한 번씩으로밖에는 아니 줄었다. 그러나 씨는 다만 '하나'에만은 고속도도 굴복이 되고 만다. 그것은 말도 못하고 두 눈만 반짝-하는 작고도 어여쁜 '인형 아가' 앞이다."(〈조선문예〉1929.5)

여기서 '인형 아가'는 첫째 딸 로사를 가리킨다. 1929년 겨울에 찍은 최승일의 가족사진에는 더 이상 마현경이 아닌 석금성이 서 있다. 최승일은 세 번째 부인인 석금성과의 사이에서 큰딸 로사, 큰아들 경섭, 둘째 딸 마사, 둘째 아들 호섭 등 네 자녀를 두었다(정병호 2004:24). 최승일과 석금성은 어떻게 만나게 되었을까? 서울 출신의 기생이었던 석금성은 1925년 토월회에 입단해 주역 배우로 발돋움하던 중 충남 서산의 갑부와 결혼해 아이를 낳아 기르며 살림에 전념하게 되었다. 하지만 결혼생활은 오래가지 못했고, 3년여 만에 서울로 돌아온 석금성은 그간 해산했다가 1928년 말 재결성한 토월회와 함께 배우 활동을 재개했다. 하지만 좋지 못한 공연 성적을 거둔 토월회는 재기에 실패한 채 다시 휴지기에 돌입하고, 1929년 11월 재기 공연을 가졌다. 이때 「아리랑고개」에 출연한 석금성은 배우로서 강렬한 인상을 남기며 호평을 받는다(김남석 2006:135-155). 토월회 단원들은 활동을 하지 않는 와중에도 생계를 위한 필요성 때문이었는지 극방송을 종종 올리곤 했는데, 석금성과 최승일은 이를 계기로 친밀해졌을 것으로 짐작된다. 당시 JODK 프로그램 편성표를 보면, 토월회는 이미 1928년 10월부터 방송극에 출연했는데, 1929년 초가 되면 그 빈도가 잦아져 거의 매달 두 차례 정도 극방송을 했다. 석금성은 「혈육」, 「모반의 혈」, 「교장의 낭(娘)」, 「거미줄」, 「부활」, 「추풍감별곡」, 「카르멘」 등 다양한 방송작품에 이소연, 박제행, 박누월, 서일성 등 다른 단원들과 함께 토월회의 이름으로, 또 때로는 라디오극연구회의 이름으로 출연했으며, 이는 1930년 초까지 이어졌다.

한편 최승일과 부부로서의 인연을 정리한 마현경은 1930년 직장까지 잃기에 이른다. 당시 JODK는 부족한 재정, 불완전한 설비, 빈약한 편성 등으로 인해 청취자층의 요구에 충분히 부응하지 못했고, 라디오 수신기의 보급 또한 정체 상태를 벗어나지 못했다. 사실 경성방송국 내에서는 개국 이후 몇 달 지나지 않은 때부터 재정 문제로 인한 운영난과 직원 감축 소문이 꾸준히 흘러나왔다. 이사장 역시 2년 새 세 차례나 바뀌었다. 설립 당시의 부채 부담과 지속적인 적자 누적으로 인해 재정난이 심해지자 경성방송국은 자체 제작비 절감과 일본인 가입자 확대를 위해 1929년 9월부터는 일본어 중계방송을 본격적으로 시행하기 시작했다. 사실 도쿄방송국에서 중계하는 방식의 연예방송은 이미 1928년 말부터 이루어지고 있었고, 이는 곧 조선어 연예방송의 점진적인 축소를 의미했다. 이러한 시도는 일본어 방송 비율을 높여 조선인 가입자의 억제 요인으로 작용했다. 그 결과, 전체 가입자 수는 1929년 말 1만 2백 26명으로 증가했으나, 이 가운데 조선인 청취자는 겨우 1천여 명으로 정체해 있었다(한국방송공사 1977:32-33).

지속적인 경영난 속에서 경성방송국은 1930년에는 아예 일정한 방침을 확립하지 않은 채 임기응변적인 편성을 지향하였다. 그에 따라, 조선어방송은 뉴스, 기상통보, 물가 시세, 그리고 전통음악 정도만 제한적으로 이루어지게 되었다. 이러한 편성 방침의 변화는 결국 조선인 직원의 해고까지 이어진 것으로 보인다. 1930년 아나운서 마현경과 이옥경은 "쇼와 5년에 방송국 사업이 일시 정지되어 여자 아나운서를 두지 못하게 될 사정에 이르매" 어쩔 수 없이 방송국을 퇴사하게 된다. 이후 마현경은 고향인 성진으로 내려간 뒤에 소식이 끊긴다(《삼천리》 1935.8).[50] 조선인 여성 아나운서들이 퇴사한 뒤 아나운서 업무가 훨씬 많아졌기 때문인지, 1930년 9월 〈신민〉에 실린 "금년 중 나의 독서"라는 설문에는 김영팔이 "금년에는 더욱이 밥벌이에 어찌도 다망한지 읽은 책이라고 하는 것보다도 독서의 관념까지도 상실한 것" 같고, "근일에는 주야근무에 그 좋아하는 맥주 한 잔을 입에 대지 못한 터"라고 탄식한 답변이 실렸다.

50 마현경은 방송국을 떠난 뒤 8년 가까이 자취를 감추었다가, 1938년 3월부터 전북 정읍시 태인소학교에서 교편을 잡았다고 전해진다. 이곳에서 교사로 9년 가까이 재직하고서 1946년 4월 학교를 떠났다는 것이다. 이는 〈전북일보〉(1997.4.27. 및 4.29.)의 기사와 1942년 태인 소학교 졸업식 사진을 통해 알려졌는데, 마현경이 어떤 과정을 거쳐서 아무런 연고도 없는 정읍까지 오게 됐는지는 밝혀지지 않았다(김성호 2013:203-204). 주의할 것은 마현경이 어떤 기사에는 1906년 함경북도 성진군 학동면 하천리에서 태어났다고 소개되어 있으나(《삼천리》 1935.8), 또 다른 기사에는 전라도 전주 출신이라고도 나와 있다는 점이다(〈조선일보〉 1928.11.24.). 만일 그가 성진 태생으로 전주에서 살다가 서울로 상경했다면, 마현경이 낙향 후 정읍에서 교사 생활을 한 것도 어느 정도 이해할 만한 일이다.

Box 6.
경성방송국의 아나운서

1926년 8월 19일 〈경성일보〉 기사는 체신국 라디오실험방송실에
서 1개월 전쯤부터 내선 양어(內鮮 兩語)가 비상하게 유창한 아나운
서가 활동하고 있다고 전했다. 이는 최초의 조선인 아나운서 이옥
경을 가리킨다. 그는 7월 중순의 우리말 시험방송 때부터 근무한
것으로 보이며, 8월 18일 체신국장으로부터 무선계의 정식 촉탁
을 받았다(〈매일신보〉 1926.8.21.). 이처럼 그는 시험방송 초창기부터
JODK 개국 준비까지 유일한 조선어 방송 아나운서로 핵심 역할
을 했다(아래 그림, 〈조선신문〉 1926.12.24.). 조선어 방송의 남자 아나운
서로는 개국 직후 김영팔이 정식으로 입사해 활동하기 전까지, 최
승일이 필요에 따라 임시변통 식으로 활동한 것으로 짐작된다. 후

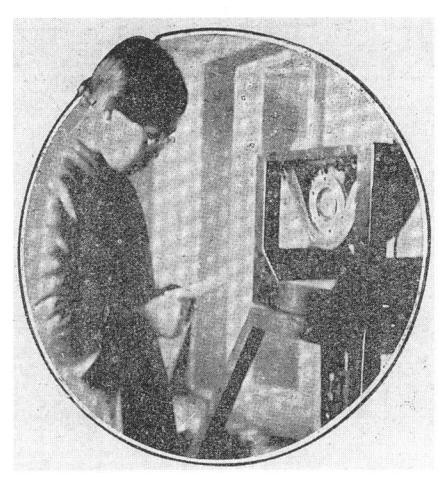

에 이옥경은 체신국 방송소에서 혼자 아나운서를 할 때는 조선어
·일본어 방송을 모두 담당했고, 경성방송국 개국 이후 저녁 6시부
터 어린이 시간과 가정 시간을 담당해 하루 2시간 정도 우리말 방
송을 했다고 회고했다. 그에 따르면, 월급은 66원이었고, 아나운서
로 근무한 기간은 총 3년 정도였다(〈조선일보〉 1973.1.18.). 한편 개국
직전 경성방송국은 아나운서 공채를 실시했다. 〈경성일보〉는 공
채 시험을 통해 새로 아나운서로 뽑힌 마현경, 마쓰하라 코우코(松
本コウ子), 고바야시 키누코(小林絹子), 마와다리 세이쇼(馬渡淸)의 단체
사진을 "JODK의 꽃"이라는 제목 아래 게재했다(아래 그림, 1927.1.9.).

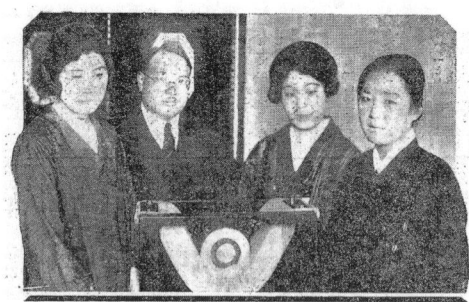

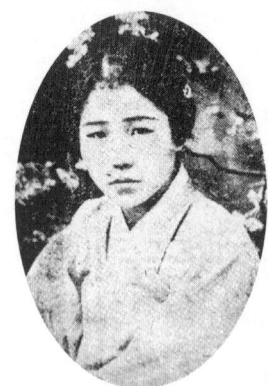

최승일과 결혼했을 무렵의 석금성(〈조선일보〉 1930.1.8.)

그렇다면 최승일과 김영팔은 언제까지 방송국에서 일을 했을까? 이를 구체적으로 확인하기 위해 일단 1933년 4월 26일 개시된 이중방송의 조직 구조 내부에 두 사람이 없다는 사실로부터 거슬러 올라가며 그들 신상의 변동 과정을 따져볼 필요가 있을 것이다. 1932년 경성방송국은 경영난 타개를 위한 전략을 대폭 수정하는데, 이는 거시적인 차원에서 일제의 조선 병참 기지화 정책과도 관련을 맺고 있었다. 즉 일제는 효율적인 식민통치와 대중 동원을 위해 라디오의 보급이 필수적이라는 판단 아래 조선어방송으로만 이루어지는 또 하나의 채널을 신설하기로 결정한다.[51] 이는 조선인 청취자 확보를 통한 재정수입의 확대에도 유리하게 작용할 것으로 여겨졌던 것이다(김성호 2007:72-73). 그에 따라 사단법인 경성방송국은 조선방송협회로 전환하고 일본어를 제1방송, 조선어를 제2방송으로 하는 이중방송 계획을 수립했다. 이는 조직과 인적 구조의 변화를 수반했다.

이중방송은 1933년 4월 26일부터 실시되었다. 그와 더불어 JODK는 출력을 기존 1kW에서 10kW로 증강해 방송 수신 범위를 확장하고, 프로그램 제작비도 이전의 3배를 투입하는 등 가입자 증대와 영향력 확보에 힘썼다. 조선어 방송시간의 증가는 가장 뚜렷한 변화였다. 단일방송기에는 원칙상 매일 강좌 1종, 연예·음악 1종, 매주 강연 1회, 아동시간 2회밖에 방송할 수 없었다면, 이중방송기에는 매일 강연강좌 3회, 연예·음악 3종, 아동시간 1회를 방송할 수 있게 되었다(윤백남 2013:453-454). 이에 따라 방송부 아래 제1방송과(일본어)와 제2방송과(조선어)가 분리되었고, 조선인 직원들 또한 새로 채용되었다. 제2방송과의 근무

51 1931년 만주사변을 일으킨 일본 관동군은 1932년 3월 괴뢰국가 만주국의 독립을 선언하고, 대륙 침략 전쟁의 병참기지를 마련하고자 했다. 이러한 배경에서 조선총독부는 라디오를 조선인 대상 선전 정책의 도구로 삼고자 했으며, 이른바 '심전개발(心田開發)', '농촌진흥', '부녀교육'을 조선어 방송의 목표로 설정했다(김성호 2007).

자들은 초대과장 윤백남, 편성계(프로그램)에 이혜구(연예, 동화, 동요, 요리)와 이하윤(강연, 강좌, 라디오학교), 그리고 현업계(아나운서)에 책임자 박충근 외에 남정준, 최아지, 김문경 등이었다(〈매일신보〉 1933.3.30.; 정진석 1995:322-324). 이들 가운데 남정준, 최아지, 김문경은 1933년 2월 말경에 신참 아나운서로 입사했다. 한편 학식과 덕망이 높기로 유명했던 윤백남은 특히 야담 방송으로 많은 인기를 끌다가, 1932년 7월 28일 방송국에 과장으로 입사했다(〈조선일보〉 1932.12.5.). 그가 들어왔을 당시 조선어 방송부원으로는 김영팔과 박충근이 있었는데, 8월에 이중방송 준비를 위해 방송부원을 재모집한다는 공고가 나왔고 그 결과, 9월에 이혜구와 이하윤이 입사한다(〈동아일보〉 1932.8.14.).

그렇다면 김영팔은 언제 퇴사했을까? 1932년 9월 〈삼천리〉는 김영팔이 얼마 전에 경성방송국을 그만두고 만주로 갔다고 알렸다. 시점을 명확히 밝히진 않았지만, 여러 정황으로 따져보건대, 김영팔은 1932년 8월 신입 방송부원들을 선발할 무렵 퇴직했을 가능성이 크다. 그렇다면 윤백남의 입사 이전부터 이미 김영팔과 함께 근무했고, 이중방송기까지도 계속해서 책임 아나운서로 남아 일했던 박충근은 언제쯤 입사했을까? 이 질문은 최승일의 퇴사 시기를 파악하는 데 도움을 줄 수 있기에 의미가 있다. 이와 관련해 눈에 띄는 자료는 두 가지이다. 우선 KBS에서 편찬한 『한국방송사』는 1931년에 방태환이 퇴사하고 뒤이어 박충근이 들어왔다고 기술하고 있다.[52] 한편 심훈의 생애를 재구성한 다른 기록은 박충근을 1931년에 있었던 조선인 아나운서 모집시험의 최종 합격자로 언급한다(류병석 1968:18). 이에 따르면, 심훈은 1차 시험에 1등이었다가 2차 발성 시험에서 아깝게 탈락했는데, 박충근이 입

---

52   방태환에 관한 정보는 거의 찾을 수 없다. 『한국방송사』에 세부 사실의 오류가 적지 않다는 점 또한 유의할 필요가 있다.

사하고 2, 3개월 뒤에 문예 담당 프로듀서로 특채되었다는 것이다. 문예 담당 프로듀서라면 원래 최승일의 역할이었던 만큼, 1931년 최승일이 퇴사하면서 심훈이 그 자리를 이어받았을 개연성이 있다. 그렇다면 최승일이 방송국을 그만둔 시점은 대략 1931년 초 즈음이 된다. 아니면 방태환이 이미 최승일의 빈자리를 메운 인물일 수도 있으며, 이 경우 최승일의 퇴사는 1930년의 일일 것으로 짐작된다. 사실 이 두 번째 가설이 더 그럴듯하게 여겨지는데, 1929년 말부터 그의 주변 상황이 여러모로 방송 일을 지속하기 쉽지 않게 변화하기 때문이다.

우선 1929년 8월 동경에서 귀국한 동생 최승희가 11월에는 무용연구소를 열고 이듬해부터 발표회와 전국 순회공연을 갖는데, 최승일은 일종의 매니저 역할을 하며 이를 적극적으로 돕게 된다. 그는 고시정에 무용연구소를 개설하고서 2, 3년 최승희를 데리고 있었다고 회상한 바 있다(〈삼천리〉 1935.12). 1933년 최승희가 다시 일본으로 돌아가기 전까지 보살폈다는 의미였을 것이다. 1929년 이래로 일본 연예방송의 중계 비중이 크게 높아지던 와중에 1930년 1월 JODK는 조선 문인 5인의 30분짜리 일본어 강연 방송을 준비한다. 1월 17일부터 23일까지 이어진 이 기획에는 최남선(「조선사상 개관」), 이광수(「작가로서의 조선문학관」), 염상섭(「조선 최근 문예에 대하여」), 주요한(「조선의 신시 운동에 대하여」), 윤백남(「조선문학과 극에 대하여」)이 참여하였다(〈조선일보〉 1930.1.14.). 주목할 점은 이 방송의 마지막 날 "경성방송국의 조선 문학 방송은 그만 중지가 되고 말았는데 '차제에 그런 사람들로 강연시키는 것이 불긴(不緊)하다'는 모처의 간섭 때문"이라는 기사가 나왔다는 것이다(〈동아일보〉 1930.1.23.). 이 간단한 언급만으로는 정확히 알기 어려우나, 실제 편성표상으로는 방송이 아예 불발되거나 하지는 않았던 것으로 여겨진다. 그렇다면 이 기사는 조선 문학 방송의 후속 기획이 있었으나 '모처'에서 더 이상 진행하지 못하게 했다는 의미일 수도 있고, 최소한 이미 이루어진 방송에 대해 뭔가 문제가 있다고 판단했다는 의미일 것이다. 만일 당시 조선어 문예프로그램 편성 담당자가 최승일이었다면, 그의 입장이 상당히 곤란해졌을 것임은 분명하다. 한편 1930년 9월에 최승일은 카프 연극부의 일원으로 나운규 등과 협력해 미나도좌에서 몇 편의 프로연극 공연을 올린다. 이러한 일련의 정황 증거는 그가 1929년 말에서 1930년 초 사이쯤 방송국을 그만두었을 가능성에 무게를 싣는다.

최승일이 1930년에 발표한 소설 「거리의 여자」와 수필 「봄의 예언」은 또 다른 단서를 제공한다. 먼저 「거리의 여자」는 〈대조〉 5월호에 발표되었지만, 집필 시점은 그보다 두어 달 전이었을 것으로 추정된다.[53] 이 소설은 작가 자신의 "신변잡사" 같다는 평을 들었을 만큼, 작중 화자인 박(朴)이 최승일과 비슷하게 그려져 있다. 즉 무선전기회사에서 와이프와 함께 일하는 박은 경성과 동경을 오가며 공연하는 무용수 누이동생을 둔 인물로, 자기 직업에 불만과 권태를 강하게 토로하는 것이다. 한편 「봄의 예언」이라는 글에는 당시 주변 풍경을 묘사하는 다음과 같은 대목이 나온다.

"1930년 이른 봄 어느 날의 풍경. 금색 모표를 달고 찾아온 부청(府廳)의 세금조사관리와의 대화. '다니시던 데는 그만두셨다지요?' '어떻게 아셨어요, 용하십니다' '허! 다-알지요. 그럼 어떻게 사시나요?' '아직 무(無)턱이올시다' '네? 이 봄엔 다시 직업을 붙잡으셔야지요' 하면서 물끄러미 보다가는 장부에 동그라미를 쳐가지고 가 버린다. 며칠 후에 제1분기(第一期分)의 학교비 납세고지서에는 그 금액이 훨씬 떨어졌다."(〈별건곤〉 1930.3)

실직으로 세금을 감면받는 이 이야기의 주체를 최승일이 명확히 밝히고 있지 않기에 단언하기는 어렵지만, 문맥상 이 일화의 주인공이 그 자신일 개연성은 충분하다. 하지만 이러한 간접적 정황 단서들만을 바탕으로 최승일이 1930년 초에 퇴사했다고 주장하기는 무리일 것이다. 더 확실한 자료가 나오기 전까지는 1930년 초 혹은 1931년 초의 두 가지 가능성을 열어두는 편이 적절한 것으로 보인다. 하나 덧붙여 둘 점은 최승일이 이후 방송국에 다시 입사했다는 것이다. 이와 관련해서는 일단 1932년 입사해 1941년에는 제2방송국 편성 과장까지 지낸 이혜구가 비교적 상세한 회고를 남긴 바 있다. 그에 의하면, 과장을 포함해 원래 일곱 명이었던 제2방송과는 어린이 시간은 이석훈에게, 드라마 등 연예는 1935년에 최승일에게 맡기면서 아홉 명이 되었고, 조선인 청취자가 증가하면서 근무 인원도 10여 명 이상으로 많아졌다는 것이다. 그렇게 연예방송 편성을 맡아 일하던 최승일은, 다시 이혜구에 따르면, 1937년 11월에 제2방송과를 사임했다(이혜구 2004:72-73, 84; 2007:53). 이 증언의 정확성은 다른 자료로도 확인할 수 있다. 〈조선방송협회내보〉에 1937년 12월 22일 입사해 제2방송과에 근무한 것으로 나와 있는 이서구는 1922년 니혼대학 미학과에서 유학했는데, 최승일의 방송국 후임이었다는 설이 있다(정진석 1995:327, 333). 정리하자면, 최승일의 방송국 생활은 대략 1926~1930년, 1935~1937년에 걸쳐 이루어진 것으로 보인다.[54]

---

53   같은 해 〈대조〉 8월호에 실린 「누가 이기었느냐?」는 원고 맨 끝에 "1930.4.20 작(作)"이라고 저작 일자가 표기되어 있다. 「거리의 여자」에는 집필 날짜가 나와 있지 않지만, 발표 시점과 소설 내용(시간적 배경이 입춘 며칠 후로 설정되어 있다) 등으로 미루어보면 1930년 이른 봄이었을 것으로 짐작된다.

54   참고로 1935년 방송국원이었던 이혜구는 월급으로 80원을 받았다고 회고한다(이혜구 2007:44-45). 최승일의 수입도 비슷한 수준이었을 것으로 여겨진다. 1935년부터 1937년 사이 최승일의 방송국 근무 모습을 알려주는 몇 가지 장면이 있다. 우선 1935년 여름부터 1945년까지 JODK 기술부에 재직했던 와카미야 요시마(若宮義麿)는 제2방송부의 동료로 최승일을 기억하며 "이야기를 잘하고 온화한 사람"으로 평했다(시노하라

그렇다면 김영팔의 경우는 어떠했을까? 방송국을 나와 만주로 떠날 당시 김영팔은 "이제는 우경(右傾)에도 거의 수락에 가까울 만하다는 것이 세평"이라는 말을 들을 만큼 변절했다는 평가를 받았다.[55] 그러한 평가는 사실 방송국 입사 이후 꾸준히 나왔던 듯싶고, 그가 카프에서 제명당하는 이유가 되었다. 구체적인 제명 사유는 1931년 말 경성방송극협회 참여라고 알려져 있는데, 근거는 확실하지 않다. 흥미로운 일화는 그가 1931년 심훈과 함께 방송을 할 때, '천황폐하'라는 말 가운데 하늘 천자를 삼켜버리고 발음해 고등계 형사에게 끌려가 문초를 당한 적이 있다는 것이다(노정팔 1983:18-19).[56] 1932년 9월 만주로 간 김영팔은 그곳에 정착한다. 그는 1933년 초 「심양단신-봉천생활 편편」이

쇼조 편 1981/2006:31). 연극인 현철은 1935년 자신이 창안한 문예 형식인 '삼담(三談)'을 JODK를 통해 공개하는데, 여기에 당시 제2방송과장이었던 운정 김정진, 그리고 최승일 등의 도움이 있었다고 썼다(〈삼천리〉 1936.2). 그렇다면 최승일이 최소한 그 방송 시점(10월 21일) 이전부터 일하고 있었음을 짐작할 수 있다. 한편 1937년 최승희의 도미 공연에 관한 취재를 하던 〈동아일보〉 기자는 "방송국으로 최승일 씨를 방문할 때에 씨는 방금 전화를 받고 있었다"고 묘사했다(〈동아일보〉 1937.6.15.). 또 그해 말 최승희는 유럽 공연 때 반주용으로 사용할 조선춤 음악을 음반으로 제작하면서, 오빠의 방송국 연줄을 동원해 이왕직아악부 악사들에게 녹음을 부탁했다(정병호 2004:139).

55 평론가 안재좌는 "희곡급(及)소설작가 김영팔군은 가장 우리의 희망을 많이 가졌던 사람이니만치 최근에는 그에게 대하여 너무나 환멸을 느끼지 않을 수 없다. 그는 희곡 「싸움」 이후, 늘 프롤레타리아 작가로의 태도를 취해오나 그 질에 있어서 그의 작품이 조금도 프롤레타리아의 목적의식적 현 단계의 작품이 없는 것이다. 최근의 작품은 그의 사상 상 추락된 경향은 물론이오, 더 나아가서는 '룸펜'성을 띠고 소영웅주의의 범속적 형태에서 허덕이고 있는 것이다."라며 '싸구료박사'를 신랄하게 비판하고 있다(〈비판〉 1931.11).

56 이는 원로 방송인 노정팔이 남긴 기록이다. 주목할 것은 심훈과 관련해서도 유사한 에피소드가 전해진다는 것이다. 류병석(1968)에 따르면, 심훈은 방송국 입사 후 김영팔과 함께 '황태자 전하' 같은 말을 낭독할 때 제대로 발음하지 않아 사상 불온으로 쫓겨났다는 것이다. 노정팔과 류병석의 이야기를 종합하면, 이 '사건'에 같이 휘말린 두 사람 가운데 심훈은 결국 방송국을 떠나고, 김영팔은 경찰서에서 고초를 겪은 뒤에도 방송국에 남아 있다가 나중에 그만둔 것으로 보인다.

라는 수필을 신문에 두 차례 실어 근황을 전하면서, 봉천의 조선 청년
들 부탁으로 소인극 연출과 출연을 겸하고 호평을 얻은 경험을 적었다.
그로부터 몇 달 뒤 김영팔은 백만 동포가 거주하는 만주에 조선인 극회
가 없는 현실을 타개한다는 취지 아래 봉천극연구회를 창립하고, 5월
28일부터 이틀간 공연을 올렸다. 하지만 가정 경제가 영 여의치는 않았
는지, 곧 그가 여인숙을 겸한 주점을 운영하다가 밑천까지 다 들어먹었
다는 소식이 전해졌다(〈조선일보〉 1933.2.17~18., 5.27., 6.7.).

이후 김영팔은 만주국의 수도 신경으로 이주했던 것으로 보이고,
언제부터인지는 정확하지 않지만, 신경방송국에서 아나운서로 근무하
기 시작한다. 신경방송국은 만주국 건국 원년인 1932년 10월 개국했
다. 1934년에는 대출력 방송(100kW)이 개시되었고, 만주 대부분 지역
에서 라디오를 통한 조선어방송이 가능해졌다. 1936년 11월부터 만주
에서 라디오 이중방송이 시작되자, 다양한 언어공동체(일어, 만어, 조선어,
러시아어, 몽고어 그리고 영어)가 공존하는 만주라는 공간적 특성에 맞게 여
러 언어로 된 프로그램이 편성되었다(서재길 2007b). 김영팔이 아나운서
로 활동할 수 있던 데는 이러한 여건 변화가 우호적으로 작용했던 것
으로 보인다. 하지만 만주국 정부는 1940년 1월 5일부터 간도성에 있
는 연길방송국을 제외한 네 군데 방송국에서 조선어방송을 공식적으
로 폐지했고, 그에 따라 김영팔도 마이크를 놓게 되었다. 그렇다고 그
가 방송국에서 아예 퇴사했던 것은 아니며, 활동 폭을 넓혀 만주국 협
화회(協和會) 수도계림분회 연극반을 이끌었고, 여러 선계(鮮界) 문화단
체에서 요직을 맡아 활약했다. 1940년 '광산영팔(光山永八)'이라는 이름
으로 창씨개명한 그는 〈만선일보〉의 국책 문화사업에 호응하면서 '협
화'와 '반공'의 프로파간다 연극 「김동한」을 연출하기도 했다. 이러한
일련의 친일 행적은 공식적인 표명이나 선언은 없었을지언정, 그의 사
상적 전향과 변신을 뚜렷이 확인시켜준다(문경연·최혜실 2008). 1945년 8

월 일제와 만주국이 패망한 뒤 김영팔은 11월 간도문예협회 산하의 연극부에서 공연한 박노을의 「해란강」을 연출했다(이복실 2018:271). 이후 그는 다시 북한에 정착했던 모양이다. 그의 마지막 행적에 대해 북한 측 자료는 다음과 같이 기술하고 있다. "해방 후 그는 문화선전 부문에서 사업하였으며, 1950년 조국해방전쟁이 일어나자 해방지구에 나가 활동하다가 전사하였다."(김영팔 외 1996:10) 안타깝지만, 최승일도 장차 김영팔과 비슷한 궤적을 밟게 될 터였다.

방송 일의 기쁨과 슬픔

JODK 시절 최승일의 내면은 어떠했을까? 그는 방송국이 제공한 기회를 실제로 어떻게 경험했을까? 우리는 몇몇 자료를 통해 이를 제한적으로나마 추론해볼 수 있다. 먼저 최승일이 〈조선지광〉 1927년 2월호에 발표한 단편소설 「무엇?」을 살펴보자. 이 소설에서 주인공인 '그'는 새 문턱을 높다랗게 지어놓은 전신국에서 노동하고 있다. 그가 있는 방은 그곳 문서계실이다. 깨끗한 방안에 증기 스팀이 있어 공기는 훈훈하며, 결 고운 나무로 짠 테이블이 쭉 둘러 놓여있다. 하지만 맨 구석에 앉아 그 누구보다도 일을 많이 하는 그는, 여송연을 피우며 음침한 눈으로 사무원들을 바라보고 있는 상급자의 시선에 갑갑해 한다. 점심시간이 되어 종이 땡땡 울리면 남들의 뒤를 따라 '벤또'를 먹고 나서 자기가 있는 방으로 들어온다. 그가 창가로 가 거기 기대어 바깥을 내다보면 서울 장안의 한 모퉁이가 다 자기 눈 아래서 움직인다. 그러던 중 짐을 마차 한가득 실은 말이 마부의 회초리를 맞아가며 건물 앞의 높은 언덕 빙판길을 낑낑대며 어렵게 오르고 있는 장면을 보고 그는 말을 동정하며, 나아가 자신과 동일시한다. "반항이 없는 묵종! 이것이 말이 짊어진 운명일까요? (...) 그 말과 지금 이 방 따뜻한 스팀 앞에 가 서서 창에 기대어 있는 지금의 자기의 몸이 똑같다고 생각하였습니다. 그 운명이라면 운명이." 말을 보다 못해 잠깐 바깥으로 나와 마부를 향해 말을 역성들던 그는 우연히 전신주 위에서 뭔가 수리하던 인부가 감전으로 추락사하는 광경을 본다. 그 장면에 충격을 받은 그는 머릿속으로 이렇게 뇌까린다.

> "말은 말이기 때문에 사람에게 부려지고 매를 얻어맞고 하루에 콩죽 두 그릇에 목숨을 매달고 있으며 자기는 하급 사무원이기 때문에 그 음흉한 눈깔 앞에서 하루에 열한 시간이나 부려지고 한 달에 사오십 원에 목숨이 매달려 있고 그는 어쩌다가 하루에 임금 일원 오십 전에다 목숨을 걸고 매일 공중에서만 살다가 떨어져서는 죽었다는 것을 생각할 때 다 같은 사람인데 다 같은 생물인데 이 어떻게 된 이치냐? 이렇게 그는 생각될 때 아직까지도 아무러함이 없다는 듯이 모른다는 듯이 장사치의 외치는 소리, 수레의 구르는 소리, 떠들썩하는 소리, 모든 소리가 그 밑에서 움직인다는 묵종한다는 소식을 전하고 있었습니다."(최승일 2005:164)

발표 시기로 보아, 이 소설은 최승일의 방송 사업을 준비하던 체신국 혹은 경성방송국에서의 근무 경험을 형상화하고 있는 것으로 여겨진다. 월급에 몸이 묶여 "반항이 없는 묵종"의 처지에 괴로워하고 결국 그러한 삶이 비극적으로 끝날지도 모를까 봐 두려워하는 마음이 소설 전체를 관통하고 있다.[57] 같은 해 가을 발표한 수필 「버러지의 말」에서 최승일은 비슷한 고민을 다음과 같이 적나라하게 토로한다.

"먹고산다는 것이 무엇인지 그놈의 채찍이 벌거숭이 알몸뚱이의 빼빼 마른 갈빗대를 후려갈길 때, 나는 쓰디쓰게 그것을 맞이하면서 목 매인 송아지의 신세로 종로의 큰길거리로 헤매어 다니면 헛수작-거짓 행동을 베풀어놓아야만 내 신세는 내 생명을 이어주는 것이다. 웬 사람이 이렇게 살아야만 된담-하고 나는 나에게 물을 때 누가 옆에서 속 시원한 대답 한마디만 하여주었으면 하지만, 나는 다만 고개를 수그려 내 발등을 굽어볼 때 이 발바닥은 어디를 디디고 섰는가 할 뿐이다."(《조선일보》1927.9.22.)

소설과 수필에 등장하는 말과 소의 비유는 모두 가축, 그러니까 주인의 뜻에 따라 억지로 노동하며 '말을 못하는' 짐승을 가리킨다는 공통점을 지닌다. 이는 최승일이 당시 방송국 안에서 경험한 무기력과 수동성을 암시하며, 인간다움의 상실을 형상화한다. 아내와 함께 정동 언덕 꼭대기의 방송국에 출근하며 남들 눈에는 넉넉한 신생활을 즐기는 듯 보이던 시절에도 그는 내면의 갈등과 괴로움을 결코 삭이지 못했다. 두 편의 글에는 생계에 얽매인 직장생활을 강제노역이나 다를 바 없이 체험하면서 단조로운 일상과 우연한 사건들로 쌓여가는 삶이 무의미하다고 탄식하는 저자의 심정이 오롯이 배어있다. 방송국 근무 경력이 제법 되어 가던 시기에도 그의 심경은 별로 달라지지 않았던 것 같다. 사람에게는 결코 익숙해지지 않는 감정도 있는 법이다. 아래의 두 인용문은 〈별건곤〉에 실린 설문형식의 기사로부터 뽑은 것이다. 우선 1928년 초 "아내에게, 남편에게 바라는 일"이라는 설문에 대한 최승일의 답변 가운데 서두는 다음과 같다.

---

57 주요한은 이 작품에 대해 한편의 "스케치"로서, "그 감상의 소유자는 현대의 노동관계에 대하여 불만과 불평이 가득한 것"을 볼 수 있는데, "심미가 없는 것만 유감"이라고 평했다(《동아일보》 1927.2.24.).

"사람의 생명은 무한히 질긴 것이외다. 그 생명의 굳센 팔뚝은 나의 빼빼 마른 육체를 끌고서 그래도 된 곳 안된 곳으로 끌고 다니며 지지하여 줍니다. 그래서 나는 사는 것이외다. 그러나-그러니까- '나는 인생에, 생활에 피로하였습니다.' 이런 외마디 소리가 늘 나의 가슴을 짓찧습니다. 그러므로 비단 부부생활에서 뿐만이 아니라 온갖 나의 전부는 나에게 피로밖에 주는 것이 없습니다. 그러나 이것도 약동이 있는 영혼의 행동이 나의 몸을 피로하게 하였다면 나는 결단코 그렇게 피로할 것이 아니외다만은, 내 눈에 보이는 현실 내가 서있는 땅 내가 걷는 걸음 나의 두 팔의 움직임이 나의 가슴보다는 딴 데로 가는 것이외다."(〈별건곤〉 1928.2)

그는 경제적 수입만을 위한 직업 활동이 인생에 가져다주는 피로감을 절감한다. 그가 수행하는 업무는 '영혼의 약동'을 불러일으킬 수 있는 일이 아니기에 그 피로감은 견뎌내기 어려운 것이다. 이러한 심적 고통은 1928년 말 "신생활을 하여 본 실험"이라는 설문에 대한 최승일의 답변에서도 고스란히 드러난다. 평탄해 보이는 신식 생활의 겉모습과 달리, 그것을 위해 무언가 중요한 것을 희생했다는 내면의 울분과 수치심은 사라지지 않는다는 것이다.

"어느 한 개인이 현실을 부정하면서도 타협과 굴종 속에서 양쌀밥 먹던 것을 상미(上米)밥을 얻어먹고 양복 쪼가리에 옆에는 '파라솔'든 여편네의 비켜선 그림자와 같이 정동의 언덕을 올라간다고 그것을 신생활이라고 하기는 부끄럽습니다. 그리해서 어느 때는 가슴이 답답하고 '나는 인젠 죽었다'하는 하품 섞인 울분의 기지개가 켜집니다. (...) 사람이 생활에 대한 욕망이란 한정이 없는 것입니다. 으레 두 사람이 나란히 서서 정동의 길을 걷는 것을 볼 때 어느 친구는 '사진이라도 찍고 싶다'고 말하는 친구도 없지 않습니다마는, 행하고 있고 당하고 있는 나는 그것같이 우스꽝스러운 일은 없습니다. 말하자면 긴장미가 없고 또한 밥벌이만 아는 밥버러지로만 나는 늘- 나를 아는 까닭이올시다."(〈별건곤〉 1928.12)

적어도 그가 쓴 글에 드러난 최승일의 방송국 경험은 부끄러움과 갑갑함의 감정으로 특징지어진다. 그는 현실을 비판하고 부정하던 자신의 취직을 '타협'이자 '굴종'으로 간주하며, 자신의 '몸'과 '행동'이 '영혼'과 '가슴'이 원하는 방향과는 다른 쪽으로 가고 있다는 분열감에 시달린다. 사실 그는 세속적 욕망에 굴복한 소시민, 즉 부르주아처럼 되기 위해 스스로 자꾸만 작아지는 프티부르주아의 신세를 자인한다. 문학 창작이나 카프 등 조직 활동에서는 현실을 급진적으로 부정하는 척하면서도 실제로는 방송국에 다니며 봉급생활자로 안정된 일상을 누리고 있는 상황에서 최승일은 첨예한 자기모순을 경험한다. 이는 다시 극심한 자괴감으로 이어진다. 그리하여 자신을 "밥벌이만 아는 밥버러지"라고까지 냉소적으로 표현하기에 이르는 것이다. '가축'과 '짐승'의 은유는 이제 '벌레'로까지 발전함으로써 그 자학의 강도를 더한다. 1928년 봄 그는 〈조선일보〉에 수필 「무학재의 봄」을 게재한 바 있다. 거기서 그는 어느 봄날 무학재를 지나다가 우연히 마주친 옛친구에게 보내는 편지 형식으로 자기의 복잡한 심경을 다음과 같이 적었다.

"요사이 나는 우리 집안 중에서 대단한 칭찬을 받고 있네. 잘났다고?-왜 그래? 그들의 입에는 내가 벌어다 주는 쌀 알갱이가 들어가니까 내가 잘 나기는 무엇이 잘났겠냐마는 그러나 나 역시 이 생활을 면치는 못하네. 거지반 숙명적일세. (...) 그렇다. 청산이니 타개니 전환이니 하여도 이 참을 수 없는 그 마음은 그대나 내나 누구나 다 가지고 있을 것일세. 그러니 오로지 우리는 이 참을 수 없는 마음 아래에 모여야 되겠네. 지금 그대는 이 봄, 이 봄볕 아래 어디서 그대의 참을 수 없는 마음의 기운을 풍기고 있나? 언제나 우리는 또다시 한자리에 모이세. 그만 쓰네. 나는 이러한 참을 수 없는 마음에 얽매여 지내면서도 반동문화의 총본영인 정동의 언덕을 쳐다보면서 휘적거리는 걸음걸이를 옮겨놓을 저녁때가 되어가기 때문일세."(〈조선일보〉 1928.3.18.)

문사 시절 고락을 함께 나누었던 그의 친구는, 지금은 먹고살기 위해 벽돌을 나르는 인부로 일하는 중이다. 일제의 통치기구에서 고액의 월급을 받으며 일하는 프티부르주아로 변신한 최승일은 프롤레타리아로 전락한 친구에게 어쩐지 자기변명 같은 독백을 늘어놓는다. 실은 자신이 사정 모르는 남들의 비난을 애써 무시하면서, 식구들의 생활을 책임지기 위해 방송국 일을 '숙명'으로 받아들이며 버티고 있다고 말이다. 그는 자신의 현재 모습에 어딘지 모를 부끄러움을 느끼는 것처럼 보인다. 그가 JODK를 "반동문화의 총본영인 정동의 언덕"이라는 자조적 비유로 가리키는 이유도, 식민지 조선인이라면 "누구나 다 가지고 있을" "참을 수 없는 마음"을 품고서 끝내는 한자리에 모이자고 말하는 이유도 그 때문일 터이다.

한편 1930년 최승일이 소설 「거리의 여자」에서 자신을 모델로 삼은 무선전기회사 직원 작중화자를 통해 전하는 대사는 의미심장하다. 그는 늘 새로운 소식을 듣고 전하는 그의 직업에는 권태가 없을 것이라는 상대방의 말에 이렇게 대꾸한다. "현대에 있어서 어느 것이 아니 그렇겠습니까마는 가장 대중성을 많이 띠고 있는 전기문화의 모든 것조차 어느 한 이권을 옹호하기 위하여 건설되어 나간다는 것이 제일 나에게 권태를 주게 하는 것이에요. (......) 오늘날의 전기발동기는 모든 새로운 문화를 날마다 고속도로 몰아 내어놓고 있습니다. 그러나 우리에게 는 하등 관계가 없는 것뿐이니까요. 현대 사전에는 아직도 전유권이란 어구가 남아있으니까요." 그는 또 "충실한 노예에게는 밥이 많이 오는 법"이라고 자조적으로 말한다(〈대조〉 1930.5).

방송국 시절의 최승일이 여러 지면에 토로한 고민과 고통이 과연 '진심'이었을지 따진다면 부질없는 짓이다. 생활의 안정을 도모하기 위해 일제의 방송국에 취직한 그가 카프의 동료들이 읽게 될 공적인 텍스트에 돈벌이가 마냥 좋고 행복하다고 쓸 수는 없었을 것이다. 마찬가지로 사회주의 이념의 동조자로서 자신이 가진 신념을 일정하게 포기해야 하는 상황에서 그가 아무런 고민을 느끼지 않았다면 그 또한 이상한 일일 것이다. 그는 직장이 주는 보상과 안락을 적당히 누렸고, 그런 와중에 과다한 업무와 조직 내 위계, 나아가 현실과 이상의 괴리 때문에 힘들어했으며, 라디오극연구회 활동을 하나의 작은 탈출구로 활용했다고 보는 편이 좀 더 적절하다. 그럼에도 최승일이 방송국 생활의 기쁨과 보람에 대해 언급한 흔적을 전연 찾아볼 수 없다는 사실은 다소 놀랍게 다가온다. 방송 일이 그 자신에게 그렇게나 가치 없는 것이었을까? 거기엔 인민을 상대로 새로운 미디어의 계몽성과 색다른 문예 형식의 가능성을 실험해보고자 한 그의 기대 또한 작용하지 않았던가? 하지만 그것이 과연 얼마나 충족되었는지에 대한 최승일 자신의 직접적인 평가는 보이지 않는다.

이러한 측면에서 라디오극연구회 구성원이었던 아나운서 김영팔의 몇몇 감상문은 참고할만하다. 그 역시 최승일처럼 방송국에 다니면서부터 프로문학적 지향이 변질했다는 비판의 입길에 올랐다. "씨가 직공 생활을 떠나 방송국 푹신푹신한 '소파'에 몸을 의지하고 '빌로드' 같은 양탄자에 거닐게 된 뒤로부터 씨의 작품에 특유한 맛이 김이 빠져나가는 듯한 느낌이 없지 않다"는 안석영의 촌평은 당시의 세평을 반영한다(〈조선일보〉 1927.11.6.). 그런데 김영팔은 방송국에서의 노동에 대해 "우언(愚言)"이라는 글에서 최승일과 비슷한 심경을 한층 노골적으로 토로한다. 바로 빵을 구하기 위해 '노예'처럼 일하며 다른 사람들에게 머리를 숙인다는 것이다. 나아가 그는 그러한 행동이 왜 문제가 되는지 모르겠다는 의견을 완곡하게 피력하며 자신을 변명한다.

"그러므로 놀면 밥이 입에 들어가지 아니하니까 결국 노동을 하라면 雇主측의 노예가 된다(다른 사람들은 노동을 아니 하고도 평안히 먹고 잘 지내지만). 그러나 먹기를 위하여 별수 없는 일이다. 그렇다고 나에게 노예적 근성이 있는 것은 아닐 것이다. (...) 날마다 13시간(十三時間)노동! 진절머리 나는 JODK 분 바른 기생 압착성(壓搾性)이 떠도는 방송실 빵을 얻기 위하여 머리를 숙이는 나를 오해하는 사람들이 정당한 것인지, 그러한 곳이나마 다니면서 빵을 구하는 내가 정당한 것인지 나의 둔한 뇌로는 감히 판단할 수가 없다. 그리고 생각하니까 세상이 우습기도 하다. 밥, 사람, 밥, 돈- 나는 또다시 활자를 집고 싶다. 그러나 찾아도 나의 밥은 나에게 떨어지지 않는 것은 유감이다. 세상은 이러한 것임을 모두 다 알아야겠다. (......) 그것은 오늘날까지 많은 사람을 보았으나 인간이란 추악한 것이라 극히 소소한 부분을 들어서 사람의 전인격을 중상하며, 말에다 발을 달아서 그것에 비단옷을 색 맞춰 입혀 가지고 요정 주머니 같은 곳에서 툭하면 내놓는 까닭이다. 이러한 인간은 어느 곳에서든지 볼 수가 있다. 그러나 그중에도 지적 방면, 다시 말하면 사물을 알고 이해하고 해석하려 하고 더 한 걸음 나아가서는 판단하여서 좋은 것과 나쁜 것을 분간할 수 있는 사람으로서 진실성이 없고 경거(輕擧)를 한다 하면, 나는 우인(愚人)이나마 나를 진실하다고 본다는 말이다."(〈조선일보〉 1927.6.2.)

    김영팔의 글에서 흥미로운 점은 방송국 근무에서 자신이 느끼는 번민을 호소하면서 직설적으로 사람들의 '오해'를 지적한다는 것이다. 그의 '생계형 노동'과 타인의 '괜한 뒷공론' 가운데 어떤 것이 더 정당한지 반문하는 식으로 말이다. 그는 불과 몇 달 전만 해도 그만두고 싶다고 공언했던 문선공 일로 차라리 돌아가는 편이 낫겠다는 심정까지 밝히며, 자신을 '어리석지만 진실한 사람'이라고 적극적으로 변호한다. 취업의 불가피성과 자기 내면의 진정성에 대한 이러한 언급은 어쩐지 카프 구성원으로서 방송국에 입사한 두 사람(김영팔과 최승일)을 둘러싼 세간의 구설수를 겨냥한 듯한 느낌도 든다. 사실 김영팔은 1928년 카프 계열 문인들 중심의 조선영화예술협회가 제작한 사회주의 이념의 영화 「유랑」을 각색한 장본인이기도 하다.[58] 따라서 그의 방송 활동이 그 자체만으로 사상적 변절을 의미한다고 볼 수 없다는 지적은 나름대로 타당성이 있다(박명진 2004:459). 하지만 방송국 생활이 김영팔에게 (그리고 아마 최승일에게도) 일정한 관점의 변화를 불러왔다는 점 또한 부인하기 어려운 것처럼 보인다. 그 변화란 계급운동 못지않게, 혹은 그보다 더 민족운동에 의식상의 방점을 찍게 되었다는 것이다.

    1928년 김영팔은 갖은 고생을 하며 쉽지만은 않은 방송 일을 하는 사람들의 목적은 결국 "라디오로써 조선문화를 건설하자는 그러한 포부-'라디오'로써 조선의 국유(國有)한 예술을 찾아내자-이것일 것"이라

---

58 〈중외일보〉에 연재된 「유랑」은 이종명이 조선영화예술협회에 관여하고 있던 상황에서 영화화를 목표로 쓴 소설이다. 1927년 이경손, 김을한, 안종화, 김영팔, 한창섭 등이 창립한 조선영화예술협회가 별다른 사업적 성과가 없자 이종명, 윤기정, 임화, 김유영, 서광제 등이 함께 결합해 「유랑」을 제작했다(〈조선일보〉 1933.5.28.). 하지만 김영팔 각색, 김유영 감독에 임화, 서광제, 조경희 등이 배우로 출연한 영화 「유랑」에 대해 이종명은 촬영이나 분장, 연기 등이 매우 부자연스러운 실패작으로, "돈이 있으면 판권을 도로 사 가지고 불 질러 버리고 싶다"는 냉정한 평가를 남겼다(〈삼천리〉 1933.10).

171

고 주장하면서, "그러나 진정한 의미에 있어서 우리는 완전히 우리의 목적을 달할 수가 있을까? 없을까?"라고 자문한다(《문예·영화》 1928.3). 또 이듬해 그는 "방송프로그램으로 본 조선인의 취미"에 관한 잡지의 원고 청탁에 답하면서, "조선사람으로서 일반적으로 보급 못하였던 것을 라디오를 통하여 일반 가정에서 노래를 듣는 것, 고전적 맛이 있는 조선 음률 같은 것으로 여지껏 듣지 못하는 부인네가 들을 때에 조선음악은 이러한 것이로구나, 아무것도 없는 우리이지만 저 음률, 저 음악, 저 노래만은 남아 있구나 하는 것"의 의의를 강조한다(《중성》 1929.3). 몇 년 뒤 그는 자신의 JODK 생활 5년을 회상하며 다음과 같이 평가한다.

"괴물과 같은 마이크로폰은 나의 둘도 없는 반려물이요 정동 백악관은 나의 보금자리로, 5년간에 그래도 나의 조그마한 양심은 조선 음악을 부활케 하고 진흥케 하자는 실 같은 이 마음이, 가정에서 들어서 과히 욕되지 않을 음악을 찾기에 노력도 하였고 내 딴에는 활약도 하였다. 그래서 옥외방송을 하여 보겠다고 힘도 써보고 조선의 궁중악도 민간에 소개하여 보았다. 역사담도 소개하였고 조선악을 일본에도 소개하여 보았다."(《시대상》 1931.2)

1930년 즈음 최승일이 퇴사하고 난 이후로 김영팔은 아나운서 역할을 계속하는 한편, 조선음악 중심으로 이루어진 조선어 방송을 실질적으로 꾸렸던 것으로 보인다(《신소설》 1930.6). 그는 1930년 7월 야담으로 유명한 윤백남과 권번 기생 세 사람을 인솔해 히로시마에 가서 일본 전역에 중계방송을 하기도 했다. 조선의 고유한 음악과 취미 만담을 널리 알리기 위한 JODK의 시도였다(《조선신문》 1930.7.6.; 《조선일보》 1930.7.11.). 인용문의 마지막 문장은 이 출장을 가리키는 것으로 여겨진다. 김영팔이 남긴 몇몇 글은 그의 방송국 활동이 무엇보다도 '조선적인 것'을 되살리고 알리겠다는 사명감과 관련되어 있었음을 시사한다. 물론 최승일 역시 이러한 의식을 공유하고 있었다고 쉽사리 단정 지을 수는 없다. 그럼에도 1930년대 중반 이후 최승일의 이념적인 방향 조정 과정을 들여다보면, 그도 특히 동생 최승희의 활약을 가장 가까이에서 지켜보며 '조선적인 것'의 추구로 나아갔음을 알 수 있다. 여기에 방송국 경력이 아무런 역할도 하지 않았다고 보기는 힘들 터이다. 그것은 경제적 생활 안정과 계급적 상승 경험을 가져다준 한편, 위계적 조직 구조 내에서 일본인 상사들과 협력하고 갈등하는 상황을 일상화했다. 게다가 일본어와 조선어의 교대방송은 언어적·문화적 소수성과 번역의 문제를 늘 의식하지 않을 수 없도록 만들었을 법하다. 이러한 환경에서 최승일과 김영팔은 '계급모순' 이상으로 '민족모순'을 더 강렬하게 지각하게끔 자연스럽게 이끌렸다고 말할 수 있지 않을까?

'조선문화', '조선예술', '조선음악'에 대한 김영팔의 강조가 단지 일제의 방송국 운영에 협력한 인물의 자기 합리화나 군색한 변명에 지나지 않는다고 공박할 수만은 없을 것이다. 여기에는 경제적 이유로 자신이 선택한 직업 안에서 이념적, 심미적 기회를 한껏 실현해보고자 한 식민지 지식인의 안타까운 실천 의지가 엿보이기 때문이다. 사실 최승일의 심정도 김영팔과 크게 다르지 않았을 것이다. 그 역시 조선어 방송의 편성을 통해서, 또 다양한 라디오극의 실험을 통해서 "라디오로써 조선문화를 건설하자는 그러한 포부"에 동참하고 있었고, 이는 그의 활동상에서도 잘 드러나기 때문이다. 하지만 김영팔이나 최승일의 의지와는 별개로, 그들의 이상은 근본적이고 구조적인 제약요인들을 안고 있었다.

우선 일본어 중심으로 이루어지는 라디오 방송에 기껏해야 하루 2시간 미만의 조선어 방송이 대단한 의미를 지닐 수는 없었다. 그나마도 수백 명에서 최대 1천여 명에 불과한 극소수의 조선인 청취자를 위한 방송이었으니 말이다(물론 무대공연의 관객 수가 이보다 특별히 더하지는 않다는 자기 위안은 가능했을 것이다). 라디오극연구회가 열심히 공연을 했다고 하지만, 그래 봐야 한 달에 한두 번 30분짜리 프로그램을 제작했을 따름이다. 연령 별 차이는 있어도 청취자들은 상대적으로 극방송보다 음악방송에 대한 선호가 높았고, 제작비 역시 후자가 더 적게 들었던 만큼 방송국에서도 전자는 별로 환영받지 못했을 가능성이 크다(《중성》 1929.3). 방송극의 수준이 별로 뛰어나지 못했던 탓인지, 라디오에 대한 지식인들의 관심이 미미했기 때문이었는지, 아니면 두 가지 모두 복합적인 이유로 작용했는지 라디오드라마에 대한 진지한 언급이나 비평 또한 거의 나오지 않았다. 최승일이 방송 일과 관련해 가치와 보람을 이야기하기란 여러모로 힘든 상황이었던 셈이다. 방송극은 1933년 이중방송기에 들어서야 비로소 진지한 담론과 비평의 대상으로 떠오르게 된다(《조선중앙일보》 1934.9.29., 9.30., 10.6.; 서재길 2006b).

좀 더 거시적인 차원에서 보자면, JODK의 조선어 방송은 일제가 수행한 이른바 "조선 문물 큐레이션(curation of Koreana)"의 일부이기도 했다. 식민 지배 기간 내내 일제는 조선 문물에 대한 광범위한 큐레이션 활동을 벌였고, 이는 무단통치, 문화정치 등 통치 원리의 변화와 별개로 지속적으로 나타났다. 이때 큐레이션이란 "역사적, 미학적 혹은 인류학적 중요성을 가진다고 여겨지는 자료와 풍습의 수집, 기록, 분석, 보존을 비롯해 전시, 발표, 출간 등 광범위한 실천의 집합"을 가리킨다(Atkins 2010:105). 그리하여 조선총독부의 문화정책은 '조선적 차이'를 억압하는 동시에 보존하려는 야누스적 성격을 지니고 있었다. 조선 고유의 언어, 의례, 풍속, 놀이, 음악, 무용 등 수많은 대상이 일제의 큐레이션 목록에 들었고, 박물관 전시, 공연, 민족지와 자료집 출판, 명승지 개발 등 다양한 방식으로 재현이 이루어졌다. 이를 통해 조선은 "원초적 경이와 민족지적 이국성의 가상 박물관"으로 변모했다(Atkins

2010:105). JODK의 조선어 방송은 청취자 확보를 통한 방송국 재정 안정과 정치적 프로파간다 같은 총독부의 현실적 계산 때문에 출현했지만, 결과적으로는 조선 문물 큐레이션의 중요한 통로로 작용했다. 이는 조선어방송 채널을 달리한 이중방송체제는 말할 것도 없고, 일본어와 조선어를 교대로 방송한, 세계적으로도 드물었던 단일혼합방송 체제에서도 마찬가지였다. 특히 조선 전통음악과 판소리, 창극, 고담(古談) 등은 이 '소리 미디어'의 핵심 큐레이션 대상이었다. 최승일과 김영팔은 나름의 사명감과 민족의식을 가지고 자신도 모르게 제국의 조선 문물 큐레이션 활동에 이바지했던 셈이다.

그런데 이러한 상황이 복잡한 세력 관계 속에서 다층적인 의미의 결을 지니고 있었다는 점 또한 잊어서는 안 된다. 물론 제도적인 틀에서 조선총독부가 주도한 큐레이션 과정은 여러모로 제국주의 세력의 이해관계에 봉사했다. 구체적으로 식민지 문화유산 보존에 필요한 자원과 전문성을 제공함으로써 총독부는 선의의 후원자이자 정당한 관리자로서의 이미지를 대내외적으로 구축하고, 구체제인 조선 왕조의 무능과 도덕적 파산을 부각할 수 있었다. 그것은 또 본국과 식민지 사이의 근친성과 차이, 공동의 유산과 독자성을 동시에 강조함으로써 지배의 이데올로기적 기반을 강화할 수 있었다. 총독부는 조선인들이 선조의 문화적 능력과 성과를 확인함으로써 자부심을 가지고 자기 일에 더 매진하며 제국의 발전에 기여할 수 있길 기대했다. 한편 식민지 큐레이션은 일본인들에게도 고유한 방식으로 기능했다. 즉 조선인들이 간직한 과거의 이국성 안에서 일본인들이 언어적·문화적 차이를 초월해 자기를 (재)발견할 수 있는 공간을 제공했던 것이다(Atkins 2010:105).[59] 이 과정에서 본국과 식민지 주체들은 실제로 다양하고 상

---

59   역사학자 테일러 앳킨스는 일본 제국의 (대중)문화에 '조선적인 것'에 대한 발화 공간

이한 반응을 드러냈으며, 이는 미묘한 세력선들의 형성과 진동을 낳았다.

예컨대, 식민지 큐레이션에 참여한 일본인 연구자들이나 조선 문물 애호가들은 대개 특별한 정치적 의도를 지니고 있지 않았다. 그들은 오히려 조선의 문화유산에 고유한 가치를 옹호하고, 정서적인 애착을 드러내기도 했다. 하지만 이러한 태도는 반드시 제국주의에 반대하는 입장으로 이어지지 않았고, 식민지배를 자연스럽고 불가피한 것으로 지지하는 관점 또한 촉발했다. 조선인들에 대한 영향이라는 차원에서도 식민지 큐레이션은 양면성을 지니고 있었다. 그것은 조선의 문화적 전통과 성취, 일본과의 차별성에 대한 공적인 인식을 생산함으로써 민족주의의 성장에 일정한 동력을 제공했다. 하지만 그러한 인식은 식민지의 주권 회복을 위한 명시적·급진적 저항과 결합하지 못한 채, 도리어 개량주의로 귀결하는 경향이 뚜렷했다. 총독부가 주도하는 큐레이션 과정은 민족주의 운동에 동원 가능한 문화적 자원을 미리 포섭하고 어용화하는 의미가 있었던 것이다(Atkins 2010:144-146).

그럼에도 식민지 주체들이 단순한 큐레이션 협력자 혹은 수동적인 참여자 수준에만 머물렀다고 볼 수 있을까? 식민권력이 그들의 이해관심에 따라 기획하고 수행한 큐레이션이었다 할지라도, 그것이 '자기식으로' 조선의 문화예술을 일본에 소개하고자 하는 식민지 주체들의 의지와 욕망을 자극했다는 데 주목할 필요가 있다. 나아가 그렇게

이 있었으며, 이는 관료, 학자, 소비자, 호사가들에게 나름대로 상당한 호소력을 가지고 있었다고 지적한다. 그런데 일본의 근대성 경험에서 '순수한 문화적 자아의 상실'과 '노스탤지어적 열망'이 핵심적이었다면, '조선적인 것'은 '반근대적 양가성'과 함께 '전근대적 타자'에 대한 구체적 이미지를 제시했다. 이는 다시 일본인들에게 근대성과 역사적 정체성을 성찰하는 기회를 제공했다. 결국 조선 문물에 대한 일본적 시선은 응시 주체인 일본인과 그 대상인 조선인을 모두 근본적으로 변화시키는 계기로 작용했던 셈이다(Atkins 2010:1-12).

나타난 활동이 대개 식민권력의 정치적·문화적 이익에 부합했다고 하더라도, 다른 한편 크고 작은 사건을 빚어내고 균열을 일으킬 가능성을 완전히 무시할 수는 없는 노릇이다. 이러한 시각에서 조선문물의 큐레이션은 일방적인 권력 행사의 과정이었다기보다, 어떤 문화정치적 공간의 개방이었다고 보아야 할 것이다. 그 안에서 제국주의의 이데올로기가 전능성을 부과하기보다는, 식민지인 또한 자기들의 역능을 나름대로 발휘할 여지가 주어지는 공간. JODK에서 최승일과 김영팔은 일종의 문화적 민족주의를 구축하고 '조선적인 것'의 세계화를 통해 근대성에 가닿고자 하는 기획을 꿈꾸었던 것으로 보인다. 그것의 끝자락에 좌절과 변절이 기다리고 있다는 사실을 조금도 예상하지 못한 채 말이다.

#3

미디어 공간 속의
고현학자

식민지 미디어 공간의 형성

그런데 최승일은 어떻게 해서 경성방송국의 직원이 되었을까? 이 질문을 조금 고친 뒤 계속 늘려볼 수도 있을 것이다. 김영팔은 어떻게 아나운서가 되었을까? 안석영은 어떻게 영화감독이 되었을까? 이경손은 어떻게 방송인이 되었을까? 심훈은 어떻게 영화인이 되었을까? 등등. 이 질문은 실상 두 겹으로 이루어진다. 즉 그가 방송국에 취직한 개인적인 동기는 무엇일까? 그리고 그와 같은 문사가 방송국 직원이 되는 일은 구조적으로 어떻게 가능했을까? 일단 상식선에서 간단명료한 답을 내놓고 논의를 다른 방향으로 발전시켜 보도록 하자. 먼저 최승일 개인의 방송국 입사 동기로 우리는 경제적, 이데올로기적, 심미적 이유를 헤아릴 수 있을 것이다. 방송은 그에게 일정한 수입을 보장했고, 민중의 계몽과 교육, 나아가 새로운 예술형식의 실험이 가능하다는 기대를 주었다는 것이다. 다음 취직의 구조적인 조건과 관련해 우리는 이런 가정을 세워볼 수 있다. 그 당시엔 문인이라면, 물론 어떤 조건들이 맞아야 했겠지만 적어도 능력의 차원에서라면, 그리 어렵지 않게 방송국 직원이 될 수 있었다고 말이다.

최승일의 방송국행과 관련된 질문들은 사실 일제강점기 미디어 공간과 지식인의 관계를 좀 더 일반적으로 성찰하게 만든다는 차원에서 그 중요성이 있다. 일제강점기의 인텔리겐치아, 혹은 지식인은 중등 교육 이상의 학력자본을 소유하고서 스스로 인민을 대표하여 말한다는 자의식을 갖춘 집단으로 정의될 수 있다(김현경 2008). 바꿔 말해 이는 고보를 중퇴 혹은 졸업한 수준 이상의 학력을 갖춘 사람이라면 대체로 지식인으로 행세할 수 있었다는 뜻이기도 하다. 그렇다면 1920~30년대 근대 교육의 확산과 더불어 성장한 이 지식인층에게 신문, 잡지, 영화, 음반, 라디오 등 근대적인 매스 미디어란 무엇이었을까? 일단 그것이 지식인, 특히 그 중심을 이루는 문사집단에게 새로운 구조적 기회공간을 제공했다는 점을 지적해두자. 이는 미디어 조직이 거기 진입하는 사회적 행위자에게 그가 가진 다양한 유형의 자본-경제자본(economic capital), 문화자본(cultural capital), 사회관계자본(social capital)-을 일정하게 증진시키고, 그럼으로써 그 자신의 권력을 강화할 수 있는 제도화된 기회를 부여하는 것과 관련된다.[60] 이때 기회는 크게 경제적, 이념적, 심미적 성격의 세 유형으로 구분해볼 수 있다.

먼저 미디어 조직이 제공하는 경제적 기회는 1920-30년대의 인텔리겐치아에게 매우 절박하게 필요했던 것으로 보인다. 식민지 경제 체제 아래서 일반 민중에 비해 높은 수준의 교육을 받은 그들에게조차 취업의 문은 매우 좁았기 때문이다(〈시대일보〉 1926.6.22.; 〈중앙〉 1934.4). 1919년 전후에 시작된 근대 교육체계가 일제 강점기 동안 가장 확산

---

60 경제자본, 문화자본, 사회관계자본은 사회학자 피에르 부르디외(Pierre Bourdieu)의 개념이다. 경제자본은 각종 재화(소득, 소유물 등)와 생산요소(토지, 공장, 노동력 등)를, 문화자본은 문화적 코드와 생산물을 인식, 전유할 수 있는 능력과 정보와 지식, 성향의 저장물(성향체계, 사물, 학위 등)을, 그리고 사회관계자본은 어떤 개인이나 집단이 동원해 활용할 수 있는 사회적 연줄과 관계망을 각각 가리킨다.

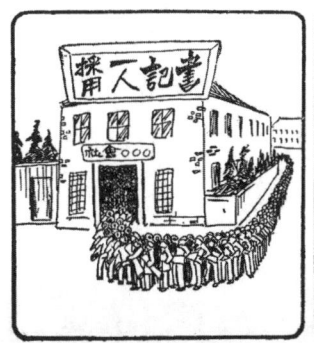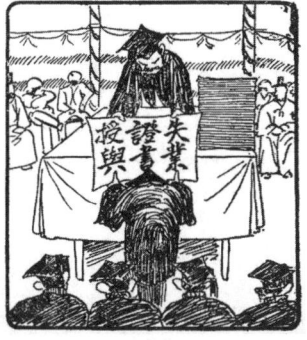

학위 수여식이 '실업증서' 수여식이나 다를 바 없고,
서기 한 명을 채용하는 회사 앞에 엄청난 인파가 줄을 서는 등
심각한 고학력자 실업 세태에 대한 풍자적 만평(《중앙》 1934.3).

된 수준에 이르렀던 1944년에조차 중등교육 이상을 받은 조선인 인구
는 전체 인구의 1% 미만에 불과했다. 구체적으로 1944년 5월 현재 중
학교 졸업자는 0.88%(199,642명), 전문학교 졸업자는 0.05%(12,064명),
대학교 졸업자는 0.03%(7,374명)이었던 반면, 불취학자는 전체 인구의
86.18%(19,642,775명)에 달했다(허태열 2005:246). 경제 부문의 성장이 상
당히 취약한 상황에서 이 극소수의 근대 교육 수혜자들은 국가의 행
정·사법기구나 동양척식회사 등 공기업 부문, 혹은 교육, 문화예술, 의
료 등 제한된 부문에만 진출할 수 있었다. 게다가 1920년대 중반부터
일본의 고등인력 실업 문제 해소책이 조선 내의 중등교원 자리를 잠식
해가는 결과를 낳으면서 해외유학생을 포함한 조선 고등교육 인구의
실업은 더욱 심각해졌다. 이러한 실업난과 구직난은 1937년 중일전쟁
으로 인한 특수 수요가 일어날 때까지 만성적으로 지속되었다(정선이
2000:141-151).

그리하여 예컨대, 1932년 김형준은 조선에 다른 사회문제와 더불
어 "인텔리겐차- 문제"가 대두하고 있다고 지적하며, 구체적으로 이를

183

"대량적 실업과 사상적 동요"의 두 가지로 들었다. 실업 문제는 "조선에 있어서도 매년 3,4천이 넘게 제조되고 있는 전문 정도 이상의 학교를 졸업한 인텔리겐차-란 상품이 그 수용시장의 부족으로 대부분이 실업예비군을 형성하고 있는 듯 싶다"는 진단으로 요약된다. 사상적 동요란 이와 더불어 고급 관료, 의사, 어용학자 등 소수의 특권적 분파는 파시즘에 기울어지고, 실업 위기에 처한 분파는 좌경 사상에, 중류 봉급층 분파는 개량주의나 향락주의에 빠져들고 있다는 것이다(〈제일선〉 1932.7). 경제적 곤궁과 그에 따른 이념적 불안정성은 1920~30년대 지식인 집단이 직면한 심각한 문제였다. 이러한 상황에서 새롭게 등장한 각종 미디어 관련 일자리는 "중등 및 그 이상 학교의 출신자"인 "문화예비군"에게는 생활과 창작을 병행할 수 있는 괜찮은 직장으로 여겨졌다(〈제일선〉 1933.1; 전상숙 2004:97).

다양한 미디어 가운데 중심은 조선어 신문잡지였다. 영화, 음반, 라디오 등 실연 중심의 미디어 직군은 아무래도 그 특성상 문인들의 자리가 훨씬 적었고, 일본 자본과 인력, 기술의 지배를 받았다. 신문잡지의 수입은 미디어나 직급, 지역에 따라 천차만별이어서 예컨대, 신문잡지계에서도 "무급 이상 일백 원 이하"까지 다양했으며, 지방의 경우는 경성에 비해 훨씬 열악했다(〈제일선〉 1932.8; 〈조선지광〉 1927.2). 〈동아일보〉 기자 김동진은 신문사는 "상품을 제조하는 공장"과 다를 바 없고 신문기자는 "공장주 밑에서 물품을 제조하는 직공"과 마찬가지 신세인데, 그나마 숙련 노동자보다 못한 월급을 받으며 의복에 교제비에 지출은 훨씬 많다고 한탄하기도 했다(〈별건곤〉 1927.12). 그럼에도 특히 원고 한 꼭지당 1원에서 기껏해야 2원의 고료를 받고, 때로는 그나마도 제대로 못받으면서 생계를 꾸려가야 하는 문인들에게 신문사나 잡지사 같은 미디어 조직은 훌륭한 직장이 아닐 수 없었다.[61] 이러한 맥락에서 여러 문인이 기자로 활동한 것은 어떤 면에서 자연스러운 일이었다.

1930년대 조선인의 소득 수준은 고급 전문직이 매월 50~60원, 괜찮은 직업을 가진 사람은 30~40원 정도였다. 하지만 이런 안정된 직업을 가진 사람은 극소수였고, 8~90%에 해당하는 농민은 대부분 소작농으로 10~20원에도 미치지 못하는 극빈층이었다. 경성에 있는 신문사의 경우, 신입 기자가 월급 40원 내외, 고참은 60원 정도였고, 잡지사도 비슷한 수준이었다(〈신민〉 1927.6). 더욱이 극소수의 조선인만이 일할 수 있었던 직장인 방송국의 급료는 아나운서의 경우, 대우가 서기급이었고, 수당이 붙어서 월급은 45원에서 60원까지 받았다(이덕근 1986:25).[62] 최승일은 집안이 몰락한 이후 오랫동안 구직활동을 벌이다가 1926년에 체신국에 입사하고 이후 경성방송국에 정식으로 취직했는데, 취직이 살림살이에 큰 도움이 되었을 것임은 분명하다. 미디어 생산자로서의 활동은 일정한 경제적 수입을 보장받는 중요한 기회였다. 하지만 식민지 상황에서 예컨대, 일제의 미디어(경성방송국이나 〈경성일보〉, 〈매일신보〉 등)와 조선의 미디어가 비슷한 급료를 제공하더라도 동일한 상징적 가치와 의미를 지닐 수는 없었다. 전자의 경우에는 일제 협력에 대한 정치적·심리적 부담감뿐만 아니라, 조직 구조 내에서 미시적인 통제와 민족차별을 감수해야만 했기 때문이다.

---

61   1927년 초 이익상, 이광수, 김기진, 김동인, 김동환, 김억, 박종화 등 유명 문인 20여 명이 모여 문예가협회를 결성하고, "조선의 문사도 단결하자- 조선의 불행한 문예가도 먹고 살아야겠다는 취지" 아래 회원의 작품에 대한 최저원고료 제정 운동을 벌인 것(시는 편당 3원 이상, 소설, 희곡 등은 원고지 1매당 50전 이상, 잡문은 25전 이상 등)도 이러한 맥락에서였다(〈매일신보〉 1927.1.8.). 하지만 이는 〈조선문단〉, 〈동광〉, 〈현대평론〉 등의 잡지가 망하는 등 출판계 사정이 어려워지는 바람에 실제로 큰 효과를 거두지는 못한 것으로 보인다. 이후로도 문인들의 빈곤 문제는 조선 문단의 발전을 가로막는 대표적인 장애 요인으로 꼽혔다(〈삼천리〉 1929.6; 정병호 편역 2021).

62   1932년의 한 조사에 따르면, 한 달 수입이 의사 75원, 은행원 70원, 교사 45원, 경찰 36원, 인력거꾼이나 날품팔이꾼 하루 50전 정도였다(〈제일선〉 1932.7).

1920년대는 식민지 사회에 매스 미디어 체제가 본격적으로 등장하던 시기이다. 1920년 〈조선일보〉, 〈동아일보〉, 〈시대일보〉 등 조선어 신문들이 창간했고 근대적 출판산업이 비약적으로 발달하기 시작했다. 1920년대 중반 이후로는 영화산업과 음반산업이 시장 확대를 통한 성장의 분기점을 마련했고, 라디오 또한 개국해 1930년대 초반부터는 조선인 청취자층을 빠르게 확보해나갔다. 서구로부터 일본을 통해 수입된 미디어는 이처럼 1920~30년대 식민지 조선에서 경제적·문화적 입지를 확립해나가는 과정 중에 있었다. 식민권력의 광범위한 통제 아래 개별 미디어가 점차 관련 시장을 창출하고 그것을 바탕으로 관련 산업이 발전해가는 국면에 있었던 것이다. 달리 말하자면, 신문, 영화, 음반, 라디오 등 특정한 미디어에 관여하는 생산자들의 실천 공간이 어느 정도 안정적이고 완결된 형태로 구조화되어 있기보다는, 유동적인 경계 속에서 새롭게 형성되는 상황이었다. 음반 산업의 경우를 중심으로 그 구체적인 과정을 예시해볼 수 있을 것이다.

　　유성기와 음반은 19세기 말 조선에 유입되었는데, 초창기 시장의 개척은 1911년부터 1925년까지 기기 수입과 조선반 발매를 독점한 일본축음기상회에 의해 이루어졌다. 1925년부터는 일동축음기주식회사가 조선시장에 진입해 일축과 경쟁 구도를 구축한다. 이후 초국적 음반 자본(빅터, 콜롬비아, 폴리도르 등)과 합작한 여러 일본 회사가 조선 지사를 설립하고, 1930년대 초에는 조선인 자본의 오케레코드 역시 등장하면서 시장을 확대해나갔다. 음반사 간 판매 경쟁이 치열해지자 조선 음반의 기획, 홍보 및 유통 등에서 조선인의 역할은 점차 중요해졌다. 물론 음반 제작 기술과 자본을 일본에 거의 의존하고 있는 형편에서 조선인은 일본 회사의 직원에 머물 수밖에 없는 구조적 한계를 지니고 있었다. 하지만 조선음반 시장이 팽창하고 소비 경향 또한 변화하면서 조선인 인력의 업무와 권한도 증가했다. 조선 음반이 전통음악 위주였던

1920년대까지는 연주자 섭외와 곡목 선정을 하는 조선인 담당자 정도로 충분했다. 그런데 1930년대에는 유행가 같은 대중음악의 비중이 커지면서 새로운 곡의 생산을 위한 작사, 작곡, 편곡, 가수, 반주 등의 전문인력이 필요해졌고, 선전과 판매에도 경험과 전략이 요구되었다. 이에 따라 각 레코드 회사에서 음반 제작의 실무를 담당하는 문예부와 문예부장의 위상이 높아졌다(구인모 2013; 배연형 2019:523-526) 음반업계의 성장과 더불어 이기세, 이서구, 이하윤 같은 문인들이 문예부장으로 활약하는데 이들은 그 전후로 연극, 신문, 방송 등의 경계를 넘나들며 활동하였다.

이처럼 1920~30년대 식민지 조선에서는 다양한 근대 미디어를 둘러싸고 고유한 실천 영역이 생겨났지만, 그 발전 수준은 미디어별로 불균등했고 각 영역의 자율성과 폐쇄성의 정도도 낮았던 것으로 보인다. 제국의 권력과 자본은 근본적이고도 직접적인 발전의 제약 조건을 구성했고, 전문성에 따른 내부 분화는 아직 확고하게 이루어지지 않은 채 진행 중인 상태였다. 그 결과, 일정한 문화자본과 사회관계자본을 갖춘 문인이나 지식인의 경우, 여러 미디어 조직 사이의 이동이 그리 어렵지 않았던 것으로 여겨진다. 예를 들어, 한 잡지 편집자는 신문이나 잡지사 기자의 학력 자격을 묻는 독자 질문에 대해 동아일보사 같은 데서는 앞으로 학사 표준으로 사원을 채용할 방침이라는 말이 있는데 지금 형편으로는 일반 사회정세를 통찰할만한 학력과 그것을 붓으로 써낼만한 능력이면 된다고 답변한다(〈제일선〉 1932.8). 이는 기자에게 요구되는 능력이 일반 문인의 그것과 전혀 다를 바 없음을 암시한다. 더욱이 식민지 상황에서 취직은 파벌, 문벌, 학연, 개인적 친분 등 이른바 '인간관계'에 크게 좌우되었다. 단적으로 이야기하면, 신문기자가 되려해도 "정실 본위", 즉 "능력이니 수완(문필로서의)이니 하는 것은 높은 시렁에 얹어버리고 다만 돈 가지고 들어가는 사람의 꽁무니를 대서야 된다는 말"이었다(《신민》 1927.6). 일단 어느 정도 학벌을 갖추었거나 제도화된 문단에 진입해 일정한 네트워크를 구축한 이들이라면 다른 미디어로의 이동은 크게 어려운 일이 아니었다(《중앙》 1934.3; 정선이 2000:150). 그리하여 신문계 내부에서도 같은 사람이 〈매일신보〉, 〈동아일보〉, 〈조선일보〉, 〈조선중앙일보〉 등을 큰 구분 없이 옮겨 다니는 경우가 빈번했는가 하면, 신문사에서 잡지사나 방송국으로, 또 음반사나 영화사로 옮겨 다니는 경우도 적지 않았다.

대표적인 몇몇 인물을 예로 들어보자. 시인 김억은 문학지 동인, 〈동아일보〉, 〈매일신보〉 기자를 거쳐 경성중앙방송국 차장 등으로 활동했으며, 1930년대 말에는 생계를 위해 김포몽(金浦夢)이라는 예명으로 약 80여 편의 대중가요를 작사하기도 했다. 시인이자 소설가였던 박노홍 역시 1930년대 말 빅타레코드 전속 작사가로 활동하며 인기를 끌었고 많은 악극 대본을 썼다. 독문학을 공부한 서항석은 〈동아일보〉 학예부 기자로 비평 활동을 하다가 1931년 극예술연구회 창립 동인이 되었고, 1940년대에는 창극과 악극 등을 연출했다. 소설가인 심훈은 〈동아일보〉, 〈조선일보〉 등에서 기자로 일했고, 「먼동이 틀 때」 등의 영화를 연출했으며, 1931년에는 경성방송국 문예 담당 프로듀서로도 3개월간 일했다. 1930년대 초 〈동아일보〉와 〈조선일보〉에 당시 식민지 조선의 풍경을 잘 그려낸 만문만화를 연재해 유명한 안석영은 삽화가이자 아동만화가였고 소설가이자 시나리오작가였으며 영화 「심청」, 「지원병」, 「흙에 산다」 등의 감독이기도 했다. 〈매일신보〉 편집국장을 지낸 윤백남은 민중극단을 조직해 연극 공연을 올렸고, 조선 최초의 극영화로 꼽히는 「월하의 맹서」의 각본과 감독을 맡았다. 그는 다수의 희곡과 소설을 썼고, 1932년 7월 경성방송국에 입사했다가 이중방송을 개시하면서 제2방송의 초대과장을 맡았으며 야담 운동에도 크게 기여했다.

영화 「심청전」, 「개척자」, 「장한몽」 등을 연출한 이경손은 배우로도 활약했고, 동시 작가이자 영화평론가로도 유명했다. 연극인 이기세는 〈매일신보〉 편집인으로 일했고 시나리오 작가, 대중가요 작사가, 일동빅타레코드 등 음반회사의 기획자 등으로 활동했다. 〈동아일보〉, 〈조선일보〉, 〈매일신보〉 등에서 기자를 역임했던 이서구는 극작가, 작사가로 활발한 활동을 벌였고, 영화제작사 전무, 레코드사 문예부장 등을 역임했으며, 경성중앙방송국 연예 주임으로도 활약했다. 시인이자 번역문학가였던 이하윤은 1930년부터 1940년 사이 〈중외일보〉 학예부 기자, 경성방송국 제2방송과 편성계, 콜럼비아 레코드 조선문예부장, 〈동아일보〉 기자 등을 거쳤다. 그는 〈해외문학〉, 〈시문학〉, 〈문학〉, 〈극예술〉 등의 잡지에도 참여했으며 극예술연구회 동인이기도 했다. 시인이자 평론가로 유명한 임화는 〈인문평론〉, 〈사해공론〉 등 잡지 편집자는 물론, 영화배우로도 활동했다. 소설가 최독견은 〈중외일보〉, 〈매일신보〉 등에서 학예부장으로 일했으며 동양극장의 전속작가 겸 지배인으로 활동했다. 소설가 최서해는 몇몇 잡지의 기자, 편집자 등을 거쳐 〈중외일보〉 기자, 〈매일신보〉 학예부장 등을 역임했다(강옥희 외 2006; 강영수 1948; 정진석 1995).

당시 문사들의 사회적인 이력은 이처럼 여러 영역의 경계를 넘나드는 것이었다. 이는 그들의 기획과 창작능력이 비단 인쇄 미디어에서만이 아니라 라디오, 연극, 영화, 음반 등 다른 미디어에서도 기본적으로 통용 가능한 것이었기 때문이다. 당시 미디어 조직에 경영 관련 부문들을 제외하고 크게 기획과 내용 창작 부문, 기술 부문, 실연 부문이 구분된다고 볼 때, 특히 기획과 내용 창작 부문에는 문사들이 특별한 전문성 없이도 폭넓게 관여할 수 있었던 것이다.[63] 연극과 음반이 문학

---

63   한편 영화 촬영이나 현상, 음반녹음과 제작, 방송 경영과 송출 등 특수한 기술이 필요한 부문에서는 대개 전문 교육을 받은 조선인들이 일본인 동료나 상사와의 일상적이고 미시적인 협력 아래 작업했다(시노하라 쇼조 편 1981/2006; 야마우치 후미타카 2003).

을, 영화가 연극을, 라디오가 신문과 연극을 재매개하는 미디어의 기술적 특성 역시 그러한 문사들의 횡단 능력에 우호적인 조건으로 작용했다. 한편 실연 부문에서는 대량 배포되는 미디어의 특성에 적합한 신체자본(bodily capital) −예컨대 '꾀꼬리' 같은 목소리라든지 우렁찬 성량, '조선적' 용모, 사람들 앞에 나서길 두려워하지 않는 대담성 등− 을 갖춘 사람들이 참여했다. 문인들은 연극, 영화 등에서 주로 극작이나 연출, 경영의 역할을 맡았지만, 배우로 활동한 사례도 적지 않았고 이는 연극의 경우 한층 두드러졌다. 연극인들은 다시 라디오 방송에도 활발히 출연했다. 여성들의 경우에는 권번의 기생 출신이 극단의 배우로, 혹은 음반 가수로 진출했고 라디오에도 다수 참여했다. 겹치는 인물들도 상당수 있지만, 어쨌든 연인원 100여 명의 기생이 라디오 방송에 출연하고 140여 명이 음반취입에 참여했다는 조사 결과도 있다(김은영 2018; 김진경 2010).

식민지 미디어 공간은 지식인들에게 이념적 기회공간이기도 했다. 개화기 이후 조선의 지식인 집단에 새롭게 등장한 '민중에 대한 빚'이라는 관념은 국권회복에 대한 열망과 맞물려 미디어의 사상·문화 배포 기능을 주목하게 했다(김현경 2008). 그것은 미디어 조직에 참여하는 이들에게 단순히 밥벌이의 수단만이 아닌, '애국계몽', '민중교육' 또는 '문화개량'의 대의를 실현한다는 잠재적 명분을 제공해주었다. 사회주의자들의 신문기자 활동은 이를 단적으로 드러낸다(박용규 2008; 전상숙 2004:95-99). 그러한 명분이 취업에 대한 자기변호나 순전한 허위의식의 발로였다고만은 보기 힘들다. 실제 식민지의 근대화 과정에서 책, 신문, 잡지 등 인쇄 미디어는 핵심적이고 주도적인 역할을 담당했기 때문이다. 그러한 맥락에서 한 잡지 기사는 〈조선〉, 〈동아〉, 〈중외〉 등 일간지와 〈조선지광〉, 〈삼천리〉, 〈별건곤〉 등 월간지, 그리고 정치, 경제, 문예에 관한 단행본 독자 수를 모두 합쳐 30만 명으로 추산하면서, 이를 민중 교양을 가르치는 학교에 비유한다.

"이제 단수 30만 명을 300명씩 수용하는 학교로 쪼개어보면 약 1,000교가 13도 방방곡곡에 설립되어 사회적 교양을 노동자 농민 학생 청년들에게 향하여 부절히 실시하고 있는 셈이 된다. 1,000교의 30만 명 교양! 이것을 과거 10년간의 총수로 따져본다면 1만 교가 300만 명을 '칼트'한 것이 된다. 초창 시대의 성적이 이미 이러하거든 금후의 효과는 과연 어떠할 것일꼬."(《삼천리》 1930.1)

같은 기사는 신문잡지 등 출판물이 "민중의 '두뇌'가 되는 것"으로, 사상과 감정을 전염시키는 "우리 민중 정신상의 주사액"이요, "민중 독본"의 임무를 맡아 하고 있다고 주장한다. 그리하여 출판물은 "우리들이 그래도 움직이고 살아있다는 표"이자 "존재의 표식"이라는 것이다. 이러한 계몽적 역할에 대한 기대는 문자 미디어와 관련해 특히 강하게 나타났지만, 영화나 연극, 라디오, 유성기 음반 등 다른 미디어에도 일정하게 깃들어 있었다. 이는 구습 타파와 근대적 가치의 옹호, 개인주의, 민족주의 혹은 사회주의 등 모종의 이념적 지향성을 담은 콘텐츠의 제작으로 드러났다.

사실 근대 미디어의 운용은 일차적으로 상품성에 대한 계산과 고려를 바탕으로 이루어졌다. 특히 1930년대 이후 신문잡지, 영화, 연극, 음반 등 여러 미디어에서 모두 자본주의적 경쟁과 그에 따른 상업화 경향이 심해지면서 정치 이념적 성격의 퇴색 역시 두드러지게 나타났다. 다른 어떤 미디어에 비해서도 이념성과 계몽성이 뚜렷했던 신문조차 이미 1920년대 말부터 기업 경영상의 이익 추구가 편집을 좌지우지함으로써 민중의 여론을 지도하는 사명을 망각하고 있다는 비판을 받았다. 이를테면, "조선의 신문이란 것도 조선의 상공부르주아지의 경제적 상태의 허용하는 한에 있어서 점차 신문이 기업적 과정에 순응하지 아니할 수 없는 것"이므로, "부르주아 신문의 기업화의 경향으로서 신문의 본래적 의미로서의 신문은 사회적으로 상실되어버린 것은 사실"이라는 평이었다(〈비판〉 1932.9). 하지만 그렇다고 해서 미디어 공간의 이념적 기회 공간으로서의 속성이 아예 사라졌던 것은 아니다. 예컨대, 식민치하에서 조선어 신문잡지를 만든다는 것은 그 사실 자체만으로도 일종의 정치적 의의를 지닐 수 있었고, 그 조직 안에서 일하는 사람들에게 나름의 사명 의식을 불어넣어 주었다. 또 처음부터 하나의 상품으로 기획, 제작되는 음반이나 영화, 라디오 프로그램도 대중의 인기를 끌기 위해 전통, 민족, '조선적인 것' 등을 소환해야 했고, 그럼으로써 무언가 항일의 이념적인 지향을 구현한다는 생산자의 주관적 인식을 일정하게 충족시킬 수 있었다.

식민지 미디어 공간은 문사들에게 심미적 기회공간이기도 했다. 이는 미디어 활동이 문사 집단에게 새로운 소통형식 실험의 장이자 미적인 자기표현의 장을 마련해주었다는 뜻이다. 미디어 생산자들은 조선 재래의 문예 형식을 발전시키거나 서구와 일본에서 건너온 형식들을 차용 또는 변용하고 새로운 미디어에 알맞은 유형과 장르를 계발하려는 기획을 세울 수도 있었다. 그 결과, 여러 문인과 지식인은 새로운 형식, 혼종적 형식을 실험하고 탄생시켰고 그 과정에서 신문잡지, 문학, 전통음악, 영화, 연극, 유성기 음반, 라디오가 광범위하게 결합하기도 했다. 예컨대, 라디오는 방송극, 낭독소설, 시조독음, 동화극을 내놓았고 유성기 음반은 민요, 영화주제가, 영화해설, 음반극, 만담을 담았다. 신문은 영화소설을 연재했는가 하면 잡지에서는 음반의 넌센스나 스케치, 영화해설을 활자화했다. 고전문학과 신문 연재소설이 영화화되고 뉴스가 영화로 제작되기도 했다. 이러한 시도는 물론 몇 차례에 그친 경우도 있지만 하나의 양식으로 정착하기도 했다.

이처럼 어떤 미디어가 다른 미디어를 재매개하는 현상은 단순히 모종의 기술적·상업적 필연성에 따라 저절로 일어나는 과정이 아니라, 특정한 행위자들이 주어진 여건 아래 수행하는 넓은 의미의 미학적 작업을 통해 이루어지는 일이었다. 이를테면, 시인은 음반회사를 위해 유행가요를 창작했고, 작가는 라디오극을 집필하고 대본을 낭독했으며, 연극인은 방송에 출연하고 음반을 녹음했다. 이러한 과정을 통해 형식적인 수준만이 아닌, 내용의 수준에서도 미디어 간의 연결은 점점 촘촘해졌다. 개별 미디어가 다른 미디어를 참조하며 고유한 문예 형식을 발전시키고 콘텐츠를 공유함으로써 서로 시장을 연결하는 상업적 효과를 끌어냈던 것이다(가네코 아키오 2009).

근대적 주체로 서기

식민지 미디어 공간이 이처럼 경제적·이데올로기적·심미적 기회구조를 제공할 수 있었다면, 거기엔 미디어가 지닌 여러 기술문화적 특성이 중요하게 작용했다. 매스 미디어는 새로운 산업과 시장의 맹아를 배태한 기술적 기반이었고, 대량 복제와 배포 능력 덕분에 이데올로기적 기구로서의 역할을 부여받았으며, 특정한 콘텐츠를 실어 나르는 플랫폼으로서의 속성 덕분에 심미적인 지평에 열려 있었다. 흥행만 성공한다면 엄청난 대중성을 담보할 수 있는 매스 미디어는 창작자들의 인정 욕망을 충족하기에도 안성맞춤의 수단이었다. 미디어 공간이 제시하는 기회구조는 중층적이었고 개별 미디어에 따라서도 상당한 차이가 있었다. 예를 들어, 신문잡지는 다른 것보다 이념적 차원에서, 또 영화와 연극은 심미적 차원에서 더 많은 기회를 제공했다. 시간이 지나면서 대부분의 미디어는 산업적으로 성장함으로써 이전보다 한층 넓은 경제적 가능성을 펼쳐놓았다. 행위자들에게 세 가지 기회구조가 동등한 정도로, 동등한 중요성을 가지고 인지되었다고 볼 수도 없다. 어떤 이들은 이념적 이유로 크게 돈도 되지 않는 잡지 기자로 남아 있었고, 또 다른 이들은 미학적 이유로 생활고에 시달리면서도 영화나 연극에 매달렸다. 시간이 지나면서 행위자들은 달라진 관점과 가치를 드러내기도 했고, 그에 따라 미디어를 옮겨 다니는 경우도 있었다.

그리하여 "요컨대 신문기자 생활은 어떤 사람의 관념하는 바에 의하면 그가 일종 문필노동의 직업과 수입을 위한 직업적 대우 외에는 무엇도 받지 못하지마는 그를 밥보다 더 즐기는 사람이 허다하니 그는 그만치 청년을 이끄는 마력을 가진 직업"이라는 평가가 무색하게, 신문산업의 발전과 더불어 기자는 "월급제 고용인 그대로"이며 "저 일반 은행회사원과 같이 순연한 직업적 의식밖에는 찾아볼 수가 없는 것"이라는 비판을 받기에 이른다(〈비판〉 1932.10). 또 1933년 JODK에 근무했던 이석훈은 "적막한 조선의 극단에서 라디오극만은 제법 왕성한 것 같고 또 대부분의 극인 및 많은 극인 지망자(준극인)가 '방송'에 대하여 상당히 높은 바로미터의 열정을 보여주고 있음"을 지적하면서, 보수를 좇아 연극인들이 라디오에 열심히 출연하는 경향을 "기형적 현상"이라며 질타하였다(〈비판〉 1933.11). 이처럼 상이한 기회 유형들은 서로 충돌하거나 갈등을 일으킬 수 있었다. 경제적 성공은 정치적이거나 심미적인 기획의 양보 또는 포기를 수반하기도 했고, 이념적 지향은 미학적 성취를 방해하기도 했다.

사실 경제적 기회는 넉넉한 자산을 갖지 못한 식민지 지식인 대다수에게 실질적으로 가장 중요한 것으로 받아들여졌을 터이다. 그럼에도 잊지 말아야 할 점은 이념적·심미적 기회가 그 자체로 명분이든 핑계이든 간에 경제적 기회 위에 일정하게 덧대어질 수 있었다는 사실이다. 최승일의 경우만 하더라도, 방송국 활동의 이유로 경제적 동기를 주로 토로했는데, 입사 이후에는 라디오의 정치적·미학적 잠재력을 엿보았고 그것의 바람직한 실현을 위해 나름대로 열성을 기울였다. 이처럼 많은 문사와 지식인이 당장 빈궁한 생활을 해결하기 위해 미디어 관런 일에 뛰어들었다 하더라도, 그 일이 품고 있는 이념적·심미적 가능성은 일종의 매력으로 중요하게 작용했다. 물론 식민지 상황에서 그러한 가능성은 권력의 통제와 검열로 인해 언제나 근본적인 제약에 시달렸다. 하지만 검열을 피해 가거나 그와 교섭하고 때로는 그에 맞서면서 지식인들은 불가피하게 정치적인 동시에 예술적인 속성을 띠는 창작 활동을 지속해 나갔다.[64]

근대 매스 미디어가 식민지 지식인들에게 이러한 구조적 기회 공간을 열어주었다면, 이는 기본적으로 조선에서 (위계적) 이중언어시장이 오랫동안 유지되었다는 점과 밀접한 관련이 있다. 조선인 가운데 일본어 해득률(조금 이해하는 사람과 일상회화에 지장이 없는 사람 모두 포함)은 1928년 7%, 1937년 11.0%, 1940년 15.6%로 일제가 조선을 점령한 지 30년이 지난 시점까지도 제한적인 수준에만 머물러 있었다. 이러한 상황은 물론 1937년 이후 등장한 내선일체론과 이에 기반을 둔 황민화 작업, 그리고 그에 따른 1938년의 제3차 조선교육령으로 인해 점차 변화해간다. 그럼에도 1943년 말에 가서야 조선의 일본어 보급률이 22%가 된다는 것은 1943년 4월 현재 대만의 일본어 보급률이 62%에 달하고 있던 것과 비교하면 엄청난 차이가 아닐 수 없었다. 또 하나 의미심장한 것은 일제의 조선 강점 이후 태어나 일제의 교육을 받으며 성장한 20세 전후의 조선 청년들, 미디어의 주 소비층이 될 이 집단에서조차 1943년의 일본어 해득률이 전체 평균을 약간 웃도는 24.4%에 불과했다는 점이다(최유리 1997:148-161).

---

64 구인모(2013:4장)는 1930년대 초반 신문잡지와 음반회사가 제휴한 유행가요 가사 현상 공모를 둘러싸고 벌어진 문인들의 지원 열기를 상세히 논한 바 있다. 그의 치밀한 분석은 문인들이 음반계에 작사가로서 진입하는 문제가 그들의 불안정한 생활 조건, 문학성과 대중성에 대한 인식, 음반산업 자본의 전략, 유행가요의 문화적 영향력, 조선 청중의 취향 등 다양한 요인과 얼마나 복잡하게 얽혀있었는지 잘 보여준다.

이는 무엇을 의미하는가? 조선어 미디어에 대한 수요가 1920~30년대 내내 구조적으로 강력하게 존속했다는 것이며, 그에 대한 일제의 탄압 역시 조선 인민에 대한 헤게모니 유지의 필요성 때문에라도 한계가 있을 수밖에 없었다는 것이다. 실제로 전시체제 국민총동원령에 따른 일제의 강제개입과 그에 따른 각종 미디어의 통폐합과 말살 전까지 조선어 미디어 시장은 지속적인 검열 아래에서일망정 일정한 성장을 구가할 수 있었다. 그러한 추세 속에서 미디어 공간은 문사와 지식인 집단에게 중요한 활동영역으로서 매력적으로 다가오지 않을 수 없었다.

조선인들의 문맹률이 매우 높았다는 점 또한 주목할만하다. 1930년 조선총독부의 〈조선국세조사보고〉에 따르면, 일본어와 한글을 읽고 쓸 수 있는 자는 6.8%, 한글만을 읽고 쓸 수 있는 자는 15.4%, 일본어만 읽고 쓸 수 있는 자는 0.03%였고 문맹률은 77.7%에 달했다. 문맹률의 성별 차이는 매우 커서 남성의 36% 정도가 한글이나 가나를 읽고 쓸 줄 알았다면, 여성은 8% 정도만이 그럴 수 있었다. 낮은 일본어 해득률이 조선어 신문잡지의 존속에 우호적으로 작용했다면, 낮은 조선어 해득률은 연극, 영화, 라디오, 유성기 음반과 같이 전면적으로든 부분적으로든 구술성에 바탕을 둔 새로운 미디어의 부상에 우호적으로 기능했다. 또 이러한 맥락에서 문자 미디어로부터 시청각 미디어로의 활동영역 확장은 문사들에게 나름대로 대의명분을 제공할 수 있었던 것이다.

글을 쓰거나 방송을 하고 연극·영화를 만드는 등 다양한 창작 행위를 통해 식민지 지식인들은 급변하는 환경 속에서 자기 정체성을 새롭게 구축할 수단을 발견할 수 있었다. 다소 단순화해 말하자면, 제국주의에 의한 국권의 상실이라든지 전통의 붕괴와 신문물의 유입 같은 일련의 거시적 요인, 그리고 급격한 계급 이동-집안의 몰락에 따른 계급적 하강, 혹은 학업을 통한 계급적 상승-, 근대 교육과 해외 유학의 경험 같은 다양한 미시적 요인들은 복합적으로 상호작용하면서 그들의 정체성에 균열을 가져왔다고 볼 수 있다. 사회적 격변으로 말미암아 이질적 생활 조건과 불연속적 상황들에 놓인 그들이 '비동시적인 것들의 동시적인 체화 과정'을 겪었을 터이기 때문이다. 식민지 경험과 근대로의 이행이 맞물려 있었던 조선 사회에서 지식인 집단은 정치 권력은 외세에 박탈당한 채 상대적으로 경제자본은 적고 문화자본은 많은 프티부르주아의 한 분파로 성립해갔다고 말할 수 있을 것이다.[65] 이들에게 주어진 '근대적 주체'로서 자기를 정립하는 과업은 경제적·정치적·미학적 힘을 (되)찾는 기획과 맞물려 있었으며, 근대 미디어는 어떤 이들에게 그 기획을 위한 하나의 효과적인 경로를 제공했던 것으로 보인다.

그렇다고 식민지 미디어 공간이 거기 투신한 지식인 집단에게 다양한 기회의 충분한 실현을 자동적으로 보장해주었던 것은 아니다. 기회구조는 행위자들의 주관적 기대를 불러일으킬 수 있는 객관적 가능성의 장이었을 뿐, 그 이상은 아니었다는 점에 유의해야 한다. 달리 말하면, 미디어 지식인으로서의 활동이 실제로는 경제적 불안정성, 이념적 좌절, 미학적 실패로 귀결할 위험성 역시 상존했다는 것이다. 식

---

65 여러 신문사에서 사회부장 등을 역임했던 유광렬은 기자 집단을 중심으로 당시 지식인층의 계급적 특징을 다음과 같이 기술한 바 있다. "신문기자는 지식계급이다. 다른 인텔리겐치아와 같이 자본가에게 의존된다. 그리고 월급을 받는 사람이므로 순연한 '프롤레타리아'는 아니다. 그것이 아무리 월급을 몇 달씩 못 타서 생활이 궁박하여도 그의 생활조건의 여하로 계급적 지위가 결정되는 것은 아니다. 여전히 소부르감정에 지배된다. 개인이 '노동자 농민의 아들'로서의 행동을 하는 이외에는 대부분이 유리한다. 이 거대한 역사적 전환기에 있어 순연히 부르주아의 일원으로 서지도 못하고 또는 노동자 농민의 아들로서 용감히 진두에 나서지도 못하는 신문기자(말로만 하는 것 말고)는 여전히 소부르의 '이데올로기'에서 전전방황(輾轉彷徨)하는 비애를 맛본다."(《비판》1931.6)

민권력의 정치적 억압과 통제, 미디어 자본의 이윤 추구 논리, 미디어 조직 내부의 관료제화 등은 그러한 우려를 현실화할 수 있는 구조적 경향들이었다. 게다가 지식인의 모든 문화 활동과 미디어 조직 편입이 동일한 상징적 권위와 의미를 부여받고 있었다고 가정해선 안 된다. 매스 미디어의 대중성과 상업성, 그리고 낮은 예술적 공인(artistic consecration) 때문에 문인이 이런저런 미디어 조직에 편입되는 일은 부정적으로 인식되었던 듯하다.

"조선서 문학자란 것과 '저널리스트'란 것을 우열을 지어서 생각하려는 사람이 많은 것", 그래서 "문학자일수록 '저널리스트'와는 멀리하여서 생각하려는 경향이 있는 것"은 분명했다(〈매일신보〉 1933.8.29.). 그리하여 "문인으로서 신문기자가 됨은 예술작가로서의 본업을 잃어버리기 때문에 더 창피해야 옳은 일"이라는 지적이 나올 수 있었다(〈조선문단〉 1935.8). 심지어 문학과 저널리즘 사이의 거리도 그처럼 멀었는데, 다른 영역의 경우 훨씬 더 심했다고 보아야 할 테다. 이를테면, 시와 유행가요, 시인과 작사가 사이의 문학적 위상을 둘러싼 논쟁과 긴장 관계는 새로운 미디어 장르와 그 창작자가 문화적 정당성을 인정받는 일이 결코 쉽지 않았음을 드러내는 하나의 예이다(구인모 2013:3장). 문인들이 연극인이나 영화인을 낮춰보는 시선 역시 신극과 영화가 많은 인기를 모았던 1930년대 말까지도 공공연한 사실이었다(〈영화연극〉 1939.11). 이는 다른 미디어로의 진입이나 월경이 문사 집단에게는 일정한 상징 자본의 손실을 감수해야 하는 행위였다는 의미이다.

따라서 여러 미디어를 통한 활동은 지식인이 자신의 다재다능을 증명하는 방편인 동시에, 전통적인 문인으로서 갖는 상징자본의 상당한 손실을 감수하는 모험이기도 했다. 그 활동의 성과가 새로운 업적으로 인정받거나 혹은 흥행을 통한 명성과 인기로 이어진다면, 그러한 '전문성'이나 '대중성'이 상징자본의 또 다른 토대가 될 수도 있었겠지만, 그 또한 쉬운 일은 아니었다. 미디어 지식인들은 때로는 자신이 선택한 문예 창작 행위의 정당성을 주장하는 담론을 생산해야 했고, 다른 문인이나 지식인 집단에 대해 인정 투쟁을 벌여야 했다. 실제로 신문잡지를 제외하고 영화, 음반, 라디오 등의 미디어에 지속적으로 관여했던 문인들은 문단에서 주변적 위치(신진 혹은 비주류)에 있는 경우가 많았다. 주변적 위치는 미디어 조직에의 참여를 촉진했고, 역으로 그러한 참여는 주변성을 강화하는 경향이 있었다.[66] 최승일의 경우, 방송국행은 문단에서 반드시 좋지만은 않은 시선을 받았으며, 그 자신에게도 적지 않은 심리적 고통을 안겨주었다. 라디오를 통한 그의 이념적·심미적 기획은 식민지 방송체제의 구조적인 제약 아래서 제대로 구현될 수 없었고, 동료 지식인들로부터 별다른 인정을 받지 못했다. 결국 그는 1926년에서 1930년 즈음까지의 첫 번째 방송국 활동 이후 문인으로서의 경력에 심대한 변화를 겪는다. 그럼에도 방송국에서의 활동을 매개로 자신을 경제적 주체, 계몽의 주체, 심미적 주체로 구성할 수 있을지 모른다는 기대, 그러니까 스스로 온전하게 근대적인 주체로 설 수 있다는 가능성은 그 자체만으로도 최승일을 유인하기에 충분하지 않았을까? 아니 그 것은 차라리 문인에서 신문인, 방송인, 영화인으로 경계를 가로지르며

---

66 19세기 후반의 프랑스 문학 장을 분석하면서 부르디외는 유사프롤레타리아 지식인-베버(Max Weber)의 용어로는 '프롤레타로이드 인텔리겐치아'-의 존재양식에 주목한 바 있다. 유사프롤레타리아 지식인이란 문학적 권위를 인정받으며 안정된 부르주아적 생활을 영위한 전문작가들과 달리 산업문학, 저널리즘, 출판, 교육 등에서 소소한 직업을 가지고 불안정한 보헤미안적 삶을 영위한 문사 집단을 가리킨다. 부르디외에 따르면, 근대 신문·출판산업의 발전과 더불어 성장한 이 집단은 지식인층 내부의 열등한-즉 상대적으로 문화자본이 적은- 피지배 분파이다. 이들은 계급적 출신 배경과 사회적 위계 상 낮은 위치에 있는데, 이로 인해 피지배계급에 강한 연대감을 느끼며 정치적 급진성을 띠는 경향이 있다. 흥미로운 점은 이들이 미디어의 발전이 가져온 사회문화적 변화 속에서 새로운 가능성을 발견하는 동시에, 기성 전문작가들에 대해 새로운 상징적 종속과 열등감 또한 경험한다는 것이다.

자기 자리를 옮겨간 식민지의 미디어 지식인들이 공유한 집합적 환상
은 아니었을까?

변화하는 미디어 경성,
혹은 경성이라는 미디어

1934년의 어느 날 소설가 구보 씨는 경성의 큰길에 서서 자신이 모데루노로지오(modernologio)를 오랫동안 게을리하였다고 잠시 반성한다(박태원 1998:37). 모데루노로지오, 혹은 고현학(考現學)이란 무엇인가? 그것은 당대의 삶과 풍속에 대한 관찰과 기술을 통해 시대의 특징을 포착하는 작업이다. 그 대표적인 주창자였던 곤 와지로(今和次郎)는 고현학을 고고학처럼 "물질적 범위의 자료를 취급하는 과학적 연구 방법"이자 "사회학의 보조학"이라고 규정한다. 그에 따르면, 그 연구 대상은 "현재 우리가 눈앞에서 보는 것들"인데, 사회 구성원들의 생활과 문화가 특히 중심에 놓인다(곤 와지로 1930/2000:261-262). 우리는 예컨대, 번화가나 노동자 거리, 빈민굴 등에서 사람들의 풍속이라든지, 주거, 의복 등 소비생활을 조사하고 통계를 내고, 비교 분석할 수 있다. 이러한 고현학은 지금 우리가 마주하고 바라보는 존재와 세계를 학문적 대상으로 존중하면서 기록하고 고찰하는 일이다. 과학적 지식 구성을 위한 하나의 접근 방법으로서 그것은 객관적인 시선과 심층적인 조사를 요구한다. 그렇다고 해서 고현학이 당대 문화에 대한 취미가(趣味家)들이 생산하는 피상적인 담론의 가치나 의의를 완전히 부정하는 것은 아니다. 그러한 담론 역시 부분적으로라도 적확하고 유효한 분석을 내놓을 수 있기 때문이다. '지금, 여기'를 이루고 있는 기술, 물건, 건축, 유행, 풍습 등을 새로운 시선으로 바라보면서 우리가 살아가는 시대의 형상을 그려보고자 하는 노력은, 그것이 반드시 학문적인 형식을 취하지 않더라도 고현학적 작업에 속하는 셈이다.

변화하는 세상에 대한 고현학적 관찰과 글쓰기는 비단 소설가 주인공 구보를 앞세운 박태원뿐만 아니라, 당시 여러 문인과 지식인이 벌인 활동이기도 했다. 그들은 비록 그 깊이에 있어 편차는 있었을망정 신문, 잡지에 실은 다양한 글에서 신문물과 '모던보이', '모던걸'의 풍속도라든지 대경성 중심가와 뒷골목의 혼잡한 풍경화를 때로는 발랄하게, 때로는 풍자적으로 그려냈다. 근대의 변화무쌍한 모습을 포착하는 그러한 글들이 단지 바깥세상을 향했던 것만은 아니다. 그것들은 글을 쓰는 저자의 내면으로도 깊숙이 뻗어있었다. 이 글들은 1920년대 초반 시작되어 1930년대에 활발히 창작되는 수필 장르에 속해있었다. 갖가지 형식의 개방적이고 비규정적인 성격의 비허구적 산문들을 통칭하는 수필은 내면의 기록물로서 개인의 사소한 경험이나 심경, 이념적 지향을 표출하는 수단이었다. 그것은 '사적(私的) 개인'의 등장과도 긴밀히 관련되어 있었다(김예림 2000:190-194). 만일 그렇다면 식민지 지식인들이 종종 피상적으로, 또 때로는 심층적으로 수행한 경성의 고현학은 시시각각 변해가는 근대 세계의 풍속과 풍경에 대한 글쓰기를 통해 내면의 심연을 구축해가는 행위나 다름없었던 셈이다.[67]

---

67   이경돈은 「소설가 구보 씨의 일일」에 나타난 고현학적 작법을 논하면서, "박태원의 시선은 계몽주의와 결별한 산책자의 그것이었다"는 데서 그 핵심을 짚어낸다(2018:37). 이러한 점에서 「소설가 구보 씨의 일일」은 1922년 언론인 박달성이 〈개벽〉에 쓴 경성견문록 「상오 9시로 하오 10시까지」와는 뚜렷한 차이가 있다는 것이다. 박달성은

다양한 미디어의 발전, 그리고 그와 함께 떠오른 새로운 시청각 문화의 확산은 경성민의 생활과 감각을 변화시켰고, 자연스럽게 고현학의 중요한 소재를 제공했다. 1920~1930년대 조선에서 근대 미디어의 보급은 빠른 성장세를 보였다. 신문잡지판매소는 1916년 275개소에서 1922년 616개소, 1929년 1,337개소로 급증했고, 조선인 세대당 신문 보급률은 조선어신문과 일본어신문을 모두 합해 1929년 2.89%에서 1939년에는 7.10%로 늘어났다. 영화관의 연간 입장객 수는 1930년 5백 11만여 명, 1937년 1천 1백만여 명, 1940년 2천 1백만여 명 등으로 계속 폭발적인 성장 추이를 보였다. 한편 1930년대 후반에서 1940년대 초반 유성기 보급 대수는 대략 30~40만대, 그리고 음반 시장의 규모는 1930년대 초반 연간 100~200만 매 선이었던 것으로 추정된다.[68] JODK가 방송을 개시하고 2년 뒤 10,153대에 지나지 않았던 라디오 보급 대수는 1932년 20,479대, 1935년 52,853대, 1938년 111,838대, 그리고 1940년 227,573대로 증가했다. 전화 보급도 활발히 이루어져 전신국의 수는 1905년 44개소에서 1943년 1,087개소로 증가했고, 전화 가입자 수는 1910년 6,448명에서 1941년 6만 1,682명으로 10배 증가

1920년대 경성에서 살아가는 조선인의 무지와 빈곤, 비루한 현실을 직시하는 한편, 노동자들의 건강한 생활 속에서 희망의 가능성을 찾아낸다. 이에 비해, 박태원은 조선의 이런저런 사회적 문제 자체보다는, "경성에서 신경증을 앓으며 살아가는 근대의 도시인인 자기 자신"에 관심을 쏟는다. 이때 구보 씨는 파행적 근대 속에서 결핍되고 소외된 작가의 심상을 형상화한 산물인 셈이다. 이렇게 해서 이경돈은 고현학적 작법의 요소로 근대 세계에 대한 주체의 '거리 둔 대상화'와 자기에 대한 '내면적 성찰'의 두 가지를 꼽는 것으로 보인다.

68   몇몇 신문은 1933년 경무국 도서과의 조사를 인용하며, 음반 판매량을 경성 시내 약 1백만 매, 전 조선 약 2백만 매로 보도하였다. 이 가운데 일본이나 서양 음반을 제외한 순수한 조선 음반은 연 40만 매 수준이었다(배연형 2019:525-526). 한편 총독부 자료는 조선 내 이입 레코드 수를 1936년 915,427매, 1937년 931,208매로 추산하였다. "附表 -蓄音機 레코드 移入狀況表", 治安情況(昭和十三年九月, 京畿道).

했다. 이 가운데 조선인 전화 이용자 수도 1910년 254명에서 1928년에 5천 명을 넘어섰고, 1941년에는 1만 7,620명에 이르렀다(김영희 2009; 배연형 2019; 유선영 1992; 〈映畵旬報〉 1943.7.1.).

신문, 잡지, 책 등 전통적인 인쇄 미디어는 물론, 영화, 유성기, 라디오 방송, 전화를 이용한 통신 등 근대 미디어가 일상 속에 자리 잡으면서 조선인들의 생활양식 또한 급격한 변화를 겪었다(조형근 2014와 2017). 일례로, 1930년 한 신문 기사는 과거 10년간 음악 취미의 변천 양상을 짚으면서 이를 '조선 소리를 듣기 위해 광무대로 달리던 사람들이 양악의 음악회장으로 옮겨갔다가 유성기, 라디오로 다시 방향을 바꾸는' 상징적 풍경으로 요약한다. 기사는 다음과 같이 이어진다.

> "요즈음 '스윗홈'이란 소위 신식 가정을 찾으면 좋거나 나쁘거나 축음기 한 대 없는 곳이 없고 '라디오' 하나 가설 아니 된 집이 별로 없는 것이다. 단란한 가정에 온 가족이 한자리에 모여 앉아서 축음기의 '레코드'만 뒤적거리면 세계적 명창을 망라한 국제적 음악회는 벌어지는 것이니, 이에는 이미 세상을 떠나 저승에 가 있는 망인의 출연까지도 가능한 일이오, '라디오'의 '레지'만 돌리면 멀리 태평양을 건너오는 세계의 새로운 '뉴스'를 신속히 알 수 있고 천리나 만 리 밖에서 열리는 음악회, 강연회의 음악과 강연을 이곳에 앉고도 그대로 들을 수가 있다는 것이 참말 신통한 일. 얼마나 달라졌느냐? 십 년이란 그동안에-."(〈동아일보〉 1930.4.3.)

아쉽게도 기사는 신기술이 가져온 시공간 압축(time-space compression) 현상에 경탄을 발하느라 실제 유성기나 라디오를 가설한 '신식 가정'이 과연 전 조선에 얼마나 되는지 언급하지 않는다. 하지만 짐작할 수 있듯, 당시 새로운 미디어를 이용하거나 소비할 수 있는 가정은 계층적으로나 지역적으로 매우 불균등하게 분포되어 있었다. 1930년대 조선인의 소득 수준은 은행원, 관청직원, 회사원, 기자, 목사 등 전문직이 매월 50~70원, 순사, 운전수, 기능공 등은 30~40원 정도였다. 하지만 이런 안정적인 직업을 가진 사람은 극소수였고, 80~90%에 해당하는 농민은 대부분 소작농으로 월 소득 10~20원에도 미치지 못하는 빈곤층이었다. 유성기는 쉽게 들고 다닐 수 있는 포터블이 대략 30~40원, 거실에 두고 듣는 거치용은 50~60원 정도였다. 제작사나 모델에 따라 가격은 천차만별이었지만 저가형은 포터블이 20~30원, 거치형은 30~40원, 고급형은 그보다 10~20원 정도 비쌌다. 웬만한 직장인이라도 대략 1개월 수입에 맞먹는 가격을 지불해야 하는 사치품이자 지위재였던 셈이다.

음반 한 장의 가격은 1원 50전에서 1원 정도였다(이상길 2001). 라디오 수신기는 완제품을 구입할 경우 15~20원 가량 들었고, 개인이 비용 절감을 위해 직접 조립하는 경우에도 5~6원 상당의 부품을 사야 했다. 청취료 또한 매달 1원씩 내야 했다.[69] 유성기와 라디오만큼 비싸지는 않아도 미디어 오락을 즐기기 위해서는 당연히 돈이 들었다. 그나마 저렴하게 즐길 수 있는 극장이나 영화관 입장료는 프로그램, 좌석 유형, 성인 여부 등에 따라 차이는 있지만, 1920년대 중반 대략 50전 안팎에서 1930년대에는 20~30전 가량으로 나타난다. 신문 구독료 또한 시기별, 신문별로 달랐지만 대략 월 1원 안팎이었다. 이러한 상황에서 1930년대 초반 월수입 30원의 도시민 봉급생활자로 5인 가족이라면 1원 50전 정도의 문화비 지출이 가능한 것으로 추산되었다. 이는 신문 한 부

---

69 수신기만 설치하면 방송 청취가 가능했으므로 무허가 청취자의 수가 엄청나게 많았고, 당국에서는 무전법에 의거해 무허가 청취자를 엄하게 단속했다. 체신국은 라디오 수신기 보급을 위해 유성기보다 저렴하게 만들려 노력했고, 한 달 수신료도 결국 음반 한 장 가격과 큰 차이가 없게 낮췄다.

와 잡지 두 종의 구독 비용에 해당하는데(김영희 2009:91), 제한적인 문화 생활만이 가능하다는 점을 알 수 있다. 1930년대까지도 전문직과 사무직 종사자들이 아니고서는 미디어 문화의 안정적인 향유가 쉽지 않았던 것이다.

한편 계층 간 경제적 차이는 도시와 농촌 지역의 분할선과도 일정하게 겹쳐졌다. 즉 전문직과 사무직 종사자들은 주로 도시에 거주했고, 농민 가운데 대지주를 제외한 중농이나 소작농은 연수입이 적자인 경우가 대부분이었다. 이는 미디어 보급률의 지역적 격차로 이어졌고, 도농 간 대중문화의 불균등 발전을 낳았다. 그러한 현실은 신문잡지 구독, 영화와 연극 관람, 라디오 보급률 면에서 경기도가 다른 지역에 비해 압도적인 우위를 차지한 반면, 농민 비율이 높은 농촌 지역인 충청북도와 강원도는 최하위권에 속해있었던 점에서도 쉽게 알 수 있다(유선영 1992:263). 그리하여 예컨대, 도시에서는 JODK가 개국하기도 전에 수입품 라디오로 도쿄의 방송을 듣는 청중이 있었던 반면, 같은 시기 농촌에서는 조선에 들어온 지 이미 20여 년의 역사를 지닌 유성기조차 신기한 신문물 취급을 받는 일이 벌어졌다. 사실 높은 수신기 가격과 전기시설의 미비로 말미암아, 1930년대 말까지 라디오가 전혀 들어가지 못한 중소도시와 농촌 지역도 적지 않았고, 확산이 정점에 달했던 1944년에도 경기도 12.7%, 충청북도 0.8%로 지역별 보급률 차이가 매우 컸다(미야타 세쓰코 1985/1997:3).

"요새 문명의 기관이 완비된 도회에서 사는 소학교 아동들은 "나는 어제 저녁에 에이오씨케 방송국에서 보낸 오케스트라를 들었다"하면서 라디오 이야기를 하지만은, 우리의 궁벽한 농촌에 사는 노농(老農)은 축음기 레코드를 듣고 "나팔 밑 상자 속에 광대가 들어앉았나?"하는 것이 그렇게 기이하지 아니한 이야기이다. 이

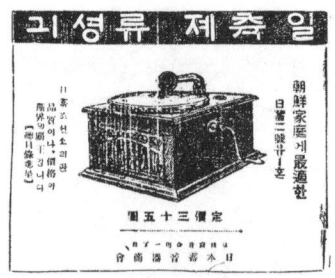

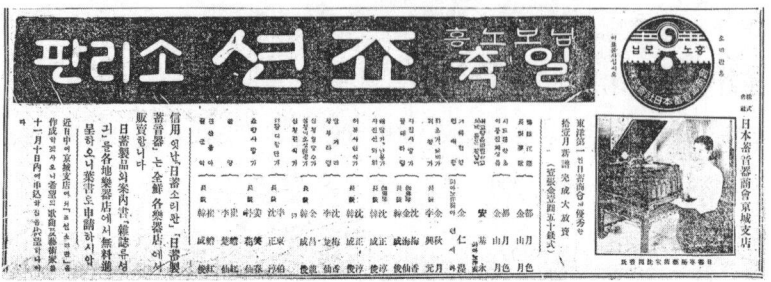

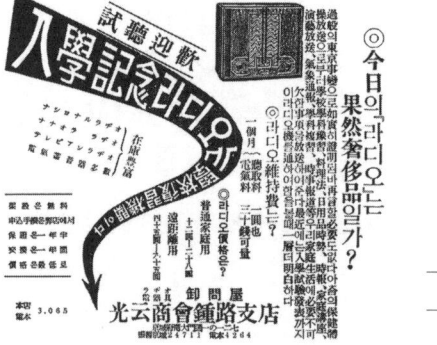

$$\frac{1}{2}$$

3

1은 일본축음기상회의 유성기 광고이고(《시대일보》 1926.7.29.), 2는 레코드
광고이다(《매일신보》 1925.11.5.). 유성기는 35원, 레코드는 장당 1원 50전으로
나와있다. 한편 레코드 광고에는 일축제품의 안내지인 〈잡지 류성긔〉를 각지의
악기점에서 무료 증정한다고 쓰여있다. 3은 라디오 구매를 독려하는
라디오상회의 광고이다. "금일의 '라디오'는 과연 사치품일까?" "입학기념 라디오는
학교 복습기관이다"라는 광고문구로 일상용품이자 교육도구로서 라디오를 강조하는
1936년 라디오상회의 광고는 아침 보건체조 방송, 교과목 예습과 복습, 요리법,
일용품 시세, 시보, 가정강좌, 연예방송, 기상통보, 시사보도, 입학시험 발표 등
일상생활에 유용함을 강조한다. 라디오 가격은 가정용 12~28원, 원거리용
45~95원이며 유지비는 월 청취료 1원과 전기료 30전으로 나와있다(《동아일보》 1936.3.27.).

것은 몇 가지 우스운 예에 지나지 아니하지만, 그 이면에는 현대의 문화가 도시에 집중되어 농촌의 주민과 몰교섭임을 여실히 말하는 동시에, 도시와 농촌의 생활환경과 의식조건이 판이함을 따라 그 가정적 또는 사회적 상식과 교양이 소양의 차이가 있는 것을 증시(證示)하는 호개(好箇)의 실례이다."(《조선일보》 1926.7.19.)

이처럼 미디어 문화를 향유할 수 있는 환경의 지역 간 격차가 매우 컸던 상황에서 가장 선진적인 발전 장소는 단연코 경성이었다. 1920년대부터 급증하기 시작한 경성의 인구는 1930년대 중반이면 40만 명에 이르고, 1940년대 초에는 100만 명에 육박한다. 식민지 수도이자 신흥 상공업도시로서 근대적 개발 과정을 거치면서 경성은 새로운 대중문화의 중심지로 빠르게 변모했다. 이미 1900년대 초부터 차례로 이루어진 전기의 가설, 전차의 도입, 전화선 가설, 도로 정비와 자동차의 보급 등은 경성의 풍경을 급격하게 바꾸어 놓았다. 그 공간 안에 들어선 것은 식민자본주의화를 뒷받침하는 상업과 산업, 통치와 교류의 물적·기술적 네트워크였다. 조선총독부를 비롯해 경성부청, 경성역, 조선은행, 경성상공장려관, 중앙전화국 같은 공공건물과 백화점, 호텔, 아파트, 상점, 신문사 사옥 등의 민간건물이 서양식 혹은 혼종적 양식으로 우후죽순처럼 세워졌고, 5, 6층짜리 고층빌딩들도 출현했다. 신식건물들과 함께 이전까지 보지 못했던 간판과 광고, 쇼윈도우, 상품 진열대가 거리 곳곳을 장식했으며, 1920년대 말 등장한 네온사인은 경성의 밤을 호화롭게 밝혔다(김진송 1999:6장).

각종 미디어를 소비할 수 있는 새로운 공간 또한 등장했다. 공회당, 영화관, 악기점, 유성기 판매점, 라디오상회, 다방, 카페 등이 대표적이다. 1940년대 초반 연간 영화관람객 수는 2,100만 명 이상으로 1인당 1회꼴로 영화관에 갔는데, 백만 도시 경성이 연인원의 40%를 차

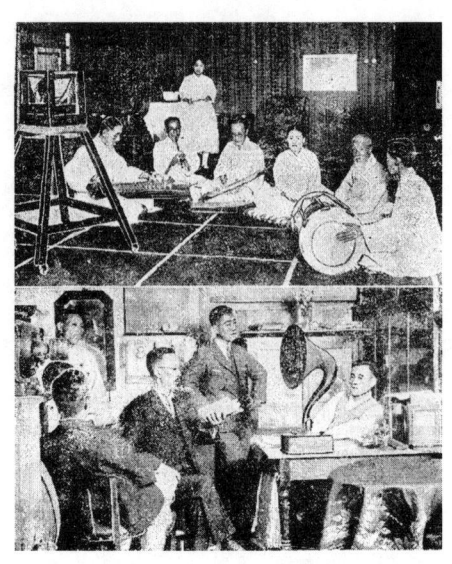

일제 강점기 미디어의 수용은 집합적으로 이루어지는 경우가 많았다.
유성기나 라디오를 집에 갖춰놓지 못한 사람들도 그것을 공공장소에서
종종 접할 수 있었다. 방송 제작이 집단적 노력의 산물인 만큼이나,
수용 또한 집단적 현상이었다(《동아일보》 1929.11.10.). 각종 단체에서
주최하는 레코드나 라디오 청취회에서부터 악기점, 시계점, 라디오상회
등이 확성기를 설치해 유성기, 라디오를 들려준 가두에 이르기까지
집합적 청취 현장은 다양했다. 경성의 다방과 카페는 사교와 오락 공간이자,
여러 미디어가 한데 모여 있는 중요한 공적 수용거점이었다.

지했다(정종화 2013:346). 유성기와 음반을 취급하는 판매소의 경우, 대개
악기점이나 시계점에 딸린 겸업이었지만, 경성 같은 대도시에는 전문
상점도 적지 않았다. 판매소 역시 다른 지역보다 인구수 대비 훨씬 더
많이 분포해있었다.[70] 유성기나 라디오 판매점, 악기점 등은 그 안에서
기기 구입 뿐만 아니라, 시험 청취라든지 음반 신보 감상을 할 수 있는
곳이기도 했다. 더욱이 이 상점들은 호객용으로 거리에 스피커를 내놓
고 크게 틀어댐으로써, 대중의 집합적이고 집중적인 미디어 수용을 가
능하게 했다(이상길 2001). 예컨대 "'레코-드'상회에서 가장 우수한 성능

을 구비한 이 같은 확성기를 통하여 새록새록의 유행가가 콧소리로 흘러나오기 때문에 이 소리를 들으려고 오고 가던 사람들은 발을 멈추고 겹겹이 둘러서서" 길을 지나가는 데 방해가 되는 지경이었다(〈조선일보〉 1940.5.5.). 이러한 거리의 확성기는 유행가를 전파하는 주된 통로이기도 했다.

　1930년대에는 카페, 바, 다방 등의 유흥공간이 '유행'이라고 부를 만큼 빠르게 늘어나는 양상을 보였다. 지식인, 문화예술인, 교사, 은행원, 회사원 등 전문직 종사자들의 사교 및 휴식공간이었던 다방은 1920년대 초반부터 경성에 나타나기 시작했는데, 대개 책과 신문, 잡지, 유성기, 라디오, 전화 등을 갖춰놓고 영업을 했다. 한편 여급이 나오는 고급술집의 형태를 띤 카페는 1930년대 초반 경성에 70~80여 개소가 있었던 것으로 보이는데, 손님들이 고급 유성기, 라디오 등을 통해 재즈나 유행가 음반을 들을 수 있는 공간이었다.[71] 사실 이 당시에는 미디어 수용과 소비가 가정 내에서 개인이나 가족 중심으로만 이루어지기보다 집단적으로 이루어지는 경우가 많았다. 이러한 상황에서 전문 판매

70　1943년 현재 전 조선에 총 166개의 영화관(흥행장)이 있었던 것으로 추산된다. 영화관이 제일 많은 곳은 경기도 25관, 함경남도 23관, 경상남도 22관, 함경북도 21관 순이며, 10개 미만인 곳은 강원도, 전라북도, 전라남도 각 8관, 평안남도 7관, 황해도 6관 충청북도 3관 등이었다. 인구 대비 연평균 관람객 비율 또한 지역에 따라 현격한 차이를 나타내 함흥, 경성, 평양이 각각 94%, 72%, 68.5%로 매우 높았던 반면, 해주나 안동, 김해 등은 채 10%에도 미치지 못했다(《映畵旬報》 1943.7.1.). 한편 유성기와 음반 판매점은 1933년 말 현재 전 조선에 총 520여 개인데, 경기도 78개, 전북 55개, 경남 50개 순으로 많았고 주로 남쪽 지역에 밀집해 있었다(〈동아일보〉 1934.1.10.). 경기도에 15%, 전북과 경남에 10% 정도씩의 판매점이 몰려있었는데, 당시 경기도 인구가 총인구수의 10%, 전북이 약 7%, 경남이 10%였다는 사실을 고려하면, 경기도와 전북에 상대적으로 더 많은 판매점이 분포되어 있었던 셈이다.

71　한 신문 기사에 따르면, 경성의 카페는 1932년 67개소에 여급 350여 명, 1933년에는 86개소에 여급 5백여 명이 있었다(〈조선중앙일보〉 1933.11.5.).

점 외에도 손님을 끌기 위해 각종 미디어를 갖춘 상점, 다방, 카페 등은 공회당이나 거리와 함께 대중에게 열려 있는 일종의 공적인 미디어 수용거점 노릇을 했다. 물론 도시 내부 공간의 민족적 분리 또한 두드러졌으며, 이는 미디어 수용거점들의 불균등한 분포와도 관련되어 있었다는 점을 잊지 말아야 한다.

1920년대 이후 경성의 인구 급증에 이바지한 이입자 집단은 민족별로 그 성격에 차이가 있었다. 즉 조선인 이입자 중 대다수는 토지조사사업 이후 농촌을 떠나온 사람들이었던 데 반해, 일본인 이입자는 식민통치기구 관계자들이거나 식민지배의 안정화에 따라 장사나 사업으로 돈을 벌기 위해 흘러들어온 사람들이었다. 일본인들은 1920년대 중반에 경성 땅의 절반 이상을 소유하고, 다양한 상업 활동을 벌이게 된다(김영근 1999:2장). 이입 인구가 증가하면서 1910년대부터 시작된 경성의 지역적 분리는 더욱 뚜렷해진다. 청계천에서 을지로 사이를 경계로 이른바 남촌과 북촌 현상이 확연해진 것이다. 남촌의 중심은 대체로 충무로 일대(진고개-본정 1-5정목), 명동에서 인현동까지(명치정, 영락정 등)였고, 이들 지역 거주민 가운데 일본인은 90% 정도를 차지하고 있었다. 청계천 이북지역은 조선인이 절대다수였으며, 특히 종로통 이북은 거의 한인 독거지나 다름없었다(손정목 1996:373). 남북촌으로 분리된 경성의 민족별 주거공간은 일제시대 내내 기본적으로 유지되었지만, 시간이 지나면서 일본인 세력과 영향력이 점차 북점하는 양상을 띠었다.

경성의 대표적인 상가 역시 일본인 거주지의 중심인 본정통과 조선인 거주지의 중심인 종로통을 중심으로 형성되었다. 이 밖에도 남대문통(남대문로)과 황금정(을지로), 태평통(태평로)이 이어지는 일대가 경성의 새로운 도심으로 등장했다. 조선신궁과 총독부 관저가 있는 신시가지 본정통에는 조선은행, 경성우체국 등의 공기관과 2층에서 4층까지의 신식 상가건물이 들어섰다. 미쓰코시(三越)백화점을 비롯한 미쓰나카이(三中井), 히라타(平田) 등 일본의 대형유통자본이 상권을 잡고 있던 남촌에는 각종 수입품이 진열, 판매되었고 광고탑과 네온사인이 거리를 수놓았다. 백화점 화신상회(和信商會), YMCA회관, 한청(韓靑)빌딩 등이 있었던 종로통 일대의 북촌은 조선인이 상권을 쥐고 있었다. 상인들의 점방이 있는 종로 도로변에는 매일 밤 야시(夜市)가 개설되어 상거래를 촉진했으며, 경성의 명물로 자리 잡았다. 남북촌을 막론하고, 도심의 상점가에는 술집, 음식점, 영화관, 여관 등 각종 접객업소와 오락 시설이 모여들었다. 경성의 소비문화는 이러한 민족적·지역적 분리를 기반으로 삼고 있었다. 경성에는 관청과 각종 경제기관, 그리고 지주, 대상인 등 부유층이 집중해있었으며 주민들은 대부분 비농업부문에 종사하고 있었기 때문에 다른 어떤 지방보다 도시 전체의 구매력은 컸다. 그러나 개별 가계의 구매력 수준은 민족과 계층에 따라 격차가 심했다 (허영란 2000:500).

극장, 영화관, 악기점, 다방, 카페 등 공적인 미디어 수용거점들도 북촌과 남촌 사이에 뚜렷한 분할 양상을 드러냈다. 예컨대, 1935년 이전 경성의 영화관 19곳 가운데 11곳이 북촌에 생겨났다면, 카페는 남촌에 많이 몰려있었다. 자연스럽게 이용자들의 민족적 구성도 상당히 달랐고, 공간의 분위기 또한 차이가 났던 것으로 보인다.[72] 이러한 수용거점들은 상당히 복합적인 성격을 지닌 공간이었다. 이를테면, 극장은 동일한 공간 안에 모여든 남성과 여성, 조선인과 일본인이 최소한의 가부장적, 민족적 위계질서를 유보한 상태에서 침묵과 소란, 훈육과 쾌락

---

[72] 북촌의 동양극장은 관객의 거의 전부가 조선인이었고 우미관은 조선인이 9할, 단성사는 조선인이 8할이었던 데 반해, 남촌의 명치좌와 희락관은 조선인과 일본인 관객이 반반, 황금좌는 6대 4 정도의 비율로 알려졌다(〈삼천리〉 1938.5; 정충실 2018). 한편 북촌의 다방은 재즈와 유행가를 많이 튼 반면, 남촌의 다방은 클래식과 외국 민요를 많이 트는 경향이 있었다(이상길 2003).

을 접합한 장소였다(박명진 2000; 유선영 2004). 그곳에서는 창극과 만담, 무용과 영화 같은 유희뿐만 아니라, 연설과 집회, 토론 같은 계몽주의 담론의 실천이 나타났다. 이국 취향의 장식이 도드라지곤 했던 다방 역시 시화전, 출판기념회가 열리고 음악 감상이 이루어지는 한편, 지인들 간의 대화와 토론이 벌어지거나 익명의 타인들이 서로를 관음하는 광경이 펼쳐지는 곳이었다. 이러한 근대적 미디어 수용거점들은 새로운 이미지와 스펙터클, 소리정경(soundscape)을 빚어냈고 대도시 경성의 다양한 공공장소에서 미디어를 통해 서로 교감하는 군중 혹은 대중의 형성을 촉진했다(유선영 2009).

1920~30년대 경성을 중심으로 이루어진 근대 미디어들의 발전과 그 수용거점의 확산은 당시 지식인층에게 구조적인 기회공간을 마련해주었을 뿐만 아니라, 새로운 경험공간 또한 제공했다. 그들은 미디어 조직에 진입해 생산자가 될 수 있는 잠재력을 갖춘 집단이었으나, 반드시 그런 경우가 아니더라도 일차적으로 미디어의 핵심 소비층이었다. 이들이야말로 대중문화 향유에 필요한 능력과 여가와 수입을 갖춘 집단이었기 때문이다. 경성의 지식인들은 집에서 각종 신문, 잡지를 구독하고 유성기와 라디오를 듣는가 하면, 취미생활로 연극, 공연, 영화, 전시, 스포츠 경기를 보러 다녔다. 그들은 다방에서 새로 나온 책과 영화에 관해 이야기를 나누고 클래식 음반 신보를 열심히 감상했으며, 재즈나 유행가 선율이 울려 퍼지는 카페에서 유흥에 취하기도 했다(김은경 2018; 이상길 2003).

이처럼 근대 미디어는 경성 지식인들의 일상 안에 깊숙이 들어와 있었다. 이들은 당시의 대중문화 향유층 가운데서도 예컨대, 신문이나 잡지를 읽을 수 없는 무학자, 문맹자 집단이라든지, 값비싼 유성기나 라디오를 구매할 여력이 없는 무직자, 일용노동자 집단과는 달리 훨씬 더 다중적인 미디어 소비자이자 수용자였다. 그러한 소비와 수용의 다중성은 콘텐츠의 미디어 교차적·미디어 복합적 성격으로 인해 더욱 복잡한 양상을 띠었다. 이미 그때부터 책, 잡지, 연극, 영화, 음반, 라디오 등 여러 미디어가 인기 있는 텍스트를 변형해 상품화하고 확대 재생산하는 상업적 경향이 강하게 나타났기 때문이다.[73] 그러한 사례는「춘향전」,「심청전」,「홍길동전」,「장화홍련전」같은 조선 고전에서부터, 영화「아리랑」이나 소설「승방비곡」같은 창작물,「부활」,「레미제라블」같은 외국 고전에 이르기까지 다양하고 광범위했다. 자본의 계산과 전략이 작용한 이 미디어 문화 현상은 어느 정도 시장성을 검증받은 소재나 이야기를 대중 사이에 지속적으로 유통시킴으로써, 특정한 텍스트가 지니는 정서적·이데올로기적 효과를 증폭했을 것으로 보인다.

---

73   이러한 맥락에서 우수진은 일제시대 무대 극장과 미디어(유성기, 라디오) 극장은 밀접한 관계를 맺고 상호교섭하며 하나의 연극 장(theatrical sphere)을 이루고 있었다고 지적한다. 그에 따르면, "협률사와 원각사, 광무대와 연흥사, 단성사 등의 극장을 주 무대로 활동하고 있었던 이름난 창부와 기생, 악공, 배우, 변사 등은 대부분 유성기 음반을 녹음하는 한편 라디오에 출연했다. 당시 신파극과 신극, 영화해설 등은 무대 극장과 유성기 음반 극장, 라디오 극장에서 동시에, 물론 각각의 미디어에 적합하게 변형된 형식으로 상연되었던 것이다."(우수진 2020:322). 그런데 동일한 텍스트가 여러 미디어를 넘나드는 현상은 연극과 소리 미디어에서 뿐만 아니라, 소설, 신문잡지, 영화 등에서까지 광범위하게 나타났다.

Box 7.
미디어를 넘나드는 텍스트

식민지 미디어 산업에서도 요즘 식으로 말하자면, 인기 있는 콘텐츠를 활용한 OSMU(One Source Multi Use) 전략이 상당히 유행했다. 「장한몽(長恨夢)」은 그 대표적인 사례라 할 수 있다. 그것은 '이수일과 심순애의 비극적 연애 이야기'로, 오자키 고요(尾崎紅葉)의 신문 인기 연재소설 「곤지키야사(金色夜叉)」를 조중환이 번안한 것이다. 조중환은 이 소설을 「장한몽」이라는 제목 아래 각색해 1913년과 1915년 〈매일신보〉에 '전편'과 '속편'을 연재하였고, 이는 이후 일본에서처럼 연극과 영화, 창가 등으로 변형을 거치며 조선에서도 큰 인기를 끌었다. 신파극 「장한몽」의 공연은 토월회, 청춘좌 등 여러 극단에 의해 최소한 20여 차례 이루어졌고, 영화만 해도 이경손 감독의 「장한몽」(1926)과 이구영 감독의 「수일과 순애」(1931) 두 편이 나왔다. 이는 영화극, 영화해설 등의 라디오 프로그램으로 재가공되었다. 한편 1926년 일동레코드에서 『연극대사(장한몽)』라는 제목으로 토월회 이백수와 복혜숙의 음반이 나왔다. 1929년에 콜럼비아 레코드사에서 영화극 음반 『장한몽』이 출시되어 상업적 성공을 거두자 리갈의 『장한몽』과 『신장한몽』, 태평의 『만국장한몽』, 시에론의 『서양장한몽』 등 만담, 만극, 넌센스 등 여러 장르와 양식으로 15종의 음반이 발매되었다. 「장한몽」 관련 노래 음반 또한 영화 주제가를 비롯해 창가, 트로트, 판소리, 서도잡가 등으로 10여 종 이상의 다양한 판본이 등장했다(박진영 2004; 손대현 2020). 「장한몽」은 해방 이후에도 통속소설로, 또 영화와 대중가요의 소재로 지속적인 인기를 끌었다. 1은 「장한몽」 신문연재소설 첫 회의 일부(《매일신보》 1913.5.13.), 2는 영화 「장한몽」의 한 장면(《동아일보》 1926.2.28.), 3은 김영팔의 라디오 영화해설 「장한몽」(《조선일보》 1927.6.28.), 4는 청춘좌의 연극 「장한몽」 광고(《동아일보》 1940.3.23.)이다.

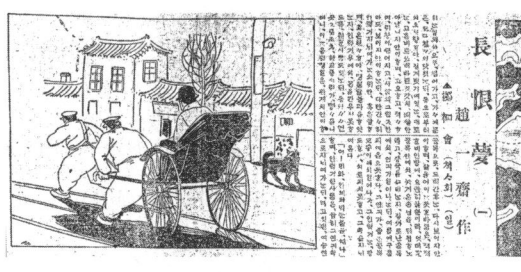

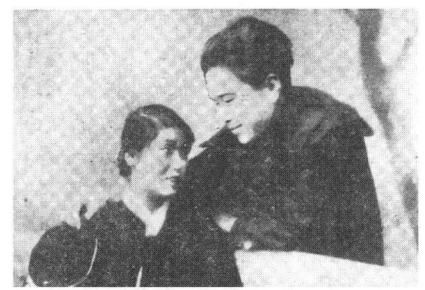

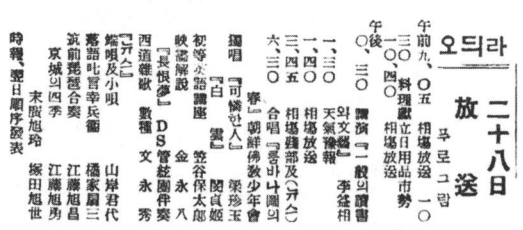

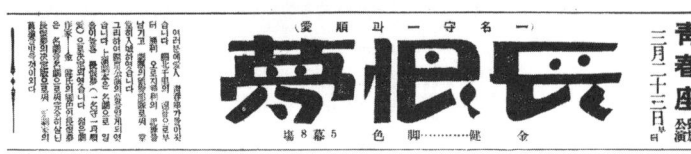

이러한 상황에서 경성 지식인들은 각종 미디어가 만들어내는 전례 없는 시청각적 자극에 둘러싸인 일상을 영위하게 되었다. 새롭게 구획되는 가로, 혼종적 양식의 건축물들, 각종 신상품과 신기술이 한데 어우러진 경성이라는 대도시는 근대성의 복잡다단한 의미지층을 빚어내는 하나의 거대한 미디어나 다를 바 없었다. 도시 그 자체가 새로운 사회문화적 의미를 발하는 공간으로 부상한 것이다. 이 공간의 경험은 다양한 차원으로 나타났다. 끊임없는 자극과 충돌이 넘쳐나는 대도시에서의 삶은 개인에게는 충격 체험이 연속적으로 펼쳐지는 장 안에 있는 듯한 기분을 안겨준다. 발터 벤야민(Walter Benjamin)은 이를 분산적 지각과 그것의 촉각적 질을 통해 이야기한 바 있다. 촉각성은 원래 신체적 접촉에 의한 지각과 느낌을 가리키지만, 벤야민은 대도시의 생활이나 기술 복제 시대의 예술은 마치 우리에게 촉각성과 유사한 시각적 체험을 준다고 지적한다. 분산적 지각은 시각적 이미지를 촉각성을 동반한 공감각적 인식으로 변화시킨다는 것이다(강재호 2014/2021:201-205; 심혜련 2012). 게다가 대도시 전체에 신경망처럼 깔리기 시작한 다양한 미디어는 시공간에 대한 새로운 감각을 불러일으켰다. 이제 식민지 주민들일지라도 할리우드와 유럽의 영화를 경성의 극장에서 보고 도쿄 방송국의 음악방송을 무선중계하는 JODK를 들을 수 있었으며 창극, 나니와부시, 재즈, 다카라즈카, 레뷰 등 전통과 이국적 근대 문물이 뒤섞이는 문화 속에서 살아가기에 이르렀다. 구체적인 미디어 콘텐츠와 그것이 자극하는 상상을 통해 공적 영역과 사적 영역, 식민지와 제국, 민족과 세계가 한 데 이어졌고, 이러한 변화는 다음의 신문 기사가 묘사하듯, 사람들을 정서적이고 감각적인 차원에서 흔들어 놓았다.

"경성 시내를 위시하여 조선 각지에서도 혹은 가두 혹은 따뜻한 온돌 속에서까지 온갖 음률과 연설이며 기타 여러 가지 세계 소식과 시장시세까지를 모조리 마주 앉아 듣는 것과 같이 들을 수가 있게 되어, 다수한 사람이 좋다 좋다를 부르며 환희를 느끼게도 하고, 에그 에그 하며 불안과 공포도 주게 하여 인간의 희로애락을 조종하고 있다."(〈동아일보〉 1929.11.10.)

일반적으로 지식인들이 이런 새로운 미디어 공간에 더 예민하게 반응했음은 두말할 나위가 없을 것이다. 가정에 각종 미디어를 구비하고 집 안팎에서 오락과 정보를 탐했던 부르주아 유형의 지식인이건, 도서관에서 신문잡지를 뒤적이거나 하릴없이 거리를 헤매며 라디오 소리에 귀기울이거나 그도 아니면 10전짜리 가배 한잔을 놓고 다방에서 음악 감상을 하던 룸펜 유형의 지식인이건 간에 말이다. 게다가 이들은 감각적인 체험을 언어화하고, 때에 따라서는 공간(公刊)할 수도 있는 특권을 가진 집단이었다. 대경성의 고현학, 각종 미디어에 대한 인상기가 이렇게 해서 많은 문필가의 펜 끝으로부터 현란하게 솟아났다.[74] 그 고현학적 산문들에는 흔히 '모던 경성'의 다양한 미디어, 그리고 일종의 미디어로서 '모던 경성'에 대한 지식인 집단의 현상적인 매혹과 감탄, 심리적 저항과 반발의 복잡한 양가감정이 배어있었다. 일례로, 일본에서 유행한 프랑스 영화 「몽파리(Mon Paris)」는 1929년 봄 단성사에서 상영되어 "화려한 천연색 센슈얼한 근대적 흥미와 세기말적 자극과 몽환을 불러일으켰다"는 평을 받으며, 조선 관객들 사이에서도 크게 흥행했다. 이 영화는 그해 여름 '모던 걸'의 패션에도 영향을 주어 얇은 옷감 사이로 몸이 내비치는 차림새를 유행시켰고, 유성기 음반으로 나온 영

---

74   1925년 등장해 1930년대 후반까지 신문잡지를 장식하며 근대도시 경성의 구체적인 일상을 묘사했던 안석영의 만문만화(漫文漫畵) 역시 글과 그림이 결합한 형식의 고현학적 작업이었다고도 말할 수 있을 것이다(신명직 2004).

화 주제가 또한 엄청난 인기를 끌었다(신명직 2004:320-323). 대경성의 고현학은 이와 같은 식민지의 이중적·모순적 풍경과 그에 대한 성찰을 담아내는 글쓰기였다. '쓰러져가는 초가집에서도 몽파리 노래를 부르는 역설적 상황'은 어찌 됐든 식민지의 근대성을 마주하려는 지식인들의 이목을 끌지 않을 수 없었던 것이다.

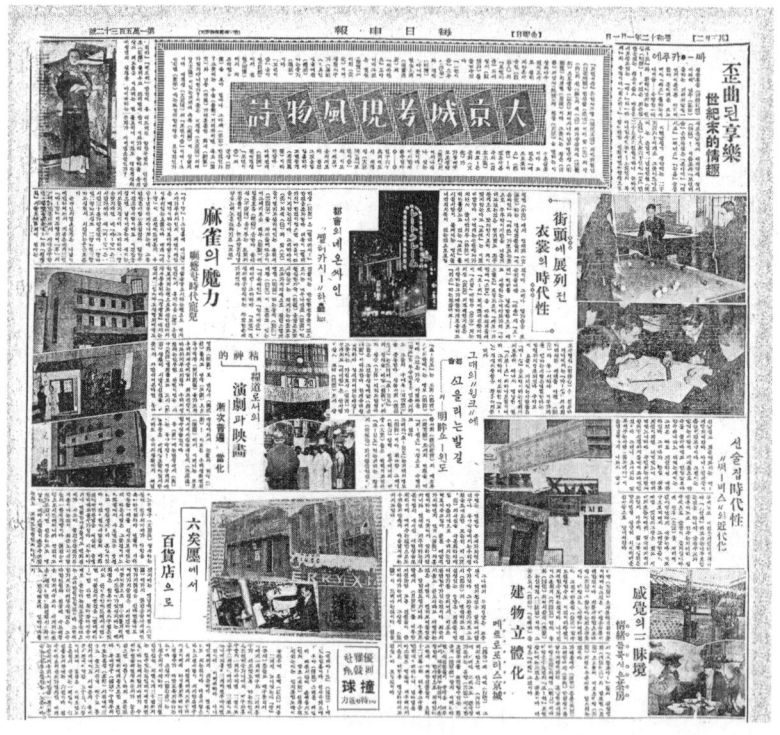

〈매일신보〉는 1937년 1월 1일자에 "대경성 고현풍물시(考現風物詩)"라는 제목의 특집을 꾸몄다. 이 지면은 "자본주의의 모든 문화가 가장 대규모로 집약되어서 나타나 있는 곳"인 "메트로폴리스"가 현 문명의 특징인 모더니즘을 가장 잘 구현하기에 "인구 60만의 대도시 대경성의 모더니즘의 이 모양 저 모양을 찾아보려 한 것"이었다. 이러한 취지 아래 신문에서 탐색한 대상은 극장과 영화관을 비롯해 백화점, 고층건물, 바, 카페, 다방, 선술집, 쇼윈도우, 네온사인, 패션, 그리고 당구와 마작이었다.

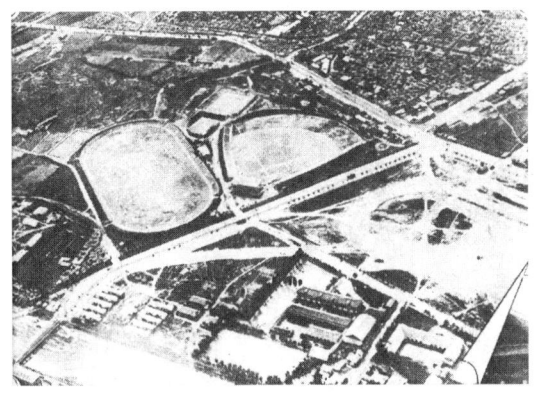

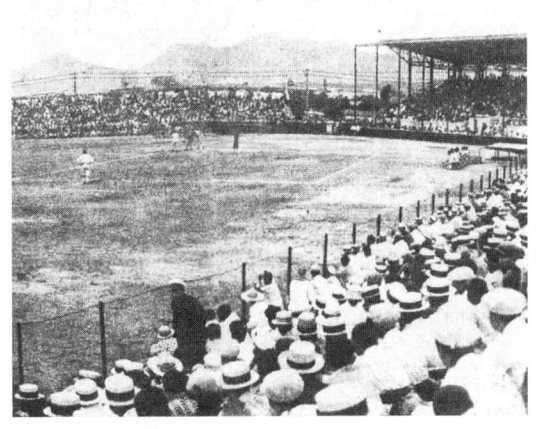

하늘에서 본 경성운동장(위)과 옆쪽에서 본 경성운동장(아래) (『선만대관』 1집, 1928)

'전기문화'와
'고속도'의 근대

근대 미디어 문화에 대한 최승일의 글쓰기는 대략 1930년대 초반까지 활발하게 이루어졌다. 수필 혹은 산문 형식의 그 글쓰기는 전기 문명 일반에서부터 경성의 대도시화나 신여성의 등장 같은 문화 현상, 그리고 라디오, 영화, 연극 등 개별 미디어에 이르기까지 다양한 대상을 아우른다. 우리는 그가 발표한 소설들 속에서도 간혹 경성의 미디어 정경(mediascape)이 그에게 어떻게 내면화되었는지 엿보게 해주는 대목을 만난다. 재즈 레코드를 틀어주는 카페 흑취와 에밀 야닝스 주연의 영화를 상영 중인 단성사가 중요한 공간적 배경으로 나오는 「거리의 여자」가 대표적일 테지만, 그 밖의 여러 소설에서도 주인공은 종종 책과 영화에 대한 상념을 드러내는 것이다. 그것은 어떤 미묘한 순간에, 「봉희」에서 최승일이 쓴 표현을 그대로 빌려오자면, "마치 스크린에 나타나는 타이틀같이 토막토막 나오기를 시작한다". 당시 많은 작가에게 그랬듯이, 최승일에게 근대 미디어는 일상생활에서 중요했던 만큼이나 창작 작업에서도 자연스러운 연상과 참조의 대상이었던 것처럼 보인다. 혹은 그가 근대적인 소설의 수사학을 도모하느라 의식적으로 자신의 미디어 경험을 동원했다고 볼 수도 있을 것이다.

　하지만 '모데루노로지스트'로서 최승일의 면모는 수필의 글쓰기에서 가장 잘 드러난다. 대개 대도시 경성의 문화와 미디어 정경을 그린 이 고현학적 산문들은 그다지 많지 않고 그 한편 한편이 길지도 않지만, 근대 대중문화와 예술을 바라보는 최승일의 시각을 직접적으로 드러내고 있다는 점에서 매우 흥미롭다. 이때 그의 위치가 이중적이라는 점을 지적해둘 필요가 있다. 그는 관찰자이자 논평가이다. 관찰자로서 그가 자신의 감각을 휘어잡는 새로운 문화풍경을 인상적으로 스케치한다면, 논평가로서 그는 때로는 자신의 이념적 지향에 따라 그 풍경을 새롭게 덧칠한다. 최승일은 모던 경성에 장차 도래할 변화를 예민하게 간파하는 한편, 바람직한 발전 방향에 대한 기대를 투사한다. 1926년 말 발표된 「라디오, 스포츠, 키네마」는 경성의 문화적 근대성에 대한 그의 예리한 감수성을 잘 드러낸 대표적 산문이다. 경성의 1920년대 중반은 여러 문화적 사건이 겹쳐 일어난 상징적인 시기였다. 1925년 10월 총면적 2만 2,700평에 2만 5,800명을 수용할 수 있는 국제적 규모의 종합운동장인 경성운동장이 개장해 곧 조선의 스포츠 중심지로 부상했다. 그것은 또한 경성부민의 취미 공간이자, 스포츠를 매개로 한 스펙터클과 이벤트의 공간으로 자리 잡았다. 1926년 10월에는 단성사에서 영화 「아리랑」이 개봉해, 조선인 관객의 열띤 반응과 격한 공감을 불러일으키며 공전의 히트를 기록했다. 그보다 두 달 전쯤 김우진과 현해탄에서 동반자살로 생을 마감한 윤심덕의 마지막 취입 음반인 『사의 찬미』가 신문잡지의 떠들썩한 스캔들 보도와 시류에 영합한 레코드 회사의 마케팅에 힘입어 엄청난 판매고를 올리던 무렵이었다. 스포츠, 영화, 유성기를 기술적 토대로 식민지의 문화적 근대성이 한참 개화하고 있었던 것이다.

　이런 맥락에서 최승일이 자기 글의 제목 맨 앞에 라디오를 내세운 것은 특히나 의미심장하다. 이 글이 나온 1926년 말은 사실 라디오 시험방송과 개국 예고가 있었을 따름이지, 실제로 정식 방송은 아직 시작하지도 않았던 시기이기 때문이다. 최승일은 영국과 미국, 러시아의 사례를 거론하며, 조선에서도 라디오가 머지않은 미래에 신문을 정복하고 유성기를 대체하리라고 예견한다. 「라디오, 스포츠, 키네마」의 마지막 두 문장은 그의 다른 글들에서도 공통적으로 나타나는 인식 구조를 간단명료하게 요약한다. "현대의 문명은 아무리 하여도 라디오·스포츠·키네마이다. 언제나 이들의 문명도 우리와 거리가 가까워지려는고? ―." 그는 근대성의 핵심 양상을 자기 나름대로 포착해 규정하고, 그 서술에 덧붙여 식민지 지식인으로서 갖는 고민을 여지없이 토로한다. 대체 '우리'는 언제 어떻게 그 문명을 제대로 누릴 수 있게 될 것인가, 라고.

사실 이러한 고민은 최승일만의 것은 아니었다. 1930년을 전후로 사회주의 지식인들은 근대 미디어의 영향력을 본격적으로 인지하기 시작했다. 영화, 연극과 같이 기술을 필요로 하는 예술 장르의 발전은 식민지의 열악한 기계문명 수준을 환기하며 그것에 대한 열망을 자극했다. 그렇지만 사회주의 지식인들은 근대 미디어가 구조화하는 삶의 양식을 긍정적으로 보지 않았으며, 오히려 자본주의에 의해 점령당한 주체의 감각을 회복해야 한다고 보았다. 문제는 이러한 비판적 이념을 대중과 공유하기 위해서는 자본주의 기계문명의 도구, 즉 근대 미디어를 활용해야 한다는 것이었다(최병구 2017). 여타 사회주의 문사 동료들과 달리, 최승일은 근대 기계문명 그 자체를 부정적으로만 인식하지는 않았다. 그는 오히려 이전 문명과 근대 문명의 차이를 냉정하게 바라보며, 그 핵심을 파악하고자 했다. 최승일의 문제의식은 역사 진보의 산물인 근대성과 미디어가 자본주의 체제에 의해 부정적인 방향으로 왜곡된다는 데 있었다. 그는 어떻게 이러한 상황을 극복하고 식민지 조선의 민중도 근대 기술 문명을 온전히 누릴 수 있을지 질문했다. 그의 방송국 생활은 자본주의 미디어를 비판하기 위해 그것을 이용해야 하는 역설을 단지 곤혹스러워하는 데 그치지 않고, 사회주의 문화정치의 딜레마를 과감히 감싸 안는 나름의 선택이기도 했다. 미디어에 내재하는 식민지적 모순의 근본적인 해결을 도모할 수는 없다 하더라도, 주어진 범위 내에서 가능한 효과적 활용을 모색함으로써 뭔가 개선의 단초를 마련해보고자 하는 노력이었다는 것이다.

이제 최승일의 산문들에 나타난 당시 문화와 미디어에 대한 인식을 좀 더 구체적으로 살펴보자. 먼저 그에게 근대 문화는 일차적으로 '기계문명'이었다. 그런데 이 문명은 현재로서는 자본주의와 제국주의에 의해 그 진보적 성격을 탈각 당하고 있다는 근본적인 한계를 지닌다. 1927년에 그가 발표한 단상 「당나귀, 발동기」는 이러한 인식을 잘 드러낸다. 식민지 사회의 생산력을 표상하는 '당나귀'와 '발동기'라는 두 개체는 대조적인 동시에 다분히 상징적이기도 하다. 당나귀는 끊임없는 노동과 착취에 시달리며 생활고에 신음하는 생명체라는 점에서 식민지 주민의 비유처럼 보이기도 한다. 한편 "전기의 문화"를 산출하는 기계문명의 대표자 격인 발동기는, 최승일이 보기에는, 인간을 억압하며 '거꾸로 돌고 있다'는 특징을 지닌다. 이는 자본주의에 의해 기술적 잠재력이 반동적으로 이용당하고 있다는 뜻일 것이다. 그는 당나귀는 "묵종의 노래"를 부르고 발동기는 슬피 울며 돌아가는 상황을 한탄하면서도, 노동하는 당나귀의 발 구르는 소리가 지구를 터뜨리고 인간이 거꾸로 도는 발동기를 바로 잡을 날이 올 것이라는 기대를 놓지 않는다. 근대 문화에 대한 최승일의 다양한 논의는 이러한 정조 위에서 이루어진다.

그에 따르면, 근대 문화는 무엇보다도 새로운 시간 감각, 곧 '속도감'으로 특징지어진다. "모던문화는 백종의 근대적 기형아를 전 스피드로 산출하고 있으니 눈에 불이 펑펑 돌도록 그 바퀴의 회전이 빠르다."(《조선문예》 1929.5) 이러한 근대 자본주의적 생산의 속도전은 근대인들의 신경, 꿈과 마음마저도 거기 적응하게끔 변화시킨다. "근대적 생산과정은 기계를 빌어서 대량생산을 하게 되고 그 속에서 핑핑 도는 인간-군집들은 꿈을 꾸어도 강렬한 꿈을 꾸어야 속이 시원하게 된다. 사람의 마음은 자동차의 속도를 따라가게 되고 강렬한 자극과 고속도의 회전이 우리의 신경을 유쾌하게 한다."(《조선문예》 1929.5) 이러한 '속도의 근대성'은 근본적으로 자본주의 체제의 속성으로부터 비롯한다. 그리하여 예컨대, 그는 자본주의가 발전하면서 변화하는 여성의 지위에 주의를 기울이면서, "자본이란 전차 밑에 여지없이 휘몰리게 되는 부인노동군들"을 관찰한다. 이들은 "커다란 자본의 전차 밑에서 눈에서 불이 나도록 돌고 있는" 상태로 특징지어진다(《조선지광》 1929.2). 한 마디로, 이전에 경험하지 못한 삶과 노동의 속도, 엄청나게 빠른 리듬감이 근대 자본주의의 중요한 속성인 것이다.

그런데 이러한 '속도의 시간성'을 낳는 기계화된 자본주의적 대량생산체제는, 최승일이 보기에, 전기 에너지에 긴밀히 맞물려 있는 것이다. 사실 자본주의와 기계문명은 서로 떼어놓고 말하기 어려울 정도로 밀접한 관련 속에서 운동한다. 나아가 이는 새로운 문화를 구축하는 동력으로 작용한다. 이러한 시각에서 최승일은 "부르주아의 부르짖는 산업의 합리화나 프롤레타리아의 농촌의 전기화가 다 이 전기를 '에네르기'로 한 신문화의 건설을 의미하는 것"이라며, 이를 "전기문화"로 명명하고 "전 인류의 문화는 이리로 돌진한다"고 주장한다. 전기를 기반으로 한 근대 산업문명은 인간의 습성만이 아니라 문화예술 전반의 변화를 촉진한다. "그리하야 우리는 '템포'-'스피드'-를 찾게 되었고 이 영향은 길가는 사람의 걸음이 빨라지는 것을 비롯하야 모든 문화적 시설-그 중에도 정신적-신경적 지도를 맡아 가지고 있는 문학-예술까지에도 그 영향을 가지고 오게" 되었다는 것이다. 최승일은 그 구체적인 예로 영화나 연극의 '전기화'를 든다. 그가 보기에, 러시아 영화 「아세아의 풍(風)」이나 「전함 포템킨」 등은 "명쾌, 예리, 분방한 또 윤전기처럼 강건, 합리적인 템포"로 되어있다. 또 독일 '버스카톤' 극장에서 상연된 「베를린의 상인」은 막 없이 이루어지는 "경이적 급 스피드"를 우리에게 보여준다(《중외일보》 1930.1.4.).[75] 재즈, 댄스, 촌극, 막간, 레뷰, 어트랙션과 같은 새로운 대중오락은 템포와 스피드의 시간성을 단적으로 구현한다.

"지구는 새로운 것을 쉴 새 없이 창조하며 있다. 그리하여 지구는 재즈의 혼악(混樂) 속에서 레뷰 식으로 회전하고 있다. 위에서 내려다보니, 먼지가 켜켜이 앉은 기와집들 속에 새빨간 벽돌집들이 우뚝 솟아 나오고 꼬부라진 좁은 길을 바로 뚫어라, 넓게 뚫어라, 그

---

[75] 같은 맥락에서 최승일은 이른바 '막간' 혹은 '어트랙션'에 대해서도 유사한 평가를 내놓은 바 있다. 노래와 춤, 희극, 재즈 밴드의 연주 등 다양한 장르의 혼합물인 막간 공연은 극과 극 사이 관객의 관심을 끌기 위한 장치였지만, 많은 지식인에게는 연극의 사회적 지위와 문화적 효과를 하락시키는 주범으로 여겨졌다. 그리하여 예컨대, 연출가 홍해성은 흥행극의 정화와 수준 향상을 위해서는 "관객의 저열한 감각에 영합하는" "소위 막간 여흥의 철폐"가 급선무라고 주장하기도 했다(《동아일보》 1935.1.1.; 김남석 2013:167-173). 그런데 최승일은 당시 저속하고 천박하다고 간주되던 '막간'의 핵심이 바로 '쇼'라는 점을 강조하면서도, 이러한 '쇼'가 기계문명이 지배하는 시대의 '빠른 속도'를 반영하는 극장 문화의 한 요소라고 지적한다. 그에 따르면, "도대체 현대인의 시각과 청각이란 다만 '구경거리'를 구경한다는 의미에 있어서는 유유(悠悠)하고 장한(長閒)하거나 심각하고 오묘한 것보다는 '템포'가 빠르고 변화가 막측(莫測)인 마치 만화경을 구경하는 것과 같은 그러한 순간의 자극, 찰나의 느낌이 있는 것을 요구한다. 그것은 기계문명이 우리의 생활을 지배하고 지도하기 때문이다. 시대의 첨단을 걷는 '쇼'란 곧 그 시대 풍경의 만화경이다. 풍자화, 만화화하는 것이 그 특색이며 그러므로 각양각색의 사회상이 얼크러진 한 개의 '파노라마'가 곧 '쇼'의 본질일 것이다. 그리고 그것이 한 개의 '극장 문화'를 형성하는 것이다."(《중앙》 1936.1) 쇼에 대한 이러한 전향적 태도는 근대 문화를 바라보는 그의 관점이 어떤 의미에서 진보적이라고 할 수 있는지 알려준다.

러고 다져라, 그리고 올해에 들어서서 경기도에만 자동차가 500대가 늘었다. 그리로 달리어라. 이 벽돌집 그늘 밑에서 이 가솔린 냄새 나는 거리에서 움직이는 우리들은 종로 네거리 — 상점에 내어 놓은 재즈의 방송에 발을 맞추어 '물랑루즈'나 '몽파리'를 보러 가지 아니하면, 마음이 상쾌치 못하다. 그리하여 우리는 미(美)를 맛봄에도 과학적 미를 탐낸다. 건강미를 즐겨한다. 강력한 미를 요구한다. 그렇다. 단테의 신곡은 벌써 과학적 — 역학적 현대행진곡에 그 심장이 타버리고 말았다. 베토벤의 월광곡은 황금야(黃金夜)에 싸여 칵테일을 마시면서 재즈에 발맞추어 2주일을 두고 낮과 밤을 춤추는 미국의 젊은 남녀의 발밑에서 파묻혀 고개를 못 든다. 레뷰는 현대인이 가진 한 개의 강신제(强神劑)다. 보아라, 입센의 '인형의 집'이나 셰익스피어의 '햄릿'이 현대인의 졸음을 사는 대신에 거리에 뮤직홀에서 나오는 촌극이나, 레뷰식 춤과 노래가 현대인의 마음속에 가서 한 컵의 칼피스(カルピス)가 되지를 아니하나. 그러므로 이 레뷰식 촌극식 스피드, 템포의 행진은 영화나 연극에도 침입을 하여 온다."(〈조선문예〉 1929.6)

이른바 '레뷰-걸'들의 벗은 다리가 상징하는 퇴폐와 선정성 탓에 일반적으로 레뷰에 대해 부정적인 인식이 강했다면, 최승일은 거기서 '에로-미'보다는 빠른 속도와 리듬이 자아내는 '과학적이고 강력한 건강미'를 발견한다. 그가 보기에, 이처럼 전기 에너지와 자본주의 체제가 인간과 문화를 '속도전'으로 몰고 가는 상황에서, 근대화되어가는 '대경성'의 '파노라마'는 미국산 최신 자동차로 시작해 영화, 외국 배우의 사진, 거리의 라디오 스피커, 카페의 재즈 레코드, 각종 일본 잡지의 가두 광고판 풍경으로 펼쳐진다. 이 새로운 도시 공간이 빚어내는 스펙터클은 유례없이 강렬한 시청각적 경험이자, 몸 전체의 신경이 반응하게 만드는 총체적 자극이기도 하다. 다양한 성격의 미디어로 가득 찬 대도시의 혼란스런 환경 속에서 대중의 식민지-근대적인 감각과 취향이 발전한다. 외래문물이 지배하는 그 새로운 감각과 취향은 즉각적이고 쾌락적이며 일시적이다. 그것은 침잠이나 성찰을 요구하기보다는, 정신없이 바라보거나 깜짝 놀라게 만드는, 무언가에 대한 접촉을 통해 느끼는 파편적 지각 경험에 가깝다.

"보아라, 십여간 대로를 한일자로 시멘트를 다져놓고 그 위로 신형 포드가 1시간 5, 6십리를 놓고 달린다. (...) 토요일 낮이면 인조견 스타킹에 모던식 구쓰를 신고 유록 두루마기에 외투도 입으신 분들이 상설관으로 몰려오사, 러브신이 스크린에 나타날 제 경련적으로 몸을 부르르 떨고 동무의 어깨에 기대면서 강렬한 자극을 향락하신다. 삼삼오오 짝을 지어 존 길버트, 로널드 골맨, 라몬 나바로 누구누구의 사진이 기숙사 사방(私房) 책상 위 벽에다 붙여놓고 해죽 웃는다. 밤. 종로의 네거리에 라디오의 스피커에서 오리엔탈 오케스트라의 폭스트로트가 흘러나올 제 추탕집, 두부집, 식당 등속에서 얼근히 취한 젊은이의 한 떼 대롱대롱 몇십 전 주머니에 넣고서 진고개로 진고개로- 쇼윈도를 기웃거리자 거대한 책사를 뒤지자 내버리느니 카페여왕 앞에서 돈 십전 꼼아올리고 커피차 한 잔에 재즈의 레코드 바람에 공연한 헛주정을 한다. 유각골 친구들이 종로의 네거리를 내려오면 눈이 휘둥그레진다. 이 빼빼 마른 거리에 일금 오백원의 현상 간판이 엄연히 서 있다. 취미잡지의 선전-잡지광고의 여리꾼의 외침과 같은 판매정책이다. 안국동 네거리 종로 네거리의 큼직큼직한 책사에 부인구락부, 소년구락부, 주부지우, 킹, 후지, 아사히의 깃대가 펄펄 날리더니 취미잡지의 대거 출동."(〈조선문예〉 1929.5)

대도시 경성의 삶 속에서 대중은 새로운 속도감을 경험하고, 이질적인 사물들의 국적 없는 조합에 점점 익숙해지며, 온갖 소음과 시각적 자극을 온몸으로 받아낸다. 이러한 체험은 충격과 쾌감을 함께 자아낸다. 최승일의 눈에 이 놀라운 근대적 스펙터클과 그에 대한 대중의 반응이 그저 경탄을 자아내는 묘사 대상이었던 것만은 아니다. 오히려 그는 "이 모든 근대적 향락이란 자본을 가진 대머리통 영감님의 아드님이나 따님들의 마음에 아첨하도록 하노라고 요꼴저꼴 산출되는 것이며 기계문명의 최후의 부르짖음!"일 따름이라고 일침 놓기를 잊지 않는다. 그런데 이 근대 미디어가 제공하는 오락거리가 유행을 만들어내고 사회의 분위기를 장악하면서 빠른 속도로 나아가게 되면, "아무리 만주서 좁쌀을 갖다먹고 고무신짝을 걸고 다니는 우리네 젊은이들도 이 분위기에 광취되는 것도 사실"이다(〈조선문예〉 1929.5). 최승일은 부르주아지만이 제대로 누릴 수 있는 자본주의적 소비문화에 식민지의 무산계급 청년마저 휩쓸리고 있는 부조리한 현실을 신랄하게 비판한다.

　　대경성의 미디어 정경 속에서 그가 특별히 관심을 기울인 미디어는 라디오였다. 이는 방송국에서 일하던 당시 그의 이력을 감안하면 지극히 당연한 일일 것이다. 이 새로운 미디어가 보여주는 재매개성(remediation)에 대한 직관을 가지고서, 그는 라디오를 "신문과 극장을 합친 것", 또는 (아마도 주간보도방송과 야간연예방송의 기능을 염두에 두고서) "낮에는 신문, 밤에는 유성기"라고 설명한다. 그에 따르면, 라디오는 신문이나 극장에 못 미치는 면도 있으나 어떤 면으로는 그보다 훨씬 더 훌륭한 기능을 발휘하기도 한다(〈학생〉 1929.11). 아니, 수사학적으로 말하자면, 그것은 '과학의 극치', '근대문명의 신'이자 '신문의 정복자'다.

　　"라디오-현대 과학문명의 극치-거미의 잔등과 같은 마이크로폰을 통하여 세상의 움직임을 듣는 수수께끼같은 이야기. (…) 타작마당에다가 바지랑대를 세우고 전지를 갖다놓고 나팔통을 갖다대면 JOAK가 나온다. 동경에서 기생이 소리하는 것이 들린다. 별안간 '오늘은 쌀이 한 되에 56전 하던 것이 57전이 되었습니다'하는 소리가 들린다. 낫을 든 민중은 귀신의 장난이라고 한다. 과학의 신이다. 근대문명의 새로운 신이다. (...) 사실상 라디오는 신문을 정복하고 있다. 그것은 재언도 소용없는 명확한 사실이다."(〈별건곤〉 1926.12)

최승일이 잘 지적하고 있는 것처럼, 라디오는 당시에 첨단과학과 합리성, 서양과 근대의 상징이었지만, 동시에 그 원리를 정확히 이해하고 그 운용을 통제할 능력 없이 그저 수용하고 소비할 따름인 식민지 주민에게는 그 자체 하나의 마법같이 신비로운 대상으로 경험되었다 (Morley 2007:11장). 하지만 최승일은 "교화기관으로 보도기관으로 오락기관으로 이만큼 오늘날 널리 사용되는 기관은 아직 같아서는 이 위에 덮을 기관이 없을 것"이라고 내다본다. 라디오의 탁월성은 독일 비행선 체펠린백호의 세계일주 보도에서 잘 드러난다. 1929년 8월 독일에서 일본까지 백여 시간에 걸친 직항에 성공한 체펠린백호가 도쿄 근교 해군 비행장에 착륙할 때 환영회가 열렸는데, 도쿄방송국이 현장에 마이크로폰을 설치해 이를 방송했고, 경성방송국은 다시 그 전파를 받아 조선에 중계했던 것이다. 이와 같은 보도의 신속성과 현장성은 신문기자들이 방송국으로 몰려오는 상황을 낳았다. 최승일은 라디오가 활자 미디어처럼 기록을 통한 지속성은 갖지 못하지만, "세계의 움직이는 음향을 등덜미로 쫓아다니며" 신속하게 전할 수 있다는 장점을 지닌다고 주장한다. 그리하여 그것은 비행선과 함께 "고속도 시대의 상징"이 된다는 것이다(〈학생〉 1929.11).

최승일이 라디오에서 특히 주목하는 부분은 문화적 가능성이다.

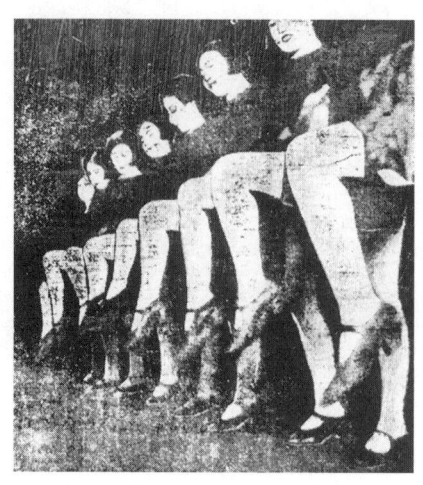

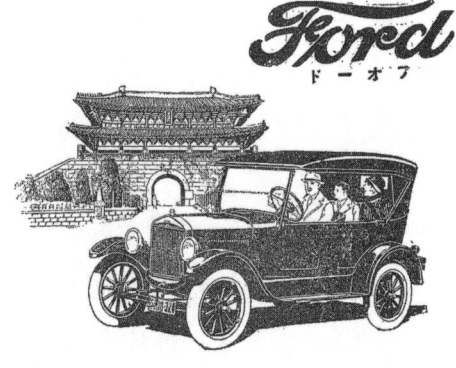

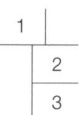

최승일에 따르면, 근대의 산업문명과
전기문화는 엄청난 속도의 감각을
일으킨다. 근대인의 신체가 새롭게
경험하는 빠른 템포와 스피드를
매개한다는 점에서 '레뷰'라는 쇼
형식과 '자동차'라는 교통수단은
일맥상통한다. '라디오'와 '비행선'
또한 고속도 시대의 대표적인
신기술이다. 1은 단성사에서
극단 연극시장이 흥행시킨 레뷰 장면
(《조선일보》 1931.2.11.)이고, 2는
포드 자동차 광고의 일부(《경성일보》
1926.8.15.)이며, 3은 비행선
체펠린백호의 사진이다(《매일신보》
1929.8.14.).

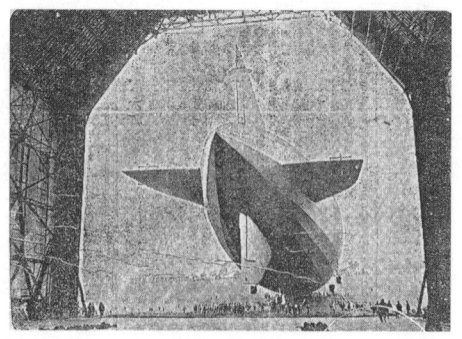

예컨대, 조선인들은 불행히도 극장과 무대를 갖지 못했지만, 그 때문에 "안테나에 연극의 목소리를 얽어매게" 되었고 이는 새로운 문화의 창조로 이어질 수 있다고 말한다. 라디오 연극은 대안적 예술형식으로서 커다란 잠재력을 지닌다. 물론 이는 인민의 문화적 수준과 서로 길항하면서 이루어지는 일이겠지만 말이다.

> "공기와 연극—수난자인 조선의 연극은 그의 길! 그의 집은 공기 속이라고 할까? (...) 내년에 들어서면, 우리는 라디오에 적합한 새로운 방식의 극본을 만들어내야 하겠다는 것을 선언한다. 왜 그런고 하니, 라디오를 통하여 새로운 문화가 창설할 수 있다면 그것은 오직 연극의 형식밖에 없는 것이다. (...) 새로운 형식의 방송극본— 그리고 우리는 '기계파괴자' '군중=인간' '해전' '누가 제일 못난 놈이냐?' 같은 것도 때때로 소개하고 싶기도 하지마는, 조선의 안방 건넌방의 식구들을 볼 것 같으면 가슴이 답답하고 하품이 나기를 마지 않습니다."(〈별건곤〉 1927.12)[76]

1927년 한 해 동안 최승일은 라디오극연구회를 통해 다양한 방송극을 제작하고 라디오연극이라는 새로운 형식을 실험해볼 수 있었다. 이 과정에서 그는 토월회 류의 신극이 가지는 통속적 인기와 대중적 호소력을 재인식하게 되었을 것이다. 라디오를 소유할 만한 경제적 여유가 있는 소수의 조선인 청취자들마저도 그 취향 수준이 높지 않다는 것, 라디오연극과 같은 형식에서조차 더 쉽고 재미있는 것, '대중적인

---

76   최승일은 라디오 연극에 관해 「공기와 연극」 외에 「극과 무선전화」라는 글을 쓰려 했던 것으로 보인다. 이경손이 고문으로 관여했던 〈문예·영화〉 창간호(1928.3)는 제2호에 실릴 글로 최승일의 이 글을 소개하고 있으나, 이 잡지가 결국 한 호만 내고 종간되는 바람에 세상의 빛을 보지 못했다.

것'을 지향하지 않으면 안 된다는 것을 어렴풋이라도 알아차렸을 것이다. 하지만 당시 극히 미미한 라디오 보급상황과 낮은 청취율은 역설적으로 '대중적인 것'의 압력을 넘어서 제작자가 원하는 실험을 허용해준 환경이기도 했다. 그는 '예술성' 있는 라디오극 작품에 대한 희망을 놓지 않고 엘리트주의적 관점에서 대중의 취향을 폄하한다.

식민지 수용자의 '낮은 문화적 수준'이라는 열악한 조건에도 불구하고 최승일은 "'라디오'문화로서의 독특한 문화도 이 뒤로 자꾸 생길 것"이라면서, "철필을 가지고 원고지에다가 써서 인쇄기를 거쳐 가지고 발휘되고 선전되는 예술이나 문학이 '마이크로폰'을 거쳐 가지고 한 개의 새로운 형식의 예술이 출생하기에 지금 싹이 트고 있습니다."라고 선언한다(《학생》 1929.11). 이것을 그는 전기화로 인해 생겨나는 '전기문학', '전기예술'이라고도 부른다. 다양한 근대 미디어에 맞추어 만들어진 새로운 문학예술은 그러한 기술적 미디어가 결국 전기를 동력으로 삼는다는 점에서 넓게는 전기문학이며 전기예술이라는 것이다. 이를테면, 어느 극작가가 라디오 방송에 적합하도록 새로운 극본을 쓴다면 이것은 두말할 나위 없는 전기문학인 셈이다(《중외일보》 1930.1.4.). 그런데 라디오의 이러한 기술적·문화적 가능성을 최대한 실현하기 위해서는 방송국이 더 많이 생기고 수신기 또한 일반 민중이 자유롭게 이용할 수 있어야 할 것이다. 한데 바로 조선의 현실은 그렇지 못하다는 데서 최승일의 고심 어린 비판이 나온다.

"그러나 돈 없는 동무여! 당신네들은 팔구십 전을 내고 신문을 보듯이 그만한 돈을 내고 그 대신 라디오를 들을 수 있을까요. 낮에는 신문이고 밤에는 유성기인 라디오를 들을 수가 있을까요? 그렇다, 생활과 라디오—우리에게는 우리의 생활과는 아직도 멀다. 어느 것이나 아니 그러리요마는 문명, 그것도 돈 있는 자의 소용물이다. 문명은 쉼 없이 새것을 내놓는다. 그것은 부르주아에게 팔려간다. 그리하여 모처럼 의식 있게 왔던 것이 그 본의를 잃어버리게 된다. 그리하여 문명이 운다. 문명이 운다. 서러워한다. 라디오가 운다. 우리와는 거리가 멀다."(〈별건곤〉1926.12)

1926년 말 최승일은 방송 준비를 다 마친 라디오가 정작 민중의 생활과는 거리가 먼 부르주아의 도구일 뿐이라는 점을 냉정하게 지적한 바 있다. 그로부터 3년이 지나고 난 뒤 그는 이러한 상황이 여전히 개선되지 않고 있다는 사실을 확인하며 안타까워한다.

"조선의 라디오란 팔자가 사나워서 혹 기미꾼의 시세 앎이나 종로 상인들의 자점(自店) 광고용으로 스피커를 거리로 향하여 내놓게 되고, 그 외에는 대개로 있는 집 자손들의 손 장난감으로 제공밖에 아니 되고 있습니다. 남은 몇십만, 몇백만의 대중을 안고 있는 마이크로폰이 조선서는 불과 1, 2천 하니 대중이라고 할 수도 없겠지요. 그러나 이것도 조선서는 방송국이 한 개밖에 더 허락되지 아니하고 있는 이상-다소간이라도 이 기관을 이용하고 있는 이상 민중의 여론은 혹여 우리에게 불리한 조건을 고치게 할 수가 있다면 다행이 아닐까 합니다."(〈학생〉1929.11)

그렇다면 이러한 현실은 어떻게 지양될 수 있을까? 1930년대 초까지만 해도 사회주의적 이상을 지향하고 있었던 최승일은 '소비에트 러시아'를 하나의 모델처럼 제시한다. 가령 그가 라디오에 관해 쓴 글 가운데 가장 이른 시기에 나왔던 「라디오, 스포츠, 키네마」는 어느 무선잡지에 실린, 그의 마음에 맞았던 그림을 설명하며 라디오 부분을 끝맺는다. 그것은 러시아 어느 농가에서 스탈린의 연설을 듣기 위해 늙은 영감이 주의를 집중하며 앉아있고 젊은 아들은 차례를 기다리고 있는 그림이다. 이는 촌부까지도 수신기를 자유롭게 소유할 수 있는 사회, 라디오가 정치적으로 활용됨으로써 혁명성이 청년 세대로까지 이어지는 사회에 대한 최승일의 심상을 보여준다는 점에서 주목할만하다. 라디오에 관해 가장 나중에 쓰인 그의 글 「라디오와 전기문화」의 마지막 부분은 "프롤레타리아의 나라인 러시아"에서 방송사업이 어떻게 이루어지고 있는지를 소개한다. 그에 의하면, 러시아에서는 방송국의 수가 65개나 되고 수신기는 노동자에 한해 무료로 배급되며, '소비에트연방 방송사업 5개년 계획'에 따라 장차 인구 10인당 1개꼴로 라디오 보급이 이루어지리라는 것이다. 그는 또 사회주의 사회의 인민은 예술의 소비자만이 아닌 적극적 창조자라는 인식을 바탕으로 모스크바의 예술가들이 '예술을 노동자에게!'라는 기치 아래 방송사업에 착수했다고 전하고 있다. 어떤 의미에서 그는 궁극적으로는 식민지 체제의 변동을 통해 라디오가 민중에게 널리 보급될 수 있다면 그 기술에 내재하는 예술적·해방적 잠재력을 실현할 수 있을 것이라는 믿음을 놓지 않았던 것이다. 최승일의 이와 같은 라디오론은 당연히 사회주의자로서 정치적 지향과 프로 예술관이 작용한 것이지만, 새로운 미디어의 사회적 용도가 아직 충분히 고정되어 있지 않았던 당시의 객관적 정황과도 관련이 깊다.[77]

---

77 라디오와는 또 다른 예로, 유성기 음반은 유행가를 비롯해 만담, 영화해설 등 다양한 연예물을 담는 오락적 용도로 점차 정착해갔지만, 1926년 조선일보 사장 이상재가 "조선 청년에게"라는 제목의 연설을 취입하는 등 정치적·계몽적 용도의 가능성 또한 지니고 있었다. 그런데 같은 해 발매된 윤심덕의 유작 「사의 찬미」가 열띤 언론 보도와 레코드회사의 마케팅에 힘입어 엄청난 인기몰이를 한다. 이는 유성기 음반을 위해 새로 만들어진 노래인 유행가가 조선 음반 시장의 성장에 얼마나 기여할 수 있는지 확인시킨 결정적 계기를 마련했다(《동아일보》 1932.7.2.; 이상길 2001).

"'라디오'는 국제적이다. 대지의 호흡 — 동요는 '마이크로폰'이 흡입하여 다시 뿜어내고 만다. 그리하여 오래지 아니하여 '에스페란토'는 '라디오 드라마'를 방송하여 전 인류가 자기의 가정살이가 공통이 될 날도 머지 아니한 앞날에 있다. '라디오' 문화란 지구를 축소시킨다. 조선인의 생활 감정이 전세계 '에스페란티스트'의 귀에 들리게 될 날도 머지 아니하다. 우리는 보고 있다. 내다보고 있다. 타이프라이터로 원고를 쓰고 드라마를 '라디오'로 방송을 하는데 레뷰나 재즈가 아니 따라갈 수가 없다. 그리하여 지구는 축소되어 있으며 세계는 똑같은 무대에서 똑같은 연극을 하면서 똑같이 최후의 만찬을 베풀고 있다. 그러나 우리는 이 모든 — 향락의 소유자가 부르주아라는 것을 잊어서는 아니 된다. 우리의 모던 문화란 이러한 단계를 밟고 있는 문화의 탈환을 의미하는 것이다. 그리하여 우리가 먹은 칵테일은 우리의 뱃속에서 소화되고 말 것이다. 그리하여야 된다."(《조선문예》 1929.6)

부르주아만이 누리는 미디어 문화의 탈환이 "우리의 모던 문화"여야 한다고 주장하면서, 최승일은 라디오가 전 인류를 연결하는 기술적 기반이 되고 에스페란토어로 언어적 소통을 하게 된다면, 전 세계가 같은 문화산물을 향유하고 조선인의 문화 또한 세계인에게 전달될 수 있을 것으로 전망한다. 라디오 문화는 이렇게 장소를 잇고 공간을 압축하며 마침내 "지구를 축소시킨다"는 것이다.

라디오론만큼이나 자세하지는 않지만, 영화에 관한 그의 간단한 언급들도 여기서 짚고 넘어갈 필요가 있을 것이다. 그는 아마 친구 이경손과의 교분 때문에라도 일찍부터 영화에 대해 흥미를 느끼게 되었을 것으로 짐작된다. 널리 알려져 있다시피, 이경손은 「월하의 맹서」를 감독한 윤백남의 프로덕션에 들어가 사사하고, 1925년 「심청전」의 감독으로 데뷔한 무성영화기의 대표적인 감독 가운데 한 명이다. 그럼에 도 연극과 라디오에 대한 관심이 지배적이었던 탓인지 영화에 대한 최 승일의 관심은 크게 발전하지 않은 듯 보인다. 영화와 관련된 그의 글 은 별로 눈에 띄지 않는다.[78] 드문 사례 가운데 하나인 「라디오, 스포츠, 키네마」에서 그는 "다른 것, 모든 예술보다도 가장 민중과 가까운 의미 를 가진" 미디어로서의 가치를 영화에 부여한다. 그것은 영상 미디어인 영화가 예컨대 인쇄 미디어인 소설에 비해 쉽게 이해될 수 있기 때문이 요, 또 싼값에 접근할 수 있기 때문이다. 게다가 그것은 짧은 시간 동안 많은 내용을 전달해준다는 점에서 "바쁜 이 세상"인 근대의 속도에 적 합한 미디어이기도 하다.

"사실상 영화는 소설을 정복하였다. 왜 그런고 하니 그것은 대체상 으로 소설은 지식적, 사색적이고 영화는 시선 그것만으로도 능히 머리로 생각하는 사색 이상의 작용의 능력을 가진 까닭이다. 또한 경제상으로도 하루 밤에 삼사십 전만 내어 던지면 몇 개의 소설(연 출)을 직접 사건의 움직임을 보는 까닭이며 또한 소위 바쁜 이 세상 에서 짧은 시간을 가지고서 사건의 전 동작을 볼 수가 있는 것이었 다."(〈별건곤〉 1926.12)

78 1928년 1월 초 〈조선일보〉에 연재한 "1927년의 조선영화계: 국외자(局外者)가 본"의
원문 전체가 남아있다면, 영화에 대한 최승일의 시각을 살펴볼 수 있는 가장 상세한 글
이 되었을 것이다. 하지만 현재 이 글은 연재 총 3회분 가운데 1, 2회분이 소실된 상태
이다. 참고로, 그것은 같은 지면에 심훈이 최승일에 앞서 세 차례 연재한 "조선 영화계
의 현재와 장래"와 일종의 쌍을 이루고 있는 것으로 보인다(〈조선일보〉 1928.1.1., 1.4., 1.6.).
최승일의 글이 '국외자가 본'이라는 부제를 달고 있는 이유는 다분히 심훈의 글을 의식
한 것이었을 테다.

영화가 30~40전, 때로는 단돈 10전만으로도 소비 가능한 미디어인 만큼 최승일은 계급적 시각에서 무엇보다도 '보급의 일반화'를 강조했던 라디오와 달리, 영화에 미학적 기준을 좀 더 뚜렷이 부각한다. 이는 대체로 '민중의 생활과 조선의 현실을 잘 드러내는 사회주의적 지향의 작품'이라는 말로 요약할 수 있다. 새로운 외양이나 형식만이 아니라, 새로운 내용 나아가 이데올로기가 문제라는 것이다. 그가 보기엔, 영화는 민중의 생활을 표현하고 반영해야만 공감을 얻고 도움을 줄 수 있다(〈조선문예〉 1929.6). 물론 그것은 영화 미디어에 특수한 원칙이기보다는 문학적·연극적 이념의 투사에 가까웠다고 보아야 한다. 하지만 영화가 소설이나 연극을 넘어서는 "가두의 예술"로 자리 잡은 이상, '현실을 비판하는 무기로서의 예술'에 대한 요구 역시 더하면 더 했지 약해질 수는 없다. 다음 인용문은 영화예술을 바라보는 그의 시각을 명확히 드러낸다.

"나는 조선의 영화를 볼 때에 저기압 속에서 태양을 찾는 환경(幻景)을 보는 것과 같은 느낌을 가지게 된다. 그리고 오늘날 영화작품이 가두(街頭)의 예술인 이상 소설과 연극을 극복한 이상 — 될 수 있는 대로는 각 방면에서 도와가야 하겠다. 다시 말하면 소설에나 연극에나 나타나게 될 조선의 현실이 충분하게 (될 수 있는 대로) 영화에 나타나게 하고, 또한 그것이 광명을 찾는 우리들의 무기가 되어야 할 것이다. 왜 그런고 하니 우리들의 생활 속에서 우러나는 모든 예술적 작품은 무기이어야 할 터이니까. 그렇다, 모든 예술적 작품은 사회주의적이라야 할 것이다."(〈조선일보〉 1928.1.10.)

이러한 관점에서 최승일은 1927년 심훈이 감독한 영화 「먼동이 틀 때」에 대해 신랄한 단평을 내놓은 바 있다. 그는 영화 '스토리'의 개연성이 부족하고 그로 인해 감독이 말하고자 하는 주제 의식 역시 제대로 전달되지 않는다고 지적한다. 최승일의 이러한 비판은 심훈의 반박처럼 영화 미디어의 고유한 특성을 고려한 분석이라기보다는, 문학적이고 이념적인 잣대를 영화에 그대로 들이댄 비평이었다고 할 수 있다(《별건곤》 1928.2). 사실 「먼동이 틀 때」에 대한 최승일의 야박한 평가는 나운규의 「아리랑」에 대한 극찬과 대비된다. 당시 조선 민중 사이에 항일 민족의식을 자극하며 한창 인기를 누리고 있었던 「아리랑」은 최승일에게도 커다란 격정과 감동을 불러일으킨 것으로 보인다. 그리하여 그는 "조선의 문화도 차차 영화 속으로 들어가게 된다. 너나 할 것 없이 영화, 영화 한다. 한 개다 한 개, 「아리랑」 한 개다"라고 찬사를 보내면서, "여하간 이 「아리랑」이란 영화는 과거의 조선의 영화를 모조리 불살라버리고 이 돈 없고는 살 수 없고 한숨 많은 이 땅 위에서 슬피 대공(大空)을 울려 그 무엇을 광호(狂呼)하는 한 개의 거상(巨像)"이라고 자신이 받은 감흥을 토로한다. 하지만 영화 미디어의 예술적 잠재력과 대중적 영향력에 대한 최승일의 직관이 아무리 설득력 있다 하더라도, 대중의 각별한 정동을 유발하는 영화 특유의 미학에 대한 성찰이 없다는 결점마저 가려주지는 않는다.

어쨌거나 근대도시 경성의 미디어 문화풍경은 다른 인텔리들에게 그랬던 것과 마찬가지로 최승일에게도 감각적인 인상과 양가감정을 남겼다. 최승일은 자신의 문학예술관을 투영해 그 풍경의 다른 색깔을 상상했다. 민중의 현실에 기초한 변혁적인 내용을 누구나 이용할 수 있는 미디어에 실어 널리 전파하는 것, 거기에 1920년대 중후반 최승일이 보여준 근대 미디어관의 핵심이 있었던 것이다(《중외일보》 1928.7.14.). 덧붙여 그러한 미디어관이 당시 문화예술계의 사회주의적 지식인들 사이에서도 흥미로운 차별성을 띠었다는 점 또한 지적해두어야 한다. 근대의 도래를 편견 없이 받아들이고자 했던 그의 태도가 자연스럽게 당시의 여러 사회 현상에 대한 진보적인 시각으로 나타났기 때문이다. 이는 1929년 6월 〈조선문예〉에 실린 카프 계열 문인들의 좌담회 발언에서 명확히 드러난다. '근대 도시생활과 문예'를 주제로 이루어진 이 좌담회에는 최승일 외에도 김영팔, 임화, 최서해, 김기진, 안석영, 박팔양, 최상덕, 유완희 등이 참석했다. 여기서 최승일은 다른 참석자들이 대도시 경성이 '모던보이', '모던걸'의 감각 및 생활양식에 가져온 근대적 변화에 대체로 비판적인 데 반해, 그것의 실체를 포착하고자 노력하며 긍정적 면모를 강조하는 입장을 취한다.

　　이러한 맥락에서 최승일은 "도회인의 감각이란 (...) 활동사진이나 본정통(本町通) 전기 장치한 입단(仁丹) 광고나 청목당(靑木堂)의 삐루병 넘어지는 것이 오히려 신경이 흥분"되는데, 이는 "과학문명화한 분위기에 살아서 그 감각이 말초화한 까닭"이라고 논한다. "지금에는 모든 생산이 대량화 기계화 되어서 라디오로 비행기까지 뜨게까지하는 급속도식 발달적 생산과정에 있으니까 인간생활의 감정도 스피드화하고 감정은 극도록 예민"해졌다는 것이다. 그는 1920년대 들어 여학생이 길거리에 많이 나오고 사색이 없이 무감각하고 "기계적 명쾌"를 보이는 식으로 "타락"을 드러낸다는 한 참석자 발언에 대해 그것은 "절대로 타락이 아니"라며 흥분해 대꾸한다. "태평한 봉건사회에서는 템포도 없고 둥글기만 한 유한(有閑)한 그것에서 예술미를 찾았겠지만 자본주의 사회의 발달이란 도시 중심적이기 때문에 현대 남녀가 그렇게 된다는 것은 반드시 밟아야 할 필연"이라는 것이다. 나아가 그는 당대에 유행 중인 "의복의 신기화, 남녀의 경박화" 경향이 좋기보다는 잘못되었다는 지적에 다시 "진정한 의미의 모던 남녀와는 성질이 다르겠지만 모뽀, 모가들의 현대인적 미, 과학적 미, 건강미, 강력적 미는 악경향이 아니"라고 변호한다. 그는 근대 문화가 "사회의 운명"이며 "과거 사회에서 장래 사회로 가는 한 도정을 밟는 것"이므로 "잘 소화만 하면 그만"

이라는 입장을 거듭 피력한다(《조선문예》 1929.6). 이러한 그의 시각은 다른 카프 계열 문인들과 뚜렷한 차이를 보인다는 점에서 인상적이다.

그 연장선에서 또 하나 흥미로운 텍스트가 최승일이 좌담회에 몇 달 앞서 발표한 「모던 히로인」이다. "서울의 아침 ─ 새벽의 거리에도 남자의 수보다 여자의 수가 더 많이 움직이고 있다"는 관찰로 시작하는 이 평론은 자본주의 근대문명 아래 변화하는 조선 여성의 역할과 그에 따라 새롭게 요구되는 문학에서의 여성 인물상을 논한다. 그에 따르면, 과거의 문학은 단지 "개성이 없는 종속물인 다만 성욕의 대상으로서의 미화된 여성", 즉 "미희"만을 창조하고 찬미했다. 그다음에 등장한 것은 신문화가 낳은 여주인공으로, 자기 자신의 개성에 눈뜨고 인격 함양에 집중하는 인물이었다. 그런데 최승일이 보기에, "오늘의 부인들은 벌써 인형의 집을 벗어나서 공장이나 회사나 학교나 거대한 현대적 빌딩 앞에서 기수 노릇을 하고" 있다. 연초공장, 고무공장, 제사공장은 물론, 정미소, 전화교환대, 병원, 은행, 회사, 학교, 유치원 등 다양한 영역에서 "자기의 먹을 빵을 얻으려고 하고" 노동하는 부인 여성군이 증가하고 있다는 것이다. 이는 가장 한 명의 수입만으로 살 수 없는 생활 여건 때문이므로, 우리가 그러한 여성들을 "제조"해냈다고까지 말할 수 있다.

최승일은 이처럼 자본주의 사회에서 어쩔 수 없이 노동에 나선 '히로인'들이 점차 일에서 "다 ─ 각기 자기들의 생(生)의 활동으로 자발적으로 기쁨으로 그 길로 나아가기를 즐기게 되는 묘미"를 발견한다고 지적한다. 더욱이 "미래사회에서도 인간의 본연한 욕구로 그리될 것인 것은 불을 보기보다 더 밝은 일"이다. 노동하는 여성, 나아가 노동에서 자신의 본성을 실현하는 여성의 부상은 이제 거대한 시대적 추세이자 거역할 수 없는 방향성인 셈이다. 문학이 구현해야 할 '모던 히로인'은 바로 그러한 여성이라 할 수 있다. 이제 작가는 독립적 경제인으로서 남성과 동등하게 생활하고 연애는 부차적으로 여기며 "참된 사회적 이상"을 가지고 일하는 여성상을 창출해야 한다. 최승일은 송영의 소설 「우리들의 사랑」에서 그러한 인물형의 단초를 본다. 문제는 자본주의 체제가 여성 노동자에게 구조적인 억압과 고통을 안겨준다는 것이다. "과거 여성들의 비극의 발생은 가정에서 일어났다. 그러나 현대의 여성들의 비극은 똑같은 사회적 조건 하에서 발생되는 것이다. 부부의 불화, 가정의 ■■보다도 자본의 전차와 충돌이 더 많아져 가는 것을 우리는 날마다 볼 수 있는 것이다." 그는 과거의 여주인공이 "정신적으로 물질적으로 해방이 되어 대도를 활보하게 되는 것"을 기대하면서, 소비에트 러시아의 사회주의 운동가이자 페미니스트였던 콜론타이의 말을 인용하며 글을 맺는다.

근대 여성에 대한 최승일의 이러한 시론은 그가 3년 전에 쓴 기행문 「나와 화소환」에서 하층계급 및 외국인 혐오와 뒤섞인 여성 혐오를 강하게 내비친 점을 떠올리면(〈개벽〉 1926.6), 상당히 진일보한 시각을 보여준다고 할 수 있다. 이러한 시각은 일정 부분 최승희, 마현경, 석금성 등 주변의 진취적 여성들과의 관계 속에서 형성되고 강화되었을 것으로 여겨진다. 그것이 추상적·이념적 원칙에 머물지 않고 실제 그의 삶과 관계망을 가로지르는 원리로 의미 있게 작동했는지는 알 수 없다. 하지만 적어도 그가 식민지 생활양식의 변화 속에서 나타나는 다양한 근대성의 징후에 대해 열린 태도로 접근하고자 했다는 점만은 분명하다. 그의 미디어 문화 관련 글들은 어떤 체계적이고 일관된 사상의 구축에까지는 이르지 못했을지언정, 적어도 그러한 개방적 태도에서 비롯한 유연하고도 객관적인 인식을 확인시켜준다.

#4

'좌파'
연극인에서...

프로연극의 시도

1930년을 전후해 최승일은 여러 가지 중요한 변화를 겪는다. 우선 그는 1929년 중에 마현경과의 결혼생활을 실질적으로 청산하고 배우 석금성과 새로 가정을 꾸리게 되었다. 최승일과 재혼할 무렵 석금성은 이미 남편과 세 자녀를 둔 가정부인으로 다시 최승일의 아이(로사)를 가진 상태였다. 이 당시 이혼 경험이 있는 문인들은 이광수, 김동인, 심훈, 김영팔, 김일엽, 최서해 등 적지 않았으나(《삼천리》 1932.9), 자식 셋을 둔 석금성과 이미 재혼남이었던 최승일이 새롭게 부부로서 인연을 맺는 것은 그리 흔한 경우도, 순탄한 과정도 아니었던 것으로 보인다. 석금성은 1929년 최승일의 아이를 낳고 나서도 1930년에야 비로소 그의 민적에 올랐다며 두 사람이 혼인에 이르기까지 겪은 우여곡절을 덤덤히 회상한 바 있다.

"제가 최와 결혼할 때에는 그의 본마누라 되는 분이 있었답니다. 그렇게 되니 총각(마누라 없는 사람)과 결혼하는 것보다는 여러 가지 델리케이트한 점이 있어서 그분이 달라질 것이 아니겠습니까. (저 역시 본부(本夫)의 자식이 셋이나 있는 몸이었지요.) 그렇게 되었으므로 저는 공중에 둥둥 뜬 사람같이 마음을 걷잡을 수 없었으며, 어린 것 (최씨의 어린애를 가지게 되었습니다)이 사생아가 되면 어쩔까 해서 퍽도 근심이 되었습니다. 그러다가 그가 본마누라를 이혼한 후, 또 저한테서도 확실한 대답을 들어가지고 (제가 본부와 자식이 있는 몸이기 때문에 최씨도 불안했던 것입니다.) 작년에 민적 등록을 하게 되었습니다. 지금은 맘이 퍽 단순해지고, 안전한 그의 아내가 된 것 같이 생각됩니다. 그러나 민적 운운은 신여성으로 그렇게 문제 삼을 것이 없는 줄 압니다. 사랑이 제일이지요. 그런 것은 다 형식이니까요 —."(〈삼천리〉1931.11)

1929년 8월 25일 동경에서 수학하던 최승희가 이시이 바쿠의 문하에서 독립해 귀국한다. 그는 무용을 배우면서 "이상한 새로운 예술 욕망", "견딜 수 없이 자유로운 창작욕"을 느꼈고, 조선에 잠시 머물렀다가 러시아나 일본에 다시 가서 연구와 창작에 전념할 계획을 세웠다 (〈신여성〉1933.1). 최승일은 누이를 러시아로 보내기 위해 갖은 애를 썼지만, 일은 그의 의도대로 풀리지 않았다. 결국 최승희는 11월 1일 고시정 19번지에 최승희무용연구소를 창립, 연구생을 모집하고 1930년 2월 경성공회당에서 첫 무용발표회를 가진다. 이후 그녀는 지방을 순회하며 공연을 하고 3년 동안 총 일곱 차례의 신작발표회를 여는 등 창작에 열성을 쏟는다.[79] 이 과정에서 아버지 최준현은 연구소 관리를 담당하고 최승일은 매니저 역할을 맡으며 가족 모두가 최승희의 활동을

79 최승희는 첫 번째 경성공연을 동아일보사에 먼저 제안했다가 거절당하고, 이후 경성일보사와 교섭해 비로소 열 수 있었다. 이 공연이 인기를 끌고 상당한 수익을 내자, 2회 공연도 경성에서 하고 지방까지 순회공연을 해 적지 않은 경제적 수입을 거뒀다(〈신인문학〉1936.1).

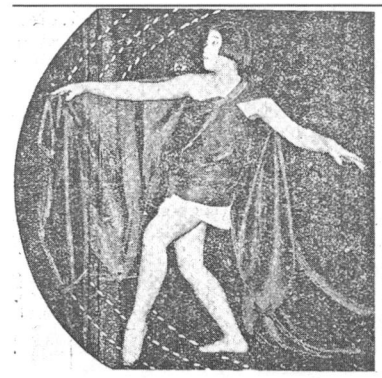

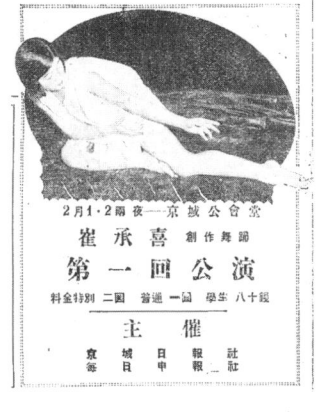

崔承喜舞踊研究所
研究生募集

身體健康……眞摯なる舞踊志望者を募集します

1 年齡十五才以上十八才迄の女子
2 履歷書持參本人來談の事
3 申込期日十一月七日限り

京城府古市町十九番地
（電機學校停留所上）

崔承喜舞踊研究所

２月１・２兩夜―京城公會堂
崔承喜 創作舞踊
第一回公演
料金特別 二圓 普通 一圓 學生 八十錢
主 催
京城日報社 毎日申報社

1	2
3	4

1929년 8월 경성에 돌아온 최승희는 11월 무용연구소를
개설하고(1, 〈매일신보〉 1929.11.2.), 연구생 모집 광고를 냈다(2, 〈경성일보〉 1929.11.2.).
그런데 처음 한 달간 4~5명의 연구생밖에 받지 못한 탓에,
연구소는 새로 십여 명을 충원할 계획을 세워야 했다(3, 〈동아일보〉 1929.11.28.).
이듬해 2월 1~2일 최승희는 경성일보사와 매일신보사 주최로
제1회 창작무용회를 갖는다(4, 〈경성일보〉 1930.1.29.).

적극적으로 지원하고 나섰다. 최승일이 3년 반 가까이 몸담았던 방송국을 여러 이유로 떠나게 되었던 것도 이즈음이었을 것이다. 그는 또 1930년 8월 〈대조〉에 「누가 이기었느냐」를 발표한 뒤 소설 창작을 중단하고, 이후 문필 작업은 수필이나 극본 등에 한정한다. 대신 그는 차례차례 미나도좌 연극부와 신흥극장 문예부, 그리고 태양극장을 통한 연극 공연에 관여하기에 이른다. 이렇게 해서 그가 벌이는 예술 활동의 중심에는 이제 무대극이 자리 잡는다.

프로문학에서 프로연극으로의 이행은 그가 계속 인적·예술적 끈을 놓지 않고 있던 카프를 매개로 이루어졌다. 1930년 4월 26일에 개최된 카프 중앙집행위원회는 문학부, 영화부, 연극부, 미술부 위원을 선임했다. 최승일은 김기진(상임), 안막, 한택호, 신영과 함께 연극부에 속했다. 하지만 이들의 활동은 여러모로 쉽지 않았는데, 무엇보다도 프롤레타리아 연극의 극장공연에는 검열 문제가 중대한 제약으로 작용했기 때문이다. 이를 우회하려는 계산 때문이었는지 최승일은 그해 9월 미나도좌 신극부에 참여해 프로연극을 시도하고 나선다. 이렇게 해서 카프 연극부는 미나도좌 신극부와 협력관계에 들어가게 된다. 최승일이 하필 미나도좌 신극부에 개입한 이유는 무엇보다도 개인적 친분 관계가 큰 역할을 했을 것이다. 미나도좌 신극부는 최승일의 부인 석금성을 비롯해 라디오 극방송을 통해 인연을 쌓은 이백수, 나운규, 심영 등이 주축을 이루고 있었다. 최승일의 시각에서는 당연히 결합이 용이한 인적 구성으로 여겼을 법하다. 게다가 미나도좌 신극부는 새롭게 시작하는 극단인 만큼, 예술적·정치적 정체성을 미래형으로 구축해나갈 수 있다는 장점이 있었다.

종로 4정목에 일본인 모자상(帽子商) 미나도 기쿠치(港谷久市)가 건설한 극장인 미나도좌(巷座)는 1930년 8월 24일 개장식을 거행했다. 극장 말고도 미나도 데파트, 미나도 유원지, 미나도 미인가(美人街), 미나

도 홀 등이 함께 일종의 거대한 복합 위락단지를 이루고 있었다(《매일신보》 1930.8.24.; 《조선신문》 1930.8.23.). 극장 개관 프로그램으로는 스즈란좌(スズラン座) 여배우들의 댄스, 버스터 키튼의 희극 영화, 조선 권번의 무용 등과 함께 나운규 일좌의 소극(笑劇)「아버지(父)」가 올라갔다. 개장 때부터 영화, 음악, 신극을 함께 즐길 수 있는 대중적 대극장이라는 슬로건을 내건 미나도좌는 직속으로 몇 개의 부를 두고 운영하는 방식을 취했다. 변사들이 속한 해설부(이우흥, 방수인), 음악부(이근호 외 5인), 조명부(이명우)가 있었고, 중심에는 신극부(연출부: 이백수, 출연부: 나운규, 석금성, 심영, 이호영, 임운학, 박갑득, 박창학)가 있었다(《조선일보》 1930.9.7.).

나운규가 어떻게 해서 여기 참여하게 되었는지와 관련해서는 배우 심영의 증언을 참고할 수 있다. 그에 따르면, 나운규는 연극에 관심이 많았고 연극 활동에 장차 발성영화 제작을 대비한 일종의 연습으로서 의미도 부여했다. 또 극장 운영에 문외한이었던 일본인 극장주는 나운규가 연극을 한다니까 큰 돈벌이가 될 줄 알고 모든 것을 일임했다는 것이다. 사실 나운규는 민족주의적 성향이 강했을 뿐만 아니라 신경향파와 카프 문학 또한 즐겨 읽었는데, 일본 경찰의 주목을 피하려고 극단 명칭을 일부러 미나도좌 연극부라고 붙였다. 이러한 상황에서 극단의 조직 운영은 최승일이 맡고, 예술적 책임은 나운규가 담당하게 되었다는 것이다(심영 2002:122-125). 친밀한 인적 네트워크로 꾸려져 있으며 새롭게 출범하는 극단, 민족주의적이고 사회비판적인 의식을 지닌 단원들로 이루어진 극단, 나아가 극장주와 일본 경찰의 통제로부터 나름대로 자유로울 수 있는 극단이라면 배우 등 인력이 부족하고 자본과 검열의 문제를 극복해야만 하는 프로연극 주체에게는 결합 대상으로 안성맞춤이었을 것이다. 이러한 맥락에서 최승일은 카프 연극부의 비공식적 동의 아래 미나도좌 신극부에 공연 대본들을 제공하고 함께 작업했던 것으로 보인다.

Box 8.

미나도좌에서의 프로연극 공연

미나도좌는 광무대 일행이 한동안 공연하기도 했던 권상장에 새
로 들어선 극장이었다. 1922년 미나도 기쿠치가 종로 4정목에 서
양식 2층 복합상업건물(1층은 점포, 2층은 다용도 전시·공연 공간)로 신축
해 영업한 권상장은 1920년대 서민적 흥행문화의 대표적인 장소
였다. 이곳에서 관람객은 신구 절충식 공연과 재담, 판소리 등 전
통 연희를 관람하고 전시 상품을 구경하는 등, 가벼운 여흥 욕구
를 충족할 수 있었다. 1930년에 미나도는 본건물을 증축하고, 별
도의 극장 건물을 신축하면서 미나도좌라는 이름을 붙였다(백두산
2013:83-84; 255쪽 위 그림, 〈조선일보〉 1930.9.7.). 대중 위락시설이자 여
가·오락문화 공간으로서 권상장-미나도 단지의 상업적 성격은 그
내부에 자리한 미나도좌의 위상과 관객층을 어느 정도 규정짓는
요인이었다고도 볼 수 있을 것이다. 미나도좌는 1인 1석의 의자석
을 완비해, 편안한 관람 환경을 갖췄다는 점을 자랑거리로 삼았다
(〈매일신보〉 1930.11.12.). 그것은 또 '대중적 대극장'을 표방하면서, 개
장 때부터 영화, 무용, 연극을 함께 상연했다(255쪽 아래 그림, 〈동아일
보〉 1930.9.2.).

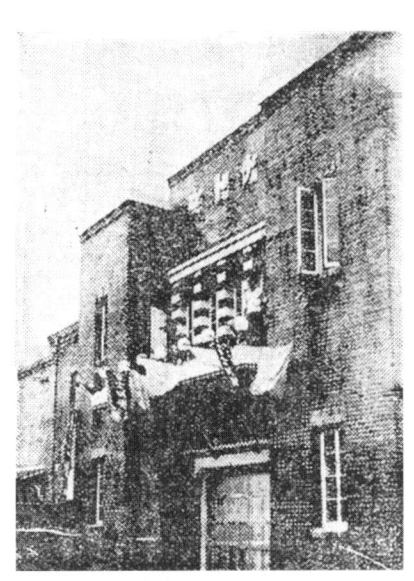

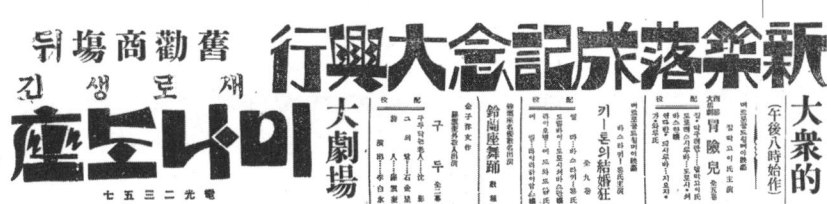

253

미나도좌 신극부는 개관식 공연으로 올린 「아버지」를 첫 작품으로, 「구두」, 「하차」, 「산중의 일야(一夜)」, 「산」, 「언덕을 오르는 사람」, 레뷰극 「어느날 밤」, 「이층의 사나이」를 9월 말까지 차례로 올렸다. 이 가운데 「하차」와 「산」은 최승일이 연출했고, 나머지 작품들은 모두 (원래 연출부인) 이백수가 연출했다. 토월회 출신의 연극배우이자 영화배우이기도 한 이백수는 동경에서 잠시 영화 공부를 하기도 했으며, 귀국 후 토월회에서 활동하다가 나중에는 주로 JODK에서 방송극을 연출하는 국원으로 일했다. 한편 공연작 목록에서 「구두」와 「언덕을 오르는 사람」은 일본의 프롤레타리아 작가 가네코 요분(金子洋文)의 작품이고, 「하차」(원제 「Der Wargen」)는 오토 뮐러(Otto Müller), 「탄광부」(원제 「Bergarbeiter」)를 각색한 「산」은 루 메르텐(Lu Märten), 「이층의 사나이」는 업튼 싱클레어(Upton Sinclair) 원작이었다. 이 작품들이 모두 프로연극으로서의 성격을 지닌다면, 「아버지」, 「산중의 일야」, 「어느 날 밤」은 자세한 정보는 없지만, 상업성을 띤 창작극이었을 것으로 짐작된다. 그런데 미나도좌 신극부는 한 달여 간의 공연을 끝으로 해산한다. 그 직접적인 이유는 경영권 변동에 있었던 것으로 여겨진다. 즉 1930년 11월 3일 윤창순이 미나도좌의 경영권을 넘겨받고 시설을 정비하는데, 재개장 이후에는 주로 구극·가무를 공연하면서 신극과는 멀어지게 되었던 것이다(〈매일신보〉 1930.11.12.; 김재철 1933:138-139).

그런데 일본인 극장주는 왜 개장 한 달 만에 윤창순에게 미나도좌를 인계했을까? 정확한 사정은 알 수 없으나, 흥행의 문제 때문은 아니었을 것으로 보인다. 특히 「하차」는 기존에 없었던 프로연극으로 언론의 주목을 받았고 학생, 지식인, 노동자들에게 많은 인기를 끌었다. 「하차」와 「산」의 공연 이후에는 평판이 높아져 공연 관련 기사에 "미나도'좌는 개관 이래로 조선의 신극을 위하는 사계의 권위들이 새로운 각본을 소개하여 일반이 다- 아는 바"라는 식의 서술이 나올 정도였다(〈동아일보〉 1930.9.19.). 그러므로 경제적인 문제보다는 정치적인 문제가 극장 경영권 변화의 이유였을 가능성이 크다. 즉 신극부 공연의 '사상성'을 당국이 문제 삼았고, 이를 부담스러워한 일본인 경영주가 다른 사람에게 경영권을 넘겼다는 것이다.[80] 이후 침체기에 들어선 미나도좌는 1932년 12월 중외영화사가 직영하면서 중외극장이라는 단체의 좌익극을 표방한 공연을 올린다. 하지만 「선로공부의 죽음」, 「사람 좋은 형리」, 「사랑이 깊어 갈 때」, 「미친 놈」 등 중외극장의 작품들은 프로극보다는 신파극에 가깝다는 비판을 받았다(〈중앙일보〉 1931.12.16.: 〈삼천리〉 1933.4). 중외극장이 철수한 뒤, 미나도좌에서는 토월회의 후신으로 새롭게 조직된 태양극장이 공연을 펼쳤다. 1932년 4월 미나도좌는 2층을 증축하고 제일극장으로 개칭한다.

어쨌든 1930년 9월 최승일은 미나도좌 신극부와 합작으로 상업극장에서 프로연극을 실험한 셈이었다. 공식적으로 그가 직접 연출한 작품은 「하차」와 「산」 두 편이지만, 카프 관계자들의 언급을 고려할 때 「언덕을 오르는 사람」과 「이층의 사나이」 역시 제작에 일정하게 관여한 것으로 보인다. 오토 뮐러의 「하차」는 무거운 짐수레를 끌고 언덕을 올라가던 노동자가 다양한 신분의 행인 일곱 명(목사, 귀부인, 학생 등)을 만나지만 도움은 받지 못한 채 훈계만 듣다가 마지막으로 만난 노동자에게 도움을 받는다는 내용이다. 이를 통해 작품은 노동자들의 계급의식을 일깨우고 단결을 촉구하고 있다. 「하차」는 박영희가 그 번역본을

---

80 이와 관련해 배우 김한은 "홍해성 씨와 최승일, 이백수, 심영, 나운규 제군과 미나도극장(현 제일극장)에서 가네코 요분 작 「하차」 등의 경향극을 상연하다가 관할서의 신체 구속을 보게 되자 다시 도동(渡東)"하였다고 회고한 바 있다(〈삼천리〉 1941.1). 「언덕을 오르는 사람」과 「하차」의 원작자를 혼동하는 등 기억에 오류가 있으나, 그의 말이 전체적으로 맞는다면, 미나도좌 신극부의 해산에는 잇단 프로연극의 상연으로 인한 정치적 탄압이 한몫했을 것으로 보인다.

〈조선지광〉 1930년 8월호에 게재한 바 있었는데, 이는 카프 동경지부에서 준비한 희곡의 번안이었던 것으로 여겨진다.[81] 최승일의 연극은 이 번역본을 대본으로 삼았을 것으로 추정되며, 출연배우는 심영, 석금성, 나운규, 김순희, 이호영, 이명우, 임운학 등이었다. 한편 「산」은 사회주의적 성향의 페미니스트 작가인 루 메르텐의 원작 「탄광부」를 최승일이 각색한 단막극으로 심영, 나운규, 석금성, 박갑득, 박진, 박창혁 등이 출연했다(〈동아일보〉 1930.9.19.) 이 작품은 광부들의 고통과 정치적 조직화 문제를 다루었는데, 독일의 파업 현장에서 공연되곤 하는 연극이었다. 국내 신문에는 "원작은 무산계급의 예술적 작품으로 세계 각국에서 빈번히 상연되는 것으로 조선에 있어서는 처음 보는 것"으로 소개되었다(〈중외일보〉 1930.9.17.).[82]

최승일이 1931년 1/2월 아동 잡지 〈별나라〉에 「연극 이야기-구루마꾼(하차)」을 발표했다는 점 또한 주목할만하다. 「구루마꾼」은 줄거리와 등장인물이 「하차」와 큰 차이를 보이지 않는 아동용 각색물이라 할 수 있다. 이후 〈별나라〉는 1931년 3월호를 동극 특집호로 기획해 박세영, 신고송, 양우정 등의 아동극 작품과 송영과 임화의 연극 강좌를 실었고, 같은 해 10/11월호에는 엄흥섭의 희곡 「소년(少年) 구루마꾼」을 게재했다.[83] 1932년 7월 2~3일 별나라사 주최로 열린 전조선야학강습소사립학교의 연합대학예회에서는 「소년(少年) 구루마꾼」이 종이연극으로 공연되었다. '종이연극'은 신고송이 쉽고 재미있는 아동극 형식으로 〈별나라〉 1932년 4월호에 소개한 바 있는데, 그가 일본 유학 당시 본 카미시바이(紙芝居)를 식민지 조선의 상황에 맞게 차용한 것이었다. 이러한 일련의 상황 전개는 최승일의 「구루마꾼」이 카프연극부의 모종의 기획 속에 자리 잡고 있었음을 시사한다. 카프연극부가 아동극을 대중화론의 실천 영역으로서 적극 활용하였고, 최승일의 「구루마꾼」은 그 시발점에 있었다는 것이다(손증상 2014:52-54).[84]

81 박영희는 「하차」 번역 텍스트의 서두에 실은 짧은 소개글에서 「하차」 텍스트의 성격을 설명한다(1997a:523). 그에 따르면, 그것은 카프 동경지부 연극부에서 조선 순회공연을 위해 준비한 각본 가운데 하나였다. 원래 「하차」, 「탄갱부」, 「어머니를 구하다」 등을 레퍼토리로 준비했던 연극부는 「하차」만 검열을 통과하자 연극 한 편만으로는 순회극이 불가능하다는 판단 아래 공연 자체를 포기한다. 1930년 다시 카프 연극부와 문학부에서 「하차」의 연극공연과 강연회 개최를 계획했으나, 연극 토론과 강연 등이 금지당하자 공연은 다시 불발에 그치고 결국 지면에 대본만 싣게 되었다는 것이다. 박영희는 카프 동경지부 연극부의 「하차」 일역본과 조선어 역본만 있고, 원본이나 참고자료가 없는 상태에서 자신이 약간만 손질한 번역본을 게재하게 되었다고 덧붙인다. 연극학자 김재석은 독일 원작 「데르 바겐」(Der Wagen)을 번안한 작품과 일본의 번안본 「니구루마」(荷車)와 「하차」를 비교해 각 작품의 특성과 공연사적인 의미를 규명하고, 이동극장 공연에 대한 카프 연극부의 방향성을 정치하게 분석한 바 있다(2017:283-311).

82 이 작품 또한 「하차」와 마찬가지로 카프 동경지부가 번역한 「탄갱부」를 초안으로 삼았을 개연성이 높다. 흥미로운 점은 미나도좌의 이 좌익극 레퍼토리가 중국 상해의 신흥 문예운동 단체였던 예술극사(藝術劇社)의 레퍼토리와도 일부 겹친다는 것이다. 동인 대부분은 대학생이고 간부는 거의 일본 유학생 출신으로 이루어졌던 중국의 이 좌익극 단체는 1929년 5월 싱클레어의 「이층의 사나이」와 루 메르텐의 「탄광부」, 로맹 롤랑의 「사랑과 죽음의 희롱」을 첫 작품으로 활동을 시작했고, 1930년 3월에는 무라야마 도모요시가 각색한 반전 연극 「서부전선에 이상이 없다」를 공연했다(《조선일보》1930.4.22.). 이 사례는 당시 번역을 매개로 이루어진 동아시아 연극계의 비가시적 관계망을 일깨운다.

83 연극학자 손증상(2014)은 최승일이 「하차」를 짧은 이야기로 요약하면서, 원래 작품이 중시했던 '노동조합'과 노동자들의 연대는 드러내지 못하고 있다고 지적한다. "우리들은 오즉 우리들의 힘으로써 산다"는 구루마꾼의 직접적인 외침을 통해서 노동자들의 단결된 힘의 중요성만을 강조하고 있다는 것이다. 반면 엄흥섭의 아동극 희곡 「소년 구루마꾼」에서는 노동 소년을 대상으로 그들 간 연대는 물론, 소년조합부의 의미를 계몽·선전하려는 의도가 나타나며, 이야말로 카프 연극부의 기획에 올바르게 부합한다는 평이다. 이러한 지적은 최승일이 원작 「하차」의 이념성을 번안 과정에서 손상했다는 비판적 어감을 띤다. 다만 그런 면과 더불어 살필 수 있는 지점은 원작 「하차」에서 마지막에 구루마꾼을 돕는 사람이 남성 노동자 한 명인 데 반해, 최승일의 「구루마꾼」에서는 남성 노동자와 여직공 두 사람이라는 설정이다. 이러한 설정은 여성의 역할에 대한 최승일의 전향적인 인식과 관련된다고 볼 수 있다. 엄흥섭의 「소년 구루마꾼」에서는 다시 소년 직공만이 구루마꾼을 돕는 것으로 나온다.

84 〈별나라〉는 1920년대 말 박세영, 송영, 임화 등 카프 계열의 필진이 편집에 참여하면서 계급주의적 성격을 강하게 띠게 되었는데, 어린이용 「하차」 번안 텍스트의 존재는 당시 프로문학 작가들에게 이 작품이 무산계급 예술 구현과 대중화에 얼마나 중요하

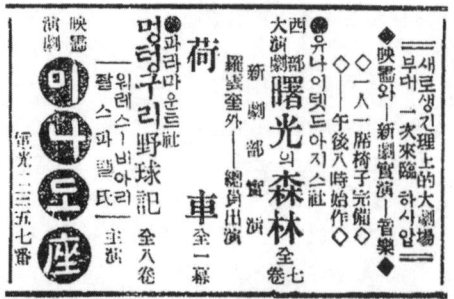

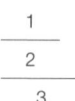

1. 미나도좌는 "새로 생긴 이상적 대극장"이자 "1인 1석 의자 완비"를 내세우며 "영화와 신극 실연 음악"의 패키지 프로그래밍을 광고했다. 연극 「하차」는 외화 「서광의 삼림」과 「멍텅구리 야구기」와 함께 프로그래밍되었다 (《조선일보》1930.9.9.).

2. 연극 「하차」의 한 장면 (《중외일보》1930.9.11.)

3. 「하차」를 일본어 제목 「구루마」로 표기한 이 광고는 연출 최승일과 모든 배역별 출연진의 이름을 명기했다(《동아일보》1930.9.7.).

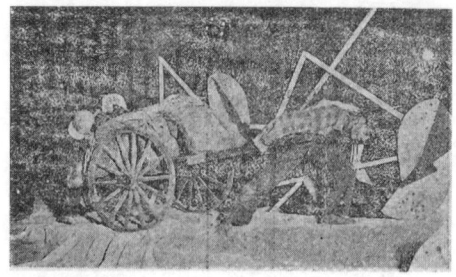

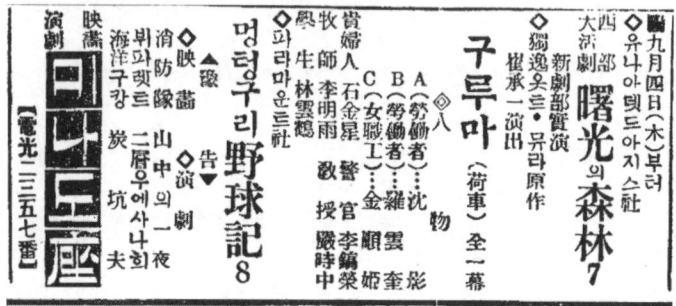

고 또 의미 있었는지를 짐작하게 한다. 최승일은 〈별나라〉(1929.5)에 「연작소설-어부의 아들. 난파선(難破船)」을 싣기도 했다. 한편 카프 연극부는 학생극 운동을 활성화하고 프롤레타리아 연극운동의 일부로 편입하기 위해 노력하는 과정에서도 「하차」를 중요하게 활용했다. 그리하여 「하차」는 1932년 카프의 지도 아래 보성전문 연극부가 라프렐 다링의 「삼등 수병 말린」과 함께 최초의 교외공연 레퍼토리로 공회당 무대에 올린 작품이 되었다(한효 1956/2010:314-315).

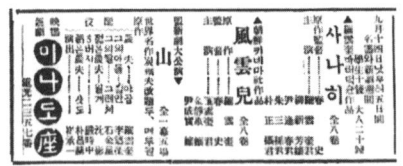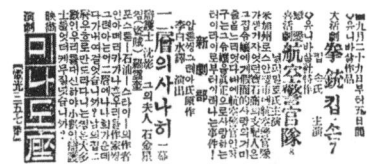

연극 「산」의 광고 (왼쪽, 〈조선일보〉 1930.9.18.)
연극 「이층의 사나이」 광고 (오른쪽, 〈조선일보〉 1930.10.3.)

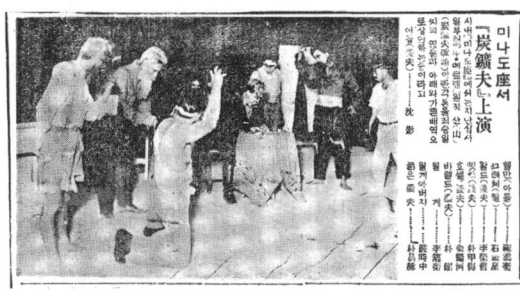

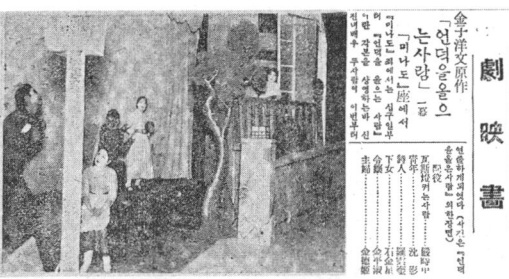

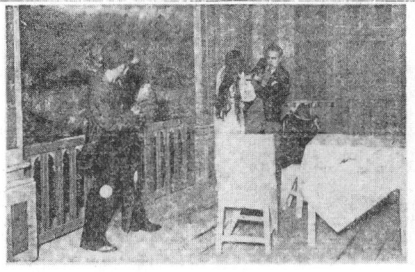

1
―――
2
―――
3

1. 연극 「산」을 개칭 전 제목 「탄광부」로 표기한 소개 기사 (〈조선일보〉 1930.9.17.)
2. 연극 「언덕을 오르는 사람」의 소개 기사 (〈매일신보〉 1930.9.23.)
3. 연극 「이층의 사나이」 소개 기사 (〈중외일보〉 1930.10.1.)

연극「하차」를
둘러싼 논란

일제의 검열 아래 상업극장에서 합법적으로 상연된 최초의 프로연극 「하차」는 공연 당시 상당한 호평을 받았다. 한 신문은 "침체하고 부패된 소위 조선의 연극 운동 중에서 '하차'는 실로 신경지를 개척하였다"며 "극과 현실과 가장 밀접한 관계를 일반 관객에게 보여준 첫 수확"이라고 평가했다. 배우들이 연기가 미숙하고 각본을 "계급적으로" 충분히 소화하지 못해 "계급투쟁의 진실한 투쟁력의 조직과 그 긴장된 언어와 표정이 결여된 것"을 기술적인 문제이자 불만 요소로 꼽으면서도, "여하간 이 극으로 우리는 프롤레타리아 연극 운동의 거대한 걸음을 걷기 시작한 것만은 사실"이라는 것이다(〈중외일보〉 1930.9.11.). 카프 내부에서는 박영희의 호평이 이어졌다. 그는 1931년 1월 〈조선지광〉에 쓴 평론 "1930년 조선 프로예술운동"에서 "동지 최승일 군의 연출인 '하차', '탄갱부', '이층의 사나이'…등"은 "푸로레타리아 연극의 첫 행진"이라고 상찬을 보냈다. 다만 "출연자들이 아직도 계급적 훈련이 없어서 그 효과의 말살된 부분이 없지 않았으나, 그러나 모든 것은 발전 과정에서 인식하지 않으면 아니된다"는 것이다(박영희 1997c:508-509). 안막 또한 1931년 3월 〈나프(NAPF)〉지에 일본어로 실은 논문 "조선에 있어서 프롤레타리아 예술운동의 현세"에서 "최승일이 동반자적 경향을 지닌 연극조직의 협력을 얻어 르메르펭의 '탄갱부', 옵트 뮐라의 '하차', 싱클레어의 '2층 남자'를 상연한 것은 조선 프롤레타리아 예술운동에 있어 하나의 큰 전진이었다"고 적극적으로 평가하였다(안막 2010:171).

그런데 카프의 내부 구성원들이 이처럼 긍정적인 비평만을 내놓은 것은 아니다. 「하차」를 비롯한 미나도좌 연극을 프로예술 운동에 대한 의미 있는 기여로 보는 시각에 반대하여 민병휘, 김유영, 신고송 등은 그 한계와 문제점에 대한 가차 없는 비판을 퍼부었다. 비판의 초점은 최승일이 계급의식 없는 배우와 관객을 데리고서 「하차」를 부르주아 연극으로 만들었다는 데 맞춰졌다. 즉 그 희곡은 애초에 카프 동경지부 연극부가 조선의 프롤레타리아 관객에게 적절하다고 판단해 이동극장용으로 번안한 작품인 데 반해, 이를 미나도좌라는 상업극장에서 비싼 입장료를 내고 보는 무대극으로 만들었다는 것이다. 그 결과, 「하차」는 노동자·농민 등 민중에게 계급의식을 고취하기 위한 프로연극이 되는 데 실패했다는 요지의 주장이었다.

첫 공세는 1931년 3월 개성에서 프로연극 단체인 대중극장의 결성을 주도한 바 있는 민병휘가 개시하였다. 그는 "박씨의 프로극관과 포빙(抱氷)씨의 '깨어진 거울'"이라는 평문에서 카프 연극부의 간부인 최승일이 사회주의 색채를 띤 희곡을 연출했다고 해서 「하차」의 공연을 높이 평가할 수는 없다고 주장한다. 그 작품은 "우리들의 당면투쟁을 위해서는 하등의 성과를 나타내지 못한 것"으로, 박영희의 인식은 착각에 불과하다는 것이다. 민병휘는 "지금에 조선프롤레타리아예술동맹 연극부가 엄연히 존재하는데도 불구하고 최군이 한 소부르주아층인 룸펜 배우들과 혼합하여 가지고 소위 프로작품을 연출한다고 신문지상에 최승일 군의 이름을 광고하고서 '미나도좌'라는 한 중산적 자본가의 이(利)를 내어준 것을 가지고 프롤레타리아연극의 진전이라고 하는 데서부터 착각은 생긴 것"이라고 지적한다(⟨조선일보⟩ 1931.2.11.).

이후 민병휘는 "연극만화(漫話)", "연극비판에 대한 태도" 등의 글에서, 미나도좌 연극부와 최승일의 연극들을 다시 한번 신랄하게 비판했다. 그는 "입으로는 노동자 농민을 '아지프로'할 연극을 하여야 하겠느니 어떠한 연극은 원칙에 흐르느니 하여 가면서 오히려 부르주아 극장인과 야합하여 가지고 노동자 농민에게는 하등의 계급적 의식을 주입시킬 만한 행동을 하지 못하고 소위 프롤레타리아 연극을 한다고 부끄럼 없이 말하고 있는 것"이라며 미나도좌에서의 공연을 성토하였다. 나아가 민병휘는 진정한 프로연극이라면 민중에 의한, 민중을 위한, 민중의 연극이 되어야 한다는 원칙을 천명한다. 그에 따르면, "노동자 농민의 수 일의 생활비가 될 입장료를 받고 알기에 거북한 술어로 가득찬 각본을 가지고 소위 연극이라고 몇 편의 각본을 무대화시키면 이것이 프롤레타리아 연극의 진전이다라고 외치고 있다. 그러나 프롤레타리아연극은 이러한 것이 아니다. 노동자 농민의 동지의 손으로 되는 것이 프롤레타리아 연극이며, 그들 속에서 상연하여 그들을 계급전선으로 진출케 할 효과를 주는 것에 프롤레타리아 연극을 하는 의의가 있는 것이다."(⟨조선일보⟩ 1931.3.4.)

사실 카프 연극부의 미나도좌 공연이 일종의 타협책이자 차선책이었음은 두말할 나위가 없을 것이다. 1920년대 식민지 조선 연극계에서는 상업적 신파극에 맞서 근대극을 정립하기 위한 노력이 계속되고 있었으나, 카프 계열 프로극단들은 거기 제대로 동참하지 못했다. 계급적 관점을 담보하는 프로극 작품만을 고집하다가 검열에 걸려 좌절하는 일이 되풀이되었기 때문이다. 이러한 상황에서 좀 더 효과적으로 일제의 검열정책에 대응하는 방안이 필요해졌고, 이는 1930년 카프에 연극부를 두고 조선프롤레타리아극장동맹을 추진해 합법적 극장공연을 기획하는 시도로 이어진다. 카프 연극부와 미나도좌의 협력 또한 이러한 맥락에서 이루어진 일이었다.

그런데 '진정한' 프로연극 작품을 '합법적으로' 공연하려는 의지는 이념적 급진성과 대중성을 동시에 확보하고자 하는 목표만큼이나 간단치 않은 딜레마를 내포할 수밖에 없다. 검열을 인정하는 합법적 프로연극 공연이 토월회 류의 일반적인 근대극 공연과 내용이나 형식상의 차별성을 갖기는 매우 어려울 터이기 때문이다(김재석 1995:35-106과 2017:282-283). 더욱이 계몽선전극으로 「하차」를 선택하고 순회공연을 시도한 카프동경지부 연극부와 달리, 「하차」를 미나도좌에서 공연하면서 카프 연극부는 이동극장에 대한 거부 의사를 분명히 드러낸 셈이었다. 최신 시설을 갖춘 미나도좌의 상업적인 운영 방식은 「하차」라는 텍스트의 번안 취지를 훼손하는 또 다른 요인으로 여겨졌을 법하다. 광고 문구에서도 드러나듯이, 이 극장은 다른 극장들과 차별화하는 수단으로 영화와 연극을 함께 제공하는 프로그램을 개발해 관객의 호기심을 끌었다. 그리하여 「하차」는 연극의 주제 의식을 보강하는 선동적 이념 강연과 결합하는 대신, 오락 영화 「서광(曙光)의 삼림」, 「멍텅구리 야구기」 등에 곁들여졌다. 또 극장 입장료는 대인 30전, 소인 20전으로 비싼 가격이었는데 미나도좌 신극부 측은 〈조선일보〉, 〈매일신보〉의 독자 할인권은 제공했으나, 일본과 달리 노동자와 농민을 위한 할인권은 준비하지 않았다. 이는 민중계급을 연극의 주관객으로 고려하지 않았다는 증거로 받아들여졌다(김재석 2017:306-308).

결국 프로문예의 원칙과 급진성을 강조하는 입장에서는 카프 연극부가 미나도좌와 공조해 성사시킨 「하차」 등의 공연이 일종의 타락이자 기만처럼 보였던 것 같다. 이는 최승일 개인에 대한 인신공격적인 비판으로까지 이어졌다. 민병휘는 "프롤레타리아트로서 과감히 진출하도록 하기 위하여 우리의 연극을 하여야만 하는 것인데도 불구하

263

고 화려한 '빌딩' 속에서 일원 이상의 입장료를 받고 현실에 당면한 동등효과를 나타나지 못한 각본을 상연코저 몽상하고 있는 것이며, 그럼으로써 최승일이란 카프의 연극부 책임자는 부르주아의 수하배(手下輩)와 야합하여 가지고 토월회라는 반동극 분자가 몇 편의 각본을 연출하였다고 '카프'의 지도 격인 박영희 군은 그를 비평하여 연극 운동의 발전이라고 말한 것"이라고 공박했다(〈조선일보〉 1931.3.14.). 또한 김유영은 "불행히도 우리들이 가지고 있는 소부르주아지의 대표자 최승일군 '카프 연극부 책임자'는 조선영화계에 위대한 역사를 남겨놓고 쓰러져버린 나운규 군이 최후의 발악으로 연극에로 들어가는 것을 기회로 둘이 악수하여 미나도좌에서 얼마동안 연속공연을 하였다. 그런데 그들은 용감히도 우리들의 각본 — 프롤레타리아 연극각본 — 을 신부르주아 연극대본으로 변화시킨 후에 관객에게 해독을 준 기만 이외에는 아무것도 없었다"며 비난했다(〈동아일보〉 1931.4.12.).

민병휘와 김유영의 비판이 나오고 몇 달 뒤, 신고송은 조선 프롤레타리아 연극의 현재를 진단한 "연극운동의 출발"이라는 글에서 급진적 시각을 내세우면서도 좀 더 균형 잡힌 평가를 내린다.

"모든 예술 부문이 그러하겠지만은 연극은 특히 대중을 상대로 하며 즉접(卽接) 대중의 감정에다 소(訴)하는 것이기 때문에 노동자·농민이 얼마나 동원되었으며 관객을 어떻게 조직화하였느냐 하는 것이 프롤레타리아 연극의 성과·불성과의 '바로메-터-'가 된다 하여도 과언이 아닐 것이다. 이러한 의미로 작년 말에 우리가 가지게 된 최승일 연출의 '탄갱부', '하차', '이계(二階)의 남(男)' 등을 완전한 우리의 연극이라고 못할 것이다. 박영희(조선지광?에서)와 안막(나프 3월호)이 이것을 평하여 30년도의 성과이며 조선 프롤레타리아 연극운동의 전진이라고 하나 정당한 비판이 아니다. 첫째, 상연된 그 레퍼-토리가 조선의 현단계적 정세가 요구하는 것이 아니고 상연한 동기에 반계급적 색채가 보이며(반동배우와 영리주와의 결합), 과연 몇 퍼센트의 노동자가 동원되었으며 관객을 어떻게 조직하였더냐. 물론 각본의 결핍, 검열의 준엄, 경영의 곤란 등 난문제가 횡재하겠지만은, 그 사실에 있어서는 우리들은 어디까지든지 맹목적·우의적 평을 떠나 우리의 연극의 일보 전진을 위하여 엄정하게 비판하여야 할 것이다. 그러나 그것이 정당한 출발이 되지 못하였다 하여도 우리의 연극운동사의 일보임은 틀림없다. 조선의 프롤레타리아 연극운동은 이것을 동기로 하여 지금 바야흐로 출발기에 있다."(〈조선일보〉 1931.7.29.)

신고송은 카프 연극부가 당면한 불가피한 현실적 제약을 어느 정도 인정하더라도, 프로문예의 원리에 비추어 미나도좌의 공연을 비판적으로 인식해야 한다고 주장한다. 그것을 "조선 프롤레타리아 연극운동의 전진"이라거나 "정당한 출발"이라고 말할 수는 없다는 것이다. 그럼에도 그는 그 공연을 프로연극 운동이 본격적으로 출정하는 계기를 마련한 "우리의 연극운동사의 일보"로 평가한다. 최승일은 「하차」를 둘러싼 이 논쟁에 참여하지 않았고, 공식적으로는 특별한 반응을 보이지 않았다. 그 이유는 알 수 없지만, 민병휘에 대한 반박문을 쓴 이계혁의 말처럼, 몇몇 카프 맹원이 "아무것도 하지 않고 무엇이나 비평만을 일삼는 자들"로서 "저들 소위 신진의 서생 소부르주아지의 체질 내지 근성이 되어 있는 것"(〈조선일보〉 1931.3.3.)이라고 여겼을지도 모르겠다. 혹은 실제 공연의 성과는 내지 못한 채 프로연극의 이상적 원칙을 되풀이 주창하면서 동료에 대한 비판에만 열중하는 태도를 못내 안타까워했을 수도 있다. 어느 쪽이든 이후 최승일이 카프 연극부로부터 차츰 멀어진 것은 분명하며, 1931년에서 1934년 사이에 제명당했던 것으로 보인다.

한편 일본어 평론 「조선에 있어서 프롤레타리아 예술운동의 현세」에서 최승일 연극의 의의를 부각했던 안막은 이 글을 발표하고 나서 몇 달 뒤 최승희와 결혼하기에 이른다. 그는 급진 좌파였지만 최승일을 선배 예술가로서 높이 평가했던 것으로 보이는데, 이는 최승일과 박영희가 최승희에게 안막을 배필감으로 권해 주는 데도 일정한 영향을 미쳤을 것으로 추정된다. 첫 번째 부인이 난산으로 사망하는 아픔을 겪었던 안막은 1910년생으로, 와세다대학 부속 제일고등학원 러시아문학과 학생이었다. 일본 유학 시절 계급 사상에 심취한 그는 카프의 맹원으로 프로문예운동에 참여했으며, 1920년대 말에는 임화, 김남천, 권환 등과 함께 카프를 볼셰비키화해 재조직하는 제2차 방향 전환을 주도했다. 그는 1930년 4월 조직 개편 때 카프 중앙과 연극부 위원을 맡는다(안막 2015:309). 1931년 3월 안막은 카프의 급진화를 위해 비밀리에 열린 카프 중앙간부회에 참석하기 위해 동경에서 경성으로 건너왔는데, 이를 기회로 최승일과 박영희는 그에게 최승희를 소개한다.[85] 그렇게 해서 최승희는 1931년 5월 9일 평생의 반려자이자 후원자가 되는 안막과 결혼한다(김찬정 2003:81-86). 그즈음 최승희가 무용가로서 누리던 인기와 명성을 고려하면, 이러한 결혼은 급작스러운 결행과 의외의 상대로 인해 세간에 놀랍게 받아들여졌다. "반도의 무희 무명의 청년과 결혼"과 같은 기사 제목은 당시의 분위기를 잘 드러낸다(〈조선일보〉 1931.5.5.).

최승일이 안막을 최승희에게 소개하고 결혼까지 성사시킨 데에는 여러 이유가 깔려 있었을 터이다. 그 가운데에는 특히 촉망받는 프로문예 이론가인 안막이 예술가 최승희를 이론적으로나 실질적으로 지원하는 데 적합한 인물이라는 판단이 있었던 것으로 보인다(〈조선신문〉 1938.2.25.). 최승희 또한 신문 인터뷰에서 안막에 대해 "자기 집은 '소뿌르주아'이지만 관념적으로는 '인테리푸로'(유산계급의 무산자)인 점"이 특히 마음에 든다고 밝혔으며, 그러한 영향 아래 "무용까지도 푸로화하여야 한다고 '그들의 행진', '겁내지 말자', '생의 약동' 등의 신시대의 유형 다른 춤을 새로 안무 발표"했다(〈매일신보〉 1931.5.6.). 개인적으로 안막은 평론뿐만 아니라 여러 편의 시를 발표하는 등 작가로서 야심이 없지 않았다. 하지만 그는 문사로서 자신의 경력을 결국 포기하고 매니저로서 최승희의 활동을 뒷받침하는 데 진력한다.

1944년 최승희는 안막의 동생 안제승에게 자신의 수제자였던 김백봉을 소개해 결혼시킴으로써 동서지간이 된다. 안제승은 이러한 중매가 예술에 대한 최승희의 욕심과 무관하지 않다면서, 일본 전통 예능의 '나도리(なとり, 名取)'[86]에 영향을 받아 "예맥과 혈맥을 같이 묶어놓아야 절대로 배신 없이 일사불란하게 예맥이 이어질 수 있다고 생각한 것"이라는 해석을 내놓았다. 이시이도 자기 제자가 어느 단계에 오르면 자신의 이름을 따서 이시이라는 예명을 쓰게 했다는 것이다(정수웅 편 2004:337).[87] 안제승의 말이 맞는다면, 최승희의 그러한 전략적 판단은

---

[85]   1937년 한 좌담회에 참석한 최승일은 최승희 결혼의 속사정을 암시하는 몇 마디를 남긴 바 있다. "저 애가 장성했어도 연애나 그런 방면엔 도시 눈뜨지 않고 제 예술만 위하여 정진하였답니다. 그래서 조선에 나와서 온갖 노력과 활동을 했지요. 그러나 애쓰고 활동해도 되지 않으니까 그만 시집가서 살림이나 하라고 내가 안막 군에게 소개해 주었지요." 같은 자리에서 최승희는 결혼은 연애 결혼을 했느냐는 모윤숙의 질문에 대해 "연애가 뭡니까?"라는 반문으로 답하고 다음과 같은 말을 남겼다. "[연애는] 내가 아직 경험하지 못한 것이니 꼭 한번 해보고 싶어요. 그러나 내 성격이 너무 이지적이고 타산적이어서 아마 그런 기회가 있어도 하지 못하리라고 생각합니다. 무대에서나 그 사랑을 표현해보지요."(〈조광〉 1937.4)

[86]   나도리는 예도(藝道)에서 솜씨가 능숙해져서 스승으로부터 예명 사용을 허가받는 일이나 그런 사람을 가리키는 단어이다.

[89]   안막(安漠)이라는 이름도 그가 〈가이조(改造)〉사에 근무할 때부터 쓴 필명으로, 이시이 바쿠(石井漠)에게서 따온 것으로 알려져 있다(이주미 2007b:118).

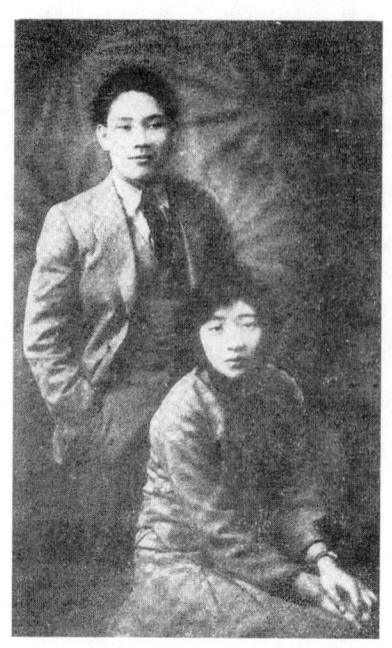

최승희 안막 부부 (《신여성》 1933.1)

애초에 최승일에게서 왔다고 해도 과언이 아니다. 그가 자신의 연극에 우호적이었던 평론가 안막을 누이와 부부로 맺어준 데에는 결연 관계를 지렛대 삼아 예술가 집안으로서의 역량을 한층 키우려는 의도가 담겨있었던 것으로 보이기 때문이다. 실제로 안막은 평생 부인의 충실한 지원자 노릇을 함으로써 최승일의 기대를 저버리지 않았다.

미나도좌에서 태양극장으로, 신흥극장을 거쳐

1930년 10월 초 미나도좌 신극부가 마지막 공연 「이층의 사나이」를 마친 뒤 해체의 수순을 밟자, 10월 말부터 최승일의 이름은 신흥극장과 연계되어 다시 등장한다. 10월 22일 홍해성, 최승일, 홍노작, 박희수 등이 주축이 된 신흥극장이 단성사에서 창립모임을 가졌다. 홍해성이 연출부를 맡았으며, 최승일은 문예부, 석금성은 연기부에 각각 참여했다 (〈동아일보〉 1930.10.23.; 〈매일신보〉 1930.10.25.). 단원들은 주로 구 토월회 출신들이었다. 최승일은 공연작품의 기획과 조직 관리를 주로 담당했던 것으로 보인다. 원래 동경에서부터 극예술협회의 회원이었던 홍해성 (본명 홍주식)은 니혼대학 예술과에 편입해 연극 공부를 한 후, 1924년에는 츠키지소극장에 입단해 수년간 배우 수업을 받았던 인물이다. 그는 1930년 8월에 귀국한 이래 윤백남, 박승희, 김을한 등을 동인으로 극단 경성소극장을 창립했으나 자금 문제 때문에 실패했고 미나도좌의 연출로 갈 뻔하다 무산된 전력이 있었다. 홍해성은 다시 신흥극장을 창립하고 제1회 공연으로 단성사에서 「목단등기」를 올렸다. 중국 「전등신화」에 나오는 이야기 한 편을 번안한 5막 8장의 이 작품은 30여 명이 출연하는 대작으로, 중국영사관과 재경중국인총상회로부터 의상, 소품, 음악 등의 지원을 받았다.

그런데 신흥극장은 왜 「목단등기」를 창립 공연작으로 올린 것일까? 이와 관련해 소설가 이기영의 번역물이자 "현 사회의 풍자"가 있는 "'센티멘탈'한 연애극"으로 소개된 이 작품의 원안이 일본의 프로 극작가 후지모리 세이키치(藤森成吉)의 「상련기(相戀記)」라는 점에 유의해야 한다. 후지모리는 한 청년이 생전에 사랑을 이루지 못하고 죽은 처녀의 귀신과 사랑을 나누고 그 역시 귀신을 따라 세상을 떠난다는 내용

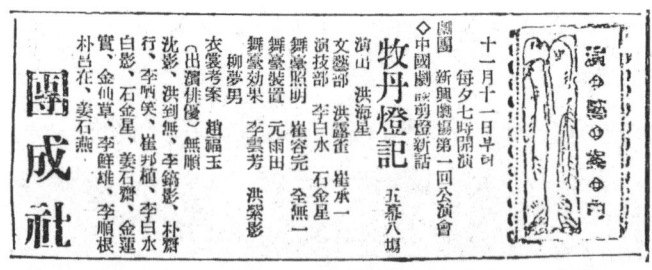

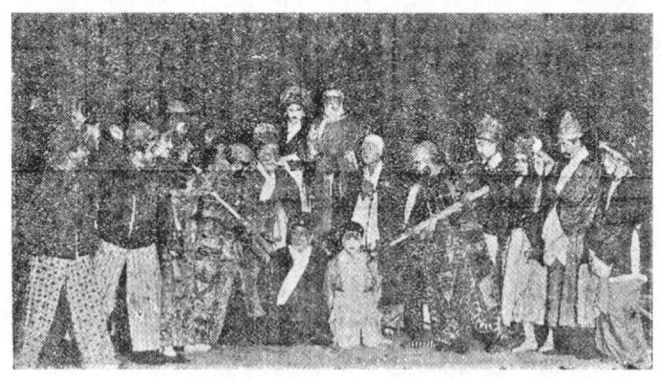

신흥극장 창립공연 「목단등기」의 광고 (위, 《매일신보》 1930.11.11.).
최승일은 문예부원으로 이름을 올렸다.
아래는 「목단등기」의 한 장면 (《동아일보》 1930.11.12.)

의 이 괴기담을 사회 비판적 시각에서 개작하였다. 그리하여 이야기의 핵심은 마지막 장면에서 귀신의 사연을 통해 "계급과 차별과 모든 좋지 못한 인습이 전 인류 생활을 불안케 한다는 것을 절규"하고, "현 사회의 모순과 당착을 폭로"하는 데 있게 되었다(〈매일신보〉 1930.11.11과 11.14.). 이처럼 「목단등기」는 김시습의 「금오신화」가 그렇듯, 「전등신화」를 통해 당대의 정치사회적 문제를 비판하는 작품이었던 셈이다. 하지만 이 공연은 비평과 흥행에서 모두 좋은 반응을 얻지 못했다.

카프 영화부의 김유영은 신흥극장이 "도락적 민족주의자를 주로 하여 소뿌르 등과 결합"한 단체이며, 홍해성이 공개한 몇 개 극본은 "우리의 기대(?)로부터 벗어나 있다"고 통렬한 비판을 가했다(〈조선일보〉 1931.4.12.). "신흥극장의 제1회 공연은 완전히 실패를 하였다"고 평한 고혜산은 그 결정적인 요인으로 흥미롭게도 번역의 문제를 꼽는다. 구체적으로 후지모리의 원안은 일본의 맥락에 밀착해 있는데, 이를 번역하는 과정에서 이기영은 일본어 표현이라든지 이국적 상황을 어색하고 부자연스럽게 느껴질 만큼 그대로 옮겨놓았다는 것이다. 고혜산이 보기에, 이는 작품의 주제를 담은 최종 장에서 귀신의 '배회'를 '산보'로 번역해 관객의 긴장감을 깨뜨리고 실소를 자아내는 데에서 절정에 이른다(〈매일신보〉 1930.11.13~18.).

신흥극장은 원래 「상련기」 외에도 후지모리의 「무엇이 그 여자를 그토록 시키었느냐?」, 막심 고리키의 「밤주막」 등을 공연작으로 예정했다. 또 홍해성 다음으로는 최승일이 새로운 작품의 연출을 준비한다고 알려져 있었다(〈동아일보〉 1930.10.23.; 〈조선일보〉 1931.3.5.). 하지만 창립공연의 실패가 가져온 여파 때문이었는지, 신흥극장은 결국 후속 작품을 내지 못한 채 단명하고 만다. 홍해성은 1931년 7월에 다시 신극운동 단체인 극예술연구회를 창립하여 재기한다. 이후 그는 극예술연구회에서 총 9편의 작품을 연출하고, 이중방송기에는 경성방송국의 라디오

드라마 연출 또한 병행하였다.[88]

　　최승일이 참여한 미나도좌 신극부와 신흥극장은 프롤레타리아 극단은 아니지만, 한국 좌파 연극사의 초창기 큰 줄기 안에 들어간다고 평가할만하다(유민영 1996:756-757). 한편 석금성이 남편 최승일의 경향극 작업을 배우로서 꾸준히 지원했다는 점을 간과하지 말아야 한다. 그는 미나도좌 신극부로 간 뒤 「하차」의 귀부인 역으로 호평을 받았고, 「산」, 「이층의 사나이」에 잇달아 출연했으며, 신흥극장에 참여하면서 「목단등기」에서도 연기했다. 이 시기에 그는 남편과 긴밀한 사상적·예술적 연대를 맺고 있었다. 한 신문 기사는 석금성이 "조금 쌀쌀한 듯하면서도 미모의 소유자요 귀염성이 있는 만큼 비극적 요소를 가진 처녀 역이나 호화스러운 귀부인 역에 적재"라면서, "계급적 이데올로기를 파악한 연극인 최승일 씨가 배후에서 힘 있는 '프로펠러'적 조종을 하므로 새로운 경향을 가지고 연극 운동에 남달리 노력"하고 있다고 묘사했다. 기사는 또 그가 "조선 연극계 전체에 대하여는 첫째, 기성극단이 너무 검열 문제만 생각하는 것, 둘째, 좌익극단은 다소 좌익소아병적인 것, 셋째, 극장 경영자가 너무나 흥행 위주하는 것 등등에 대하여 불만을 갖고 있는 모양이 그 열의와 기개는 상당하다 하겠다"고 평했다(《동아일보》 1931.6.17.). 석금성은 후에 「하차」가 배우로서 가장 큰 만족감을 준 작품이라면, 「목단등기」는 불쾌감을 준 작품이라고 회고하면서, 대본이 "우리들의 현실 생활에서 취재한 것"인지 여부에 따라 관객의 호응이 달라지기 때문이라는 이유를 들었다(《중앙일보》 1932.1.3.). 즉 둘 다 외국작품의 번안물이라 해도 「하차」가 갖는 현실성과 「목단등기」의 공

88　하나 덧붙여둘 것은 홍해성이 1931년 8월 21일 방송무대극 「그리운 가나안에」를 신흥극장 이름 아래 방송하였다는 사실이다. 모세, 아론 등의 배역 이름과 제목에 비추어 성극(聖劇)으로 추정되는 이 드라마에는 박희수, 김예봉, 박동춘, 김선초, 김선영, 김연실, 유몽남 등이 출연했다(《조선신문》 1931.8.21.).

상성을 비교하면서, 관객과 긴밀히 호흡하는 리얼리즘 연극에 대한 선호를 드러냈던 것이다. 어떤 부분에서 최승일의 견해에 영향을 받았을 수도 있겠지만, 석금성이 한 사람의 배우이자 연극인으로서 주관과 자긍심이 매우 강한 여성이었다는 데는 별반 의심의 여지가 없다(김남석 2006:5장).

1931년 최승일은 연극에 매여있지 않은 시간에는 주로 최승희의 일을 돕느라 바빴던 것으로 보인다. 그해 겨울 석금성은 남편이 시누이의 지방 흥행에 따라다니느라, 집에 있는 날이라야 며칠 되지도 않는다고 푸념한 바 있다(〈별건곤〉 1931.11). 최승희가 1929년 11월부터 3년 동안 무용연구소를 운영하는 동안 아버지 최준현은 건물 관리를 거들었고, 최승일은 누이가 무용에 전념할 수 있도록 크고 작은 도움을 아끼지 않았다. 당시 최승희는 1년에 봄, 가을로 신작무용발표회를 하고 나머지 기간에는 부산, 청주, 개성, 평양 등 곳곳으로 지방순회공연을 자주 다녔다. 최승희가 1년 내내 바빴던 만큼, 최승일 역시 이러한 공연의 뒤치다꺼리에 여념이 없었던 것으로 보인다(이애순 2002:113-117). 더욱이 1931년 말 최승희는 여러모로 곤란한 상황에 처해 있었다. 카프 조직에 깊이 관여했던 남편 안막이 1931년 9월 카프 제1차 검거 때 체포되었기 때문이다. 그는 이듬해 1월에야 비로소 불기소 처분을 받아 석방된다.

한편 신흥극장 이후 출산과 육아로 인한 휴식기를 잠시 가졌던 석금성은 1932년 초부터 활동을 재개한다. 1월 30일 〈동아〉, 〈조선〉, 〈중앙〉, 〈매신〉 4개 신문사의 사회부 기자 조직인 철필구락부 주최로 재만동포 구제를 위한 '무용과 연극의 밤' 행사가 열렸는데, 최승희무용연구소와 구 토월회 단원들은 여기 대거 참여했다. 행사 1부에서는 최승희를 비롯한 무용연구소 단원들이 꾸민 다양한 춤 공연이 있었고, 2부에서는 박승희 연출 토월회 단원 일동 이름으로 박진 작「나무아미타

273

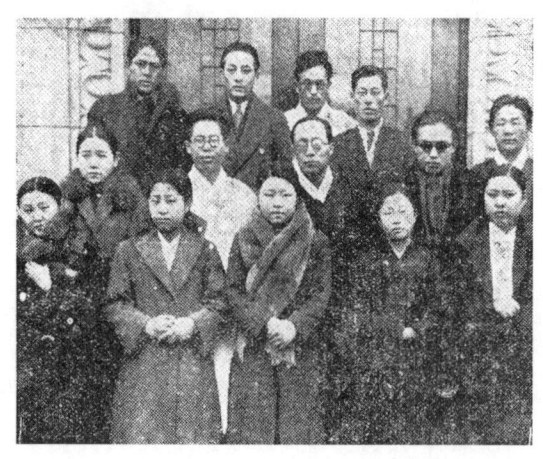

태양극장 단원들. 맨 앞줄 왼쪽 첫 번째 석금성의 모습이 보인다. (〈동아일보〉 1932.2.11.)

불」과 박승희 작「아리랑고개」공연이 펼쳐졌다. 석금성은 두 연극에서
모두 주연 배우로 출연했다(〈매일신보〉 1932.1.23.; 〈중앙일보〉 1932.1.27.). 이
공연은 신흥극장 이후 옛 토월회 단원들이 재결합하는 계기가 되었던
듯하다. 사실 그보다 1년 전에 최승일은 박승희, 홍해성, 홍사용, 이백
수 등과 함께 토월회를 재건하고자 했으나 실패한 바 있었다. 이 구성
원들은 다시 모여 1932년 2월 6일 태양극장을 결성하기에 이른다(〈조선
일보〉 1931.2.14.; 〈동아일보〉 1932.2.6.). 석금성 역시 이소연, 박제행, 김연실,
강석연 등과 함께 태양극장에 배우로 참여하였다. 결국 1930년 가을
미나도좌의 프로연극 실험이 비평적 논란에 봉착하면서 최승일은 점
차 카프와 프로연극에서 멀어져 토월회와 신극 쪽으로 옮겨갔다고 보
아야 할 것이다.

　박승희가 이끈 태양극장은 미나도좌에서「항구는 소란하다」라
는 연극으로 공연을 시작한다(〈중앙일보〉 1932.2.3.). 결성 이후 얼마 지나
지 않아 태양극장에서는 단원 심영, 박제행, 김선영이 도일해「이팔청

춘」,「불행한 시인」 등 극단 공연 대본 몇 편을 콜럼비아사 레코드에 취입하고, 종종 방송극에도 참여하는 등 활발한 활동을 벌였다(〈매일신보〉 1932.3.18.). 하지만 작품에 대한 평단의 평가는 그리 호의적이지 않았던 것으로 보인다. 태양극장은 주로 박승희가 쓴 대중 취향의 창작극과 번안극들을 섞어서 공연했는데, 이에 대해 이석훈은 창작물의 경우, 대본이나 연기에서 아쉬운 대목이 많고 일본이나 서양의 번안물은 별로 쓸 필요가 없어서, "'레퍼토리'가 하나둘 진행되어갈수록 나는 가벼운 실망을 느끼지 않을 수 없었다"고 평했다(〈매일신보〉 1932.3.16.) 사회 현실과 동떨어진 구 토월회 레퍼토리를 재탕한다는 비판도 나왔다(〈동아일보〉 1932.3.9~11.). 태양극장은 곧 북선(北鮮) 순회공연을 하고, 5월 하순에 경성에 돌아와서는 다시 5월 30일에는 오사카와 도쿄에 있는 동포들을 위한 위문공연을 떠난다. 일본에서 조선 신극의 최초 시연이었던 이 행사에는 박승희와 최승일의 인솔하에 단원 석금성, 김연실, 이소연, 강석재, 김진문, 이동호, 강석연 등 28명이 동반했다. "조선 정조를 담은 조선극을 멀리 소개하겠다는 계획"에 따라 공연작품은 모두 "조선 정조가 농후하게 흐르는 향토극뿐"이었다. 구체적인 레퍼토리는「춘향전」을 비롯해,「아리랑」,「요부」, (단종애사를 각색한)「공포시대」,「전쟁여문(戰爭餘聞)」 등이었으며, 도일을 기회로 태양극장은 태평레코드에서 극 대사 역시 취입하게 되었다(〈매일신보〉 1933.5.31.; 〈조선일보〉 1933.5.26과 6.1.; 김남석 2013:246).

한 달가량 일본 순회공연을 마치고 돌아온 최승일은 이때의 경험과 감상을 그해 가을 〈조선일보〉 지면에 6회에 걸쳐 게재한다 (1933.9.21~29.).「무대 뒤에서-극계 만담: 경성·대판·동경」이라는 제목의 이 글은 최승일이 오사카 동포 위문공연을 하며 느낀 자괴감, 연극이 이제 밥벌이가 되었다는 데 대한 자기연민과 자책, 동포들 삶의 풍경, 자본이 연극계를 삼키는 데 대한 두려움과 거부감, 동경에서 만난 배구자(裵龜子)나 동생 최승희와의 대화, 그리고 동경의 무용회를 보고 최승희에게 해주고 싶었던 말 등을 담고 있다. 이 글은 당대의 갑갑한 사회문화적 상황을 넘어 더 나은 예술적 성취를 지향하는 그의 주체적 의지를 담고 있지만, 그 못지않게 번민과 좌절감 또한 드러낸다. 한 달 쯤 지나서 그는 〈조선중앙일보〉에 기행문「방랑소경(小景)-떠돌아다니는 사람들」을 총 7회 연재한다(1933.11.1~9.). 갖은 고생을 하며 만주 지역을 순회공연하는 극단의 이야기인 이 글은 태양극장의 실제 경험담을 쓴 것으로 여겨진다.

30여 개 군소극단이 조선 전역에서 활발한 활동을 벌이던 1930년 대는 연극계가 가장 번성했던 만큼 극단 간 생존경쟁 또한 매우 치열했던 시기였다. 그 타개책의 일환으로 많은 극단이 대관료가 비싸고 경쟁이 극심한 중앙공연보다는 지방순회공연을 택했고, 이는 그럭저럭 극단의 생계는 유지할 수 있는 방편이었다. 조선의 극단들은 경영난을 해결하기 위해 서선, 북선은 물론 멀리 만주까지 나아갔다. 이는 당시 만주가 국경 너머의 타국이었지만, 일찍부터 조선 이주민들이 다수 거주하는 지역으로 북선과의 경계에 위치해 마치 하나의 지방처럼 여겨졌고, 북선을 경유해 만주까지 운행하는 열차 덕분에 이동에도 큰 무리가 없기 때문이었다(이복실 2018:118-119). 당시 만주국의 적막하고 황량한 풍경을 배경으로 최승일은 공연을 위해 떠돌아다니는 연극인들의 고단한 일상과 막 뒤의 모습, 그 힘든 와중에서 연극 예술이 주는 모종의 보람과 충족감을 생생하게 묘사한다. 그의 이야기는 용정 공연이 동포들로 만석을 이루고 다음 출발지가 어디냐고 묻는 한 배우에게 그가 북간도의 '두도구'라고 대답하며 끝난다.

""점심 아니 잡수고 오십니까? 더운 장국이나 주문하여다가 잡수시고 나가시지요." 이것은 여관집 보이의 말이다. "우리는 경제하

여 저금하느라고 점심은 사철 아니 먹는다오.” 우리들 중에 누구의
대답이다. 이리하여 우리는 배고픈 배를 배부른 듯이 없는 옷이 있
는 듯이 마차에 올라앉아 거리에서 거리로 나팔을 불고 북을 두드
리고 징을 치면서 돌아다녔다. “이런 순간의 쾌감이 기나긴 괴로움
을 참게 하는가 봐.” “그래. 그것을 바라고 우리는 살지 아니하나.”
성세무대 화장실[즉 분장실]에서의 B군과의 대화이다. 개연시간이
아직도 멀었는데 객석에서는 와글와글한다. “당최 문간에서 표를
받을 수가 있어야지요. 막 싸움들이 나고.” 문간에 나갔다 들어오
는 C군의 말이다. “꽉 찼는데…” 무대에서 화장실로 들어오는 A군
의 말이다. 백촉의 전등 밑에 화장들을 하고 옷을 바꾸어 입는 우
리들은 손이 빠르게 돈다. 무대 진행계는 “막 열까요, 열어요?” 하
면서 드나든다. “가만있어-” “열지 열어-” “다- 됐어-” 무대에서
징이 울린다. 막이 오르는 모양이다. 무대로 바쁘게 나아가는 B군
은 나를 돌아보면서 “이제 용정 왔으니 이제 어디로 또 가누?” “두
도구로 가야지” 나는 이렇게 대답을 하면서 그의 뒷모양을 물끄러
미 건너다보았다.”

오사카 공연 후 남선(南鮮) 순회공연을 마치고 경성에 돌아온 태양
극장은 강홍식, 임서방, 전옥, 신카나리아 등 새로운 단원들을 받아들
여 진용을 재정비하고 1933년 12월 20일 귀경 공연을 한다(〈매일신보〉
1933.12.16.). 다음 해에도 태양극장의 활동은 계속 이어졌다. 2월 2일 경
성 공연은 연극 「로미오와 줄리엣」, 「불여귀」, 연쇄극 「복수」와 최승희
무용연구소 단원들의 무용, 신카나리아의 넌센스 등의 프로그램으로
꾸려졌고, 그 뒤에는 평양 공연이 있었다. 또 5월의 하기 대공연에서는
‘태양극장 극예술 5개년 계획’을 수립하고 그 자금을 충당하고자, 현철
이 개발한 화장품 ‘정미액’ 1개월분에 입장권을 첨부하는 식의 마케팅

또한 시도했다(〈조선일보〉 1934.2.14와 5.19.). 태양극장은 1936년 초까지 그럭저럭 명맥은 유지한 듯 보이나, 1934년 가을 무렵부터는 재정상의 곤란으로 실질적인 휴지기에 들어가 "그림자도 찾을 수 없다"는 평까지 나올 정도였다(〈매일신보〉 1936.1.8.).[89]

　정리해보자면, 최승일의 연극 관련 활동은 1930년 하반기에는 미나도좌와 신흥극장, 그리고 1932~34년 상반기 정도까지는 태양극장을 중심으로 이루어졌다. 1931년에 일정한 공백이 보이기는 하지만, 이 시기 또한 누이동생을 지원하느라 분주했던 것으로 보인다. 연극과 무용 등 각종 공연으로 많이 돌아다녔기 때문인지, 최승일이 1930년대에 쓴 글들 가운데는 기행문 형식이 많은 점이 특징적이다. 물론 「나와 화소환」, 「신변잡사-동경행」처럼 1926년 8월 초순에 직접 일본으로 건너간 그가 누이를 만난 경험을 기행문 장르에 담은 적이 있지만, 대부분의 기행문은 1930년대 상반기에 집중적으로 나왔다. 1933년 〈조선일보〉에 연재한 「경성·대판·동경」이라든지 〈조선중앙일보〉에 연재한 「방랑소경-떠돌아다니는 사람들」, 1934년에 쓴 음반극 형식의 「순례하는 마음」, 「이국의 사랑」, 1936년에 발표한 「'신세계(新世界)' 행낭 뒷골 만보기」 등은 모두 외국에서의 여행 이야기를 소재로 삼고 있다. 이 당시 그가 내놓은 회고담들 역시 일본이나 중국에서의 방랑의 추억을 다루고 있다.

　이 중 오사카에서의 특이한 경험을 풀어낸 「'신세계' 행낭 뒷골 만보기」는 눈여겨볼 만하다(〈모던조선〉 1936.9). 이 글은 당시 오사카에 친구와 함께 업무차 간 최승일이 상점과 술집, 여인숙 등이 늘어선 뒷골

89　1936년 이래 태양극장은 주로 유랑극단으로 전국을 떠돌아다니며 만주·북간도·일본까지 순회공연을 하였다. 하지만 재정난에 따라 단원들이 이탈하고 1937년 중일전쟁 발발 이후 일본 경찰의 탄압이 심해지자 태양극장도 1940년에는 막을 내리게 되었다(이복실 2018:64).

목에서 귀국 채비를 하며 머무르다가 한쪽에 의안을 한 어떤 일본 여인에게 호객을 당하고는 놀라 도망간 일화로 시작한다. 그런데 다음날 두 사람은 그 여인이 여장남자라는 사실을 우연히 알게 되고, 점심을 먹으며 다시 마주친 그 사람에게 얘기하자고 졸라 함께 담배를 피우며 그의 속사정 이야기를 듣는다. 기와장이인 그는 본업만으로는 먹고 살기가 힘들어, 여장해서 몸 파는 노동을 겸하고 있다고 담담히 실토한다. 그 사람과 헤어진 최승일이 친구와 다다미방에 누워 한숨을 지으며 끝나는 이 이야기는 식민지 지식인이 식민본국의 하층민과 모종의 공감을 주고받는 과정을 흥미롭게 그려낸다. 최승일은 노동자이자 장애인이며 성 정체성 또한 모호한 이 하층민을 처음에는 완전히 낯선 타자로 대한다. 이는 그가 느끼는 놀람과 두려움의 감정 속에서 드러나는데, 이후 솔직한 대화를 통해 상대방에 대해 조금 더 알게 되면서 애초의 공포와 부정적 감정은 사라지고, 뭔지 모를 공감과 착잡한 심경만이 남는다. 최승일이 구체적으로 언어화하지 않은 그 심경의 중심에는 식민본국 내부에도 지배 관계가 엄연히 존재하며 본국의 하층민은 실상 식민지민과 그리 다를 바 없는 신세라는 깨달음, 나아가 거기에서 비롯하는 약자들 간의 연대감이 자리 잡고 있었을 것이다.

JODK에의 재입사와
'조선적인 것'의 추구

1935년 태양극장의 침체를 전후해 최승일은 연극에서 다른 영역으로 활동 공간을 차츰 옮겨간다. 잡지 발간, 라디오 방송, 공연 기획, 영화 제작 등이 그것이다. 우선 1934년 4월에는 그가 월간 〈조선라디오〉 창간을 준비 중이라는 기사가 나온다(〈조선일보〉 1934.4.22.). "나날이 비약 발전하는 조선의 '라디오 문화'를 중심으로 하여 오락과 취미를 본위로 한 월간 전기문화지"를 표방한 이 잡지는 편집 최승일, 경영 박인성의 책임 아래 5월에 창간호를 낼 것으로 예고되었다. 기사의 발간 시점을 고려하면, 창간호는 세상의 빛을 보았을 가능성이 크지만, 후속호의 간행 관련 정보나 잡지의 실물을 찾을 수 없는 것으로 보아, 당시 적잖은 잡지들이 그랬듯, 아마도 한 호 발간 후에 종간되었을 것으로 여겨진다. 사실 1930년대 초반 유성기와 라디오의 보급이 활기를 띠게 되면서 관련 잡지의 발간 시도들 역시 없지 않았다. 소리 미디어를 기반으로 일반화되고 있는 '레코드 예술'의 수준 향상을 내세운 〈재생예술〉이 1933년 12월에 출간되었고, 그다음 해 2월에는 월간 〈라디오세계〉가 창간호를 낸다는 보도가 있었다(〈동아일보〉 1933.12.2.; 1934.1.11.). 이처럼 지식인들 사이에서 새롭게 떠오르는 미디어 문화에 대한 관심이 간혹 전문지의 창간으로 발전하곤 했지만, 잡지의 안정적인 운영을 가능하게 할만한 독자층의 확보로까지 이어지지는 못했던 것이다.[90]

한편 최승일은 1934년 가을 「순례하는 마음」(〈신조선〉 1934.10)과 「이국의 사랑」(〈삼천리〉 1934.11)이라는 제목의 글을 발표함으로써, 그가 당시 소리 미디어의 예술적 가능성에 대해 가지고 있던 흥미를 단편적으로 드러냈다. 이 두 편의 글은 그 길이나 구성 방식(A면·B면의 구분, 남녀의 대화 주고받기, 음반 관련 지문) 등으로 보아 당시 유행하던 음반극 형식을 취한 것으로 여겨진다.[91] 여기에는 1934년부터 콜럼비아 레코드 전속으로 가수 활동을 하면서 음반극, 스케치, 넌센스, 신민요 등 다양한 장르의 음반을 녹음한 석금성의 영향도 없지 않았을 것이다(〈조선중앙일보〉 1934.9.11.; 한국음반아카이브연구단 편 2011). 어쨌든 유행가나 음반극 작업이 고상하지 못한 것으로 받아들여져 수입을 위해 그런 일을 하는 문인들조차 필명을 썼던 상황에서, 아예 음반극 형식의 글을 발표했다는 사실만으로도 최승일이 소리 미디어에 얼마나 애정을 가지고 있었는지 짐작할 수 있다. 「순례하는 마음」과 「이국의 사랑」은 모두 통속적인 남녀 연애담이며, 무대가 조선이 아니라는 공통점을 지닌다. 그 가운데 중국 톈진으로 가는 배 안에서 처음 만난 남녀의 문답 형식으로 되어 있는 「순례하는 마음」의 한 대목은 최승일의 당시 심경을 표현하고 있는 것

---

90   물론 미디어 자본이 발간하는 일종의 업계지가 없지는 않았다. 이미 1920년대 후반부터 일본축음기상회 조선지점은 월간 〈류성긔〉를 유가지로 발간했고, 일동축음기회사 역시 월간 〈일동타임쓰〉 조선판을 무가지로 발행했다. 이러한 업계지들은 판매촉진을 위해 유성기 정보와 조선 음반의 광고를 주 내용으로 제공했다(배연형 2019:27, 521-523).

91   이 두 편의 글이 음반극 제작을 위한 대본으로 쓰였을 가능성도 있지만, 유성기 음반 총목록에서 찾아볼 수 없는 것으로 보아 실제 음반으로 발매되지는 않았던 것으로 판단된다(한국음반아카이브연구단 편 2011).

같아 주의를 끈다.

"-나는 북평행입니다. -무엇하려요. - 찾으려요. -무엇을요? -나는 찾는 것이 많습니다. 밥도 찾고 사랑도 찾고 술도 찾고 집도 찾고 일도 찾고 이 모든 것을 합한 행복도 찾고요. -아하 그러면 당신은 행복발견가이십니다, 그려. 그런데 여태껏 당신이 있던 고장에서는 그것을 발견치 못하였던가요? -글쎄, 그것이 모를 일이라는 것입니다. 나 혼자만이 발견을 못하였는지 여럿이 다-같이 발견을 못하였는지 그것을 나는 모릅니다. -그럼 하필 그 행복이 북평에를 가면 있을까요. -그것도 모릅니다. 거기 없으면 당신의말과 같이 또 다른데로 가지요? -참 상스런 양반이로군. 당신은 대관절 무어요? -무어라니요? -명색이 무어냐 말이에요. -명색이 그냥 사람이에요. -아니 학생? -아니. -그러면 문예가? -아-니. -그럼 주의자(主義者)? -아니. -그럼 스파이? -아니. -그럼 폭력단? -아니. -그럼 장사치? -아니. -그럼 대체 무어란 말이요? -당신의 말마따나 행복발견가라고 해둡시다, 그려."

학생도, 문인도, 그 어떤 이념의 신봉자도 아닌, 그저 '행복을 찾는 방랑자'일 뿐이라는 최승일의 무의식적 자기 표상은 지극히 솔직하고 소시민적인 동시에 현실 도피적인 성격을 띠고 있었다. 식민지 현실에서 개인적으로 구하고 또 얻을 수 있는 '행복'이 과연 어떤 것일지에 대한 근본적인 성찰을 빠트리고 있기 때문이다. 최승일은 경제적인 필요 때문이었는지, 1935년 말 다시 방송국에 입사해 1937년 말까지 약 2년 동안 재직한다. 그는 또 방송국 일을 하면서 최승희를 지원하는 활동을 병행했던 듯싶다. 1935년 카프의 해체는 1930년대 초반 카프에서 제명당한 그의 감정적 앙금과 이념적 부채감을 덜어주는 계기가 되었을 것이다. 방송국 동료였던 김영팔은 만주로 떠났고, 오랜 친구 박영희와 안석영은 전향했으며, 안막 역시 작가와 평론가로서의 경력을 포기한 채 최승희의 조력자 역할에 전념하기 시작한 무렵이었다. 최승일도 이미 1930년대 들어서는 더 이상 소설을 쓰지 않았고, 간혹 수필이나 평론을 쓰면서 직업인으로서의 삶에 충실하는 방향으로 나아갔다. 물론 그렇다고 해서 그 주변의 인맥이나 친분관계가 크게 달라지지는 않았던 것으로 보인다.[92] 하지만 예술과 세상을 대하는 그의 관점은 점차 노선을 전환하기 시작한다.

이런 맥락에서 1930년대 중반 최승일이 연극에 관해 쓴 두 편의 글은 의미심장하다. 그것들은 모두 조선연극의 발전을 위해서는 무엇보다도 대규모 자본 투자가 필요하다는 내용으로, 그가 신흥극장과 태양극장 등을 거치며 쌓은 경험에 기초해 내놓은 현실적 주장이었다. 먼저 1934년 〈조선일보〉(6.7)에 발표한 "'지식'과 '돈'이 있는 흥행사가 있으면"이라는 글은 '조선연극의 향상정화, 조선영화의 재건방책'이라는 제목의 연재물 가운데 하나로, 최승일은 열 번째 필자였다. 여기서 그는 조선연극의 향상과 정화 방안에 대한 신문사의 질문에 연극에 투자하는 사업가의 필요성을 강조한다. 그에 따르면, 조선 연극계에는 훌륭한 극작가, 스태프, 배우는 많은데 다만 "사업가-지식과 돈있는 흥행사"가 없다는 것이 결정적인 문제라 할 수 있다. 이러한 인식 위에 그는 돈 10만원이면 전 조선의 흥행계를 이끌어갈 수 있다고 주장하며 구체적인 안까지 제시한다. 즉 그 돈을 가지고 경성 중앙에 수준 높은 고급 극장을 짓고 극단 2, 3개를 운영하면 자연히 훌륭한 극본과 배우가 몰

---

[92]   최승일은 1935년 12월 3일 안석영 원작 박기채 감독의 문예영화 「춘풍」의 제작 상영을 축하하는 '춘풍의 밤' 행사에 참여했다. 장곡천정의 다방 낙랑팔라에서 열린 이 모임에 최승일은 이기세, 현철, 심훈, 김복진, 박팔양, 김기진, 이태준, 김기림, 유치진, 이석훈 등과 함께 발기인으로 이름을 올렸다(〈조선일보〉 1935.12.3.).

283

려들 것이라는 예측이다. 그는 이렇게 해서 "일종의 흥행주식회사 형식으로 통제 있게 영업을 겸한 문화사업"을 하라고 권유한다. 이는, 그의 표현대로라면, 전당포 내는 것보다 더 이익이 남으며 민족을 위한 사업이 될 것이다. 그는 다음과 같이 질문하며 글을 맺는다. "돈 '십만원'을 가지고 2천만 관객을 앞에다 놓고 조선의 극장문화를 새로이 수립시킬 만한 흥행사가 없나 하고." 최승일은 1935년 같은 지면에 발표한 "연극의 기업화"(〈조선일보〉 1935.7.10.)에서 일 년쯤 전의 주장을 거의 그대로 되풀이한다. 그는 신극의 수립과 연극문화의 발전을 위해서는 "문화와 오락과 취미를 짐작하고 흥행(기업)을 할 줄 아는" 사업가가 필요하다고 말하며, 그러한 인물 유형에 "자본주의적 투사"라는 이름을 붙인다. 조선 신극운동의 성장은 바로 이 "자본주의적 투사"의 등장 여부에 달려있다는 것이다. 여기서도 그는 한 이십만 원을 들여서 서너 개의 극장과 서너 개의 극단, 연구소 등을 만드는 방안을 제시한다.[93]

두 글에서 눈여겨볼 점은 바로 예술과 자본의 관계에 대한 최승일의 시각 변화라 할 수 있다. 그는 "모든 생산 부문과 마찬가지로 통제적 기업은 자본주의의 필연적 귀결이므로 이 연극 운동도 한 개의 시장상

---

93 유치진은 〈조광〉 1935년 10월호에 실은 "조선 연극의 앞길"이라는 글에서 최승일의 이러한 견해에 대해 반대하는 의견을 밝힌다. 그는 '우선 극장을 가지자-3만 원 정도의 바라크 극장만으로도 괜찮을 것', '연극 전문극단의 필요', '우리 연극유산의 발굴을 시작하자'를 제언하면서 다음과 같이 주장한다. "최승일 씨는 조선의 연극의 구주로서 흥행업자의 경제적 실력의 강력을 역설한 듯하였지마는 나는 동씨(同氏)의 이 의견에는 반대의 의견을 가지는 자이다. 똑똑한 흥행업자조차 없는 조선극계로서는 그런 것이나마 생기는 것이 없는 것보다도 나을 성도 싶지마는 흥행업자는 결국 흥행업자이다. 연극의 향상보다도 그들은 한 푼이라도 수입이 많기만 바랄 것이다. 이 결과는 어떨까? 결국 흥행업자는 참된 연극운동의 예술적 발전을 저지하지 않을까? 나로서는 이 점이 퍽 염려되는 것이다. 염려된다는 것은 이에 대한 좌증을 외국의 극운동에서 얼마든지 우리가 봐온 까닭이다." 그런데 유치진은 연극인들에게 필요한 극장을 흥행업자 없이 누가 어떻게 지을 수 있을 것인가에 대해서는 현실적인 대책을 내놓지 않는다.

품으로서 마땅히 그 '길'을 밟아야 될 줄로 압니다."라고 지적하며, "연극은 한 개의 훌륭한 기업이 되는 동시에 소위 '진정'한 '예술'의 생애도 있을 수 있다"고 주장한다. 자본주의화가 '연극예술'의 성장에 일종의 필요악이라는 것이다. 그가 일찍이 스포츠의 상업화에 대해 "운동경기의 영업주의화", "스포츠맨의 노예화", "고기덩이와 고기덩이의 부딪침의 상품화"라고 규정하면서, "많은 스포츠맨들은 쇠사슬에 걸려 자기의 주인, 배후에 있는 자본가를 위하여 명예의 우승기, 은컵을 타다가 바친다. 그리하여 그것으로 인하여 자기들의 목숨은 존재하여 간다"고까지 통렬히 비판한 적이 있었던 점을 고려하면(《별건곤》 1926.12), 이 두 편의 연극 관련 글에서 그가 보여주는 사고의 전환은 놀랍다. 이는 늘 심각한 재정난에 시달리며 영세하고 열악한 환경에서 연극 운동을 꾸려나간 그의 오랜 고민의 결과인 동시에, 카프의 계급 사상에서 벗어나 1930년대 후반 흥행사로서, 영화제작자로서 새로운 이력을 개척해간 그의 의식 변화를 알리는 전조인 것처럼 느껴진다.

사실 조선의 신극계가 빈약한 자본 탓에 제대로 발전하지 못하고 있다는 지적은 나름대로 일리 있는 것이었다. 조선 연극계의 발전을 위해 극장이 필요하다는 주장 역시 이전부터 꾸준히 나왔다. 예컨대, 토월회의 연출가 박승희는 "신극운동을 하려면 무엇보다도 극단의 근거가 되는 극장을 하나 소유하지 않으면 도저히 운동을 계속할 수가 없으며 또한 극단을 영원히 유지해 갈 수가 없는 것"이라고 주장했다(《조선일보》 1929.11.21.). 또한 연출가 홍해성은 최승일의 글이 실리기 며칠 전 같은 지면에 실은 "극단의 전망"이라는 글에서 연극 전용극장의 필요성을 역설했다(《조선일보》 1935.7.7.). 연극계 내부의 이러한 기대에 호응이라도 하듯, 1935년 11월 배구자의 남편 홍순언이 당시 19만 5천 원을 들여 조선 최초의 연극 전용극장인 동양극장을 준공한다. 동양극장은 청춘좌라는 전속극단을 설치하고 월급제로 운영했는데, 석금성은 청춘좌의 전속배우로 일했다. 하지만 3년 뒤 홍순언이 요절하면서 극장은 운영상의 난관에 부딪히고 마침내 1939년 8월 문을 닫게 된다. 어쨌거나 상업극단 위주의 동양극장 말고는 변변한 연극 전용극장이 없어서 극단이 재정난에 시달리는 현실이라든지, 연극인들이 수입을 얻기 위해 벌이는 지방 순업(巡業)이 연극의 질적 저하와 직업적 피로를 가중시키는 상황은 최승일의 논설 이후로도 고질적인 문제로 남아있었다(〈조광〉 1937.5과 1940.12; 〈삼천리〉 1941.3). 그럼에도 연극예술 부흥을 위한 지극히 현실적인 방책처럼 보이는 '자본가 혹은 흥행사의 과감한 투자'가, 그 실현 가능성은 차치하고라도, 구조적 문제에 대한 영웅주의적인 해결책이라는 점에는 의심의 여지가 없었다. 게다가 임화가 1920년대 신문과 잡지의 계몽성이 1930년대로 접어들며 붕괴한 이유

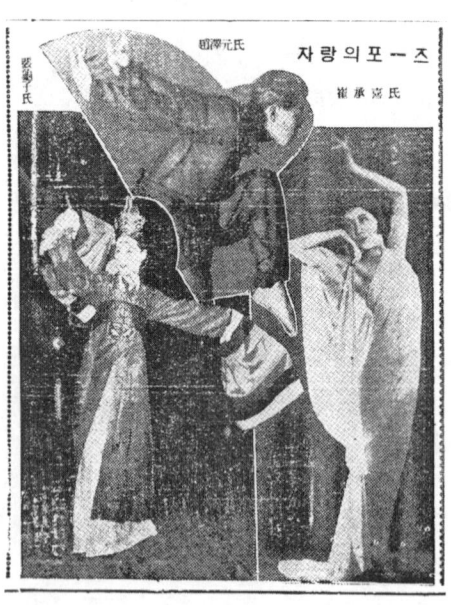

대표적인 '조선인' 무용가들의 '자랑의 포즈',
왼쪽부터 차례로 배구자, 조택원, 최승희의 모습 (〈동아일보〉 1936.1.1.)

로 언론의 기업화와 그 배후에 있는 식민권력의 개입을 들고 있듯, 일제의 지배하에서 문화예술의 기업화는 식민권력에의 투항으로 귀결될 개연성이 매우 큰 정책 방안이었다(최병구 2017:275-276). 그러므로 조선 연극의 발전을 위해 '자본주의적 투사'의 도래를 기대하는 최승일의 인식은 매우 순진하고 안이한 것이었다고 평가받을 만하다. 그것은 어쩌면 무엇보다도 자신이 되어가고 있던 인물상에 대한 개인적인 정당화의 성격을 강하게 띠고 있었을지도 모른다. 그가 몇 년 뒤 본격적인 공연기획자이자 흥행사로서 활동한 사실을 떠올려본다면 말이다.

프로문예의 계급적 관점을 포기하고 문화예술의 자본주의적 기업화를 지지하는 입장에 선 최승일에게 새삼 중요하게 부상한 가치는 '조선적인 것', 나아가 그것의 '세계화'였다. 이는 그가 1936년 1월 〈중앙〉에 게재한 "연예왕래"라는 평문에서 잘 드러난다. 최승희의 무용과 배구자의 쇼, 그리고 현철의 삼담(三談)을 함께 묶어 다룬 이 글에서 최승일은 세 사람이 계발한 새로운 공연예술 형식을 옹호하며 그것을 '조선적인 것'의 구현이라는 기준에 맞추어 논한다. 사실 이 '조선적인 것'의 문제는 1930년대 조선 문화예술계의 중대한 화두였다. 많은 지식인과 예술가들에게 그것은 당연한 지향점이자 하나의 책무처럼 여겨졌다. 예를 들면, 조선 문화예술계에서 활약하는 각계 인물과 단체를 소개한 〈동아일보〉의 1936년 신년 특집 기사에서 조택원, 최승희와 더불어 무용계의 대표 주자로 꼽힌 배구자는 "조선의 고전과 향토무용을 일본 내지와 외국에 소개하고자"한다는 희망을 밝힌다. 최승희 역시 그와 다르지 않은 포부를 다음과 같이 피력한다.

"나의 포부는 한마디로 말씀하면 우리 조선이 가진 무용예술을 중외(中外)에 표현함으로써 조선의 존재를 세계적으로 널리 알리는 일방(一方), 우리가 가진 특유한 무용예술을 세계에 진출시키는 데

287

있습니다. 그러나 저는 조선에 현재 있는 무용 혹은 과거에 있던 무용을 그대로 전래하는 양식대로 소개하고자 않습니다. 나는 조선에 얼마 남아 있지 아니한 춤을 소재로 삼고 그것을 자기의 예술적 기능으로 가능한 범위의 무용으로 양식화하기를 힘쓰려 합니다."(《동아일보》 1936.1.1.).

한마디로, 조선 전래의 무용을 발굴해 새롭게 양식화하고 그럼으로써 세계에 진출하겠다는 야심인 셈이다. '조선적인 것'의 추구와 그것을 통한 조선예술의 세계화는 최승일에게도 새삼스러운 목표가 아니었다. 이때 세계화란 조선예술을 세계에 알리고 인정받는 것을 뜻하는데, 최승일은 '민족적인 것', '조선적인 것'을 기반으로 해서만 세계화가 가능하다는 입장에 선다. 최승희의 인터뷰와 비슷한 시기에 나온 "누이 최승희에게 주는 편지"에서 이미 그는 "예술가로서 자기 민족의 유산을 정당하게 계승하고 이해하여 그것을 예술화하는 것이 예술가의 할 일이며 큰일이라고 생각한다. 그리하여 그것이 민족예술이 되는 동시에 또한 인터내셔널 예술이 되는 것이라고 생각한다"고 강조한 바 있다(《삼천리》 1935.12). 여기서 주목할 것은 그가 '민족적인 것', '조선적인 것'을 모종의 '원형'이나 '순수성'의 관점에서 접근하지 않았다는 점이다. 최승희가 일본에서 조선 춤을 추어 거둔 성공에 대해 조선 내부에서 비판의 목소리가 일자, 최승일은 "조선 사람인 양무가(洋舞家) 최승희가 일본 내지에서 조선 춤을 추어 팔기로서니 그것이 그리 괴이한 일은 아니다."라고 단호하게 변호하며 이렇게 반문한다.

"대체 순수라는 의미가 가령 조선 춤하면 '봉래의(鳳來儀)'나 '항장무(項莊舞)' 같은 것을 그대로 억천만대(億千萬代)를 두고 그대로 전하여 내려가는 것이 '순수'이고 그것을 춤가락이나 춤의 내용을 근대적 '리듬'이나 근대적 형식으로 해석하고 구성하여 표현한다면 그것은 '불순수'가 되는 것인지?"(《중앙》 1936.1)

'민족적 전통'을 그대로 유지, 보존하는 예술만이 '순수'라는 통념을 반박하면서, 최승일은 전통의 근대적 변용 또한 '조선적인 것'을 담지할 수 있다고 암시한다. 이러한 발상을 바탕으로 그는 "연예왕래"에서는 최승희, 배구자, 현철의 구체적인 사례를 논한다. 여기서 그는 세 사람이 계발한 새로운 양식의 예술을 지지하며, 그 안에서 '조선적인 것'을 한층 계발하기를 권유한다. '순수/불순'을 가릴 수 없이 혼종적인 최승희의 무용, '막간'으로 천대받지만 현 시대의 최첨단 만화경 같은 배구자의 쇼, 그리고 "대중 생활이 요구하는 '말의 예술'"을 지향하는 현철의 삼담은 모두 전례 없는 미학적 형식이다. 그는 그러한 형식이 거둔 나름의 성과를 적극적으로 평가하면서, 그것이 좀 더 '조선적인 것'을 표출하길 촉구하는 것이다. 그리하여 그는 최승희에게 "조선의 정서를 집어넣어 가지고 전연 창작 무용을 만드는 것이 너의 사명이고 이러한 방법이 가장 세계적이 될 만한 가능성이 있는 것"이라고 조언하고, 배구자에게는 "그의 '쇼'에서 아름다운 정당한 조선적 정서를 볼 수가 있었으면 한다"는 기대를 전하며, 그동안 이야기를 예술화한 사람이 없던 조선 야담계에서 현철이 집단적이고 역동적인 삼담으로 신기원을 마련했다고 찬사를 보낸다.

특히 현철의 삼담과 관련해서는 최승일이 그 공연을 직접 지원하기도 했다는 사실에 유의할 필요가 있다. 일찍부터 조선 근대극의 정립과 배우 양성에 애썼던 현철은 1934년경부터 새로운 이야기 예술 장르인 삼담을 개발하고 확산시키고자 했다. 삼담은 가담(歌談), 산담(散談), 연담(演談)이라는 세 가지 공연 형식을 통칭하기 위해 현철이 만든 신조어였다. 그는 1934년 봄 산담의 이름 아래 첫 작품 「오육주막」을 발표하면서 그 앞에 붙인 서문에서 자신의 기획에 대해 상세히 논한다. 그에 따르면, 가담은 일본의 나니와부시(浪花節), 연담은 고단(講談), 산담은 라쿠고(落語)에서 착안했으며, 연담은 당시 조선에서 유행 중이던 야담과도 비슷하지만, 야담이라는 용어가 부적절해 다른 말을 쓰는 것이다. 산담은 "간단한 허튼 말로 조금씩 풍자해서 듣는 사람으로 조금씩 깨달을 점이 있도록 할까 하여" 그렇게 칭했다(《중앙》 1934.4). 이후 현철은 〈동아일보〉에 「교화와 오락과 삼담」이란 제목의 글을 총 5회 연재해, 이 새로운 연행 장르의 취지와 특징, 의미를 한층 상세히 밝힌 바 있다(1936.1.28~2.4.).

삼담이 공연의 형태로 발표되기 시작한 것은 1935년 가을의 일이다. 더욱이 그것은 라디오를 통해서였는데, 당시 연예프로그램 편성을 맡고 있었던 최승일이 그 과정에 큰 도움을 주었다. 현철은 1935년 10

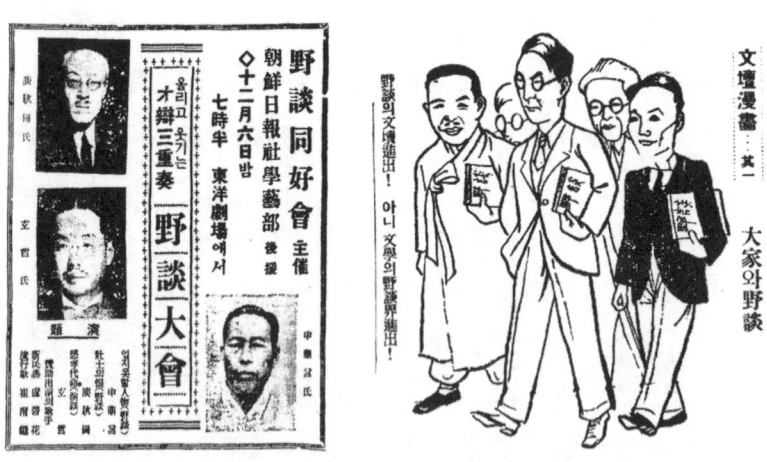

왼쪽은 야담동호회 주최 '야담대회' 광고문이고(《조선일보》 1935.12.3.),
오른쪽은 문단 만화 「대가와 야담」. "문단의 야담 진출! 아니
문학의 야담계 진출!"이라는 단평과 함께 왼쪽부터 '야담대회'의 주역인
현철, 유추강, 신정언의 캐리커처가 나와 있다(《동아일보》 1936.1.1.).

월 21일에 경성중앙방송국에서 중조가담(重調歌談)「영월단장곡(寧越斷腸曲)」을 30분짜리 라디오극으로 독창, 실연하였다.[94] 이후로도 삼담은 라디오 프로그램 편성에 종종 등장한다. JODK는 11월 12일 연담「이장군의 의용전」을 방송했고, 12월 6일에는 민요와 연담을 1시간 동안 방송했다. 이는 야담동호회(신정언, 유추강, 현철 등)가 주최하고 조선일보사 학예부가 후원한 〈재변삼중주 야담대회〉를 동양극장에서 중계한 것이다. 이 대회에서는 신정언의「없지 못할 인물」, 유추강의「장사의 한」을 야담, 그리고 현철의「감효대명」을 연담의 이름으로 공연하고, 여기에 최남종의 유행가와 노벽화의 신민요를 곁들였는데, 라디오에서는 노래와 현철의 연담만을 방송했다. 또 1936년 1월 11일에는 가담「절기 송이(節妓 松伊)」를 양금 반주와 함께 방송했다(《조선일보》 1935.10.21., 11.13., 12.7.과 1936.1.11.).[95] 라디오 방송 이외에 현철은 1935년 12월 19일 부민관에서 〈삼담의 밤〉을 개최함으로써 공식적인 실연을 가졌고. 최승일은 이 공연에 이기세, 윤백남, 김정진, 신정언 등 20여 명의 발기인 가운데 한 명으로 이름을 올렸다(《동아일보》 1935.12.18.). 발기인 명단을 보면, 삼담이 주로 당시 방송국 인사와 야담가들의 후원을 받았음을 알 수 있다. 최승일은 연예방송 담당자였던 만큼 삼담의 대중적 확산에 직

---

94 현철은 대중오락에 연극, 영화 등이 있지만 내용이 복잡한 외래문화인 데 반해, 음악은 라디오나 유성기 등을 통해 간단하고 편리하게 들을 수 있고 특히 성악은 더 쉽게 접근 가능하다는 이유로 가담을 고안했다고 설명한다. 또 그가 연극, 배우학교 등 여러 사람과의 협업에서 실패한 경험 때문에 그것을 독창 형식으로 정했다는 것이다. 가담 공연은 원래 기타 반주를 곁들일 예정이었으나 연주자가 정해진 방송 시간에 오지 않은 바람에 음악 없이 진행되었고, 30분의 방송 시간에 맞추느라 거의 50분에 달하는 대본을 축약해 이루어질 수밖에 없었다(《삼천리》 1936.2). 가담의 첫 방송에 대한 현철의 이러한 해명은 대중의 반응이 별로 신통치 않았다는 증거이자 자기변명같은 성격을 띤다.

95 현철은 삼담의 방송에 고마움이라도 표하듯, "조선 극계도 이미 25년:극단비사"라는 글에서 "우리 극계를 위하여 많은 방송극이 있는 것은 경하할 일"이라며 "좀 더 세련된 방송극이 나왔으면 하고 은근히 바라는 바"라고 썼다(《조광》 1935.12).

접 도움을 줄 수 있는 위치에 있었고, 또 실제로 그랬던 것으로 보인다. "연예왕래"라는 평문 역시 이러한 맥락에서 최승일이 현철의 기획을 지원하는 하나의 방식이었던 듯하다.

사실 최승일은 삼담의 완성에 대한 "커다란 기대"와 더불어 "어느 정도의 회의"를 표명하며 자신의 글을 마무리한다. 그의 우려는 곧 현실이 되었는데, 삼담이 극장에서 관객의 호응을 끌어내야 하는 연행으로서 충분한 오락성과 흥행성을 갖추지 못했기 때문이다. 삼담은 1920년대 후반부터 일제 말기까지 조선 민중의 큰 인기를 모았던 야담, 만담 등의 흐름에서 특히 이야기의 예술성과 교화성을 특별히 강조한 기획이었다. 물론 그것이 오락적 요소를 완전히 무시한 것은 아니었지만, 그럼에도 다른 이야기 장르와의 차별점은 초창기 근대연극의 이론가이자 교육자였던 현철 개인의 이념적·계몽적 명분에 놓여 있었다. 그는 본래 야담의 기획에 내재하는 민족 교육과 민중 계도의 차원을 한층 강조한 반면, 대본이나 화술, 연행 상으로 관객이 삼담에 새롭게 매력이나 재미를 느낄만한 지점은 계발하지 못했던 것으로 보인다. 그 결과, 윤백남이 이야기 연행 장르의 핵심으로 지적한 이른바 "포퓰라성(性)"을 확보하지 못했던 것이다(윤백남 2013:445). 삼담은 결국 1930년대에 급속히 통속화·오락화했던 공연 흥행계에 안착하지 못하고 몇 차례의 방송과 실연, 그리고 잡지의 읽을거리만 남긴 채 실패로 귀결하고 말았다(문경연 2017).[96]

주목할 점은 최승일이 "연예왕래"에서 논하는 근대적 공연예술 양식들이 모두 일종의 혼종성을 강하게 띤다는 특징 때문에 비판의 대상이 되었다는 것이다. 이를테면, "양무"를 하는 최승희가 일본에서 조선춤을 추고, 배구자는 역시 조선의 고전과 풍속을 일본어 쇼로 펼쳐내는 상황에서 그것들이 진정으로 '조선적인' 것인지에 대한 논란이 뒤따랐다. 또 현철이 조선 전래의 이야기 양식을 근대화해 정립한 삼담은 일본의 구술 연행 장르에서 직접적인 영향을 받았으며, 가담의 경우, 창과 음악이 주가 되는 중국극의 모방이라는 혐의를 받기도 했다(〈조선일보〉 1936.2.4.). 최승일은 이러한 장르들에 섣불리 "순수-불순"의 잣대를 들이대지 않고, 그 새로운 양식을 있는 그대로 수용하고자 하며, 나아가 그것이 "아름다운 정당한 조선적 정서"를 좀 더 많이 표현할 수 있기를 요구했다. 그 이면에는 '조선적인 것'의 예술적 구현을 통해 비로소 고유한 '민족문화'가 식민지의 제약을 넘어서 근대화·세계화할 수 있다는 발상이 깔려 있었다.[97] 하지만 최승일의 주장은 '조선적인 것', 혹은 '민족적인 것'이 과연 구체적으로 무엇을 가리키는지, 그것은 어디서 나오며 어떻게 얻어질 수 있을지에 대한 분명한 상(像)을 갖고 있지는 않았다는 점에서 논리적·실천적 한계 역시 분명했다. 그는 예컨대 최승희에 대해 "다같이 너를 조선사람이라고 부르기 때문"에 "너는 조

[96] 삼담은 부민관에서의 초연 이후 후속 공연이 기획되지 못한 듯싶다. 삼담 공연 평이라든가 관련 기사 역시 거의 나오지 않았다. 다만 대본이 잡지에 발표되는 경우는 간혹 있었는데, 현재 확인 가능한 것으로는 산담 「오육주막」(〈중앙〉 1934.4) 외에 가담 「영월단장곡」(〈삼천리〉 1935.12~1936.2), 연담 「감효대명」(〈조광〉 1937.9)과 「화전문유(火田聞遺)」(〈야담〉 1937.10) 등이 있다. 삼담은 이처럼 라디오와 공연, 지면을 오가는 텍스트였던 셈이다. 현철은 미약한 대중적 호응에도 불구하고 1930년대 말까지 삼담의 기획을 계속 밀어붙였던 것으로 보인다. 그가 "독자의 창안 삼담 삼매경에서 새로운 천지를 개척"하고 있다는 평이라든지, 그를 경성에서 재회한 일본 작가 아키타 우자쿠가 삼담을 언급한 수필 등에서 이를 확인할 수 있다(〈조선일보〉 1938.1.3.; 〈강코초센(觀光朝鮮)〉 1939.10).

[97] 이와 관련해 1936년 4월 〈삼천리〉가 "딴스 딴스 딴스"라는 제목으로 실은 설문조사 결과는 사소하지만 시사적이다. 잡지는 당시의 사교댄스 열풍에 관해 이서구, 복혜숙, 이석훈, 최승일의 의견을 받았는데, 최승일만이 다른 세 명과 달리 부정적인 입장을 표명했다. 그는 "홍수처럼 밀려드는 댄스열"을 막을 힘은 없지만, 무용 예술에 이해를 갖는 자신이 보기에도 "김치 깍두기와 된장찌개를 먹는 우리의 처지에 고급박래품 댄스가 천부당 만부당"이라고 지적한다(〈삼천리〉 1936.4). 이는 실생활에서 그가 보수적 가치관을 지녔다는 징표로 볼 수 있겠지만, '조선적인 것'과 조화시키지 않은 서구 문화의 무분별한 일상적 수용을 경계했다는 의미로도 해석할 수 있다.

선의 정서를 아니 가졌을 리가 없다"고 단언하는데(《중앙》 1936.1), 그리
하여 예술가가 조선사람이라면 조선적 정조를 가질 수밖에 없다는 식
의 단순한 순환논법에 머물고 만다.

1930년대 중반 무렵의 조선에서는 전통음악과 연희, 무성영화와
근대극뿐만 아니라 발성영화, 서양식 레뷰, 장르 불명의 가극과 악극,
일본발 다카라즈카(宝塚) 공연, 야담과 만담, 유행가와 신민요 등이 대
중오락을 다양하게 구성하고 있었다. 최승일은 이러한 문화 산물들을
섣부른 가치판단의 대상으로 삼기보다는, 그것들이 표상하고 또 계발
하는 근대적 감각에 주목하면서 그 예술성과 민족적 고유성을 어떻게
증진할 수 있을지 고민한 것으로 보인다. 이는 새로운 미디어 문화에
대해 그가 1920년대부터 드러낸 적극적 태도의 연속선 위에 있으면서,

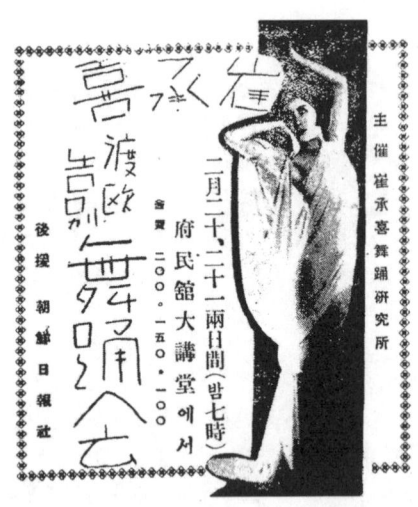

최승희 도구(渡歐) 고별무용회 광고 (《조선일보》 1937.2.2.). 1937년 일본에 체류하며
공연 중이던 최승희는 그해 미국과 유럽 진출에 앞서 2월 20, 21일
이틀간 경성부민관에서 고별무용회를 가질 예정이었다. 후원을 맡았던
조선일보는 광고와 함께 3단짜리 관련 기사까지 게재하며 대대적인 홍보에 나섰으나,
도미 일정이 미뤄지면서 이 공연은 결국 불발에 그치고 말았다.

당시 국제적인 성공 가도에 진입한 동생 최승희의 조력자 노릇을 하며 느끼고 경험한 바에서 비롯한 것이기도 하다.

1934년 초가을 일본에서의 첫 작품발표회를 계기로 실력을 인정받고 명성을 떨치기 시작한 최승희는 이후 1940년대 초반까지 미국에서 10회, 프랑스 23회, 벨기에 9회, 네덜란드 11회, 독일 2회, 중남미 61회 등 약 150회의 구미공연을 이어가며 세계적인 무용가로서 전성기를 누린다(이애순 2002:124-136).[98] 그와 함께 조선에서의 인기 또한 높아져 대체 불가능한 스타로 부상하기에 이른다. 안막과 최승일은 열성을 다해 최승희의 예술적 성공을 뒷받침했다. 1934년 무렵부터 문필활동의 오랜 휴지기에 들어간 안막은 1935년 최승일의 주선으로 잡지 〈가이조(改造)〉사에 입사했고, 최승희의 공연 기획자 및 매니저 활동에 헌신하며 일제 말기까지 일본을 비롯한 미국과 유럽 일대의 순회공연에 동행했다. 최승일은 경성에 머물면서도 일종의 매니저 내지 흥행사로서 동생의 작업과 공연을 적극 보조했다. 그는 이러한 지원을 체계화하기 위해 마네지먼트·메트로폴리탄·아트·뷰로(メトロポリタンアート·ビ-ロ)라는 기획사를 차리고 활동했다(민병욱 2003:10).[99] 1937년 최승희가 미국 공연을 떠나기에 앞서 일종의 고별 공연을 2월 하순에 예정하고 있었는데,

---

[98] 당시에 나온 "무용·연극의 무대 이면"이라는 한 잡지 기사는 최승희 공연의 무대 뒤 풍경을 다루면서 그녀가 말 그대로 "살인적인 인기"를 누리고 있다고 썼다. "그의 무용을 보기 위하여 사경(死境)을 돌파해서 회장(會場)에 들어가는 사람이 얼마나 많으며, 들어가서는 그 능청스러운 포-즈에 그만 정신을 잃어버리고 바보가 되어버리는 사람이 얼마나 많은가?"(〈조광〉 1937.5)

[99] 인사정에 있었다는 이 기획사의 설립 시기는 특정하기 어렵다. 다만 최승일이 1937년 초부터 최승희의 구미 공연을 준비한 사실을 고려해 보면 이 과정에서 창립하였거나 아니면 1937년 11월 방송국 퇴사 이후 창립한 것으로 추정 가능하다. 회사의 명칭은 최승희의 미국 공연을 관리한 뉴욕의 유명한 기획사 메트로폴리탄 뮤지컬 뷰로에서 따온 것으로 보이며, 실제로는 별 뚜렷한 조직 없이 미국 측 기획사의 상대역으로 회사의 이름을 내걸었을 개연성도 있다.

최승일은 이 준비를 맡았다. 하지만 결국 미국 공연이 취소되고 최승희가 무용 연구를 위해 먼저 유럽으로 떠나기로 계획을 변경하면서, 경성의 고별 공연도 덩달아 없던 일이 되어버린다(〈조선일보〉 1937.1.6.; 〈동아일보〉 1937.6.15.). 최승희의 미국 공연은 우여곡절 끝에 실제로는 1938년 1월에야 이루어졌다.

이즈음 최승일은 최승희의 공연과 관련해 언론 인터뷰를 하기도 하고, 최승희의 도구(渡歐) 기념좌담회에 시인 모윤숙, 소설가 이선희, 화가 정찬영 등과 함께 참석하기도 했다(〈조광〉 1937.4). 그의 글 또한 편저 『최승희 자서전』(1937)을 비롯해 「누이 최승희에게 보내는 편지」(〈삼천리〉 1935.12), 「연예왕래」(〈중앙〉 1936.1), 「구라파의 최승희-최승희이야기(2)」(〈여성〉 1939.7) 등 동생에 관한 것들이 많이 나온다. 한편 1937년에는 경성에 최승희 극장이 지어진다는 소식이 일본 신문들에 보도되었다. 최승일이 경상남도 사람 한학수 등의 출자를 받아 종로 3가 땅 600여 평을 사들여 100여 평의 무용극장을 지을 계획이라는 등으로 상세한 내용이었다. 이는 출자금 조달에 문제가 생겨 계획이 변경되었는데, 이후 다시 하준석, 조준호 등의 후원으로 예전 종로경찰서 터에 77만 원 주식회사로 건립을 추진했으나 결국 성사되지 못했다. 원래 최승일은 경성에 제대로 무용공연을 할 만한 장소가 동양극장밖에 없는 상황을 개탄하며, 100만 원 정도를 들여 세계적으로 손색없는 극장을 세우고자 했다. 하지만 이는 재정적인 뒷받침 없이는 당연히 역부족일 수밖에 없는 구상이었다(〈동아일보〉 1937.6.15.; 정병호 2004:125). 그는 오래 전부터 기대해 마지않던 "자본주의적 투사"를 결국 만나지 못한 셈이었다.

JODK 재입사에 따른 방송 일은 이 시기의 최승일에게는 생계 방편 이상의 큰 의미를 지니지 못했던 것으로 여겨진다. 재입사 직후 현철의 삼담에 대한 의식적인 지원 이외에 특별히 눈에 띄는 편성은 드러나지 않는다. 초창기 나름대로 방송 활동에 열심이었던 최승일이 다소

열의를 잃은 듯 느껴지는 이유는 무엇일까? 누이 최승희가 무용가로 승승장구하게 되면서 그 뒷바라지에 전념하겠다는 의지가 발휘된 탓이 가장 클 것이다. 하지만 그와 함께 라디오가 가지는 여러 한계가 최승일에게 훨씬 더 선명하게 다가간 까닭도 있을 것이다. 물론 1933년 이중방송의 실시로 라디오 수신기 보급 대수는 엄청나게 증가했고, 특히 조선인 청취자가 급증했다. 1934년 1월 전체 가입자 수는 3만 명을 돌파했으며, 그 가운데 조선인 비율은 약 40%에 달했다. 그럼에도 라디오 프로그램의 질은 높아졌다고 보기 어려웠고, 어쩌면 조직이 정비되고 청취자 수가 증가한 상황에서 이전과 같은 편성의 과감한 실험이나 자율성의 여지는 오히려 좁아진 측면이 있었다. 감청과 통제가 강화되었기 때문이다. 1933년 체신국은 기구표에 없는 방송감독계를 신설하고, 방송국 내에 감청원을 상주시키면서 필요한 경우 방송차단기를 작동하게 하는 등 방송감청 제도를 마련했으며, 1934년에는 공식적 방송통제 기구인 방송심의회를 설립했다.

게다가 1937년까지도 조선의 지식계급이 라디오를 "경시"하거나 "무관심"해 제대로 된 비평의 대상으로 삼지 않는다는 지적이 나올 만큼, 조선어 방송에 대한 사회적 인식은 그다지 우호적이지 않았다. 여흥용 음악이라든지 가벼운 만담, 혹은 저속한 유행가의 창구 같은 이미지가 강했던 탓이다. 음악평론가 김관은 "지식계급은 전연 제2방송을 보이코트하는 것은 아니겠지만 음악이라든지 연예 같은 것도 제1방송(여기는 동경방송이 중심이다)에서 들어버리고 제2방송은 일종의 지방주의적 염가판으로 되고 만 것"같다고 지적한다. "조선의 문화인이 〈개조〉니 〈중앙공론〉이니 〈문예〉니 하는 잡지는 보면서 조선잡지를 사서 보려고 하지 아니하는 것과 같"다는 것이다(〈조광〉 1937.9) 이처럼 1930년대 중반 이후에도 식민지 라디오가 지닐 수밖에 없었던 다양한 현실적 문제들은 최승일이 더 이상 방송에 열정을 느끼지 못하게 만들었던 것으로 보인다. 1937년 7월 7일 일본의 중국대륙 침략과 더불어 중일전쟁이 발발하고, 이러한 비상시국은 일본이 패망하는 날까지 이어진다. 같은 해 11월 방송국을 퇴사한 뒤 최승일의 행적은 점점 더 일제에 대한 협력 쪽으로 기울어져 갔다. 이 시기 일제는 전쟁 선전과 동원 체제 구축을 위해 신문잡지와 통신, 라디오, 영화, 좌담회, 사진, 포스터, 전람회와 전시 행사 등 언론과 문화에 대한 통제 정책을 강화했다. 1938년에 들어서는 일본에서 공포된 국가총동원법이 조선에도 적용되면서 노무, 물자, 자금, 시설 등의 분야가 모두 총독부 통제 아래 놓였고, 국민정신총동원조선연맹이 결성되어 군사적·경제적 차원뿐만 아니라, 일상생활의 행동과 의식 차원에서의 규제 또한 강화되었다.

'내선일체'의 춘향전

방송국을 나온 이후 최승일은 공연기획자 내지 흥행사로서의 활동에 집중한 것으로 보인다. 이 과정에서 동생의 공연에 대한 적극적인 지원 역시 두드러졌다. 우선 그는 1937년 12월 28일 열린 조선음악무용연구회의 창립총회에 참석했다. 조선악과 조선무용 연구를 기치로 내건 이 단체는 김석구와 한성준 등이 발기했고 30여 명의 회원을 모았는데, 최승일의 입회는 주로 누이의 활동을 보조하려는 목적에서 이루어졌다(〈조선일보〉 1938.1.6.). 그런데 이 단체가 표방한 취지라든지 현철이 부회장을 맡았다는 점 등을 고려하면, 그의 가입에 '조선적인 것'에 대한 꾸준한 관심이 하나의 배경 요인으로 작용했다고 볼 수 있다.

사실 이 단체의 창립에는 최승희 측의 적극적인 관여가 있었다. 〈삼천리〉의 기사에 따르면, 창립 직전에 한성준, 현철, 최승희, 최승일, 안막, 김형준 등이 명월관에 모여 서로의 춤을 시연하고 조선무용의 전승과 발전 방안에 대한 의견 교환을 했다는 것이다. 이 자리에서 한성준은 최승희에게 자신이 연구해온 50여 종의 조선무용을 계승해달라는 부탁을 했고, 최승희는 자신이 서양무용에서 좋은 것을 배워 조선무용을 근대화하고 서양사람들도 이해할 수 있는 무용 30여 종을 창작해왔으며, 이번에 구미에 가서 이러한 조선무용을 소개하려고 한다는 포부를 밝혔다. 무용 상호공개가 끝난 뒤 참석자들은 조선음악무용연구회 조직을 결정하는데, 구미 여행이 예정되어 있던 최승희는 일단 고문으로서 간접적 후원만 하기로 하고 창립준비금으로 600원을 기탁했다(〈삼천리〉 1938.1).

한성준은 조선음악무용연구회 결성 이전에도 최승일 남매와 오랜 인연이 있었다. 이미 라디오 시험방송기부터 조선 전통음악의 고수(鼓手)로서 JODK 출연이 잦았던 그는 최승일과 자연스럽게 알게 되었을 것으로 보이는데, 최승희 무용의 변화 과정에서 특히 중요한 역할을 했다. 1933년 일본으로 되돌아간 최승희에게 최승일, 이시이, 안막은 모두 서양무용보다 조선무용을 개발할 것을 권유하고, 처음에는 이를 거부했던 최승희는 결국 이 제안을 받아들여 당시 레코드 취입 차 도쿄에 있던 한성준을 찾아가게 된다. 최승희는 한성준에게 2주간 조선무용 40여 종을 속성으로 사사하고, 이후 일본에서 조선의 전통춤을 추는 무용가로 데뷔함으로써 큰 성공을 거둔다(〈조광〉 1937.4; 김찬정 2003:114-115). "서양식으로 번역"한 최승희의 조선무용은 그가 유명한 무용가로 거듭나는 데 큰 영향을 끼친다. 이후 최승희나 최승일이 조선음악무용연구회를 통해 특별한 활동을 펼친 흔적은 없지만, 이 단체는 1941년 한성준이 타계하기 전까지 조선 전통예술 공연 집단으로 수년간 존속하며 경성은 물론 일본, 만주 등지에서 순회공연을 벌이기도 했다(〈매일신보〉 1940.10.7.과 1941.1.17.).

JODK를 퇴직하고 나서 최승일이 수행한 가장 큰 사업은 아마도 「춘향전」의 수입 공연이었을 것이다. 그는 1937년 말 구미공연을 떠난 최승희를 경성에 남아 뒷바라지하는 한편, 1938년 조선 문화예술계에 큰 화제를 일으켰던 신쿄우(新協, 東京新劇協會)의 「춘향전」 공연을 유

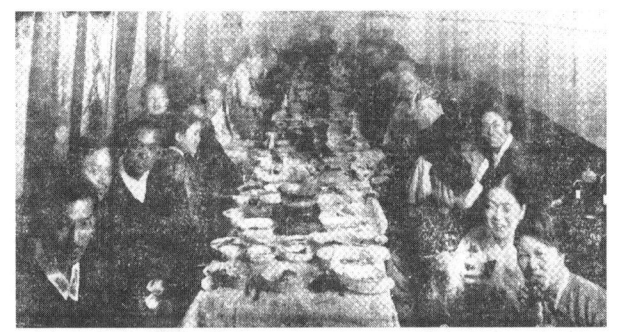

조선음악무용연구회 창립총회 광경(《조선일보》 1938.1.6.)

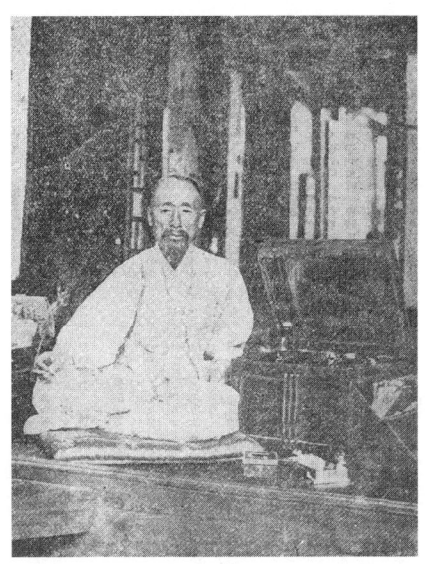

유성기 옆의 한성준. 그는 최고의 고수이자 조선무용의 대가로,
조선음악무용연구회의 창립을 주도했고 1941년 일본의 모던니혼사가
제정한 조선예술상 중 무용부문상을 수상했다(《조광》 1937.4).

치한다. 이 공연은 당시 일본에서 활동하며 인기를 끌고 있었던 조선인 작가 장혁주가 번안한 일본어 희곡을 무라야마 도모요시(村山知義)가 연출한 것이었다. 당대의 유명한 연출가 무라야마는 조선인 유학생들의 연극단체인 동경학생예술좌의 공연 관람 등을 통해 식민지 조선의 현실에 대한 꾸준한 관심을 이어오던 중, 1937년 6월 츠키지소극장에서 유치진 각색, 주영섭 연출의 연극「춘향전」을 보고 조선의 전통문화에 대한 흥미를 본격적으로 발전시킨다. 신분 차이를 뛰어넘는 춘향과 몽룡의 사랑, 변학도의 양민 수탈과 같은 고전 서사 속에서 식민지 조선을 가로지르는 민족차별, 계급대립, 지배와 억압 같은 모티브를 발견한 무라야마는 작가 장혁주에게 일본어「춘향전」의 창작을 권유한다(이정욱 2019; 이준식 2009).

　　1932년 소설「아귀도」로 〈가이조〉 현상문예에 2등으로 입선하면서 일본 문단을 통해 데뷔한 장혁주는 1936년 도쿄로 이주해 작품 활동을 계속해 나간 다소 특이한 이력의 소유자였다. 그는 〈신초(新潮)〉 1938년 3월호에 희곡「춘향전」을 발표하고, 무라야마는 이를 바탕으로 한 연출대본을 가지고「춘향전」을 무대에 올린다. 이렇게 해서 1938년 3월 23일부터 시작한 신쿄우의「춘향전」공연은 도쿄, 오사카, 교토 등지를 돌며 일본 평단과 관객의 큰 호평을 받았다(이정욱 2017:322).[100] 이 '일본판' 춘향전의 조선 수입이 공연기획자로서 최승일이 세운 야심 찬 계획이었다. 사실「춘향전」은 일제강점기 조선인들에게 가장 친숙하고 인기 있는 고전이었다. 더욱이 최승일이 관여했던 태양극장은 1932년 7월 6~10일「춘향전」을 경성 제일극장에서 전편 상연한 바 있었다. 이는 1925년 토월회의 광무대 공연 이후 처음이었고, 무엇보다 신극으로 만든 작품이라는 점에서 많은 관객의 발길을 끌었다(《동아일보》1932.7.6과 7.9.). 최승일이 신쿄우의 작품에 특별히 관심을 가질만한 이유가 여럿 있었던 셈이다.

신쿄우 「춘향전」은 일본 공연 당시부터 이미 조선에서도 큰 화젯거리가 되었다. 좌파 연극인으로 명망 높던 무라야마의 연출로 일본 무대에서 상업적 성공을 거두었던 데다가, 근본적으로는 '제국의 언어로 극화된 식민지의 고전'이라는 점이 많은 문인과 지식인들의 호기심을 자극했던 것으로 보인다. "동경 간 춘향전", "춘향의 개가", "반도의 애인 춘향이 동경 무대에 출세"와 같은 제목의 기사가 신문 지면을 장식했고, 무라야마의 인터뷰 기사로부터 번안 대본에 대한 비평, 공연 관람평, 영화화 관련 소식 등이 쏟아져나왔다.[101] 신쿄우의 조선 공연이 극단관계자나 신문사 문화사업 담당자들의 초미의 관심사로 떠오르면서 유치 경쟁이 벌어졌고, 덩달아 개런티가 오르면서 과연 누가 초청할

100 차승기는 「춘향전」을 소재로 한 장혁주의 일본어 희곡과 무라야마의 신극을 제국 문학 체제의 구축이라는 구조적 변동과 일본 (프롤레타리아) 예술의 제도적 변형 과정 안에 배치해야 한다고 지적한다(2013:339). 그에 따르면, 1930년대에는 식민지/제국의 내부 경계를 넘나드는 문학 체제가 형성 중이었다. 여기에는 만주사변 이후 일본 문학계와 식민지를 잇는 출판 미디어의 확장, 조선·대만·만주 등 식민지인들의 일본어 창작 능력 향상, 문예 미디어 및 문학 제도를 둘러싼 시장의 활성화 같은 요인들이 복합적으로 작용했다. 그 결과, 식민지 출신 작가들이 일본 문단에 일정하게 개입할 여지가 확장되는 한편, 식민본국에서 식민지의 '차이'를 문화적으로 재현할 가능성 또한 상업적 요구와 더불어 확대되었다. 이러한 맥락에서 1930년대 중반 일본 프롤레타리아 예술 운동의 퇴조를 전후해 '식민지 문학'이라고 하는 새로운 문예 장르가 프롤레타리아 문학의 하위 장르로 성립한다. 또 당시 국가사회주의의 세계사적 영향 아래 일본 연극계에서는 전통문화로의 복귀 흐름과 그에 따른 역사극의 활발한 수용이 일어난다(민병욱 2003:160). 장혁주와 무라야마의 창작은 이와 같은 거시적 변화 속에서 출현했다는 것이다. 신극 「춘향전」은 제국 일본에서 1940년 전후 정점에 달하는 '조선 붐'의 기폭제 노릇을 했다.

101 신쿄우 「춘향전」의 일본 성공을 계기로 조선영화주식회사는 영화화 계획을 세웠는데, 연출가 무라야마에게 영화감독 및 유치진과의 공동각색을 맡긴다고 알려져 논란을 불러일으켰다. 이 영화는 거금 10만 원의 제작비 투자와 외국어판의 제작 계획, 무용가 조택원의 몽룡 역 캐스팅 발표 등으로 화제를 모았으나(《동아일보》 1939.5.7.), 영화사 내부 사정과 일본인 연출에 대한 부정적 여론 등으로 인해 결국 무산되었다.

지를 두고 극계에서도 설왕설래가 잇따랐다(〈조선일보〉 1938.8.6.; 〈삼천리〉 1938.8). 1938년 4월 16일자부터 경성일보사에서 독립해 100만엔 자본의 대규모 주식회사로 전환한 매일신보사가 이를 자축하는 행사로 공연 주최에 공을 들였고, 그래서인지 「춘향전」 초빙공연이 매일신보사와 최승일의 공동 주최에 경성일보 후원이 될 것이라는 기사가 나오기도 했다(〈삼천리〉 1938.10). 하지만 경성일보, 매일신보 등이 수지타산을 맞추는 데 자신이 없어 초청을 포기하자, 최승희 무용회의 성공으로 고무되었던 최승일이 계약을 했다고 전한다.

　　1938년 9월 2일 〈조선신문〉의 보도에 따르면, 신쿄우 「춘향전」이 "반도의 서정과 예리한 풍자에 새로운 연극미의 탄생"으로서 도쿄에서 큰 성공을 거두자, "이런 의의가 있는 연극을 반도에 끌어와 공개해서 반도 연극의 수준을 높이고자 계획했던 것은 여느 때처럼 반도의 무희 최승희의 친오빠 최승일 씨이고, 곧장 동경으로 가 극단관계자와 협의한 결과 9월 하순경 경성에서 공연하는 것을 결정"했다는 것이다 (1938.9.2.). 기사는 "개런티는 극단 측도 흥행 성적을 고려해 12일간 3천 원이라는 헐값에 승낙했지만, 어쨌든 획기적인 흥행이라는 것에서 장치, 의상, 그러한 다른 경비 모두를 포함하면 1만 2천 원도 좋고 호화 연출로 되어 과연 흥행으로서 성공할지 어떨지는 의문을 품게 되지만, 이 최씨는 사재를 쾌척하고도 그 의의 있는 기획을 달성하고자 현재 경성에서 준비에 눈코 뜰 새가 없다"는 내용으로 이어진다.[102] 같은 시기에 나온 다른 신문 기사들 역시 최종적으로 내선 공연을 맡은 기획사가 최승일의 마네지먼트·메트로폴리탄·아트·뷰로라고 보도했다(〈동아일

102　다만 이 기사의 '9월 하순 경'은 오자이거나 오보인 것으로 보인다. 이보다 하루 전에 나온 〈동아일보〉 기사는 「춘향전」 공연을 최승일의 마네지먼트·메트로폴리탄·아트·뷰로가 초빙하기로 했다는 소식과 함께 10월 하순의 입경, 강연회, 경성 공연 예정 계획을 이미 상세하게 밝혔고, 이는 실제 행사 진행 일정과 다르지 않았기 때문이다.

보〉 1938.9.1.; 〈조선일보〉 1938.9.2.). 그런데 9월 23일 〈조선신문〉은 다시 비상한 관심을 모은 신쿄우 「춘향전」을 경성에서 "그리스도교청년회 주최로" 공연하게 되었다고 명시한다. 9월 29일자 〈매일신보〉 역시 경성 YMCA가 신협극단을 초빙하기로 되었다고 썼다. 이후 10월 하순부터 여러 신문에 실린 「춘향전」 광고가 '주최 경성기독교청년회(YMCA), 후원 경성일보·매일신보'라고 명기한 점은 이 공연의 실제 초청 주체가 누구였는지 다소 혼선을 불러일으킨다. 이와 관련해 확실한 자료가 아직 부족한 상태에서 논의의 여지는 있겠으나, 그럼에도 신쿄우 「춘향전」의 기획에서 공연까지 최승일이 관여했다는 사실을 의심하기는 어렵다. 여러 정황에 비추어 보자면, 최승일은 흥행주로서 전체 순회공연의 프로그램 기획과 실제 비용을 대는 역할을 맡고, 각 지역 공연의 조직과 입장권 판매 실무는 주최로 표기된 단체(경성YMCA)나 신문사(〈부산일보〉, 〈중선일보〉 등)가 맡았던 것으로 여겨진다.

Box 9.
신쿄우「춘향전」의 조선 공연

신쿄우「춘향전」의 조선 공연은 최승일이 메트로폴리탄·아트·뷰로사의 이름 아래 수행한 가장 큰 사업이었던 것으로 보인다. 공연이 모두 끝난 뒤에 나온 〈삼천리〉(1939.1)의 결산 기사는 그 상세한 성사 경위를 다음과 같이 보도했다. "지금은 미주(米州)에 가 있는 반도의 무희 최승희의 오빠에 최승일 씨가 있다. 최씨가 동경에 들어가서 신협「춘향」일좌(一座)의 반도 초빙을 생각하였는데 그와 전후하여 동양극장 측의 최상덕, 이서구 양씨도 이 계획을 하여 보다가 수지 맞출 자신이 없어 물러서고, 경성일보는 '내선예술의 악수'의 '국책적 사업'으로 이를 하려다가 그 역(亦) 수지 문제에 들어가 손해 보기 싫어서 물러나고, 그리고는 새로 백만원 회사로 된 매일신보에서 사(社)의 창립기념으로 이 일좌를 데려 내올 생각을 하다가 그 역(亦) 수판에 자신이 없어 물러나 앉았다. 그러나 최승일 씨는 그 이전 최승희무용회의 성공으로 미루어 자신을 얻어 가지고 단연 계약을 하고 결행한 것이다." 그런데「춘향전」공연을 당시 상류층 재조일본인 위주로 구성되었던 경성YMCA의 문화사업 주무 가사야 야스타로(笠谷保太郎)가 성사시켰다는 주장도 있다 (이경분 2020:147). 실제로 1938년 9월 초의 공연 관련 기사들이 최승일의 메트로폴리탄·아트·뷰로사가 주최 예정이라고 보도하다가, 9월 말 즈음부터는 경성YMCA를 초빙 주체로 표기하며 최종 공연 광고에도 주최가 경성YMCA로 나온다는 사실은 그러한 주장을 뒷받침한다.

이후 경성YMCA는 신쿄우의 입경 환영 행사에 참여하고 관극권 예매 창구를 여는 등, 경성 공연 과정에 깊이 관여했다. 다만 그럼에도 전선(全鮮) 순회공연의 행사 진행과 비용 투자를 전적으로 경성YMCA가 도맡아 했다고 보기에는 아무래도 무리가 있다. 막대한 투자금의 수지타산을 맞출 일이 우려스러워 신문사들에서도 포기한 초빙공연에 경성YMCA가 단독으로 나섰다고 믿을만한 특별한 근거도 없다. 오히려 공연의 원활한 수행을 위해 경성YMCA(가사야 야스타로)와 최승일(메트로폴리탄·아트·뷰로)이 일정한 협력관계를 맺었다고 보는 편이 가장 그럴듯한 가설일 것이다. 양측 가운데 어느 쪽이 먼저 요청했는지는 알 수 없지만, 상호 협력은 이 대형 프로젝트를 성공적으로 구현하기 위한 현실적이고 효과적인 방안이었을 법하다.

앞의 〈삼천리〉 기사는 "이 일좌를 조선에 데려 내오자면 연극단에 대한 보수로 약 4천원, 무대장치비로 수천원, 각처(各處) 흥행에 대한 극장차세(借稅), 여비, 선전비 약 4천원 모두 다 6천만여원이 있어야 한다. 여기 대한 설왕설래의 여러 가지 경과와 내막은 모두 다 피하기로 하고, 마지막 부산 공연까지 하고 총결산하여 보니 약 4천원의 결손을 흥행주 최씨가 보았다고 한다."는 이야기로 끝난다. 일단 이 기사의 "6천만여원"은 9월에 〈조선신문〉에서 내선 공연 비용을 개런티 3천원 포함 1만 2천여원으로 추산했던 점에 비추어, "1만 6천여원"의 오기로 보인다. 또한 기사는 공연 비용과 과정에 "설왕설래의 여러 가지 경과와 내막"이 있었다고 환기하는데, 이는 막판까지 주최자 명의에 혼선을 빚게 한 이런저런 교섭상의 어려움과 관련이 있는 것으로 여겨진다. 이 기사는 "흥행주"를 최승일로 분명히 못 박고서 적자 규모까지 구체적으로 적시

한 자료이다. 게다가 최승일은 신쿄우 극단 일행이 경성에 도착한 날 주요 인사들과 조선신문사를 내방해 같이 사진까지 찍었고, 첫날 부민관 공연을 마치고 이루어진 좌담회에 경성YMCA의 미요시 아키라와 함께 메트로폴리탄·아트·뷰로 소속으로 참석한 바 있다.

이러한 사실들을 종합적으로 고려하면, 경성 공연의 주최자가 공식적으로 경성YMCA로 되어있긴 해도, 최승일이 신쿄우 초빙공연에 최소한 일정한 지분을 가지고 참여했거나, 아니면 전체 진행을 관장하며 비용을 댄 흥행주 노릇을 했다고 볼 수 있을 것이다. 최승일이 오랫동안 무용과 연극 공연을 지원하며 관련 경험과 노하우를 쌓아왔고, 최승희무용회의 성공을 통해 나름대로 재산을 모았다는 점은 그의 역할에 대한 추정에 확신을 더해준다. 주최자 명이 부산 공연은 부산일보사, 대전 공연은 중선일보사 등 지역별로 다르게 되어있었다는 사실 역시 참고할만하다. 경성 공연의 주최자와 별도로 전선 공연의 조직자가 있었을 가능성을 시사하기 때문이다(1, 〈매일신보〉 1938.10.25.; 2, 〈부산일보〉 1938.10.30.; 3, 〈매일신보〉 1938.11.2.).

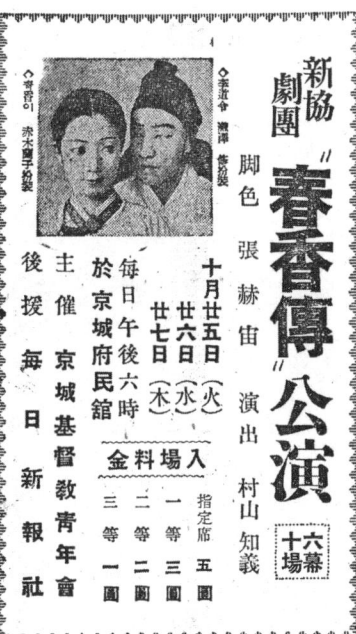

新協劇團 "春香傳" 公演 〔六幕十六場〕

◇春香이 宋本摩子扮装
◇李道令 薛澤 徐月影扮装

脚色 張赫宙
演出 村山知義

十月廿五日(火)
　　廿六日(水)
　　廿七日(木)

毎日午後六時
於京城府民舘

入場料金
指定席　五圓
一　等　三圓
二　等　二圓
三　等　一圓

主催　京城基督教青年會
後援　毎日新報社

東京新協劇團
＝重なる役配＝

李成春郎
房子　春郎
母　春香
丹下　末子
中村　志弘
西村　康一
島田友三郎

農民　獄吏　因使　客　同
傴僂　使令　引人　和勲子
小澤栄　赤木蘭子
雅美　欣夫　義文　信忠
大森　大町　伊達　池田
于許　本橋　清洲すみ　令
丸郎
　演出　村山知義

　時　十一月五日(土)六日(日)
　所　太平舘

　主催　釜山日報社

新協春香傳
大田劇場서 上演

[大田] 중선일보(中鮮日報) 주최로 신협(新協)에서는 춘향전(春香傳)을 一일오후七시부터 대전극장(大田劇場)에서 상연하리라한다

1938년 10월 25일부터 사흘간 경성 부민관 무대에 오른 신극「춘향전」은 11월 7일까지 평양, 진남포, 대전, 전주, 군산, 대구, 부산 등 경향 각지를 돌며 공연을 했다. 또 공연 전후에는 조선과 일본의 문화예술인들이 참여하는 다양한 행사가 이어졌다. 10월 23일 입경한 신쿄우 일행에 대한 환영회가 극예술연구회 주최로 열렸다. 경성 공연 전날인 10월 24일에는 경성일보사 주최로 부민관에서 문예강연회가 있었고, 장혁주의 사회로 연출자 무라야마와 극작가 아키타 우자쿠(秋田雨雀)가 각각 강연했다.[103] 공연 전에는「춘향전」무대사진전람회가 열렸으며, 공연 후에는 일간지에 관극평이 실리고 각종 좌담회 또한 열렸다. 주요 좌담회의 내용은 그해 말까지 조선과 일본의 언론 지면을 장식했다. 한편〈삼천리〉는 1938년 11월호에 미국 체류 중이던 최승희와〈모던니

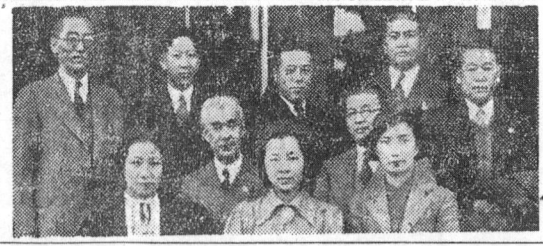

신쿄우 일행은 1938년 10월 23일 경성에 들어와 인사차 조선신문사를 방문하고 그 앞에서 기념사진을 찍었다. 두 번째 줄 왼쪽에 백발의 아키타 우자쿠, 오른쪽에 안경 쓴 무라야마 도모요시, 그리고 맨 뒷줄 왼쪽에 안경 쓴 최승일의 모습이 보인다〈조선신문〉 1938.10.25.).

103　강연 제목과 관련해서는 신문 보도에 약간 차이가 있다.〈조선일보〉10월 24일자는 "신극과 춘향전"(무라야마) 및 "내선 문화융합의 필연성"(아키타)이라고 보도했으나,〈매일신보〉10월 25일자는 "신협(新協)의 진로와 예술의 방향"(무라야마) 및 "신극의 역사"(아키타)라고 보도했다. 참고로 무라야마는〈경성일보〉10월 23일자에 "신극과 신쿄우극단-조선의 관객 제군을 위해"라는 글을, 아키타는 10월 9일자에 "고향에 돌아온 '춘향전'-융합한 둘의 문화 교류"라는 글을 각각 기고했다.

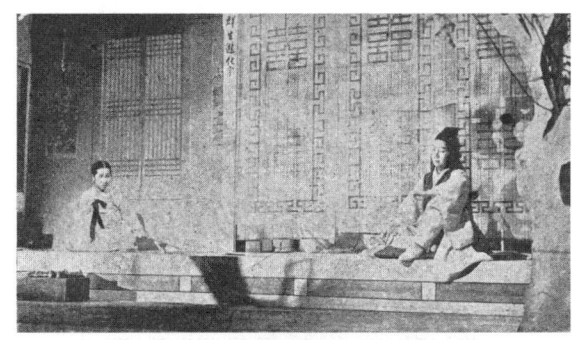

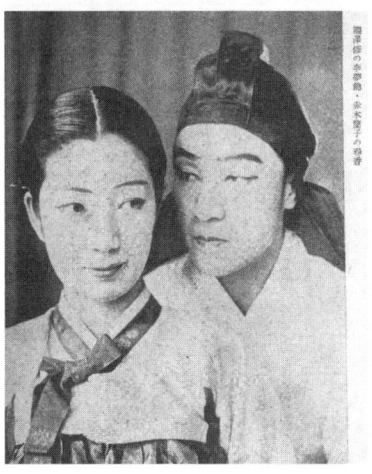

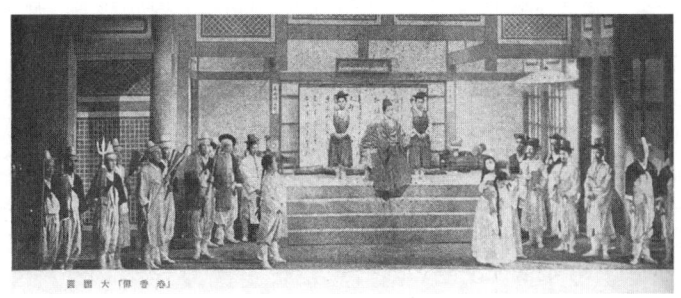

〈강코초센(觀光朝鮮)〉(1939.10)에 실린 이 「춘향전」 사진들은 각각 이몽룡과 성춘향의
대화 장면(첫 번째 사진), 몽룡과 춘향(두 번째 사진), 어사 출두의 마지막 장면을 보여 준다.

311

혼(モダン日本)〉 사장 마해송이 쓴 「춘향전」 공연 축하 메시지를 싣는다. 최승희는 "우리들 독특의 전통적 성격과 스타일이 이 작품 속에 나타나서 있는 까닭"에 신쿄우의 「춘향전」 공연을 기쁘게 생각한다고 썼고, 마해송은 조선인이라면 누구나 애착을 가지는 「춘향전」을 자신도 일본에 책이나 연극, 무용 등으로 소개하고 싶은 꿈이 있었기에 신쿄우의 공연을 존경하지 않을 수 없다고 적었다.[104]

그런데 최승일의 애초 기대와 달리, 「춘향전」 공연의 최종 결과는 별로 성공적이지 못했다. 우선 연극단 개런티 외에도 제작비와 여비, 선전비 등으로 막대한 비용이 들어간 이 순회공연은 흥행주 최승일에게 4천 원의 엄청난 재정적 손실을 안겨주었다(《삼천리》 1939.1). 하지만 그 실패는 비단 상업적인 수지타산의 문제만은 아니었다. 최승일에게는 공연에 대한 조선 관객층의 냉랭한 반응이 경제적 손해 못지않게 고통스럽게 다가왔을 테다. "춘향의 귀향"이라든지 "춘향전을 역수입", "근친(覲親)온 춘향과 이도령", "조선 처음 오는 동경 춘향이"와 같은 수사를 동원하며 공연 전에 잇따랐던 언론의 호들갑 섞인 환대 분위기는 금세 가라앉았고, 문인과 지식인들이 내놓은 평가에서는 호평이 아예 없진 않았으나 사뭇 비판적인 어조가 도드라졌다. 무라야마가 연출한 6막 10장의 「춘향전」은 이몽룡과 춘향 간의 신분 초월적 사랑에 관한 조선의 고전을 바탕으로, 일본의 전통 연회 양식인 '가부키적인 것'과 '신극적인 것'을 결합한 역사극을 실험하고자 했다. 그런데 장혁주가 각색한 희곡이 두 주인공의 멜로드라마를 전경화하는 데 급급해 그것이 자리한 역사적 현실을 간과하고, 변학도를 선천적 악인으로 만들어 당시 봉건적 사회제도의 모순을 소홀히 다루었으며, 거기 대항하는 여성의 의식과 민중의 자각 또한 소거했다는 비판을 받았다(《조선일보》 1938.4.3~6과 11.3~5.).

특히 「춘향전」 공연 이후 열린 세 차례의 이런저런 대규모 좌담회

에서는 춘향전에 담긴 '조선적인 것'을 연출과 배우들의 연기가 제대로 구현하지 못했다는 혹평과 더불어, 가부키와 같은 표현 양식의 이질성, 일본과 조선 간 언어와 문화 번역상의 근본적인 난점들이 폭넓게 논의되었다. 좌담회 내용이 게재된 지면의 이름을 빌려 말하자면, 10월 25일 첫 공연 직후 관계자와 문인들이 가진 〈테아토로(テアトロ)〉 좌담회, 10월 하순 조선과 일본 문인들이 가진 〈경성일보〉 좌담회, 10월 30일 조선 문인들이 가진 〈비판〉 좌담회가 그것이다.[105] 그 세부 내용은 제각

104 이 메시지는 사실 1938년 3월 신쿄우 춘향전의 일본공연 때 발간된 〈겟칸 신쿄우게키단(月刊 新協劇團)〉의 35호(춘향전 임시호)에 실린 두 사람의 글을 우리말로 옮기고 편집한 것이었다. 한편 최승희는 「춘향전」의 경성공연 때 〈경성일보〉에 "「춘향전」을 보고 싶다"는 제목의 글을 게재했다(1938.10.23.). 앞의 메시지와 내용이 약간 겹치는 이 글은 좀 더 장문에 그가 "존경하는" 작가인 장혁주의 각색에 대한 기대를 담고 있다.

105 연극 「춘향전」의 조선 순회공연이 진행 중이던 시기에 조선과 일본의 문화계 주요 인사들이 참여하는 좌담회 자리가 계속 만들어졌다. 먼저 경성 부민관의 첫날 공연 직후 열린 좌담회에는 최승일을 비롯해 조선과 일본의 문인 및 공연 관계자들-아키타 우자쿠, 무라야마 도모요시, 장혁주, 현철, 유진오, 유치진, 심영, 경성제대 교수 아베 요시시게(安倍能成), 연희전문 교수 정인섭, 경성YMCA 미요시 아키라(三吉明), 극연 서항석, 연출가 홍해성, 민속학자 송석하- 총 14명이 참석했다. 이들의 토론은 나중에 일본 잡지 〈테아토로(テアトロ)〉 1938년 12월호에 전문이 실린다. 이 자리에서 메트로폴리탄·아트·뷰로 관계자로 나온 최승일은 특별히 자기 의견을 내기보다는, 거의 다른 사람들의 이야기를 듣기만 하는 식이었다. 1938년 10월 하순에 열린 또 다른 좌담회에는 아키타 우자쿠, 하야시 후사오(林房雄), 무라야마 도모요시, 장혁주, 가라시마 다케시, 후루카와 가네히데, 정지용, 임화, 유진오, 김문집, 이태준, 유치진이 참석했다. 이 좌담 내용은 1938년 11월 〈경성일보〉에 "조선문화의 장래와 현재"라는 제목으로 게재되었고, 이후 일본 잡지 〈문학계〉 1939년 1월호에 재수록되었다. 논의의 초점은 '조선적인 것'이 일본어로 표현될 수 있는가 하는 근본적인 문제에 맞춰졌다. 조선인 작가들은 「춘향전」의 예를 들어 그 불가능성을 강조한 데 반해, 장혁주와 무라야마, 하야시 후사오 같은 일본인 작가들은 반대 입장에 섰다(정병호 편역 2021). 1938년 10월 30일 〈비판〉 주최의 좌담회에는 작가 이원조, 이무영, 김남천, 서광제, 박향민, 이서향이 참석했는데, 이들은 장혁주의 번안과 무라야마의 연출에 대해 전면적인 비판을 가했다. 언어적 특징의 번역 불가능성, 가부키적 기법의 부적절성, 인물의 빈약한 형상화, 조선의 풍속과 생활양식에 대한 이해 부족 등이 중요한 지적 대상이었다. 이들 주요 좌담회에 관해

기 다르지만 이 모든 논의의 기층에는 '조선적인 것'은 과연 일본어로 번역 가능한가, 일본인이 '조선문화'를 제대로 표현할 수 있는가 하는 근원적인 의문이 깔려 있었다.

이 대목에서 신쿄우 「춘향전」의 조선 공연이 애당초 '내선일체 예술'의 모범적인 사례로서 추진되었다는 점을 되새겨야 한다. 애당초 경성일보사에서 그것을 기획했을 때의 취지에서부터 무라야마나 아키타의 관점, 그리고 대대적인 공연 홍보의 메시지에 이르기까지 '내선일체'의 이념은 줄곧 「춘향전」의 중심에 있었다. 「춘향전」 경성공연의 신문 광고라든지 공연 전단지에는, "조선의 주신구라(忠臣藏), 반도의 대고전"을 내걸었던 일본공연 광고와는 결을 달리해, "내선일체(혹은 일치)·예술의 악수"라는 문구가 빠지지 않고 들어갔다. "예술에 얽힌 내선일체 춘향전"과 같은 기사 제목도 나왔다(《부산일보》 1938.10.31.). 사실 총독부 기관지 〈경성일보〉는 이미 10월 초부터 무라야마가 각색한 "춘향전 이야기"(총 8회)와 "춘향전 배우 열전"을 연재하는가 하면, 내선융화를 강조하는 일본과 조선 저명인사 10여 명의 공연 관련 축사를 세 번에 걸쳐 싣고, 무라야마와 아키타의 기고문과 뉴욕에 있던 최승희의 축하 메시지를 별도로 게재하는 등, 공연의 열기를 북돋우고 의의를 부각하는 지면을 꾸몄다(〈경성일보〉 1938.10.7~22. 참조).

아키타는 공연을 앞둔 소감을 피력한 〈매일신보〉 기고문 "귀향하는 춘향전"(1938.10.12.)에서 "우리들은 겸허한 생각으로 두 민족의 문화적 교착(交錯) 위에 창조된 이 소박한 '앙상블'을 고향에 보내는 아들같이 조선의 관객 제군에게 제공하고 싶다"고 적었다. '뒤얽힘'을 뜻하는

상세한 분석은 문경연(2010a)의 논의가 유용하다. 한편 연극의 조선 공연 이전에 「춘향전」의 영화화를 두고 이루어진 "(영화화되는) 춘향전 좌담회"는 일본공연에 대한 반응과 번역상의 난점 등을 폭넓게 다루었다. 〈경성일보〉(1938.6.9~12.)에 게재된 이 좌담회에는 무라야마 외에 정인섭, 백철, 김관, 이은상, 유치진, 가라시마 다케시 등이 참석했다.

"교착"과 '조화', '통일성'을 뜻하는 "앙상블"이라는 표현, 그리고 신쿄
우의 「춘향전」을 비유하는 "고향에 보내는 아들"이라는 표현은 이른바
내선일체의 이념을 선명하게 피력한다. 아키타에 따르면, 그것은 공연
속에서 수백 년 전통의 민간전승을 젊은 일본인 배우들이 유능한 조선
연극 기술자들의 협력 아래 형상화하고 있다는 점, 그리고 조선적 고전
연기와 일본의 가부키적 고전연기가 서로 혼융할 수 있다는 점에서 드
러난다.[106] 한편 "조선문화의 장래" 좌담회에서 아키타는 춘향전의 매
력이 "시공을 넘어 통하는 휴머니즘"에 있다면서 "가령 말이라는 측면
에서 결점이 있어도 이 휴먼의 요소에 충분히 관계가 있으면 그것만으
로도 볼 거라고 생각"한다고 언급하는데, 이는 그가 안이하게도 '휴머
니즘에 기초한 내선일체의 예술'이 가능하다고 상상했다는 점을 시사
한다(정병호 편역 2021:274).[107] 물론 신쿄우의 연극인들에게 조선문화를
일본에 알리려는 양심적 관점이 있었다는 사실을 부인할 수 없다. 하지
만 이러한 개인적 선의가 제국-식민지 간 엄존하는 차별과 착취 관계
를 무화할 수는 없었다. 조선은 변질된 아시아주의와 '동양문화'의 이
데올로기 아래 일본의 한 지방(local)으로서만 포용 대상이 되었고, 일
본인 관객들 역시 '동양'에 대한 이국 취향과 '향토성'에 대한 식민주의

---

106   일 년 후 무라야마와 아키타는 조선 공연과 여행에 대한 기록과 감상을 〈강코초센(觀光
      朝鮮)〉 1939년 10월호에 게재했다.

107   무라야마는 「춘향전」 공연에 대해 "이 신협극단이 공연한 '춘향전'은 조선의 풍속, 인
      정 및 문화적인 전통을 소개하였다는 것과, 신극이 다룬 최초의 동양적 고전에 의한 역
      사극으로서 일반 관중들로부터 이만저만 아닌 호평을 획득"하였다고 자평했다. 그는
      또 연출 방향과 관련해 "가부키의 형식을 빌려 연기는 실지로 전진좌(前進座)의 지도를
      받고 있었는데, 이것에다가 조선적인 전통과 색채를 녹여 들였고 게다가 신극으로서
      의 감각을 부여한 새로운 양식의 극을 의도하였던 것"이라고 설명했다(무라야마 도모요
      시 1999:135).

적 시선 속에서 「춘향전」을 바라보았던 것이다.[108]

'내선일체'가 식민통치 이념으로서 전면에 등장한 시기는 중일전쟁 발발 직후인 1937년 7월이었다. 이 이념은 표면상으로는 제국과 식민지 사이의 구분 철폐를 내세우고 있지만, 중요한 것은 그 선행 요건인 '황국신민'으로서의 의무 이행이었다. 애초 일본의 조선 지배에서 기본 방침이었던 동화정책이 만주사변 즈음에 '내선융화'로 발현했다면, 중일전쟁 국면에 들어가면서 전쟁 동원의 구체적 필요에 따라 '내선일체'로 한층 강화되었다. 그럼에도 내지인과 조선인 간의 권력 불평등은 온존할 수밖에 없었고, 동화의 논리와 차별의 현실 사이의 간극도 크게 좁혀지기 어려웠다(미야다 세쓰코 1985/1997:4장). 「춘향전」은 이러한 상황에서 일종의 문화적 시금석 같은 공연이 되었다. 그것은 식민본국과 식민지의 상이한 언어와 전통문화가 비대칭적으로 만나 얽히는 접촉지대(contanct zone)를 구성했다(Pratt 1991).

조선과 일본의 문화적 동질성을 적극적으로 구축하려는 이 공연 제작자들의 호의 어린 시도에도 불구하고, '일체'와 '융합'은 당연히 그 내부에 우세종을 포함했으며, 접촉지대 안에서 헤게모니를 쥔 측은 명확해 보였다. "예술의 악수"는 조선어와 일본어의 두 언어, 춘향전이라는 고담과 가부키라는 고대극, 그리고 일본의 연극인과 조선의 연극인(장혁주, 스탭, 자문 역의 여러 학자와 지식인)들의 조우와 협력을 상징했다. 하지만 두 손이 결코 대등한 힘과 자격으로 서로를 맞잡을 수 없었음은

---

108 신쿄우의 「춘향전」은 일본 신극계가 '서양 고전'만이 아닌 '동양 고전'의 일본화를 추구하는 예로서 이목을 끌었다. 그것은 제국 일본이 상상하는 '동양적 전통'의 넓은 스펙트럼 위에 조선의 전통을 하나의 지방 문화로서 재배치하였다. 이는 '동양문화'를 전통의 민족적 경계를 넘어서는 새로운 정체성의 토대로 구성하고, 식민지와 식민본국 사이의 이질성을 '하나의 세계 내부의 차이'로 전환하고자 했던 제국 내부의 상황과 맞물려 있었다(백현미 2004; 차승기 2013:350).

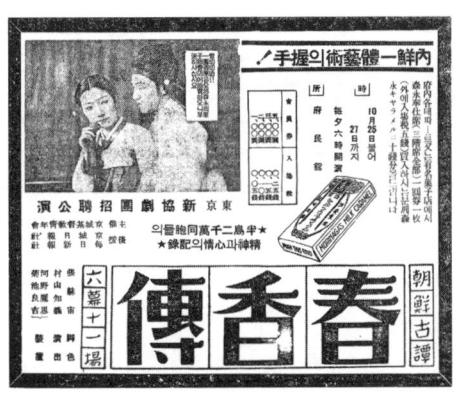

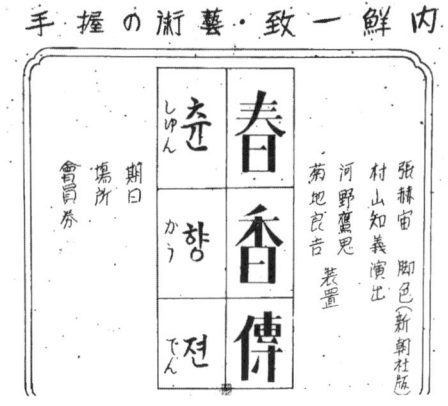

「춘향전」 관련 다양한 선전물과 기사 등에서 줄곧 '내선일체'가 강조되고 있다는
점은 이 문화행사가 지니고 있었던 정치적 함의를 뚜렷하게 드러낸다.
위 그림은 춘향전 신문 광고(《동아일보》 1938.10.22.), 아래 그림은 공연 전단지의 일부이다.

분명했다. 개인들의 선량한 의도와 무관하게 제국과 식민지의 예술 교류에는 두 사회의 엄연한 정치적 지배-종속 관계, 흥행자본의 논리, 그리고 역사적·문화적 차이가 결정적으로 작용할 수밖에 없었다. 그런데 흥미로운 것은 정치적·이데올로기적 힘의 벡터가 공식적인 '내선일체' 이념으로 향했다면, 실제 조선에서의 공연 수행은 문화번역의 비등가성과 불가능성을 관객들에게 확인시킴으로써 그 이념의 비현실성과

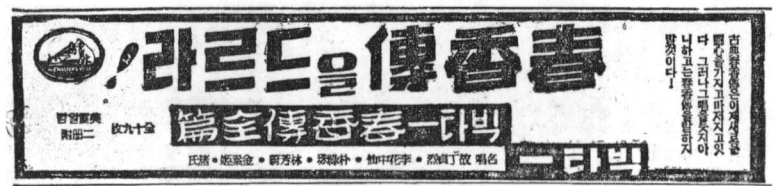

빅터 레코드의 판소리 『춘향전』 음반 광고. 전 19매로 이루어진 이 앨범은
명창 정정렬, 이화중선, 박녹주, 임방울, 김소희 등이 녹음했다(《매일신보》 1938.10.26.).

불안정성, 그리고 그로 인한 내적 균열을 가리켰다는 점이다.

「춘향전」 관련 좌담이나 비평에서 조선의 지식인들이 제기한 다양하고 구체적인 비판은 반드시 정치경제적 권력관계에 일방적으로 좌우되지 않는 문화적 자율성과 저항성의 일단을 보여준다. 번안과 연출을 '실패'로 규정함으로써 그들은 제국의 지식인들이 지배적인 위치에서 수행하는 문화번역 작업에 대한 상징적 거부를 명확히 표명한 셈이다. 역설적이지만 「춘향전」 공연은 섣부른 정치적 화해와 통합의 이념으로 가려질 수 없는 차이들의 심연을 열어젖히는 결과를 빚고 말았던 것이다. 단적인 예로, 조선총독부 문서과에 근무했던 신태현마저도 총독부 기관지 〈조선(朝鮮)〉(1938.12)에 기고한 장문의 관극평에서 신쿄우의 「춘향전」이 원본의 본질을 제대로 이해하지 못했다고 평했다. 즉 「춘향전」은 본래 청춘남녀의 애정을 노래한 "염정(艶情)소설"이나 반상 갈등을 다룬 "계급소설"이 아니라, 정절 존중의 중요성을 가르치는 "도덕소설"이라는 것이다. 그는 신쿄우 「춘향전」의 연출이나 장혁주의 번역이 이 점을 제대로 파악해 살리지 못했다고 지적한다. 그가 보기에, 조선의 고전문학으로서 춘향전의 정서를 깊이 이해한 번역이 나올 수 있으려면, 조선의 옛 제도라든지 풍속, 그 시대의 사회적 생활양식에 대해 충분한 지식을 가지고 있지 않으면 안 된다. 또 춘향전이 우리에게만 한정되지 않는 매력을 발휘하는 이유는 지역적·민족적 특수성을 띠는 고대 조선의 감각과 풍속 세계를 '여성의 정절'이라는 고귀한 테마에 결합시켜 전개하기 때문이라는 것이다. 따라서 신태현은 춘향전을 제대로 예술화하기 위해서는 이러한 점들을 반드시 고려해야만 한다고 주장한다.

이처럼 신쿄우「춘향전」은 그 창작과 공연 의도와 달리, 조선 지식인 담론 속에서는 일본과의 '문화적 차이들'을 적극적으로 지각하고, '차이들을 만들어내는 차이'로서 '조선적인 것'의 중요성을 인식하는 계기로 부상했다. 그 문화적 차이들의 지각은 주로 "조선어에 있는 ~이 없다", "조선인만의 ~이 빠져 있다", "조선 풍속의 ~을 모른다"는 식의, '부재'와 '결여', '무지'에 대한 지적 속에서 이루어졌다. 그렇기에 일종의 '대(大)차이'로서 '조선적인 것'에 대한 인식 역시 일본과의 상대적 비교 속에서 제국과 식민지의 상징적 경계를 강화하는 경향을 띠지 않을 수 없었다. 나아가「춘향전」이 구현한 '조선의 역사에 대한 정형화'는 이국적 대상에 대한 제국주의적 향수와 페티시즘에 빠진 일본인들이 조선의 현재와 실상에 얼마나 무지한지 드러내는 증거처럼 받아들여졌다.[109]

조선 관객들의 반응 역시 지식인들과 근본적으로 다르지 않았던 것 같다. 일본어 연극이지만 관객 구성에서 조선인과 일본인의 비중은 대등하지 않았으며, 조선인의 비중이 압도적이었다. 최승일은 경성 공

---

109 이러한 시각에서 소설가 이태준은 박기채와의 대담 와중에 '조선적인 것'을 그릇 인식한 예로 이「춘향전」을 든다. "신협의 '춘향전'(연극)에서도 집밖에서 방자가 붓는 술병이나 연회 때의 술병이 모두 토속학적(?)인 것 뿐이고, 주전자는 없었는데 이런 법이 어디 있습니까. 박아지나 담뱃대, 가래침 뱉는 것이라든가 길옆에 있어야 할 장승을 산꼭대기에 세우는 등 말이 아닙니다. 소위 조선 정서니 정조니 하는 것을 백화점의 '미야게'[みやげ, 토산품]같이 해석하는 사람이 너무도 많습니다."(《동아일보》 1938.12.14.)

연 관객이 '내지인 30% 조선인 70%'라고 밝혔다(⟨テアトロ⟩ 1938.12). 또 아키타는 지방 공연에서 수천 명의 관객 가운데 내지인은 불과 수십 명 밖에 되지 않으며, 환영 행사에도 거의 참석하지 않았다고 개탄했다(정 병호 편역 2021:232). 이는 재조 일본인들은 「춘향전」 공연에 사실 크게 관심이 없었으며, 식민지와 본국의 불평등한 권력관계 속에서 '내선일체 예술'이 호명한 수용자는 기본적으로 조선인이었음을 의미한다. 한데 그나마 극장에 몰려들었던 일반 조선 관객들의 반응도 그다지 호의적 이지 않았던 듯 보인다. 10월 30일 열린 조선 문인들의 "신협 춘향전 좌 담회"에서 작가 이원조와 이무영은 "실상 서울 관중의 반분 이상은 춘향전을 하는 사람들보다도 춘향전을 더 잘 아니까" 서울 공연에 별반 호응이 없었다고 말한다. "전문적으로 극을 이해 못하는 사람들도 이번 신협 공연은 실패한 것으로 알더"라는 지적까지 내놓을 정도였다(⟨비판⟩ 1938.12). 공연 이후 유치진이 내놓은 평은 조선 관객의 수용 방식을 좀 더 분명하게 드러낸다.

"셰익스피어 극을 가지고 조선인이 셰익스피어의 고향 영국으로 건너갔다 쳐보자. 이때 이 셰익스피어 극은 조선인이 얼마나 영국인의 '흉내'를 낼 수 있느냐가 영국인의 구경거리일 것이다. 신협 극단이 춘향전을 춘향의 고향인에게 보이는 것도 마치 이 예와 같았다. 우리 관객에게의 흥미는 신협이 얼마나 춘향의 흉내를 내느냐에 그 초점이 있었다. 흉내는 가두 약장수의 장사밑천이오, 극장인의 예술은 아니다. 이런 점으로 보아서 신협극단의 예술에 큰 기대를 가졌던 우리는 적지 않은 손(損)을 보았다. 그와 동시에 신협극단 자체도 여간 큰 손을 보고 간 것이 아니다. 역시 극예술의 생명은 그 향토에서 때문은 말, 언어에 있다. 신협의 춘향전은 이 감을 깊이 해주고 갔다."(『조선 문예연감』 1939년판)

유치진은 장혁주의 각본을 무라야마가 연극대본으로 가필하는 과정에서 의견을 제시하고 의상과 고증에도 많은 도움을 주었던 연극인이었다. 〈비판〉지 좌담회 참석자들의 말마따나, 경성 관객의 대다수가 춘향전을 너무도 잘 아는 상황에서, 유치진에 따르면, 이들은 신쿄우의 「춘향전」을 무엇보다도 "흉내"로 바라보았다. 이러한 시선은 대상을 '원본과의 차이' 속에서 규정하고 평가함으로써 '원본'을 상상적으로 발명한다(사실 고전 춘향전에도 여러 판본과 이본이 존재하지만, '일본의 춘향전'은 '조선의 춘향전'을 하나의 통일적 총체인 양 인식할 수 있게 해준다). 또한 그것은 '그들'과 '우리' 사이의 분할을 새삼 확인하는 한편, '우리 민족의 고전', '우리의 언어(조선어)'와 '우리의 형식(판소리)'에 '모방 불가능한 원본'으로서의 우위와 정통성을 부여한다. 신쿄우의 춘향전을 "흉내"로 보는 시점은 나아가 대상에 대한 심리적·정서적 거리를 전제하는 동시에 정초하는데, 이는 그것이 조선과 일본의 문화적 동질성이나 일체감을 구축하기는커녕, 간극과 이질감을 한층 부추기는 계기로 작용했다는 뜻이다.

결국 일본 연극인들의 기획 취지나 식민 당국의 정치적 의도와는 달리, 조선인 수용자에게는 이 연극이 '조선적인 것'과 '일본적인 것' 사이의 메워지지 않는 괴리, 불가능한 융합이라는 문제만 생생하게 환기한 셈이었다. 이 점에서 「춘향전」 공연 즈음 그 붐에 편승해 나온 빅터사의 「춘향전」 레코드 광고문구는 자못 흥미롭다. 그것은 전편 19매로 구성된 판소리 춘향전 음반을 선전하면서, "고전 춘향전은 이제 새로운 관심을 가지고 맞아지고 있다. 그러나 그 창을 듣지 아니하고는 춘향전을 말하지 말 것이다!"라고 역설한다. 이는 '새것', '이질적인 것', '일본적인 것'의 유입을 통해 '전통적인 것', '고유한 것', '조선적인 것'이 (재)구성되고 강화되는 역학을 단적으로 드러낸다. 이처럼 신쿄우의 「춘향전」은 내선일체의 감각을 불러일으키기보다, 오히려 조선인의 언어적·문화적 민족주의를 일정하게 자극하고 촉진하는 효과를 낳았던 것이다.

물론 이러한 수용 상의 자율성과 저항성은 명확한 한계 또한 지니고 있었다. 그것이 식민지 문화를 둘러싼 정치적 과정과 제도에 실질적인 변화 요인으로 개입하기엔 몹시도 무력했기 때문이다. 장혁주와 무라야마의 「춘향전」이 식민지 문화의 재현에서조차 정당한 능력과 지위를 가질 수 있는 제국 언어의 특권을 암묵적으로 주장했다면, 조선총독부가 이미 1938년 3월 발표한 '제3차 조선교육령'은 조선어를 필수과목에서 선택과목으로 변경하고 수업시수를 감축하는 언어정책을 부과함으로써 식민지 언어의 사용에 제약을 가하고 조선인들을 병력자원으로 개조하고자 했다. 일본어 상용화의 기조는 황민화 정책의 주요 실천 과제였으며, 「춘향전」의 요란한 실패와는 무관하게 식민지 문화의 자생적 발전을 옥죄는 구조적 조건으로 여전히 남아있었다.

「춘향전」 비평을 계기로 조선 지식인들이 강하게 드러낸 언어에 대한 민족주의적 견해 역시 이러한 상황에서 떠오른 위기의식과도 맞물려 있었다. 조선어에 기반한 문화와 소통 세계의 위축은 식민지 지식인들의 이해 관심에 직접적이고 장기적인 위협일 수밖에 없었기 때문이다. 하지만 그들의 저항은 담론적인 차원에 머물렀을 뿐, 그 이상으로 나아가지 않았다. 일본어에 의한 조선 문화의 재현 불가능성을 지적한 지식인들조차 언어정책에 적극적으로 반대하지도, 실제 전쟁 협력을 거부하지도 않았다(백현미 2004; 서동주 2013; 서석배 2008). 그들의 문화 민족주의는 식민통치의 정당성에 도전하고 정치적 저항을 조직하는 방향으로 나아가기보다는, 식민주의의 팽창을 승인하고 전쟁 시도에 협조하는 무력한 상태에 머물렀다. 1930년대 말의 「춘향전」 공연은 이렇게 해서 식민지 체제 문화공간이 지닌 상징적 잠재력과 정치적 한계를 명확히 보여준 사건으로 남았다.

이념적 표류

1930년대 후반 최승일은 일본으로 되돌아간 최승희의 무용 활동을 측면에서 지원하는 한편, 약 2년간 JODK의 조선 연예방송 편성을 다시 맡았고, 그 일을 그만둔 이후에는 흥행사로서 신쿄우 「춘향전」을 유치, 공연했다. 이 다양한 문예 실천의 과정에서 그는 1930년대 초까지 유지했던 계급 예술적 이념으로부터 문화적 민족주의와 친일 협력적 태도가 복잡하게 착종된 이념으로 점차 미끄러져 갔다. 사실 애초부터 최승일이 확고한 사상적 기반과 정치적 신념 위에서 사회주의 이념을 지지하고 있었다고 말하기는 어렵다. 1920년대 그가 벌인 사회운동과 문예운동, 그리고 그가 쓴 산문들에서 계급 이데올로기나 프롤레타리아 국제주의의 흔적을 찾을 수 있음은 분명하다. 하지만 그것은 치밀한 이론과 명확한 정치적 판단으로 무장하고 있었다기보다는 암울한 식민지 정세와 개인적 처지, 그리고 주변 친구들의 영향에서 비롯한 정서적·심정적 동조에 기초하고 있었다. 그런 만큼 최승일의 입장이 정치적 국면과 사회적 분위기의 변화에 따라 변질할 가능성도 컸다. 그가 동료들로부터 종종 '소부르주아적'이라는 비판을 받은 이유 또한 그러한 사

323

상적 불안정성과 무관하지 않을 터이다. 그의 이념적 표류는 1926년 경성방송국에 취직한 이래 겪은 일련의 개인적 경험, 즉 라디오극연구회의 시행착오, 프로연극을 둘러싼 논란, 동생 최승희의 국제적 성공, 카프에서의 제명, 중일전쟁의 발발 등을 통해 차츰 현실화해간 것으로 여겨진다.

최승일은 1930년대 초반 이후 대체로 문화 민족주의적 입장에 가까워졌다고 말할 수 있을 것이다. 문화 민족주의는 근대적 지식 엘리트가 주체로 나서서 민족의 문화적·사회적·경제적 자강을 지향하는 이념을 가리킨다. 그런데 최승일에게서 이는 일본의 제국주의적 팽창에 대한 암묵적 용인과 결합한다. 이러한 사상적 변절에는 한편으로는 최승희의 예술적 성취와 외국 시장 진출, 다른 한편으로는 식민지 억압의 강화와 중일전쟁에서 일본의 선전(善戰)이라는 전반적인 상황 변화가 깊은 영향을 끼친 것으로 보인다. 구체적으로 최승일은 연극과 방송 활동, 최승희의 무용공연 지원 과정에서 민족 전통문화에 대한 지지를 드러내는데, 이는 정치적 저항과 독립을 뒷받침할 '반일 민족성'을 구축하기 위해서가 아니라, 세계로 진출하고 인정받기 위해서 전통문화를 활용해야 한다는 관점에 바탕을 둔다. 그는 이 시기 발표한 여러 텍스트에서 조선 전통문화의 발전적 계승을 강조하면서, 그것의 국제화를 주창하는 식으로 '민족'과 '세계'라는 두 개의 담론적 초점을 끊임없이 오간다. 이때 '조선적인 것'은 역사 속에서 이어져 오는 '전통'의 현재화로 환원되고 제국과 공유 가능한 '문화'로 축소되어 나타난다. 또 '조선적인 것'의 세계적 위상 확보는 그 자체로 '근대화'를 의미했는데, 이를 위해서는 대규모 자본과 시설 투자 같은 '예술의 자본주의화'가 필수 조건으로 여겨졌다.

조선의 전통문화를 새롭게 계승하고 반도의 지리적·정치적 경계를 넘어 국제화하고자 했던 최승일의 꿈은 비정치적인 문화 민족주의를 동전의 뒷면처럼 깔고 있었다. 거기서 '세계'는 근대성의 상상적 공간이자, 무엇보다도 민족의 문화적 고유성과 자존감을 확인시켜줄 '인정의 심급'으로 등장한다. 그러한 '세계'로 나아간다는 것은 전통의 고통스러운 파괴 없이도 성취할 수 있는 혼종적 근대성, 정치적 독립 없이도 다다를 수 있는 문화적 자기해방을 상징했다. 그런데 일제 치하의 식민지민으로서 어떻게든 일본을 경유하지 않고 이 '세계'로 향한다는 것은 불가능한 일이었다. 달리 말해, 최승일의 바람은 일차적으로는 제국과의 교섭, 제국으로부터의 인정을 전제로 하는 것이었고, 일본 시장에서 (변형된) 조선 전통문화의 성공을 통해 그 실현의 단서를 마련할 수 있는 것이었다. 더욱이 그것은 친일이냐 반일이냐 하는 양자택일의 논리를 우회하면서, 제국에 무해한 식민지 민족주의를 구현할 수 있는 대안을 제공했다. 그럼으로써 이 관념은 식민주의의 세력 확장에 순응하는 동시에, 뒤틀린 민족의식을 충족시키고자 하는 최승일의 모순적 욕망에 부응할 수 있었다. 그것은 또 식민지 문화의 포용과 큐레이션이라는 일제의 문화정책을 안전한 디딤판으로 삼고 있었다.

여기서 최승희가 최승일이 머릿속에서 막연하게 그린 이상을 실제로 구현함으로써 다시 자극하고 강화한 예술가였다는 점을 잊지 말아야 한다. 말하자면, 최승희는 최승일의 새로운 이념이 갖는 정당성을 확인시키는 산 증인이나 다를 바 없었다. 그 시작점은 일본 시장에서 거둔 성공이었다. 최승희는 1929년 8월 귀국해 다시 이시이에게 돌아가기 전까지 3년여 동안 경성에서 여러 차례의 신작 발표회를 비롯해, 다수의 자선공연, 지방 순회공연 등을 가졌는데, 이는 신무용/모던댄스 중심으로 이루어졌다. 구체적으로 이시이 바쿠가 유럽에서 배워온 표현주의 계열, 이사도라 덩컨 계열, (안막과 결혼 이후) 사회주의 문예운동 계열, 이국풍의 춤 등이 주요 레퍼토리였던 것이다(이진아 2021). 활발한 공연 활동을 통해 최승희는 곧 가장 촉망받는 신진 무용가로 떠올랐다. 그는 일본인과 조선인을 막론하고 고위 관료로부터 지식인과 문화 예술인, 그리고 일반 서민에 이르는 다양하면서도 광범위한 관객층으로부터 인기를 끌었다. 하지만 최승희의 무용은 조선 관객에게서 의미 있는 반향을 일으키지는 못하고, 특히 평단의 냉정한 평가에 직면한다. 1933년 일본으로 다시 돌아간 후 최승희는 조선춤 레퍼토리를 개발하고, 일본 무용계에서 조선무용을 하는 예술가로서 위상을 확고히 한다.

이처럼 조선 춤을 택한 최승희의 결정에는 비판적 사회의식을 지닌 예술가였던 이시이와 좌파 지식인이었던 오빠와 남편의 조언이 나름대로 영향을 미쳤지만, "조선문물이 점점 더 인기를 끌고 시장성을 갖게 된 문화적 분위기"에 대한 그 자신의 감각 역시 무시할 수 없게 작용했다(Atkins 2010:170). 우연히도 최승희의 귀일 시점은 일본 대중문화, 특히 음악 분야에서 「아리랑」이 유행하는 등 '조선적인 것'이 인기 몰이를 하던 때와 맞물렸다. 그는 '조선적인 것'이 내지 시장에서 예술적 성공에 중요한 차별화 전략으로 기능할 수 있다는 사실을 깨달았고, 「에헤라 노아야」, 「승무」, 「검무」 등을 통해 그 가능성을 확인하고 나자 그것을 확대 재생산하는 방향으로 나아갔다.[110] 조선 춤을 추는 조선인 무용가로서 명성과 인기를 더해가면서, 최승희는 시장과 미디어가 부여한 일종의 '민족적 대표성'을 자각하고 또 한층 강하게 자임해간다. 예를 들면, 그는 1935년 일본 신코키네마 전속으로 「반도의 무희」를 찍게 되었을 때, 이 영화가 외국에 조선무용의 정취를 알리기 위한 것이며 무엇보다도 "동포를 위한 것"이라고 강조한다. 1936년 봄 콜럼비아

---

110 1933년 3월 동경으로 되돌아간 최승희는 이시이 바쿠와 제휴한 공연을 히비야 공회당에서 열고 "순조선 정조"를 나타낸 「에헤라 노아라」라는 춤을 추었다. 그 자신의 회고에 따르면, 조선에서 평판이 안 좋았던 이 무용은 의외로 엄청난 인기를 끌었고, 악단과 무용 방면에서는 "지금까지 보지 못한 동양 리듬을 발휘한 걸작"이라는 큰 호평을 받았다(〈신인문학〉 1936.1).

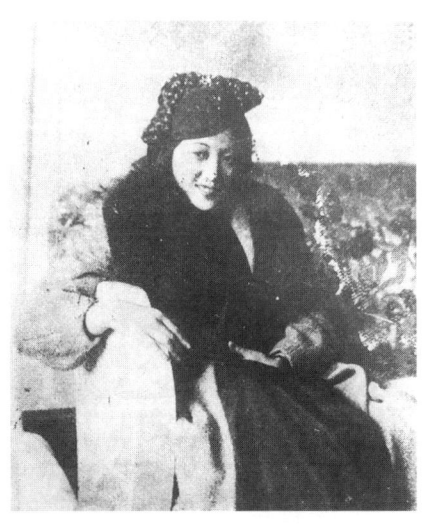

콜럼비아 레코드 전속 당시 최승희 (〈모던조선〉 1936.9). 1935년 6월 최승희는
콜럼비아 레코드의 제의를 받고 처음으로 음반취입을 하기에 이른다.
사이죠 야소 작사, 니기다 요시오 작곡의 『제사의 밤』과 사이죠 야소 작사, 최승희 작곡의
『향수의 무희』가 그것인데, 음반에 대한 평판은 그리 좋지 못했다(정병호 2004:114).

레코드 전속 가수로 「향수」를 처녀 취입할 때도 그는 "속된 '재즈'곡을
'보이콧'하고 민족적 정취의 노래를 부르겠다"는 결심을 피력한다(〈매
일신보〉 1936.3.20.). 그해 10월에는 베를린올림픽 마라톤에서 금메달을
따 조선인의 자부심을 높인 손기정의 우승 축하모임에 참석하는 등, 최
승희는 스스로 자신의 공적 활동에 민족적 의미를 부여하고 역으로 그
러한 의미에 맞는 활동을 해나갔던 것이다.

　1937년 12월 말 미국으로 떠난 최승희는 그곳에서 공연하고 체류
하다가 1938년 12월에는 다시 프랑스로 가서 유럽 12개국을 돌며 공
연하였다. 1939년 말 2차 세계대전 발발로 인해 런던·베를린·로마 공
연을 단념하고 1940년 말 귀환할 때까지 그는 만 3년 동안 미국과 유
럽, 중남미의 30여 개 도시에서 150여 회의 무용공연을 열었다. 이 해

외 순회공연을 통해 최승희는 조선무용을 세계에 알리고 세계적인 무용가로 인정받겠다는 두 가지 목표를 세웠다. 그의 공연은 조선과 일본의 언론 보도처럼 언제나 성공적이었던 것은 아니었으며, 공연 취소나 보이콧, 관객의 외면과 같은 여러 우여곡절을 겪기도 했다. 그럼에도 그가 바란 목표를 달성하는 성과를 거둔 것은 분명한 사실이었다. 여기에는 최승희의 곁에서 스타일 제안으로부터 선전, 자금 마련, 후원회 조직에 이르기까지 온갖 방면을 챙긴 안막의 노력이 중요하게 이바지했다. 최승일 또한 경성에서 물심양면의 지원을 아끼지 않으면서 동생의 근황을 꾸준히 언론에 알리는 등 자신의 역할을 다했다.

동생 최승희의 국제적인 활약을 통해 최승일은 자신이 막연히 품고 있던 조선 예술의 세계 진출이라는 꿈이 구체적으로 현실화하는 과정을 지켜볼 수 있었다. 그것은 두 사람 모두에게 '조선적인 것'과 '동양적인 것'의 중요성을 확인하는 여정이기도 했다. 이는 이미 살펴본 최승일의 글들에서 잘 나타난다. 최승희 또한 인터뷰나 편지글 등에서 해외 순회공연의 레퍼토리 대부분은 "동양적인 것", "특히 조선의 고전을 소개하려고 애를 쓴 것들"이라고 말하며, 외국 비평가들이 "동양의 문화, 동양의 색채, 냄새를 딴 동양 춤" 추기를 권유했고 "일본의 예술을 세계에 진출시키려면은 어디까지든지 순수한 동양적인 것을 가지고 가지 않으면 아니 되리라 생각"한다고 고백한다(〈삼천리〉 1941.1; 〈신시대〉 1941.1). 이처럼 최승희 무용에서 '동양적인 것', 그리고 그 고갱이로서의 '조선적인 것'은 세계 진출의 비결이었던 한편, '일본 중심의 동양문화론'을 주창하는 일제 정책에 적당히 호응하면서도 민족주의적 자존감을 은밀히 확보할 수 있는 길이기도 했다.[111]

1930년대 중반 이후 최승일이 현철의 삼담이나 최승희의 무용, 그리고 신극 「춘향전」 등을 통해 드러낸 '조선적인 것'에 대한 관심에는 당대의 특수한 문화적 환경 역시 상당한 영향을 미쳤을 것으로 보인다.

1930년대는 '전통의 부활기'라고 할 만큼 언론, 학문, 예술 등 다양한 분야에서 조선의 전통문화에 대한 지식인들의 관심이 높아진 시기이다. 일제에 의한 조선문물 큐레이션의 이면에서 민족주의적 자각과 식민지배의 심화에 적응하려는 노력 역시 잇따른 것이다. 이를테면, 조선어문학회, 진단학회, 조선민속학회를 중심으로 국학 및 민속학 연구가 활발해졌다. 〈조선일보〉, 〈동아일보〉, 〈조선중앙일보〉 등 신문은 역사소설을 연재했고, 조선문학과 문화에 대한 학예면 특집을 기획하고 나섰다. 가면극과 판소리를 비롯한 전통연극 공연이 활발하게 이루어지기 시작했으며, 관련 연구 또한 본격화했다. 「춘향전」, 「심청전」 등 고전문학 유산에 관한 연구가 창작에 자극을 주는 분위기 또한 생겨나면서 문학, 연극, 영화 등에서 고전 소재 연예물이 급부상했다. 한마디로 조선의 언어와 역사, 고전문학과 전통 연희가 새삼 조선인들의 이목을

111 이주미(2007a)는 최승희의 무용이 추구한 방향성이 '조선적인 것'이라기보다 '조선적 특수성'에 가깝다고 주장한다. 전자가 조선의 현재적 위상과 정통성 확립을 위한 '전통의 복원'으로 흐른다면, 후자는 국제 관계와 미래적 지향을 염두에 둔 '전통의 발굴'로 나아가기에 구분될 필요가 있다는 것이다. 그에 따르면, 최승희는 조선의 '고전'을 무용의 제재로 삼으면서도 그것을 궁중이나 사대부 문화가 아닌, 농민이나 광대, 기생 등 민중문화, 향토문화로부터 가져오는 시도를 드러냈다. 이는 예컨대, 민족주의 문학 진영에서 계급 현실에 대한 고려 없이 '조선심의 원형'을 취하고자 했던 태도와는 분명히 다른 것이었다. 이주미는 또 최승희가 일제가 1930년대 이후 동양문화론을 내세우며 조선 민족예술운동의 고전론을 흡수해나가는 상황에 거리를 두고, 자기식의 '상상적 동양주의'를 통해 조선적 정체성을 유지하고자 노력했다고 지적한다. 즉 일제가 '일본적인 것'을 '동양주의'와 등치시키며 그것을 주입하려 했다면, 최승희는 전자를 후자의 하위 범주로 규정하고 포괄적인 의미의 '동양무용'을 개척하면서 오히려 그 안에서 '조선적인 것'을 보존하려 애썼다는 것이다. 이주미(2007b)가 보기에, 최승희 무용의 이러한 진화는 특히 남편 안막과의 긴밀한 예술적·사상적 영향 관계 아래 이루어졌다. 최승일 역시 최승희에게 조선무용의 창조적 계승을 권유했고 '고전의 현대화'와 '향토문화의 세계화'에 대한 최승희 부부의 관점을 일정하게 공유했다고도 볼 수 있다. 하지만 적어도 그의 글들에서 그 문제에 관한 정교한 인식이나 치열한 고민이 드러나지는 않는다.

끌고 다양한 수준에서 논의와 실행의 대상으로 떠오른 셈이다. 그런데 이와 같은 전통의 부활과 재인식은 조선 문화를 향토예술 및 농촌 오락의 하나로서 허용, 장려하는 일제의 정책적 배려와 맞물려 나타난 현상이었다. 그러한 배려는 고전론과 동양문화론, 신체제론이 전개되어가는 흐름 속에서 더욱 활성화된다. 1930년대의 전통 담론은 일본 낭만파의 영향과 조선의 주체성 확립 논의, 동양적 전통 발견과 근대초극론 등 여러 담론이 중층적으로 교차하는 가운데 나타났던 것이다(백현미 2004:215-216; 이용수·김효숙 2017; 차승기 2013).

그런데 '조선적인 것'의 발견과 그에 영향받은 문화예술 창작은 비단 조선 내부의 민족주의적 분위기에만 닿아있는 활동이 아니었다. 1930년대에 식민지와 제국을 아우르는 문화예술 공간이 자리 잡으면서 다양한 장르에 걸친 현상공모, 콩쿠르, 순회공연, 예술상, 출판체제 등을 기반으로 지역적·문화적 경계를 넘나드는 예술가들이 등장했고 식민지의 문화상품이 일본 시장에서 주목받는 사례도 생겨났다. 문학계의 장혁주, 김사량, 이광수, 김소운, 미술계의 이인성, 무용계의 최승희, 배구자, 조택원, 박영인, 출판계의 마해송 등이 경계 횡단과 내지 진출의 대표적인 인물들로 꼽힐 수 있을 터이다. 이들은 자신의 작업 속에서 조선의 전통이나 풍속, 풍경에 대한 관찰자적 시선을 통해 제국의 식민주의적 응시에 이국적이고 원시적인 식민지를 전시하는 매개자 노릇을 했다. 이들은 자기 자신을 관찰자이자 관찰대상으로 상상하면서 '조선적인 것'을 표상하고, 이질적 타자 혹은 식민지적 차이로서 조선의 이미지를 가시화하는 자기민족지(self-ethnography)의 지평을 열어젖힌 것이다(이진아 2021:2장). 그런데 이 자기민족지가 제국주의와 민족주의의 상호 공존과 촉진이라는 복잡한 역학 구도 안에 놓여 있었다는 점을 잊지 말아야 한다. 내지인의 이국 취미에 소구하면서 자기민족지는 분명히 조선을 타자화하고 대상화하는 요인으로 작용했지만, 동시에 조선인이 내지와 다른 자기 고유의 문화와 전통을 확인할 수 있는 계기를 마련했기 때문이다.[112] 그리하여 그것은 제국-식민지 간의 불평등한 정치경제적 세력 현실 위에 '대등한 문화적 관계'라는 상상적 층위를 겹쳐놓는 활동이 되었다. 나아가 그것은 희미하게나마 세계 진출의 이상을 불러일으킬 수 있었는데, 이미 내지에서 재능과 실력을 인정받던 최승희의 곁에 있었던 최승일이 그 기미를 놓칠 리 없었다.

　물론 최승일의 희망이 순전히 민족주의적인 기대와 대의명분에 따라서만 형성되었다고 말할 수는 없다. 거기에는 그의 개인적인 경험과 욕망의 자취 역시 담겨있었다고 보아야 한다. 갑갑한 식민지 현실 속에서 자신을 종종 '방랑자'로 의미심장하게 정체화하기도 했던 최승일이 '세계'를 상상하고 동경했다 해서 그리 이상한 일은 아니다. 실제 국내외 이동과 여행이 잦았고 라디오를 통한 새로운 시공간 경험에 익숙했던 그에게 '세계'는 인정투쟁의 추상적 심급 못지않게, 광활한 자

112　이와 관련해 최승희는 명확한 자의식과 자부심을 지니고 있었다는 점에서 매우 '영리한' 무용가이기도 했다. 세계 순회공연 후 조선에 돌아와 민속학자 송석하, 국악인 함화진, 언론인 이갑섭 등과 가진 대담에서 그가 내놓은 자기분석은 이를 잘 보여준다(《조광》 1941.5). 이 자리에서 이갑섭은 외국인들이 최승희의 춤에 대해 보이는 열광이 진정한 이해에 바탕을 둔 것인지 아니면 호기심으로 그러는 것인지 의구심을 갖게 된다고 질문한다. 그러자 최승희는 자신이 그러한 시선과 평가의 대상인 만큼 스스로 생각도 많이 하고 주의도 많이 기울였다고 말하며, 다음과 같이 대답한다. 즉 동경 공연에서 조선무용의 평판이 대단히 좋았을 때 그것이 만일 호기심 때문이라면 금방 사라질 것이고 계속 이어진다면 무언가 '진가'가 있다는 증거일 것으로 생각했는데, 이후 조선에 나올 때마다 봉산탈춤 등 조선 향토무용을 연구해서 노력했더니 계속 공연해도 평판이 좋아서 단순한 호기심 때문은 아니라는 자신감을 얻었다는 것이다. 최승희는 또 서양에서도 호기심으로 보는 사람이 있겠지만, 무용애호가나 비평가들은 여러 나라의 일류 무용가들을 늘 보는 사람들이어서 신기하다는 이유로 높은 평가를 하지는 않을 것이라고 단언한다. 이처럼 최승희는 자신에 대한 제국주의적 시선에 사로잡히거나 억눌리지 않고 그것을 자기 능력과 민족 문화에 대한 자긍심으로 전환해낼 수 있는 인물이었다.

유와 위안의 지평을 표상했을 것이다. 사실 '답답한 집을 떠나 바깥 세계로 나가 성공하라'는 내면의 요구는 이미 오래전부터 최승일에게 일종의 정언명령이자 지상과제처럼 받아들여졌던 것 같다. 그러한 심경을 그는 1926년 유학 중인 동생 최승희를 만나러 도쿄로 건너가는 배 안에서 다음과 같이 표현했다.

"오늘날 우리는 누구나 입으로 빌어먹자면 일본이나 만주! 일하자면 러시아를 찾게 된다. 마땅하다. 정해놓은 팔자이다. 아-동무여! 어디를 가서 빌어먹든지 부디 잘되었다, 잘돼-. 잘된다--다만 이것뿐이다. 세계 어디를 가든지 조선인의 존재--조선인이 잘되어있다는 것만이 오늘날 와서는 다만 한 개의 우리의 희망이다. 나는 유태(猶太)를 생각한다. 지나간 날의 피난을 생각한다. 피난의 민족은 자기의 억울함을 어디다가 하소연할 길이 없었다. 그리하여 그들에게는 세계적 음악가가 생기게 된 것이다. 유태인을 보아라. 나는 이 위에 더-말하고 싶지 않다. 모처럼 고생을 하고 모처럼 무슨 생각이 있어서 집이라고 찾아 들어와 보니 기가 탁 막힌다. 숨을 쉴 수가 없다. 가족들은 다--들 누렇게 병들어 있다. 옴치고 뛸 수가 없다. 이상도--아무것도 소용이 없이 되었다. 이렇게 되면 있어서는 무엇을 하니 또다시 이 집을 떠나 나가거라. 집은 텅텅 비워 놓아도 좋다. 아무도 없어도 좋다. 지킨다는 것이 극도의 고통에 이르러서는 우스운 것이 된다. 자-나갈 사람은 나가거라. 가서-어딜 가던지 잘 되었다, 우리가 잘된다는 것이 어디를 가서든지 우리의 집안의 존재는 곧 말없이 알리는 것이 되고 만다."(《별건곤》1926.11)

자신이 도쿄로 유학을 떠났을 때, 또 최승희를 이시이 바쿠에게 맡겨 떠나보냈을 때의 심정과도 무관하지 않을 이 감상에서 최승일은 모종의 디아스포라(diaspora) 의식을 드러낸다. 조선 땅 안에서 식민지적 곤경을 타개하기 위해 일제에 직접 저항하는 대신, 외지로 세계로 널리 나가 '조선인'으로서 성공하고 인정받는 대안의 상상. 그것이 민족현실과 식민지배의 극복에 얼마나 실질적인 도움이 될지는 미지수라 해도, 최소한 최승일에게는 사회주의 이념을 포기하고 '제국주의의 확장에 편승하는 문화 민족주의'에 투항할 수 있는 정신적 퇴로를 터주었던 것으로 여겨진다.

아마도 최승일은 신쿄우의 「춘향전」을 최승희의 무용과는 또 다른 차원에서 '조선적인 것'의 세계화 가능성을 상징하는 하나의 사건으로 받아들였을 것이다. 이런 면에서 신쿄우 조선 공연의 전 과정은 그의 새로운 이념이 실제로는 일제의 통치정책과 얼마나 조화로울 수 있는 안전한 선택인지, 또 제국-식민지의 문화 교류가 얼마나 복잡한 상징투쟁의 역학 속에서 벌어지는 실천인지 명확히 드러낸 리트머스 시험지이기도 했다. 하지만 그는 이러한 교훈을 제대로 깨닫지 못했던 것으로 보인다. 「춘향전」 이후 메트로폴리탄·아트·뷰로의 후속 공연 사업이 이루어졌는지는 불투명하다. 〈삼천리〉 1938년 12월호는 극단 신쿄우를 초빙해 「춘향전」을 공연한 '모모(某某)씨'가 1939년 봄 신쿄우의 다른 극작품인 「철자법교실(綴方教室)」과 「햄릿」, 그리고 도쿄 신교향악단(東京新交響樂團)의 조선 공연을 계획하고 있다는 기사를 실었다. 같은 잡지가 그다음 호에서 「춘향전」의 흥행주를 최승일로 적고 있는 점으로 미루어, 이 '모모씨'는 최승일을 가리킬 개연성이 매우 높지만, 아쉽게도 확인은 불가능하다. 다만 신쿄우의 다른 연극 공연은 경성에서 열리지 않았으며, 신쿄오(新響)의 음악 공연은 1939년 6월 10~11일 부민관에서 경성YMCA 주최로 열렸다. 이 신쿄오 공연에 최승일이 관여했는지는 알 수 없다.

#5

...'친일파'
영화제작자로

「지원병」 만들기

1937년에 일어난 중일전쟁이 확전을 거듭하면서 일제는 조선의 병참
기지화를 가속화하고, 내선일체와 황국 신민화, 총력전 체제 구축을 위
해 문화예술의 동원을 강화하였다. 조선 영화계 또한 이러한 분위기 속
에서 시국에 부합하는 선전기구로서의 성격을 뚜렷하게 띠어갔다. 일
본과의 영화교류가 활발해지고, 1938년에는 중일전쟁 발발을 소재로
한 조선과 일본의 합작영화 「군용열차」(감독 서광제)가 만들어졌다. 식민
지 영화계는 식민본국과 연동하면서 머지않아 총독부 당국에 의한 강
력한 제도적 통제 아래 놓이게 될 터였다. 최승일이 공연 흥행사 아닌
영화인으로 등장한 것은 바로 이러한 정세 속에서였다. 1939년 8월 그
는 박윤기와 합작해 경성부 종로 1정목 71번지에 주소를 둔 동아흥업
사를 설립하고, 영화제작자로 변신한다(《영화연극》 1939.12). 이 회사 영
화부는 창립작품으로 박영희 원작, 안석영 각색 및 감독의 영화 「지원
병」 제작을 공표했다.

  "지나사변이 발발하자 미나미 총독의 발안인 동시에 의회에서도

337

오랫동안 현안 중이던 지원병 제도가 전국적 성원 하에 실시되어 북지(北支) 기타 전선에 출정하여 성전의 용사로서 제일선에서 혁혁한 무훈을 세우고 있는 이때 최승일, 박윤기 양씨를 대표로 한 합자회사 동아흥업회사 영화부에서는 제일착으로 시국영화 「지원병」을 제작하기로 되었는 바 원작은 일찍부터 문단의 중진인 박영희 씨가 집필 중이고 연출은 일찍이 「심청」을 제작한 조영(朝映)의 안석영 씨의 손을 빌리기로 하였으며, 최승일씨가 직접 '프로듀서-'로 나서서 근일 중으로 촬영을 개시하리라 한다."(〈조선일보〉 1939.8.26.)

위의 신문 기사는 동아흥업의 첫 작품 「지원병」이 지원병 제도의 실시에 부응하는 '시국영화'라는 특징을 명확히 드러낸다. 비슷한 내용의 기사가 〈경성일보〉, 〈매일신보〉 등에도 크게 실렸다. 조선인의 병력 동원 필요성에 대한 논의는 이미 만주사변 직후부터 나오기 시작했다. 하지만 식민당국과 군부의 조선인에 대한 불신과 일본군 복무 자격에 대한 문제 제기 등으로 인해 그 실현은 계속 늦춰졌다. 중일전쟁이 전면전으로 확대되자 비로소 일본은 긴급한 전장 병력 부족 문제를 해결하기 위해 1938년 2월 조선육군특별지원병령을 공포하고 중국 전선에 투입할 조선 지원병 모집에 나섰다. 또한 조선총독부는 특별지원병 제도의 보급을 위해 강연회, 상영회 등 다양한 선전 활동을 펼쳤다. 1938년 6월에는 육군병지원자훈련소가 개소했고, 훈련생도들의 일거수일투족은 조선 사회의 주요 관심거리로 떠올랐다. 생도들은 일본어 상용과 일본식 생활풍습, 신사참배를 강요당하며 황국신민으로서의 충성과 복종을 요구받았다.

이런 와중에 중국 산서성 전투에 조선인 지원병으로 참전한 이인석이 1939년 6월 전사하는 사건이 일어났다. 육군특별지원병 제1호 전사자 이인석 상등병은 곧 식민권력에 의해 내선일체와 순국봉공의 표본으로 부상한다. 조선총독부는 그를 군국미담의 상징으로 우상화했고, 조선의 지식인과 대중도 여기에 적극적으로 호응했다. 그의 죽음은 '반도인의 충혼', '진중의 꽃', '흥아(興亞)의 초석' 등과 같은 제국주의와 군국주의의 수사학으로 뒤덮였다. 식민권력은 이인석의 전사를 활용해 조선인의 민족적 자존심을 부추기는 한편, 황민화 이데올로기를 촉진하고자 했다. 조선인 정치세력은 육군특별지원병제도를 징병제 실시 및 참정권 획득과 연계해 종국적으로는 민족자치를 도모하고자 했고, 이인석의 전사를 식민권력에 대한 정치적 교섭력을 강화하는 기회로 삼았다. 이처럼 서로 다른 정치적 목적을 추구한 식민권력과 조선인 정치세력의 동상이몽 속에서 이인석 상등병의 죽음은 영웅적 서사화와 과잉된 추모열의 대상으로 자리 잡았다(공임순 2013:3장; 정안기 2018).

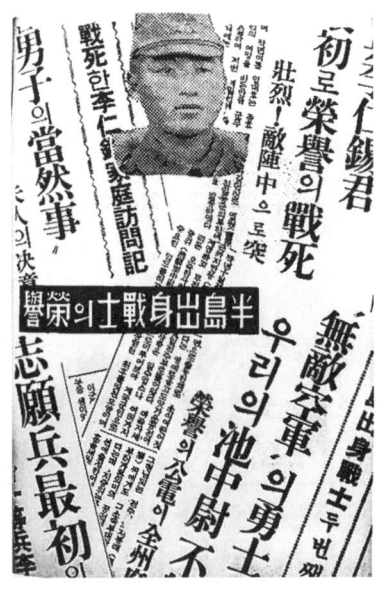

이인석상등병 전사 관련 화보 (《신세기》 1939.9)

Box 10.

지원병 캠페인

제1호 지원병 전사자 이인석 상등병에 대해 식민지 사회가 보낸 열광에는 지식인과 문화예술인들의 광범위한 협력이 결정적인 역할을 했다. 〈매일신보〉는 물론이거니와 〈조선일보〉와 〈동아일보〉역시 이인석 상등병을 둘러싼 다양한 이야기와 행사 소식 등을 경쟁적으로 보도하고 지원병 제도를 선전했다. 이인석 상등병을 소재로 한 헌사와 헌시, 일대기를 다룬 논픽션 소설, 가요와 창극 등이 쏟아져 나왔고, 이는 1941년 조선군보도부가 제작해 조선 일본 만주에서 동시 개봉한 영화 「그대와 나」로 절정에 이르렀다(정안기 2018). 1939년 총독부는 내선일체의 영화 각본을 공모해 「국경의 지원병」이라는 작품을 2등으로 당선시키는가 하면, '귀로부터 눈으로'라는 모토 아래 지원병 제도의 선전을 위해 강연회에만 머물지 않고 영화 제작 지원 역시 계획했다. 이러한 맥락에서 두 편이 나왔는데, 하나는 오사카아사히(大阪朝日)신문사의 문화부에서 뉴스영화 식으로 훈련소 생도의 훈련상황을 「명랑한 지원병 훈련소의 일일」이라는 영화로 제작하려는 계획이었다. 한편 동아흥업회사의 「지원병」은 "주로 지원병의 가정환경 등을 테마로 한 멜로드라마틱한 것"으로 소개되었다(〈동아일보〉 1939. 9.3과 12.16.) 이러한 대대적인 캠페인과 결합한 추모 열기 속에서 육군특별지원병제도 실시 첫해에는 약 3천 명에 머물렀던 조선인 지원자 수가 1939년에는 1만2천여 명, 1940년에는 8만4천여 명에 이르게 된다(〈삼천리〉 1940.4). 이는 일본 고위장성과 관료들뿐만 아니라, 조선의 친일

지식인들까지 앞다투어 지원병 동원을 획책한 결과였다. 대표적으로 이광수는 지원병훈련소 문인 견학단과 입소 체험단에 모두 참여했을 뿐만 아니라, 전(前)조선문인협회장의 명의로 "어머니. 아들이 있습니까. 그러면 지원병으로 보내시오. 그 아들이 소중하십니까. 그러길래 더구나 지원병으로 보내시오. 외아들밖에 없습니까. 그렇더라도 지원병으로 보내시오."라는 글을 쓰기도 했다(《삼천리》1940.7).

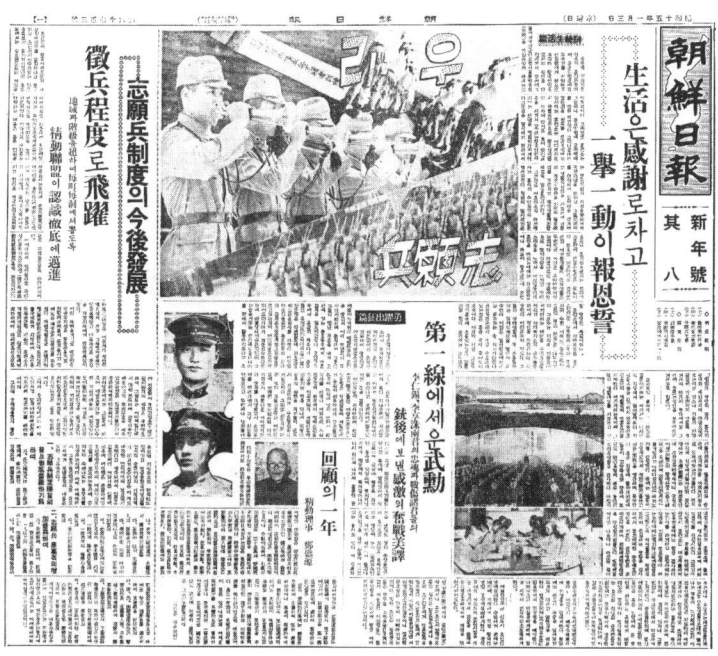

〈조선일보〉 신년호의 지원병 특집면(1940.1.3.)

영화제작자로서 최승일의 첫 작품은 이러한 제국의 시책에 동참하는 선전영화였다. 그것은 지원병 제도를 미화하고 홍보하는 동시에, 시기적으로는 이인석 상등병의 추모열에 부응하는 문예 협력의 일환이었다. 이를 통해 최승일은 신쿄우「춘향전」공연의 유치로 드러낸 자신의 '내선일체' 이념에 대한 동조, 그리고 흥행사로서 시국에 편승한 상업적 이윤 추구 의지를 훨씬 더 노골적으로 표출한 셈이었다. 이 영화 작업에는 최승일의 오랜 친구이자 그처럼 카프 계열에서 친일 부역으로 전향한 두 명의 재능 있는 예술가가 공모했다. 바로 원작자 박영희와 감독 안석영이 그들이었다. 1934년 "최근 문예이론의 신전개와 그 경향"이라는 전향선언문을 〈동아일보〉에 발표하면서 카프를 탈퇴한 박영희는 1938년 전향자 대회에 참가하고 1939년 소설가 김동인, 시인 임학수와 함께 문인사절단으로 중일전쟁의 전선을 다녀온 뒤『전선기행-황군위문조선문단사절보고서』를 출간하는 등, 일제에 적극 협력하는 행적을 보였다(박영희 1997b:158-277).[113]

한편 1932년 카프에서 제명당하고 사상적 긴장의 끈을 놓아버린 안석영은 1939년 총독부 경무국 도서과와 조선군 보도부가 영화통제를 위해 미리 결성하게 한 어용단체 조선영화인협회의 상무이사직과 기능심사위원을 맡았다. 또 그는 후에 야스다 사카에(安田榮)로 창씨개명하는 등, 일제에 협조적 자세를 취했다. 조선영화주식회사 제작의 영화「심청」을 감독한 뒤 이런저런 신작 구상을 하고 있던 그가 최승일, 박영희와 의기투합해「지원병」을 감독하기로 결정한 것은 다소 급작스러운 일이었던 것 같다(〈동아일보〉1939.5.7.).[114] 신상 정보가 거의 없지만「지원병」제작 과정에 핵심 인물로 여겨지는 또 한 사람은 박윤기이다. 한 신문 기사는 그를 "사재 이만여 원을 들여서 이번에 새로이「지원병」을 만든 분"으로 "명예욕을 모르는 청년사업가"라고 묘사했다(〈조선일보〉1940.2.3.). 최승일과 합작해 동아흥업을 설립한 그는 아마도 다른 사업으로 번 돈을 문화사업인 영화에 투자해 일종의 흥행주 역할을 담당한 것으로 보인다. 완성된 영화의 크레디트타이틀에 최승일은 제작으로, 박윤기는 기획으로 각각 이름을 올렸다.

영화 「지원병」은 1939년 10월 여주인공을 비롯한 주요 배역을 모집하고, 그달 말부터 금강산 등지에서 로케이션 촬영을 시작해 1940년 2월 말 무렵 제작을 마쳤다. 조선총독부와 군부는 지원병 모집의 시책에 부응하는 이 영화의 기획에 큰 관심을 보였다. 신문잡지의 보도도 꾸준히 이어졌다. 관련 기사들을 바탕으로 재구성해보자면, 1940년 1월 말쯤 촬영을 끝낸 「지원병」은 2월에 동아흥업 사무실에서 편집을, 조영(朝映) 의정부 스튜디오에서 녹음을 완료한 후 3월 초부터 교토의 교쿠토우(極東) 현상소에서 보름 걸려 현상 작업을 마무리한 것으로 보인다(〈영화연극〉 1939.12; 〈조선일보〉 1940.2.22.; 〈매일신보〉 1940.3.14와 4.20.). 영화는 또 조선총독부에서 부과하는 완성본 검열 수수료를 면제받았다.

113 1939년 7월 16일 박영희의 시집 『회월시초』 발간을 기념해 황금정 아서원에서 모임이 열렸다. 최승일은 김기진, 임화, 송영 등과 함께 발기인으로 참여하고 최재서, 이기영 등과 함께 축사를 했다(〈조선일보〉 1939.7.16과 7.21.) 카프는 오래전 해체했지만, 구성원들 간 인간적인 친분은 이어지고 있었던 셈이다.

114 안석영은 1939년 6월 조영에서 문예봉 주연의 새 영화 「여학생」 촬영을 준비 중이라는 보도가 있었다(〈매일신보〉 1939.6.7.). 주목할 것은 8월 16일 경성호텔에서 안종화를 회장으로, 이창용, 안석영, 서광제, 이명우를 이사로 한 조선영화인협회의 발족식이 열렸다는 사실이다. 이후 조선영화령으로 법적 근거를 마련한 총독부는 1940년 8월부터 1941년 1월 13일까지 조선영화인협회를 창구로 영화인 등록을 실시했다. 총독부 도서과장이 영화인 기능심사를 실시했고, 합격자에게는 기능증명서를 발급했다. 미등록 영화인은 영화 제작 참여가 위법으로 처벌 대상이 되었다. 안석영은 조선영화인협회의 기능심사위원으로 위촉되었는데, 기능심사위원 10명 중 조선인은 3~4명에 불과했다. 조선영화인협회는 총독부가 조선영화제작주식회사 설립이라는 목적을 달성한 후 1942년 10월 23일 해산되었다. 그런데 안종화는 안석영의 영화인협회 상무이사 참여와 「지원병」의 감독 수락이 일제경찰부에 '사상불온'으로 낙인찍혀 있었던 데 따른 신변의 위험 때문이었다고 변호한 바 있다(안종화 1998:285-286).

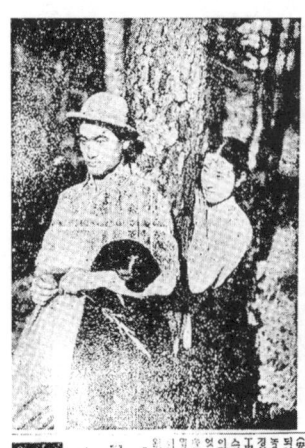

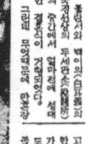
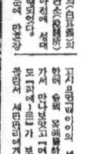
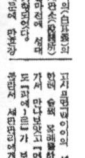
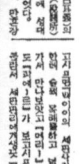
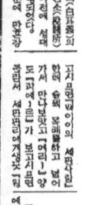

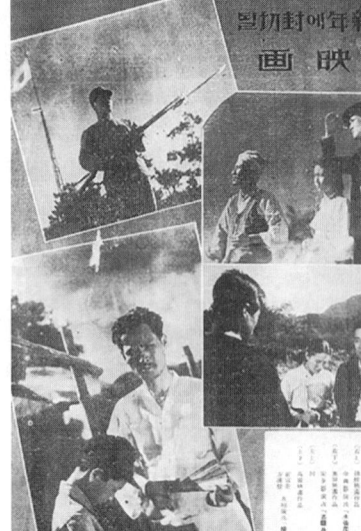

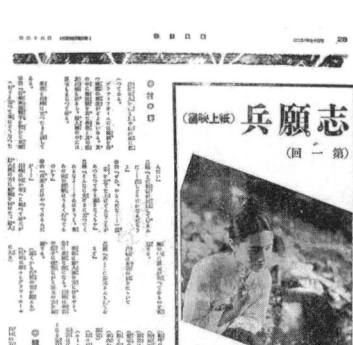

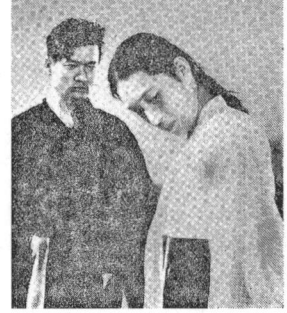

1. 영화 「지원병」 촬영 완료 기사
(〈조선일보〉 1940.2.6.)

2. 개봉영화 소개(〈신세기〉 1940.1)

3. 지상영화 「지원병」 (〈국민신보〉 1940.6.2.)

4. 〈조선신문〉은 "동아 영화 「지원병」은
군부 측의 불만에 따라 결국 어쩔 수 없이 다시
찍기에 이르렀는데"라고 적었다(1939.11.30.).

1	2
3	4

1940년 1월부터 6월 사이에 이 면제 조치의 혜택을 입은 극영화는 「지원병」 외에, 소학생의 조선총독상 수상 작문을 영화화한 고려영화협회의 「수업료」와 일본 도호(東寶)의 「해군폭격대」 등 모두 세 편에 불과했다(이화진 2011:572). 검열 당국의 수수료 면제 조치가 이른바 사회 교화적·공익적 성격의 영화 제작을 장려하기 위한 목적으로 이루어졌다는 사실을 감안할 때, 이는 당시 「지원병」이 공식적으로 어떻게 받아들여졌는지 알려주는 일화라 할 수 있다.

그런데 유의해야 할 것은 영화 「지원병」의 제작 과정이 겉보기처럼 그렇게 매끈하고 순탄하지 않았으며, 그 이면에서 엄격한 사전검열과 탄압 과정 또한 작동했다는 점이다. 그동안 제대로 알려지지 않았던 이 사실과 관련해 〈조선신문〉에 실린 일련의 기사는 주목할만하다. 우선 이 신문의 1939년 11월 19일 기사는 영화 「지원병」이 로케이션 촬영을 마치고 현재 의정부 촬영소에서 세트 촬영 중이며 20일 전후해서 작업을 완료할 예정이라고 보도했다. 그런데 그로부터 얼마 뒤 분위기가 급변한다. 11월 25일 "영화 '지원병'에 군부는 불만"이라는 기사가 나온 것이다. 이에 따르면, 군부는 "갑자기" 「지원병」의 내용에 주목해 검토를 더 했고, 그 결과 "'지원병'의 제명에 어울리는 내용을 담은 영화로서 총후 반도 민중에 대하여 지원병 제도에 대한 올바른 인식을 환기하는 작품"을 희망한다는 의사를 표시했다. 달리 말해, 「지원병」의 현재 각본은 군부가 보기에 적절하지 않다는 비판적 평가를 가한 셈이다. 이 기사는 "그 촬영허가는 적절했는지 어떤지는 상당한 문제인 것이고, 지원병 촬영 진행과 함께 상당히 진지하게 관계 방면에서 논의, 주목되고 있다"고 마무리된다. 곧 군부 측의 불만이 총독부를 통해 최승일에게 전해졌고, 그에 따라 영화를 대폭 수정하는 결정이 이루어졌다. 29일에 나온 "「지원병」 내용 개정, 당국의 선도로"라는 기사는 이 과정을 다음과 같이 기술한다.

"각본 내용으로 군부 관계로부터 이러쿵저러쿵 불만이 있었던 동
아흥업의 「지원병」은 그후 총독부에서는 주재자 최승일 씨에 대해
상담한 결과, 현재의 각본 내용(촬영 부분에서도)을 개정하거나 그대
로의 각본 내용에서는 촬영 중지의 필요를 설명한 결과, 최씨도 이
것을 인정해 내용의 개정을 조만간 하고, 금후의 촬영에도 진중한
방침으로 진행하기로 되었다. 따라서 「지원병」의 완성은 어느 정
도 연기되었으나, 내용의 건전성은 뚜렷이 증가하는 것이 되어 당
국의 선도책은 각 방면으로부터 상찬받고 있다."

이전의 언론 보도대로 11월 20일 즈음에 로케이션과 세트 촬영이
모두 끝났다면, 영화 「지원병」은 후반 작업만 남겨둔 상태에서 군부의
내용 간섭에 따라 실질적인 재촬영에 들어간 셈이다. 12월 6일 「지원
병」 내용의 일부 개정이 신중히 진행 중이어서, 영화의 완성은 예정보
다 늦어진 1월 중순까지나 가능할 것으로 전망하는 기사가 실렸고, 실
제 촬영 완료 소식은 2월 초에 전해졌다. 이렇게 10월 30일 출연진과
스태프가 강원도로 로케이션을 떠나며 시작한 「지원병」 촬영은 대략
한 달을 예정했다가, 뜻하지 않은 군부 개입의 덫에 걸려 결국 두 달 이
상의 시간을 더 소요하고 말았다. 그에 따른 제작비의 초과 지출도 적
지 않았을 것이다. 사실 사전검열을 명시한 조선영화령의 본격적인 실
시에 앞서서 총독부는 그 내용을 제작사들에 공지하고 1939년 10월 제
작 예정인 영화 각본 네 편을 미리 제출받았고, 그중에는 「지원병」도 들
어있었다(〈조선일보〉 1939.10.6.). 영화계에 대한 군부의 간섭도 노골화했
는데, 11월 17일 반도호텔에서는 조선영화령 공포를 앞두고 군부(군보
도부, 사단보도부, 헌병대) 관계자와 제작, 배급, 흥행 관계자 30명이 모여
영화계 발전 방안 및 군과 업계의 상호 요망사항을 논의하는 자리를 가
졌다(〈조선신문〉 1939.11.19.). 이러한 국면에서 일어난 「지원병」 재촬영

사건은 여러모로 상징적인 의미를 띤다.

조선총독부는 1920년대에는 공안과 풍속을 저해하는 해로운 영화의 단속에 초점을 맞춘 영화통제를 진행하다가, 1930년대 중반 이후로는 가급적 검열의 흔적을 남기지 않는 비가시적 통제를 지향하면서 검열 수수료 면제 등의 보상을 통해 공익적·계몽적 선전영화를 장려하는 방식으로 전환했다. 이후 1940년 나온 조선영화령은 사전검열을 제도화하고 장차 영화 제작을 국영화함으로써 구조적 통제를 한층 강화하고 효율화하려는 조치였다(이화진 2011). 공식적으로 일제에 협력하는 길을 택한 지식인들의 공동작업물인 「지원병」은 기획 의도에서부터 시국 영화의 색채를 노골적으로 띠고 있었다. 게다가 그것은 이미 총독부의 각본 사전검열을 통과해 촬영허가를 받은 작품이었는데도, 군부의 간섭 아래 각본을 수정하고 촬영을 새로 해야만 하는 상황에 처했던 것이다. 이는 제국주의의 이익에 확실히 복무하는 영화가 아니라면 허용하지 않겠다는 군부의 강력한 의지를 드러낸 사건으로, 장차 거세질 영화계 탄압의 예고편이나 다름없었다.[115] 「지원병」 재촬영은 전쟁 동원

---

115 이덕기(2010)는 〈강코초센〉 1940년 1월호에 실린 3쪽 분량의 영화물어(映畫物語) 「지원병」과 실제 영화 「지원병」, 그리고 1940년 6월 주간 〈고쿠민신보(國民新報)〉에 연재된 박영희의 시나리오 「지원병」 간에 존재하는 차이를 들어 현재 볼 수 있는 영화 「지원병」이 일제에 의해 검열당한 결과물일 가능성을 제기했다. 이에 대해 서재길은 잡지 텍스트들과 실제 영화 사이의 차이는 원래 8개 롤이었던 필름 가운데 1개 롤이 유실된 데 그 원인이 있을 것이라고 추정했다(2014:234-235). 지금 남아있는 영화 「지원병」의 불완전성이 검열 탓이라기보다는 필름 유실 때문이라는 서재길의 가설은 타당한 것으로 보인다. 이는 달리 말하면, 검열로 인한 실제 영화 장면의 누락이나 삭제 부분은 현존하는 영화와 인쇄 텍스트들의 비교만으로는 쉽게 예단할 수 없다는 의미이기도 하다. 현재의 영화는 복원 상태가 온전하지 않고, 인쇄 텍스트의 경우 총독부 사전검열을 거친 내용(영화물어)이거나 아니면 군부의 검열 이후 조정된 내용(시나리오)일 개연성이 높기 때문이다. 영화 「지원병」에서 군부 요청에 따라 수정되거나 새로 삽입된 장면(들)이 무엇인지는 현재 정확한 확인이 불가능하다. 다만 1939년 12월 하순 촬영팀이 조

을 위해 영화를 철저히 수단화하고 '국가기구'화하려 했던 일제의 시도를 단적으로 보여준 계기였던 셈이다. 제작 막바지 즈음 「지원병」이 총독부와 군부로부터 "밀접한 후원"을 받았다는 보도도 나왔지만(〈조선일보〉 1940.2.6.), 이 완곡어법은 '주목'과 '지원', '검열'을 아우르는 다층적 의미로 읽혀야 할 것이다.

「지원병」의 제작이 끝나고 최승일과 안석영이 현상 작업을 위해 일본에 갔을 때 원작자 박영희는 〈경성일보〉에 기고한 짧은 글에서 다음과 같이 썼다. "나는 며칠 전 교토에서 최승일 군이 보낸 엽서를 받았다. 가로되, '지원병은 오래 걸려 완성되었다. 영화를 만드는 것은 이렇게나 어려운 일인가.'라고. 영화를 만드는 것은 조선에서는 가장 어려운 일이지만, 그의 이런 일은 형식적인 것 따위는 아니다. '지원병'에 대한 그의 태도가 있다. 안석영 군과 그는 이 작품에 대해서는 실로 경건하고 진지했기에, 작품 제작 이래 계속 여정에 있었다. 그러나 원작자로서 나는 황군과 함께 기뻐하는데, 그것은 지원병의 실상을 민중에 보여줄 수 있기 때문이다."(1940.3.24.) 총독부 기관지에 실린 이 단문이 얼마만큼의 진실을 담고 있는지는 알 수 없지만, 적어도 「지원병」을 만들며 최승일이 느낀 고충이 얼마나 컸는지 알려주는 하나의 단서라고는

선 영화인으로서는 처음으로 지원병훈련소에 들어가 실제 훈련과 졸업식, 그리고 신입 생도의 입소 장면을 촬영했다는 보도로 미루어 본다면(〈조선신문〉 1939.12.23.), 이 부분은 원래 11월 말에 촬영 완료 계획이었던 「지원병」에 없었다가 새롭게 추가되었을 가능성이 크다. 영화 속에서 이는 춘호가 집으로 돌아온 후, 방안에 혼자 앉아 일종의 백일몽에 빠지는 약 2분가량의 장면으로 나타난다. 이 긴 인서트 씬에서 '조선총독부 육군병지원자훈련소'에 신입병으로 입소한 춘호는 미나미 총독이 연단 위에서 지켜보는 가운데 열병을 전개한다. 씬의 마지막에 춘호는 감았던 눈을 천천히 뜨면서 상상에서 벗어나는데, 카메라는 그의 비장한 표정을 비추며 지원병이 되고 싶어 하는 열망을 보여준다. 이 씬은 영화에서 프로파간다적 성격이 가장 분명하고 노골적인 장면이기도 하다.

말할 수 있을 것이다.

최승일과 안석영이 원래 계획했던 「지원병」의 경성 개봉 시점은 1940년 4월 초였다. 두 사람은 "4월 3일의 지원병 제도 실시일과 황기(皇紀) 2,600년제를 기하여 경성 봉절을 하려고" 후반 작업을 서둘렀다(〈매일신보〉 1940.3.14.). 사실 「지원병」은 1940년 연초부터 3월까지만 해도 여러 신문잡지에 「복지만리」, 「수업료」, 「수선화」, 「신개지」 등과 함께 개봉 대기 작품으로 소개되었다.[116] 하지만 실제 영화 개봉 또한 최승일과 안석영이 바라던 대로 순조롭게 이루어지지 못한다. 제작 과정에서 부딪힌 검열 못지않은 배급 상의 난관이 이들을 기다리고 있었다. 당시 조선 영화계에서 「지원병」은 "지원병 제도가 실시된 후 처음으로 이곳에 '렌즈'를 돌린 작품"으로 개봉 전부터 상당한 주목을 받았다(〈조선일보〉 1940.3.29.). 실제로 그것은 영화의 완성 시점과 도쿄 개봉 등을 감안하면, 최초의 지원병 선전영화이기도 하다.[117] 1940년 봄 영화인협회 서기였던 작가 김정혁은 '신체제' 아래 기대되는 조선 영화의 하나로 「지원병」을 꼽으며, "이 작품은 무엇보다도 종군작가 박영희 씨의 원작을 얻었다는 것과 가작 「심청」을 전작으로 가진 안감독의 밸류가

---

116 〈영화연극〉지는 1939년 12월호에 「지원병」의 간단한 줄거리를 고가이(梗概)라는 이름 아래 실었고, 〈만선일보〉는 1940년 2월 말 혹은 3월 초순 경 개봉으로 전했다(1940.2.7.). 〈조선일보〉는 「지원병」이 1940년 3월 중순 개봉 예정이라고 보도했다가, 나중에 다시 최인규·방한준의 「수업료」, 전창근의 「복지만리」, 윤봉근의 「신개지」와 함께 4월 개봉 영화로 꼽았다(1940.2.22과 3.29.). 한편 〈강코초센〉은 "봄의 반도영화계(春の半島映畫界)"를 전망하는 1940년 2월호 기사에서 「지원병」이 4월에 경성 개봉 예정이라고 밝혔다.

117 조선인 지원병을 다룬 첫 영화로 1939년 이익 감독의 문화영화 「국기 하에 나는 죽으리라」가 이원하라는 실존 인물을 소재로 제작되었고, 또 이인석의 전사를 다룬 「장렬 피의 충성」이 기획되었다가 제작되지는 못했다. 「지원병」은 1940년 2월 말 완성되어 8월 도쿄에서 개봉했고, 방한준 감독의 「승리의 뜰」이 뒤이어 나와 경성에서 10월 공개되었다(이덕기 2008).

크다"고 적었다. 나아가 그는 "스타- 문예봉 양의 출연했다는 것도 적지 않은 흥미려니와 조선인의 역사적 전기라고도 할 육군지원병을 테-마로 한 풍채 달은 기획 등 오로지 시국을 빙자한 'キワ物'[키와모노, 즉 일시적 유행을 노린 상품]가 아니오, 진실로 「최후의 일병」이라든가 「오인(五人)의 척후병」과 같은 역작이 되기를 바란다"는 희망을 피력한다(《조광》1940.4). 또 영화 검열 업무와 조선영화령 실시를 담당했던 경무국 도서과 이사관 시미즈 쇼조(淸水正藏)는 "최승일 씨와 안석영 씨가 제작한 지원병 같은 것은 사변을 반영한 최초 작품으로서 상당히 성적을 올린 가작"이라는 의견을 내놓았다(《매일신보》 1940.7.8.).

그런데 이 영화는 '시국'을 본격적으로 다뤘을 뿐만 아니라, 당대의 스타 문예봉을 거금 1천 원을 들여 캐스팅하고 인기 가수 채규엽에게 주제가 「지원병의 노래」를 맡기는 등 흥행 요소가 적지 않았음에도, 경성 개봉까지 상당한 난항을 겪었다. 언론 보도에 따르면, 투자자들의 권리관계 및 재정 문제가 주 원인이었던 것으로 여겨진다. 관련 기사는 "채권자 관계로서 지금까지 '프린트'의 소유자가 결정되지 않았을 뿐만 아니라 상영권을 에워싸고서 앞으로 상당한 분규가 있으리라 예상"하며 시내 개봉관도 결정되지 않았다고 언급하는가 하면, "그동안 여러 가지 풍설을 퍼뜨리며 시내에서의 봉절관이 결정되지 않아 적이 궁금케 하여 오던 바"라고 서술하고 있다(《조선일보》 1940.5.19와 6.14.). 이 이상 자세한 사정은 알기 어려우나, 각종 권리를 둘러싼 영화제작사 내부의 갈등으로 조선 내 개봉에 차질이 빚어졌던 것으로 보인다. 애초에 겨냥했던 4월 3일의 경성 개봉은 결국 실패로 돌아가고, 최승일은 「지원병」의 일본 개봉을 위해 한층 힘을 쏟는다. 이미 3월 초부터 한 달여 동안 안석영과 일본에 다녀온 바 있었던 그는 다시 도쿄에 가 배급 문제를 본격적으로 협의한다(《조선일보》 1940.4.20.; 《삼천리》 1940.5).[118]

「지원병」은 원래 제작 때부터 지원병 제도의 효과적인 선전을 위한 영화로, 조선은 물론 내지에서도 상영할 수 있는 작품으로 계획되었다(〈조선시보〉 1939.12.16.). 그렇다고 내지 개봉이 필수적인 전제조건이었다고 말하기는 어렵다. 「지원병」의 제작비는 2만 원 정도였는데, 당시 1~2만 원 정도의 제작비를 들인 작품이라면, 조선 시장에서의 배급 수입만으로도 대체로 제작비 회수가 가능한 수준이었기 때문이다(한국영상자료원 한국영화사연구소 편 2011:199).[119] 일본 시장 진출의 경제적 필요성은 당연히 제작비 액수가 클수록, 그리고 투자금의 빠른 회수를 원할수록 더 커질 수밖에 없었을 것이다. 그러니 안석영과 특히 제작자 최승일의 입장에서는 일본 배급이 잘 성사되면 경제적인 이득을 가져다주는 좋은 일이었을 테지만, 그것이 반드시 그러한 이유만으로 절실했다기보다는 (혹은 최소한 경제적인 이유 못지않게) 내지 영화계에서 인정받는 문제가 중요했을 것으로 여겨진다.

1930년대 후반 조선 영화계에서는 일본 유학파 감독들이 내지의 인맥을 이용해 합작으로 영화를 제작·배급하는 사례가 증가했고, 토키화로 인해 제작비가 상승하고 시장의 확대가 필요해지면서 일본 수출

---

118   이덕기(2010)와 서재길(2014)은 영화 「지원병」이 애초에 일본 시장을 노린 기획이었고, 그런 이유로 국내에 앞서 일본에서 먼저 시사회를 열고 개봉했다고 주장한다. 그들에 따르면, 조선 영화계가 발성영화로 전환한 이후에도 그 제작비를 감당할 만큼의 극장 수나 시장 규모는 형성하지 못했던 탓에, 일본 시장의 개척은 그야말로 사활을 건 문제였다는 것이다. 하지만 이는 몇 가지 사실을 간과한 부정확한 해석으로 여겨진다. 첫째, 이 영화의 일차적인 제작 목적이 조선인들에 대한 지원병 제도의 선전에 있었고, 둘째, 1940년 초부터 이미 경성 개봉 시도와 예고가 지속적으로 나왔으며, 셋째, 경성 개봉 지연이 국내 언론의 기삿거리가 될 만큼 이상하게 받아들여졌기 때문이다.

119   일례로, "여명기의 조선영화 좌담회"에서 한양영화사 감독 윤봉춘은 조선 영화가 조선 시장만으로 수지가 맞느냐는 기자의 질문에 토키 한 작품에 1만5천 원을 들이면 개봉 후 1년이면 밑천을 회수할 수 있으며, 조선 영화 가운데 크게 손해 본 작품은 없다고 말한다(〈동아일보〉 1939.1.22.). 이는 물론 재상영, 재재상영을 통한 배급 수입을 모두 포함하는 것으로, 투자금 회수에 걸리는 시간까지 고려한 대답은 아니었다.

을 염두에 두고 영화를 기획하는 경향도 나타났다. 수출 영화들은 주로 조선 고전을 원작으로 한 작품이거나 이른바 '향토성'을 부각한 작품, 또는 총독부의 시책에 영합하는 작품이었다. 1937년 이규환의 영화 「나그네」가 일본에서 「타비지(旅路)」라는 제목으로 흥행과 비평에서 성공한 이래 1938년에는 서광제의 「군용열차」, 안철영의 「어화」, 방한준의 「한강」이 일본 시장에 진출했다. 이러한 맥락에서 조선 영화의 '국제화' 담론 또한 부상했는데, 토키 전환이 해외 시장을 요구한다는 사실을 인지하면서도 그 시장을 겨냥한 합작이나 수출의 시도가 조선 영화의 산업적·예술적 독자성을 훼손시킬지 모른다는 우려도 적지 않았다 (김려실 2007).

안석영은 「지원병」의 현상 작업과 배급 가능성 확인을 위한 3월의 일본 여행에서 느낀 감상을 〈매일신보〉에 연재한 「화원행(花園行)」이라는 장문의 수필 속에서 풀어낸 바 있다(1940.4.17~23.). 정확한 날짜 등의 정보는 누락하고 있지만, 이 글은 그와 최승일의 구체적인 여정을 알려줄 뿐만 아니라 「지원병」을 매개로 한 제국과 식민지의 문화 교류, 그리고 그에 대한 식민지 영화인의 개인적인 소회 등을 엿보게 해준다는 점에서 주목할만하다. 「화원행」에 따르면, 두 사람은 먼저 교토에 머무르면서 우즈마사(太秦)에 있는 쿄쿠토우현상소에서 2주간에 걸쳐 「지원병」의 프린트 작업을 했다. 그들은 프린트를 마치고 현상소 직원들, 경성에서 알게 된 나카가와(中川) 감독 가족, 지역 경찰서장, 정보부장과 함께 첫 내부 시사회를 가졌다. 영화에 대한 참석자들의 반응은 긍정적이었는데, 특히 안석영은 나중에 다시 만난 경찰서장이 영화를 보고 감격하였으며 거기서 진실을 보았다는 이야기를 해준 데 매우 고무되던 듯싶다.

우즈마사는 많은 일본 영화사가 사극영화 촬영소를 두고 있었던 지역인데, 두 사람은 교토를 떠나기 전에 신코키네마(新興キネマ)의 촬영

소를 방문한다. 그들은 촬영소 제작부장, 기획부장 등과 함께 「지원병」을 중심으로 조선 영화와 내지 영화의 진로 등 다양한 화제를 두고서 긴 시간 동안 좌담을 가졌다. 안석영은 그들 간에 오간 이야기 가운데, "반도의 농촌 영화라든가 춘향전 같은 제재보다도 '새로운 것'을 향하여 나아가지 않으면 안 된다. 그것은 반도의 고전에서고 무엇에서 가져온 것이고 간에 아름다운 이야기, 명랑한 이야기, 내지 영화에서도 지금까지 가져보지 못한 새로운 소재, 그것은 오히려 반도와 같은 데에서 얻을 수 있지 않을까 한다는 소견들"을 강조한다. 원래 교토에서 조선으로 곧장 돌아가려 했던 그는 마음을 바꿔 먹고 「지원병」의 일본 시장 진출을 타진하려는 최승일을 따라 도쿄를 방문한다. 이 교섭 과정은 그에게 자기 영화에 대한 일종의 자괴감을 불러일으켰던 것으로 보인다.

> "새로 완성된 조선 영화가 세 편이나 동경에 왔다. 「수업료」, 「신개지」, 「지원병」이다. 과거에 내지시장에서 체험한 그 기억이 사라지기 전에 또 그 자신의 불구자인 면모를 더 명확히 알고자 온 것에 지나지 않는다고 나는 생각한다. 전례를 보더라도 그 영화가 어느 '체인'의 시사실에 걸리고 또 배급이 결정된다 하더라도 그것이 창고에서 그 영화로서의 시-즌을 지내버리고 마는 것이 결코 그 배급자가 무성의한데 원인이 있는 것이 아니다. 그 상품이 안 될 것을 받아준 것이라든지 도리어 그편에 감사할 점이 여러 가지가 있다. (......) 동경에 와서는 나는 영화와 나를 두고 고민만 했다. 동경 영화계의 요인 몇몇을 만나보고 거기서 나라는 것을 재인식하고 거기서 조선 영화의 진로를 생각도 해보았지만, 지금까지 영화에 대해서 생각해온 것은 비참히도 허사였다. 틀린 길을 걸어왔다. 너무도 관념적인 생각이었다."(〈매일신보〉 1940.4.23.)

안석영은 조선 영화의 일본 배급이 그 자체의 상품성 때문이라기보다는 내지 영화인들의 일종의 관용 차원에서 이루어지고 있다는 자기 비하를 드러내면서, 내지에서 조선 영화가 제대로 인정받을 수 있으려면 작품의 수준과 질을 높여야 한다는 각오를 새삼 다진다. 1938년 6월 일본영화감독협회에 입회를 신청한 조선 감독 열 명 가운데 한 명이었던 그는 1939년 이래로는 총독부 경무국이 지휘한 조선영화인협회의 이사, 상무이사 직을 차례로 맡았다. 그는 또 1940년 내선일체를 위한 황도학회에 영화계 발기인으로 참여하는 등, 일제의 문화정책에 적극 협력하고 있었다. 이러한 상황에서 안석영이 일련의 글을 통해 '내지영화와의 교류', 혹은 '내지시장으로의 진출'을 강조하였던 것은 놀라운 일이 아니다. 그런데 그는 교토와 도쿄에서의 여정을 마친 뒤에 쓴 글에서 조선 고전이나 향토성에 의존한 영화가 아닌, 좀 더 '근대적인' 시선의 새로운 영화를 구상하기에 이른다. 조선 영화에서도 스펙터클을 강조한 대작보다는 조선 사람의 평범한 일상생활 이야기를 다룬 소품이 오히려 장래성이 있으며, "내지의 배급에 있어서도 쉬운 길이 될 수 있다"는 것이다(〈매일신보〉 1940.4.29.).[120] 안석영이 이러한 구상을 실현할 기회를 갖진 못했지만, 적어도 내지 영화계 방문 이후 그가 얻은 '깨달음'은 당시 제국과 식민지 사이 영화교류에 대한 시각의 간극, 나아가 미학적 기준을 둘러싼 미묘한 권력 갈등을 보여준다. 그는 1941년 "조선영화의 새로운 기획의 발족"을 주창하고 "조선영화가 가져야만 하는 일본정신 앙양 로컬 컬러- 또는 문맹을 위한 계몽, 생활향상(개선), 기타의 특징, 조선영화가 아니면 가질 수 없는 매력, 이것을 기획의 염두에 두지 않으면 안되는 점"이라고 주장하기에 이른다(〈조광〉 1941.1).

한편 「지원병」의 경성 개봉 일정이 확실하게 잡히지 않은 상태에서 일본 시장 배급을 타진해야 했던 최승일은 제작자로서 걱정과 우려가 적지 않았을 것이다. 그 복잡한 심경을 드러내는 한 가지 에피소드를 안석영은 다음과 같이 전한다.

"최씨가 동경에 가서는 꽤 초조한 모양으로 양요리 식탁에서도 생각에 몰두했다가 손 씻는 물을 먹기까지 해서 모신문사 국장이 "자네가 영화기업을 한다기에 신식 사람인 줄 알았더니...망신일세"하고 웃으니까 그 옆에서 민망해서 바라보던 심부름하는 젊은 여자가 "괜찮습니다. 일에 바쁘신 분이 그런데 관심을 주실 새가 있겠어요?"해서 뻘갰던 최씨의 얼굴이 헤멀금해졌으나 콧잔등에 송이송이 땀이 솟은 것은 아직도 수줍은 데가 있음을 보임이다. 여름도 아직 멀었는데 '레인코트'를 입고 대용품 구두를 신고 회사간부만 찾아다니는 뱃심에도, 간혹 현대 신사의 사교법의 ABC를 모르는 일이 있더라도 얼굴이 벌-개지는 그것만으로도 호의를 끌 수가 있을 게다."(〈조선일보〉 1940.4.12.)

120 "또 한 가지 문제는 조선영화가 토-키-로 들어서서는 로칼 칼라(향토색)가 언제나 이야기가 되는데 그래서 그렇게 되는 것인지 얼토당토않게 금강산이 펄떡 나오며 무엇이 나오며 하는 영화가 있지만, 그렇다고 조선의 독특한 정조를 보여준 영화가 드문 까닭은 조선의 향토색은 풍경과 풍속을 주체로 삼는 데 있는 것이 아니라, 조선인의 생활을 참되게 묘사하는 데에서 자연히 솟아 나오고 또한 그런 배경이 보여지는 것이요 그렇지 않으면 어느 데서나 볼 수 있는 그 평범한 색채가 되고 말 것이다."(〈조광〉 1939.1) '조선적인 것'의 영화적 구현과 관련해 안석영은 이미 「지원병」을 감독하기 이전부터 이상과 같은 관점을 피력한 바 있다. 이를 고려하면, 금강산을 주요 로케이션 장소로 활용하면서 산과 바다 풍경, 영화 내내 고운 한복 차림으로 나오는 분옥을 통해 '자연적'이고 '여성적'인 식민지 조선을 형상화하는 「지원병」의 영화적 화법은, 그 이유야 어쨌든, 적어도 안석영의 지향을 온전히 구현했다고 말하기는 어려울 것이다. 서재길(2014:237)이 적절히 지적하듯, 이 영화에는 조선의 전통 가옥과 유흥공간, 우물과 물레방앗간 등, 향토색을 강조함으로써 조선 영화의 상품성을 극대화하려는 설정이 다수 나타난다.

「지원병」은 배급사 쇼치쿠(松竹)와의 교섭이 거의 성사 단계까지 갔다가 무산되고, 마침내 일본단편영화사와 배급 계약을 맺었다(〈조선일보〉 1940.5.1., 5.23., 7.4.). 영화는 도쿄에서 1940년 6월 10일 첫 시사회를 가진 후 8월 1일 데이코쿠칸(帝國館)에서 개봉했다(이덕기 2010:260). 경성의 경우, 황금정에 있는 좌석 수 최대 규모의 경성보총극장(성보, 게이조 다카라즈카)에서 7월 초 전후 개봉으로 정해질 듯했으나, 다시 불발에 그쳤다(〈조선일보〉 1940.6.14.). 그 무렵 매일신보사 발행의 일본어 주간 신문 〈고쿠민신보(國民新報)〉는 1940년 6월 한 달간 '지상영화(紙上映畵)' 항목 아래 박영희 원작 안석영 각색의 「지원병」 최종 시나리오를 네 차례에 걸쳐 연재했다. 아마도 경성보총극장 개봉이 유력하게 논의되던 상황에서 나온 일종의 홍보성 읽을거리였던 것으로 보인다. 하지만 성보 개봉은 실패로 돌아가고, 이후 12월 하순 명치좌(1,500석)와 대륙극장(850석)에서 개봉 예정이라는 기사가 나왔으나, 이 역시 실현되지 못했다(〈삼천리〉 1941.1). 이처럼 엎치락뒤치락하기를 거듭한 끝에, 「지원병」의 실제 첫 개봉은 도호조선배급소의 배급으로 1941년 3월 19일부터 1,200석 규모의 경성 동보약초극장(도호와카쿠사)에서 일주일간 이루어졌다(〈경성일보〉 1941.3.18.).[121] 제작 종료 후 경성 상영에 이르기까지 1년 이상, 기획부터 따지면 1년 6개월 이상을 소요한 셈인데, 이는 영화 기

---

[121] 1930년대 초중반까지 경성의 영화 흥행관은 서양 영화의 (재)개봉관인 조선극장, 단성사, 우미관, 제일극장 등 조선인 거리의 극장이 흥행에서 우위를 점했다. 조선인과 재조일본인 관객이 서양 영화를 선호했기 때문이다. 이러한 상황은 1936년을 기점으로 급격히 변화한다. 단성사를 위시한 북촌의 조선인 극장들이 그 세를 잃고, 일본 내지와 유사한 규모의 극장들을 신축한 남촌의 일본인 거리가 새롭게 두각을 나타냈던 것이다. 와카쿠사(약초), 고가네자(黃金座), 메이지자(明治座) 등이 신축되고, 내지 영화 스튜디오로 계열화되었다. 조선인들은 1년에 10편 미만인 조선 영화와 수입통제된 서양 영화뿐만 아니라, 일본 영화 관객의 과반수를 차지할 만큼 영화에 열광적인 반응을 보였다(정종화 2013:346; 정충실 2018).

획에서 개봉까지 대개 1년 이내의 시간이 걸렸던 당시 영화계의 풍토로 볼 때, 매우 이례적인 일이었다. 개봉 즈음 〈매일신보〉는 「지원병」의 줄거리 소개와 함께 "이 작품은 바야흐로 물 끓듯 하는 반도 청년의 애국심과 지원병으로서 전선에 나서서 힘찬 활약을 하려는 젊은이들에게 보내는 좋은 작품"이라는 단평만을 실었다(1941.3.17.). 개봉이 지연되어 소재의 참신성이 떨어지고 선전물로서 작품의 완성도에 대한 내지의 평가 또한 박한 탓이었는지, 정작 조선 관객에게 공개할 무렵에는 일제의 정책적 지원 분위기도 이미 사그라든 상태였다. 〈경성일보〉는 새 영화평에서 「지원병」이 "지금부터 2년 전의 제작으로 조선에 지원병 제도가 실시된 당시 이 감격을 모은 것으로, 빨리 개봉할 것이 예상되었으나 지금까지 계속 지연되어서 손해를 보았다"고 언급했다. 평은 또 이 영화가 "삼각관계의 신(新)비극"과 지원병 제도의 실현으로 주인

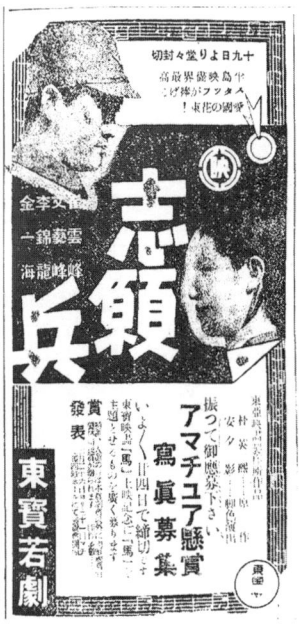

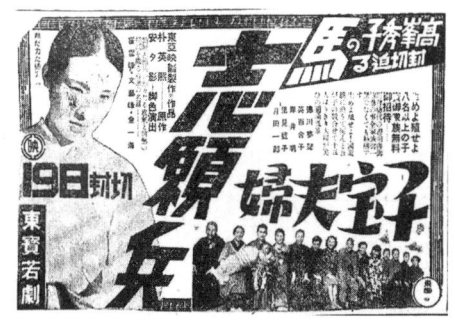

「지원병」 개봉 광고 (〈경성일보〉 1941.3.18과 3.19.)
한편 〈경성일보〉는 3월 19일자
"신영화평(新映畫評)"란에 "'지원병' 사변
초기를 그리다('志願兵' 事変初期を描く)"라는
제목의 영화평을 실었다.

공이 출정하는 과정이 서로 부조화하고, 조선영화의 기술적 결점에서 유래한 미숙하고 빈곤한 장면을 고려해야 하지만 "시대의 흥분"도 어느 정도 묘사하면서 "진지한 표현의 추구"가 있다는 점은 칭찬할 만하고 여기저기 안석영 감독의 흥미롭고 아름다운 전원풍경의 감상도 즐길만하다는 감상을 제시했다(1941.3.19.).

서정성이냐
이데올로기냐

1941년 3월 우여곡절 끝에 경성에서 공개된 「지원병」은 "영화보국", "빛나는 황기 2600년을 맞이하여 우리 반도 영화인은 이 한 편의 영화를 미나미 총독에게 바친다."는 자막과 함께 시작한다. 영화의 주인공인 임춘호는 아버지를 여의고 어머니, 여동생을 돌보는 성실한 농촌 청년이다. 서울에 사는 지주 박창기의 땅을 관리하는 마름인 그는 사변을 계기로 제국의 군인이 되어 전장에 나가고 싶다는 열망을 품고 있지만, 그럴 자격이 없는 조선인이라는 사실에 못내 괴로워한다. 한편 같은 마을의 김덕삼은 춘호가 아버지에게서 물려받은 마름 자리를 차지하려 들고, 춘호와 정혼한 이분옥까지도 자신의 며느리로 삼으려 한다. 춘호는 서울에 가 박창기를 만나지만, 김덕삼의 농간에 넘어간 박창기를 설득하지 못한 채 다시 마을로 돌아온다. 어느 날 박창기의 여동생 박영애가 아버지 성묘 차 고향 마을에 왔다가 우연히 춘호를 만난다. 영애와 춘호가 사이좋게 숲을 걷는 모습을 본 분옥은 두 사람의 관계를 오해해 슬픔에 빠진다. 한편 친절한 일본인 구장(區長) 야마가와의 집에서 조선인 지원병 제도가 실시된다는 신문 기사를 접한 춘호는 기뻐하며 돌아오다가, 친구 최창식이 분옥을 위로하며 함께 있는 광경을 보고 그들의 관계를 오해한다. 이러한 상황 때문에 고민에 빠진 창식은 분옥에게 미안하다는 말을 전한 후, 자동차 기술을 배워 북지로 가고자 경성으로 떠난다. 춘호와 분옥은 서로 거듭된 오해를 풀고 화해하며, 얼마 뒤 춘호는 지원병에 합격한다. 신문을 통해 이 사실을 알고 감동한 박창기는 춘호의 집안을 보살펴 주겠다고 결심하고, 박영애 역시 이를 응원한다. 마침내 춘호는 군용열차에 오르고, 어머니와 분옥은 그를 응원하며 배웅한다.

「지원병」은 기본적으로 내선일체와 지원병 제도를 노골적으로 선전하는 국책영화였다. 춘호는 중학교 중퇴의 학력에 일본어 실력이 있는 청년으로 나오는데, 이러한 농촌의 (준)지식인 남성이 주변 사람들(특히 여성들)의 지지와 격려, 그리고 조선인 지주의 후원을 등에 업고 제국의 군인이 되기 위해 마침내 고향을 떠난다는 서사가 이 영화의 중심에 놓인다. 그가 일찍 친부를 잃은 청년이며, 춘호의 아버지뻘 되는 두 인물 가운데 김덕삼은 그의 일에 훼방을 놓는 데 반해, 야마가와는 열망의 실현을 도와준다는 설정 또한 의미심장하다. 영화는 조선인 농촌사회 내의 세대 간·계급 간 불화라든지 청년들의 애정 문제와 같은 갈등 선들을 전개하다가, 지원병으로 입대하는 주인공의 결단 속에서 모든 극적 모순을 급작스럽게 해소하는 식으로 마무리한다. 이 과정에서 영화는 황군을 동경의 대상으로 미화하고 일제가 벌인 전쟁에 동조하며 나아가 적극적인 동참을 권유하는 장면을 다양하게 보여준다. 실전을 연상시키는 아이들의 병정놀이, 경성 거리 곳곳에 붙어있는 '내선일체' '일억일심(一億一心)', '생업보국', '국민정신총동원', '일본정신발양' 등의 슬로건, 군인의 무운을 위해 천인침(千人針)을 놓는 애국부인회 여성들의 모습, 이토 히로부미 사진과 대동아지도, 일본의 선전표어가 걸려있는 주인공의 방, 지원병이 되는 주인공의 상상 등이 그 대표적인

예이다. 「지원병의 노래」, 「지원병을 배웅하다」 같은 주제가는 물론, 삽입곡인 「노영의 노래(露營の歌)」 같은 일본 군가 역시 영화의 정조와 지향점을 노골적으로 드러낸다. 「지원병」은 이후 이어지는 「반도의 봄」(명보영화사, 1941), 「그대와 나」(조선군사령부, 1941), 「복지만리」(고려영화협회, 1941), 「조선해협」(조선영화제작주식회사, 1943) 같이 내선일체, 만선일여를 지지하는 영화들의 선두에 있었다. 하지만 일본과 조선에서 어렵사리 개봉에 성공한 뒤에도 「지원병」은 평론가나 관객들에게 그다지 환영받지 못했다.[122]

1940년 「지원병」이 도쿄에서 공개되었을 때, 일본 평단은 이 영화가 낡은 신파 비극이면서도 따분하고 무감정하다고 혹평을 보냈다. 구성이 졸렬하고 인물이 제대로 구축되어 있지 않으며, 무엇보다 템포가 지루하다는 평도 있었다(이영재 2008:56-57; 한국영상자료원 한국영화사연구소 편 2011). 「지원병」이 선전영화로서 갖춰야 할 박력, 격정, 달리 말해 선동성이 부족하다는 지적은 조선 영화계에서도 나왔다. 흥미롭게도 이 최초의 지원병 영화는 '감격이 없는 시국물'이라는, 특이하고 기묘한 작품으로 완성되었던 것이다. 이와 관련해 「지원병」의 경성 개봉 이후 〈신시대〉에 실린 "영화감독이 말하는 조선영화 정세 좌담회"는 주목할

---

122 영화 「지원병」은 조선어 대사를 일본어 자막으로 표기하고 있는데, 일본어 대사에는 조선어 자막이 달려 있지 않다. 서재길은 식민지 내 위계적 이중언어 구조가 엄존하던 상황에서 '스크린 위에 입혀진 일본어 자막'을 시나리오나 실연 영화와는 또 다른 텍스트로 간주할 수 있다고 주장한다. 그에 따르면, 일본어 자막은 지나치게 매끈하고 유려하게 현지화된 대사를 보여주는데, 이는 영화 속에서 중요한 의미를 지니는 대사를 실제 조선어와는 뉘앙스가 다르게 번역하거나 아예 생략함으로써 인물의 성격이나 영화의 정서를 변형하는 효과를 낳는다. 이러한 이중언어는 일본 관객과 조선 관객이 「지원병」의 내용을 이해하고 수용하는 방식에서 차이를 빚어냈을 수 있다는 것이다(서재길 2014:241-246). 이는 「지원병」이 제국과 식민지에서 모두 비평이나 흥행에 성공하지 못했다고 해서, 그 이유가 반드시 같다고 가정할 수는 없다는 뜻이기도 하다.

만하다. 안석영을 비롯해 서광제, 안종화, 박기채, 방한준, 최인규, 전창근, 김영수 등이 참석한 이 방담에서는 「지원병」에 대한 짧지만 솔직한 언급들이 나타나기 때문이다. 일단 영화평론가이자 「군용열차」를 감독하기도 했던 서광제의 다음과 같은 소감부터 이야기할 필요가 있을 것이다.

> "나로서 기탄없이 말한다면 '지원병'은 작자 자신이 시국영화에 정열을 가지고 그걸 통해서 감격을 집어넣어야 할 것이었는 줄 압니다. '지원병'은 감격이 희박하여서 실패작이라고 봅니다. 석영은 리리시즘의 작가인 만치 다이나믹하게 나가지 못하였습니다. 이것은 성격이 약해서, 다시 말하면 석영에게는 맞지 않는 영화이었으므로 실패한 줄 압니다."(〈신시대〉 1941.5)

서광제는 「지원병」의 영화적 실패가 "감격이 희박"하고 "다이나믹하게 나가지 못하였"기 때문이며, 이는 영화의 주제나 내용이 안석영의 서정적인 연출 스타일과 맞지 않았기 때문이라고 주장한다. 오랫동안 카프 계열이었다가 전향해 신체제 옹호에 적극적으로 나섰던 그가 하필 '리리시즘'이라는 표현을 썼다는 점은 자못 의미심장하다. 원래 리리시즘은 당시 일본 평단에서 조선 영화를 특징짓기 위해 쓰인 개념이었다. 대표적으로 영화평론가 하즈미 츠네요(筈見恒夫)는 〈키네마준보〉 20주년 기념 사업의 일환으로 경성에 왔다가 기고한 "조선영화와 리리시즘"이라는 평문에서 조선영화의 매력이 내지영화에서 흔히 볼 수 없는 자연에 대한 관심과 리리시즘, 작가의 열정 등에 있다고 지적한 바 있다. 이 글에서 그는 이규환의 영화 「새출발」을 비평하며 "너무도 페시미스틱한 색채가 많다"면서 "새로운 영화에는 생동하는 희망과 새로운 광명을 필요로 해야 되지 않을까"라고 반문한다(〈조선일보

〉1939.11.1.). 이처럼 조선영화의 특성을 리리시즘으로 규정하는 논의는 복잡한 함의를 띠고 있었다. 그것은 조선영화의 미학을 찾아내고 감싸 안는다는 비평적 제스처 아래 모종의 특수성 속에 그것을 가두어두려는 의지를 구현했기 때문이다. 리리시즘이라는 규정은 "조선영화가 서사의 논리와 합리성이 부족한, 즉 리얼리즘에 미달한 상태에 머물고 있음을 지적하는 것"과 다름없었으며, 조선을 '정적인 풍경'으로 환원하고 전시함으로써 식민주의적으로 대상화하는 시선을 깔고 있었다(이화진 2019:92).

　서광제는 이러한 '조선영화의 리리시즘'이라는 문제를 비판적인 관점에서 평가한 바 있었다. 그는 〈경성일보〉에 실은 평문 "조선영화와 리리시즘-〈새출발〉에 관하여"에서 자신이 단순한 "서정적 풍경미"만으로 꾸며지는 값싼 리리시즘을 배척한다고 말하며, 조선영화가 "역동적 박력과 섬세함"을 담아내야 한다고 주장했다(1939.11.12.). 리리시즘의 반대편에 그가 놓은 지향이 '현실'을 잘 파악하고 '대중'과 더불어 사는 영화라는 데 주의해야 한다. 구체적으로 전시상태 아래 고통스러운 민중 생활을 감안한다면, 영화마저 어둡고 비참한 면을 더해줄 필요가 없으며 "명랑성"을 드러내야 한다는 것이다. 이러한 발언이 나왔던 시기에 서광제가 조선영화인협회의 이사를 맡고 있었음을 고려하면, 그의 주장은 '제국주의적 시선에 대한 거부'보다는, '전시 하의 조선영화에 대한 정치적 방향 설정'으로 읽히는 편이 적절할 것이다. 결국 "조선영화의 신체제는 조선영화와 리리시즘 사이의 연관을 부정하는 데서부터 출발하는 것"이었기 때문이다(이화진 2019:90-96). 1940년 조선영화령이 공포되고 예술보다 국가가 우위인 새로운 체제가 성립하자, 리리시즘은 식민지 미학의 중핵으로서 갖는 지위를 상실하며 정치적 무기력과 수동성의 상징으로 타개해야 할 대상에 지나지 않게 된다.

　따라서 「지원병」의 실패를 리리시즘과 연관 짓는 서광제의 언급은 여러 겹의 의미를 지닌다. 직접적으로는 안석영의 연출 양식을 가리키는 리리시즘은 영화에 격정, 역동성, 낙관주의가 부족하다는 뉘앙스를 담고 있지만, 그에 더해「지원병」이 기존 조선영화의 단점을 그대로 보존한 채 사변의 시국에 맞는 국책영화에 미달했다는 함의를 띠는 것이다. 서광제는 그러한 문제의 원인을 감독의 스타일과 더불어 '열정의 부족'에서 찾는다. 좌담회에 참석한 몇몇 감독은 여기에 약간 결이 다른 설명을 덧붙인다. 이를테면, 안종화는 영화의 완성도에서 자본과 기술이 갖는 중요성을 강조하면서,「지원병」의 경우 "사정이 있었으니까 좀 떨어지죠"라고 변호한다. 구체적으로 그는 다음과 같이 이야기한다.

> "'지원병'의 전송 장면도 일부러 박힌 것이 아니고 남이 출정하는 장면을 보고 박힌 것이므로 감독 마음대로 인물 배치도 못했고, 시간도 여유가 없었으니 여기에 무슨 영화적 감격을 표현할 수가 있겠습니까. 거기다 기계까지 고색이 낀 것이니, 그만큼 꾸려놓은 것만 끔찍하죠."

방한준도 같은 맥락에서「지원병」은 "기술적으로 아프레코[アフレコ, 후시녹음]에서 손실이 컸습니다."라고 말하는가 하면, 박기채와 함께 영화 개봉의 지체로 인한 불이익이 많았다고 지적한다. 안종화는 또 "종래로 보면 제작 책임자가 분쟁에 휩쓸린 일이 많았습니다. 연출자가 불유쾌한 분위기 속에서 훌륭한 걸 만들어내라는 게 도대체 무리한 일인가 합니다."라고 강조하는데, 다분히「지원병」의 분규를 염두에 둔 언급으로 보인다. 하지만 정작 안석영은 좌담회 참석자들의 이런저런「지원병」변호에 별다른 대꾸를 하지 않고서, 다만 "조선영화가 재래의 비관하는 것 그것을 버린 것은 좋은 경향인 줄 압니다. 로망적이면서 앞으로의 생활에 용기를 주게 해야 할 것입니다. 니힐한 것은 청산해야

할 겁니다."라는 원론만을 간단히 피력한다.[123]

특기할 점은 이 좌담회에서 안종화가 「지원병」의 출정 장면이 연출되기 어려운 상황에서 실제 벌어지고 있던 일 그대로 촬영했다는 에피소드를 두 번이나 되풀이해 이야기한 것이다. 출정 장면은 영화의 시작과 마지막을 장식하는 핵심 부분이다. 그러한 부분이 제대로 살지 못한 것은 영화적 핍진성을 떨어뜨리고, 지원병이 되는 주인공과 주변 인물들의 '감격'을 충실히 전달하지 못하는 결과를 낳았다. 그리하여 「지원병」은 본래의 기획 의도와는 달리 선전영화로서의 기능을 다 하지 못했다는 지적을 받았던 것이다. 한데 이러한 영화적 '결함'은, 안종화의 증언에 따르면, 아이러니하게도 '식민지 현실'이 영화 속에 '날것으로' 담겼기에 일부 생겨났던 셈이다. 그러한 일종의 사건은 검열의 압박 아래 자본과 기술의 한계를 여실히 드러낸 제작환경 탓에 일어났지만, 어쨌거나 현실의 편린들이 영화의 이데올로기적 직조물에 틈입해 일종의 예기치 못한 균열을 만들어냈다는 사실은 변하지 않는다. 그것들은 흥분과 격정으로 충만해야 마땅할 영화에 사뭇 비장하고 우울한 정조가 깃들게 했고, 그렇게 해서 의도치 않은 내적 파열 상태로 영화를 이끌어가는 요인이 되었다.

물론 제작 과정상의 여러 불리한 여건과 그로 인한 우연만이 「지원병」이라는 텍스트를 문제적으로 만든 유일한 원인은 아닐 것이다.

---

123 1942년 초 안석영은 자신의 영화가 "수효로 보아서도 미미한 것이지만 그나마 실패를 거듭한 것이 나로서 마음이 아픈 일"이라고 회고하며, "지금까지 내가 만든 작품이라는 게 조선영화가 거지반 가진 좋지 못한 제작상의 여건 밑에서 빚어진 것이기 때문에 처음 기획한 것과는 그 결과가 어그러진 것이나 여기에는 그 조건만을 따질 것이 아니라 내 자신을 꾸짖을 일도 없지 않았다고 말할 수도 있다."고 자평한다(《매일신보》1942.1.6.). 이 이야기의 논점은 자기반성에 있다 해도, (「지원병」을 포함한) 영화제작 과정에서 상당한 어려움을 겪었다는 사실에 대한 인정 역시 담겨 있다.

사실 주인공 춘호를 비롯한 영화 속 인물들은 대개 활력 없고 침울하며, 춘호를 지지하고 응원하는 설정의 분옥과 어머니조차 영화 내내 고적하고 애처로운 표정을 감추지 못한다. 이처럼 배우들의 신체에 열광과 희열이 충분히 기입되어 있지 못한 듯한 인상은 영화 제작의 세 주역, 그러니까 안석영, 박영희, 최승일이 일제의 정치적 프로파간다에 대해 가지고 있던 (어느 정도는 무의식적이고 민족주의적인) 거리감의 반영처럼 보인다. 그렇다고 해서 그들의 친일 행각이 진심 어린 전향의 소산이 아니라, 막다른 상황에서 이루어진 불가피한 선택이었다고 변명할 수도, 그럴 필요도 없을 것이다. 다만 「지원병」이 군부로부터 대폭 수정을 요구받을 만큼 애초에 일제의 기대에 충분히 부응하지 못하는 작품이었다는 사실은 왕년의 카프 맹원이었던 세 사람이 스스로 용인할 수 있는 변절의 정도에 어떤 심리적 저항선이 있었으며, 그것이 적어도 식민당국이 요구한 수준에는 미치지 못했다는 방증일 법하다. 시국 영화로서 「지원병」이 가지는 결점과 텍스트상의 모호성은 심층적으로는 이 식민지 지식인들의 '불편한 자의식'에서 기인했다고 해도 과언이 아니다. 그들의 복잡한 정치적 성향과 불안감은 원래 대본뿐만 아니라 검열되고 재촬영된 영화에까지 영향을 미쳐, 어딘지 근심과 비애로 가득 찬 듯한 배우들의 신체와 우울한 분위기를 초래했다는 것이다. 이는 아마도 관객들이 「지원병」에서 선전 이념이나 표면적 서사('황군 되기'를 통해 '전통'과 '지방'과 '식민' 상황에서 탈주하기)와 끊임없이 충돌하는 영화적 이미지들을 감각하도록 만들었을 테다.[124]

한편 경성 흥행에서 「지원병」이 맞닥뜨린 실패는 시국 영화 특유의 역동성이 없다는 텍스트 내적인 이유만이 아니라, 방한준과 박기채가 공히 지적하듯 개봉 시기가 지나치게 늦어졌다는 텍스트 외적인 이유 탓도 컸다. 육군특별지원병 제도가 실시된 지 이미 3년여가 지난 데다 지원자 수도 연인원 10만 명에 달하는 시점에 지원병 제도의 시작

을 모티브로 삼는 선전영화가 관객들에게 특별히 인상적이기는 어려웠을 것이다. 게다가 이때는 조선 영화의 신작으로 「복지만리」(전창근 감독)와 「집 없는 천사」(최인규 감독)가 언론과 관객의 기대를 크게 모으고 있었다. 비슷한 소재의 영화들 또한 암묵적인 경쟁작으로 부상해 「지원병」의 흥행에 불리하게 작용했던 것으로 보인다. 1940년 11월 개봉한 방한준 감독의 「승리의 뜰」과 1941년 11월에 조선과 일본에서 개봉한 허영(혹은 히나츠 에이타로(日夏英太郎)) 감독의 「그대와 나(君と僕)」가 그것이다. 두 작품 모두 일제 당국의 적극적인 지지와 후원을 받았다는 공통점을 지닌다. 「지원병」과 때를 같이 해 제작된 「승리의 뜰」은 최초의 조선총독부 인정 문화영화로 선정되었다. 육군성 보도부와 조선총독부가 후원하고 조선군사령부 보도부가 제작한 「그대와 나」는 최초의 지원병 전사자 이인석 상등병을 모델로 한 영화로, 조선과 일본의 스타 배우들이 총동원된 대작이었다(〈신시대〉 1941.9).

---

124 영화 「지원병」의 텍스트에 내재하는 긴장과 모순에 대해서는 그동안 약간씩 각도를 달리한 정치미학적 분석이 여러 차례 이루어진 바 있다(권명아 2005:340-343; 김려실 2006; 서재길 2014; 이덕기 2010; 이영재 2008:56-63; 이순진 2007:21-22; 이화진 2005:162-163; 장수경 2008; 함충범 2008). 대부분의 분석은 '시국물'이자 '선전물'로서 이 영화가 가지는 표층적·공식적 특징에 실제 플롯이나 배우의 연기, 시청각적 요소들이 어떤 식으로 충돌하거나 불일치하는지에 초점을 맞춘다. 그러다 보니 이 작품이 '전형적인 친일영화'라는 시각을 넘어서는 심층적 읽기의 시도 속에서 "지원병 제도의 허구성을 보여줌으로써 폭력적인 현실에 대한 비판적 시선"을 드러낸다거나, "제국주의 논리에 균열을 냄으로써 전면적인 포섭을 거부하고 저항의 의지"를 내보인다는 상당한 과잉해석까지 제기되기도 했다(장수경 2008:421, 422). 그럼에도 「지원병」 텍스트 분석에서 기존의 연구 작업이 거둔 중요한 성과는 내선일체 담론과 지원병 제도가 지닌 내적 모순이 영화와 그 제작 주체들을 통해 어떻게 구현되었는지 밝혔다는 것이다. 즉 여러 연구는 지배와 차별 구조는 계속 유지하는 가운데 식민지 민중을 전쟁에 동원하려 했던 제국의 이데올로기적 전략이, 그것을 내지인과 동등한 자격을 얻을 수 있는 '황민화'의 호기로 전유하고자 했던 식민지 엘리트의 내면에 결과적으로 어떤 혼란과 균열, 내상을 일으켰는지 일깨워준다.

특히 「그대와 나」는 제작 당시부터 대대적인 홍보가 이루어지면서 영화 「지원병」에 대한 일반의 관심을 밀어내는 결과를 가져왔다. 군부가 직접 제작한 이 영화는 '내선만 협력'을 내세운 기획으로 주목받았으며, 조선과 일본 영화계의 광범위하고 적극적인 협업을 불러왔다. 내선일체의 선전을 위한 총력영화로서 「그대와 나」의 성격은 뚜렷했다. 기획, 감독을 맡은 허영에 따르면, "'키미(きみ)', 즉 '그대'라는 것은 일반 내지인의 총칭이오, '보쿠(ぼく)', 즉 '나'는 일반 조선인의 총칭으로서 그대와 나는 굳게 손을 잡고 대동아 공영권의 초석이 되자는 것을 의미한 것"이었다(〈삼천리〉 1941.9.). 「그대와 나」에는 조선인으로는 「지원병」의 주연 배우였던 문예봉, 최운봉 외에 이향란, 황정순, 심영, 복혜숙 등이 출연했는데, 석금성 또한 주요 배역을 맡았다. 원래 이 영화에 출연 예정이었다가 사정상 그만두었던 최승희는 1941년 11월 12일 도쿄극장에서 성대하게 열린 「그대와 나」 시사회에서 「조선의 춤」 등 다섯 편의 조선무용을 공연했다(〈매일신보〉 1941.7.16.; 이진아 2021:122).

「그대와 나」의 제작과 개봉 열기 속에서 「지원병」은 정작 경성 공개 당시에는 일제 당국의 별다른 조력을 받지 못한 채 조용히 막을 내려야만 했다. 그럼에도 「지원병」의 정치적 쓸모는 여전히 남아있었다는 점을 잊지 말아야 한다. 뒤늦은 극장 개봉 이후에도 그것은 일제에 의해 선전영화로 꾸준히 활용되었던 것으로 보인다. 1942년 경기도의 지원병모집영화순회반 상영회 등에 영화 「지원병」이 관련 뉴스, 문화영화와 함께 프로그램으로 들어있었다는 사실은 이를 암시한다(〈매일신보〉 1942.9.17.). 지원병으로 나선 조선인들은 순전히 자발적으로 지원했다기보다는, 일본의 선전이나 강압에 의해, 또 가계의 부담을 덜기 위해 지원한 경우가 많았다(최유리 1997:188-189).

영화제작자로서의
구상과 좌절

최승일이 「지원병」을 제작, 개봉하기까지의 기간은 조선 영화계에 이른바 '신체제'가 구축되기 시작한 때이기도 했다. 중일전쟁의 전선이 확대되자 총독부는 조선 내의 영화생산과 배급을 완전히 장악하고자 했고, 그 법적 근거를 만들기 위해 1940년 1월 조선영화령을 공포한다. 이는 1939년 10월부터 실시된 일본의 영화법을 거의 그대로 옮긴 것으로, 제작·배급·흥행을 철저히 통제하는 데 주목적이 있었다. 그 구체적인 내용은 영화산업 허가제, 영화제작자 및 종사자 등록제, 대본 사전검열, 외국영화 상영제한, 우수영화 추천제도, 문화영화 강제상영, 흥행 시간의 단축(1회 3시간), 14세 미만 영화관람 불가 등이었다(김려실 2006:187-194; 이화진 2005:2장; 함충범 2008:2장).

1939년 10월 조선 유일의 제작단체로 결성된 조선영화인협회는 영화령 공포를 기회로 기구의 정비를 위해 1940년 2월 11일 조선일보사 대강당에서 첫 번째 총회를 개최한다. 여기서 최승일은 복혜숙, 문예봉과 함께 회원 대표로 인사말을 했다. 그로서는 첫 영화인 「지원병」 촬영을 막 끝낸 시점이었다. 이 총회에서는 협회 임원 선거도 열렸는

369

데, 최승일은 영화인으로서는 일천한 경력 때문인지 별다른 직책을 맡지는 않았다(《조선일보》 1940.2.14.). 이후 안석영은 당시 새롭게 등장한 영화 프로듀서 몇 사람을 소개하는 글에서 '고려'의 이창용, '조영'의 이재명 등과 함께 '동아'의 최승일을 소개하면서 다음과 같이 쓴다.

"최승희라면 세계사람이 모를 이 없을 게요. 최승희 여사를 말하자면 그의 오빠 최승일 씨를 말 아니할 수 없는데, 최승희 여사의 저만한 성공도 실상은 그의 오빠의 숨은 힘이 크다. 이 최씨가 이번에 영화 「지원병」의 '프로듀서-'가 되어 새로이 등장하였다. 얼굴은 미남자요 키도 맵시있게 크지만 눈이 조금 걀쭉하니 작아서 자기도 한탄이니, 일에 있어서 지금까지 공이 없게 된 게라 하지만 눈이 좋지 않아서 그런게요, 안경을 쓰면 사업가같이 보이는 것이 요새 사람들의 그 결점을 가리우는 데는 그 안경으로 제법 '캄푸라-쥬'할 수 있게 된 모양이다."(《조선일보》 1940.4.11.)

"최씨는 과거에 연극도 했고 문학도 했고 또 극단 '매니저'도 한 사람이다. 영화계에 처음 나와서 어려운 일을 하게 되었으나 과거의 모든 체험을 보아서 영화계에서 한 몫 끼어서 일을 하기로 경솔하다고 하지 않아도 좋을 것이다. 그렇게 말하면 나와 작품을 한편 만든 인연으로 편협하게 생각해서 하는 말 같으나, 내가 최씨의 일을 보고 있었고 누구보다도 그를 잘 아는 까닭이다."(《조선일보》 1940.4.12.)

어린 시절부터 최승일의 가족과도 잘 알고 지낸 친구답게 안석영은 최승희의 성공에 최승일의 뒷바라지가 컸다는 점, 그가 다양한 이력과 경험을 지녔으나 뚜렷한 공을 인정받지 못해 그 자신도 아쉬워한다는 점을 언급하면서 영화 프로듀서로서 최승일의 장래를 밝게 점친다. 여기에는 덕담의 의미도 적지 않았을 것이다. 그렇다면 이 초짜 프로듀서에 대한 영화계 내부의 평가는 어떠했을까? 1940년 〈모던니혼〉 조선 특별호의 "좌담회-반도영화계를 짊어진 사람들"에서 조선총독부 도서과의 니시키 모토사다(西龜元貞)는 최승일에 관해 "기탄없이 말하자면 아직 프로듀서로 인정하기에는 부족"하다는 평을 내놓고 있다. 역시 같은 좌담에서 감독 방한준은 "조선에서 프로듀서로서 영화를 제작하거나 운영해나가는 사람은 현재로서는 이창용씨가 유일하지 않을까 합니다."하고 말한다. 「지원병」 한 작품을 제작한 최승일이 '프로듀서'의 명칭에 걸맞은 역할과 권능을 보여주었다고 말하기엔 어렵다는 뜻이었을 것이다.

그렇다면 역으로 프로듀서로서 최승일의 당시 영화계에 대한 인식과 태도는 어떠했을까? 일단 〈모던니혼〉 좌담회에서 그는 "우리 프로듀서들은 좋은 자본가와 기업가가 나와 주기를 바라고 있습니다."라는 말을 하는데, 이는 수년 전 그가 쓴 "연극의 기업화"에 관한 논설을 연상시킨다. 1930년대 후반 연극·영화의 산업화 필요성에 대한 논의는 상당히 널리 퍼져 있었고, 영화와 관련한 최승일의 인식은 연극의 기업적 발전을 통한 신문화 건설이라는 논리의 연장선에 놓여 있었던 것이다.[125] 한편 1940년 7월 중일전쟁 3주년을 맞아 〈매일신보〉가 "반도영

---

125 "연극영화술의 기업책"을 제안하는 주영보의 "조선에 있어서의 연극영화 기업론"은 그 대표적인 예라 할 수 있다(〈동아일보〉 1938.12.27.). 그는 연극영화에 유능한 예술집단들을 양성하고 또 그들이 생산한 작품을 소화할 극장과 배급망이 있어야 하며, 이를 위해서는 자본이 필요하다고 주장한다. 국가의 보조를 바랄 수 없는 현실에서는 새로운 기업형태로서 민간자본, 새로운 사업가가 요청된다는 것이다. 안석영 역시 "영화발전책"으로 "인격 있는 기업가의 대망"을 논하는 등, 이 무렵 이러한 담론은 광범위하게 퍼져 있었다(〈조광〉 1939.1). 최승일의 관점 또한 이러한 '문화사업가 대망론'으로부터 별로 떨어져 있지 않았던 것으로 보인다.

화와 사변의 반영"이라는 주제로 마련한 영화계 좌담(참석자: 이창용, 이재명, 오영석, 안종화, 박기채, 최인규, 이규환, 안석영, 최승일)은 당시 영화산업이나 작품 제작의 방향성, 국가통제 등에 관한 최승일의 조금 더 상세한 견해를 알 수 있게 해준다. 기본적으로 그는 "영화작자는 사변에 대한 인식과 성전에 대한 인식이 깊어야 할 것은 물론"이고, "영화감독은 가장 현대적인 또 신비적인 카메라를 가지고 그 시대의 정치적 사실과 사회적 동태를 여실히 표현해가니까 특별히 사변의 진전과 동아의 신정세에 주의해가야 할 것"이라며 일제 정책에 부합하는 영화제작이 당연하다는 시각을 드러낸다. 문화예술인 역시 전쟁 수행에 적극적으로 협력해야 한다는 태도를 아무런 거리낌 없이 밝히는 것이다.

> "카메라 한 대도 변변히 못 가졌던 반도영화가 이삼년래로 비교적 큰 자본의 투자가 시작하여 이제는 촬영이며 녹음이며 현상 같은 것이 제법 자급자족으로 된 것만 해도 반가운 일입니다. 그러면 앞으로는 무엇을 어떻게 만들어가겠느냐 하는 것인데 일언으로 말하면 우리들의 총역량을 집중시키는 길이 될 것입니다. 어폐가 있는지 모릅니다만, 여태까지 만들어온 우리들의 작품은 각 권위가 총력을 다한 획기적인 작품은 아직 없었기 때문입니다. 이리하여 양보다도 '질'에 그전보다 훨씬 나아지게 해야만 될 것입니다."(《매일신보》 1940.7.8.)

최승일은 이와 같이 식민지 영화산업의 발전과 근대화 역사를 예찬하면서 이제 거대 자본의 힘으로 국책에 적극 부응하는 '질 높은' 영화를 만들어야 한다는 의견을 피력한다. 흥미로운 점은 그 와중에도 그가 영화의 '예술성'과 '초국성'의 문제를 짚으면서 영화에 대한 국가 통제에 다소 조심스러운 입장을 취한다는 것이다. 최승일은 영화가 단순

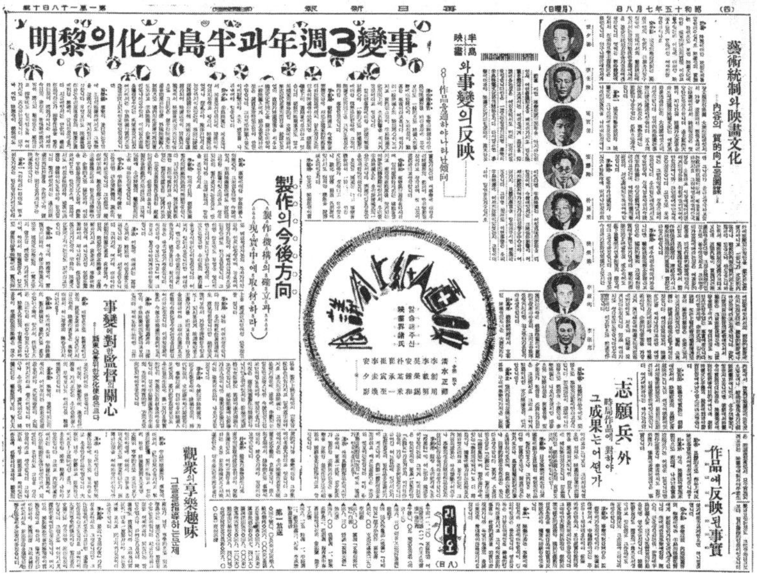

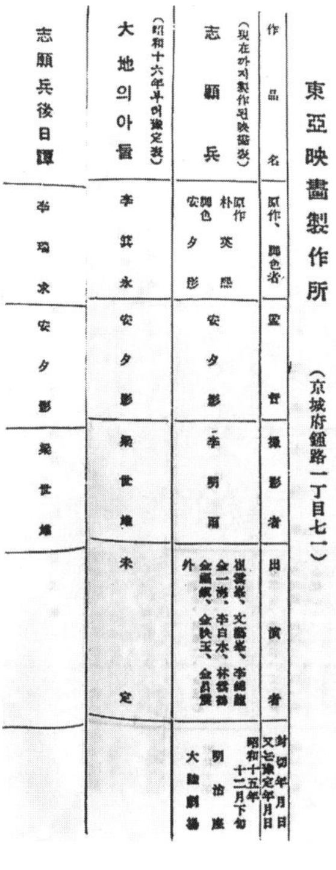

東亞映畵製作所 (京城府鍾路一丁目七一)

作品名	原作、脚色者	監督	撮影者	出演者	封切年月日 又는豫定年月日
(現在까지製作된映畵表) 志願兵	原作 朴英熙 脚色 安夕影	安夕影	李明雨	崔雲峯、文藝峯、李錦龍、金一海、李白水、林雲鶴、金麗實、金玲玉、金信哉 外	昭和十五年十二月下旬 明治座 大陸劇場
(昭和十六年부터豫定表) 大地의아들	李箕永	安夕影	梁世雄	未定	
志願兵後日譚	李瑞求	安夕影	梁世雄		

중일전쟁 3주년 하의 조선 영화계를 논한 〈매일신보〉 좌담회 기사(위, 1940.7.8.). 참석자는 최승일과 안석영을 비롯해 이창용, 박기채, 안종화, 이규환, 최인규, 이재명, 오영석 그리고 시미즈 쇼조 이사관이었다.

〈삼천리〉 1941년 신년호는 "조선 각 영화사의 영화제작표"를 실었다. 동아영화제작소는 새로 제작할 영화로 「대지의 아들」과 「지원병 후일담」을 적었다.(아래) 이미 제작한 영화 「지원병」은 1940년 12월 하순에 명치좌(明治座) 대륙극장 개봉 예정이라고 밝힘으로써 개봉 일정을 둘러싼 지속적인 혼선의 흔적을 드러낸다.

히 민족문화 차원에서 그치지 않는, 국경을 넘나드는 예술인만큼 통제나 검열에 있어서도 이를 고려한 신중성이 요구된다고 주장한다. 이러한 관점은 안석영을 비롯한 좌담회 참석자들 대부분이 국가의 영화 통제를 노골적으로 옹호하는 토론 상황에서 나름대로 차별성을 띠었다. 이는 아마도 누이 최승희의 해외공연에 대한 지원 등을 통해서 예술의 초국성을 누구보다도 민감하게 의식할 수 있었던 그의 위치와도 무관하지 않은 입장이었을 터이다.

"국가의 예술통제와 영화문화, 그 나라의 예술문화란 그 나라의 민족성을 나타내는 것이니까 그 나라가 옳다고 생각하고 있는 정치적 견지 밑에서 예술통제를 하겠지요. 그러나 영화예술이란 국경을 초월하고 시장이 넓어서 전 세계의 인류를 위한 예술이 되어야만 할 것이니까 그런 점에 대단히 복잡할 것 같습니다. 그러므로 통제에는 그 범위 방법을 잘 생각해야 할 것입니다. 우리 반도에 있어서도 영화법령이 실시됨을 따라서 금후의 반도영화는 상당히 질이 달라지리라고 믿는데, 이 통제와 영화의 예술성이 서로 조화되도록 하여야 할 것입니다."(〈매일신보〉 1940.7.8.)

한편 제작자로서 최승일이 실제 내놓은 작품은 결과적으로 「지원병」 한 편에 불과했지만, 성사되지 못한 기획들은 그가 영화계에서 추구했던 작업의 방향성을 시사해준다. 현재 남아있는 기록들로 추정하면, 그에게는 「지원병」 말고도 대략 영화 세 편의 구상이 더 있었던 것 같다. 하나는 최승희를 주인공으로 한 국제적인 영화이고, 다른 두 편은 각각 「대지의 아들」과 「지원병 후일담」이다. 각각의 영화 구상이 어떤 특징을 지니고 있는지 살펴본다면, 최승일이 영화 제작을 통해 과연 어디로 나아가려 했는지를 가늠해볼 수 있을 것이다.

우선 최승일은 「지원병」 제작에 들어가기 이전인 1939년 4월 이미 최승희 주연의 영화 제작을 만주영화협회와 함께 추진한 바 있었다. 만주국에서 영화의 제작, 배급, 흥행을 독점한 만영은 '동아 영화문화의 진흥'이라는 거창한 이상과 강력한 조직을 바탕으로 출범했던 국영 기업이었다. 당시 신문 보도에 따르면, 최승일은 직접 신경에 가서 만영 당국자들과 협의하고 "구라파 무용계에서 영명을 날리고 있는 최승희 여사를 주연으로 하고 일만(日滿) 양국을 배경으로 하고 민족협화를 주안으로 한 영화를 만들기로 결정"했다. 이 영화는 최남선이 "압록강 연안의 조선 만주에 공통된 전설"을 토대로 시나리오를 쓰고 "세계 영화계 진출을 목표로 제작"할 것으로 예고되었다(〈조선일보〉 1939.4.28과 7.4). 후에 최남선은 원안만 맡고 시나리오는 박태원이 쓰기로 계획이 변경되었으며, 박태원은 영화의 배경이 될 금강산으로 집필 여행을 떠났다는 소식이 전해졌다(〈조선일보〉 1939.6.7.).

이처럼 만영과의 제휴를 통해 조선영화를 국제화하고자 하는 계획은 전창근 각본 연출의 「복지만리」가 계기가 되었던 것으로 보인다. 조선인 노동자의 만주 이민을 오족협화의 견지에서 그린 이 영화는 북방이주를 장려한 국책에 순응한 작품으로, 만주와 일본 그리고 조선에서 촬영된 대작이었다. 원래 1938년 고려영화협회의 단독 제작으로 시작한 「복지만리」는 1939년 4월 만영과의 제휴에 성공하면서 공동 제작으로 완성되었고, 「지원병」과 비슷한 시기인 1941년 3월 개봉했다(김려실 2011:80). 동아시아 영화시장 진출에 대한 야심을 가지고 있었던 고려영화협회(高映)의 프로듀서 이창용은 만영과의 협력관계를 기반으로 이 영화를 일본과 만주국에까지 배급할 수 있었다. 최승일이 만영과 공조해 최승희 영화를 국제적인 작품으로 내놓고자 했던 계획은 만일 실현되었더라면 「복지만리」의 모델을 따랐을 것이다. 그는 조선영화계의 발전을 위해서는 영리 위주의 내지 영화사보다는 만영과의 제휴가 더 적절한 전략이라는 인식을 갖고 있었던 것으로 보인다(〈만주영화〉 1941.1). 1940년의 〈모던니혼〉 좌담회에서도 최승일은 다시 한번 최승희 주연 영화의 구상을 밝혔다(모던일본사 2009:366-375). 하지만 1940년 봄 최승희의 조선 귀국과 함께 본격적으로 추진될 것으로 알려졌던 이 계획은 종내 성사되지 못했다. 아마도 예정보다 1년이나 늦춰진 최승희의 귀환이 계획의 무산에 영향을 미쳤을 것이다. 만영 역시 무슨 이유에서인지 「복지만리」를 끝으로 더 이상 조선영화와 제휴하지 않았다.

'최승희 영화'라는 아이디어는 사실 최승일의 관점에서는 흥행성과 국제성을 보장받을 수 있는 안전한 카드로 여겨졌을 법하다. 최승희는 이전에도 영화에 출연한 경력이 없지 않았다. 1935년에는 일본 신코키네마에서 최승희 일대기를 다룬 「반도의 무희(半島の舞姫)」가 소설가 곤 히데미(今日出海) 감독으로 제작된 바 있었다. 평단의 평가가 썩 좋지 않았던 이 영화는 그럼에도 최승희라는 스타의 후광으로 대중에게 인기를 끌며 오랫동안 상영되었다(〈영화시대〉 1935.10). 최승희는 1935년 개봉한 도미오카 아츠오(富岡敦雄) 감독의 음악영화 「백만인의 합창(百萬人の合唱)」에 단역으로 출연하기도 했다. 1938년에는 최승희가 주연을 맡은 영화 「대금강산보(大金剛山の譜)」가 개봉했다. 이 영화는 1940년 도쿄올림픽 유치를 계기로 조선총독부가 만성적인 재정적자를 해소하기 위해 경성관광협회와 함께 해외 관광객을 유치하기 위한 수단으로 추진했다. 니카츠(日活)영화사가 제작을 맡은 이 영화는 미즈가에 류이치(水ヶ江龍一) 감독에 10만 원의 막대한 예산을 투입하고 총독부 외사과와 철도국에서 제작을 지원하는 등 대작으로 계획되었다(〈매일신보〉 1937.2.18과 4.9.). 최승희는 초기부터 최승일과 함께 홍난파, 이종우와 금강산 춤 작곡협의회를 갖는 등 상당한 열성을 기울인다(〈매일신보〉 1937.2.19.). 그런데 중일전쟁의 발발과 도쿄올림픽의 취소 등 연거푸 터진 악재로 인해 영화의 제작 열기가 가시고 일정 또한 4개월이나 미뤄지는 등 진행이

난항을 겪는다. 1938년 구미 순회공연을 앞둔 상태였던 최승희는 제작 개시를 끈기 있게 기다리며 결국 이를 완성하고, 1937년 12월 말 일본 개봉 직후 미국으로 출발할 수 있었다. 그는 일제와 총독부의 원래 제작 의도와는 약간 결을 달리해, 자신의 무용과 조선 문화를 외국에 홍보하려는 강한 목표 의식을 가지고 이 영화의 제작에 참여했던 듯싶다.

구체적인 내용이 알려져 있진 않지만, 최승일이 1939년 봄 구상했던 최승희 주연의 영화 역시 여러모로 「대금강산보」와 유사한 성격을 띠고 있었을 것으로 추정된다. 「대금강산보」는 명승지 금강산의 풍광을 담은 '세계적 수준의 무용 영화'를 표방하였다. 또 최승일은 1937년 2월 17일 총독부 외사과(外事課)에서 이 영화의 제작을 협의하면서 최승희가 "일찍부터 영봉 금강산을 무용화하려고 그간 연구 중"이었다고 밝힌 바 있다(〈매일신보〉 1937.2.19.). 일본과 조선을 배경으로 오가는 「대금강산보」의 중심에 금강산이 있었다면, 새로운 영화 기획은 일본과 조선, 만주를 아우르며 그 중심에 '압록강 전설'을 놓은 셈이었다. 이러한 발상은 '자연'과 '여성'을 매개로 '조선적인 것'을 표상하는 한편, 그것을 '민족협화'의 기치 아래 제국의 '대동아공영권'과 '동양문화론' 안으로 포섭하는 기만적인 양상을 띠었다. 게다가 1938년 만주로 갔다가 이듬해 만주국의 엘리트 양성기관인 건국대학 교수로 부임한 최남선이 원안을 제공한다는 점은 이 기획의 친제국주의적 성격을 능히 짐작하게 해준다. 최승일은 무엇보다도 최승희의 국제적 성가와 홍보에 도움이 될만한 영화를 동아흥업에서 만들고자 했고, 이를 위해서라면 일제에 협력하는 행동조차 마다하지 않았던 것으로 보인다. 하지만 이러한 최승일의 의지에도 불구하고, 최승희 주연 영화의 기획은 만영과의 제휴 무산, 제작사 내부 사정, 「지원병」의 개봉 난항과 흥행 실패 등 여러 문제가 겹치면서 수포로 돌아간 듯하다.

Box 11.
최승희의 영화적 재현

영화「대금강산보」의 전체 줄거리는 작곡가 지망생인 일본인 청년 도모다와 조선인 무희 지망생 이승희의 비극적 사랑을 다룬다. 우연히 만난 두 사람은 이승희의 금강산 생가에서 사랑과 결혼을 약속하지만, 부모의 반대로 맺어지지 못한다. 이후 향토무용을 기초로 연구에 정진한 이승희는「반도의 무희」로 화려한 데뷔에 성공하고, 병상의 도모다는 자신이 작곡한「대금강산보」를 이승희에게 바치며 죽어간다는 내용이다(〈경성일보〉 1938.2.3.). 최승희의 8개 무용 작품 장면을 포함하고 있는 것으로 알려진 이 영화는 현재 필름의 현존 여부를 확인할 수 없지만, 전체 줄거리와 신문 광고, 전단지 문구 등으로 미루어 볼 때, 식민지 조선에 '자연'과 '여성'의 이미지를 투영함으로써 신비화하고 타자화하는 시선을 담고 있는 것으로 여겨진다(아래 그림,「대금강산보」광고-일본 극장 대산관 소식지

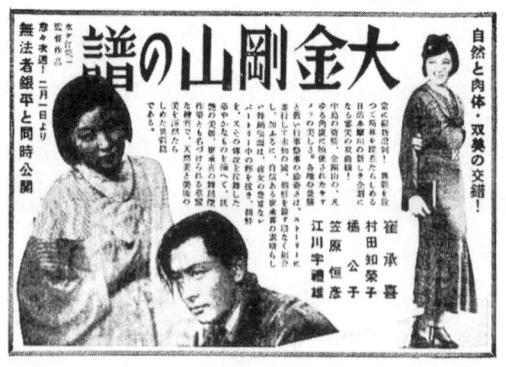

1938.2).

영화 관련 텍스트들에서 '조선적인 것'은 '자연적인 것', '여성적인 것'과 긴밀히 결부되며, 정신적이기보다 육체적이고 이성적이기보다는 관능적인 '재현의 객체'이자, 신비한 미와 숭배의 대상으로 나타난다. 이처럼 식민화의 권력과 지배적 시선의 주체인 일본인 남성이 영화 속에서는 작곡가 주인공을 통해 마치 '희생자'인 양 자신을 묘사하는 점 또한 주목할만하다. 이 영화의 광고는 "반도의 기이한 명승" "미지의 나라 조선" "요염한 미희" "천연미와 미술미를 혼연시킨 이채편" 등의 문구를 통해 식민지의 향토성에 대한 제국주의적 시선을 뚜렷하게 드러낸다.

이 영화는 1930년대 들어 일본에서 성공한 최승희가 과연 어떠한 시각적 재현 대상이었는지 되돌아보게 만든다. 167센티미터의 큰 키와 무용으로 단련된 탄탄한 신체에 서구적 외모를 지녔던 그는 안막의 권유에 따른 단발 스타일에 이르기까지 탁월한 매력자본을 갖추고 있었다. 따라서 그가 세안수, 크림, 안약, 치약, 초콜릿, 유성기 등 다양한 상품의 광고 모델로 활약한 것도 놀랄 일은 아니다. 그러한 최승희의 이미지는 화려하고 근대적인 동시에 고결하고 민족적인, 독특한 이중성을 띠었던 것으로 여겨진다. 즉 그는 세련되고 자유분방한 여성미를 뽐내면서도 '아내'이자 '엄마'로서 고전적인 역할을 마다하지 않았고, 신무용을 하면서도 조선 전통과의 접목을 내세웠으며, 전 세계를 돌아다니는 사해동포주의자이면서도 민족문화의 대표자처럼 여겨졌다. 일본인들에게 사이 쇼오키(Sai Shoki)는 일본인이자 조선인, 일본의 한 지방으로서 조선의 무희였을 것이다. 최승희는 제국의 이국 취미에 호소하는 동시에 식민지의 민족주의를 환기하는 복잡하고 모호한 아이콘이었다. 그는 스스로 이를 잘 의식하고 있었으며, 사실 그런 대중적 이미지를 활용한 자기 재현에도 능했다(이현준 2015).

경성 개봉 당시 「대금강산보」는 "우리가 가진 세계적 무희 최승희 여사를 주연으로 하여 조선의 풍토적 미려색을 배경으로 최여사의 독특한 예술성과 로맨스를 묘사한 작품"으로, 해외 개봉권을 최승희가 가지고 "최여사가 무용 행각을 하는 곳마다 조선의 풍토미와 예술을 소개하는 의미로 구주 각국에서의 최여사의 무용회 개최와 동시에 「대금강산보」도 봉절하여 조선을 알지 못하는 외국인들에게 조선을 알리는 길을 터주게 되어 있다"고 소개되었다(〈동아일보〉 1938.1.26.). 이처럼 최승희는 조선무용으로만 구성되어 있던 구미공연의 레퍼토리를 관객들에게 좀 더 깊이 있게 이해시키기 위해 「대금강산보」를 활용하고 싶어 했다. 하지만 이러한 그의 계획은 외화 상영 서류 준비, 각국의 검열 통과, 외국어 자막 준비 미비 등의 문제로 제대로 이루어지지 못했다. 「대금강산보」는 일불협회(日仏協會, Comité Franco-Japonais)의 주관 아래 1939년 2월 파리의 극장 살디에나(Salle d'Iéna)에서 특별 시사회를 가진 것을 제외하면, 해외 개봉에 성공하지 못했다. 영화 「대금강산보」의 제작 및 상영에 얽힌 상세한 보고로는 블로그 '조정희PD의 최승희 이야기' 가운데 [대금강산보]를 참고할 수 있다.

https://teameye.tistory.com

한편 1941년 1월 〈삼천리〉에 실린 동아영화제작소의 제작표를 보면, 「지원병」 외에 「대지의 아들」이 이기영 원작, 안석영 감독, 양세웅 촬영으로, 그리고 「지원병 후일담」이 이서구 원작, 안석영 감독, 양세웅 촬영으로 계획되어 있는 것으로 나온다. 이기영의 〈조선일보〉 연재소설을 원작으로 한 「대지의 아들」은 이미 1940년 2월 「지원병」의 제작이 거의 마무리되고 개봉을 준비할 무렵 기획되었다. 〈모던니혼〉 1940년 조선특별호가 소개한 「대지의 아들」 관련 내용은 다음과 같다. "- 원작 이기영, 제작 최승일, 각색 연출 안석영, 배우 최운봉, 문예봉, 줄거리: 풍병호의 친구 황체우는 김의 가족을 데리고 만주개척에 대한 희망으로 부풀어있는 김이 살고 있는 북만주의 어느 작은 집에 도착한다. 두 사람은 협력하여 개척에 나선다."(모던일본사 2009:364). 기획 당시에 나온 신문 기사는 이 영화의 전반적인 제작 방향과 기조를 다음과 같이 설명했다.

"원작의 대강 내용은 만주와 또는 북지에 있는 조선 농민들의 건실한 개척사로서 왕도락토(王道樂土)에다 새롭고 명랑한 생활을 건설한다는 것이나, 이번 '시나리오'에 있어서는 소설에 있어서의 비교적 음산하고 우울한 장면을 제거하고 새로이 명랑한 '스토리-'와 장면을 적당하게 넣으리라 한다. 그리고 이야기가 벌어지는 무대는 조선을 비롯하여 만주, 북지 등이며 특히 이번 영화에서는 북경을 중심으로 하여 집단농장의 활발한 생활면을 입체적으로 묘사할 작정으로 만약 뜻대로만 진행된다 할 것 같으면 여지껏 발표된 조선영화 중에서는 비로소 처음보는 대작이 되리라 하며 전부 상하 두편으로 나누어 14권 가량의 획기적 작품을 만들리라 한다."(〈조선일보〉 1940.2.22.)

그런데 원래 예정대로라면 그해 4월 촬영을 시작했어야 할 이 영화는 이후 구체적인 계획이 잡히지 못한 채 지지부진하다가 마침내 무산되었다(〈조선일보〉 1940.7.16.). 여기에는 무엇보다도 동아흥업 영화부(혹은 동아영화제작소)의 내부 이권 배분을 둘러싼 갈등이 작용하지 않았나 싶다. 자세한 사정은 알려지지 않았지만, 동업자인 최승일과 박윤기 간에 분쟁이 발생하고 그로 인해「지원병」의 개봉 일정에 차질이 빚어지는 등, 연쇄적으로 문제가 불거지자 제작이 순탄하게 진행되기 어려웠으리라는 것이다. 애초에 동아흥업 영화들의 연출을 도맡기로 했던 안석영은 무슨 이유에서인지 1940년 5월부터 최남주의 조선영화주식회사와 교섭을 시작해 조영 전속으로 이적하게 되는데(〈조선일보〉 1940.5.3과 5.11), 이 역시 계획된 영화들의 불발을 초래한 중요한 요인이 되었을 터이다.

　　끝으로「지원병 후일담」의 내용은 현재로서는 전혀 알 수 없다. 다만 제목이나 원작자 이서구의 당시 행적으로 미루어 볼 때 영화「지원병」과 맥을 같이 해 기획된 영화로 추정되며, 특히 이인석 상등병과 연관되었을 가능성이 큰 것으로 여겨진다. 1938년 여름 JODK에서 근무하던 이서구는 지원병의 생활을 다룬 방송 준비차 훈련소에 일일 입소한 적이 있었다.[126] 이때 최초의 조선인 지원병 이인석을 만난 그는 이 경험담을 이인석이 전사한 뒤 〈매일신보〉에 기고하기도 했다

126　JODK의 제2방송은 1938년 한 해 동안만 해도 몇 차례나 지원병 관련 프로그램을 편성, 방송했다. 우선 6월 15일에는 조선총독부 육군병지원자훈련소 개소식을 경성제대 강당에서 실황 중계했다. 8월 11일에는 '사회견학' 시리즈 10회로 훈련소에서의 중계 방송을 실시하였다. 아마도 이서구가 회고한 이인석의 만남은 이 프로그램이 계기가 되었을 것으로 추측된다. JODK는 또 11월 23일에는 「훈련소 생활과 그 감상」이라는 제목으로 지원병훈련소장과 조선인 생도들의 강연 프로그램을 1시간 30분 방송했으며, 12월 7일에는 훈련소 제1회 수료식을 경기도 양주군에서 실황 중계했다.

(1939.7.19.). 일제가 이인석의 전사를 미화하며 전쟁 선전과 동원에 맹렬히 이용하던 상황에서 그는 조선어 나니와부시 음반 『장렬 이인석 상등병』의 원작·각색자가 되었고, 이는 대표적인 조선어 나니와부시 가수였던 최팔근이 불렀다(쓰가와 이즈미 1993/1999:123; 박영산 2017). 이서구는 또 1941년 1월에는 총력전 문화부 위원으로 선출되었다. 이처럼 조선인 지원병의 죽음을 찬미하며 전쟁 부역에 적극적으로 나섰던 그가 원작을 쓴 「지원병 후일담」이니만큼, 이인석 관련 글들과 비슷한 내용이 담겼을 것이라는 짐작은 조금도 과하지 않다.

결국 미완으로 남게 된 「대지의 아들」과 「지원병 후일담」은 만일 완성되었더라면 일제 말기의 전형적인 국책영화이자 선전영화가 되었을 개연성이 크다. 「대지의 아들」은 원작 자체가 만주 개척이라는 식민지 경제정책을 지지, 홍보하는 성격을 띠고 있었다. 「지원병 후일담」역시 당시 지원병 제도를 대대적으로 선전하며 조선인의 전쟁 참여를 부추겼던 일제와 그에 부응 협력한 조선 문화예술계의 분위기에서 나온 기획이었다. 이처럼 일제 말기 최승일의 영화 경력은 기획이나 실제에서 군국주의 파시즘 체제에 대한 지지행위와 다를 바 없었다. 1930년대 초반 좌파 지향 아래 연극 활동을 했던 그가 후반에는 완전히 파시스트 성향으로 돌아서 영화 활동을 한 셈이었다. 아마도 그 사이에 있었던 현실 타협적이고 다소간 민족주의적인 방송 활동이 이념상의 극적인 변신에 일종의 완충제 내지 이행의 중간다리 역할을 했을 것이다. 해방과 계급 혁명의 이상주의는 이제 내선일체를 통한 근대화와 문화 발전의 현실주의로 질적인 전환을 이루며, 이는 모두 '민족을 위한 것'이라는 자기 정당화 논리를 공통 기반으로 삼고 있었다. 최승일의 '친일' 정도에 대한 평가나 단죄의 문제야 논쟁의 여지가 있을 것이다. 하지만 어떤 '-주의자'도 '문예가'도 아닌 단지 '사람'이며 '행복 발견자'일 따름이라고 은연중에 자처한 그가 자신의 행복을 그런 식의 정치적

383

변절과 전향, 그리고 합리화 속에서 추구했다는 점만은 엄연한 사실로서 남아있다.[127]

1940년 조선영화령 공포 이후 영화계에 대한 일제의 억압은 점차 강화되어갔다. 1941년 2월부터 생필름은 총독부가 일본내각 정보국에 신청해 배당받는 체제로 바뀌었다. 전시물자통제에 따른 공급 제한 때문이었다. 배당받은 생필름은 총독부 영화반에 우선적으로 주어졌다. 이로 말미암아 민간영화사는 요청한 분량의 10분의 1도 배당받지 못해 영화제작이 실질적으로 불가능한 상태에 처하게 되었다. 1941년 12월 급기야 태평양전쟁이 발발하고, 1942년 지원병 제도는 징병제로 전환되기에 이른다. 시국이 급박하게 전개되면서 문화계의 양상도 더욱 경색되어갔다. 〈동아일보〉, 〈조선일보〉를 비롯한 민족지와 문예지가 모두 폐간되고, 그나마 유일한 문학 잡지로 남은 〈국민문학〉은 일본어 잡지로 전환되었다. 영화와 연극 분야에서도 일본어 상용이 강요되었다. 1942년 5월에는 조선영화배급사가, 또 9월에는 조선영화제작주식회사가 사단법인으로 창립된다. 이는 모든 영화사의 강제적인 폐합, 그리고 제작과 배급의 일원화를 의미하는 것이었다. 형태는 법인이지만 두 회사의 경영을 비롯한 모든 결정권은 총독부가 가지고 있었다. 조선영화제작주식회사는 출연자가 조선인이라 하더라도 총독부의 계획과 감시 아래 완전히 일본어로만 영화를 만들었으며, 내선일체를 선전하고자 일본과 만영의 배우 및 제작진을 자주 동원했다(김려실 2006:187-194; 이화진 2005:4장; 함충범 2008:2장). 이러한 변화 속에서 영화제작자로서 최승일의 경력도 더 이상 의미 있게 이어질 수 없었고, 「지원병」은 실질적으로 그의 첫 작품이자 마지막 작품이 되고 말았다.

이 대목에서 다소 특이한 오보 하나를 언급해두지 않을 수 없다. 나중에 조선영화제작주식회사의 연출책임자가 된 안석영은 1942년 3월 문화영화 「흙에 산다(土に実る)」를 제작, 개봉했다.[128] 이 작품은 총독

부 전매국에서 창업 20주년 기념사업으로 기획해 1941년 8월 조영에 제작을 의뢰한 극영화였다. 그런데 〈조선신문〉은 이 영화가 고려인삼은 물론, 고려의 옛 수도 개성을 국내외에 널리 선전하려는 의도를 담고 있다고 해설하면서, 8월 21일 경성의 동아흥업, 조선영화제작소의 간부 및 배우 일행 33명이 개성에 와서 촬영을 시작했는데 기간은 약 2주간이고 감독은 최승일이라고 적었다(1941.8.27.). 이 영화의 실제 감독은 최승일이 아닌 안석영이었지만, 어쨌든 이 기사는 동아흥업 최승일이 안석영과 꾸준히 관계를 유지하며 「흙에 산다」에도 관심을 드러냈다는 사실을 알려준다. 영화인 시절 최승일의 일상을 알려주는 기록 자료는 별로 없다. 다만 그의 '서구 취향'을 사뭇 빈정거리는 어조로 묘사하고 있는 〈조선일보〉의 기사 정도가 눈에 띈다.

"동아흥업의 최승일 씨는 어느 좌석 어느 식당엘 가든지 꼭 양(洋)자 붙은 것만 찾는다. 물론 이것은 씨의 구미에 맞는 탓도 있겠지

---

127 김려실은 "감독이 영화의 작가라는 인식은 전후에나 성립되었으며, 무엇보다 식민지 시기 조선의 영화감독이란 회사에 고용된 장인일 뿐이었다고 할 만큼 권한이 작았다"고 지적하면서, "친일영화는 감독의 박약한 민족의식의 산물이기보다는 제작자와 총독부 관료에 의한 합작품"이므로 그 누구보다도 "국가권력에 영합하여 이윤을 추구한 제작자와 그들을 지원하고 영화인들을 동원한 총독부 관리들에게 책임"이 있다고 주장한다(2006:289). 하지만 이 주장을 모든 '친일영화'로 일반화하기는 쉽지 않을 것이다. 예컨대, 한 좌담회에서 안석영은 영화의 기획과 제작을 담당하는 책임자의 임무가 중대하다고 강조하면서도, "대개는 영화감독이 기획 제작 그 외에 모든 것을 하지 않으면 안 되게 되었고, 지금까지 나온 작품 중에 대다수가 그런 경로를 밟아 왔습니다."라고 술회한다(〈조광〉 1942.1). '친일영화'의 생산은 영화 제작에 관여한 민간 영화기업의 제작자와 감독, 총독부 관료 가운데 특정한 주체의 책임을 면제하거나 가중하기 어려울 만큼 구조적인 협력과 이익 교환 관계의 산물이었다고 보아야 할 것이다.

128 이 영화의 조선어 제목은 제작 단계에서는 「영초(靈草)에 산다」로, 그리고 개봉 당시에는 「흙에 결실(結實)」로 알려졌다(〈매일신보〉 1941.10.25.; 1942.3.6.).

만, 정말이지 교묘하게도 씨는 양자 붙은 게 아니면 자시지를 않는
다. 우선 가로되 양정식(洋定食), 양요리...... 그래서 화신식당에 가서
도 김치 깍두기 다 제쳐놓고 보이를 불러서는 그저 덮어놓고 '여보
양정식' 하다못해 동경에 가서 여관에 드시어도 아침 저녁을 '양정
식으로!' 술도 양주가 아니면 좋아하시지 않고 과자나 떡도 양과자
나 양떡이 아니면 썩 입에 맞지 않으신다니, 이 역시 재미있는 취
미다. 아무래도 이러다가는 씨가 양행하시었다는 소문이 들리지
나 않을지......"(〈조선일보〉 1940.2.10.)

시간을 20년 전으로 되돌려보자. 최승일은 일본에 처음 갔을 때,
이서구 등 몇 사람과 긴자에 있는 양식집에 간 적이 있었다. 도쿄 최고
의 번화가에 온 김에 희귀한 양요리를 먹어보겠다고 메뉴를 뒤적이던
그들의 눈에 띈 것은 아스파라거스. 그들은 특이한 이름에 끌려 80전의
비싼 값에도 그것을 주문하고는 마침내 가느다란 파 같은 것 두 가닥이
놓여있는 큰 접시가 나오자 기겁을 했다. 그들은 너무 싱겁고 억울해
이후로도 아스파라거스가 끼어있는 음식만 보면 배를 잡고 웃었다(〈삼
천리〉 1936.2). 20년의 시간은 그의 활동영역과 세계를 이해하는 방식은
물론 취향까지도 극적으로 바꿔놓았다. 그의 '서구 취향'은 혹시 최승
희를 통해 결코 완전히 대리 충족할 수는 없었을, 영화를 매개로 한 '세
계 진출'에 대한 의지의 표현이었을까? 어쩌면 그것은 지식인이자 문
화예술인으로서 끊임없이 좌절된 인정 욕망에 대한 작은 자기 위안이
었는지도 모른다.

해방 이후

영화「지원병」의 제작 이후 최승일의 활동에 관한 기록은 최승희와 관련해서만 드물게 나타난다. 그는 최승희의 미국과 유럽 일주 공연을 조선에서 나름대로 꾸준히 지원했지만 ─ 언론 홍보와 물품 공급은 물론, 무용 반주를 녹음해 보내주고 생음악을 위한 악사를 파견하는 등 ─ 동생 내외와의 관계가 반드시 매끄럽기만 했던 것 같지는 않다. 1940년 12월의 한 신문 기사는 이와 관련해 사뭇 시사적이다. 보도에 따르면, 최승희가 해외 순회공연을 마치고 곧 귀국이 예상되는 상황에서 최승일이 최승희의 신춘 전선(全鮮)공연 권리를 경성부내 중앙영화극장주 오이시 사다시치(大石貞七)에게 상당액의 계약금을 받고 넘겼다는 것이다. 그런데 "소식통에 의하면 최승희급(及)부군의 안막 씨가 최승일 씨와의 관계는 미묘하여, 최승일 씨의 손에 의하여 선내공연은 절대 불가능하다 하므로, 동씨(同氏)는 목하 상경 공작 중인데 이의 실현이 불가능하게 되면 우(右)계약은 불이행이 되어 상당 문제가 분규하리라 예측되고 있다."(〈매일신보〉 1940.12.12.) 시기상으로 이 무렵「지원병」의 경성 개봉이 계속 지연되는 상황이었음을 고려하면, 아마도 최승일이 자신의 경제적 문제를 해결하기 위해 최승희의 허락도 없이 무리한 계약을 진행했던 것으로 여겨진다. 실제로 이듬해 4월에 있었던 최승희의 귀조공연이 경성 부민관에서 열렸다는 사실에 비추어보면, 오이시와의 계약은 취소되었던 듯싶다. 어쨌든 이 해프닝은 최승희의 공연에 대한 최승일의 직간접적 개입이 특히 돈 문제를 둘러싸고 남매간 다소 불편한 관계를 낳기도 했음을 암시한다. 그럼에도 두 사람의 협력은 꾸준히 이어졌다.

1941년 12월 일본의 미국 진주만 공습과 함께 시작된 미일전쟁은 해가 갈수록 일본 패배의 기색이 완연해졌고, 이른바 '국민총동원령'이 내려지면서 예술가들에 대한 일본의 압박과 동원도 점점 더 거세졌다.

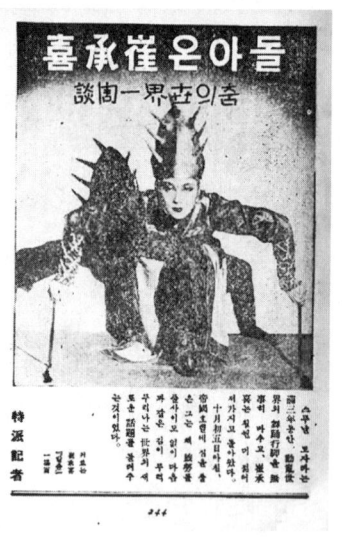
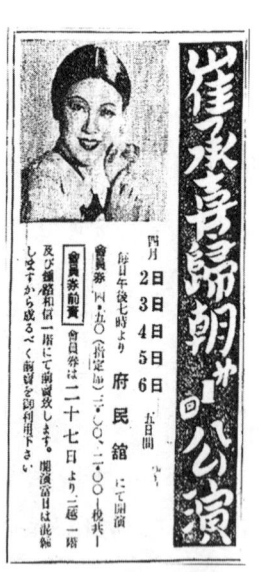

최승희가 1940년 12월 도쿄에 도착하자 잡지 《신시대》는 1941년 1월 창간호에
8쪽에 달하는 장문의 인터뷰 기사 "돌아온 최승희-춤의 세계일주담"을 1인칭 서사로 실어
그의 구미 순회공연에 관한 내용을 상세하게 다뤘다(왼쪽). 《삼천리》 1941년 1월호 역시
최승희의 편지글 "무사히 돌아왔습니다, 도쿄데이코쿠(東京帝國)호텔에서"을 받아 게재했다.
최승희는 1941년 4월 초 경성 부민관에서 귀조 기념 공연을 열었다. (오른쪽, 《매일신보》 1941.3.27.)

당시 일본 최고의 스타였던 최승희에게도 군대 위문 공연과 선전영화 출연 등 국책 협력에 대한 요구가 심해졌다. 최승희와 안막 부부는 짙어가는 패전의 분위기 속에서 일본을 명분 있게 탈출하려는 계획을 세웠고, 1944년의 제3차 중국 일본군 위문과 동양무용 연구를 위한 임시 베이징 연구소 개소라는 아이디어를 냈다. 일본 군정 당국의 허락 아래 무사히 베이징으로 간 최승희 부부는 최승희동방무도연구소라는 간판 아래 집을 마련했다. 그러던 와중에 안막이 갑자기 중국 공산당의 본거지인 옌안(延安)으로 독립운동을 위해 떠나자, 최승희는 오빠 최승일을 베이징에 오게 해 남편 대신 연구소 일을 보게 했다. 최승희는 조선춤과 중국춤을 연구하거나 가르치고, 일본군 위문 공연을 다니기도 했다. 최승일은 연구소의 재정 관리는 물론, 작품 기획에서부터 섭외, 홍보, 매니저 일까지 다양한 역할로 최승희를 도왔다. 한편 최승희는 자기 예술의 계승자로 딸 안승자(후에 안성희로 개명)와 함께 제자 김백봉을 주목했고, 남편과 의논해 김백봉을 니혼대학에서 영화연출을 전공하고 당시 군입대를 앞둔 남편의 동생 안제승과 혼인시켰다. 혼례는 1944년 12월 최승일의 집에서 치러졌다. 1945년 어머니가 사망하면서 최승일은 경성으로 되돌아갔다(정병호 2004:246-261).

베이징에서 광복을 맞이한 최승희는 1946년 6월 딸 안승자와 아들 안병건을 데리고 서울로 들어갔다. 한편 안막은 옌안에서 교류하던 조선독립동맹 소속의 김두봉, 최창익, 김창만, 허정숙 등과 함께 해방 직후 월북했다. 1946년 3월 조선노동당 중앙당 선전선동부 부부장과 문학예술가총동맹 상무위원으로 선임된 그는 최승희가 귀국하자 서울로 내려왔다. 서울에서 친일 시비 등으로 여러 상황이 활동에 여의치 않다고 판단한 부부는 1946년 7월 어린 자식들을 둔 채 안제승·김백봉 부부와 함께 밀선을 타고서 북행길에 올랐다. 최승희가 특히 1941년 귀조 이후 일본군 위문 공연에 참여하고 여러 차례 거액의 국방헌금을 내는 등, 일제의 전쟁에 협조한 행적이 발목을 잡았던 것이다. 평양에 도착해 김일성의 환대를 받은 최승희는 마침내 북한 정착을 결심했고, 1946년 8월 평양 대동강변에 최승희무용연구소를 개소했다. 최승희 부부는 그 무렵 서울에 있던 딸과 아들, 그리고 작은오빠 최승오를 마저 평양으로 불러올렸다. 그렇다면 최승일은 어떻게 되었을까? 그는 당시 서울에서 살 요량으로 사업 준비를 진행하고 있었던 것 같다. 그 구체적인 종목은 바로 레코드 제작이었다.

"조선문화사업을 위하여 역경에서도 꾸준히 활동해온 최승일 씨는 해방 후 조선에 없던 레코드 취입 회사를 창립하고자 노력하여 오는 중, 드디어 자본금 6백만 원으로 조선 최초의 레코드 회사를 창설하였는데 일본 급(及) 상해 등지에서 제작 기계를 수입하여 방금 설비 중에 있다 하며, 현품으로 설비가 완성되는 대로 제작에 착수하리라는 바 동사(同社)의 출현은 사계(斯界)에 큰 공헌이 될 것으로 전도가 매우 기대된다."(〈공업신문〉 1946.8.18.)

최승일이 한참 동안 월북을 망설였던 데에는 무엇보다도 석금성의 반대가 크게 작용했던 것으로 보인다. 석금성은 북한에 가자고 하는 최승일에게 자신은 남한에서 연극을 하겠다고 주장해 종종 언쟁을 벌였다. 그러던 어느 날 연극공연을 위해 부산에 다녀온 석금성은 최승일이 결국 편지 한 장만 남겨둔 채, 로사, 경섭, 마사, 호섭 사 남매와 함께 월북했다는 사실을 발견한다(정병호 2004:267).[129] 이때가 정확히 언제였는지는 확실하지 않다. 다만 최승일이 레코드 회사 운영 계획을 실현하지 못했다는 점,[130] 그리고 1947년 4월 20일 평양에서 발간된 〈문화전선〉 제4집에 "조선민족고전연극론"이라는 논문을 실었다는 점 등으로 미루어볼 때, 1946년 가을에서 1947년 봄 사이였을 것으로 짐작된다.

아마도 그는 최승희가 북한에서 무용연구소를 설립하고 동생 최승오까지 평양으로 올라가자 자신도 월북하는 편이 낫겠다고 판단했을 법하다. 예전처럼 연구소 일을 도와달라는 최승희의 전언 또한 있었을 것이다.

최승일은 초창기 평양의 최승희무용연구소에서 총무, 섭외, 선전 업무를 맡았다. 공연 전에 현장에 가서 공연허가와 포스터 배포, 극장 시설들을 점검하는 등의 일이었다. 회계와 일반 업무는 최승오, 연출과 무대감독은 안제승이 담당했고, 교수진은 김백봉, 안성희였다. 연구소 내부에는 백 평쯤 되는 연습실과 이들 각자가 쓰는 방, 사무실, 의상실 등이 있었다. 안막은 중앙당 문화선전선동부 부부장, 문학예술총동맹 부위원장 등을 거치며 북한 문화계에서 막강한 권력을 행사했고, 최승희의 작품과 안무에도 조언을 해주었다(정병호 2004:271). 최승희무용연구소는 1950년 한국전쟁 발발 직전까지 빠르게 발전해나갔다. 하지만 전쟁으로 빚어진 혼란은 여러 변화를 가져왔다. 초반 북한에 유리하던 전세가 유엔군의 개입으로 뒤집히면서 연구소는 폭격으로 폐쇄되었고, 최승희는 피난을 떠나야만 했다. 가장 상세한 최승희 평전을 남긴 정병호는 한국전쟁 당시 최승일의 상황을 다음과 같이 기술했다.

---

129 최승일의 월북 경위에 관한 북한 측 자료의 기술은 이와 상당히 다르다. 평양출판사가 발간한 『민족 수난기의 연극 2』(2002)에서 저자 최창호는 배우 석금성을 별도로 논하면서 다음과 같이 썼다. 즉 최승일이 먼저 월북한 후 여러 난관에 처한 석금성이 자녀들과 함께 월북하고 싶어 했으나, 병환으로 운신이 어려운 시아버지 때문에 자신은 그렇게 하지 못하고 자녀들만이라도 좋은 형편에서 공부시키기 위해 북으로 보냈다는 것이다.

130 1920년대부터 음악 분야에서 다양한 활동을 펼쳐온 최성두가 설립한 고려레코드가 1947년 8월 이른바 '국산' 음반 취입과 제작에 성공한 최초의 회사가 되었다(〈조선일보〉 1947.8.5.). 해방 이전의 조선어 음반은 모두 일본 레코드 회사의 일본 소재 공장에서 제작했다.

"최승일은 한국군이 평양에 입성하자 시내에 들어가서 상황을 살펴보았다. 그런데 서울에서 같이 일을 하던 신협의 연극배우 박상익을 만났다. 박상익은 정훈예술가로 여기까지 온 것이었다. 최승일은 박상익의 도움으로 평양에 있는 극장 하나를 접수해서 한국군 환영 공연을 하려고 하였는데, 주민들이 '빨갱이가 무엇을 하려하느냐'고 하는 바람에 갈팡질팡하다가 일을 치르지 못했다. 이때의 상황을 지켜보고 있던 석윤영이 최승일에게 같이 남쪽으로 내려가자고 하니까, '야, 이남으로 내려가면 고초를 당할 것이 아니냐'고 중얼거렸다고 한다. 아마도 최승일은 이렇게 해서 북한땅에 주저앉게 된 것 같다."(정병호 2004:296)

한편 유엔군의 평양 점령 당시 정훈장교 김철은 그곳에서 최승일을 만나 최승희가 어쩔 수 없이 월북했으며, 예술의 자유를 억압하는 노동당의 이념이나 선전 무용을 지지하지 않는다는 이야기를 들었다고 전한다. 또 최승희의 문하생이었던 전황은 최승일에게 남한으로 내려가라는 권유를 받고서 1·4후퇴 때 남하했다(김찬정 2003:356-357; 정병호 2004:297). 휴전 이후 최승희무용연구소는 국립최승희무용연구소로 개편했다. 이는 최승희의 지위 상승을 뜻하는 동시에, 연구소가 더 이상 개인 소유가 아닌 국가 소유의 기관으로 변모했다는 의미이기도 했다. 최승희는 연구소 총장을 맡고 당에서 나온 부총장이 연구소의 행정사무와 사상교육을 총괄했다. 이전에 연구소에 있었던 최씨와 안씨들의 거처도 사라지면서 이들은 따로 집을 마련해 나갔고 무용 연습실, 의상실, 악사실, 사무실 등만 남았다(정병호 2004:311-312).

이후 최승일, 최승희 일가는 제각기 이런저런 우여곡절을 겪었다. 우선 평양에서 최승희무용연구소의 일을 도왔던 안제승은 1951년 1월 일가족과 함께 다시 월남했다. 안막은 한국전쟁 이후 북한에서 문화선

전성 부상, 작가동맹 중앙상무위원에 오르는 등 문화예술 분야의 요직을 맡았지만, 1958년 반당 종파 분자로 체포된 후 숙청당했다고 알려졌다.[131] 오랫동안 북한의 대표적인 무용가로 활동하며 명성과 권세를 누린 최승희는 1967년 즈음 숙청당했다가 1969년 8월 8일 사망했다. 그녀는 1995년 김일성이 회고록 『세기와 더불어』 5권에서 최승희의 업적을 높이 평가하면서 복권되었고, 2003년 2월 평양 애국열사릉에 유해가 안치되었다. 최승일의 자녀들 가운데 맏딸 최로사는 한국전쟁을 거치며 전시가요인 「샘물터에서」의 작사가로 조선민주주의인민공화국 시인 칭호를 받았으며, 2011년 사망했다.[132] 1938년생인 막내아들 최호섭은 고모 최승희의 권유로 어렸을 때부터 무용을 배웠고, 만수대예술단 안무가로서 무용계에서 활약한 것으로 알려져 있다. 최승희의 딸 안성희도 소련에서 발레 유학을 하고 돌아와 북한에서 무용가 및

---

131 이주미는 안막이 숙청된 1958년이 북한에 주체문예이론이 대두하기 시작한 시점이라는 데 주목하면서, 이 과정에서 안막과 북한 지도부 사이에 노선 갈등이 있었던 것으로 보인다고 지적했다(2007a:354-355).

132 평양 조선중앙통신 발 소식을 전한 연합뉴스 기사에 따르면, "최로사는 최승희의 오빠인 최승일의 장녀로 1948년 3월 아버지를 따라 월북해 김일성종합대학에 재학 중 6·25전쟁이 발발하자 간호장교로 복무했다. 그는 군 복무 중 발표한 시 「샘물터에서」로 문단에 데뷔했고 이 작품은 6.25전쟁 때 가요로 만들어져 아직도 북한 내에서 최고의 전시가요로 평가받고 있다. 최로사는 이 작품으로 심봉원, 석광희와 함께 '김일성상'을 받기도 했고 이후 시인으로 활동하면서 「축배를 들자」 「그네뛰는 처녀」 「새별」 「조선의 행운」 「만수축원의 노래」 등을 발표했다. 이 가운데 「축배를 들자」는 1990년대 초반 가요로 만들어져 지금도 북한 주민들이 결혼식장에서 가장 애창하는 노래가 됐고 「새별」은 같은 이름의 영화로 제작됐다." "고(故)최승희 조카 북(北)최로사 시인 사망" 〈연합뉴스〉 2011.3.12.https://news.naver.com/main/read.nhn?mode=LSD&mid=sec&sid1=100&oid=001&aid=0004956023 이 기사의 "아버지를 따라"라는 표현은 다른 자료들을 참조했을 때 "아버지와 함께"가 아닌 "아버지를 뒤따라"의 의미일 것으로 보인다. 아니면 최승일이 남북을 오가다가 1948년 봄에 완전히 월북했을 가능성도 있다.

안무가로 활동했다. 석금성은 자신을 버리고 월북한 최승일을 오랫동안 원망하며 남한에서 단역배우 등으로 어려운 생활을 이어가다가 200여 편의 연극, 영화 출연작을 남긴 채 1995년 9월 3일 타계했다. 그렇다면 최승일은 어떻게 되었을까?

북한에서

최승일이 북한에서 벌인 행적에 대해서는 구체적으로 알 수 없다. 사실 그것에 관한 상세한 논의는 이 책의 범위를 넘어서는 일이기도 하다. 그러니 북한에서 나온 최승일 관련 자료 몇 가지를 간단히 검토하면서 이야기를 마무리하는 편이 적절할 것이다. 현재 문헌상 확인 가능한 그의 흔적으로는 우선 1947년 〈문화전선〉 4집에 실린 「조선민족고전연극론」이 있다. 이 글에서 최승일은 고대 이래 조선 연극의 역사를 간략히 검토한 뒤에 혁명 연극이 새롭게 계승해야 할 중요한 고전으로 「춘향전」의 가치와 위상을 강조한다. 한편 1958년 현대조선문학선집 편찬위원회에서 출간한 『현대조선문학선집(5): 소설집』(조선작가동맹출판사)에는 송영, 윤기정, 김영팔, 최승일 등 카프 계열 작가들의 작품이 함께 묶였다. 최승일은 단 두 편의 단편소설(「바둑이」, 「거리의 여자」)만을 실어 다른 작가들에 비하면 게재작품 수가 적은 편이다. 이는 그에 대한 당시 북한 문단의 정치적·미학적 평가를 반영한 결과라고도 볼 수 있을 것이다.

특기할 것은 최승일이 〈조선예술〉 1957년 5월호에 발표한 「'염

군사' 전후-내가 참가했던 몇 개의 프로극단에 대하여」라는 텍스트이
다. 이 글은 그가 1921년부터 1930년까지 자신이 관여했던 연극 운동
에 대해 내놓은 회상기라 할 수 있다. 이러한 회고 작업에는 나름의 구
체적인 맥락이 있었다. 즉 〈조선예술〉 편집부에서 "1920년대 초기 신
경향파 시기로부터 직접 혁명적 연극운동에 참가하였던 관계자들에게
당시의 혁명적 연극 예술의 투쟁 모습과 활동 정형을 들음으로써 앞으
로 이루어질 조선 연극 정사(正史)의 산 재료로 삼고자 한다"는 취지로
연재를 시작했고, 그 한 꼭지를 최승일에게 맡겼던 것이다.

　연대기적 순서에 따라 송영이 최승일 바로 전에 「극단 '염군'에 대
한 이야기-카프 창건 이전의 프로 연극 운동-」이라는 글로 연재의 개
시를 알렸다. 송영은 최승일과 마찬가지로 1930년대 후반 전향해서 친
일 성향의 연극 작품들을 발표하다가 1946년 월북해 북조선연극동맹
위원장, 조선작가동맹중앙위원회 상무위원 등으로 활동했다. 그는 텍
스트 앞부분에서 이 연재 기획의 의미에 대한 좀 더 상세한 설명을 제
시한다. 즉 그는 김재철의 『조선연극사』(1933) 이래 두 번째로 나온 조
선연극의 통사이자, 다양한 자료 조사에 근거해 고대로부터 해방기까
지 연극 사상과 발전을 개관한 한효의 『조선연극사 개요』(1956)가 거둔
성과를 인정하면서도 그것이 이른바 "산 자료", 달리 말해 연극 관계자
들의 증언 수집 노력을 제대로 하지 않았다는 사실에 유감을 표한다. 〈조
선예술〉이 연재를 기획하고 송영과 최승일이 차례로 회고담을 실은 데
에는 이러한 문제의식이 있었던 것이다.

　「'염군사' 전후」는 해방 이후 북한 사회주의 체제에 의탁한 최승일
이 개인적인 관점에서 재구성한 (프로) 연극 운동의 과거를 보여준다는
점에서 흥미롭다. 네 국면 정도로 나타나는 그 과거는 '사실'과 '의견'의
차원에서 모두 꼼꼼히 살필만하다. 첫 번째 국면은 극예술협회 참여이
다. 1920년대 초 극예술협회의 활동을 소개하면서 최승일은 자신을 조

명희, 김영팔과 함께 '우리'라는 범주로 묶고, 내부 회원들 간의 이데올로기 대립이 가장 큰 문제였다고 쓴다.[133]

> "김수산과 고한승은 목포와 개성에서 제일 가는 부자의 자제였고, 조포석[즉 조명희], 조준희와 필자는 몰락한 소지주의 아들이었으며, 김영팔은 노동자였으므로 우리들의 생활 형편은 각이하였다. 김수산, 고한승, 전장섭은 매일 수백 원씩 학비를 가져다 쓰는 '호화자제'인 반면에 조명희, 김영팔, 조준희는 인쇄직공, 우유배달, 신문배달을 하면서 고학을 하는 형편이었다. 때문에 작품을 토의하는 데 있어서는 김수산, 고한승은 세익스피어와 괴테와 하푸트맨을 이야기하였고 우리(이하 조명희, 김영팔, 필자를 우리라 하겠다)는 고골리와 체홉과 고리끼를 이야기하게 되므로 작품 및 협회 운영 등 문제를 토의할 때는 언제나 대립과 갈등이 조성되었다."

최승일은 계급적 배경에 따른 극예술협회 내부의 이념적 갈등의 사례로, 1922년 동우회가 회관 기금 조달을 위해 극예술협회에 하기 순회연극단을 조직해 달라는 요청을 했던 일을 든다. 극협에서 이 문제를 토론했을 때 김수산과 고한승은 고학생들의 문제에 관여할 필요가 없다고 했으나, 조명희를 비롯한 대다수가 순회극단 조직을 주장해 그들의 동의를 끌어냈다는 것이다. 상연 각본의 선정에서도 조선의 절박한 현실을 다룬 작품이 좋겠다는 조명희, 김영팔, 최승일 무리의 주장이 관철되어 조명희가 「김영일의 죽음」을 창작했고, 번역극으로는 「찬란한 문」을 택했다. 김수산을 비롯한 일부 회원들의 의견을 받아 연극

---

133 최승일은 극예술협회의 창립 연도를 1921년으로 적고 있으나, 이는 1920년의 오기로 보인다.

이외에도 음악 연주를 프로그램에 포함시켰고, 공연 비용은 일체 김수산이 부담하기로 했다. 그런데 최승일에 따르면, 김수산은 동우회 하기 순회공연 때 윤심덕과의 치정문제가 탄로 나 가정불화에 시달리고 재산도 물려받지 못하게 된다. 그 결과, 전국 공연은 제대로 이루어지지 못했고 동우회 회관 건립 계획도 수포로 돌아갔다. 그럼에도 최승일은 당시 "비민족적 형식에 일본 군국주의에 충실했던 '개량신파'(이기세 윤백남 등의 문예극)"에 비해 「김영일의 죽음」은 민족적 형식에 내용상으로도 부족하나마 사회주의적 사실주의를 지향하는 작품으로 의의가 크다고 평가한다.

1923년 동우회가 해체되고 재일조선인 고학생 단체 형설회가 창립하면서 극협도 개편 강화해 다시 하기 순회연극단을 조직하게 되었다. 최승일에 의하면, 동우회 때의 실패를 반면교사로 삼아 극협은 공연자금을 회원들이 추렴하고 전국 공연의 실현, 우수한 작품의 창작, 형설회 회관 신축기금의 확보 등을 목표로 하는 면밀한 계획을 세웠다. 6월 초 동경 스루가다이 회관에서 처음으로 조선인 학생극을 공연해 대중의 지지와 환영을 받았는데, 여기에는 동경 거주 조선인 노동자들이 광범위하게 동원되었다. 최승일은 상연 창작극 중 한 편인 「개성에 눈뜬 후」에 혁명가 역으로 출연했고, 김영팔은 어머니 역을 맡았다. 형설회 순회공연은 성공리에 마무리되었고, 공연 비용을 제외한 수익금을 1만 원이나 동경에 송금해 2층 양옥의 형설회 회관 및 기숙사 건축비를 완전히 조달하였으며, 기관지 발간 계획까지 세울 수 있었다. 그런데 때마침 닥친 간토대지진으로 인해 형설회 회관과 기숙사는 소실되고 모든 계획 또한 무산되기에 이르렀다.

최승일이 기술하는 두 번째 국면은 염군사 극부 활동이다. 지진의 여파 탓에 동경으로 가지 못하게 된 최승일은 염군사에서 조선 최초의 프롤레타리아 문학 잡지를 발간한다는 사실을 알고 염군사 연극부에 동인으로 가담한다. 그는 "일제 경찰은 염군사 동인이라면 '진짜 빨갱이'라고 하여 '개'가 따라다니면서 일거수일투족을 감시"했다고 회고한다. 이러한 상황에서 연극 공연을 위한 비용 마련은 매우 어려웠으므로, 1923년 이후 송영과 김영팔은 주로 희곡을, 최승일은 소설을 쓰면서 문학운동을 전개하다가 1924년에 카프를 조직하기로 결정했다. 1925년 카프 창립과 함께 그 산하에 불개미극단이 조직되었다. 최승일에 따르면, 불개미극단은 극단 염군의 연장이나 다름없었는데, 역시 일제의 탄압 탓에 한 번도 공연을 갖지 못했다.[134]

> "돌이켜 생각하면 그 당시의 우리들은 '염군사' 연극부로부터 '카프'의 불개미극단을 책임졌을 때까지 '이동극장'이나 '소형극장' 식으로 한 개의 단막극을 가지고 당시 앙양된 근로 대중의 파업 투쟁에 기동성 있게 참가할 의견을 내지 못하였던 것이 후회막급이다. 번역극에 있어서도 고리끼의 「밤주막」이나 창작극에 있어서 심훈의 「먼동이 틀 때」를 가지고 대극장 무대에서 상연하려는 '대작주의'를 고집하였던 우리들의 미련했던 생각은 두고두고 유감스럽다. 「탄갱부」는 삽과 곡괭이만 들고 나오면 그만이오, 「짐차」는 '달구지' 한 대만 가지고 능히 해낼 수가 있지 않았든가?"[135]

---

134 불개미극단은 일본의 프로극단 젠에이자(前衛座)의 영향 아래 루나찰스키의 「해방된 동키호테」를 첫 번째 공연 작품으로 선정하고 당국에 제출했으나 검열을 통과하지 못했다(김재석 2017:263-270).

135 송영 역시 「극단 '염군'에 대한 이야기」에서 비슷한 회한을 드러낸 바 있다. 그 밑에는 염군이 공연을 한 차례도 못 했던 것은 거금 200원으로 추산된 공연 비용을 제대로 마련할 길이 없었기 때문이었는데, 이는 "일제의 탄압이 심한 환경이며 극단원들의 사상 의식이 단결되지 못한 자체의 조건을 고려함이 없이 다만 기분적으로 우리들의 연극을 처음부터 아주 호화스럽게 해보자는 생각들만 하였던 것"이 주원인이라는 반성이 깔려 있었다(《조선예술》 1957.3).

최승일이 회상하는 세 번째 국면은 미나도좌 공연이다. 이에 대한 그의 설명은 1930년대 초 특히 「하차」를 둘러싼 논란 상황에서 그가 별다른 해명이나 반응을 보이지 않았다는 점을 고려하면, 상당히 의미심장하다. 게다가 어떤 면에서 그것은 〈조선예술〉 1956년 10월호에 실린 신고송의 글 「조선 연극이 걸어온 길-그 혁명적 전통에 대하여」를 일부 반박하는 성격을 띠고 있었다. 카프 중앙위원으로 극단 메가폰, 신건설 등을 조직한 경력이 있는 신고송은 1935년 출옥한 이후 해방 때까지 상업적인 악극과 일제의 침략전쟁을 찬양하는 연극을 연출했다. 1946년 봄 그는 송영, 박세영, 이동규 등과 함께 월북했고 이후 조선문학예술총동맹 위원 겸 연극동맹위원장, 국립극장 총장 등으로 활약한다. 그는 카프 연극운동을 중심으로 조선 연극사의 전통을 정리하면서 다음과 같이 적었다.

"우리는 카프 연극 운동을 말하면서 카프 영향 아래 있던 일부 연극 활동에 대하여 언급하지 않을 수 없다. 즉 영화인 라운규는 항상 카프의 영향 아래 있는 것을 지향하면서 초기에는 최서해의 「홍염」을 각색 상연하였고 1929년에는 심영, 김인규 등의 참가 아래 (김선영, 김선초도 연구생으로 참가하고 있었다) 서울 '미나도좌'에서 르메르텐의 「탄갱부」, 오토 뮤레르의 「하차」, 업톤 싱클레어의 「이층의 사나이」 등의 경향적 연극을 상연하였다. 이들의 이 시도는 고정적 배우 집단에 의한 것도 아니고, 다수 참가자들이 일정한 의식적 목적에 의한 것도 아니며, 기분적으로 출연한 데 지나지 않는 점도 있다. 그렇기 때문에 이런 활동은 오래 지속되지 못하며 발전할 내부적 요소도 없었다. 그럼에도 불구하고 일제 경찰은 위협과 협박으로 이러한 경향적 연극의 출현을 방지하려고 노력하였던 것이다."

여기서 신고송은 미나도좌에 대해 1931년의 비평보다 어떤 면에서는 더 인색해진 평가를 내놓은 셈이다. 최승일이 이 글의 존재를 몰랐을 리 없다. 미나도좌 공연에 대한 그의 상세한 언급은 그 연극사적 의미를 폄하하는 신고송의 시각에 맞서기라도 하는 듯, 공연의 목적성과 성과를 강조한다. 최승일은 미나도좌의 일본인 주인이 극장 운영에 미숙하다는 점을 눈치채고서, 극단 토월회를 탈퇴한 심영, 김인규 및 나운규와 단합해 극장 장기 사용계약을 체결하고 운영권을 장악했다. 극장주는 나운규가 연극을 하면 관객이 많이 몰릴 것이라는 계산 아래 고율의 요금으로 극장 사용을 승낙했다. 나운규는 원래 카프의 영향을 받아 좌파 성향이 강했으며, 당시 발성영화가 발전하는 상황에서 연극이 도움이 될 것으로 판단해 미나도좌 신극부를 맡았다. 최승일에 따르면, 미나도좌에 자리를 잡은 것, 극단 이름을 따로 내걸지 않은 것 등은 좌익극을 하면서도 "일제 경찰로 하여금 심상히 여기게 하려는 수단"이었다. 나아가 "공연 조직에 있어서도 전반에 영화를 상영하고 후반에 연극을 상연하여 일제 경찰로 하여금 영화 상영 중에 여흥으로 연극 한 막을 하는 것처럼 보이여 크게 관심을 돌리지 않도록 계획적인 전술을 썼던 것이다." 연극 「하차」의 성공, 그리고 이후 미나도좌의 좌익극 공연과 관련해 최승일은 다음과 같이 회상한다.

"「짐차」 상연에서 우리들은 커다란 성과를 거두었다. 비록 근로 대중의 조직적인 동원은 되지 못하였으나 라운규의 「아리랑」을 비롯하여 수십 편의 조선 영화를 재상영하면서 연극은 단막 혹은 2막 정도로 하였고 입장료는 대중적 최저 요금으로 십 전의 관람료를 계속 받아왔으므로 동대문 안팎과 수구문 근처의 광범한 근로 대중들이 객석을 많이 차지하게 되었다. 「짐차」를 상연한 뒤에 「탄갱부」도 상연하였고 싱클레어의 「이층의 사나이」, 금자양문(金子洋

文)의 「세탁집과 시인」 등 일련의 '좌익극'을 계속하여 상연하였다. 1930년 봄에는 용산 철도국 노동자들의 파업을 주제로 하여 「철로공부의 죽음」을 상연하였는데 각본 검열에 있어서도 '가위질'을 많이 당하였지만 무대장치에 있어서 파업 투쟁 위원회 사무실에 '낫과 망치'를 그려 붙였다는 것과 파업한 노동자들의 시위행렬에 붉은 기를 들고 나왔다는 이유로 우리들은 일제 경찰에게 체포되어 그중 몇 사람은 검속당하였다. 이를 계기로 '미나도좌'는 일체 연극 상연을 금지당하여 영화 전문관으로 되고 말았다."[136]

최승일의 회상이 1957년의 시점에 북한에서 이루어졌다는 사실을 다시 한번 되새겨야 한다. 카프 전통과 항일혁명 문예 전통을 양대 기반으로 사회주의 예술 체제의 정통성 구축에 매진하던 북한 상황에서, 사반세기 전 더구나 식민지 치하의 일을 기억하는 작업이 아무런 변형 없이 이루어졌으리라고 보기는 어렵다는 말이다. 어쨌거나 최승일의 이러한 회고는 미나도좌 연극에 배우로 참여한 심영의 회고와도 중요한 내용이 거의 일치한다. 심영은 1939년 극단 고협을 창립하고 일제의 전시체제에 호응하는 공연 활동을 계속하다가 1947년 말 즈음 월북해 조선연극인동맹 중앙위원 등을 역임했다. 그는 나운규를 조명하는 연도 미상의 글 ― 아마도 북한 측 자료인 것으로 추정된다 ― 에서 최승일과 흡사한 이야기를 더 자세하게 되풀이한 바 있다.[137]

최승일이 자신의 프로연극 운동에서 기억하는 마지막 국면은 신흥극장 참여이다. 그는 신흥극장이 "전체 성원으로 보나 그 연기로 보나 당시 우리나라에서 진보적인 신극인들의 전체 역량이 집중되었다고 하여도 과언이 아니었다"고 주장하면서, "상연대본은 물론 '좌익적'인 것을 택하기로 결정"하고 「목단등기」를 무대에 올리게 되었다고 말한다. 그런데 중국 「전등신화」를 번안한 이 극본 내용상 장소와 인물이 모두 중국 쪽이다 보니 무대장치는 물론 의상, 소도구, 반주 등을 해결할 길이 없었다. 최승일에 의하면, 이때 마침 중국 월극단이 경성공연을 열게 되어 중국 영사관과 월극단 책임자에게 교섭을 시도했고, 각종 의복과 소품, 음악까지 협조를 받을 수 있었다. 그에 따르면, "이는 실로 조선 초유의 조중(朝中) 예술가들의 친선적인 합작 공연이었던 것이며, 연극 예술의 사상, 예술성 및 연기 수준을 제고함에 있어서 현저한 진전을 보였다. 뿐만 아니라 중국 월극단원을 비롯하여 서울에 있는 화교들로부터 커다란 지지와 성원을 받으면서 그들에게 우리들의 정열적인 연기들을 과시하였다." 최승일은 이렇게 출발한 신흥극장이었지만, 극단 내부에 카프 계열 못지않게 "사상의식이 미약한 사람이 많았기 때문에 경제적으로 곤란하게 되자 그만 대열에서 떨어져 나가고 말았던 것"이라고 회고한다. 최승일이 북한에서 내놓은 이 회고의 텍스트

---

136 인용문의 '1930년'은 아마도 '1931년'의 오기일 것으로 보인다. 최승일의 이러한 증언 내용은 이후 〈조선예술〉(1962.10)에서 연재한 「조선연극 개관」에 거의 그대로 인용되었다.

137 심영에 따르면, 「하차」의 공연이 시작되자 연일 문자 그대로 초만원이었다. 객석은 태반이 직장에서 점심 그릇을 옆에 낀 채 극장으로 달려온 노동자들과 진보적 학생, 인텔리들로써 차 있었다. 내용이 공허한 신파 연극에서 싫증을 느끼고 있던 관중들은 새로운 형태의 연극 즉 좌익극을 열렬히 환영하였다."(2002:122) 한편 심영은 미나도좌 신극부가 신경향파 작가 최서해의 「홍염」과 카프 작가 한설야, 이기영, 송영 등의 희곡과 소설을 각색·상연할 계획을 세웠으나 창단 1년 3개월 만에 해산했다고 회고했다. 그역시 최승일처럼 신극부 해체의 직접적인 원인이 「철로공부의 죽음」 공연이었다고 지적했다. 가혹한 노동에 시달린 철로공이 죽자 이를 계기로 노동자 파업이 벌어지고 일제 경찰과 맞선 투쟁이 벌어진다는 내용의 「철로공부의 죽음」이라는 희곡을 나운규가 직접 쓰고 연극으로 상연하자 큰 인기를 끌었는데, 이 때문에 나운규와 자신이 경찰서에서 혹독한 문초를 받고 극단도 해산했다는 것이다(심영 2002:123-125). 그런데 당시 「선로공부의 죽음」은 미나도좌에서 공연한 중외극장의 작품이며, 원안 작가는 한상묵으로 소개되었다(〈중앙일보〉 1931.12.18.; 〈조선일보〉 1931.12.20.). 최승일과 심영이 말하는 내용이 기억상의 동일한 착오 때문인지, 아니면 무언가 다른 이유나 배경이 있는지는 알 수 없다.

는 "필자가 관여하였던 10년간(1921~1930)의 회상기를 쓰고 나니 만감이 교회하며 가슴이 벅차오른다"는 문장으로 마무리된다.

한편 북한에서 일제 강점기의 연극사를 서술한 최창호의 『민족 수난기의 연극2』에는 최승일과 관련해 그동안 알려지지 않은 내용이 실려 있다. 그가 1929년 작가 박영호와 함께 휘광순회극단을 조직해 평안남북도 등지에서 창작극「고향을 떠나는 사람」을 비롯한 여러 작품을 공연하며 인기를 얻다가, 일제의 탄압으로 몇 개월 후 해산했다는 것이다.

"휘광순회극단은 그간 토월회와 취성좌의 공연을 본 최승일과 박영호가 문제성 있는 작품으로 연극계를 새롭게 갱신하려는 의도에서 진보적 연극의 선도적 기치를 들자고 하여 조직한 극단이었다. 물론 박영호는 이 시기 카프 작가였고, 최승일도 한때 카프 작가로 활동한 바 있었다. 1920년대 말엽에 이르러 최승일은 많은 식구들을 먹여 살리기 위하여 신문사, 방송국으로 직업을 옮기다 보니 남의 사정은 모르고 김기진은 카프계의 연극부에서 최승일을 제명해버렸다. 최승일은 실천으로 자신이 카프작가라는 인식을 주기 위하여 4막 6장으로 된「고향을 떠나는 사람」을 창작하였다. 그는 서울 미곡회사 사장인 홍휘광의 후원을 받아 휘광순회극단을 조직하고 자신의 작품인「고향을 떠나는 사람」을 무대에 올려 평안남북도로 순회공연을 진행하였다. 휘광순회극단의 공연종목은「고향을 떠나는 사람」, 미국의 싱클레어의「이층 위의 사나이」, 러시아의 작가 안드레예프의「뺨 맞은 그 자식」, 박영호의「새 출발」, 최승일의「선술집」등이었다."(최창호 2002:57-58)

최창호는「고향을 떠나는 사람」을 이 시기의 극계를 대표할 수 있는 작품으로 높게 평가하면서, 그 줄거리를 다음과 같이 소개한다. 여주인공 순희는 자기가 사랑하는 호림이 가난한 집 아들이라는 이유로 집안의 반대에 부딪혀 그와 맺어지지 못한 채 부잣집 아들 영기와 강제로 결혼할 상황에 처하자 강에 투신해 자결한다. 충격을 받은 호림은 주민들의 배웅 속에 북간도로 떠나는데, 호림 아버지에게 시체 없이 장례만 치러진 순희가 실은 구조되어 살아있다는 전갈이 오고, 극은 두 사람이 다시 만날지도 모른다는 희망을 담은 채 끝난다. 최창호는 "이 작품은 호림과 순희와의 사랑 관계를 통하여 가난한 사람들과 부유한 사람들과의 대립을 심각하게 보여주면서 이 세상에는 돈이 만능이 아니라 사람이 기본이라는 것을 강조하였다. 그리고 석연치는 않지만 주인공 호림의 애국심과 그가 바라는 갈망을 암시해준다"고 평한다. 그는 또 휘광순회극단의 또 다른 공연 작품이었던 "최승일의 「선술집」은 술집에 찾아오는 가난한 노동자들을 통하여 일제의 착취 밑에 신음하는 우리 인민들의 비참상을 보여주고 있다"고 적었다(최창호 2002:66). 기이한 것은 휘광순회극단의 행적과 관련해서 최창호의 서술 외에 신문잡지 등의 또 다른 근거 자료를 발견할 수 없다는 점이다. 최승일 생애의 많은 부분이 그렇지만, 좀 더 풍부한 사료의 발굴을 통해 장차 사실 여부에 대한 확인과 논의가 이루어질 필요가 있을 것이다.

북한 쪽의 몇몇 자료는 포스트 식민의 조선 상황에서 최승일이라는 인물이 겪은 재정체화 과정을 부분적이나마 짐작할 수 있게 해준다. 특히 「'염군사' 전후」는 그가 월북한 이래 공식적으로 자신의 과거 기억과 정체성을 어떠한 틀 속에서 재구성하고자 했는지, 그 시도의 일단을 드러낸다는 점에서 눈여겨볼 만하다. '사회주의 문예 운동에 복무한 좌파 연극인'으로서의 정체성은 그가 개인적 번민과 좌절, 이념적 표류와 변화 등을 괄호치고 북한에서 다시금 확립하고자 한 정체성 형상이었던 것으로 보인다. 최승일의 입장에서 1920년대 자신이 거쳤던 이념과 이력에 대한 강조는 1930년대 중반 이후의 굴곡진 궤적이 드러낼 그의 또 다른 정체성에 대한 사회적 규정을 (의식적으로든 무의식적으로든) 차단하고 은폐하는 방편이었을 것이다. 그 과정에서 방송인, 흥행사, 영화인으로서의 친일 행적과 전쟁 협력은 고의로 삭제되거나 적극적으로 침묵에 부쳐졌다. 차폐 정체성은 당연히 개인적 수준에서도 작동하는 메커니즘일 테다. 때로는 제도적·사회적 수준에서보다 훨씬 더 강력하고 광범위하게 말이다. 최승일은 조선작가동맹에서 창작활동을 계속하다가 1966년 3월 24일 타계한 것으로 알려졌다(최창호 2002:232). 2009년 남한에서 그는 누이 최승희와 함께 민족문제연구소가 발간한 『친일인명사전』에 나란히 이름을 올렸다(친일인명사전편찬위원회 2009:733-737).

나가며:
식민지 지식인과 미디어 공간

최승일은 일제 강점기의 한 명의 문사에 지나지 않지만, 동시에 그 이상의 인물이기도 했다. 그는 당시의 적지 않은 문사들이 그랬듯, 여러 미디어와 문화영역을 넘나들며 다양한 활동상을 보였다. 1920~30년대에 최승일은 문예지 주간, 새로운 형식의 신문 편집자, 소설가, 연극 연출자, 경성방송국의 프로그램 담당자, 공연기획자 등을 역임했다. 그는 또 경성의 미디어 문화에 관한 고현학적 산문들을 남겼다. 1940년대 들어 영화제작자로 변신한 최승일은 대표적인 '친일영화'이자 군국주의 선전영화로 꼽히는 「지원병」을 제작하기도 했다. 나는 이러한 그의 경력과 실천이 단순한 개인적 특이성을 넘어서 1920-30년대 경성의 미디어 공간과 지식인이 맺고 있었던 관계의 중요한 단면을 드러낸다고 전제하고, 이를 상세히 살펴보고자 했다.

식민지 미디어 공간은 당대의 지식인들에게 새로운 기회구조와 더불어 전례 없는 경험의 장을 제공했던 것으로 보인다. 일본어와 조선어의 위계적 이중언어시장이 오랫동안 강력하게 유지되는 상황에서 미디어 공간은 문사 집단을 중심으로 하는 지식인층에게 경제적·이념적·심미적 기회를 마련해 주었다. 이러한 객관적 가능성의 장 안에 진입한 미디어 생산자들은 자신을 근대 사회에 걸맞은 주체로서 (재)정립할 수 있다는 주관적 기대를 품을 수 있었다. 물론 식민권력의 억압과 자본주의의 파행적 발전 아래 이 기회구조의 잠재력이 현실화하는 데는 숱한 장애 요소가 개입하였고, 그에 따른 굴곡은 개별 미디어 조직에 투신한 문사들의 잦은 월경과 이탈, 번민과 좌절을 낳았다. 하지만 모든 한계에도 불구하고 식민지 미디어 공간은 1920~30년대 동안 지식인층의 중요하고도 매력적인 활동 기반으로 남아 있었던 것으로 여겨진다. 더욱이 근대도시로 변모해가는 경성에서 각종 미디어는 함께 어우러져 다감각적 인상을 빚어내는 새로운 경험 공간을 구성했다. 그러한 맥락에서 문인들은 영화, 음반, 라디오 등 일군의 근대 미디어는 물론, 대도시 경성을 그 자체 감각과 의미로 충만한 거대한 미디어로 읽어내는 글쓰기 작업 또한 시도했다. 이는 그들이 변화하는 미디어 정경의 주된 구성원이자 예민한 관찰자였기에 가능한 일이었을 테다.

이러한 논의의 바탕에는 식민지 조선의 기술문화적 환경에 대해 개별 미디어를 넘어 하나의 총체로서 파악하려는 시각이 깔려 있다. 당시 신문잡지, 영화, 연극, 음반, 라디오 등 다양한 미디어는 그 생산자들이 종종 경계를 오가며 서로 겹치고, 형식과 내용 면에서도 상호 긴밀한 영향을 주고받으며 얽혀있었다. 여러 미디어가 이처럼 밀접한 연관 속에서 발전했다면, 그 소비와 수용 역시 가정은 물론 이런저런 공공장소에서 개인의 다차원적인 감각을 자극하고 계발하는 방식으로 나타났다. 나는 최승일의 다양한 미디어 경력과 글쓰기를 이러한 이중적 공간 안에서 식민지 지식인이 보여준 일종의 선구적이면서도 주체적인 반응으로 주목했다. 더욱이 그는 두 가지 점에서 개성적이고 차별적인 면모를 지니고 있었다. 하나는 그가 문학뿐만 아니라, 방송, 연극, 영화 등 여러 공간에서 당대의 중요한 문예사적 사건들과 접속하며 그 공간을 횡단했다는 점이고, 다른 하나는 그와 긴밀한 관계에 있던 주변 사람들 또한 미디어 공간의 주요 행위자였다는 점이다. 이를테면, 부인이었던 마현경과 석금성, 누이 최승희, 친구 김영팔, 안석영 등이 그렇다. 이는 미디어 지식인으로서 그의 입지와 궤적이 갖는 의미를 남다르게 만든다. 이 책에서 하필 최승일의 생애사를 통해 식민지 미디어 문화의 정경을 분석하는 접근을 취한 이유이다.

생애사는 "지배구조 재생산의 발생과 견고한 형식에 맞서, 환원 불가능한 어떤 자유가 존재한다"는 것, 그러므로 "개인적 행위 하나하나의 구체성은 사소하거나 부적절한 것으로 치부될 수 없다"는 것을 보여준다, 아니 보여주어야 한다(Lévi 1989:1334-1335). 이런 관점에서 최승일은 흥미로운 동시에 문제적인 개인이었다. 그는 주어진 구조 안에 들어가 그저 머물렀다기보다는, 나름대로 무언가 새로운 변화를 일으키려 적극적으로 노력한 인물이었다. 그는 사람들을 모으고, 그들과 함께 문학과 라디오, 연극, 공연, 혹은 영화의 또 다른 가능성을 실험해보고자 애썼다. 그러면서도 그는 자기에게 주어진 자리, 스스로 자신에게 부여한 역할을 계속해서 빠져나갔으며, 또 때로는 부득이 그래야만 했다. 그것이 그가 "열이 없어서"였는지, 싫증을 잘 내기 때문이었는지, 아니면 재능이 모자라 번번이 실패만 거듭한 탓이었는지 단언할 수 없지만 말이다. 몰락한 양반가 출신의 식민지 지식인으로서 그를 둘러싼 정치경제적 환경이 절대 녹록지 않았던 이유도 당연히 있을 것이다.

게다가 최승일은, 결국 내 능력과 자료의 부족에 기인한 문제일 테지만, 여러 조직이나 사건에서 신기하리만치 흐릿하고 모호한 형상으로만 남아 있다. 카프나 경성방송국에서 그의 구체적인 위상은 과연 어떠했을까? 또 미나도좌와 태양극단, 최승희무용연구소에서는? 신쿄우 「춘향전」 초청 공연 과정에서 그의 정확한 역할은 무엇이었을까? 그는 곳곳에서 때로는 이름만 지나치듯 나타나거나, 어떤 중요한 사건을 환기하고는 정작 자신은 뚜렷한 존재감 없이 슬며시 유령처럼 사라져버리곤 한다. 그것은 실제 그의 비중이 미미했기 때문일까, 아니면 그의 매개자, 혹은 기획자로서의 역할에 충분한 주의가 주어지지 않았기 때문일까? 최승일은 조선 민중의 계몽을 위해 프로연극을 만들고서 좌파에게 비난받았고, 일제의 지원 아래 친일영화 제작에 나섰다가 군부로부터 공격받기도 했다. 이는 그의 활동이 액면 그대로 쉽게 평가할 수 없는 복잡미묘한 성격을 띠고 있었다는 의미이기도 하다. 그렇다 보니 최승일이 과연 어떤 인물이었는지, 책을 마치는 이 시점에도 자신 있게 말하기 어렵다. 앞으로 새로운 자료의 더 많은 발굴과 역사적 맥락의 한층 정교한 재구성이 필요할 것이다.

다만 한 가지 지적할 수 있는 것은 식민지의 미디어 지식인으로서 근대적 주체가 되고자 했던 최승일의 시도가 결코 성공적이지 못했다는 점이다. 그는 짧지 않은 방송국 근무와 최승희의 국제적 활약 덕분에 상당한 경제적 안정을 얻을 수 있었지만 방송, 연극, 영화 어느 쪽에서도 괄목할만한 미학적 성취를 이루거나 인정받지 못했고, 사상적 동요를 통해 마침내 제국주의에 협력하는 편을 택했다. 이 균열 또는 실패로 이르는 과정에는 다양한 요인이 겹쳐 작용했지만, 무엇보다도 그의 기획 자체에 애초부터 새겨진 근본적인 한계의 탓이 가장 클 것이다. 즉 근대 미디어의 성장에 힘입어 생계의 걱정 없이 새로운 문예를 계발하고 민중을 위해 말하는 지식인으로 굳건히 서겠다는 욕망 자체가 일종의 허상 내지는 자기기만일 수밖에 없었다는 것이다.

식민지 체제 아래에서 근대화가 식민화의 심화와 한 쌍을 이루었듯이 라디오, 영화, 음반처럼 정치적 통제와 자본의 논리가 강력한 제약으로 작동하는 근대 미디어는 발전하면 할수록 그 종사자들에게 식민권력에 대한 확고한 복무를 요구했다. 이러한 상황에서 그들이 식민권력에 맞서 싸우거나 그것을 벗어나려면 과감한 용기와 결단이 필요했고, 그 이전에 이미 많은 고뇌와 번민을 감당해야 할 수밖에 없었다. 사실 식민지 미디어 공간 안에서 '자율적 주체'로서의 환상을 계속 유지하는 것은 거의 불가능에 가까운 일이었다. 그렇다고 해서 이 말이 미디어 종사자들의 삶과 경력에 아무런 의미가 없었다는 뜻은 결코 아니다. 성공적인 결과만이 어떤 모색과 실천이 갖는 의미의 유일한 원천일 수는 없기 때문이다.

카프 창립의 주역 가운데 한 사람인 최승일은 조선어 라디오 방송의 초창기를 개척했고 프로연극을 비롯한 신극의 발전을 도모했으며, 최승희의 세계적 성공을 뒷받침했고 다면적인 영화 「지원병」을 제작했다. 그는 또 근대 미디어의 생산자이자 관찰자로서 그것의 수용 양상과 활용 방향에 관한 글들을 다수 발표했다. 자신이 경험한 대도시의 근대적 풍경을 특유의 직관과 주의력으로 과감하게 탐독한 최승일은 그리하여 새로운 미디어와 문화 양식(템포와 감각)이 장착한 '이미 도착한 미래'로서의 형상을 분명히 드러낼 수 있었다. 거기에 대단한 사상적 깊이는 없을지라도, 진지한 고민과 날카로운 혜안이 깃들어 있다는 점마저 부인할 수는 없다. 어쩐지 그의 경력과 산문들은, 무리한 비교가 허락된다면, 독일 바이마르 공화국 시기의 브레히트와 벤야민을 떠올리게 만드는 면이 있다. 그들은 모두 작가였지만 라디오의 좌파 정치적 가능성에 매료되었고, 연극과 방송극을 쓰거나 실험했으며 영화제작에 참여하기도 했다. 그들은 또 비슷한 시기에 라디오와 영화, 그리고 근대 미디어 문화에 관한 짧지만 인상적인 글들을 남겼다(Benjamin 2008:391-396; Brecht 1970:127-141; 강재호 2014/2021:3장; Lachaud 1996).

아마 브레히트와 벤야민, 그리고 최승일 생애의 가장 큰 공통점은 점점 더 심해지는 파시즘의 광기를 그 현장에서 겪어야만 했다는 사실일 것이다. 그리고 가장 큰 차이점은 거기 어떻게 대응했는가에 있을 것이다. 브레히트는 몇 차례의 망명 끝에 미국으로 피신할 수 있었다.

진격해오는 독일군을 피해 프랑스를 벗어나려 했던 벤야민은 결국 스페인 국경을 넘지 못한 채 자살하고 말았다. 식민지 지식인이었던 최승일은 자유를 찾아 도피하거나 죽음으로 침묵하는 대신, 제국의 파시즘 체제에 협력하는 길을 택했다. 그 협력이 과연 얼마나 자발적이고 적극적인 성격의 것이었는지, 진실은 다소 모호한 채로 남아 있지만 말이다. 새로운 문화예술을 매개로 '근대'와 '세계'로 향하고자 했던 그의 갈망은 제국주의 전쟁에 대한 지지로 비극적인 마침점을 찍었다. 이는 서구 좌파 지식인과 달리, 상당수 식민지 지식인이 겪은 공동의 운명이기도 했다.

사실 최승일의 삶은 1920~30년대 조선의 좌파 지식인이 거친 일종의 전형적 궤적을 보여준다. 당시 좌파 지식인들은 경성의 프티부르주아 계급 출신에 고등교육의 수혜자이며 특히 일본 유학생인 경우가 많았다. 그들 다수는 언론계에 종사했고, 반제민족운동의 이념을 추구하면서 사회주의의 영향을 받았다. 그런데 이들 가운데 일부는 일제의 대륙침략 전쟁이 확대되고 장기화하는 가운데 민족독립의 기대를 유보하거나 상실하면서 정치적 전향에 나선다. 그들은 국제정치의 역학 속에서 일본의 위상과 세력을 재평가하고, 제국주의의 지배정책에 편승하는 데서 현실적이고 전략적인 생존의 대안을 모색했던 것이다. 중국(전근대)과의 대결에서 승리한 일본이 근대를 '완성'하고, 나아가 일본 중심의 동아신질서 수립으로 유럽 중심의 근대를 '초극'한다는 식의 이데올로기적 담론이 그 과정을 촉진했다. 그럼에도 중일전쟁 이후 좌파 지식인들의 전향은 사유체계의 진정한 방향 전환이라기보다는, 지배체제의 강압 정책에 편승한 가시적인 행동 변화의 성격이 강했던 것으로 보인다(김재용 2004; 전상숙 2004).

이러한 맥락에서 최승일의 이력은, 그 사상적 변절까지 포함해, 어떤 집단의 사회학적 특성을 드러낸다 해도 과언이 아니다. 하지만 그

412

렇다고 해서 개인의 특수한 정동과 경험과 세계관이 겪은 변화가 집합적 논리 속에서 완전히 사라지지는 않을 것이다. 염군사의 맹원으로 출발한 최승일은 일제 말기에는, 자신이 번역한 「매음부」의 작가 하야마 요시키처럼, 식민권력에 동조하는 어용 지식인이 되고 말았다. 스스로 '노력'이라는 신조를 가지고 '평등'을 주장하며 '허위'를 배척한다고 말했던 이 스무 살 젊은이, 친구로부터 "항상 자기 불만을 가질 줄 아는 좋은 벗"이라는 평을 들었던 이 사회주의자 지식인은 어떻게 마침내 파시즘과 전쟁에 협조하기에 이르렀던 것일까(〈개벽〉 1921.7; 〈영화시대〉 1932.1)? 그러한 변신은 최승일 자신의 내면에서 어떻게 정당화될 수 있었을까?

사회학적 관점에서 인간의 경력에는 언제나 어떤 불확정성, 미완의 성격이 있다. 그러므로 변화와 역동성 그 자체는 당연한 것이다. 개인의 정체성은 스스로 의식하든 그렇지 못하든, 사회적 상황 및 맥락과의 관계 속에서 끊임없이 변한다. 다만 그 와중에서도 우리가 일관되고 연속적인 정체성에 대한 주관적 감각을 지닐 수 있으려면, 서로 모순적인 사건들까지도 포용하고 설명할 수 있는 해석틀을 가지고 있어야 한다. 설령 과거와 현재의 정체성이 매우 다르다 하더라도, 우리가 통일성 있는 해석틀 안에서 그것들을 감쌀 수 있다면 자기 배반감이나 상실감을 피해갈 수 있는 것이다. 전향 같은 극적인 변신조차 마치 장기적인 계획의 일부처럼 여겨질 때, 개인은 자신의 어떤 시기가 무의미하다거나 쓸데없이 버려졌다는 인식에서 벗어날 수 있다(Strauss 1959:43, 146-147). 그렇다면 최승일은 어떤 서사에 기대 사상적 변절과 파시즘 협력행위를 자기 정체성 안에 끌어안을 수 있었을까? 혹시 그는 분열된 정체성을 봉합하려 들지 않고 그대로 내버려 둔 채 삶의 끈질긴 부조리, 인간의 끝 모를 다면성을 그냥 받아들이기로 결단했던 것일까? 하기야 개인이 자기 삶을 스스로 결정할 수 있으며 내면의 목소리에 따라 인간으로서의 참모습(humanity)을 구현할 수 있다는 진정성(autheticity)의 윤리는 근대적 주체의 또 다른 중심 원리이기도 하다(Taylor 2007:475). 최승일을 통해 재조명해본 식민지 미디어 정경의 소실점에는 일제의 패망과 조선의 해방, 그리고 많은 전향 지식인의 월북이 있다. 월북은, 그 지식인들에게는, 아마도 진정성에 기반한 자기 서사의 재구성을 알리는 새로운 시작점이었을 것이다. (*)

최승일 주요 저작

1. 시

「애(愛)와 이성(異性)」〈신청년〉 4호(1921)

2. 소설

「울음」〈신청년〉 5호(1921)

「무덤」〈신청년〉 6호(1921)

「새벽」〈신여성〉 1923.9.

「참패자」〈신문예〉 1호(1924)

「혼탁」〈신문예〉 2호(1924)

「아내」〈신여성〉 1924.6

「떠나가는 날」〈신여성〉 1924.8

「그 여자(떠나가는 날 속편)」〈신여성〉 1924.10

「기념식」〈시대일보〉 1924.10.13.

「반광(半狂)」〈시대일보〉 1924.11.10.

「김첨지의 죽음」〈매일신보〉 1924.12.7.

「새벽-어느 장편의 일절」〈신여성〉 1925.3/4

「(속)새벽」〈개벽〉 1925.4

「걸인 덴둥이」〈조선일보〉 1926.1.2.

「바둑이」〈개벽〉 1926.2

「봉희(鳳姬)」〈개벽〉 1926.4

「구세군」〈문예운동〉 1926.5 [검열로 삭제]

「홍한녹수(紅恨綠愁)」〈매일신보〉 1926.11.14.

「경매」〈별건곤〉 1926.12

「콩나물죽과 소설」〈별건곤〉 1927.1

「이 살림을 보아라」〈매일신보〉 1927.1.1.

「무엇?」〈조선지광〉 1927.2

「죄」〈별건곤〉 1927.2

「소설이 싸구료」〈매일신보〉 1928.1.1.

「종(鍾)이」〈조선지광〉 1929.1

「도회소경」〈조선일보〉 1929.3.7.

「이단자의 사랑」〈조선일보〉 1929.4.9~13.

「항쟁」〈학생〉 1929.5

「거리의 여자」〈대조〉 1930.5

「누가 이기었느냐?」〈대조〉 1930.8

3. 산문

「여성전선: 권애라씨에 대한 공개장」〈신여성〉 1924.11 [검열로 삭제]

「(제목유실)」〈시대일보〉 1924.11.24.

「겨울에 서서」〈조선일보〉 1925.1.19.

「감정의 봄 열의 봄」〈신여성〉 1925.4

「나와 화소환」〈개벽〉 1926.6

「무제」〈신여성〉 1925.10

「나와 화소환」〈개벽〉 1926.6

「신변잡사-동경행」〈별건곤〉 1926.11

「라디오, 스포츠, 키네마」〈별건곤〉 1926.12

「대목만담」〈문예시대〉 1927.1

「버러지의 말」〈조선일보〉 1927.9.22.

「당나귀, 발동기」〈중외일보〉 1927.11.16.

「공기와 연극: 무전극 이십회 방송에 제하여」〈별건곤〉 1927.12

「1927년의 조선영화계 (3): 국외자가 본」〈조선일보〉 1928.1

「무학재의 봄」〈조선일보〉 1928.3.17~3.18.

「건전한 프로문학」〈중외일보〉 1928.7.14.

「모던 히로인」〈조선지광〉 1929.2

「취직 신작로, 취직 경험담」〈별건곤〉 1929.4

「대경성 파노라마」〈조선문예〉 1929.5

「연극한담」〈조선문예〉 1929.6

「'방송국' 한담: '라디오'의 낮잠」〈학생〉 1929.11

「라디오와 전기문화」〈중외일보〉 1930.1.4.

「봄의 예언」〈별건곤〉 1930.4

「극계 만담-경성·대판·동경」〈조선일보〉 1933.9.21~9.29.

「방랑소경(放浪小景)-떠돌아다니는 사람들」〈조선중앙일보〉 1933.11.1~11.9.

「첫사랑의 추억」〈중앙〉 1934.5

「순례하는 마음」〈신조선〉 1934.10

「이국의 사랑」〈삼천리〉 1934.11

「지식과 돈이 있는 흥행사가 있으면」〈조선일보〉 1934.6.7.

「연극의 기업화」〈조선일보〉 1935.7.10.

「누이 승희에게 주는 편지」〈삼천리〉 1935.12

「연예왕래」〈중앙〉 1936.1

「그 여자와 자금산(紫金山)」〈삼천리〉 1936.2

「승희 이야기」〈여성〉 1939.6

「'신세계(新世界)' 행낭 뒷골 만보기(漫步記)」〈모던조선〉 1936.9

「승희 이야기(2)-구라파의 최승희」〈여성〉 1939.7

「조선민족고전연극론」〈문화전선〉 1947.4

「'염군사' 전후-내가 참가했던 몇 개의 프로극단에 대하여」〈조선예술〉 1957.5

4. 번역

「매음부(賣淫婦)」, 하야마 요시키(葉山嘉樹) 원작, 〈개벽〉 1926.7

『봄물결』, 이반 투르게네프 원작, 박문서관, 1926.

『홍등야화』, 아사다 소우시치(朝田摠七) 편역〈紅燈夜話〉의 재편역, 박문서관, 1926.

참고자료

신문, 잡지

<개벽>, <대조>, <동아일보>, <매일신보>, <모던조선>, <문예시대>, <문예·영화>, <별건곤>, <별나라>, <비판>, <삼천리>, <시대일보>, <신민>, <신세기>, <신시대>, <신여성>, <신조선>, <실생활>, <어린이>, <여성>, <영화시대>, <영화연극>, <제일선>, <조광>, <조선일보>, <조선중앙일보>, <조선영화>, <조선예술>, <조선지광>, <중앙>, <중외일보>, <혜성>, <京城日報>, <觀光朝鮮>, <國民新報>, <朝鮮新聞> 외

웹사이트

국립중앙도서관 https://www.nl.go.kr/
국사편찬위원회 한국사데이터베이스 https://db.history.go.kr/
대한민국 신문아카이브 https://nl.go.kr/newspaper/
한국역사정보통합시스템 https://www.koreanhistory.or.kr/
현담문고 http://www.hyundammungo.org/

기타 자료

강영수 (1948). 『신문기자수첩』, 경성: 모던출판사.
강옥희 외 (2006). 『식민지 시대 대중예술인 사전』, 서울: 소도.
곤 와지로 (1930/2000). "고현학이란 무엇인가?" 『현대문학의 연구』 15집, 262-271.
권영민 (2004). 『한국현대문학대사전』, 서울: 서울대학교출판부.
김기진 (1988). 『김팔봉 문학전집. 2 : 회고와 기록』, 홍정선 편, 서울: 문학과지성사.
김영팔(2004). 『김영팔 작품집-곱창칼(외)』, 박명진 편, 서울: 범우.
김영팔 외 (1996). 『1920년대 희곡선』, 서울: 한국문화사.
김을한 (1986). 『실록 동경 유학생』, 서울: 탐구당.
김재철 (1933). 『조선연극사』, 경성: 조선어문학회.

노정팔 (1983).『휴일 없는 메아리』, 서울: 한국교육출판.

모던일본사 (2008).『일본잡지 모던일본과 조선 1939』, 윤소영 외 역, 서울: 어문학사.

_____ (2009).『일본잡지 모던일본과 조선 1940』, 홍선영 외 역, 서울: 어문학사.

무라야마 도모요시 (1999).『일본 프롤레타리아 연극론』, 이석만·정대성 역, 서울: 월인.

박영희 (1997a).『박영희 전집 1』, 이동희·노상래 편, 대구: 영남대학교 출판부.

_____ (1997b).『박영희 전집 2』, 이동희·노상래 편, 대구: 영남대학교 출판부.

_____ (1997c).『박영희 전집 3』, 이동희·노상래 편, 대구: 영남대학교 출판부.

박진 (1966).『세세년년 – 한국의 연극 비장의 화제』, 서울: 경화출판사.

_____ (1972).『한국연극사 1기(1902-1930)』, 서울: 예술원.

_____ (1977).『남기고 싶은 이야기들』, 서울: 중앙일보 · 동양방송.

박태원 (1998).『박태원 소설선 – 소설가 구보씨의 일일』, 최혜실 편, 서울: 문학과 지성사.

복혜숙 (1960). "삼십년 전의 방송극."『방송』1, 86-87.

시노하라 쇼조 편 (1981/2006),『JODK: 조선방송협회 회상기』, 김재홍 역,
　　서울: 커뮤니케이션북스.

심영 (2002). "춘사 라운규." 김종욱 편,『실록 한국영화총서1(下)』,
　　서울: 국학자료원, 117-127쪽.

안막 (2010).『안막 선집』, 전승주 편, 서울: 현대문학.

_____ (2015).『안막 평론 선집』, 문경연 편, 서울: 지식을만드는지식.

안석주 (1984).『안석영 선집』, 서울: 관동출판사.

안종화 (1998).『한국영화측면비사』, 서울: 현대미학사.

윤백남 (2013).『윤백남 선집』, 백두산 편, 서울: 현대문학.

이덕근 (1986).『산 있고 물 있고』, 대전: 호서문화사.

이혜구 (1960). "방송 30년 종횡담."『방송』1, 56-71.

_____ (2007).『만당 음악편력』, 서울: 민속원.

_____ (2004).『한국 근현대예술사 구술채록연구 시리즈: 이혜구』, 이진원, 황준원 채록,
　　서울: 한국문화예술진흥원.

임규찬, 한기형 편 (1990).『카프비평자료총서1』, 서울: 태학사.

정병호 편역 (2021).『조선인 작가와 조선문단론』, 서울: 역락.

최승일 (2005).『최승일 작품집-봉희(외)』, 손정수 편, 서울: 범우.

최승일 편 (1937).『최승희 자서전』, 경성: 이문당.

친일인명사전편찬위원회 (2009).『친일인명사전 3』, 서울: 민족문제연구소.

한국영상자료원 한국영화사연구소 편 (2011).『일본어 잡지로 본 조선영화 2』,
　　서울: 한국영상자료원.

한국음반아카이브연구단 편 (2011).『한국유성기음반 1권 콜럼비아 음반』,

　　서울: 한걸음더.

한효 (1956/2010).『조선연극사개요』, 서울: 민속원.

황문평 (1998).『삶의 발자국 1』, 서울: 선.

佐佐健治 (1934).『ラヂオ演劇: 鑑賞と作方』. 東京 : 同文館.

『보고서, 昭和 7년』, 조선방송협회, 1933

『문예운동』2호 영인본 [『근대서지』9호, 2014]

『鮮滿大觀』1권, 大阪朝日新聞社, 1928

『신청년』1, 2, 3, 4, 6호 영인본 [『근대서지』11호, 2015]

『발굴된 과거-일제시기 극영화모음 1940년대』[DVD 영화자료, 한국영상자료원, 2007].

『조선 문예연감』, 인문사, 1939

참고문헌

가네코 아키오 (2009). "가정소설을 둘러싼 미디어 복합-1900년대를 중심으로."
　　『대동문화연구』 65호, 81-109.

강재호 (2014/2021). 『발터 베냐민과 미디어』, 곽현자 역. 서울: 커뮤니케이션북스.

권명아 (2005). 『역사적 파시즘 - 제국의 판타지와 젠더정치』, 서울: 책세상.

권보드래 (2014). "심훈의 시와 희곡, 그 밖에 극(劇)과 아동문학 자료-동인지
　　〈신문예〉 제2호 발굴에 부쳐." 『근대서지』 10호, 636-642.

권영민 (1991). "나까니시 이노스께와 1920년대의 한국 계급문단."
　　『외국문학』 29호, 108-122.

_____ (1998). 『한국계급문학운동사』, 서울: 문예출판사.

권영민·박중소·오원교·이지연 (2016). 『한국근대문학의 러시아문학수용』,
　　서울: 서울대학교출판문화원.

공임순(2013). 『식민지 시기 야담의 오락성과 프로파간다』, 서울: 앨피.

구인모 (2013). 『유성기의 시대, 유행시인의 탄생: 시와 유행가요의 경계에 선 시인들』,
　　서울: 현실문화.

김남석 (2006). 『조선의 여배우들』, 서울: 국학자료원.

_____ (2013), 『조선의 대중극단과 공연미학』, 서울: 푸른사상.

_____ (2018), 『조선 대중극의 용광로 동양극장 1』, 서울: 서강대학교 출판부.

김려실 (2006). 『투사하는 제국, 투영하는 식민지: 1910-1945년의 한국영화사를 되짚다』,
　　서울: 삼인.

_____ (2007). "조선을 '조센'화하기-조선 영화의 일본 수출과 수용에 대한 연구."
　　『영화연구』 34호, 95-123.

_____ (2011). 『만주영화협회와 조선영화』, 서울: 한국영상자료원.

김명섭 (2001). "1920년대 초기 재일 조선인의 사상단체 - 흑도회, 흑우회,
　　북성회를 중심으로." 『한일민족문제연구』 1호, 7-34.

김병철 (1978). 『서양번역문학논저연표』, 서울: 을유문화사.

_____ (1988). 『한국근대번역문학사연구』, 서울: 을유문화사.

김성호 (1997). 『한국방송인물지리지』, 서울: 나남.

_____ (2000). "우리나라 최초의 방송프로듀서." 『신문과 방송』 350호, 158-161.

_____ (2007). 『경성방송의 성장과정에 관한 연구』. 광운대학교 대학원 박사학위논문.

_____ (2013).『한국아나운서통사』, 서울: 나남.

김영근 (1999).『일제하 일상생활의 변화와 그 성격에 관한 연구:

경성의 도시공간을 중심으로』, 연세대학교 대학원 박사학위논문.

김영희 (2009).『한국사회의 미디어 출현과 수용 : 1880~1980』, 서울: 커뮤니케이션북스.

김예림 (2000). "1920년대 초반 문학의 상황과 의미." 상허학회 편,

『1920년대 동인지 문학과 근대성 연구』, 서울: 깊은샘, 181-210쪽.

김은경 (2018). "경성부민의 영화관람과 여가문화의 이중성:1910-1930년대 중반."

『일제강점기 경성 부민의 여가생활』, 서울: 서울역사편찬원, 119~176쪽.

김은영 (2018). "경성, 슬픈 노래에 열광하다: 1930년대 기생출신 여가수를 중심으로."

『일제강점기 경성 부민의 여가생활』, 서울: 서울역사편찬원, 67-117쪽.

김재석 (1995).『일제강점기 사회극 연구』, 서울: 태학사.

_____ (2017).『식민지 조선 근대극의 형성』, 서울: 연극과인간.

김재용 (2004).『협력과 저항: 일제 말 사회와 문화』, 서울: 소명출판.

김진경 (2010). "방송출연과 음반취입을 통한 기생의 음악활동."『국악교육』29호, 45-67.

김진송 (2010).『서울에 딴스홀을 허하라-현대성의 형성』, 서울: 현실문화연구.

김찬정 (2003).『춤꾼 최승희』, 이정환 역, 서울: 한국방송출판.

김현경 (2006). "근대교육의 확산과 유학의 제도화."『사회와 역사』70집, 3-32.

_____ (2008). "민중에 대한 빛- 브나로드 운동의 재조명."

『언론과 사회』16권 3호, 50-91.

류병석 (1968). "심훈의 생애 연구."『국어교육』14권, 10-25.

문경연 (2010a). "1930년대 말 신협의 〈춘향전〉 공연관련 좌담회 연구."

『우리어문연구』36호, 471-504.

_____ (2010b). "일제말기 극단 신협의 〈춘향전〉 공연양상과 문화횡단의 정치성 연구."

『한국연극학』40호, 29-60.

_____ (2017). "1930년대 후반 현철의 삼담(三談)운동과 공연사적 생멸."

『비평문학』63호, 35-60.

문경연, 최혜실 (2008). "일제말기 김영팔의 만주활동과 연극 〈김동한〉의 협화적 기획."

『민족문학사연구』38호, 305-337.

미야타 세쓰코 (1985/1997).『조선 민중과 황민화 정책』, 이형낭 역, 서울: 일조각.

민병욱 (2003). "村山知義 연출 〈춘향전〉의 공연사회학적 연구."

『한국문학논총』33집, 147-164.

박명진 (2000). "한국연극의 근대성 재론 - 20C초의 극장공간과 관객의 욕망을 중심으로."

『한국연극학』14집, 5-43.

_____ (2004). "근대극을 관통해온 김영팔의 작품세계." 김영팔 편,

『김영팔 작품집-곱장칼(외)』, 박명진 편, 서울: 범우, 456-476쪽.

박상준 (2000). 『한국 근대문학의 형성과 신경향파』, 서울: 소명출판.

박영산 (2017). "일제강점기 조선어 나니와부시(浪花節)에 대한 고찰."
『동아시아문화연구』 69집, 65-90.

박용규 (2008). "일제 강점기 사회주의 언론인에 관한 연구." 김민환 외,
『일제강점기 언론사 연구』, 서울: 나남, 121-152쪽.

박정희 (2020). "아지프로 텍스트 '벽소설' 연구." 『한국현대문학연구』 60집, 9-44.

박진영 (2004). "'이수일과 심순애 이야기'의 대중문예적 성격과 계보 - 〈장한몽〉 연구."
『현대문학의 연구』, 한국문학연구학회, 2004, 23집, 231-264.

박찬승 (2003). "식민지 시기 도일 유학생과 근대 지식의 수용." 한국사회사학회 편,
『지식변동의 사회사』, 서울: 문학과 지성사, 151-187쪽.

박현수 (2008). "박영희의 초기 행적과 문학 활동." 『상허학보』 24집, 161-199.

배연형 (2019). 『한국 유성기음반 문화사』, 서울: 지성사.

백두산 (2013). "식민지 조선의 상업.오락 공간, 종로 권상장(勸商場) 연구."
『한국 극예술연구』 42집, 53-88.

백현미 (2004). "민족적 전통과 동양적 전통 -1930년대 후반 경성과 동경에서의
〈춘향전〉 공연을 중심으로." 『현대문학이론연구』 23권, 213-245.

서동주 (2013). "1938년 일본어연극 〈춘향전〉의 조선 '귀환'과 제국 일본의 조선 붐."
『동아시아고대학』 30호, 193-229.

서석배 (2008). "신뢰할 수 없는 번역: 1938년 일본어 연극 춘향전."
『아세아연구』 51권 4호, 43-71.

서연호 (2003). 『한국연극사 : 근대편』, 서울: 연극과인간.

서재길 (2006a). "JODK 경성방송국의 설립과 초기의 연예방송."
『서울학연구』 27호, 147-173.

_____ (2006b). "공기와 연극: 초기의 라디오 예술론에 관한 소고."
『한국문화』 38집, 113-135.

_____ (2007a). 『한국 근대방송문예 연구』, 서울대학교 대학원 박사학위논문.

_____ (2007b). '제국'의 전파 네트워크와 만주의 라디오 방송."
『한국문학연구』 33권, 179-212.

_____ (2008). "1930년대 후반 라디오 예술과 전통의 문제."
〈한중인문학연구〉, 23집, 177-200.

_____ (2014). "식민지 말기 다이글로시아와 조선영화의 제국적 소비-
〈지원병을 중심으로〉." 서정완, 송석원, 임성모 편, 『제국 일본의 문화권력 2-
정책·사상·대중문화』, 서울: 소화, 227-247쪽.

소영현 (2008).『부랑청년 전성시대』, 서울: 푸른역사.

손대현 (2020). "유성기음반 소재 장한몽가와 영화극 장한몽의 존재 양상과 문학적 의미."
〈한국시가연구〉 51권, 301-329.

손정목 (1996).『일제강점기 도시화과정 연구』, 서울: 일지사.

손정수 (2005). "이념과 현실의 거리-최승일의 생애와 문학." 최승일,
『최승일 작품집-봉희(외)』, 손정수 편, 서울: 범우, 254-287쪽.

손증상 (2014). "카프의 연극대중화론과 아동극 〈少年 구루마〉의 기획."
『한국극예술연구』 45집, 35-62.

쓰가와 이즈미 (1993/1999).『JODK, 사라진 호출부호』, 김재홍 역,
서울: 커뮤니케이션북스.

신명직 (2004). "식민지 근대도시의 일상과 만문만화.", 연세대학교 국학연구원 편,
『일제의 식민지배와 일상생활』, 서울: 혜안, 277-335쪽.

심혜련 (2012).『20세기의 매체철학』, 서울: 그린비.

안광희 (2002).『한국 프롤레타리아 연극운동의 변천과정』, 서울: 역락.

야마우치 후미타카 (2003). "일제시대 음반제작에 참여한 일본인에 관한 시론-
콜럼비아 음반의 작곡 · 편곡 활동을 중심으로."『한국음악사학보』 30집, 771-811.

요시미 슌야 (1995/2005).『소리의 자본주의: 전화, 라디오, 축음기의 사회사』,
송태욱 역. 서울: 이매진.

요시카와 나기(2015).『경성의 다다, 동경의 다다-다다이스트 고한용과 친구들』,
서울: 이마.

우수진 (2011).『한국 근대연극의 형성 : 공공극장과 신파극의 대중적 문화지형』,
서울: 푸른사상.

_____ (2020).『한국 근대극의 동역학 : 식민지기 연극과 사회, 그리고 문화의 교섭』,
서울: 소명출판.

유민영 (1996).『한국 근대 연극사』, 서울: 단국대학교 출판부.

_____ (2001).『한국연극운동사』, 서울: 태학사.

유병은 (1998).『방송야사』, 서울: KBS문화사업단.

유선영 (1992).『한국 대중문화의 근대적 구성과정에 관한 연구』,
고려대학교 대학원 박사학위논문.

_____ (2004). "초기 영화의 문화적 수용과 관객성."『언론과 사회』 12권 1호, 9-55.

_____ (2009). "근대적 대중의 형성과 문화의 전환."『언론과 사회』 17권 1호, 42-101.

_____ (2014). "답례로서 연예 - 1920년대 문화적 민족주의의 연예."
『언론과 사회』 22권 3호, 112-166.

이경돈 (2018). "미디어 텍스트로 표상된 경성의 여가와 취미의 모더니티."

『일제강점기 경성 부민의 여가생활』, 서울: 서울역사편찬원, 19-65쪽.

이경분 (2020). "문화 · 정치적으로 본 신교향악단의 경성연주회(1939-1940)."
『한국예술연구』 29집, 131-154.

이기훈 (2004). "1920년대 사회주의 이념의 전개와 청년담론."
『역사문제연구』 13호, 287-318.

이덕기 (2008). "일제하 전시체제기(1938~1945) 조선영화 제작목록의 재구."
『한국극예술연구』 28집, 147-172.

_____ (2010). "제국의 호명, 빗나간 응답 -영화 〈지원병〉과 '내선일체'의 문제-."
『한국극예술연구』 31집, 239-270.

이두현 (1966). 『한국 신극사 연구』, 서울: 서울대학교 출판부.

이복실 (2018). 『만주국 조선인 연극』, 서울: 지식과교양.

이상길 (2001). "유성기의 활용과 사적 영역의 형성." 『언론과 사회』 9권 4호, 49-95.

_____ (2003). "'인텔리 위안소', 혹은 식민지 공론장의 초상."
『문화/과학』 36호, 119-139.

_____ (2005). "'새로운 커뮤니케이션사'를 위하여-연구방법론에 관한 성찰을 중심으로."
『커뮤니케이션 이론』 1권 2호, 106-161.

_____ (2008). "미디어 사회문화사-하나의 연구 프로그램."
『미디어, 젠더 & 문화』 9호, 5-49.

_____ (2010). "문화매개자 개념의 비판적 재검토-매스미디어에서 온라인미디어까지."
『한국언론정보학보』 52권 4호, 154-176.

_____ (2012). "경성방송국 초창기 연예프로그램의 제작과 편성."
『언론과 사회』 20권 3호, 5-74.

_____ (2014). "애타게 '라디오극연구회'를 찾아서-미디어 사회문화사의 방법론적
난점들." 『언론과 사회』 22권 3호, 66-111.

_____ (2015). "부르디외 사회학의 주요 개념." 피에르 부르디외·로익 바캉 (2014/2015).
『성찰적 사회학으로의 초대』, 이상길 역, 서울: 그린비, 477-538쪽.

이수은 (2017). "식민지 조선에서의 입센에 대한 인식과 번역 문제."
『한국극예술연구』 58집, 119-160.

이순진 (2007). "식민지 시대의 극영화들, 그 단절과 연속성." 『발굴된 과거-
일제시기 극영화모음 1940년대 DVD 해설지』, 서울: 한국영상자료원, 12-27쪽.

이승윤 (2007). "일제하 경성방송의 담론 생산과정과 문학의 대응."
『우리문학연구』 22집, 329-354.

이승희 (2004). 『한국사실주의 희곡-그 욕망의 식민성』, 서울: 소명출판.

이애순 (2002). 『최승희 무용예술연구』, 서울: 국학자료원.

이영재 (2008).『제국 일본의 조선영화』, 서울: 현실문화.

이응수 · 김효숙 (2017). "무라야마 도모요시의 춘향전"『일본언어문화』41호, 359-379.

이정욱 (2017). "제국 일본과 식민지 조선의 춘향전."『한국 근대문학과 동아시아 1, 일본』, 김재용 · 운영실 편, 서울: 소명출판. 319-347쪽.

_____ (2019). "일제강점기 무라야마 도모요시(村山知義)와 재일본 조선인 연극." 『인문사회 21』10권 4호, 1589-1603.

이주미 (2007a). "최승희의 '조선적인 것'과 '동양적인 것'." 『한민족문화연구』23집, 335-359.

이주미 (2007b). "'추백'의 프로문학 비판과 안막의 예술 전략." 『국제어문』41집, 115-140.

이준식 (2009). "무라야마 도모요시의 진보적 연극운동과 조선문화 사랑." 『역사비평』88호, 280-302.

이진아 (2021).『네이션과 무용: 최승희의 민족표상과 젠더수행』, 서울: 선인.

이현준 (2015). "1930년대 일본 대중문화 속의 '최승희'표상: 화보잡지 『SAI SHOKI PAMPHLET』(1~3권) 분석을 중심으로." 『무용역사기록학』, 39호, 35-55.

이화진 (2004). "식민지 영화의 내셔널리티와 '황토색'-1930년대 후반 조선영화 담론 연구."『상허학보』13집, 363-388.

_____ (2005).『조선 영화 – 소리의 도입에서 친일영화까지』, 서울: 책세상.

_____ (2011). "식민지기 영화검열의 전개와 지향.", 검열연구회 편, 『식민지 검열, 제도·텍스트·실천』, 서울: 소명출판, 540-576쪽.

_____ (2019). "예술적 동정과 제국적 관용, 그 사이의 비평 - 〈나그네[旅路]〉(1937) 이후의 조선영화와 일본영화계 - ."『한국학연구』53호, 69-100.

임경석 (2013). "1925년 전조선기자대회 연구."『사림』44집, 27-52.

장수경 (2008). "일제말기 한국영화에 나타난 혼종성 - 〈집 없는 천사〉와 〈지원병〉을 중심으로."『문학과 영상』9권 2호, 409-429.

전상숙 (2004).『일제시기 사회주의 지식인 연구』, 서울: 지식산업사.

정미량 (2012).『1920년대 재일조선유학생의 문화운동』, 서울: 지식산업사.

정병호 (2004).『춤추는 최승희』, 서울: 현대미학사.

정선이 (2000).『경성제국대학연구』, 서울: 문음사.

정수웅 편 (2004).『최승희-격동의 시대를 살다간 어느 무용가의 생애와 예술』, 서울: 눈빛.

정안기 (2018). "이인석상등병의 전사와 '죽음의 정치성'." 『일본문화학보』76호, 159-189.

정종현 (2020). "나카니시 이노스케(中西伊之助)와 식민지 조선의 '프로문학'."

『한국학연구』 59집, 35-70.

정종화 (2013). "1940년대 초반 경성의 영화흥행계." 한국영상자료원

　　한국영화사연구소 편, 『일본어 잡지로 본 조선영화 4』, 서울: 한국영상자료원, 342-356쪽.

정진석 (1992). 『한국언론사』, 서울: 나남.

_____ (1995). 『인물한국언론사』, 서울: 나남.

정충실 (2018). 『경성과 도쿄에서 영화를 본다는 것: 관객성 연구로 본

　　제국과 식민지의 문화사』, 서울: 현실문화.

조형근 (2014). "식민지 대중문화와 '조선적인 것'의 변증법-영화와 대중가요의

　　비교를 중심으로." 서정완 · 송석원 · 임성모 편, 『제국 일본의 문화권력 2-

　　정책·사상·대중문화』, 서울: 소화, 169-198쪽.

_____ (2017). "식민지 대중문화와 대중의 부상-취향과 유행의 혼종성을 중심으로.",

　　서정완·송석원·임성모 편, 『제국 일본의 문화권력 3-학지·문화매체 · 공연예술』,

　　서울: 소화, 175-210쪽.

차승기 (2013). "제국의 아상블라주와 사건의 정치학." 『동방학지』 161권 1호, 325-361.

최병구 (2013). "카프(KAPF)의 미학적 거점으로서 문예운동의 의미."

　　『근대서지』 8호, 25-42.

_____ (2017). "근대 미디어와 사회주의 문화정치." 『정신문화연구』 40권 3호, 255-279.

최유리 (1997). 『일제 말기 식민지배정책연구』, 서울: 국학자료원.

한국방송공사 (1977). 『한국방송사』, 서울: 한국방송공사.

한기형 (2002a). "잡지 『신청년』 소재 근대문학 신자료 I:

　　나도향·박영희·최승일·황석우의 작품들." 『대동문화연구』 41집, 427-494.

_____ (2002b). "근대잡지 『신청년』과 경성청년구락부." 『서지학보』, 26집, 198-205.

_____ (2015). "자생성, 혹은 내부의 시각들-〈신청년〉과 한국 근대문학 자료."

　　『근대서지』 11호, 615-629.

함충범 (2008). 『일제말기 한국영화사 1940-1945』, 서울: 국학자료원.

허태열 (2005). 『개발 없는 개발-일제하 조선경제 개발의 현상과 본질』, 서울: 은행나무.

허영란 (2000). "일제시기 서울의 '생활권적 상업'과 소비." 이태진 외. 『서울상업사』.

　　서울: 태학사, 485-539쪽.

竹山昭子 (2002). 『ラヂオの時代』. 京都: 世界思想社.

NHK 編 (1977). 『放送の五十年: 昭和とともに』. 東京: 日本放送出版協會.

Atkins, E. T. (2010). *Primitive Selves: Koreana in the Japanese Colonial Gaze,*
　　1910-1945. Berkeley: University of California Press.

Benjamin, W. (2008). *The Work of Art in the Age of Its Technological Reproducibility, and Other Writings on Media*. Cambridge: The Belknap Press.

Brecht, B. (1970). *Ecrits sur la littérature et l'art 1*. Paris: L'Arche.

Lachaud, J.-M. (1996). Walter Benjamin et la radio. *Europe*, 804, 91–101.

Lévi, G. (1989). Les usages de la biographie. *Annales ESC*, 44(6), 1325–1336.

Löwy, M. (1989). *Redemption et Utopie*. Paris: PUF.

Morley, D. (2007). *Media, Modernity & Technology*. London: Routledge.

Pratt, M. L. (1991). Arts of the Contact Zone. *Profession*, 33–40.

Strauss, A. (1959). *Mirrors and Masks: The Search for Identity*. Illinois: The Free Press.

Taylor, C. (2007). *A Secular Age*. Cambridge: Havard University Press.

#부록

최승일
산문선

일러두기

- 제목은 원문을 그대로 살렸다.
- 우리말과 외래어는 현대식 표기법을 따르되 가급적 원문을 살렸다.
- 명백한 오탈자는 수정했으며, 한문의 오기로 보이는 것은 수정하고 각주에 원문 표기를 남겼다.
- 한자는 원문 기재 여부와 관계없이 필요한 경우에만 병기했다. 한자는 한국식 독음으로 표기한 경우 일반괄호 안에, 일본식 또는 중국식 독음으로 표기한 경우 대괄호 안에 표기했다.
- 해외 인명은 현대식 외래어 표기법에 따라 표기했다. 단 원문에서 인명 한자의 한국식 독음을 한글로 표기한 경우는 원문을 따랐다. 인물에 관한 정보는 최초 등장에 한해 각주나 괄호에 남겼다.
- 지명은 한자어의 한국식 독음으로 표기했으며 필요에 따라 현대식 명칭을 병기했다. 원문에서 외래어를 사용한 경우에는 원문을 따랐다.
- 회사, 극단, 건물 등의 고유명사는 원어로 표기하는 것을 원칙으로 하되 경우에 따라 한국식 독음으로 표기했다.
- 일본식 표현은 한자어의 한국식 독음으로 표기하고 일본식 독음을 병기했다. 다만 원문에서 일본어를 한글로 표기한 경우 원문을 살렸다. 그 뜻은 괄호 또는 각주에 남겼다.
- 원문의 하이픈(-)과 대시(—)는 가독성을 위해 마침표나 쉼표 등으로 대체했다. 단 대시가 단어의 연결이나 의성어 등에서 장음을 표현한 경우, 하이픈이 삽입어구 또는 글의 자연스러운 흐름을 나타내는 경우에는 원문 표현을 그대로 사용했다.
- 마침표, 쉼표, 물음표는 원문을 따르되 필요에 따라 추가하거나 수정했다.
- 괄호의 시작과 끝이 맞지 않는 경우 수정했다.
- 대화, 인용, 강조의 뜻으로 사용된 원문의 겹낫표와 홑낫표는 큰따옴표 혹은 작은따옴표로 수정했다.
- 신문, 잡지는 겹화살괄호(《》), 연극, 무용, 공연 등 제목은 홑화살괄호(〈〉), 책은 겹낫표(『』), 글 제목은 홑낫표(「」)로 표기했다.
- 숫자 표현은 경우에 따라 아라비아 숫자, 고유어, 한자어 등으로 고쳐 썼다.
- 문단 구분과 줄 나눔은 가급적 원문을 따랐다.
- 정확히 알아보기 어려운 글자는 ■로 표시했다.
- ×, 생략, 전략, 후략 등은 원문 그대로이다.
- 필요한 경우 대괄호([ ])로 단어의 뜻이나 문장 내용을 보충했다.
- 각주는 모두 편역자의 것이다.

(제목 유실)

[문예지]《창조(創造)》의 후신인《영대(靈臺)》가 나서 3호에 이르렀다. 문학 입문! 문사(文士) 등용문! 그리고 또 무슨 제목 밑에《조선문단》이 나와 2호에 이르렀다. 후자는 근어(近於) 허영(虛榮) 유인(誘引)! 희이가소(喜而可笑)!

　민중예술! 프롤레타리아 문학! 깃발 밑에서 싸우는 전사가 생겨났다. 그들은 적막하게도 아직 산전(散戰)이다. 오호(嗚呼)!

　세 신문에 '동(東)', '조(朝)', '시(時)' 문예란이 생기었다.[1] '동'은 문예란으로 하여서 압수의 박해를 받았다. 장쾌(壯快).

　'조'에는 월평이 생겼다. 반가운 일이다. 좋은 일이다. 기쁜 일이다. 문단에도 다사(多事)의 추(秋)가 이르렀다.

　새빨간 감각 위에다 DA·DA라고 써 가지고 나오는 다다이스트가 생겼다. 문단에 기상(寄像).

　《개벽(開闢)》11월호에 전에 못 보던 소설 두 개가 생겼다.[2] 새 느낌,

1　'동(東)', '조(朝)', '시(時)'는 각각《동아일보》,《조선일보》,《시대일보》를 가리킨다.

새 방식, 평은 그만두고, (김해군[金海君]이 아니까) 하여간 1924년 시절에서는 못 보던 독특한 수확이다.

아직도 답답한 온돌방 속에서 '인간고(人間苦)'이니 '영(靈)의 세계'이니 하는 소(小) 부르주아의 선하품이 있다. 가가(呵呵)[3]?!

또 그리고 어쩔 줄을 몰라 허둥지둥 갈팡질팡 하는 재 가루 먹는 '회색'의 인(人)이 있다. 가련!

모든 것이 혼돈이다. 혼돈 속에 파묻힌 문단도 혼돈이다. 전선이 몽롱하다. 이 땅덩어리 위에 선 이들은 어서 태도를 똑바로 갖■고 선 곳을 밝혀야 하겠다. 급무!

유령 문사가 생겼다. '청춘이니' '사랑이니' '불꽃이니' 하는 마취제를 가지고 애매한 형제자매를 유혹(誘惑)○○○시켜 가지고 주머니 속에 '돈' — 밥값 — 을 빼앗는 스리[4] 도적 유령 문사가 생겼다. 매장가(埋葬可).

이리하여 조선에 문단은 암연(闇然)한 가운데서 꿈틀거린다. 움직인다. 장차 이 속에서 어떠한 것이 튀어 나려느냐? 나는 명백히 그것을 본다.

아주 막다른 골목, 막다른 단애(斷崖)까지 이른 우리의 생활 속에서 어떠한 것이 우러나온다는 것은 내가 말 아니해도 제군(諸君)이 더 명백히 알리라.

왜? 문학은 생활의 필수품이고 예술은 노동품(勞働品)이니까. 이 외에 더 무엇이 있느냐? 더 무슨 딴 조건이 있느냐? 더구나 조선이란 땅덩어리 위에서 사는 자식 [원문 유실] 에서 움직이는 문단은 반드시 태양

---

2   《개벽》1924년 11월호에 실린 김기진의 「붉은 쥐」와 박영희의 「이중병자」를 가리킨다.
3   가소로운 웃음소리.
4   소매치기를 뜻하는 일본어.

을 얻어 보자는 반역의 문학이 생길 것은 밝은 불보다 더 밝다. 그렇다, 움직이는 문단에서 태양을 찾아라 동무여!

만일 여기 호응하지 않는 자 있거든 동무여! 전투를 개시하자. 저 유령 문사, 수음 문사의 전선에다 다다이스트의 오줌을 누고 포로 동지의 철봉을 내리자.

그리고 우리는 우리의 태양을 찾자. 우리는 우리의 태양을 얻어 보자. 아, 그 태양이 그리웁다. 컴컴하고 흐릿한 조선이란 하늘 밑에서 그 태양이 그리웁다.

밥을 못 얻어먹는 민중에게는 밥을 주라는 문학이 필요하겠으며 밥을 달라는 예술이 긴요하다. 과거에 있어서는 문학은 '부르주아'의 반찬거리가 되었으며 희유품(戲遊品)이 되었지만 현재 우리에게는 밥이 되어 있다. 무기가 되어 있다.

우리의 생활은 지금 '우리'를 위한 문학이 되어 달라고 부르짖으며 우리의 문학은 지금 너를 위한 '내'가 되겠다고 가까이 왔다. 혼돈의 문단은 정체를 찾아 들어서야 하겠다.

이리하여 조선의 문단은 움직인다. (11, 11, 草)

《시대일보》, 1924년 11월 24일)

현해(玄海)

"거짓말이 말아, 거짓말."

"아녜요. 아버지가 아버지가 정말 가 있으세요. 대판(大阪, 오사카), 대판 있으세요."

"너 아버지는 시골 있는데 가긴 어델 가 어데. 말이 말아. 네 가장(家長) 따라가는 것이지. 가장이 먼저 가서 오라고 한 게지. 이 여러 식구가 어델 간다구 그래, 어델 가. 남의 집에 가서 드난살이 해, 드난살이."

말라빠진, 발육(發育)도 잘 되지 않고 머리통에 부스럼은 나서 파리들이 들꾀는 어린아이를 등에 업고 비지땀을 흘려 가면서 어떤 젊은 여자 하나는 가만히 아무 말 없이 서서 있다.

"거짓말이 하면 안 돼. 누가 보내나. 이걸로만 몇십 년을 해먹은 내가 그렇게 쉽게 속아?"

채플린의 수염 나듯이 윗입술 위에 수염이 서투른 어린애의 한 일(一) 자 쓴 모양으로 붙어 있는 관리는 그렇게 짐작 잘하고 추리기 잘하는 것이 그 무슨 큰 영예나 되는 듯이 깔깔 웃는다.

그 주고받고 하는 말소리, 듣기에도 고약한 웃음소리는 한데 섞이어 훗훗한 시금털털한 노동객들의 틈으로 나와 가지고 넓은 부산의 앞바다! 그 물 위로 바람을 좇아 흘러간다.

부산의 부두. 오른쪽으로 높이 솟아 있는 세관의 한편 방을 치우고 수상(水上) 경찰서 서원(署員)인 듯한 분 4, 5인(人)은 길게 가로막힌 테이블의 저쪽으로 몰려오는 군중들에게 향하여 호령이 추상같고[5] 한편으론 어찌하면 이 난관을 면하나 하는 실직 기아의 민중들은 있는 말 없는 말로써 이 굳센 성벽을 무너뜨리고 저편 넓은 바다를 건너 알지 못하는 곳! 막연히 생각되는 행복의 나라(?)로 달음질치려 하는 민중! 그들은 찌는 듯한 염천(炎天) 아래에서 비지땀을 흘리면서 자기의 차례가 돌아오기를 기다린다.

8월 7일 밤에 동경역에서 한(韓) 군과 같이 일본을 가려고 기차를 타고 익일 9시경에 부산 잔교역에 내려 곧 배를 타는데 잔교에서 갑판으로 올라가는 층층다리에서 나는 어떻게 되어서 일본 양반으로 보였던지 무사히 통과가 되고 초행인 한 군이 붙들려 정차장 밖으로 나가는 것을 보고 곧 뒤를 쫓아가니 위에 이야기한 정경이 내 눈 앞에 보인다. 한 중간쯤 되어서 한 군의 차례가 왔다. 나는 미리 옆에 가서 몇 마디 말을 일러두었다.

"성명이 무어."

"韓××요."

"몇 살이야."

"열아홉이요."

---

5   호령 따위가 위엄이 있음.

435

"무엇하러 가?"

"공부하러 가오."

"학비는?"

"아버지가 대어 주오."

"자산(資産)은."

"한 삼만 원 되오."

이리하여 완전히 그 난관을 넘어서게 되었다. 삼만 원은 웬 삼만 원. 피천 샐 닢 없는[6] 놈이 엉터리없이 삼만 원을 부르는 바람에 얼른 도장을 찍어 주는 것을 보니까 속으로 여간 우스운 것이 아니었다. 통쾌하다. 이래야만 산다. 하는 수 있느냐?

배 안에 들어가니 벌써 자리는 영가미상[7]들이 다 차지를 하고 남아니 당하는 꼴을 당하고 늦게야 오르는 우리에게는 자리조차 변변한 것이 있을 리가 만무하다. 이리저리 돌아다니다가 어찌어찌하여 그래도 이런 꼴 저런 꼴을 같이 당하는 사람이나 혼자라 유랑, 이산(離散)의 동포들의 틈에 가서 한몫을 끼게 되었다. 배는 흔들린다. 아마도 잔교를 떠나나 보다. 밖에 나가보니 갑판 위에 이 모퉁이 저 모퉁이에 상투 위에다가 그대로 밀짚 벙거지를 뒤집어쓴 이 뚫어진 양말에다가 고무신을 신은 이들이 혹간 그 중에는 무엇인지 깊은 감개와 회상과 장탄(長歎)이 있는 듯이 정신을 잃고서 차차 멀리 보이는 산비탈 위에다가 위험 작업이나 하여 놓은 듯이 지어 놓은 초가집 오막살이를 바라다보고 있다. 배에 오를 적에 떠들썩하는 때와는 아주 딴판으로 다소간 조용하고도 웬일인지 어느 구석엔지 어설픈 비참한 기분이 떠도는 듯싶다. 나는 배 속으로 도로 들어와 드러누웠다. 배의 앞머리가 물결을 치는 소리 점점 높아 간다. 양 옆에서는 앙잘앙잘하는 일본 양반들의 이야기 소리! 들뜬 경상도 손님네들의 거친 말소리가 섞여 휘돈다.

"아이 내 이 배 타느라고 고생도 무척 하였네."

"자네야 어데 고생했나! 내사 노비(路費)도 다 묵어 버리고 참 큰일이네."

처음으로 가는 친구들의 이러한 대화가 커다란 경상도 사투리로 주고 받고 할 때 아마 일행 통솔자인 듯한 하나는 주머니에서 [담배] 시키시마[敷島] 한 개를 꺼내 빼어 물면서

"가면 곧 될걸, 으째 그러노. 돈벌이 하러 가면서 그만한 돈도 아니 쓰고 뭐 할러 가노."

경상도 친구로는 꽤 갈그랑갈그랑한[8] 친구였다.

그는 억지로 지어 웃는 웃음과 같은 가급적 쾌활한 웃음을 웃는다. 일동 중에도 쓰디쓴 기운 없는 웃음을 웃는 이가 있다.

"이 사람 말 말게. 부모처자는 으찌 하고."

그렇다! 시키시마에 처자가 굶고 마사무네[正宗, 정종]에 집이 떠나간다. 나는 이렇게 생각을 하면서 한 군의 얼굴을 건너다보고는 돌아드러누웠다.

"아이구 내야말로 우리 마누라가 으찌 된 줄 모르겠다."

이러한 영탄의 소리가 뼈에서 사무쳐 나오듯이 누구의 입에선지 흘러나오는 소리가 들린다.

"요보[9]는 참 온순한 백성이어요."

"네. 참, 또 그리고 지성(至誠)스럽게 우리에겐 하여주더구먼요."

"그렇고 말고요. 그야 우리가 저희들의 주인이니까!"

하고 주고받는 그 무슨 승리자의 웃음소리와 같은 행복을 느끼는

---

6   가진 돈이 한 푼도 없음.

7   영국, 캐나다, 미국 상인으로 추정되지만, 확실치 않다.

8   원문에는 '걀캉걀캉'으로 표기되어 있다.

9   일제 강점기에 일본인이 조선인을 부르는 데 쓰던 말.

이야기 소리가 나의 드러누운 오른편쪽에서 일어난다. 발가벗고 훈도시[10]만 차고 다다미 쪽 위에 배때기를 문지르면서 사이다를 기울이며 이야기가 너저분하다.

"강경은 참 좋은 곳이라지요?"

"네. 좋은 곳이고 말고요. 조선의 중부 지방치고는 그만한 옥야(沃野)는 없을 걸요."

"그럴걸요. 강경에서 무엇을 경영하시고 계신가요?"

"경영하기는 과수원을 경영하고 있고 또 수리조합(水利組合)에 일도 보고 있습니다."

"그럼 바쁘시겠습니다."

"바쁜 것도 별로 없어요. 과수원은 요보 중에 충복(忠僕)이 있어서 우리 마누라 하고 보고 있고 나는 온전히 수리조합 일만 보고 있는 셈이니까요."

"네 그럼 퍽 좋으시겠습니다. 어디까지 가신다 하였지요?"

"나의 향리까지 갑니다. 복강(福岡, 후쿠오카)이올시다."

"네, 그러십니까?"

이번엔 묻지도 아니하는 말을 가장 자랑하듯이 나의 생활은 이만큼 안전하게 되었고 또한 여유가 있게 되었다는 설명이나 하는 것처럼.

"이번에 내지행(內地行)은 가족을 통 데리러 갑니다. 가족이라야 육십 노모와 칠십 노부가 있고 내 동생은 촌역소(村役所, 무라야쿠바)[11]에 다니는데 그 동안에 고생도 무척 하였을 것이올시다. 이번에 가서 전부 다 데리고 올 작정이올시다. 아무렇게 조선 와서 굴더라도 거기서 촌역소에 다니는 것보다는 나을 것이니까요."

"그렇고 말구요. 그렇다 뿐이겠습니까? 조선은 참 좋은 곳이에요. 조선의 땅은 아직도 황지(荒地)가 많지 않습니까?"

"그렇지요. 땅을 인구에다 비교하면 아직 인구가 적은 셈이지요.

아이, 일본은 좁아서 원."

"참 그래요. 몰라서 그렇지 참 조선이나 만주에 가서 살 만하지요."

"그렇고 말구요. 나도 신의주 가서 한 5, 6년 동안 영림창(營林廠)[12]과 관계를 맺어 가지고 벌목 장사를 하였더니 지금은 어쨌든 형편이 괜찮습니다. 더구나 그쪽 요보는 꾀를 부릴 줄을 모르고 일을 하거든요. 참말 감심(感心)할 만한 백성이에요."

"참 정말 그래요."

나는 웬일인지 이외에 더 듣고 싶지 아니하였다. 좀 일어나 갑판 위로라도 나가려 하였으나 배는 이미 현해탄의 중간쯤 들어와 있는지라 다소 배가 좀 몹시 흔들린다. 나는 도로 고개를 돌려 반듯이 드러누웠다. 내가 꿈적거리는 것을 본 그 텁석부리 벌목 장사는 나에게 향하여

"어디까지?"

어설프게 묻는다. 꽤 저분저분한 친구다.

"동경까지."

"음!?"

"공부하러?"

"여행 가오."

"음!?"

더욱 이상스러운 모양이다. 내가 억지로 저희들의 말대꾸를 하는 눈치를 채더니 별안간 묻기를,

"조선엔 돈 가진 양반은 무척 가지고 있고 가난한 사람은 한 푼도 없으니 어쩐 일인가요?"

---

10   일본의 성인 남성이 입는 전통 속옷.
11   동사무소 등 마을 행정을 담당하는 관공서를 이르는 일본어.
12   대한제국에서 압록강과 두만강 주변 삼림에 관한 일을 담당하던 관아.

"당신이 조선 와서 돈을 많이 벌어 보았다면서 그것도 모르오?"

무슨 소린지 모르는지 대답이 문문히 아니 나오는 모양이다.

"그러기로 우리야 알 수가 있소?"

"다 이유가 있지요."

"무슨 이유. 참, 조선엔 아직까지도 보통 일반에게 보편적 교육이 모자라다더군요. 아마 그 이유인가요?"

어줍잖게 벌목 장사가 교육 문제는, 섭섭하나마 이렇게 생각을 하고서

"글쎄. 돈 모으고 생활을 여유 있게 만드는 데 다소 교육 문제도 있겠지만 근본 이유가 있는 것이겠지요."

이렇게 대답한 나의 태도가 극단의 냉정한 태도였던지 다시는 잇새를 어우르지도 아니한다.[13] 가슴이 답답하고 얼굴에 상열(上熱)이 되어 못 견디겠다.

바다도 푸르고 하늘도 푸르다.

배는 지금 물결이 용솟음치듯이 하늘이 올라가는지 물결이 내려가는지를 모르게 일어나는 그 가운델 칼로 베듯이 쏴-쏴 소리를 내면서 아무것도 아니 보이는 다만 저편만 바라보고 달아난다. 뱃머리에 부딪히는 흰 물결은 서리와 같이 부서져 버리나 역시 그곳에 떨어지고 만다. 며칠 전에 이곳에 고우(故友) 김우진(金佑鎭) 군과 윤심덕(尹心悳) 씨의 죽음이 여기서 있었겠지? 하면서 바다를 뚫어질 듯이 들여다보고 있었으나 바다는 역시 바다의 물결의 푸른 것만 나에게 보일 따름이다. 그리하여 다시금 여태껏 해결치 못한 두 죽음의 문제에 대하여 바다를 향하고 결론을 지어 보려 하였으나 다만 가슴만 막막하고 아무 해결이 나서지 아니한다. 다만 두 죽음의 소식을 듣고 보니 웬일인지 세상만사의 허무만 느낄 따름이고 따라서 과거, 그들의 과거의 편편(片片)만이 머리

위에 떠오를 따름이다. 일찍이 동경서 극예술협회에 대하여 의논하던 일 — 고전정(高田町, 다카타쵸) 우리 집에서, 또한 호치[報知] 홀에서 학생 극을 상연할 때 서로 미래의 포부를 말하며 가장 마지메하게[14] 그 극 1막을 연출하던 생각이며, 또한 올봄에 그가 서울에 올라왔을 때 고한승(高漢承) 군의 집에서 나에게 조선의 사회운동 전선이 분리되는 데 대하여 그 원인과 장래의 추측을 나에게 질문한 데 대하여 졸견(拙見)이나마 이야기한 적이 있던 것이 생각난다. 또한 윤 씨에게 대하여는 어느 날인가 그가 그의 동생과 일본을 향하여 떠나려고 하던 날, 그 전날 밤에 라디오 방송국에 와서 마이크로폰 앞에서 가극 〈춘희(椿姬)〉 중의 일부 — 주인공이 혼자서 애타는 가슴을 하소연하는 장면의 노래를 방송하고는 밤비는 축축이 내리는데 자동차도 아니 타고 혼자서 너털웃음을 의미 없이 웃어대며 걸어 나가던 생각이 난다. 다만 이것뿐이다. 나로서는 모른다. 미해결의 죽음, 또한 그 죽음에 대하여 비판 — 냉정이고 무엇이고 간에 — 도 하고 싶지 않다. 다만 아까운 동무가 죽었다는 그것뿐이다. 부질없이 과거의 인(人), 그보다도 그들의 죽음에 대하여 이렇다 저렇다 말하는 것은 오히려 어리석은 일이다.

참으로 아까운 동무가 죽었다. 다시금 생각할 때 심(沈) 군과 고(高) 군[15]과 내가 셋이서 붙들고 울던 생각이 나며 나는 바다를 들여다보고 또한 울었다.

생활, 학대, 추방, 연애, 인생, 바다, 이 여러 가지가 굵은 모래알이 되어서 다만 나의 머리를 때릴 뿐이다.

나는 그때 바다를 보고 있었는지 하늘을 보고 있었는지?

---

13 한마디 말도 없다는 뜻의 비유적 표현.
14 마지메[眞面目]. 진지하고 성실함을 뜻하는 일본어.
15 심훈과 고한승을 가리키는 것 같다.

동경(東京)

하관(下關, 시모노세키)서 동경까지는 다만 더위와 검은 연기 속에 싸여 그대로 지나가게 되었다. 다만 그 가운데 기억이라고 남은 것은 신호(神戶, 고베)를 채 못 미쳐 명석(明石, 아카시)의 절경, 빨리 달아나는 기차의 바퀴 아래에는 곧 뇌호(瀨戶, 세토)의 바다 — 푸른 물결이 잔잔히도 가만히 있다. 또한 [교토에 있는 호수] 비파호[琵琶湖, 비와호]의 승경(勝景)! 고요히 쟁반 위에 담은 물과 같이 흐르고 있는 호수 위에 고깃배, 헤엄치는 사람들, 더운 기차 속에서 내다보기에 얼마나 시원한지 몰랐다.

동경역에 내려 사방을 휘둘러볼 때 어디선지 "오빠" 하고 달려드는 애는 오래 그리웠던 나의 동생 승희였다. 그러고 이시이[石井] 씨.[16] 다만 아무 말 없이 '플랫폼'을 나와 가지고 다시 성선(省線, 쇼센) 전차[17]에 몸을 실었다. "아버지 어머니 안녕하세요." 이국의 정조가 아주 꽉 차게 흐르는 그 애의 몸맵시 — 말조차 얼얼하는 조자(調子, 쵸시)[18]이지마는 어쩐지 퍽 감격하게 가슴을 찌른다. "그래." 하는 대답과 함께 그 애는 눈물을 머금는다. 대단히 클 대로 컸다. 나이 겨우 열다섯에 비록 이국의 생활이건마는 퍽 기분이 활발해 보인다. 쭈그러짐이 없이 제 마음대로 자란다는 것만은 본때 있는 일이었다.

무장(武藏, 무사시)역에서 내려 비록 캄캄하여 모르겠으나 풀벌레 소리 많이 나는 수풀 속으로 마치 공원에 산보하는 격으로 얼마 동안 걸어가다가 이시이 바쿠 무용시연구소(石井漠舞踊詩研究所)라는 흰 말뚝이 박힌 곳에 한 집 걸러 들어가 가지고는

우선 응접실에서 옷을 벗은 후 따뜻하게 끓여 놓은 행수(行水, 교즈이)[19]에 들어가 목욕을 한 후

"모든 이야기는 내일로 미루고 오늘은 일찍 주무시오. 나도 자겠소이다."

하는 이시이 씨의 말을 좇아 곧 2층으로 올라가 우리 남매는 고나미[小浪] 씨의 방을 잠깐 실례하여 가지고 자리에 누워 — 나란히 누워 새벽이 오는지도 모르고 집안 이야기 저 지내는 이야기 내가 이르는 이야기로 소근거렸다.

동경은 더웠다. 비록 시외이고도 삼림 가운데였으나 가만히 앉아 있어도 등에서 땀이 흐른다. 이튿날 되는 그날 저녁때 넘어가는 석양이 죽림(竹林)에 빗기어 있을 때 응접실에 창문을 열어 젖혀놓고 맥주와 닭고기를 앞에다 놓고서 우리는 이야기가 벌어졌다.

"아무리 생각하여도 조선에서는 훌륭한 예술이 생길 것 같은데."

이시이 씨가 먼저 입을 벌린다.

"글세, 그 말쑥한 하늘, 그 대륙적 기분이 농후한 산천. 반드시 훌륭한 예술의 존재가 있을 것 같더군요."

작곡가 후지이[藤井] 씨는 이렇게 붙여 말한다.

"더구나 환경이 이상한 환경이니까."

성악가 사이토[齋藤] 씨는 이렇게 뒤를 댄다.

이리하여 조선의 예술 운동이, 아니 조선인의 환경 이야기, 나중엔 정치 문제까지 이르러 서로 의견을 주고받고 하였다. 나는 일본의 현시(現時) 문예 운동은 대다수가 다 '부진면목(不眞面目, 후마지메)'[20]하다는 이야기까지 하게 되었다. 그들은 수긍하였다. 무장야(武藏野, 무사시노)의 대숲 속에서 서로 가슴을 틔워 놓고 압박 피압박의 민족을 한층 건너뛰어서 적나라하게 그들과 이야기하게 된 것이 얼마나 내게는 상쾌한 일인

---

16 이시이 바쿠[石井漠, 1886~1962]. 최승희의 무용 스승.

17 일본 국유 철도 전차의 구식 명칭.

18 상태를 뜻하는 일본어.

19 목욕재계 또는 목물을 뜻하는 일본어.

20 불성실함을 뜻하는 일본어.

지 알 수가 없다. 그들과 나의 대화가 약 두세 시간. 다 쓰자면 이로 쓸 수가 없다. 또한 허(許)하지 않을 것이다. 자, 이제는 고국의 친구나 찾던 이야기나 하자꾸나.

상야(上野, 우에노) 공원을 왼편으로 꺾어 가지고 그다지 시가의 시끄러운 소리가 들리지 않는 곳에 있는 김복진(金復鎭), 안석영(安夕影), 이승만(李承萬) 군을 찾았다. 참으로 의외이다. 서로 반기었다.

김 군, 안 군, 이 군, 우리는 자본주의의 화석인 은좌(銀座, 긴자)의 콘크리트로 단단히 굳어진 길바닥을 걷던 생각이 그저 남아 있겠지?

"빌어먹어도 밖에 나가 빌어먹는 것이 낫겠어."

하던 김 군의 소리가 그저 귀에 남아 있다. 왜 우리는 오늘날 이 지경이 되었느냐 말이다. 동무들뿐이 아니다. 나는 연락선에서도 보았다. 남으로 일본, 북으로 만주, 더 들어가서는 러시아.

오늘날 우리는 누구나 입으로 빌어먹자면 일본이나 만주! 일하자면 러시아를 찾게 된다. 마땅하다. 정해 놓은 팔자이다.

아, 동무여! 어디를 가서 빌어먹든지 부디 잘되었다, 잘돼, 잘된다는, 다만 이것뿐이다. 세계 어디를 가든지 조선인의 존재 — 조선인이 잘되어 있다는 것만이 오늘날 와서는 다만 한 개의 우리의 희망이다. 나는 유태(猶太, 유대)를 생각한다. 지나간 날의 피난을 생각한다. 피난의 민족은 자기의 억울함을 어디다가 하소연할 길이 없었다. 그리하여 그들에게는 세계적 음악가가 생기게 된 것이다. 유태인을 보아라. 나는 이 위에 더 말하고 싶지가 않다.

모처럼 고생을 하고 모처럼 무슨 생각이 있어서 집이라고 찾아 들어와 보니 기가 탁 막힌다. 숨을 쉴 수가 없다. 가족들은 다들 누렇게 병들어 있다. 옴치고 뛸 수가 없다. 이상(理想)도, 아무것도 소용이 없이 되었다. 이렇게 되면 있어서는 무엇을 하니 또다시 이 집을 떠나 나가거라. 집은 텅텅 비워 놓아도 좋다. 아무도 없어도 좋다. 지킨다는 것이 극도의 고통에 이르러서는 우스운 것이 된다. 자, 나갈 사람은 나가거라. 가서 어딜 가든지 잘 되었다. 우리가 잘된다는 것이 어디를 가서든지 우리의 집안의 존재는 곧 말없이 알리는 것이 되고 만다.

　김 군, 안 군, 이 군, 우리는 여름날 뜨거운 햇빛 아래에서 자본주의가 단단히 깔린 은좌의 콘크리트 길바닥을 걸었었지?

겸창(鎌倉, 가마쿠라)

겸창 해안의 가이힌[海濱] 호텔의 제5호실. 모처럼 3, 4년 만에 진재(震災)[21] 이후의 동경에 발을 들여놓은 지 불과 4, 5일만에 별로 돌아다니지도 못하고 더구나 더위에 쪼들리고 참으로 어찌나 더운지 기가 탁탁 막힐 지경이기 때문에 다녀 볼 용기도 나지 않을 뿐 아니라 동경의 얼굴을 은좌만 한 번 휘돌아 보았으니 이만하면 그만이었다. 또한 한 가지 기억에 남은 것이다. 성선[쇼센]을 타고 목백(目白, 메지로)-지대(池袋, 이케부쿠로)를 지나갈 때 4, 5년 전에 로맨틱하게 세월을 보내던 지나간 날의 나의 생활하던 생각이 나서는 다시금 약간 옛 기억이 새로워지는 동시에 좀 달디달았다.

　동경 역에서 횡수하선(橫須賀線, 요코스카센)의 전기철도에다 몸을 실으니 우선 몸이 선듯선듯해지는 것이 동창(東窓)을 열어젖힌 채 그대로 터널로 들어가는 맛이란 참 빙고(氷庫)에나 들어가는 듯이 시원하였다.

　버글버글 끓는 동경에서 비교적 조용한 겸창에 와서 내리니 벌써 기후가 다르다. 저녁때면 더욱 시원하다. 응접실과 침방(寢房)이 한데 붙은 기다란 방 하나를 혼자 맡아 가지고 노대(露臺)[22]에 앉아 은주전자에서 나오던 차디찬 홍차를 마시면서 귀로는 바로 그 앞바다의 물결이 들이치는 굉장한 소리! 종일을 그 소리만 듣고 앉아 있어도 싫증이 아니 난다. 가슴만 점점 더 시원하여질 뿐이다.

여름 바다의 유혹, 사람의 몸과 마음을 끌어 잡아들인다.

또한 내 눈앞에 보이는 것 유탕(遊蕩), 방종, 화려, 호사, 미인, 그것뿐이다. 돈 많은 영미(英米) 놈의 돈지랄. 나는 생전에 처음으로 한 번 호사를 하여 본 것이었다. 그러나 거북한 것이 있다. 방안에서는 셔츠 바람에 맨발로 있는 이시이 씨가 부리나케 옷을 갈아입는다.

"어디를 가시나요?"

"잠깐 변소엘 가느라고."

방 안에 앉아 있던 사람은 깔깔 웃었다.

저 백인종은 여자 앞에서 아무리 덥더라도 윗저고리를 벗는 법이 없다. 그러니 백인종, 더구나 백인종의 여자나 만날 것 같으면 창피 창피.

그뿐 아니라 같은 일본 사람에게도 욕을 먹을 터(대일본제국의 신사의 체면을 손상케 한다고)이니까 하는 수 없는 일이다.

호텔의 뒤 해안을 향한 널따란 방에는 '라디오' '축음기'를 틀어 놓고서 단발녀 — 팔뚝과 가슴을 하얗게 드러내 놓고 자기의 가슴을 사나이 가슴에다 한데 문지르면서 계집의 다리가 사내놈의 다리 속에 들어갔다가 사내놈의 다리가 계집년의 다리 속에 들어갔다가 들어갔다가 나왔다가 — 육(肉)의 교향악 — 그것이 이것이다. 이것이 '사교댄스'라는 것이다. 이상한 사교도 다 많은 것이다.

이 곳에서 '나는 인생에 피곤하였다'하면서 '일본이 싫어졌다' 하여 불란서 행을 전하는 다케히사 유메지[竹久夢二, 1884~1934](화가) 씨를

<hr>

22　난간 뜰, 발코니.

만났고 '연애는 인생의 청량제라' 하는 간판을 걸고서 부인 잡지에 장편을 셋도 넷도 쓰고 있는 요사이의 구메 마사오[久米正雄, 1891~1952] 씨도 만나 보았다. 다케히사 유메지 씨는 퍽 선비다운 태도가 있는 사람이었다. 산뜻한 친구다. 츠지 쥰[辻潤, 1884~1944] 군의 인상과 비슷한 인상을 받았다. 구메 마사오 씨는 예(例)의 전신(前身) 신교(新橋, 신바시) 색시인 부인과 동반하여 부인은 사장(沙場)에다 양산을 버티어 놓고 앉아 있으며 그는 강렬한 근시경을 코끝에다 걸고서 못생긴 이빨과 좀 실례이나마 그 추한 얼굴에 웃음을 띠면서 우리를 맞는다. 해 밑에 걸어서 그렇기도 하겠지마는 웬일인지 그의 작품 「여름날의 연애」라는 희곡을 읽어본 생각이 나서 혼자 속으로 웃으면서 도무지 경애하는 기분으로는 그를 대하여지지 아니한다. 그만큼 섭섭은 한 일이다마는.

이 '호텔' 연예장(演藝場)에서 이틀 밤을 두고서 이시이 씨의 무용시(舞踊詩) 공연이 있었다. 이 이시이 씨의 무용시에 대해서는 불원간(不遠間) 기회 있는 대로 좀 아는 대로 적어 보려는 마음으로 여기는 아무것도 쓰지 않지마는 다만 한 가지 말하고 싶은 것은 멀리 이국의 밤하늘 밑에서 바다의 부르짖는, 물결의 노랫소리를 들으면서 어린 누이의 동생의 성장되어 가는 예술의 싹, 춤의 포즈를 쳐다볼 때 나는 여간한 만족을 느끼지 아니하였다.

이리하여 사흘 동안 겸창의 놀이는 오늘 밤에 끝이 났다. 이튿날 저녁에 나는 하관[시모노세키]행 기차를 타고 이시이 씨 일행은 동경으로 갔다.

가을에 신작 무용시를 많이 가지고 온다는 이시이 씨를 하루가 바쁘게 기다리면서 나는 이 잡필(雜筆)을 초(草)한다.

끝으로 이번 여행 중에 못 만나보고 온 아는 분 중에 나카시니 이노스케[中西伊之助, 1887~1958] 씨가 지방 유세(遊說) 중에 있다는 소식을 듣고 찾지 못한 것이며, 일본의 인기 남아(男兒) 츠지 쥰 씨도 좀 만나보

447

고 올 것을 워낙 거리가 멀고 날짜의 여유가 없는 탓으로 못 보고 온 것이 대단히 유감이다.

《별건곤》, 1926년 11월)

라디오, 스포츠, 키네마

라디오

좀 옛날이야기 같지마는 영국 런던에서 맥도날드 수상(James Ramsay MacDonald, 1866~1937)이 노동 연설을 할 때에 그 앞에 있는 마이크로폰은 그 목소리를 받아 가지고 그것을 전파에 실리어 파장 1,500미터나 1,600미터로 보내 가지고 노서아[露西亞, 러시아] 모스크바에서 수만의 민중이 들었다는 것은 벌써 2, 3년 전 일이다. 그러나 조선서는 아직도 그 소식이 새롭다.

라디오. 현대 과학 문명의 극치. 거미의 잔등이[23]와 같은 마이크로폰을 통하여 세계의 움직임을 듣는 수수께끼 같은 이야기. '아아 배고프다……' 하는 말 한마디가 그 거미의 잔등이와 같은 마이크로폰 속에만 들어가면, 전문가의 설명을 들어 말하면 그 소리가 공간 속에 섞여 있는 전기에 섞여 가지고 1초 동안에 이 지구를 일곱 번 반이나 돈

23   등을 속되게 이르는 말.

다는! 지금 우리의 귀에는 세계의 움직임! 지구가 돌아가는 소리, 정치가의 '가르구리[絡繰り]'[24]… 상인의 사기(詐欺)! 부르주아의 배 불리는 소리! 노동자의 노호(怒號)하는, 아우성치는 소리가 들리니 이것만은 들을 수 있건마는 7, 8원짜리 수화기가 없어서 못 듣고 있다.

타작마당에다 바지랑대를 세우고 전지(電池)를 갖다 놓고 나팔 통을 갖다 대면 JOAK[25]가 나온다. 동경에서 기생이 소리하는 것이 들린다. 별안간 오늘은 쌀이 한 되에 56전 하던 것이 57전이 되었습니다, 하는 소리가 들린다. 호미와 낫[26]을 든 민중은 귀신의 작란(作亂)[27]이라고 한다. 과학의 신이다. 근대 문명의 새로운 신이다.

JODK, "여기는 서울 체신국이올시다" 뚝 끊겼다가 "[판소리 명창] 김추월(金秋月)의 〈남도단가(南道短歌)〉올시다" "백구(白鷗)야 훨훨 날지 마라…"가 들린다. "엉…" 하고 입을 딱 벌린다.

ROS, "세계의 노동자여! 우리는 당연하게 8시간만 노동합시다. 도회의 노동자여 우선 당신네들은 8시간 노동제(勞動制)를 하루바삐 갖도록 하시오. 지방의 농민이여! 당신네들은, 자, 지주는 3할 소작인은 6할, 어떠하시오. 따바리취[28] 맑스는 이렇게 말하였습니다. '만국의 무산자여… 단결하라'고요." 노어, 영어가 섞여 나온다. "그건 개구리 우는 소리 같다…." 이것은 밭 두덩에 섰던 어떤 친구의 말이다. 그 대신 '놀자 젊어서 놀자'를 부르면 런던서는 어느 가정에서든지 어린아이가 듣다가 자기 어머니에게다 수화기를 주면서 " [What]?"할 것이었다. 그와 동시에 상해(上海, 상하이)서 어느 늙은 청인(淸人)은 듣다가 "찌지쏨마[这个什么, 쩌거션머]?"할 것이었다. 또 동경서는? 다다미방에서 오깨미 상이 듣다가 "이게 뭘까요…"할 것이었다.

미국의 어느 신문기자가 북빙양(北氷洋)에 탐험을 갔다가 뉴육(紐育, 뉴욕)에 있는 자기 신문사에다가 라디오 단파장으로 탐험 보고를 하기에 성공하였다는 것이 벌써 작년 봄의 소식이다. 사실상 라디오는 신문을 정복하고 있다. 그것은 재언(再言)도 소용없는 명확한 사실이다.

그러나 돈 없는 동무여! 당신네들은 8, 9십 전을 내고 신문을 보듯이 그만한 돈을 내고 그 대신 라디오를 들을 수가 있을까요? 낮에는 신문이고 밤에는 유성기인 라디오를 들을 수가 있을까요? 그렇다, 생활과 라디오. 우리에게는 우리의 생활과는 아직도 멀다. 어느 것이나 아니 그러리요마는 문명, 그것도 돈 있는 자의 소용물(所用物)이다. 문명은 쉼 없이 새것을 내어놓는다. 그것은 부르주아에게 팔리어 간다. 그리하여 모처럼 의의 있게 나왔던 것이 그 본의를 잃어버리게 된다. 그리하여 문명이 운다, 문명이 운다, 서러워한다, 라디오가 운다, 우리와는 거리가 멀다.

대감님네 사랑에 라디오가 있어 [판소리 명창] 박녹주(朴綠珠, 1906~1979)의 가야금 병창이 나와 가지고 무릎에서 일어나는 장단에 싸여 남초(南草)29의 연기에 사라져 버리고 만다. 조선의 음률, 동경의 어느 부잣집 응접실까지 가지고서 다만 이국정조(異國情操)에 읊조리는 한 화제가 되고 만다.

그 어떻게 하여서 우리의 생활과 접근한 소식을 못 듣게 될까?

조선의 라디오! 그것은 우리의 것이 아니다. 세계의 라디오, 문명, 그것은 정복자의 전유물이다. 지금의 문명이 몰락되는 날은 곧 우리가 새 천지를 발견하는 날이다.

---

24 계략을 뜻하는 일본어.

25 JOAK는 1925년 3월 22일 개국한 일본 동경방송국의 호출부호이며, JODK는 1927년 2월 16일 개국한 조선 경성방송국의 호출부호이다. 이 글은 경성방송국의 정식 개국 이전 시험방송기에 쓰였다.

26 원문에는 '(鋤)낫'으로 표기되어 있다.

27 장난의 비표준어.

28 동무를 뜻하는 러시아어.

29 담배.

전기와 전기와의 싸움! 지금의 싸움은 과학의 싸움, 전기의 싸움이다. 눈에 보이지도 아니하는 몇만 척 공간에서 보내는 전기를 오지 못하게 하는 싸움! 전기의 타국 침입 — 공격 방어! 이것이 전기의 싸움이다.

있는 사람의 작란거리가 되고 말아 버린 문명의 산물! 참으로 우리는 과학에 대해서 면목이 없다.

그러나 나는 어느 무선 잡지에서 러시아의 어느 농가의 가정에서 지금 라디오를 듣는 판인데 여덟 시에 모스크바에서 스탈린의 농촌에 대한 연설이 있다고 하여서 그 집 주인 늙은 영감이 얼굴이 긴장이 되어서 텁석부리의 수염 하나가 까딱이지 아니하고 수화기를 귀에다 대고 앉아 있는데 그 옆에는 그의 아들인 듯한 젊은 친구가 "아버지 나 좀 들읍시다" 하면서 제 차례가 돌아오기를 기다리고 있는 그림, 이 마음에 맞는 그림을 본 일이 있다.

레닌은 "미래에 나의 바라는 세계는 전기의 세계"라고 하였다.

스포츠

야구 구경 한 번에 대매(大枚, 다이마이)[30] 1원.

좀 생각할 문제이다. 물론 취미성과 경쟁성은 포함된 운동의 경기이지마는 사람의 몸을 강건케 한다는 운동조차 그 속까지 돈 주의(主意)의 '가라구리'가 들어 있다는 것은 좀 더… 생각할 문제이다.

스포츠맨이 돈 있는 사람에게 노예화, 운동 경기장이 도박판이 된 대서야 좀 거북한 일이다. 홈·런·빨·뽈 한 개에 몇만 원의 도박금(賭博金)이 대롱 매어 달리고 번연한 스트라이크 뽈을 뽈이라고 선언하는 한 마디에 몇천 원의 입 씻기는 돈이 양복 주머니 속으로 들어가게 되어서야 기관(氣管) 속에… 구역이 치밀어 오른다.

일본서는 야구 때문에 씨름이 세월을 잃게 되고, 따라서 배트 한 번만 보기 좋게 갈리게 되면 그는 곧 미희(美姬)의 환희를 사게 된다. 곧 뒤를 이어 모던걸의 동경하는 과녁이 되고 만다. 조선은 아직 가지고 이야기할 거리가 되지 못하지마는 우선 일본만 하여도 전에 밀리터리즘의 횡행 시대쯤은 양가(良家)의 처녀가 육군 소위 아무개, 해군 중위 아무개 하던 것이 지금은 어느 대학팀의 피치캐치를 입술 위에다 올려 놓는다. 참으로 새것, 시대, 문화를 따라가는 사람의 심리란 측량키 어려운 것이다. 미국의 권투가 뎀시(William Harrison Dempsey, 1895~1983)가 일류 활동사진 여배우를 얻은 것이며 일본의 정구(庭球, 테니스) 선수 하라다[原田武一, 1899~1978]가 모 자작(子爵)의 영양(令孃)과 연담(緣談)이 있게 된 것이 밝게 이 사실을 증명하고 있다.

운동 코치의 수입이 대학 강사의 월급보다 더 많으며 활동사진 배우의 수입이 대통령의 연봉보다도 더 많게 되는 것은 그 속에는 돈 주의의 '가라구리'가 잠재해 있기 때문이다.

보아라, 미국의 권투선수 뎀시와 터니(Gene Tunney, 1897~1978)의 세계적 선수권 쟁패전에는 작년까지 7년 동안 선수권을 보지(保持)하였던 뎀시 군이 졌어도 그는 한 손에 86만 원이란 대금을 쥐고 나서게 되었다. 그러나 한 가지 우스운 일이 있다. 그가 왜 이번에 졌는고 하니 그는 일등미인 여배우와 작년에 결혼하였기 때문이라고 한다. 가장 와일드한 성격과 기품을 가진 쾌남아를 동경하는 모던걸은 기어코 그 모던보이의 성격, 기품을 영원히 품에다 지니고 살게 되었다.

양키 군(軍)과 카 군[31]의 시합이 열리면 철도성(鐵道省)에서 한 밑천

30　거금을 뜻하는 일본어.
31　미국팀과 캐나다팀을 가리킨다.

을 단단히 장만을 하고 그라운드에 떨어지는 돈이 하루에 수십만 원. 참으로 돈 있는 나라 사람들의 거룩한 작란이다.

우리네는 그라운드에서도 허덕… 하는 것을 볼 수가 있다. 그 언제인가 경성(京城) 그라운드에서 미국의 어느 팀과 조선군이 어우러졌는데 기름진 고깃덩이와 빵과 달걀을 먹으면서 두툼한 벽돌집 속에서 자라난 기운, 목소리 부드러운, 그 개구리가 우는 듯한 목소리와 밤낮 우거짓국이나 껄끄러운 김치 깍두기만 먹고서 어설픈 기와집이나 얇은 초가집 속에서 자라난 기운과 목소리가 어우러지는 것을 나는 보았다. 돈의 승리. 참으로 뻐근한 것이다.

운동경기의 영업주의화, 스포츠맨의 노예화, 상품이다. 고깃덩이와 고깃덩이와의 부딪힘의 상품화. 이 현실에서만 볼 수가 있는 것이다.

많은 스포츠맨들은 쇠사슬에 걸려 자기의 주인, 배후에 있는 자본가를 위하여 명예의 우승기, 은컵을 타다가 바친다. 그리하여 그것으로 인하여 자기들의 목숨은 존재하여 간다. (혹 학교 팀들은 그래도 좀 성질이 다르겠지마는)

운동 시합 한번이 열리게 되면 신문의 반면은 그 기사로 채우게 되고 어디서든지 권내에서든지 관청에서든지 사회에서든지 카페에서까지라도 화제가 되는, 참으로 운동 문화의 현실. 어떻게 되는 셈판인지?

무엇에 세계신기록을 지었느니 무엇에 세계 선수권을 얻었느니 하는 기사가 날마다 이 현실에서 새 문화를 만들어 내고 있다.

그러나 우리가 누구나 자유로이 운동을 하게 될 수가 있고, 하루에 세 시간씩 어느 공공(公共)한 처소에 가서 가장 유쾌한 마음으로 마음대로 무슨 운동이나 할 수가 있게 되고(값 안 내고) 세계적 선수권 대회 아니라 그보다 더한 것이라도 거저 아무나 구경하게 될 수가 있고 같이 즐기게 될 때가 올 것 같으면 그때 가서는 누구나 다 옛날의 야구 구경 한 번에 대매 1원을 주고 구경한 일이 있다는 것이 꿈과 같이 생각이 되리라.

운동경기의 상품화, 스포츠맨의 노예화. 이것은 이 현상에서만 볼 수가 있는 것이다.

언제나 이 모든 것이 옛이야기가 될 때가 오려는고?

키네마

사실상 영화는 소설을 정복하였다.

왜 그런고 하니 그것은 대체적으로 소설은 지식적(知識的), 사색적이고 영화는 시선 그것만으로도 능히 머리로 생각하는 사색 이상의 작용의 능력을 가진 까닭이다.

또한 경제상으로도 하룻밤에 3, 4십 전만 내던지면 몇 개의 소설, 연출, 직접 사건의 움직임을 보는 까닭이며 또한 소위 바쁜 이 세상에서 짧은 시간을 가지고서 사건의 전적 동작(全的 動作)을 볼 수가 있는 것이었다.

조선에서 우리의 힘으로(돈은 말고) 되는 영화가 있어 온 지 햇수로는 3년도 못 되는데 벌써 기십(幾十) 종은 넘었으리라. 스튜디오도 없이 만들어 내는 영화가 벌써 열 개를 넘은 지 오래다. 날 흐린 날은 박지도 못하고 하늘만 치어다보고 있다가 해나 번쩍 나면 5전짜리 레푸³²가 번쩍거린다. 5전짜리 레푸가 사람의 몸뚱어리에 가로 빗길 때 "자, 훌륭한 예술이오", "박읍시다" 하는 소리가 산모퉁이 집 속, 길가에서 일어난다. 이리하여 돈 천 원이나 잡아먹은 조선의 영화가 단성사, 조선극장에서 개봉된다. 사람은 물밀듯이 들어온다.

---

32 촬영용 채광 반사판인 리플렉터(reflector, 레프렉터-)를 가리키는 것으로 보인다.

그리하여 연극이 없는 불쌍한 이 우리 사회에서 누구나 연극을 구경하는 셈으로 몰려들어 고개를 치켜들고 앉아 있다. 백의(白衣)가 영화면(映畵面)에서 펄펄 날린다. 이 얼마나, 가슴이 저리고도 회포 깊은 정경이냐? 민틋한 — 아주 기운을 잃은 듯한 산모퉁이가 나오면서 여기저기 어린 솔이 자라나는 것이 보인다. 그러나 한심한 일이다. 우리는 그 배경 속에서 무엇을 보았느냐? 두세 고대 소설을 각색하여 낸 것 외에는 〈장한몽(長恨夢)〉[33], 〈농중조(籠中鳥)〉[34]를 보았을 따름이었다.

그나마 감독이라는 이가 옷 한 벌을 못 얻어 입어 여름옷을 가을철에 입고 있으면서, 배우들은 점심 한 끼 똑똑히 못 얻어먹어서 눈이 퀭 들어가는 것을 당하면서 박아낸 것이다. 참으로 생각하면 필름에서 주름에 울던 피, 눈물, 탄식이 줄줄 흐른다. 그러나 그나마 자기들이 마음대로 떳떳한 것 하나 박아 보지 못하고 그 알뜰한 돈 천 원이나 내어놓는 대자본가의 비위를 맞추느라고 남이 다 구워 먹고 남은 찌꺼기를 건져다가 또다시 구워 내어 〈장한몽〉, 〈농중조〉나 얻어 보는 꼴이라니 참으로 한심하기 짝이 없다.

또 보는 이들의 형편은 어떻고? 조선의 팬들의 주머니가 넉넉하기는 꿈에도 없을 일이다. 한참 적에는 그나마 상설관 서너 개가 문을 닫을 지경이라, 하는 수 없이 일금 10전 하니까 전에 못 보던 팬들이 "우아-"하고 몰려든다. 내가 어렸을 적에 돈 10전을 내이고 구경해 본 적이 있지마는 요즈막 와서 상설관에서 10전 받는다는 것은 아마도 이 지구 위에 조선밖에는 없으리라. 그러나 어쨌든 잘한 일이다. 다른 것, 모든 예술보다도 가장 민중과 가까운 의미를 가진 영화조차 일반 민중에

---

33   『장한몽』은 1913년 《매일신보》에 연재된 조중환의 번안 소설이다. 이 작품은 1920년 이기세 감독, 1926년 이경손 감독에 의해 영화로 만들어졌다.

34   〈농중조〉는 이규설이 감독하고 나운규가 출연한 1926년 무성영화다.

게서 자꾸 멀어져 간다는 것이 좀 섭섭한 일이니까 10전 받을 제 몰려 들어 온 새로운 팬! 그들이 정말 영화의 팬인 것을 짐작해야만 될 것이다.

[미국 영화배우] 론 채니(Lon Chaney, 1883~1930) 씨의 일주일 봉급만(1만 5천 원) 가지면 적어도 우리 땅에선 그것 가지고 영화 다섯은 만들 만한 — 이러한 하늘과 땅의 차이 — 어찌하여 요 모양일까?

그러나 여기에 한 개의 획시대적 산물이 있으니 그것은 〈아리랑〉. 〈아리랑〉이 그것이다.

공연히 학교에 다니다가 미쳤다는 주인공은 지금의 현실 속에 부대끼는 우리는 그 왜 미쳤는가를 다시금 중언부설(重言復說)도 하기 싫다. 다 찌그러져 가는 초가집, 가가(假家) 판장(板墻)인 듯한 바깥 기둥에는 청년회(靑年會)라는 간판이 붙어 있다. 긴 두루마기 자락을 써늘한 바람에 나부끼면서 일하려 다니는 농촌의 인텔리겐치아인 박 선생, 서울 가서 공부하다가 귀향한 대학생이 양복에다 고깔을 쓰고 농민들과 같이 "풍년이 왔다네 풍년이 왔다네"를 부르고 춤추는 씬 — 이것이 조선에서 조선에 모든 것을 배경으로 하고 우러난 영화이다. 청년회의 깃발이 날리면서 회원들의 행렬이 보인다. 얼마나 그리운 이 장면이냐?

화려하고 정묘(精妙)한 장면이 없는 대신에 심장(深長)하고 비통한 오뇌(懊惱)의 못 견딤이 이 장면에 나타난다.

기교로 말하여도 영화의 역사를 수십 년이나 가진 일본의 영화의 그것보다 못지않다. 나는 일본의 소위 신영화라는 것을 남 못지않게 보았지마는 이른바 일본이면 일본의 참된 냄새 나는 영화를 일찍이 본 적이 없다. 다만 광선이 없고 세트가 없기 때문에 거기에는 우리가 양보할 수밖에 없다.

나는 단 2년 동안의 조선의 영화계에서 이러한 수확이 있는 것을 못내 기뻐한다. 여하간 이 〈아리랑〉이란 영화는 과거의 조선의 영화를 모조리 불살라 버리고 이 돈 없고는 살 수 없고 한숨 많은 이 땅 위에서 슬피 대공(大空)을 울리어 그 무엇을 광호(狂呼)하는 한 개의 거상(巨像)이다.

어쨌든 더욱 조선에 있어서 모든 것을 빨리 실어다가 우리들에게 보여 줄 것은 다만 영화밖에는 없다. 5전짜리 레푸야? 길이 활동하기를 바란다.

조선의 문화도 차차 영화 속으로 들어가게 된다. 너 나 할 것 없이 영화, 영화, 한다. 한 개다, 한 개. 〈아리랑〉 한 개다. 또 이후에는 우리에게 무엇을 보여주려느냐? 조선의 영화계여.

현대의 문명은 아무리 하여도 라디오, 스포츠, 키네마이다.

언제나 이들의 문명도 우리와 거리가 가까워지려는고?

《별건곤》, 1926년 12월)

당나귀, 발동기

캄캄한 마구간에 말라빠진 당나귀가 낮도 모르고 밤도 모르고 해가 뜨거나 달이 돋거나 밤낮 맷돌에 매달리어 돕니다. 맷돌이 그를 끄는지 그가 맷돌을 끄는지 밤낮 끌고 돌아다닙니다.

그는 애매한 장님입니다. 그가 운대도 음악은 있지요. '다마닥' '다다닥닥' 하는 음악의 소리가 울려 나옵니다. 이것을 눈 가리고 배곯은 허리에 돌을 달고 뱅뱅 도는 당나귀의 울음소리로 들어줄 이가 그 누구이겠습니까?

묵종의 노래. 이것을 본 모든 현실은 통쾌하다고 눈초리가 내려앉을 것이올시다. 그러나 이 묵종의 노래가 이 현실에 얼마나 많겠습니까?

컴컴한 마구간에 땅바닥을 말굽으로 다지는 소리. 지구를 때립니다. 이 땅 다지는 소리. 지구의 명동(鳴動)인 줄 누구가 알겠습니까? '다다닥닥', '다다닥닥' 소리에 맞추어 빼빼 마른 당나귀가 날뛸 제 그의 눈에는 태양이 보이고 마치 투우장에 나선 성난 소와 같이 날뛰매 지구, 이 지구가 터지게 될 줄이야 누구가 알겠습니다!

묵종의 노래! 흙은 그것을 보고 있습니다.

459

발동기

내 눈에는 신문사의 윤전기, ■케의 발동기, 전기 회사의 발전기가 모두
다 거꾸로 돕니다.

거대한 공장 ─ 수정궁과 같은 벽, 단단한 '시멘트' 바닥에 얼기설
기 놓은 발동기, 전기의 문화를 내어놓는 발동기는 거꾸로 돕니다.

검은 얼굴에 기름옷, 기계 빛 몸뚱어리는 이 기계 밑에서 신음하면
서 거꾸로 돕니다. 그러나 어찌할 수 있습니까? 사람의 팔이 기 속에 파
묻혀 부러지며 잘라지며 거꾸로 도니까요.

기계의 정복. 인간은 아무 말 못하고 이 기계의 거꾸로 도는 이 제
단 위에 꼼짝없이 서 있게 됩니다. 이 무서운 부르짖음 앞에는.

양지 착 야트막한 초가집 안방에서 흘러나오는 어린 아기의 울음
소리도 아무런 관계없이 길거리, 공장, 학교, 회사, 은행에서는 정복의
영광스러운 웃음소리가 가득 찼지요.

그러나 그쪽에서 차이■■르고 누르는 인간들이 이 거꾸로 도는
기계를 바로 잡을 날이 가까워 온 것을 알게 되며 인간이 기계를 정복
하고 기계가 인간에게 굴종되어 바른 길로 돌게 될 것을 누구가 꿈엔들
생각하였으리오까마는, 발동기의 울음소리까지 듣건마는 그들은 아직
어■지지를 못합니다.

그렇습니다. 지금 거꾸로 도는 발동기가 슬피 웁니다. 겨울의 바람
이 그들에게 흥기를 줄 것입니다.

(《중외일보》, 1927년 11월 16일)

공기와 연극:
무전극 이십회 방송에 제하여

왜 그런고 하니 우리는 우리의 생활의 표현을 보기에 너무나 목말랐던 까닭이외다. 그리하여 우리는 우리의 표현을 호흡의 공기에 쌓이게 하여, 1초 동안에, 이 지구를 일곱 번 하고 반이나 돌아가게 되는 연극의 미균(微菌)을 공기라는 발향질(發向質) 속에다가 싸고 싸서 소포로 부치게 된 것이외다.

일본의 [소설가] 사토미 돈[里見弴, 1888~1983] 씨는 "마이크로폰은 사람의 등 뒤를 따라다닌다" 하였습니다. 설령 그가 친구 집을 방문하는데, 그는 전차에서 내리어, 다방골³⁵ 친구의 집 대문으로 들어설 때, 마이크로폰은 쉬이지 아니하고 그의 등 뒤를 따라다니며, 그가 친구의 집 응접실에 들어앉게 되었다는 것을 우리는 다 알리어 줍니다.

공기와 연극. 우리에게는 불행히도 극장과 무대를 갖지 못했습니다. 그러기 때문에, 난데없는 기념관 강연대에 올라서 '그 자식의 뺨'도

---

35   지금의 서울 중구 다동.

때리게 됩니다.[36] 그러기 때문에 우리는 말뚱말뚱한 두 눈깔과, 발가벗은 알몸둥아리로 스튜디오 안 호탄자에 위에 서서 '거미의 잔둥이'[37]를 보고서, "오- 아버지", "오- 어머니""아- 애인이시여!""이 땅덩어리여!", 이 피 섞인 목소리를 안테나 위에 다 얽어매게 되는 것입니다.

그리하여, 셰익스피어나 입센이나 [극작가] 나카무라 기치조[中村吉藏, 1877~1941]의 부르짖음이 전기를 타, 공기 속에서 난무하게 된 것입니다. 옛날 로마의 신은 공중에서 복음을 전했다더니, 3, 4백 년 전 이도령과 춘향의 사랑의 속삭임과, 신관 사또의 횡포한 거동이 라우드 스피커나 리시버를 통하여, 안방 건넌방의 마님 아씨의 귀에 들리게 된 것입니다. 이리하여 항간에는 그림자의 예술인 영화의 로케이션의 10전짜리 레푸가 번쩍이며, 음향의 예술인 라디오의 주둥이가 외침을 부르짖게 된 것입니다.

공기와 연극. 수난자인 조선의 연극은, 그의 길, 그의 집은 공기 속이라고 할까? 오죽 답답해야 이런 말을 하랴마는 그러나, 올해를 뒤로 두고, 내년에 들어서면, 우리는 라디오에 적합한 새로운 방식의 극본을 만들어 내야 하겠다는 것을 선언한다. 왜 그런고 하니, 라디오를 통하여 새로운 문화를 창설할 수 있다면 그것은 오직 연극의 형식밖에 없는 것이다. 빗소리, 바람 소리, 공장의 기계 도는 소리, 동학군의 총소리, 가난한 집 마나님의 하소연, 일군의 외침, 조선의 얼굴, 조선의 호흡은 공기 속에 싸여 부자 나라 아미리가(亞美利加, 아메리카)로 여행을 떠나게 된다는 것을 우리는 믿습니다. 새로운 형식의 방송극본, 그리고 우리는 〈기계파괴자〉, 〈군중-인간〉, 〈해전〉, 〈누가 제일 못난 놈이냐?〉[38] 같은 것도 때때로 소개하고 싶기도 하지마는 조선의 안방 건넌방의 식구들을 볼 것 같으면, 가슴이 답답하고, 하품이 나기를 마지않습니다.

《별건곤》, 1927년 12월)

36 프로극단 종합예술협회가 1927년 11월 5일부터 천도교 기념회관에서 공연했던 러시
아 작가 안드레예프의 「빰 맞는 그 자식」을 암시한다. 이 프로연극의 첫 무대는 그나
마 일본 경찰의 제지로 3일 만에 강제 해산 당하고 말았다.

37 마이크로폰의 은유.

38 차례로 독일의 표현주의 극작가인 에른스트 톨러(Ernst Toller, 1893~1939)의 〈기계파괴
자들(Die Maschinenstürmer, 1922)〉과 〈군집 인간(Masse Mensch, 1921)〉, 라인하르트 괴링
(Reinhard Goering, 1887~1936)의 〈해전(Seeschlacht, 1918)〉 등을 말한다. 문맥상 대중적이
기보다는 '수준 높은' 희곡들을 열거한 것으로 볼 수 있다.

〈먼동이 틀 때〉[39] 이 [활동]사진은 얼른 보면 그럴듯한 사실 속에 큰 모순이 있으니 그것은 첫째 '스토리'의 한 줄기. 주인공은 민족적 사상을 가졌던지? 하여간 한 사람의 일군 10년 징역군(懲役軍)을 왜 그렇게 참혹히도 희생을 시키었느냐는 것이다. 무슨 일을 하다가 10년이나 긴 세월을 뇌옥(牢獄)에서 보내다가 햇빛을 보게 되어 가지고 한 일이라고는 어느 '카페'의 여급사와 어느 미성숙한 무정견한 소위 젊은 시인(?)을 말하자면 구해 주고 다시 감옥으로 가게 되는 것 그것뿐이냐? 이것이 위대한 인도적 감정일까? 그래서 그 과거의 일꾼은 햇빛을 보자 퇴화되어서 뇌옥으로 다시 가게 되고 소위 현대에 많이 있는 '모던걸' 하나 하고 '모던보이' 하나가 행복을 차지하게 되었다. 나는 그 심사(心事)를 모르겠다. 그러고 한 가지 눈에 띄는 것은 "억지로 말라붙었던 청춘의 가슴! 피!" 하였으니 무거운 일을 하다가 10년이나 고형(苦刑)을 받은 사람의 신세는 억지로 말라붙었던 청춘의 가슴과 무슨 기하학적으로 상관이 있을까? 좀 더 그에게는 민중의 일을 위한 ×가 있어 가지고 그것으로 희생이 되어야 할진대 하고 우리는 말한다. 왜 그런고 하니 그는 감옥 속에서 나오자마자 제단 육각당(祭壇 六角堂)[40]에 가서 절을 하였던 것을 우리는 기억하였던 때문이다. 배우들의 기술과 또한 그들의 얌전하게 활동하던 것이 '스토리'에 가서 전(全) 파멸을 당하였다. 그러한 배경을 가진 사진이면 그러한 (××이 당하면서라도) 길을 보여주기를 바란다.

그들은 확실한 수난자이다. 보아라, 주림과 ××에 못 이기어 북쪽으로 가는 친구들이다. 10전짜리 레푸 조각을 둘러메고 오늘은 마포, 내일은 취운정으로 돌아다니며 태양이 그의 어머니인 조선의 영화계이나 무엇이라던가? 그것은 우리가 바라지 않는다, 사진이 어떻게 되었느냐는. 그러나 그 사진이 무엇을 우리에게 주었느냐를 우리는 요구한다. 그러나 아무리 스튜디오나 광선이 없다 하더라도 집을 잃은 객(客)과 같은 신세 속에서라도 그림에 나타나는 비약이 있어야 한다. 그러고 이야기가 잘되어야 한다. 그리하여 1928년에는 새로운 '스타트'가 있어야 한다. 거푸 말하지마는 잡지 치고 강연회로 몰리던 도령님과 아가씨네들이 당신네의 작품 앞으로 몰리어 가게 되는 것은 기억하여야 하겠다. 나는 조선의 영화를 볼 때에 저기압 속에서 태양을 찾는 환영(幻影)을 보는 것과 같은 느낌을 가지게 된다. 그리고 오늘날 영화 작품이 가두의 예술인 이상 소설과 연극을 극복한 이상, 될 수 있는 대로

---

39 〈먼동이 틀 때〉(1927)는 심훈의 유일한 연출작이자 무성영화 시대의 대표작으로 꼽힌다. 1920년대를 배경으로 한 이 작품은 억울한 누명으로 10년간 옥살이를 하고 사회로 나온 광진이 순박한 카페 여급 순이와 그녀의 애인인 시인 조영희를 자신이 모은 돈으로 도와주고, 우여곡절 끝에 만난 아내를 구하려다 살인을 저지르는 바람에 다시 형무소에 간다는 내용이다. 암담한 현실에서 좌절하는 광진과 먼동이 틀 무렵 사랑과 이상을 찾아 길을 떠나는 두 젊은 남녀를 그린 이 영화는 사실주의적인 인물 묘사로 심훈의 초기 작품 세계를 잘 보여준다는 평가를 받는다.

40 파고다공원 내 육각당은 1919년 3.1 독립만세운동 당시 '독립선언서'를 낭독한 곳으로 알려져 있다.

는 각 방면에서 도와 가야 하겠다. 다시 말하면 소설에나 연극에나 나타나게 될 조선의 현실이 충분하게 (될 수 있는 대로) 영화에 나타나게 하고 또한 그것이 광명을 찾는 우리들의 무기가 되어야 할 것이다. 왜 그런고 하니 우리들의 생활 속에서 우러나는 모든 예술적 작품은 무기이어야 할 터이니까. 그렇다, 모든 예술적 작품은 사회주의적이라야 할 것이다.

끝으로 사계(斯界)[41]에 종사하는 동지들의 건투를 빈다. 이로부터는 새해다.

《조선일보》, 1928년 1월 10일[42])

---

41 해당 분야.

42 심훈은 《별건곤》 1928년 2월호에 게재한 「영화비평에 대하여」라는 글을 통해 최승일의 이 글을 포함해 윤기정, 안석영 등 여러 문인의 [〈먼동이 틀 때〉에 관한] 영화평을 반박한 바 있다. 그는 문인들의 비평이 자신의 기호와 의견을 표준으로 삼으면서 피상적이고 부분적인 감상만을 적는다든지, 문학 작품이나 무대극의 기준으로 영화를 평하면서 원론적인 계급의식만을 강조하는 등의 오류를 범하고 있다고 비판한다. 심훈은 영화의 발전을 위해 비평이 영화에 대한 전문 지식과 촬영의 실제에 대한 식견까지 갖추어야 한다고 주장한다.

건전한 프로문학

1.

요전에 포석(抱石)[43]도 그런 말씀을 하였습디다마는 조선의 문단이란 지금 어떻게 움직이고 있느냐? 어느 곳에 있느냐? 찾아보려야 찾아볼 수가 없는 조선의 문단. 이것을 괴멸이라고 할까요? 멸망이라고 할까요? 나는 구태여 말하자면 부진기(不振期)라고 하고 싶습니다. 부르주아 문학이나 프롤레타리아 문학이나 전체적으로 다 부진기에 얽매어 있지 아니한가 합니다. 그 이유를 나는 여기서 말씀하지 않겠습니다. 그리고 내가 전체적인 중대 문제라고 부르고 싶은 것은 조선에 당래할 건설한 문학은 건전한 '프롤레타리아' 문학인데 요사이 혹(或)《중외》지상이나 《조광》지상에 과도기적 이론만 약간 보였지 ─ 이론도 문학이겠지만 ─ 작품이 없다는 것입니다. 우리네 전선(戰線)의 사명은 오로지 이것이 전체적으로 당한 중대한 문제일까 합니다.

---

43   조명희(趙明熙, 1894~1938). 시인, 연극 운동가, 소설가.

2.

작품의 제재(題材)는 어느 층계를 가릴 것이 없고 어느 부분을 택할 것이 없습니다. 계급을 놓고 생각을 하더라도 프롤레타리아 계급의 생활을 사생(寫生)하고 해부하는 것도 좋겠지마는 부르주아 생활의 죄악 면도 폭로시키고 조소하고 분노하게 하는 것도 좋지 않겠습니까? 그리고 셋째 조건을 쓸 때에도 몇 마디 말씀하겠습니다마는 오늘날 독자 대중이 그야말로 대중적으로 퍼지지 못하는 것은 이 땅 위에 선 요사이의 프롤레타리아 작가의 태도가 너무도 빡빡하게 작품에서도 같지를 아니하였나? 그래서 좀 더 대중의 머릿속, 가슴 안으로 파고들지를 못하지나 아니하였나? 하는 느낌도 없지 않습니다. 그러므로 이러하다면 이것은 제일 문제, 즉 문단 부진기의 이유로도 한몫을 단단히 보게 되지 아니할까 합니다. 비록 찢어지게 가난한 이 땅이나마 작품이 다수의 대중을 얻을 만한 질로나 양으로나 또한 역사로나가 없기 때문에 늘 부진, '더 부진'이 생기지나 아니하는지 하고 의심됩니다. ■■에는 한 사람의 병사가 떠나가게 되어야만 합니다.

3.

작품은 대중으로 하여금 읽고 난 뒤에 그 작품 속으로 향하여 걸음을 걷게 하여야 합니다. 오늘의 조선이란 눈이 아물아물하여지도록 보았으며 오늘의 조선이란 이 땅 위를 우리는 지쳐 자빠지도록 걸었습니다. 그러므로 우리네의 나아갈 길을 알리어 주어야 합니다. 밝히어 주어야만 합니다. 분노가 있었으면 ××이 있어야 합니다. ××해 가지고는 발로(發露)입니다. 발로해 가지고는 어디로 가느냐?는 것이 큰 문제입니다. 그것을 알려주어야 합니다. ××××의 예술은 이에서 그쳐서 좋습니다. 현실의 모든 예술 작품은 이러한 무겁고 큰 조건을 구하여야 합니다.

1.

최근에 읽은 책 중에서 추천할 것은 이 세 권뿐입니다. 『누가 제일 못난 놈이냐?』, 『프린스 하겐』[44], 『붉은 연애』[45].

(《중외일보》, 1928년 7월 14일)

44   미국의 소설가 업턴 싱클레어(Upton Sinclair, 1878~1968)가 1903년 발표한 소설.

45   러시아의 소설가 알렉산드라 콜론타이(Aleksandra Kollontai, 1872~1952)가 1924년 발표한 소설. 현재는 『붉은 사랑』이라는 제목으로 번역되어 있다.

아침 일찍이 정거장에를 갈 일이 있어서 네거리에 나섰더니 아직도 새벽 아침은 안개 낀 아침은 침침하고 전등은 마지막을 재촉하는 듯이 깜빡이고 있는 이른 아침 새벽에 이 골목 저 골목에서 ■도를 낀 수건 쓴 부인네 아리따운 처녀가 몰리어 나온다.

서울의 아침, 새벽의 거리에도 남자의 수보다 여자의 수가 더 많이 움직이고 있다. 이 웬일이냐?

우리의 과거의 생활 속에 시적(詩的), 전아(典雅)한 정서적 여자를 보면 한 칸 초당에서 주렴(珠簾)을 걷히고 내다보는 부인이나 교군(轎軍) 속이나 가마 속에서 외눈만 내다보는 색시들은 곁눈으로 보았을 뿐이고, 우리의 과거의 문학은 개성이 없는 종속물인 다만 성욕의 대상으로서의 미화된 여성만을 심미하고 창조하여 내었었다. 그러나 우리 과거 20여 년 이래의 우리들의 부르짖던 여성관은 다만 장옷을 벗어라, 길로 나서라, 배워라, 학교로 오너라 하였다. 봉건주의 시대가 자본주의 시대로 넘어가려는 즈음에 부인들은 문화, 문화 하고 그리로 따라나섰다. 그리하여 그러한 타입의 여성들의 행렬은 우리들의 눈앞으로 한없이 행렬을 지어 나아갔다. 그러나 10여 년이 지난 오늘 그들의 여주인공들은 어디로 가고 말았느냐? 물론 그들이 지금에 비로소 공장에를 가게 된 것이 아니고, 물론 그들이 오늘날에 비로소 고무 공장이나 연초(煙草) 회사로 가게 되고 만 것이 아니다. 그러한 문화의 조류는 다만 이러한 부인네들을 산출하고야 만 것이다. 다시 말하면 부인 노동군(婦人 勞動群). 그러므로 우리들의 과거 문학에서 나타난 여주인공들은 다만 미희이었던 뿐이다. 그다음에 「무정」이나 「개척자」에서 나타난 여주인공은 새로운 문화산(文化産)의 말하자면 자기의 인격 양성이나 개성 각오에만 눈 뜨기 시작한 부인네들이었다. 그러나 지금의 여주인공들은 무엇이 되어 있느냐? 그것은 오늘날의 경제선을 밟고 선 부인 노동군들이다.

도회의 회색의 하늘 밑에서 그들은 연초 공장에서 담배를 말고 있고, 병원에서 고름을 짜고 있으며, 정미소에서 쌀을 고르고 있고, 고무 공장에서 고무신을 뜨고 있으며, 제사(製絲) 공장에서 실을 풀고 있고, 전화 교환대에서 번호를 꽂아 주고 있으며, 은행이나 회사에서 주판을 놓고 있고, 싱거 회사에서 재봉을 가르쳐주고 있고,[46] 학교나 유치원에서 어린아이들의 코를 씻겨 주고 있다. 그리하여 그들은 남편이나 아버지나 형의 수입을 가지고는 도저히 살 수 없는 살림, 즉 자기의 먹을 빵을 얻으려 하고 노동하여 있다.

그리하여 자본이란 전차 밑에 여지없이 휘몰리게 되는 부인 노동군들은 정신 해방, 개성 발달, 문화적 교양이라는 허울 좋은 탈을 뒤집어쓰고 생활 투쟁의 제일 전선에 참여하게 하여 더구나 특수한 처지에 있는 우리네의 부인들은 '어머니'까지 되어 가지고 인사 상담소로 몰리어 가게 되는 것이다. 이러한 점으로 보아서 입센의 '노라'는 확실히 과

---

46   싱거(Singer)는 재봉틀 회사 이름이다.

거에 속한 여자이다. "나도 사람이어요. 인제부터는 한 사람의 사람으로서 살아가려는 것이에요" 하면서 헤르만의 집을 나가 버린 것은 그는 다만 인형 비극(人形 悲劇)에서만 벗어난 사람이 되고 말았던 것이다. 그리하여 오늘의 우리네의 부인네들 중에서는 다시는 이러한 여자가 생겨나지 아니할 것은 역사가 가리키고 있다. 시대나 환경이 그것을 허락지 아니할 것이다. 왜 그런고 하니 오늘의 부인들은 벌써 인형의 집을 벗어나서 공장이나 회사나 학교나 거대한 현대적 빌딩 앞에서 기계 노릇을 하고 있는 까닭이다. 만일에 그때에 '노라'가 오늘날의 부인들과 같이 독립한 경제적 조건을 가지고 자기가 자기의 남편을 택하고 남자에게 택함을 받지 아니하였으며 자기의 낳은 자녀를 자기의 재산으로 능히 보육할 수가 있었더라면 결코 그러한 문제가 일어나지 아니하였던 것이다. 그리하여 오늘의 도회에서 생활 투쟁을 계속하는 '독신 부인'들이나 또한 학교 기숙사에 들어 있는 처녀들은 결코 '노라'의 환경은 당하지 아니할 것이다. 벌써 그 시대는 우리에게서 떠나간 지 이미 오래다. 가두로 나갈 준비를 하고 있는 때문이다.

여기에 우리 젊은 친구들이여!
우리는 짧은 지나간 과거에 있어서 어떠한 '히로인'을 요구하는가. '시골집 안방으로부터 울타리를 넘어서 남복(男服)을 하고 서울로 올라와 학교 기숙사로 달려오기'와 '서울 양반의 집 아가씨들이 오빠나 형님의 도움을 받아 가지고 구쓰⁴⁷ 맞춰 신고 울면서 학교로 날아오는' 그러한 '히로인'을 요구하였었다. 그러나 10여 년을 두고 해마다 봄이 내는 여졸업생들의 가는 길은 어디인가? 물론 그중에는 온순한 현모나 양처로 한 사람의 '노라'가 되어서 인형의 집에서 '헤르만'의 귀여움을 받고 있는 이들도 있겠지마는 경제적으로 자각한 그들은 스스로 공장으로 사무소로 달려가고 만다. 커다란 자본의 전차 밑에서 눈에

472

서 불이 나도록 돌고 있는 이들이 현대의 '히로인'들이다. 그렇다, 우리
는 확실히 이러한 '히로인'을 요구하게 되는 것이다. 현재 요구하고 있
다. 한 사람의 사나이의 수입으로는 도저히 여러 식구의 생활이 문제인
만큼 우리들은 이러한 '히로인'을 제조해 내던 것이다. 따라서 이 '히로
인'들은 다 각기 자기들의 생(生)의 활동으로 자발적으로 기쁨으로 그
길로 나아가기를 즐기게 되는 묘미를 가진 것도 자본주의 사회뿐만이
아니다. 미래 사회에서도 인간의 본연한 욕구로 그리될 것인 것은 불
을 보기보다 더 밝은 일이다. 그리하여 우리의 문학적 운동 속에서도
최근에 이러한 '히로인'이 나타난 예를 볼 수가 있으니, 그것은 송영(宋
影, 1903~1978) 군의 「우리들의 사랑」 속에 나타난 '히로인'이 어느 정도
까지의 그 인물이다. 「우리들의 사랑」은 메데날[48] 시위 행렬 깃발 밑에
서 만나 볼 수가 있게 되었다. 이 정(正)히 '모던 히로인'을 말함이 아니
냐?[49]

거푸 말하는 것이지마는 우리들의 여태껏 문학적 운동에서 나타
난 남녀의 활동이란 남자만 이상이 높았고 정열이 타올랐고 포부가 크
고 세상을 무찌를 만한 용기가 있고 ■분(■憤)이 있었고 반항이 있었고
복수가 있었고 여자란 늘 한 개의 미화한 인형으로 종속 사건으로 성적
향락의 대상으로만 따라다녔지 동일한 선상에서 동일한 역할을 가지
고 동일한 목표를 가지고 동일한 ■■, 동일한 활동을 하게 된 적이 퍽
희소하였다. 거의 없다시피 하였다. 현대인의 이해(利害) 조건이란 동일

---

47 '구쓰(くつ)'. 신발을 뜻하는 일본어.
48 '메데(メーデー)'. 노동절을 뜻하는 메이데이를 일본식으로 표현한 말.
49 송영이 《조선지광》(1929.1)에 발표한 소설 「우리들의 사랑」의 여주인공 용희는 연애결
    혼을 위해 집을 떠났다가 친척 아저씨에게 팔려 도쿄의 모직 공장에서 노동자로 일하
    게 되는데, 온갖 난관에도 굴하지 않고 여자직공조합에 가입해 메이데이의 시위에 앞
    장선다.

한 조건을 가지고 있는데도 불구하고, 여자는 옛날의 그대로 여신화하고 마는 적이 퍽이나 많음을 우리는 '모던 히로인'을 찾기에 너무도 게을렀던가? 한다.

그리하여 과거의 여주인공들은 공연한 비극이다, 희극을 맛을 보고 울고 웃고 하였지마는 '모던 히로인'은, 그들의 참스러운 생활 내용은 그들이 봉사하고 있는 '신성한 것이다'란 커다란 사회적 이상이고 과학이고 창조이어야만 한다. 여기에 새로운 여주인공들은 노력하고 전진하는 것이다. 한 예를 들자면 전에는 아낙네들이 자기의 남편이 아니면 죽은 줄 알았던 것이 오늘날에도 능히 생활×쟁을 할 수 있는 자격을 갖게 되었으며 따라서 그 기관(機關)은 늘어 가고 학교를 졸업하는 처녀들은 먼저 직업을 가지고 남편을 찾기에 힘을 쓴다. 그러니 여기에 그들의 이상의 필연적 요구는 커다란 사회적 이상, 과학적으로 돌진하고야 말 것이다.

과거 여성들의 비극의 발생은 가정에서 일어났다. 그러나 현재의 여성들의 비극은 똑같은 사회적 조건 하에서 발생되는 것이다. 부부의 불화, 가정의 갈등보다도 자본의 전차와 충돌이 더 많아져 가는 것을 우리는 날마다 볼 수 있는 것이다. 그러므로 '투르게네프'의 「처녀지」[50]에 '마수리나'는 이러한 사회적 조건하에서 '독신 부인'으로서의 '■명의 러시아'를 위하여 동으로 서로 달리었던 것이다.

그러면 같은 젊은 친구들이여! 이러한 '모던 히로인'들의 필요적 진출을 짐작하는 동시에 우리는 양성 연애 문제에 들어가서 그들은 어떠한 태도를 취하게 되겠으며 우리는 어떠한 태도를 취하겠느냐를 생각하여 보아 두자.

위에 말한 바와 같이 그렇게 새로운 여주인공들은 자본의 전차가, 그 차바퀴가 지나가고 또다시 새로운 바퀴가 가까워 오게 되는 때라도 부인들은 점점 더 한층 많은 사회생활 ×쟁의 와권(渦卷)[51] 중에 걸리어 들어가서 활동하는 활동적 중축의 한 개의 형식을 형성함에 따라서 그들 자신의 한계는 넓어지고 그들은 여태까지 자기들의 ■성이던 가정의 ■벽을 무너뜨리고 여태까지의 이해치 못하던 한 개의 커다란 관심을 갖게 될 것이다. 따라서 연애도 그들의 유일한 생활 내용이었던 것을 벗어나 가지고, 많은 남자들의 심리들과 같이 자연 제이의적(第二義的)[52] 역할을 가지게 되고 말 것이다. 물론 새로운 여주인공이기로 그들의 생애에 있어서 연애 열정, 이성은 그의 의지를 붙잡아 흔들어서 그 때문에 모든 관심을 암흑하게 만드는 시기도 있는 것이다. 그 순간에 있어서는 아무리 새로운 부인이라고 하여도 과거의 부인들과 같이 아까도 말하였거니와 모든 우열(愚劣)한 비희극을 경험하여 웃고 즐기고 슬퍼하겠지마는 그것은 일시적이겠고, 다음에 그의 심경을 붙잡는 것은 즉 사회적 이상, 취업, 창조, 과학인 것이다. 우리는 이것을 잘 알고 있다. 그러므로 입으로 우리가 요구하는 '모던 히로인'이란 동일한 전선에서 한 개의 커다란 관심을 가지고 싸우기 위하여 열정과 이성의 뭉치인 연애란 될 수 있는 대로 제이의적 역할을 가지게 되고 여자 자신으로는 자기가 독립한 경제로써 자기가 남자를 선택하게 되고 남자 역시 물론 그러한 성정일 터이니까 여기에 비로소 참된 사회적 이상을 가지고 일하는 남녀가 생기게 된 것이다. 그리고 문학은 그곳에서 이것을 반영하게 될 것이다. 더구나 자본의 전차 밑에서 움직이는 현대인의 남녀란 반드시 이러한 관심을 가지고 광명의 길로 새로운 길로 어둠에서 새벽으로 달음질 쳐야 될 것이다. 그리하여 완전히 과거의 여주인공은

---

50 러시아의 소설가 이반 투르게네프(Ivan Turgenev, 1818~1883)의 1877년 작품. 주인공은 마리안나인데, 마수리나는 그 오류인 것으로 보인다.
51 소용돌이.
52 부차적.

정신적으로 물질적으로 해방이 되어 대도(大道)를 활보하게 되는 것이다. '모던 히로인'은 정히 이것을 가리킴이다.

여기에 '코론타이' 여사[53]의 말을 빌려 말을 막음하자면,

"새로운 경제적, 사회적 생존 조건에 적응하도록 부인의 영혼을 개조하자면 강한 극적인 자기 극복이 없이는 달성치 못할 것이다. 이 방향으로 한 걸음 나아가는 것은 과거의 '히로인'이 아주 뜻도 못하였던 충돌을 일으킬 것이다. 부인의 정신의 내부에 있어서 일어나는 충돌은 점점 문학자 제군(諸君)의 눈을 끌게 될 터임이 예술적 '인스퍼레이션'의 원천이 되기 시작할 것이다. 이리하여 부인은 점점 남자의 정신적 비극의 대상이던 것에서 벗어나 가지고 독립한 비극의 주체가 되어 갈 것이다."

(《조선지광》, 1929년 2월)

---

53   콜론타이는 러시아의 소설가이자 사회주의 노동 운동가다. 그는 러시아 공산주의 혁명의 틀 안에서 여성의 경제적, 정치적 평등을 주장했을 뿐 아니라 여성 노동조합 운동과 여권 신장 운동, 자유연애론 등을 펼치며 결혼과 연애, 성의 문제를 노동자 여성의 관점에서 제기함으로써 한국의 여성해방운동에도 큰 영향을 끼쳤다.

대경성 파노라마 (원명 취미만담)

모던 문화는 백종(百種)의 근대적 기형아를 전 스피드로 산출하고 있으니 눈에 불이 핑핑 돌도록 그 바퀴의 회전이 빠르다.

보아라, 십여 간 대로를 한일(一)자로 시멘트로 다져 놓고서 그 위로 신형 포드가 한 시간 5, 6십 리를 놓고 달린다. 봄이 되매 날은 따뜻하여 하늘은 푸른데 그 밑으로 세루[54] 두루마기에 각테 안경을 버티고 인조견으로 위아래를 칭칭 감은 번쩍. 눈이 부신 아씨들을 태워 가지고 시외로, 시외로 달린다. 전 스피드로 그들은 지금에 화성에나 기어올라갈 듯이 자동차 가솔린 냄새에 백주(白晝)의 키스가 오고가고 한다. 달려라, 푸른 송림(松林) 속 어설픈 무대식 건조(建造), 빼빼 마른 집 사각형 누더기 방석 위로 텁텁한 조선술 새큼한 정종(正宗) 꿀떡 삼키는 맥주의 통 안으로, 도춰, 도춰, 마록(馬鹿, 바카)[55]. 이것도 조선의 젊은이의

---

54   모직물의 한 가지.
55   멍청이 또는 상식적이지 않은 일 등을 뜻하는 일본어.

레뷰[56]식 광란장의 한 잔의 취미.

　컴컴한 영화의 전당 스크린에서 젊은이와 젊은이의 입, 어깨, 허리가 가까워 올 때 부인석(婦人席) 한 귀퉁이에서 어느 걸 한 분 분첩을 꺼내 가지고 돈짝만한 거울에다 요모조모를 들이대고 붉은 입술의 조형(造形), 분 솜덩이의 타격. 냄새가 옆에 앉은 나팔 통 바지에 월형(月形) 모자를 쓴 보이의 심장이 고동(鼓動)된다.

　어둠에서 어둠으로 건너가는 시선. 커피를 갖다 드려라. 캐러멜, 초콜릿을 갖다 드려라. 여자의 냄새는 그들의 가진 분첩에서 방산(放散)된다. 11시 20분. 그들이 극장의 층층대를 내려올 때 거행된 굳은 악수는 문을 나서자 어디로인지 어둠으로 사라지게 하고 만다.

　토요일 낮이면 인조견 스타킹에 모던식 구쓰를 신고 유록(柳綠) 두루마기에 외투도 입으신 분들이 상설관으로 몰려오사 러브신이 스크린에 나타날 제 경련적으로 몸을 부르르 떨고 동무의 어깨에 기대면서 강렬한 자극을 향락하신다. 삼삼오오 짝을 지어 존 길버트, 로널드 콜먼, 라몬 나바로[57] 누구누구의 사진을 기숙사 사방(私房) 책상 위 벽에다 붙여 놓고 해죽 웃는다.

　밤 종로의 네 거리에 '라디오'의 스피커에서 오리엔탈 오케스트라의 폭스트롯[58]이 흘러나올 때 추어탕집 두부집 식당 등 속에서 얼근히 취한 젊은이의 한 떼 대롱대롱 몇십 전 주머니에 넣고서 진고개로[59], 진고개로, 쇼윈도를 기웃거리자, 거대한 책사(冊肆)[60]를 뒤지자, 내어버리느니 카페 여왕 앞에서 돈 10전 꼽아 올리고 커피 한 잔에 재즈의 레코드 바람에 공연한 헛주정을 한다.

　유각골[61] 친구들이 종로의 네거리를 내려오면 눈이 휘둥그레진다. 이 빼빼 마른 거리에 일금(一金) 500원의 현상(懸賞) 간판이 엄연히 서 있다. 취미잡지의 선전, 잡지 광고의 여리꾼의 외침과 같은 판매 정책이다. 안국동 네거리, 종로 네거리의 큼직큼직한 책사에《부인구락부》,

《소년구락부》,《주부지우》,《킹》[62],《후지[富士]》,《아사히[朝日]》의 깃대
가 펄펄 날리더니 취미잡지의 대거 출동, 여성잡지에도 취미, 취미잡지
에도 왈(曰) 고급취미, 야로[63] 취미?

근대적 생산 과정은 기계를 빌어서 대량생산을 하게 되고 그 속에
서 펑펑 도는 인간 군집들은 꿈을 꾸어도 강렬한 꿈을 꾸어야 속이 시
원하게 된다. 사람의 마음은 자동차의 속력을 따라가게 되고 강렬한 자
극과 고속도의 회전이 우리의 신경을 유쾌하게 한다. 자연주의 소설에
나오는 주인공의 심리와 배경의 묘사는 벌써 현대인의 발걸음 밑 시멘
트 바닥 속에 파묻히게 되고 말았다. 유한(悠閑)은 금물이다. 그렇다, 좋
다, 마땅히 그렇게 할 것이다. 현대 생활의 과정에 있어서 한없지 못할
존재이다. 있어야 한다는 것보다도 있게 되는 것이다. 우리는 그것을
부인하는 것은 아니다. 우리도 남과 같은 과정을 밟아 왔다면 단발랑(斷
髮娘)을 옆에다 끼고 대로(大路) 횡보에 찻집에 들어가 차 한 잔 마시고
10원짜리 던져 주고 나오게 되는 한 개의 과정도 밟아야 되겠지?
　권태와 피로를 느낀 근대인의 심정은 오히려 유한(悠閑)하고 장한

56　여성의 에로틱한 각선미를 선보이는 데 초점이 맞춰진 일종의 공연 형식.
57　John Gilbert, 1897~1936. 미국의 배우. Ronald Colman, 1891~1958. 영국 출신의
　　배우. Ramon Navarro, 1899~1968. 멕시코 출신의 배우.
58　폭스트롯(foxtrot). 1910년대 미국에서 유행한 춤 또는 그 춤곡.
59　현재 중앙우체국 옆길에서 세종호텔 뒷길로 이어지는 명동 충무로 일대의 고갯길을
　　가리킨다. 일본인들이 집단 거주한 지역으로 '혼마치[本町]' 또는 '본정통(本町通)'이라
　　고 불렸다. 1920년대 경성 최대 번화가로 조성되어, 고급 상점들이 불야성을 이루었다.
60　서점.
61　지금의 종로구 누상동.
62　《후진쿠라부(婦人俱樂部)》,《쇼넨쿠라부(少年俱樂部)》,《슈후시토모(主婦之友)》,《킨구(キン
　　グ)》, 모두 일본의 대중오락잡지 명칭이다.
63　야로[野郎]. 남자를 욕할 때 쓰는 일본어. 또는 '촌사람'을 뜻한다.

(長閑)한 것을 좋아하련마는 레뷰 영화나 재즈나 강렬한 붉은 술을 요구하는 것이야말로 한 개의 기형적 출발이다.

　그러나 이 모든 근대적 향락이란 자본을 가진 대머리 통 영감님의 아드님이나 따님들의 마음에 아첨하도록 하노라고 요꼴저꼴 산출되는 것이며 기계문명의 최후의 부르짖음! 환갑잔치에 여흥 있는 격으로 산출된 것들이니 이게 곧 전 사회적 공기, 유행적 분위기를 점령하게 되고 새로이 연속성 고속도(高速度)로 진전하여 나아가는 것이다. 그러니 아무리 만주서 좁쌀을 갖다 먹고 고무신짝을 걸고 다니는 우리네 젊은 이들도 이 분위기에 광취(狂醉)되는 것도 사실이다. 그리고 근대적 신경의 소유자인 그들은 어렵고 껍껍한 것보다는 감칠맛 있고 근저가 없으며 영구성이 없는 것, 다만 현재에만 만족하게 된 머리요, 모든 책 읽기에도 확실히 이러한 경향을 가지게 된 것이다. 일본에는 《가이조[改造]》[64]의 대중화가 비롯되어 취미 실익본위(實益本位)의 잡지들의 대두. 명왈(名曰)[65] 대중, 대중화. 내용은 성욕 애상도(愛相圖), 남녀 연애 비결, 단시기적(短時期的) 결혼 향락법, 혼개 쾌심법(婚開 快心法). 대중은 그리로 가야만 되겠느냐? 더구나 건성 남의 춤에 춤춘다는 격으로 명왈 난관 — 제1, 제2, 제3 난관이 도금부(都禁府) 삼문(三問) 같으니까 우리는 향상, 실익, 취미, 이렇게 부르짖으며 저들의 꽁무니를 쫓아가는 마음! 코르크 신에다가 여의 털목도리에 핸드백을 들고 시멘트 바닥을 걷는 아주머니 뒤를 평생 못 신어 보던 게다[66]를 신고 꾀죄죄한 행주치마에 흰 생목[67] 저고리를 입으시고 뒤따라가는 '오마니'와 똑같은 방법이다. 우리는 이것을 잘 알아야 한다. 옛날에 귀엽던 마음 똑바른 한 길 — 날 밝은 길을 보고 얼굴에 상기가 되어 거친 마음을 또다시 걷잡아 가지고 나아가야 하겠다. 도대체 취미란 배부른 사람에게 있어서는 그 맛이 달고, 그렇지 못한 사람에게는 그 맛이 쓰다. 그리고 밥도 제대로 못 먹는 이가 활동사진을 갈 수가 있겠는가도 문제이겠지마는 만일 찾는다면 그는 병적 광인일 것이다.

취미를 모른다고 근대적 문화를 모를 사람이라고 할 자도 없겠거니와 우리의 근대적 문화를 부정한다. 똑바른 생각을 가지고 똑바른 길로 근대문화적 교향악 속에서 취미 행진곡 속에서 옆길로 들지 말고 똑바로 나아가자. 그 길은 우리를 저버리지 아니할 것이다.

《조선문예》, 1929년 5월)

---

64   《가이조[改造]》는 사회주의를 표방한 일본의 종합잡지로 1919년부터 1955년까지 발간되었다.
65   이름하여.
66   일본에서 신는 나막신.
67   천을 짠 원래 그대로의 무명옷.

연극한담(演劇閑談)

벌써 두 달 전 일이다. 조선일보사 학예부 주최로 어느 절에 나아가서
조선 현재 문예 운동 일반에 대하여 좌담회를 한 적이 있었다.[68] 그때
맨 나중으로 현재 조선의 극운동에 대한 이야기라도 화제가 상정될 때
에 좌중에 친구들은 다 각기 고개를 돌이키면서 "어디 극이 있나?", "연
극 운동이 최근에 있어야 말이지" 하고 책장을 덮듯이 말을 막아 버리
고 말았다. 그때 여러 친구들의 감정 — 그랬었겠냐마는 나는 웬일인지
나 혼자 생각함에도 특별 내게 더 섭섭히 생각이 되면서 마음이 캐우는
게 — 그 키우는 마음이 여태껏 풀리지를 아니한다.

4, 5년 이래로 적어도 대매(大枚) 이삼천 원, 혹은 삼사천 원이라는
거액(우리네 경제로는)을 들인 영화 작품이 5, 6십 본이나 나오고 작년에
들어서서도 퍽 영화계가 비교적 한산하였지만 2, 3년 전에는 며칠만 있
다가 길에 나서면 어느 '프로덕션', '무슨 작품'이라는 포스터가 큰길가
바람에 날리었었다. 그 반면으로 영화와 형제는 못 되지마는 한 사촌쯤
되는 연극 운동이란 도무지 그 자취를 감추고 말았다. 또한 연극 운동
을 하던 배우들 중에는 혹 영화계로 달려가서는 제일선에 선 이들도 있

었다. 우리가 신극운동을 하여 본 지 — 나는 신극운동을 햇수로 따지라면 일본에 진재(震災)가 있던 해 전후를 치려고 한다. 우선 진정한 의미의 — 혹은 문예적으로 보아서 — 신극운동이란 예술협회 또는 극문회 — 만파회(萬波會) — 를 중심 삼아 뒤이어 토월회(土月會)[69]의 제1회 공연이 진재 나던 해 가을에 있었으니까 말이다. 그리하여 어쨌든 한 2, 3년 동안은 토월회의 독무대가 조선의 극운동 전체이었었던 것도 사실이었었다. 그러나 그 실패한 이유는 다음에 말하기로 하고 어쨌든 토월회가 실패를 한 후에 뒤이어 영화 운동이 일어나 가지고 조선의 예술 운동 중 연극 운동은 말 안 멎는 카메라 앞에서 계속되는 듯싶었다. 이것도 나는 한 개의 이상한, 그냥 지나치는 생각으로 보아 둘 것이 아니라고 생각하기 때문에 이러한 말을 하게 되는 것이다. 그리고 웬일인지 나는 혼자 속으로는 "우리도 영화를 좀 만들어 보아야 되겠다"는 생각으로 다만 시대를 따르는 한 개의 모방적 운동으로 카메라를 둘러메고 교외로 나가게 된 것이라는 생각을 갖게 되었다.

처음에 처녀지에 있던 민중들은 '조극(朝劇)'[70]의 넓은 무대에서 〈알트 하이델베르히〉나 〈부활〉을 볼 제 마치 광희(狂喜)하였었다. 요컨대 모든 것이 새로웠기 때문이었었다. 그 다음 3, 4년 전이 지낸 다음에 잘 기억되지 않지마는 일본인 자본가의 손으로 무슨 문화 협회의 이름으로 단성사 영사막에 춘향이와 이도령의 '러브신'이 나타날 때 또한 우리는 미처 날뛰며 환영하였었다. 그것도 요컨대 일종의 신기하였었음과 새로웠던 까닭이었다. 그렇다, 우리는 언제든지 새로운 것을 요구하기

<hr>

68 이는 조선일보사 학예부 주최로 1929년 2월 25일 동소문 밖 신흥사에서 열렸던 '제1회 문인좌담회'를 가리킨다. 이 좌담회의 참석자는 최승일 외에 김기진, 박영희, 최상덕, 이익상, 김원주, 이은상, 최학송 등이었다(《조선일보》, 1929.2.28.).
69 1923년 창립된 조선의 극단.
70 조선극장을 가리킨다.

때문이다. 그러나 이 새것이란 외형, 형식만 새로운 것을 말함이었다. 그러므로 연극의 연출 방식이 단지 약간 새롭고, 영화가 카메라를 통하여 우리는 서양 사람의 얼굴만 볼 줄 알았더니 우리의 얼굴도 보여지니까, 신기하여 광희 환호하였던 것이었었다. 그러나 그 현상이 영원히 민중을 붙잡고 있겠느냐가 문제이다. 형식이나 외형이 새로울 뿐 아니다. 내용이 제일 먼저 문제 되는 것이다. 첫째 눈에 띄는 것은 새로운 형식이고, 둘째 들리는 것은 새로운 내용의 부르짖음, 말소리, 즉 내용이었다. 그렇다. 우리는 다만 무대 위에서 '데아부로'나 '도레야도'나 부르면서 술잔 술병이나 깨뜨리고, 서양촌 계집애 꽁무니를 따라다니는 데 만족하겠느냐? 또 영화에 나타나는 잔치가 벌어진 장면에 꽁무니를 빼고 엉덩춤이나 추는 장면을 보고 늘 만족할 것은 아니었었다. 민중은 4, 5십 전을 주고 영화나 연극을 보러 갈 때에 그러한 유탕(遊蕩)하거나 퇴폐한 무리의 억지로 흉내 내는 작란만 구경하러 가는 것이 아닌 것을 우리는 알아야 한다. 반드시 무엇을 요구하는 것이다. 생활 표현의 — 생활 반영의 — 자기네들 생활 의식에 대해서 공명되는 점이 있고 또 지시되는 점이 있어야만 구경을 다 하고 집에 돌아와 생각을 할 때에라도 그 광경이 눈앞에 나타나면서 명일(明日)의 생활을 위하여 도움이 되게 되는 것이다.

그러면 여태까지의 우리네 연극 운동자나 영화 운동자가 오늘의 조선인의 생활 의식에 얼마만한 파문(波紋)을 둘 만한 일을, 다시 말하면 사명을 하였느냐고 물을 때, 우리는 무엇이라고 대답을 하여야만 할까에 퍽 곤란하다. 나도 감히 말한다. 과거 수십 년 이래 조선의 신문예 운동이 발생한 이후 제일 '이데올로기' 또다시 '목표'가 없이 막연하게 단지 하여 보겠다는, 소개하여 보겠다는 마음으로 된 운동이 무엇이었느냐 하면 그중에도 신극 운동과 영화 운동이었었다고 말할 수가 있다.

그렇다, 예술 운동이 사회 의식적으로의 운동 생활 반영으로서 사명으로 진출하겠다는 이론은 누구나 긍정하면서도 영화 운동, 더구나 연극 운동은 막연한 기형아적 진출을 감행하고 있었기 때문에 오늘날의 비경(悲境) 또는 괴멸을 당하고 만 것이었다. 애써 형일언(形一言)해 말하자면 소부르주아적 또 호탕 ― 수음적 산출 ― 또는 운동이었다고나 볼까? 만일 오늘날 우리들의 이러한 생활 중에서라도 지도적 '이데올로기'가 있이 진출하면서 목표가 있이 나왔다면 오늘날과 같은 괴멸은 없었으리라고 본다. 이 점에 있어서는 오늘날까지 제일 많이 돈을 쓰고 제일 오랫동안 꾸준히 걸어왔다는 토월회가 먼저 그 책임을 져야 된 것이었다. 먼저 그들은 인텔리겐치아를 목표로 하고 하다가 그들의 의식적 전환이나, 또는 사회적 움직임을 돌아보지 아니하고 대번에 떨어져 가지고는 소위 민중 속으로 간다는 것이 때아닌 세기말적 퇴폐한 감정이나 신경을 어지럽게 하기에 힘쓰다 가는 것은 거꾸러진 것이었다. 타락도 그러한 무서운 타락은 없었던 것이었다. 조금 의미가 다르지마는 최근에 쓰키지[築地] 소극장 문제만 하여도 그렇다. 단지 그들은 막연(漠然) 예술 표현운동으로만 나가다가는 '우리가 민중을 상대로 하여 나아간다면 어떠한 민중을 상대로 하여야 하겠느냐'는 데 문제가 일어나 가지고 드디어 히지가타[土方]-기타무라[北村]⁷¹ 양씨 간에 좌경-우경이 생기어 갈라지게 되고 만 것도 생각하여야 하겠다. 어쨌든 지나간 일은 다 집어치우고 일로부터의 연극 운동이나 영화 운동을 다 각기 자기의 민중을 가지게 될 만한 그 단체 하면 그 단체의 '이데올로기', 그 작품 하면 그 작품의 '이데올로기'가 있어 가지고 새로운 스타트가 있어야 자기의 머리에 최후의 운명이 닥쳐올 때까지 서서 있게 되는 것이다. 혹 말하리라, "안 된다", "검열이 있다", "관리의 눈이 있다" 하리라.

71　일본의 쓰키지 소극장에서 활동한 연극 연출가 히지카타 요시[土方与志, 1898~1959]와 기타무라 기하치[北村喜八, 1898~1960]로 보인다.

그러나 가장 타협적이면서 반동이 아닌 범위 내에서 우경이냐? 좌경이냐? 유각골 친구들을 목표로 하느냐? 다방골 친구를 상대로 하느냐? 그것은 당신네들 마음이다. 이것은 거듭 말하거니와 조선의 연극이나 영화를 가지고 운동하려는 사람에게 한하여 하고 싶은 말을 하게 된 것이다. 나는 이야기는 그만하고 아래에는 최근 템포가 빠르고 스피드가 있는 레뷰나 또는 근대 과학의 극치인 라디오 문화 중에도 '라디오 드라마'에 대하여 몇 마디 적고 그만두려고 한다.

지구는 새로운 것을 쉴 새 없이 창조하며 있다. 그리하여 지구는 재즈의 혼악(混樂) 속에서 레뷰 식으로 회전하고 있다.

위에서 내려다보니, 먼지가 켜켜이 앉은 기와집들 속에 새빨간 벽돌집들이 우뚝 솟아 나오고 꼬부라진 좁은 길을 바로 뚫어라, 넓게 뚫어라, 그러고 다져라, 그러고 (1929년) 올해에 들어서서 경기도에만 자동차가 500대가 늘었다. 그리로 달리어라. 이 벽돌집 그늘 밑에서 이 가솔린 냄새 나는 거리에서 움직이는 우리들은 종로 네거리 상점에 내어놓은 재즈의 방송에 발을 맞추어 〈물랑루즈〉나 〈몽파리〉를 보러 가지 아니하면, 마음이 상쾌치 못하다. 그리하여 우리는 미(美)를 맛봄에도 과학적 미를 탐낸다. 건강미를 즐겨 한다. 강력한 미를 요구한다. 그렇다. 단테의 『신곡』은 벌써 과학적, 역학적 현대 행진곡에 그 심장이 타 버리고 말았다. 베토벤의 〈월광곡〉은 황금야(黃金夜)에 싸여 칵테일을 마시면서 재즈에 발맞추어 2주일을 두고 낮과 밤을 춤추는 미국의 젊은 남녀의 발밑에서 파묻혀 고개를 못 든다.

레뷰는 현대인이 가진 한 개의 강신제(强神劑)다. 보아라, 입센의 『인형의 집』이나 셰익스피어의 『햄릿』이 현대인의 졸음을 사는 대신에 파리(巴里, 파리)에 뮤직홀에서 나오는 촌극이나, 레뷰식 춤과 노래가 현대인의 마음속에 가서 한 컵의 칼피스(カルピス)[72]가 되지를 아니하나. 그러므로 이 레뷰식 촌극식 스피드, 템포의 행진은 영화나 연극에도 침입

을 하여 온다. 러시아의 예술 좌(座)⁷³ ― 〈벚꽃동산〉의 본궁(本宮), 스타니슬랍스키⁷⁴의 탄생지, 체호프⁷⁵의 무덤 ― 이 예술 좌에서는 최근 〈장갑열차〉⁷⁶를 상연했다고 하지를 아니하나. 스타니슬랍스키 노인은 이렇게 시대가 흐름을 볼 때에 그는 눈이 휘둥그레졌을 것이다. 한 개의 무대를 엄숙하게 꾸며 놓고 2, 3막을 통하여 왔다갔다하면서 인생, 사회, 우주를 부르짖던 배우로는 메이엘호리드의 고속도(高速度)⁷⁷식 배경 앞에서 팔을 걷고, 군중을 향하여 부르짖게 된 것을 우리는 알아야 한다.

레뷰, 레뷰 ― 전기화, 기기화하는 근대인의 생활 속에 튀어나온 한 개의 모던 예술이다. 그리하여 첨예화하여 가는 현대인의 가슴 속을 스치고 지나가는 한 잔의 강렬한 진이다. 우리가 앞으로 가져야만 할 예술이요 어떠한 계급에 속한 예술이고 간에 이 레뷰식 고속식 산품으로써 우리의 가슴을 압도하여야겠다. 더구나 신흥 예술의 존재란 이러한 형식에 가까이 가리라고 본다. 아니다, 벌써 가까이 가고 있다. 왜 그런고 하니 이유는, 그것은 힘의 폭발이 있기 때문이다. 강렬하기 때문이다. 선동적이기 때문이다. 그렇다.

옛날의 영탄적(詠歎的)이고 호소적이고 비분강개적이던 예술의 일부는 여기서 그 존재가 장사 지내게 되고 만 것이다.

---

72   일본의 다이고미합자회사[醍醐味合資会社]에서 1919년 발매한 음료.

73   좌(座, 자). 극단 또는 극장을 뜻하는 일본식 표현.

74   콘스탄틴 스타니슬랍스키(Konstantin Stanislavski, 1863~1938). 러시아의 배우이자 연출가.

75   안톤 체호프(Anton Chekhov, 1860~1904). 러시아의 극작가이자 소설가. 『벚꽃동산(Vishnyovyi sad, 1903)』은 그의 마지막 작품이다.

76   〈장갑열차〉는 러시아의 소설가이자 극작가인 프세볼로트 이바노프(Vsevolod Ivanov, 1895~1963)의 1922년 작품으로, 러시아 혁명 당시 시베리아 전쟁에 참가한 작가의 복잡한 체험을 투영해 큰 반향을 불러일으켰다. 이는 1927년 작가의 각색으로 모스크바 예술극장에서 초연되었고, 소련 연극의 고전으로 칭송받았다.

77   원문의 '고미도(高迷度)'는 오자로 보인다.

조선의 요사이 배우들의 세리프[セリフ, 대사]가 있다면, 만일 우리 귀에 들린다면 공전(空電) 속에 쌓여 1초 동안에 지구를 일곱 번 반이나 돌고 있는 '라디오'에 얹힌 대사만이 가끔 여러분의 가게에나 사랑에나 안방에나 들어가는 것밖에 없을 것이다. 나는 여기에 몇 마디 적으려 한다. '라디오'란 원래가 그 속도가 무어라고 형언할 수 없는 속력을 가지고 퍼지는 것이기 때문에 반드시 무대극을 소개한다고 그 효과가 있는 것이 아니다. 예를 들면 최근 대판(大阪, 오사카) [극장] 나카자[中座]에서 연출된 일본의 국극 가부키[歌舞妓] 〈간진쵸[勸進帳]〉를 중계 방송할 때 듣는 이들 중에 그 극의 내용 또는 형식을 아는 이는 지금 어떻게 하리라, 간지로[雁次郞][78]가 샤미센[三味線]에 맞추어 팔을 들고 발을 구르며 무서운 표정을 하리라, 하고 상상을 하겠지마는 모르는 이는 그 맛을 모른다. 그러나 가령 말하면 고속도적 레뷰식 풍자적, 유모아한 그 소위 '라디오'식 촌극이 어떤 분의 연출로 방송이 된다면 간단한 응접실이나 말쑥한 사랑방이나 깨끗한 건넌방에서 앉았던 젊은 서방님, 아씨님네는 괴로운 웃음이나 그렇지 아니하면 가슴 속 젊은 피가 툭툭 튀면서 고만 일어나 팔이나 다리를 어디에다가 둘는지 모르리라. 그러므로 사건은 단순하고 할 수 있는 대로 등장인물이 적고 성격이 복잡치 아니하고 콕콕 찌르는 맛이 있는 '라디오 드라마'라야 한다.

혹 자가선전 같지마는 최근 몇몇 동호인들이 하여 나아가는 '라디오드라마연(硏)'[79]에서는 대소(大小) 각본 근 50개를 방송하였는데, 안방에 앉으신 어머님과 아버님을 위하여 방송하여 드린 〈추풍감별곡〉 같은 것은 옛날의 선풍도골(仙風道骨)[80]인 서방님 한 분이 창의를 입고 재즈에 발맞추어 찰스턴을 추는 격이다. 그 대신 일부의 욕을 먹었지마는 〈라디오 레뷰〉, 〈정초풍경〉 같은 것은 그 템포가 빠른 촌극의 연결인 것만큼 젊은이의 흥미가 몰렸던 것도 사실이다.[81]

'라디오' 드라마에는 극장이 소용이 없다. 무대가 필요치 아니하다. 배경이 없어도 좋다. 의상과 화장이 들지를 아니한다. 다만 사람의 인후(咽喉)[82] 그것만이 생활, 사회, 인생을 표현해야 한다. 그러므로 지극히 현대식인 것만큼 결단코 쉬운 것이 아니다. 또한 무대에서 훌륭하던 배우의 목소리라고 결코 '라디오'에도 좋게 들리는 것이 아니다. 동요(動搖)와 감정을 음성으로만 표현하려는 데 거기에 고통이 있는 것이다. 그리하여 그 실감만 듣는 이에게 주게 된다면 거기에 사명은 끝막는 것이다. '라디오'는 국제적이다. 대지의 호흡, 동요는 '마이크로폰'이 흡입하여 다시 뿜어내고 만다. 그리하여 오래지 아니하여 '에스페란토'는 '라디오 드라마'를 방송하여 전 인류가 자기의 가정(家庭) 살이가 공통이 될 날도 머지 아니한 앞날에 있다. '라디오' 문화란 지구를 축소시킨다. 조선인의 생활 감정이 전 세계 '에스페란티스트'의 귀에 들리게 될 날도 머지 아니하다. 우리는 보고 있다. 내다보고 있다. 타이프라이터로 원고를 쓰고 드라마를 '라디오'로 방송을 하는데 레뷰나 재즈가 아니 따라갈 수가 없다. 그리하여 지구는 축소되어 있으며 세계는 똑같은 무대에서 똑같은 연극을 하면서 똑같이 최후의 만찬을 베풀고 있다. 그러나 우리는 이 모든 향락의 소유자가 부르주아라는 것을 잊어서는 아니 된다. 우리의 모던 문화란 이러한 단계를 밟고 있는 문화의 탈환을 의미하는 것이다. 그리하여 우리가 먹은 칵테일은 우리의 뱃속에서

---

78 나카무라 간지로[中村鴈治郎, 1902~1983]. 가부키 배우.
79 라디오극연구회를 가리킨다.
80 선인의 풍모와 도사의 골격.
81 1929년 2월 12일 JODK는 개국2주년 기념 자축 프로그램 시리즈의 일환으로 라디오극연구회의 〈라디오레뷰〉, 〈정초풍경〉을 편성했다. 송암생(松岩生) 편(編)의 〈정초풍경〉은 제1경 가두, 제2경 가정 1) 실내 2) 사랑, 제3경 카페, 제4경 극장, 제5경 가두로 구성되었다(《매일신보》, 1929.2.11.).
82 목구멍. 사람의 목소리를 빗대어 가리킨다.

소화되고 말 것이다. 그리하여야 된다.

(《조선문예》, 1929년 6월)

'방송국' 한담: '라디오'의 낮잠

아마도 몇 해만 더 가면 '엔진'이나 '모터'가 이 지구땡이를 핑핑 돌릴 때가 올 것입니다. '체펠린' 백호(伯號)[83]가 단 8, 9일 만에 지구를 한 바퀴 휘돌고 났으며 '라디오'란 괴물은 세계문화를 날마다 교체하고 있습니다.

요사이만 하여도 하마구치[濱口][84] 내각은 수상 이하 각 각료가 방송국으로 와서 사자후를 터뜨리게 된 것도 '라디오'란 참으로 대중성을 가진 문화 기구이기 때문입니다.

조선의 '라디오'란 팔자가 사나워서 혹 기미(期米)꾼[85]의 시세 앏이

---

83 LZ 127 그라프 체펠린(LZ 127 Graf Zeppelin)은 독일의 항공기업체 체펠린 비행조선 유한책임회사가 제조한 비행선으로 1929년 미국 뉴저지의 도시 라그허스트를 출발하여 샌프란시스코와 도쿄, 독일의 프리드리히스하펜을 거쳐 다시 라그허스트로 돌아와 세계를 일주했다.

84 하마구치 오사치[濱口雄幸, 1879~1931]. 일본의 정치가로 1929~31년까지 총리를 지냈다.

85 쌀의 시세 변동을 이용하여 현물 없이 약속으로만 쌀을 사고 파는 일종의 투기 행위를 기미(期米) 또는 미두(米豆)라고 하며, 이를 하는 사람을 기미꾼 또는 미두꾼이라고 하였다.

나 종각 상인들의 자점(自店) 광고용으로 '스피커'를 거리로 향하여 내어놓게 되고, 그 외에는 대개로 있는 집 자손들의 손 장난감으로 제공받게 아니 되고 있습니다. 남은 몇십만 몇백만의 대중을 안고 있는 '마이크로폰'이 조선서는 불과 1, 2천 하니 대중이라고 할 수도 없겠지요.

그러나 이것도 조선서는 방송국이 한 개밖에 더 허락되지 아니하고 있는 이상, 다소간이라도 이 기관을 이용하고 있는 이상 민중의 여론은 혹여 우리에게 불리한 조건을 고치게 할 수가 있다면 다행이 아닐까 합니다. 이야기가 딴 길로 들어갔습니다.

방송국이란 얼른 말하자면 신문사[와] 극장을 합한 것이 방송국이라면 좋겠습니다. 낮에는 신문사와 기자 반 같은 일을 하고 밤이면 연극장 일을 훌륭히 하여 나갑니다. 어느 점으로도 신문사나 연극장보다 다소 못 미치는 점도 없지 아니하나, 어느 점으로는 그보다 더 훌륭한 기능을 발휘하는 수가 있습니다. 한 예를 들면 독일 부르주아지의 자랑거리, 한 개의 공포탄, '공중(空中) 애국주의'의 화신 '체펠린' 백호가 일본의 하포(霞浦, 가스미가우라) 비행장에 도착될 때 JOAK에서는 '마이크로폰'을 비행장 한 모퉁이에다가 갖다 놓고 그 착륙 광경을 유선으로 동경으로 가져다가 무선으로 방송하는 것을, 경성방송국에서는 경인선 소사(素砂)에다가 수신소를 설치하고 유선으로 본가로 가져다가 다시 무선으로 방송을 하였습니다.

그러면 우리는 일본 하포 비행장에 도착되는 광경을 귀로 들을 수가 있었습니다. 일본 해군 대신 다카라베[財部][86] 씨의 연설 소리, '에케너' 박사[87]의 인사 말씀, 관중의 만세 소리, 축배의 부딪히는 소리, 우리는 이것을 들을 수가 있었습니다. 이 소식을 들은 신문 기자들은 방송국으로 몰리어 왔습니다. 이와 같은 일은 방송국이 아니면 못하는 일이올시다, 그 대신 '라디오'란 기록이 없습니다. 그러나 그 대신 '마이크로폰'은 세계의 움직이는 음향을 등덜미로 쫓아다니며 전할 수가 있습니다. 고속도 시대의 상징이란 아마 '비행선', '라디오' 그뿐이겠지요.

　다음에는 어떻게 해야 방송이 되나 이것이나 간단하게 비전문적인 말씀으로 몇 마디 소개하려 합니다. 방송을 하려면 우선 방송실 즉 '스튜디오'가 필요합니다. 경성방송국에는 방송실이 두 개가 있습니다. 한 개는 양악(洋樂)과 연극을 중심으로 하는 즉 다수인의 방송실과 또 한 개는 일본악과 조선악을 방송하는 즉 소수인을 중심으로 하는 방송실이 두 개가 있습니다. 우선 방송실의 구조는 천정으로부터 방바닥, 벽까지 전부 '코르크'라는 나무(술병 마개용)로 하고 그 위에 담(보료용)을 깔고 또 그 위에다가 방장(房帳)[88]을 치고 창문은 전부 이중문 즉 겹문을 씁니다. 이것은 반향이 없게 하기 때문입니다. 반향은 잡음을 생기게 하니까요. 그리고 한가운데는 '마이크로폰'을 놓고 그 외에 피아노와 풍금(風琴), 조선 악기와 일본 악기를 놓고 또 그 외에 연극 방송용 찰음(擦音) 장치가 있습니다. 그 가운데서 '마이크로폰'을 향하여 가령 강연을 한다면 그 '마이크로폰'은 보통 전화의 감수성보다 약 십 배나 더 예민한 감수성을 가지고 목소리를 받아다가 그 옆방 지휘실로 갖다가 줍니다. 지휘실에서는 진공관에다가 받아 가지고 조절을 합니다. 크면 작게 한다든지, 작으면 크게 한다든지 그러한 작용을 합니다. 그래 가지고는 그 소리를 유선으로 지하 송신기실로 보내 줍니다. 이 송신기실에서는 그 송신기에다가 그 소리를 넣습니다. 그러면 그 소리는 그때도 역시 유선으로 실상(室上) '안테나'까지 올라가 가지고 이제 비로소 무선으로 공중으로 퍼지게 됩니다. 이 공기 속에 섞이어 돌아다니는 방송

86　다카라베 다케시[財部彪, 1867~1949]. 일본의 군인이자 정치가로 1923~27년까지 해군 대신을 지냈다.

87　휴고 에케너(Hugo Eckener, 1868~1954). LZ 127 그라프 체펠린의 선장이자 체펠린 비행 조선의 CEO.

88　겨울에 외풍을 막기 위해 치는 휘장.

전보는 한 초 동안에 지구를 일곱 번 반이나 도는 속력을 가지고 돕니다. 아마도 이 이상 더 고속도 문화는 아직 같아서는 이 세계에 없을 것입니다.

그러므로 방송하는 동 시각에 아무리 먼 곳에서라도 수신기만 가지면 수신을 할 수가 있게 되는 것입니다.

그리하여 여러분이 낮에는 강좌나 혹은 천기예보(天氣豫報), 기상개황(氣象槪況), 일용품 매각, 뉴스, 주식 기미 방송 같은 것을 들으시고 밤에는 영어 공부를 비롯하여 동화나 혹은 강연, 뉴스, 각종 연예물을 들으시게 되는 것입니다. 또 한 가지 말씀드릴 것은 JODK라는 것은 방송국의 부호입니다. 세계의 각 방송국은 제가끔 다 각각 다른 부호를 가지고 있습니다. 마치 사람은 다 마찬가지이지만은 성명이 다 다른 것과 똑같은 이유입니다.

방송국 이야기는 이만하면 거의 다 되었습니다. 그러면 이 방송 사업이 어떻게 이용이 되느냐, 또는 어떻게 이용이 되어야만 하겠느냐는데 잠깐 몇 말씀하지요.

'라디오' 문화란 이십 세기에서 산출된 문화 중에는 가장 극치된 문화일 것입니다. 아마 교화기관으로 보도기관으로 오락 기관으로 이만큼 오늘날 널리 사용되는 기관은 아직 같아서는 이 위에 덮을 기관이 없을 것입니다. 따라서 '라디오' 문화 발생기에 있어서 '라디오' 문화로서의 독특한 문화도 이 뒤로 자꾸 생길 것입니다. 우선 '라디오' 문화가 생기는 중에 예술 부문에 있어서도 이 '라디오' 문화에 적합되는 한 개의 새로운 예술이 생길 것도 우리는 익히 아는 바입니다. 철필(鐵筆)을 가지고 원고지에다가 써서 인쇄기를 거쳐 가지고 발휘되고 선전되는 예술이나 문학이 '마이크로폰'을 거쳐 가지고 한 개의 새로운 형식의 예술이 출생하기에 지금 싹이 트고 있습니다.

이리하여 '마이크로폰'은 대지의 호흡, 지구의 동요(動搖)를 전하고 있습니다.

그러나 세계의 부르주아지는 모든 새로운 문화를 독점하고 있습니다. 문화의 지존지대(至尊至大)를 부르짖고 있는 그들은 너무나 잘 쓸 줄을 알고 있는 까닭입니다. 그렇습니다. 자기선전, 자기 옹호에만 그는 만족하고 있을 터이지요. 그러므로 이 문화의 혜택이란 도저히 대중과는 거리가 가까울 수가 없습니다. 지금 미국에서는 자본 축적의 이용물로 대상(大商)들의 발호가 기가 막힙니다. 지금 같아서는 '라디오' 문화는 부르주아지의 자본 축적의 한 개의 이용물밖에는 되지를 못하고 있습니다.

《학생》, 1929년 11월)

1909년의 일이다. 세계 인류 중에 가장 처음으로 북극에 발을 들여놓은 탐험가 '로버트 피어리' 씨는 북극에 도달하였다가 전신국이 있는 '래브라도'의 인디언 하버에 도착하여 그곳에 있는 '노자 머스트' 전신국으로부터 《뉴욕타임스》사에 제1신을 타전하기까지에 실로 153일 간이 걸렸다. 그러나 다음은 1929년 11월의 일이다. '버드' 중좌가 비행기를 타고 근거지를 출발하여 남극 상공에 도달되는 광경을 '라디오'의 '라우드 스피커'를 통하여 전 미국의 대중은 각각(刻刻)으로 그 광경을 들을 수가 있었다.[89] 그의 남극 모험 비행의 소요 시간은 비행시간이 18시간, 1초 동안에 18만 6천 리의 속력으로 '라디오'에 의하여 거의 1초 동안에 전미의 대중은 그 광경을 알게 되었다. 153일 간, 1초 동안, 그 거리는 20년 동안에 급 전보(轉步)하여 축소된 것을 우리는 기억하여야 한다.

전기 문화, 전 인류의 문화는 이리로 돌진한다. '레닌'은 '미래는 전기의 세계'라 하였다. 그렇다 부르주아의 부르짖는 산업의 합리화나 프롤레타리아의 농촌의 전기화가 다 이 전기를 '에네르기'로 한 신문화의 건설을 의미하는 것이다. 이리하여 현대인의 첨단 생활, 변태적(變態的) 취각(臭覺) 생활이 다 이 분위기 속에서 생장하는 것이다. 그리하여 우리는 '템포', '스피드'를 찾게 되었고, 이 영향은 길 가는 사람의 걸음이 빨라지는 것을 비롯하여 모든 문화적 시설, 그중에도 정신적, 신경적(神經的) 지도를 맡아 가지고 있는 문학, 예술까지에도 그 영향을 가지고 오게 되었으니, 예를 들면 춤의 '레뷰' 같은 것이나 영화나 연극에까지도 차차 전기화하여 가는 것을 우리는 볼 수가 있다. 러시아 영화 〈아시아의 폭풍〉이나 〈전함 포템킨〉[90] 같은 것은 명쾌한 '템포'와 예리한, 분방(奔放)한, 더구나 윤전기(輪轉機)와 같은 합리적 강건한 '템포'로 되어 있으며, 독일의 '버스카톤' 극장에서 상연된 〈베를린의 상인〉 같은 것은 막이 없이 몇십 장(場)을 한숨에 내리 뽑는 경이적 급'스피드'를 우리에게 보여주고 있다. 이것은 다 모든 문화가 전기 위에 서서 나아갈 때 그 속에 싸여 행진하는 현대인의 신경 문화에 한 개의 얻지 못할, 산출하지 아니하면 아니 될 출산물의 하나이다.

누구는 이것을 가리켜 기계 문학이라고 하지마는 나는 이것을 왈(曰) 전기 문학, 전기 예술이라고 하고 싶다. 간단히 반증을 들자면 '라디오' 방송을 위하여 어느 극작가가 '라디오' 방송에 적합하도록 각본 1막을 쓴다면 이것은 두말할 것 없이 전기 문학이다. 일본의 소위 일류 문사(文士)가 거지반 이 전기 문학을 생산 아니한 사람이 없으며 조선에

89　로버트 피어리(Robert Edwin Peary Sr., 1856~1920)는 미국의 탐험가이며, 리처드 에벌린 버드(Richard Evelyn Byrd Jr., 1888~1957)는 미국의 탐험가이자 비행사이다. 인디언 하버(Indian Harbor)는 캐나다 뉴펀들랜드 래브라도주에 있는 항구이다.

90　각각 프세볼로트 푸토프킨(Vsevolod Pudovkin, 1893~1953)이 1928년, 세르게이 에이젠슈타인(Sergei Eisenstein, 1898~1948)이 1925년 연출한 영화 작품이다. 원문에는 〈아세아(亞細亞)의 남(嵐)〉, 〈전함 포체무킨〉으로 표기되어 있다.

서도 한두 작가가 붓을 들어본 적이 없지 아니하였다. 나는 아래에 이 전기 문화 중에도 가장 교양적으로 또는 오락적으로, 보도적으로 대중과 가까운 라디오 문화에 대하여 붓을 옮기려고 한다.

먼저 한마디 할 것은 나는 '라디오' 기술가가 아닌 만큼 '라디오' 기술에 대하여서는 약(略)하기로 하고, '라디오' 문화란 현대 문화 중에 어떠한 영향을 주었으며 또한 그 이용 방법에 대하여 말하려고 한다.

우선 구미 각국에서 '라디오'를 보도용, 오락용으로 실용화하게 되기는 불과 10여 년 전 일이며 일본에 들어오기도 불과 7, 8년, 조선에 들어오기도 불과 6, 7년밖에 되지 않는다. 그리고 세계 각국에 방송국이 몇 개나 있느냐 하면 우선 미국에 70여 개를 비롯하여 큰 나라 작은 나라를 따라서 수십 개 내지 네다섯 개씩 있으며, 일본만 하여 일곱 개, 조선은 단 한 개밖에 없다. 그리고 '프롤레타리아의 나라'인 러시아에서는 이 방송 사업이 어떻게 이용이 되는가 이것을 잠깐 살펴보자.

'라디오'는 "우리 소비에트 연방 수중에 있는 한 개의 행복의 도구이다"라고 정부의 일원은 발표하였고, 그중에서도 가장 전력을 다하여 이 '라디오' 문화 사업에 기울이는 일은 농촌의 문맹퇴치 사업이며, '모스크바'에 있는 예술가들은 "사회주의 사회에서는 그 사회의 각원(各員)이 단지 예술의 소비자만이 아니라 적극적 창조자"라는 데서 출발하여야 한다. 그리함으로 '예술은 근로자에게!'라는 '슬로건'의 현(現)을 하기 위하여 "예술방송부의 대개혁을 하자"고 부르짖으면서 즉시 착수하였고, '모스크바' 붉은 극장에서 '스탈린'의 농촌문제 강연이 '마이크로폰'을 통하여 전국적으로 중계방송이 되어 가지고, 서백리아[西伯利亞, 시베리아]에 늙은 농부까지도 이 연설을 동(同) 시각에 듣게 되어 있는 이 노서아에는 방송국이 몇 개나 되며 방송 사업이 어떠한가? 현금(現今)[90] 현(現) 러시아에는 불과 4년간에 65개의 '라디오 스튜디오'를 설립하였다. 물론 청취는 무료이며 기계는 근로자에게 한하여 무료 배급이며 그러나 '라디오' 방송부의 수용력이 부족하고 청취자의 매일 격증으로 인하여 최근에 '소비에트 연방 방송 사업 5개년 계획'을 세워 가지고, 5개년 후면 시(市), 정(丁), 촌(寸) 어느 건물이든지 물론하고 10인당 1개의 할(割)로 수신기가 설비되리라고 한다.

《중외일보》, 1930년 1월 4일)

---

91   '지금'을 가리키는 일본식 표현.

봄의 예언

묵은 빵조각과 같은 생활을 하는 사람의 봄을 기다리는 마음.

　　1930년 이른 봄 어느 날의 풍경. 금색 모표(帽票)를 달고 찾아온 부청(府廳)의 세금 조사 관리와의 대화.

　"다니시던 데는 그만 두셨다지요?"

　"어떻게 아셨어요. 용하십니다."

　"허! 다 알지요. 그럼 어떻게 사시나요?"

　"아직 무(無)턱이올시다."

　"네? 이 봄엔 다시 직업을 붙잡으셔야지요."

　하면서 물끄러미 보다가는 장부에 동그라미를 쳐 가지고 가 버린다. 며칠 후에 제1기분의 학교비 납세 고지서에는 그 금액이 훨씬 떨어졌다.[92]

　한 사람의 실직자가 생겨서 국고에 돈이 몇 푼 덜 들어오게 된다. 이것도 쓸쓸한 이른 봄 차디찬 대문간의 한 개의 정경. 될 수 있으면 모든 사람의 생활이 풍성풍성하게 되고 국고도 꽉 들어차게 되어 금해금

(金解禁)[93]을 하여 놓고도 발발 떠는 꼴이 아니 나타나게 될 1930년의 봄이 되어야지만 떠도는 이 토지 위에서 사는 무리들에게는 언제나 봄이 오려는고?

그러나 쇼윈도에 따뜻한 볕이 비치고 빌딩 유리창 너머로 아지랑이가 연통 그을음을 타고 들어와 타이프라이터를 찍는 색시의 뺨을 혼혼하게 어루만질 때, 그는 어젯밤 재즈 속에서 광조(狂操)의 춤을 추면서 칵테일의 술잔을 사나이의 입에서 제 입으로 옮기던 생각을 하고 깜박하여 글자를 잘못 누르고 앉아 있으며, 봄 해를 싣고 달아나는 택시의 유리창 너머로 보이는 봄의 정서는 찬란한 교향악의 도회를 떠나 드라이브, 드라이브, 교외로, 교외로 질주하는 꼴을 우리는 어쩌나 보나?

케케묵은 빵 조각과 같은 공기 속에서 사는 양철 지붕 널판대기 집으로 무학재 너머로 몰려오는 바람은 제일 먼저 이 집을 때리고 달아난다. 어떤 일본 친구가 찾아와서 하는 소리

"자네의 양복과 이 집과 어울리지 아니하네."

"그건 나도 잘 알아."

"나도 알면서 하는 말이야."

"그렇겠지."

"한 서울 안에서 우리 사는 데와 자네 사는 데가 한 다섯 세기는 떨어져 있는 것 같으이."

"그렇지, 돈으로는. 그러나 마음은 그렇지 않아."

---

92 학교비는 일종의 교육세에 해당한다. 일제는 경성부민을 살림 형편에 따라 1~50등급으로 구분하고, 경제적으로 부유한 가구일수록 누진율을 적용해 등급별로 학교비를 부과했다.

93 금 수출 금지를 해제함.

"오늘은 날이 적이 따뜻하이. 소춘일화(小春日和, 고바루비요시)[94]인걸. 자네 집, 방 속에서 십자매 새가 재재거리네그려."

"그래, 그러기에 봄 햇볕이 찾아오면 자네 집 유리창보다 우리 집이 언덕배기집들 창에가 먼저 비칠걸."

묵묵(默默) 씁쓸. 조금 있다가 하는 소리.

"벌써 1930년의 봄일세그려."

"1930년 이 봄아, 너는 무엇을 갖다가 우리에게 주려느냐?"

"웬만큼 좋지 않아. 열성 있는 국민의 활동과 성의로 인하여 세계 시장에서 똑같은 화폐의 가치를 점령하게 되고 부자는 갑부가 되고 중소 자본가들을 극력(極力)으로 옹호할 터이고 실업자 구제에 미리 예방 주사를 전국적으로 실행할 터이고."

"또."

"우리의 지반을 더 견확(堅確)하게 하기 위하여 산업의 합리화 그리고 노동조합법의 맹행(猛行), 합법 정당의 어느 정도까지의 용인 등."

이것이 1930년의 여러 가지 스타트의 포즈다.

"그리하여 기업가는 발호하며 브로커는 횡행하고, 거리에 나타나는 정경은 가치가 싸지는 까닭으로 사치가 늘고 카페가 늘고 무도장이 생기고 자동차가 늘고 파라솔 고운 치마의 행진이 있고 밤에는 붉은 등 푸른 등불 아래에서 키스의 레뷰가 일어날 것이다."

그러나 뒷골목 선술집에서는 이러한 회화(會話)가 일어날 것이다.

"작년보다 물건 값은 확실히 싸졌는데 먹고 살 수는 없으니 웬일이오."

"돈이 귀해진 탓이겠지."

---

94   늦가을에서 초겨울 사이 따뜻해지는 날씨를 일컫는 일본어.

"참, 금화를 해외로 자꾸 수출한다지."

"긴축이니 절약이니 하여야 원체 없는 놈에게 긴축이니 절약이니가 다 무어야."

"그러게. 그것은 있는 놈에게 덜 쓰라는 말이야."

"그럼 그것이 우리에게로 오나?"

"흥, 우리에게로 와? 언제는 우리의 표준이던가? 있는 사람이 더 부자가 돼야 국부(國富)지."

"봄아, 어느 틈엔지 너는 차차 발을 옮기어 이 대지를 찾아오는 듯싶다마는, 내 생활은 묵은 빵조각과 같다. 그리고 내 몸은 춥다."

"그러기에 깨진 화로나마 있거든 불을 피워라. 마음의 불을 피워라."

"그러니 너는 역시 백색의 반동(反動)의 봄, 재색(灰色)의 봄이었구나?"

"그렇다. 1930년의 봄도 작년 봄과 마찬가지의 봄이다. 오히려 더 추운 무서운 봄일 것이다."

"그렇다. 갠 하늘 따뜻한 봄, 평화의 봄, 정의의 봄이 아니거든 불을 켜라. 횃불을 들고 그 봄을 찾으라. 행진하자. 캄캄한 방구석에서 창문을 열치고 나서라. 언덕으로 기어오르자!"

《별건곤》, 1930년 4월)

503

1

"무엇 때문에? 왜 대판(大阪, 오사카)을 가는 거야? 뭐? 무얼 하러 가, 이놈아. 너도 생각을 좀 하여 보아. 출필고반필면(出必告反必面)[95]이라더니 왜 가는 곳마다 보고를 아니하는 거야. 어디로 어떻게 무슨 짓을 하여 가며 빌어먹어 다니던 놈인지 모르는 놈이 지금 불쑥 와서 무어, 대판? 나는 그러한 것은 단체적 존재로 인정을 할 수가 없어. 가거나 말거나 나는 몰라."

큰일 날 말씀이다. 부르는 사람이나 부름을 받아 가는 놈이나 두 편에서 수천 원을 짜내어서 준비하여 놓은 것이 '판'이 나는 판이다.

"귀찮아 너희들은 참 귀찮은 '물건'들이야. 왜 온다는 거야, 왜 와? 첫째, 너희들은 왜 모이며 웬 그리 싸움이냐? 떠들고 말썽이야, 참말 말썽이라는 말이야. 그러고저러고 간에 '내지(內地)'에서는 너희들로 하여금 너희들의 말을 가지고는 시키지 아니할 방침이야. '내지어'로 하렴,

'내지어'로 해."

참으로 지당하신 말씀이다.

그러나 기어코 우리들은 '서치라이트'가 밤하늘의 구름 속을 찾으며 '네온사인'이 밤거리로 산보를 하는, 그 속에 싸인 케케묵은 우중충한 대판 정거장에 떨어지고야 말았다.

때는 1933년 6월 1일 습기 많은 밤이었다.

만일에 우리들이 이태리(伊太利, 이탈리아)의 가극 단원이었거나 서반아(西班牙, 스페인)의 아르헨티나(무용가) 일행 같았을 것이면 '기모노'를 입은 어여쁜 색시 손에서 꽃다발이 옮겨오고 신문사의 '마그네슘'[96]이 터졌으련마는 우리들은 다만, 다만 대판에 있는 16만의 형제들을 찾아가는 것이었으므로 서너 사람씩 혹은 너덧 사람씩 묵묵히 아무 말 없이 시외로, 시외로 값싼 '택시'에 실은 몸을 달릴 뿐이었다.

이마자도[今里] 극장. 서울의 '진고개' 같은 좁다란 골목에다가 복작복작 딸가닥 딸가닥하는 명랑하고 청숙(淸淑)한 근대적 거리이지마는 대판시 동쪽 한끝 시전(市電, 시덴)[97] 종점이었다. 거리의 위치도 그러하지마는 극장도 우리가 잘 상상하는 3, 4류의 극장이었다. 자, 경성서 왔다는 극단 공연이라는 간판 밑에는 무수한 형제들이 모여든다. 천(千)으로도 헤아리지 못할 만한 형제! 이들은 언제? 무엇 때문에? 왜? 이곳에 틈틈이 끼어 가지고 무엇을 하며 어찌 살아가는가? 의심하고도

---

95 '나갈 때는 부모님께 반드시 출처(出處)를 알리고 돌아오면 반드시 얼굴을 뵈어 안전(安全)함을 알려 드린다'는 뜻.

96 카메라 조명등의 은유.

97 시에서 운영하는 전차를 가리키는 일본어. 시영 전차(市営電車)의 준말.

남저지[98]가 있다.

언뜻 극장 문 앞으로 철재 제작소 쟁의단(爭議團) 본부라는 간판을 즉금(卽今)에 막 썼는지? 둘러메고 가는 형제들의 행진하여 가는 것을 보았다.

"아리랑 아리랑 아라리요 아리랑 고개를 넘어간다."

"아버지 이 땅을 버리고 어디로 가자고 그러세요."

"아버지 이 정든 산천을 버리고 어디로 가자고 그러세요." 이만한 '세리프[대사]'를 가지고도 그들은 감격하고 뜨거운 가슴이 미어지는 듯한 기분 속에서 그들의 호흡과 호흡은 행진되고 있었다.

"왜 좀 더 못하느냐?"

그렇다, 우리들은 왜 좀 더 못하느냐? 그러나 우리들은 지금엔 연극을 하는 것이 아니다. 10년 전에 우리들은 소'부르주아'의 아들들로서 첫 번에는 이상(理想)이 있었고 둘째 번에는 연극을 하려고 하였고 셋째 번에는 생활을 알게 되었고 넷째 번에는 생활을 부르짖게 되었고 다섯째 번에는 그 알뜰한 연극을 팔아서 밥을 얻어먹으려고 하였으며, 그리하여 지금에는 장돌뱅이의 장타령 모양으로 서울로 시골로 값싼 노래를 부르고 허리 잰 춤을 추고 우리들의 지금의 생활과는 정배치(正背馳)되는 희활극(喜活劇) 나부랭이를 하여 가면서 밥을 얻어먹으러 다니는 '집시'나 장돌뱅이가 되었던 것이었다. 그리하여 우리는 이 장돌뱅이의 연장으로 대판의 형제를 찾아서 밥을 얻어먹으러 갔던 것이었다.

"누구십니까! 조선의 서울을 중심으로 하여 팔도강산 돌아다니는 극단들더러 장돌뱅이가 아니라 그들은 '연극'을 하러 다닌다고 하시는 분이?"

"그러나 우리들은 어째서? 왜? 무엇 때문에 '연극'이 아닌 '연극'을 팔아먹고 다니는 장돌뱅이가 되었겠습니까?"

"'생(生)'은 투쟁을 말하는 것입니다. 이 말은 그리 신선한 말이 아닙니다. 그러나 그것은 영원한 진리입니다. (1행 생략) 또 그러나 이 ×××'투쟁'의 지나가는 길에도 때때로 이단자가 침입을 하는 것이니 영탄(咏嘆), 장태식(長太息), 병로(病勞), '센치멘탈', '로맨티시즘', 우울, 이 모든 것이 안가(安價)의 철학적 혼선을 이룹니다."

《조선일보》, 1933년 9월 21일）

2

"이리하여 때로는 예술적 행■에 있어서도 '불'이나 '조직'을 대하는 것보다도 '디트리히'나 '가르보'[99]의 우울이나, 그렇지 아니하면 '레뷰 걸'들의 각선미를 보는 것이 피곤한 투쟁을 일시적 안식시키는 수도 있습니다. 그러하므로 이러한 근대적 분위기가 우리들로 하여금 지금 이러한 꼬락서니를 여러분께 보여드리게 만든 것입니다. 그러나 이것은 일시적 과정입니다. 미래를 약속하는 전주곡입니다."

어떻습니까? 이것은 어느 무대인의 객전(客前)에서나 하는 연설 말씀입니다. 그렇다고 수긍하십니까? 불연(不然)이면[100] 무서운 궤변으로 생각하십니까?

나는 이러한 말을 하고 싶다. "집안에 살림이 궁하여지면 하가(何

---

98   '나머지'의 방언.
99   각각 영화배우 마를렌 디트리히(Marlene Dietrich, 1901~1992)와 그레타 가르보(Greta Garbo, 1905~1990)를 가리킨다.
100   그렇지 아니하면.

暇)[101]에 무엇을 생각게도 되지 아니하며 또 모든 것이 신신치 않게 생각되는 것이지마는 우리는 너무도 과거나 현재에 있어서 연극 운동에 있어서는 사회적으로 '관심'이 적었다는 것이다. 적다는 것이다." 내가 왜 모든 예술적 행동 부문에 있어서 연극만 가지고 말하는고 하니, 다른 문학 행동 같은 것은 개인적 행위로도 될 수가 다소 가능한 것이지마는 연극 행동에 있어서는 대량(?) 자본을 요하는 유기적 기관을 구하는 것이기 때문에 사회적으로 크게 '관심'을 가져야 된다는 것이다. "누가 아니 갖나? 가져도 돈이 없는 것을 어째?" 이 말엔 나는 수긍할 수 없다.

조선에서 대량 자본의 후원 경영과 사회적 관심 밑에서 연극을 하게 된다면 우리의 생활 전선(戰線)과 대중의 의식 지도에 있어서 얼마만한 역할을 하겠느냐?는 데는 나는 이렇게 대답하고자 한다. "우선 그것(연극)을 확대화(擴大化)시키고 강화시켜라. 그 사용 방법은 여하간에."

이렇게 되면 자본가의 기업 여하(?) 문제도 있겠지마는 먼저 사회적 '관심'이 있고 자본가의 자본 경주(傾注)가 있으면 '기업'도 되고 연극도 지금의 장돌뱅이식 연극보다는 낫게 되고 그 공과로 말하더라도 설부른 잡지운동 경영보다는 낫게 되리라고 생각한다.

장돌뱅이식 연극이 절대적으로 나쁘다는 것은 아니다. 물론 어느 의미로 보든지 연극 행동은 장돌뱅이식이라야 한다. 그러나 지금의 '장돌뱅이'식은 너무도 무궤도(無軌道)이다. 오로지 생활 — 생활을 — 밥을 얻기 위하여 함부로 '장타령'을 내어놓듯이 함부로 아무것이나 막 팔아먹는 지경이다.

그들은 하루하루를 이어가는 '생(生)'의 공포에 목매였음이다.

특등석에는 [엽권련] 여송연(呂宋煙)을 피어 문 점잖은 손님과 인조견으로 내리감은 아씨들이 의젓을 빼고 앉아 계시다. 때때 하품을 하시고 전기 풍선(風船) 아래로 고개를 치켜 드신다. 아래층에는 동저고리 바람에 미선(尾扇)[102] 드신 형제들이 와글와글하고 계시다.

"막 열어라, 막 열어. 이건 엿 사 먹으러 갔느냐?"

무대 전 막 뒤에서는 배경부원의 하는 말 "이런 제기― 이번이 공원 막인데 공원 배경이 있어야지."

"아, 여보게 어서 흑막을 내려요. 그러고 앞에다가 '입목(立木)'(마분지에다가 색칠하여 나무처럼 만든 것) 하나만 세워요. 그러면 공원 아닌가."

그 흑막 뒤에서는?

"아, 이 선생님, 저는 지금 나가서 무엇이라고 그래요?"

"어, 복숙이. 너는 나가서 '나는 죽어도 당신을 사랑할 수가 없어요.' 그래라."

"원고지에다가 베껴 주시지 않고!"

"가만있어. 돈이 없어 사지를 못한 것을 어떻게 해."

"그럼 저는 무어라고 그럽니까?"

"엉, 자네 춘삼이는 '응 그러면 너는 기어코 그 부잣집 자식 명식이한테로 가는 게 분명하구나. 음, 이 년 견디어 보아라. 나는 없는 놈이고 무식한 놈이라 이것밖에는 모른다. 너 죽이고 나 죽으면 그만이지.' 하고 단장(短杖)으로 때리려고 하면서 쫓아다녀. 애개개, 단장이 있나?"

"여, 소도구부 단장 없나?"

"없어요."

"단원들 중에 누구 단장 가진 사람 없어?"

"없어요."

"그럼 객석 위층에 올라가서 손님 것이라도 하나 빌려 오너라."

101 어느 겨를에.
102 부채의 한 종류.

509

《조선일보》, 1933년 9월 22일)

3

그 옆에 누구가 섰다가 하는 말이

"여보게, 그래 가지고 연극이 되겠나?"

"그럼 어떻게 해? 다 괜찮아. 그래도 이것이 다 연극인 줄 아는걸."

이것도 세상 모든 비참한 이야기 중에 한 가지일 것이다.

대자본의 행진은 무엇을 말하고 있느냐? 모든 것을 독점이다. 변(變)하여 '트러스트'다. 또 변하여 '블럭'이다. 물론 각종의 인간이란 상품도 독점이다. 이 인간 속에는 배우도 들어 있는 것을 나는 말하여 둔다. 옛날의 그들은 좋은 친구 모아서 '그룹'을 만들고 극장주와 교섭을 하고 극장주들끼리는 서로 경쟁을 하고 빼앗아 가려고 그러나 여기에 '암야(闇夜)의 괴한'이 나타났으니 그것은 자본이란 놈이었다. 자본은 그 '그룹'을 송두리째 샀다. 또 다른 것도 그리하여 A에서 좋은 놈을 뽑아다가 B에다가 섞이고 B에서 좋은 놈 뽑아다가 C에다 붙이고 일종 '인간 간판 접수법(接樹法)'을 사용하여 이익을 획득하였다. 보아라, 쓰키지 소극장의 오오야마 스기사쿠[靑山杉作, 1889~1956] 군이 쇼치쿠자[松竹座]의 레뷰 걸들의 지방질 속에서 콧노래를 부르고 있고 시오미 요우[汐見洋, 1895~1964] 군이 나니와자[浪花座]의 신파 두령 다케다 마사노리[武田正憲, 1890~1962] 군의 아들 노릇을 한다. '스크린'에다가 올려놓아서 싫증이 날 때쯤 되면 서투른 '세리프' 책을 내어 주어서 지방으로 내어 보낸다. 후시미 나오에[伏見直江, 1908~1982]와 하야카와 셋슈[早川雪洲, 1886~1973]의 합동 공연을 예(例)로 들어 두자.[103] 이것도 예전에는 한 사람의 '간판'으로도 능히 대량 관객을 흡수하였었는데 인제는 둘 혹은 셋씩을 내세워야 한다고 한다. 이것은 정히 신음하는 흥행계의 서곡이라고 할까? "당신네들쯤은 버티어 보아도 좋지 않아요?"라고 물어보면은 그들의 대답은 이러하였다.

"우리들도 처음에는 이상을 짊어지고 똑바른 '코스'로 달아나고 있습니다. 그러나 경제적으로 난관을 당하고 정신적으로 권태를 느끼게 될 때 그들은 자본을 가지고 달려듭니다. 그리하여 우리들은 팔리어 갑니다. 그뿐입니까. 그들은 우리들을 사기 전에 먼저 극장이란 극장도 모조리 삽니다. 그렇습니다. 지금의 우리는 유곽(遊廓)[104] 생활을 하고 있습니다. 이리 가라면 이리 가고 저리 가라면 저리 갑니다. 우리들의 경애하는 친구 쓰키지 소극장의 나미야마 마사오(並山正夫)[105] 군이 '에노켄'자[榎健座]의 '넌센스' 배우가 되는 세상이니까요. 왜 그렇게 됩니까? 그것은 생활 때문이지요. 생활이 그렇게 시키는 것이니까요. 이러고 보니 세상엔 '신뢰'라는 것이 없는 것 같고 '건실'이라는 것이 없는 것 같아 보입니다. 그러하니 그들은 그들의 개가를 부를 것이 마땅한 일이겠지요. 이것이 세상이 비꼬이는 수작이 아니고 무엇이겠습니까?" 이것은 동경의 어느 신극 배우의 말이다.

아, 하, 우울하다. 발과 눈과 말을 대판의 심장 심재교(心斎橋, 신사이바시)-도돈굴(道頓堀, 도톤보리)로 돌리자. 그렇다, 태양의 빛이 검지는 아니하련마는 고사포를 하늘로 댄 듯한 거대하고 무수한 공장의 연돌(煙

---

103 쇼치쿠자[松竹座]와 나니와자[浪花座]는 오사카에 위치하던 공연장을 가리키며, 여기 등장하는 인물들은 모두 일본의 배우이다. 그중 시오미 요우[汐見洋]는 원문에서 '汐見浮'으로, 후시미 나오에[伏見直江]는 '伏見眞江'으로 표기되어 있던 것을 수정하였다.

104 여러 명의 차이를 두고 매음 영업을 하는 집.

105 '이노우에 마사오[井上正夫, 1881~1950]'의 오자로 보이나 확실치 않다.

꽃)들에서 뿜어 나오는 연기는 태양을 덮고 대지를 휩쓸어 흐르는 시냇물에 싸여 지구를 싸고돈다. 다녀 보아라, 조금 가면 구린내가 나고 조금 가면 새큼한 내가 나고 또 조금 가면 달디단 냄새가 남을 알리라. 이 것은 이 공장에서 저 공장으로 담을 끼고 지나가는 중에 얻는 취각(臭 覺)이다. 이러한 빛을 등지고 이러한 냄새를 맡아 가며 이러한 땅을 거니는 사람의 심정! 어찌 우울치 않으랴? 왜 흐르는 시냇물을 피와 땀으로 물들인 것과 같이도 검고도 푸르냐 말이다. 이러한 우울의 행진은 광조(狂躁)[106]로 다다르는 것도 한 개의 귀결이라고 할는지?

《조선일보》, 1933년 9월 23일

4

도돈굴의 '네온사인'의 붉은 물레방아는 심재교 밑으로 흐르는 시냇물 위에서 방아를 찧고 있다. 이렇게 말하면 한가하게 도는 전원의 물레방아와도 같게 생각된다. 그러나 설기(雪氣)의 물레방아 밑에는 광조의 '재즈', 사람의 대가리, 대가리, 대가리의 행진 ─ 발과 발 ─ 발의 '원 스텝', '투 스텝'의 광소곡(狂騷曲), '토키 레뷰', 신파, 구파, 인형극, 나니와부시[浪花節][107], 라쿠고[落語][108], 만세(萬歲)[109], 무엇이든지, 자.

　도돈굴. 여기에도 한 개의 가련한 우리들의 존재가 있으니 그것은 배구자[110] 씨 일행이다. 그가 비록 그곳에서 조선 사람으로서 다함이 무엇인지 나는 모르되 때때로 대판(大阪)의 심장 위에 걸터앉아 조선 사람으로서도 이만한 '기예'가 있다, 할 수 있다, 하는 중이다, 하는 것을 보여주는 것이 고맙지 아니할까? 그러나 이들도 당당한 자세로 출진(出陣)을 나와서 여기에 있느냐?

"배 씨는 인제 조선은 아니 들어오십니까?"

"왜, 가야지요. 여러분이 부르시면(?)."

"부르기는 틀렸습니다. 우리가 만들어 가지고 가야지요."

"암, 가야지요. 그러나 웬일인지 조선이 무서워요."

"네? 무서워요? 아니요, 무서울 것은 없습니다. 우리는 지금 신음합니다. 그러므로 다만 냉정할 뿐입니다."

"어떻게 무슨 조직으로 어떠한 방법으로 다니십니까!"

"조직이란 우리 형제 조카들, 우리 집안의 아이들이 대부분이지요. 방법은 극히 간단합니다. '신흥 키네마'와 제휴로 그 회사 직영관에 사진 배급과 같이 각처로 돌아다닙니다."

"물론 낫지요. 조선서보다는 지극 안전합니다."

"그러니까 '원택(元宅)'은 버리시려는 것이군요."

"아니요, 가고는 싶어요. 그러나 아득하고 떨려요."

"천만에요. 말이 그렇지 원(元)집이니 갓(假)집이니 할 것 있습니까? 어쨌든 이제 세상부터는 사해와 세계가 다 한 집이 된 걸요. 우리는 어디를 가든지 남보다 뛰어나게 될 것만을 생각할 따름입니다."

동경은 쓸쓸하였다. 왜? 아닌 게 아니라 '환지내(丸之內, 마루노우치)'에 '빌딩'이 수없이 들었고 길이 정제되고 자동차가 홍수와 같이 밀리

---

106   원문의 '狂燥'는 오자로 보인다.

107   일본의 전통음악 중 하나.

108   일본의 화술 기반의 전통 예술.

109   일본의 만담을 가리키는 '漫才'와 발음이 같아 이의 오자인 듯하다.

110   배구자(裴龜子, 1905~2003)는 일제 강점기에 주로 활동한 무용가이다. 한국인 최초로 서양 무용을 배워 공연을 했다. 배구자무용연구소를 설립하고 연구생을 모집하여 교육하였고, 배구자무용가극단을 꾸려 조선과 일본을 오가는 순회공연을 가졌다.

고 그러나 그뿐이냐. 은좌의 '카페'가 한 집 건너 생기고 골목골목마다 '바'나 '티 룸'이 즐비한 것이라든지 긴자의 포도(鋪道) 위로 다니는 색시들의 걸음거리라든지 무엇이든지 비약이 아니냐?

그러나 은좌를 걷는 나의 마음, 웬일인지 쓸쓸하기 짝이 없다. 극장을 가고 싶지 않다. 책사(冊肆)를 기웃기웃하여 보기 싫다. 묻노니 그 옛날의 이 모퉁이 저 모퉁이에서 움직이던 그것, 행렬하던 사람의 그림자가 다 어디로 사라졌느냐? 공중폭격 때문에 지하철로 피신들을 하였나? 그러나 나는 비관치는 않는다. 공중폭격이 아무리 심하다 하더라도 지하철까지는 미치지를 못한다는 것이니까. 그렇다, 이 동경을 장식한 모든 것이 무엇의 진보를 말하고 있는가? 자, 그러지 말고 '환지내'로부터 '은좌'를 걸어가 볼까? 보면은 무엇을 하나 '부르주아'적 허영심만 늘지. 여기에는 어떠한 '사베트'[111] 러시아 근로 여인이 다음과 같이 말하였다.

"그럴수록 보아야 합니다. 지금의 역사가 미래의 발전을 위하여 희생되는 것이니까 보아 두어야 한다."

무풍 상태이면서도 공포 시대인 동경의 10년 전 옛 자태 — 옛 동향, 지금의 동경. 그것은 말하지 말기로 하자.

극장엘 가고 싶지 아니하고 책사를 들여다보고 싶지 아니한 대신에 어디 동경의 무용회를 구경하기로 하자. 동경 체재 일주일간에 무용회만 4회를 보았으니 어지간한 대량생산이다. 어쨌든 번《토니치(東日)》[112] 주최의 메이류[名流] 무용 대회의 '멤버'만 보아도 제자 꽤나 가진 소위 독립적 무용가만 추리어도 30여 명이라는 대행렬이다.

《조선일보》, 1933년 9월 26일)

5

여기에 무용에 관심을 가진 형제들에게 한 가지 소개하고 싶은 것은 일본 무용계의 신인 로쿠시마 미츠시게[鹿島光滋] 씨이다. 나는 그의 제4회 신작 무용 발표회를 구경하였다. 그는 실로 모든 근대적 감흥이란 모조리 따다가 자기 무용에다가 표현하였다는 것이다. 명랑, 우울, 퇴폐, 역학, 발자(潑剌, 하츠라츠)[113], 규칙, 불규칙을 한 가지 한 가지 무용에다 표현하려고 하였으니 본인의 의견을 빌어 말한다면 비록 '불완성의 완성'이라고 하더라도 그 힘이 강하고도 유하며 대담하고도 침착하고 견실하였다.

무슨 힘으로든지 움직이게 [만들고] 싶어 하고 무엇으로든지 끊고 나아가고 싶어 하고 그리하여 무엇을 표현하고 싶어 [하는] 마음을 나는 일본의 현재의 영화나 연극에서는 보지 못하였고 다만 이 로쿠시마(鹿島) 씨의 무용 속에서 발견하였다는 것을 단언하고 싶다.

암전으로 불이 꺼지고 무대에서 조용히 그들의 행동이 이어갈 때 옆에 앉았던 누이동생 승희는

"재미있지 않아요."

"응."

---

111 시베리아 야말반도에 위치한 항구마을 '사베타'를 가리키는 것으로 보인다.
112 《도쿄니치니치신문(東京日日新聞)》. 1943년에 《마이니치신문(毎日新聞)》으로 바뀌었다.
113 '생기 있고 건강한 모습'을 일컫는 일본어.

인도의 비애

오늘은 동경의 하늘도 뜻하지 않게 높다. 나와 누이동생 승희와의 대화.

"어떠냐! 조선을 잊어버리지나 않게 되었니?"

"아니 역경을 탈출하여 좋은 경우에 좋게 있어 좋게 행동을 할수록 그 역경이 또 다시 그립구료. 그 역경을 못 이긴 것이 분하고 원통해요."

"어때 그러면 쉬이 와야지."

"그럼 가야지, 그러나 그것은 시간문제겠지요. 그렇지만 가더라도 영구적으로 있기는 어려울 것 같아요."

"그러면 연구소를 동경에다가 두고 조선은 여행차로 오겠니?"

"그것도 모르겠어요. 우선 이곳에서 발표회나 한 번 하고 싶으니까 기회 있는 대로 그것이나 준비하겠어요."

나는 여기에 사사로운 편지를 대신하여 너에게 아래와 같은 말을 하여 둔다.

"내가 대판 있을 때 네가 덴노지(天王寺) 음악당에서 추던 춤. 그것은 조선서도 추던 춤이었다. 〈인도인의 비애〉와 〈우리들의 캐리커처〉이 두 가지 말이다. 춤에 있어서는 그 전보다도 훨씬 기교가 늘었다고 나는 생각한다. 그러나 웬일인지 정열적인 순진한 맛이 얼마간 소멸된 듯싶었다. 그러나 그 기교도 상체에서만이다. 너는 언제든지 상체 — 말하자면 두 팔과 가슴서부터 허리까지의 선 — 거기에만 정신을 주는 감이 그 전부터도 없지 않았다. 너도 알겠지마는 서양무용이란 상체보다도 하체의 움직이는 선이 더 중요하다고 보는데 아무리 보아도 너의 하반체는 늘 불확실하더라. 이것은 네가 동양 사람이니까 다소 그런 점도 없지 아니하겠지마는 어떤 때에는 아주 다리의 존재, 위치, 동작은 전연 무관심하고 다만 상체의 움직임만을 가지고 무엇을 표현하려고 하는 감이 없지 아니하니 이 점에 유의하여 주기를 바란다. 조선이나 일본, 중국, 서장(西藏, 티베트), 인도, '자바'의 춤은 모두가 상체에 의하여 표현되나 보더라마는 물론 상체에 관념을 두지 말라는 것이 아니다."

(《조선일보》, 1933년 9월 28일)

6

그러나 내 생각 같아서는 건강하고 씩씩한 것을 나타내자면 암만 하여도 하체에다가 힘을 들여야 될 것 같이 생각이 되더라. 상체에 의하여 표현되는 서정미(抒情味)[114]에다가 하체에 의하여 표현되는 건강미를 곁들여 놓는다면 더 완성이 될 줄로 믿는다.

"오빠는 어쩔 테요. 편지엔 그만두겠다더니?"

"그만두겠다."

"왜?"

"모두들 후줄근하니까 생기가 없으니까 한 시간이면 집어치울 일을 하루나 이틀씩 하여도 끝을 못 내니 좀 쉬었다 하는 것이 좋겠지. 후줄근한 것을 극복! 이 극복이 문제인데."

"영영 그만두겠소?"

"왜, 또 해야지. 작고[作苦][115]하여야지."

은좌의 수양나무 잎은 '가솔린' 냄새에 얼굴이 노래져 가지고 촉촉 늘어져 있다. 그 밑으로 지나가는 대중 — 대개 낮잠을 자고 난 친구들 모양으로 희고 노랗고 권태, 우울 얼굴에 노랑꽃이 피어 있는 폐병쟁이

---

114 원문의 '敍情味'는 오자로 보인다.
115 힘쓰고 애씀.

색시들 — '안나 파블로바'[116] 여사의 〈빈사의 백조〉 같이 된 색시들 가운데든 너는 씩씩한 걸음으로 건강한 몸으로 걸어를 가라. 너도 보았지마는 그 '엘리아나 파블로바'[117] 여사의 귀화 기념 무용회 춤 말이다. 극치(極致)하던 제정 노서아의 몰락을 상징하는 듯이 '그때 그 춤인데도' 어느 구석엔지 가엽고 슬픈 기운이 떠돌더라. 그렇지 아니하냐 생각하여 보아라. 그가 노서아의 춤을 안고 와서 일본으로 양녀를 들여오는 셈이니 그에게도 저주와 비애가 있겠지마는 그러한 사람으로서는 마땅한 귀결이라고 보아도 좋다.

"조선의 연극 운동은 어디로 가느냐고" 나도 팔도강산 떠돌아다니면서 여관 마당에다 차일을 치고 공연을 할 때나 창고 속에다가 거적을 펴고 할 때나 팔짱을 끼고 가만히 생각을 하니 "이것은 연극이 아니라 나는 내 양심을 팔아서 내 호구(糊口)를 하는 것밖에는 아무것도 아니다"라고 몇 번이나 부르짖었다. "차라리 약을 팔러 다니지, 이 짓을 해" 하고 두 주먹으로 내가 내 가슴을 때리어 본 적도 없지 않다. 누이야! 이것은 나뿐 아니라 나와 같이 복장을 찢는 사람이 무수하게 이 땅에는 있으리라고 생각한다. 이렇게 믿으면서 억지로라도 믿으려 한다.

이 고비를 넘기어야 한다. 냉정하게 침착하게 넘기는 힘을 쓰자.

다시 말한다. "우리는 동으로 헤어지든지 서로 갈리든지 서로 잘

---

116 안나 파블로바(Anna Pavlova, 1881~1931). 러시아의 발제 무용수. 러시아 황실발레단과 발레 뤼스(Ballets Russes)의 여제로서 20세기 초 전 세계를 투어하며 발레의 대중화에 평생을 바쳤다. 대표작이 〈빈사의 백조〉이다.

117 엘리아나 파블로바(Eliana Pavlova, 1897~1941). 안나 파블로바의 수제자로, 러시아 혁명 이후 중국을 거쳐 일본에 정착하였다. 발레 교습소를 처음 세워 일본 발레 1세대 제자들을 키워 내서 '일본 발레의 어머니'로 불린다.

되기에만 힘을 쓰자. 그래 가지고 만나자."

(《조선일보》, 1933년 9월 29일)

방랑소경(放浪小景) – 떠돌아다니는 사람들

1

기차는 절벽 사이로 흐르는 두만강의 물결을 끼고서 북으로, 북으로, 상삼봉으로, 상삼봉으로 달음질친다.

이편은 조선의 땅, 산, 소나무 저편은 만주 흑회색의 산, 바위 그 사이로 흐르는 두만강의 물결, 진흙물에 떠내려가는 먼지 않은 얼음 조각, 그것을 끼고 도는 차 창문으로 내다보이는 국경의 풍경. 점과 선.

시속 몇 킬로의 속도로 부는 바람인지 기운차고 억센 만주 벌판의 바람, 차창에 와서 부딪힌다. 그러나 3월의 태양은 기름지고 따뜻하고 재글재글 끓었다. 기차 유리창에 고개를 빗대고 있는 우리들의 머리는 폭신하였다. 이리하여 봄은 기차를 타고 돌진하고 있었다.

"이대로 두만강만 끼고 가다가는 해삼위(海蔘威, 블라디보스토크)로 가지 않을까?"

우리들 사이에는 이러한 심심풀이 이야기가 시작되었다.

"해삼위는 왜?"

누구인지 대꾸를 한다.

"두만강 끄트머리는 일본해(日本海)로 파묻히고 그 파묻히는 모퉁이에는 바로 해삼위니까 그렇지."

이것이 봄을 싣고 가는 기차 속에서 일어나는 명랑한 대화라고 할 수가 있을까?

노동자, 학생, 브로커, 유지, 남, 녀, 노(老), 유(幼), 이들은 우울의 풍모를 가지고 고향의 봄을 등지고 만주의 봄을 맞이하러 가는 것이었다.

"어디까지 가십니까?"

나는 앞에 앉은 노인에게 이야기를 청하였다.

"돈화(敦化)까지 가오."

"돈화는 무엇 하러 가십니까?"

"자식 찾으러 가오."

"네?"

하고 나는 다시 재차 물었다.

"자녀가 여러 분 계신가요?"

"돈화(敦化, 둔화)에 아들 셋이 있었다오."

"세 분이 다 돈화에 계신가요? 거기서요 무엇을 하시나?"

"세 놈이 다 농사를 짓다가 둘은 죽었다오."

"죽어요?"

"네."

"왜요?"

그는 물끄러미 나의 얼굴을 건너다보고 있었다.

"싸우다가요."

그의 이 짤막한 내던지는 말,

521

"싸우다가요?"

"네."

"누구하고요?"

"⋯⋯."

그는 아무 대답도 없고 창문으로 바깥을 내다본다. 저편 만주 땅 산기슭에는 흰 눈 조각이 잔디인지 바위인지 붙어 있는 것이 보였다. 귓결에 이러한 이야기가 들리었던지 등 뒤 걸상에서 외투를 뒤집어쓰고 잠을 자고 있던 여배우 은선(殷仙)이가 벌떡 일어나 앉으며 노인을 건너다본다.

"누구하고 싸우다 죽었겠소? 아닌 밤중에 쳐들어오던 마적과 싸우다가 죽었으니까요, 다."

그는 또다시 아무 말이 없었다. 그의 얼굴 그 늙은 얼굴이 왜 그다지도 엄숙하고 창연(愴然)하고 또 냉정할까? 그러나 또 한편으로 그의 표정은 구슬펐다.

"우리들의 배우가 저와 같은 표정을 흉내 낼 수가 있을까?"

나는 이렇게 외치고 싶은 마음을 가지면서 고개를 숙이었다.

"그리로 살러 가십니까?"

"아니오. 하나 남은 아들이나마 데리러 가는 길이오."

"본래 고향 어디신데요?"

"내 고향은 홍원 ××면 ××리요. 내 아우가 거기서 살고 있소. 나는 10년 전부터 그 놈들을 데리고 돈화 가서 살다가 이번 정월에 오래간만에 나 혼자만 내 아우를 좀 만나 보려고 들어왔다가 얼마 전에 두 놈이 죽었다는 말을 듣고."

그는 말을 채 마치지 못한다. 한참 있다가 그는 다시 이야기를 계속한다.

《조선중앙일보》, 1933년 11월 1일)

522

2

"인제 한 놈마저 그대로 두었다가는 또 죽을는지 모르니까 그 놈이나 찾아 가지고 고향으로 돌아와서 죽든지 살든지 살아보겠소. 죽은 놈은 죽었거니와 산 놈이나 살아야지."

"……."

우리들은 아무 말 없이 고개만 숙이었다.

"당신들은 어디를 가시오?"

이번에는 그이가 나에게 묻는 말이다.

"용정(龍井, 룽징)까지 갑니다."

"무얼 하러 가시오?"

우리들은 서로 얼굴들을 마주 보았다.

"저 연극하러 갑니다."

"연극이요? 신파연극이요?"

"네."

"나도 그렇게 짐작하였소."

나 외에 몇몇 사람은 빙그레 웃었다.

"팔자 좋으신 양반들이요. 그래 재미나 좋으시오."

"웬걸요. 죽지 못해 산답니다."

"그럴 리가 있겠소. 원체 그런 거라는 게 호화로운 것이 아니겠소?"

"글쎄요. 호화롭게 되어야 할 터인데, 지금은 궁화(窮禍)로운 것이랍니다."

그는 웃었다. 우리들도 웃었다.

"흥, 세상일이란 허황한 것이야. 글쎄 그렇게 생떼 같은 놈들이 죽다니?"

비장한 독백이다.

"몇 달 전까지도 날뛰던 놈이 죽어? 죽은 저희들은 무슨 주의를 위하여 죽었느니 하지마는 그것은 다 세상 사람들이 하는 소리고 죽은 저희들만 앵하지[118], 무슨 소용 있나! 죽었으니 허무할 밖에. 사람은 살고 볼 일이야, 죽어서는 안 돼."

"아니요. ×××니여야 될 일이 있으니까요."

골짜기와 골짜기 사이로만 뱀 잔등이 모양으로 꿈틀거리고 가던 기차는 조그마한 벌판으로 내달렸다. 멀리 깨끗하게 새로 지은 정거장이 보이고 정거장 있는 위편으로는 조그마한 거리가 봄볕 아래에서 졸고 있는 듯하다. 여기가 상삼봉이다. 자, 내리자.

바람이 몹시 분다. 옷자락이 날린다. 괴나리봇짐에 바가지를 대롱대롱 매어 달고 찌그러진 갓[笠]을 뒤로 젖혀 쓴 사람, 어린아이를 요 조각에 싸서 업고 머리에는 함지박에 무엇을 잔뜩 담아서 이고 가는 여자, 꾸깃꾸깃한 외투 속에다 모가지를 파묻고 달음질치는 사나이, 외투도 없고 두루마기도 없이 자줏빛 나는 털실 목도리로 어깨를 가리고 비틀걸음을 치고 가는 가난한 여학생과 같은 우리 일행 중의 여배우들, 그들은 이 상삼봉의 조그마한 거리를 꿰뚫고 나아간다.

저편으로 두만강에 철교가 보인다. 도문철도(圖們鐵道)[119]의 기찻길이 보인다. 새로 놓인 국경선의 철로를 밟고 건너간다. 아직 서슬도 닳지 않은 철로 길이다. 누런 빛 나는 침목(枕木)이다. 바닥 돌도 아니 깔았다. 철교에 다다랐다. 세관 관리와 경관이 함께 사무를 보고 있는 조그마한 한 순포막(巡捕幕)[120] 아래 우리는 발을 멈추었다. 우리는 정면으로 철교를 향하여 일렬로 나란히 섰다. 내려다보이는 강물은 검고 붉고 누렇다. 진흙물이다. 윗녘에서 얼음이 녹아 내려와서 그런가 보다. 강가에 드문드문 서서 있는 수양버들 가지는 바람에 흔들린다. 그러나 따뜻한 봄볕 아래라 그러함인지 가지와 가지에는 봄, 생명이 움직이고 있는 듯하다. 이편 철교 밑에는 수비대의 숙사가 있고 숙사 마당에는 병정들이 총 쏘기를 연습하고 있다. 강을 건너 저편 산 주름에는 연기가 자꾸 오르고 있다. 한 군데서 무더기로 오르는 것이 아니라 일자(一字)지게 온 산을 둘러싸고 일어난다. 봄, 산, 불길.

여러 사람들과 같이 우리들은 일렬로 쭉 늘어서 있다. 한 사람씩 한 사람씩 조사를 당하는 판이다. 차 속에서 이야기하던 노인이 바로 내 앞에 서 있다.

"저 불이 무슨 불인가? 화전(火田) 만드는 불인가요?"

이렇게 나는 노인에게 물어보았다.

"화전이 무슨 화전? 밭이 없어서 산에다가 불을 놓아 밭을 만들겠소? 산에 나무가 무성하면 불한당이 자꾸 들어오니까 일부러 산에다가 불을 놓는다오."

"그러면 못 들어오나요?"

"못 들어오기야 하겠소마는 산에 나무가 없으면 숨을 곳이 없어지지."

이때 우리들은 사무실 속에서

"이놈아."

소리에 깜짝 놀랐다. 우리는 눈을 그 안으로 옮기었다.

118 분하고 아까움.
119 함경북도의 회령-종성-웅기 등을 거쳐 북부를 순환하는 도문철도는 특히 두만강 연안의 국경 지대를 달리는 구간으로 길이는 약 329㎞에 달한다. 1919년 일부 구간의 개통으로 영업을 시작해 1933년 완공되었다. 만주국 건설 이후 청진-웅기-나진 등의 이른바 북선삼항(北鮮三港)이 각광을 받으면서 북선선으로 개칭된 도문선은 만주국 교통의 대동맥을 이루는 중요한 철도였다.
120 순검(巡檢)이 일을 보던 조그마한 막. 지금의 파출소.

"똑똑히 말해."

호령을 듣고 서 있는 사람은 폐병 들린 사람 모양으로 빼빼 마른 젊은 사나이가 서서 있다.

"무엇이 어째 그래. 어디 말해 보아. 너 아버지는 어디 있어?"

"고향에 있어요."

"어머니는?"

"어머니도요."

"처자는 없나?"

"자식은 있지마는 처는 없어요."

《조선중앙일보》, 1933년 11월 2일)

3

"왜!"

"달아났어요."

"그럼 두도구(頭道溝, 타어다오거우)에는 너 혼자 가 있었던가?"

"네."

"거기서 무엇을 하고 있었어?"

"장사하고 있었어요."

"무슨 장사?"

"곡물 장사요."

"고향에는 무슨 일로 언제 왔다가 가나?"

"제가 거기 있을 때 한 4, 5년 동안 장사를 하여 가지고 돈푼 모았어요. 그래 제 고향에 있는 아버지 어머니의 있을 집이나 하나 얻어 줄 겸. 또 제가 거기 있을 때에 약(아편)을 먹었어요. 그래서 도저히 거기서 떼려고 애를 써보았습니다마는 할 수가 없어서 고향에 가서 떼고 지금 가는 길이에요."

"흥 약장사를 해 가지고 돈푼 남았던 게지? 어디 봐. 이리 와." 젊은 사나이는 끌리어 가서 몸의 뒤장질을 당한다. 무엇인지 허리춤에서 떨어진다.

"이거 뭐야 이놈아."

젊은 사나이는 뺨을 얻어맞았다. 그의 허리춤에서 떨어진 물건은 유리로 만든 아편 주사 맞는 기계였다.

"아이고 미련도 하지."

우리들 가운데서는 누구인지 이런 말도 중얼거린다.

"가."

젊은 사나이는 내어 쫓기었다. 그는 철교 앞으로 힘없이 또는 공포에 느끼는 듯이 걸어가면서 고개는 봄 하늘을 치어다본다. 뒤에 섰던 우리들은 모두들 불쾌스러운 웃음을 웃었다.

우리는 그들에게 이상스러운 손님 취급을 받으면서 가방을 들고 각본 고리짝을 둘러매고 전기도구(電機道具) 궤짝을 짊어지고 배경 보통이를 구루마에 실어 가지고 두만강의 철교를 건넜다. 우리는 개산둔(開山屯, 개산툰)에 가서 용정 가는 자동차를 타기로 한 것이었다.

자, 만주의 하늘빛. 철교의 기둥에나 세관의 문짝마다 만주국을 찬미하는 조그마한 쪽지가 붙어 있다. 개산둔의 거리에는 오색의 만주 국기가 날리고 있다. 용정 가는 자동차부 정류소 앞에는 만주 사람 조선 사람이 무더기무더기 군데군데 서서 있다. 그러나 한 개의 이상스럽게 생각되는 무리가 뭉쳐 있는 것이 있으니, 그들은 누런 복장을 입고 총을 메고 있는데, 아무리 보아도 그들은 만주국 병정들도 아니요 그렇다고 순사도 아니다. 무엇이냐? 옆의 사람 말이 자경단!

527

이들은 자동차부 정류소 위에 좌우로 갈라서서는 용정 가는 사람을 통과시킨다. 지금 우리들은 용정서 도착될 대절(貸切) 자동차를 기다리고 있다.

바람이 어찌 부는지 얼굴을 만지면 모래가 버석버석한다. 멀리 보이는 산에는 연기가 오르고 그 밑에는 산허리를 쪼아 가지고 철도를 놓고 있다. 움푹 패어진 곳에는 철도 공부의 천막이 돌멩이 속에 서서 있다. 냇가에는 먼지 앉은 얼음장 밑으로 진흙이 섞인 눈 녹은 물이 흐르고 있다. 얼었던 땅이 녹은 때문이라 자동차 바퀴가 푹푹 파묻히는 만주의 대지는 봄 태양 아래에 생명의 호흡을 하고 있다. 거리와 골목에는 만주국 병정의 총부리 자경단의 창 끄트머리 영사관의 '피스톨'이 어른거리고 먼지가 케케 앉은 전방 구석에는 만주 사람의 떡과 조선 아주머니의 막걸리 사발이 유랑하는 나그네의 식욕을 자아내고 있다. 산 아래 시냇가 동리 속이 다 신흥기분(新興氣分)이 찼다고 할까? 그렇지 않으면 살풍경[121]이라고 할까?

크고도 긴 압록강의 철교를 가로놓고 무수한 근대적 건물이 맞닿아 있는 신의주와 안동현에서 보는 국경의 정조(情調)보다도 웬일인지 이 조그마한 마을과 마을 사이에 몇십 간에 지나지 아니하는 가늘고 곧은 두만강의 철교가 가로놓인 이곳의 정서란. 국경의 점경(點景)이란 애닲고 서글프다.

지금 우리들의 앞에는 화물 자동차 한 대가 용정서 도착되어 있다. 그 차는 우리들의 짐을 싣고 있다.

《조선중앙일보》, 1933년 11월 3일)

---

121 보잘것없이 스산한 풍경.

4

"어이 운전수."

하고 부르는 소리가 저편 영사관 쪽에서 난다. 그리고 이편으로 걸어오는 사나이가 있으니 그는 입은 복장으로 보아서 자경단인 듯싶은, 키가 작달막하고 몸이 뚱뚱하고 눈썹이 검고 많으며, 구레나룻 수염을 면도질하였다가 오래 두어서 밤송이같이 되었으며 '금니'가 많이 박히어 있는 사람이었다.

"이거 어디서 온 거야?"

"용정서 왔습니다."

"지금 용정으로 가는 길인가?"

"예, 그렇습니다."

"짐은 무슨 짐이야?"

"시바이(연극) 짐이올시다."

"그거 다 이리로 내려놓아."

"검사 다 맡았습니다."

"검사가 아니라 우리가 잠깐 어디 좀 타고 갔다 올 테니, 기다렸다가 우리를 태워다 주고 돌아와서 이 짐을 가져가라는 말이야. 알았나?"

운전수는 아무 대답이 없다.

그때이다. 저편으로부터 자경단원들이 우르르 몰려온다. 손에는 총을 들었다. 손에는 몽둥이를 들었다. 손에는 술병을 들었다. 손에는 바■을 들었다. 손에는 철판을 들었다. 손에는 소고기와 돼지고기 뭉치를 들었다.

"어디들을 가는 겁니까?"

하고 나는 옆에 서 있는 사람에게 물어보았다.

"출정(出征)하는 것입니다. 그렇지 않으면 연습하러 나가는 것이겠지요."

"왜 대답이 없어. 모두 와서 이 짐을 내려라."

하면서 그는 여러 사람들에게 명령을 한다.

"저, 이것은 시바이(연극) 짐인데 오늘 가서 오늘 밤에 개연을 할 터인데 지금 가뜩이나 늦어서 야단났습니다. 어려우시지만요."

"잔말 말아. 시바이란 뭐냐?"

물론 그가 시바이를 몰라서 그러는 말은 아니다.

그들은 자동차 위로 올라가서 짐을 내려놓는다. 단장은 우리들더러도 내려놓는 것을 받아 내려놓으라고 한다. 우리들 중에는 혹 알지 못하는 '힘'에 눌리어서 짐을 받아 놓는 사람도 있고, 자기 물건이 깨질까 보아서 받아 놓는 사람도 있었을 것이라고 나는 믿는다.

"이놈이."

하고 딱 한다. 우리들의 눈은 그리로 갔다. 우리들 무리 중에 L군이 얻어맞았다. 때리는 사람은 단장이었다. 그는 사쿠라(벚나무) 몽둥이로 L군의 등덜미를 때리고 L군의 앞에 서서 있다.

"건방진 놈 같으니. 네 이름이 무엇이냐?"

"LFH요."

"왜 그러고 선 거야? 너 지금 네 눈을 가지고 나를 어떻게 보고 있었니?"

"……."

"무엇 하는 놈이냐?"

"시바이 하는 사람이요."

"너 황치심이라는 사람 아니?"

"모릅니다."

그는 돌아서서 자동차 있는 곳으로 가면서 "그 짐 내려놓는 것이 왜 불복이냐, 불복이면 오너라. 이놈 여기가 어디인지 아니? 여기는 조선이 아니고 만주야 만주." 이렇게 그는 혼자 하늘을 치어다보고 중얼거리면서 간다.

황치심, 황치심, 이 이름은 우리들 입속에서 남몰래 중얼거리게 되었다. 그들은 우리들의 짐을 다 내려놓고는 그 위에 올라탔다. 자동차는 엔진 소리가 나면서 움직인다. 속력, 스피드. 우리들은 아무 말 없이 잠잠히 부동자세로 그들의 가는 것을 바라다볼 뿐이었다. 봄바람은 먼지와 가솔린 냄새를 우리들 코에다가 갖다 주었다.

《조선중앙일보》, 1933년 11월 5일)

5

"L군 대체 황치심이란 누구요?"

점심으로 우리들은 만주 떡을 먹으면서 나는 L군에게 이렇게 물어보았다.

"모릅니다."

"'황치심'이란 불한당 두목의 이름인데 그 사람은 자기가 의심쩍은 사람만 만나면 황치심이 아니냐고 묻는 것이 일종의 버릇이라오."

같은 짐에서 점심을 사 먹고 앉아 있던 어떤 젊은이의 소개하여 주는 말이다.

이리하여 우리들의 불만한 빛을 L군이 총 대표하여 보이었다가 뺨한 번을 얻어맞은 것이었다. L군은 여태껏 흥분이 남아서인지 떡도 아니 먹고 뺨이 붉고 눈 사위에다가 붉은 선이 그어져 있는 것을 우리는 볼 수가 있었다.

언덕이다. 비탈길이다. 무슨 새인지 조그마한 새, 노래를 부르면서 떼를 지어 저리로 날아 간다. 언덕과 비탈에는 나무가 없다. 산에도 없다. 땅이 딱딱하지가 않고 무르다. 논두렁 밭두렁이 분명히 보이지를 아니한다. 밭 '가리'와 '가리' 사이에는 굴곡이 없다. 그저 민틋한 언덕 벌판 단조롭다. 바람만 분다. 오고 가는 흰옷 입은 사람, 이 산천과 색채가 맞지 아니한다. 간혹 만주 사람의 검은 그림자가 보인다. 하늘과 땅이 크고 굵고 넓고 두텁다. 군데군데 조선집도 보인다. 그러나 남쪽 조선에서 볼 수 있는 담 뒤에는 푸른 대나무가 우거져 있고, 지붕은 노란 벼를 가지고 영글리어 있어 돌담과 노란 지붕과 푸른 대나무와 바둑돌 위로 흐르는 맑은 시냇물 ― 수채화를 보는 듯한 집들과는 다르다. 모든 것이 검다. 그러고 묵직하다. 신산하다. 오히려 말쑥한 토담 가운데다가 모지게 대문을 세워 놓고 붉은 종이에 '입춘'을 써 붙인 만주 사람의 집이 더 정서적이다.

"저 집이 다 조선 사람들의 집인가요?"

하고 나는 운전수에게 물어보았다.

"네."

"왜 사람들이 하나도 살지를 아니한 것 같습니까?"

"지금은 빈집이 많이 있습니다."

"네."

자동차가 진흙 구덩이에서 헤매는 때에는 머리가 부딪치고 몸이 몹시 흔들린다. 간혹 산모퉁이로 누런 옷 입은 사람들이 총을 메고 2, 3인씩 3, 4인씩 지나간다. 처음엔 '사냥꾼'인 줄 알았더니 불한당 막으러 다니는 사람들이라고 한다.

길을 닦는다. 지금 자동차 가는 길이 원래가 자동차 다니는 길이 아니기 때문이다. 길을 닦는다. 늙은이, 젊은이, 소인, 만주 사람, '가래'와 '쟁이'를 가지고 길을 닦는다. 물론 이들은 의무 노동이다. 아직 농사를 시작할 때는 멀었으니까 길을 닦는다. 그 길 위로 새로이 흙을 파헤

처서 푹신푹신한 '비로드'[122]를 깔아 놓은 듯한 넓은 길로 우리들이 탄 자동차는 달리었다, 조그마한 차체의 동요도 없이. 그러나 우리들의 마음은 편치가 못하였다. 왜?

우리들의 앞에는 이러한 일이 가로놓이게 되었다.

"이런 망할, 여보 저쪽으로 파 넘기지를 아니하고 이쪽으로 파 넘기면 어떡한다는 말이오. 차가 갈 수가 있어야지."

타르르 하면 차체가 기울면서 엔진은 제멋대로 도는 모양이다. 차는 딱 섰다. 그리고 운전수는 길을 닦는 사람들을 내다보고 소리를 지른다.

"무엇이 어째? 이쪽으로 가면 좋았지 왜 그리로 가랬나 누가.

뒤미처 거친 목소리가 난다.

"뭐, 우리가 잘못한 것이 무엇 있어, 이놈아. 자동차만 가지고 다니면 제일이냐?"

"그놈 쌍놈의 새끼로군."

"와-"한다. 그 다음 소리는 누군가 무엇이라고 하는지 알아들을 수가 없다. 그들은 차 앞으로 모여든다. 운전수는 얼굴이 새파래진다. 만일에 운전수가 또 한 번 불쾌스러운 말로 대꾸만 하였다면 운전수도 그들에게 끌리어 내리어 얻어맞았을는지도 모를 일이다. 운전수는 그대로 진정을 하려고 이리저리로 스타트를 시키려고 애를 써 보았으나, 그것은 헛수고이었다.

《조선중앙일보》, 1933년 11월 6일)

122　veludo. 거죽에 곱고 짧은 털이 촘촘히 돋게 짠 비단.

6

"허허."

쾌활한 웃음, 비웃는 웃음을 웃는 사람도 그들 중에는 있었다. 우리들은 다들 내리었다. 그리고 빈 차로 가보려 하였으나 역시 움직이기를 아니 하고 뒷바퀴만 진흙 속에서 전기 풍선(風扇)[123] 돌듯이 돌기만 한다.

뒤에 오는 차가 다다랐다. 또 뒤에 오던 차가 밀리었다. 우리들은 다들 내리었다. 여배우는 길가 한 모퉁이에서 그들의 시선을 받아 가면서 고개를 파묻고 올올 떨고 있다. 우리들 중에는 그중에 힘이 센 사람도 있었다. 몇몇이서 자동차 뒤를 들면서 어깨로 떠밀었다. 자동차도 이 진흙 속에서 고함을 받았다.

"진작 그따위 수작 말고 좀 떠밀어 달랬으면 떠밀어 주었지."

그들 중에서 누가 이러한 말을 하면서 커다란 목소리로,

"허허" 웃었다.

그들은 모두들 따라 웃었다. 자동차의 엔진 소리도 났다. 그리하여 이 두 가지 소리는 벌판에 울리고 또 이 산과 저 산으로 흘러 넘어갔던 것이었다.

용정의 아침.

아침이면 비행기의 프로펠러 소리가 야단이다. 요즈음 새로 된 비행장에는 정찰 비행기가 하루에도 몇 번씩 몇 번씩 어디로인지 갔다가 오고 갔다가 오고 한다.

삼면으로 산이고 넓은 들판에 커다랗게 뭉텅이져 있는 용성. 여기서 우리들은 짐을 끄르고 무대를 만들고 며칠 동안 움직여야 할 판이다. 워낙 수다(數多) 식구니까 어느 날 어느 때 병자가 없을 때가 없지마는, 그러나 이번에 M군의 병이야말로 심상치 않은 병이었다. 아무리 경

과를 보아도 열이 심하고 헛소리를 하는데 그 증세가 장감병[124] 같아서 조선 의원을 보이었더니, 그가 가만히 일러주기를 장질부사[125]에 가까운 것이라고 한다.

악전에 일어나 옆방에 누워 있는 M군을 가보니 그는 해쓱한 얼굴에 움푹 들어간 눈으로 천장을 쳐다보면서

"나는 연극도 운동도 아무것도 싫어요. 집으로 좀 보내주세요. 아버님 어머님을 뵈옵고 싶어요. 날마다 꿈에나 보지요."

"좀 마음을 안정하시오. 음, M군."

"나를 병원에다 입원을 시켜 주세요. 그리고 집에다 전보를 좀 쳐 주세요."

"가만있소. 오늘 약 지어 오는 것 먹으면 낫겠지. 집에다 전보를 치면 공연히 걱정만 안겨 드리는 것이고."

《조선중앙일보》, 1933년 11월 7일)

7

"야속해……. 야속해요. 그러면 병원에나 입원을 시켜 주세요. 이대로 죽으면 어찌하게요. 나는 죽기는 싫어요. 나는 올해 갓 스물이에요."

그는 밤에 자다가 헛소리를 하듯이 애닯게 슬프게 부르짖는다. 그러나 돈, 돈. 병원, 병원에 입원을 시키고 돈도 못 물어주고 또 며칠 있다가 다른 데로 떠날 것을 내버려 두고 가면 어찌 되나, 누가 같이 떨어

---

123 선풍기같이 바람을 일으키는 기구를 가리킨다.
124 오래된 감기로 인해 생기는 병을 한의학에서 진단하는 말.
125 장티푸스.

져 있자니 그 경비, 돈 한 푼 없고 남에게 빚을 3, 4백 원씩이나 짊어지고 빚쟁이를 모시고 다니는 흘러 다니는 연극쟁이들. 거리의 죽음!

그는 아무나 붙잡고 부르르 떤다. 그러고 잠꼬대하듯이 중얼대기도 하고, 무대에서 연극을 하듯이 부르짖기도 한다. 그러고 그는 병 때문에 귀가 먹은 탓으로, 남의 하는 말은 알아듣지를 못하고 자기 말만 한다.

"나는 살고 싶어요. 나는 살고 싶어요."

그러고 그는 두 손을 번쩍 들어서 천장을 가리킨다. 나이 어린 여배우들은 방 한 모퉁이에 앉아서 흑흑 느껴 운다. 여관집 마당에서는 낮닭이 홰를 치고 운다.

"광고 나갈 준비 하십시오."

하면서 선전부원이 방문을 열고 고개를 디민다.

"얘들아, 어서 광고 나갈 준비들 하여라."

하고 나는 어린 여배우들에게 일렀다.

"네."

하고 누구인지 대답을 한다.

"아이고, 나는 암만 생각하여도 죽을 것 같아요. 아이구 답답해. 아이구 갑갑해. 이 이불."

하고 M군은 이불을 걷어찬다.

"자, 이러지 말고 될 수 있는 대로 조용히 드러누워 있소."

밖에서는 벌써 악대들이 떠들썩한다. 북을 두드리는 소리가 난다. 코넷에 입김 넣는 소리가 들린다. 클라리넷의 연습하는 소리가 들린다.

"왜 저 음악 소리가 저리 처량하구."

병자의 신음하는 독백이다.

창문을 열고 나오는 나의 소매를 붙잡는 사람이 있다. 그는 여배우 계정(桂貞)이었다.

"아이 선생님. 두루마기나 외투가 있어야 광고를 나가지요."

또 한 사람이 이편을 붙잡는 이가 있다. 그는 역시 여배우 소월(小月)이었다.

"저는 이 신을 신고 어디를 나갑니까."

그렇다. 너희들의 말이 옳다. 계정이는 두루마기 하나도 없다. 소월이는 구두가 호남선 순회할 때에 다 헤졌던 것을 부용화 하나를 사신겼더니 그나마 너벌너벌한다. 그래도 살아가려고 또한 이것을 (일)이라고 좇아다니는 그들의 꼴, 우리들의 꼴. "오냐, 너(계정)는 춥지만 어쩌니. 이따가 여관집 따님의 두루마기 하나 빌려 보도록 하지."

"오냐 너(소월)는 오늘 밤 수입에서 잡담 제하고 뚝 떼서 내일 아침에 구두 하나 사주마. 마차에 앉아서 광고 나갈 텐데 발이 보이니? 누가 네 발만 본다든? 발을 오므려라, 오므려."

우리들은 쓰디쓴 웃음을 웃었다.

그래도 우리들은 돈푼 생기면 그 돈은 먼저 여배우들에게로 간다. 저고리를 하여 준다. 치마를 갈아입힌다. 양말을 사서 신긴다. 그러고 그다음이 남저지[나머지]가 있어야 이번에는 남배우들이다. 그러므로 어떤 때에는 우리 남자들은 두 달씩 머리를 못 깎고 다니는 때가 많다. 그러니 양복이란 문제도 아니다. 그래도 어찌어찌하여 제가 저의 집 힘으로 양복깨나 입은 사람이라야 광고에 참여를 나간다. 그러므로 물론 남배우라고 모조리 다 광고를 나가는 것이 아니다. 어떤 때에는 그곳에 아는 친구의 양복 윗저고리도 빌리어 입고 광고에 참여하여 나간다. 어떤 때에는 그 지방에 신문지국의 기자들의 모자도 빌리어 쓰고 광고를 나간다.

바람이 지둥 치듯[126] 분다. 오늘은 볕도 아니 났다. 음침한 날씨다.

126　요란한 소리를 비유적으로 이르는 말.

몸이 부르르 떨린다. 여관집 대문 밖에는 와글와글 마차부의 소리, 말굽의 소리, 말방울의 소리, 동리 아이들의 떠드는 소리.

"아이 추워 두 시간 동안이나 참고, 어떻게 도나."

하면서 여배우들은 일제히 약속이나 한 듯이 오르르 떤다.

"점심 아니 잡수고 오십니까? 더운 장국이나 주문하여다가 잡수시고 나가시지요."

이것은 여관집 보이의 말이다.

"우리는 경제하여 저금하느라고 점심은 사철 아니 먹는다오."

우리들 중에 누구의 대답이다.

이리하여 우리는 배고픈 배를 배부른 듯이 없는 옷이 있는 듯이 마차에 올라앉아, 거리에서 거리로 나팔을 들고 북을 두들기고 징을 치면서 돌아다니었다.

"이런 순간의 쾌감이 기나긴 괴로움을 참게 하는가 봐."

"그래 그것을 바라고 우리는 살지를 아니하나."

성세무대(醒世舞臺)[127] 화장실(즉 분장실)에서의 B군과의 대화이다.

개연 시간이 아직도 멀었는데 객석에서는 와글와글한다.

"당최 문간에서 표를 받을 수가 있어야지요. 막 싸움들이 나고."

문간에 나갔다 들어오는 C군의 말이다.

"꽉 찼는데."

무대에서 화장실로 들어오는 A군의 말이다. 백촉의 전등 밑에 화장들을 하고 옷을 바꾸어 입는 우리들은 손이 빠르게 돈다. 무대 진행계는

"막 열까요, 열어요?"

하면서 드나든다.

"가만있어."

"열지, 열어."

"다 됐어."

무대에서 징(銅鑼)이 울린다. 막이 오르는 모양이다. 무대로 바쁘게 나아가는 B군의 모습은 나를 돌이켜보면서

"이제 용정 왔으니, 이제 어디로 또 가누?"

"두도구로 가야지."

나는 이렇게 대답을 하면서 그의 뒷모양을 물끄러미 건너다보았다.

(《조선중앙일보》, 1933년 11월 9일)

127 간도 용정시 중국극장 성세무대를 가리킨다.

순례하는 마음

A. 여자 편

(음악, 바다에 뜬 배 안에서 일어나는 여러 가지 소리, 또 파도 소리)

남: 그래 지금 당신은 어데로 가시나요?

여: 저 바다 끝닿는 데로요.

남: 바다는 끝이 없는데요.

여: 우선 이 바다로 가면 오늘 가고 내일 가서 어디 가닿는가요?

남: 천진(天津, 톈진)이요.

여: 그럼 우선 천진에 내려 볼까요.

남: 그러면 천진에는 무엇 하러 내리십니까?

여: 찾는 사람이 있지요.

남: 아하, 그러면 당신은 팔자 좋은 연애 탐방객이십니다그려.

여: 홍, 연애. 연애란 어떻게 하는 것이 연앤가요?

남: 두 사람이 사랑하는 게 연애지요.

여: 사랑. 사랑은 어떻게 하는 것이 사랑인가요?

남: 나이가 삼십이 넘었다면서 왜 사랑도 못 해보았소?

여: 해보았는지도 모르지요. 그러나 못 해보았는지도 모르지요.

남: 여보 내 말 좀 들어보아요. 사랑이란 두 사람이 가슴을 마주 대고 속살거리고 어떤 때는 울고 어떤 때는 웃고. 자, 해보셨겠지요?

여: 그것만이 사랑일까요? 그 맛이란 어떨까요?

남: 그 맛, 그 맛, 저 그 맛이란 칼피스 맛과도 같고 미루구세끼[ミルクセーキ, 밀크쉐이크] 맛과도 같지요.

여: 그 맛이란 그렇게도 엷을까요? 좀 더 깊고 좀 더 왜 긴 맛이 없을까요?

남: 왜, 있겠지요. 사람에 따라서는.

여: 사람에 따라서는, 응 그런가 보아요. 내 이야기 좀 들어 보실라우. 나도 조선에 젊은 도령님에게 과자도 얻어먹어 보고 중국 사람에게 복숭아도 얻어먹어 보았지요. 그뿐인가요. 일본 양반한테 아이스크림도 얻어먹어 보았지요. 그러나 모든 것이 길지가 못하였어요. 그러던 내가 지금에 이 배를 타고 천진으로 가지요.

남: 그러기에 내가 무엇이라고 하였습니까? 연애 탐방객이라고 하지 않아요. 그런데 왜 한군데서 못 사셨소?

여: 글쎄 그것이 모르겠다는 말이에요. "여기서나 마음을 붙이게 될까?" 하면 또 다른 데로 헤어져 가게 됩니다. 그러, 그래도 나는 그 이치를 모르겠어요.

남: 그러면 당신이 무슨 병이 있나 보구료.

여: 글쎄요, 칼피스를 먹다가 체하지나 아니하였는지 모르지요.

남: 그러면 천진 가서도 또 칼피스를 먹다가 체하면 어찌하나요?

여: 또 다른 데로 가지요.

남: 그러면 우리 당신을 연애 탐방객이라고 하지 말고 연애 순례자
　　라고 합시다.

여: 연애, 사랑, 나는 그 순례자가 아니라 나는 인생의 순례자예요.
　　'삶'을 찾아다니는 '생(生)'의 순례자예요. (경련적으로) 호호, 호
　　호, 저 바닷속에나 들어가서 좀 살아볼까요. (허리를 굽히고 물로
　　들어간다)

남: 이, 이. (붙들면서) 그러지 말아요. 아마 용궁의 여왕님보다는 이
　　생의 순례자가 나을걸요.

여: (독백으로) 아, 아, 나는 우울해요. 노래나 한마디 불러볼까.

(흥타령 한 절.)

B. 남자 편

(의음(擬音): A면과 같다)

(단 음악은 다른 곡으로 함이 좋다.)

여: 인제는 당신 차례예요.

남: 내 차례라니요.

여: 당신을 물을 차례란 말이에요.

남: 나를 묻다니요.

여: 당신의 과거, 현재와 미래를 묻고 싶다는 말씀이에요.

남: 원, 천만에 말씀을 다 하십니다. 나는 그 세 가지가 다 없는 사
　　람이에요.

여: 어째서요?

남: 어째서라니, 생각하여 보십시오. 무엇이 알뜰한 과거라고 혼서
　　지(婚書紙) 모양으로 함 속에나 넣어 두었을 리 만무하고 현재는

지금 비둘기나 영에 떨어진 콩알을 주워 먹듯이 주우러 다니는 중이니까 없고요. 또 미래란 내가 점쟁이가 아닌 이상 알 길이 막막하지요.

여: 그럼 대관절 당신은 지금 어데로 향하시는 길입니까!

남: 나는 북평(北平, 베이핑)[128] 행입니다.

여: 무엇 하려요.

남: 찾으려요.

여: 무엇을요?

남: 나는 찾는 것이 많습니다. 밥도 찾고 사랑도 찾고 술도 찾고 집도 찾고 일도 찾고 이 모든 것을 합한 행복도 찾고요.

여: 아하, 그러면 당신은 행복 발견가이십니다그려. 그런데 여태껏 당신이 있던 고장에서는 그것을 발견치 못하였던가요?

남: 글쎄 그것이 모를 일이라는 것입니다. 나 혼자만이 발견을 못하였는지 여럿이 다 같이 발견을 못 하였는지 그것을 나는 모릅니다.

여: 그럼 하필 그 행복이 북평에를 가면 있을까요.

남: 그것도 모릅니다. 거기 없으면 당신의 말과 같이 또 다른 데로 가지요?

여: 참 상스런 양반이로군. 당신은 대관절 무어요?

남: 무어라니요?

여: 명색이 무어냐 말예요.

남: 명색이 그냥 사람이에요.

여: 아니 학생?

남: 아니.

---

128 베이징의 옛 이름.

여: 그러면 문예가?

남: 아니.

여: 그럼 주의자?

남: 아니.

여: 그럼 스파이?

남: 아니.

여: 그럼 폭력단?

남: 아니.

여: 그럼 장사치?

남: 아니.

여: 그럼 대체 무어란 말이요?

남: 당신의 말마따나 행복 발견가라고 해둡시다그려.

여: 벌써 해가 저무는군요.

남: 예, 그런가 봅니다.

여: 바닷물이 벌건데요.

남: 예, 물이 아니라 내 눈에는 피로 보입니다. 인류를 조상(弔喪)하
　　는 피로 보입니다. 그러나 저것이 햇빛! 광명이라는 것이겠지요.

여: 당신은 사랑이란 것을 하여 본 적이 있나요?

남: 예, 하여 본 적이 있지요.

여: 당신이 맛본 그 맛은 어땠나요?

남: 나는 아까 당신에게 사랑이란 칼피스 맛과 같다고 하였습니다.
　　그러나 내가 맛본 것은 쓰디쓴 엽차 맛과 같았어요.

(기적이 뚜- 하고 운다)

남: 천진이 눈앞에 왔군요. 자, 부두로 오릅시다. 인생의 부두로요.
　　그리하여 우리는 당신을 당신대로 인생의 순례를 하여 봅시다.

당신도 삼십, 나도 삼십. 인생의 반 남아 언덕의 순례가 남아 있구료. 자, 오릅시다.

여: 어쩐지 당신을 따라가고 싶어요. ……(음악의 여운)……

《신조선》, 1934년 10월)

이국의 사랑

A. 남경(南京, 난징) 편

(멀리 반점에서 새어 나오는 중국 음곡.)

여: 난 싫어요.

남: 무엇이 싫다는 말이요.

여: 당신과 같은 사나이가 싫다는 말이에요.

남: 왜 싫다는 말이요?

여: 왜 싫긴 왜 싫어요. 싫으니까 싫지.

남: 싫다면 싫다는 이유가 있을 것이 아니오?

여: 이유, 이유 있지요. 당신과 같이 자기반성이 부족한 사람이 싫
   다는 말이에요.

남: 자기반성=“나를 돌이켜 보아라”. 아무리 돌아다보아도 난 잘
   못한 것이 없는데.

여: 나와 당신이 무엇이라고 약조를 하였어요? 내가 먼저 서울을
   떠나올 때 경성역에서 당신과 내가 무엇이라고 약조하였어요?

민적등본(民籍謄本)에 붉은 줄을 쳐 가지고 뒤를 따라가마고 하였지요.

남: 그래서요.

여: 그래 가지고 왔어요?

남: 죄, 죄. 암, 그렇지요. 그것이 죄가 아니고 무엇이겠소. 그러나 나는 지금 한 여자만 생각하고 있지 결단코 두 여자를 거느리고 있는 것이 아니오. 보시오. 열두 살 적에 [고급 비단] 모본단 두루마기 해준다는 바람에 장가를 가고 보니까 초례청(初禮廳)에선 그 여자가 전기(電氣) 선대만 하여 보이니 그것을 나의 아내라고 내가 영원히 불러야 옳겠소. (비통하게) 천하의 형제여! 자매여! 나는 부르짖습니다. "우리는 부모의 아들이요 딸이지 결코 노예가 아니올시다. 부잣집 덕을 보려고 양반의 집과 혼인하였다는 명예욕으로 아들을 장가를 보내고 딸을 시집보내니, 우리는 이러한 부모의 죄악에 대해서 우리들이 책임을 가져야 옳겠습니까?" (목소리를 가다듬어 가지고) 여보 정순 씨, 나는 그러한 죄악에 대한, 죄악에 대한 책임을 가져야 옳겠습니까?

여: 나는 그 죄악에 대한 책임을 말하는 것이 아니에요. 나에게 대한 책임을 지라는 말이에요. 나에게 대한 책임. 다시 말씀하지요. 민적등본에 붉은 줄 치는 것, 그것 말이에요.

남: 아, 아, 사랑의 길은 가시덤불, 캄캄한 굴속. 더구나 산 설고 물 설은 이국에서 맺어지려는 사랑. 여기는 화패루(花牌樓)의 번화한 거리. 여보 정순 씨, 우리의 감정은 저 자금산(紫金山)에 엄숙한 존재와 같이 있게 되고 우리의 사랑의 길은 저 중산로(中山路, 종샨류)의 탄탄대로와 같이 일직선으로 돌진하지를 못할까요.

여: 글쎄요.

남: 글쎄라니요. 자, 여러분 지금에 나는 이 여자의 가면을 벗깁니

다. 이 여자는 어느 때에는 민적등본에 꼭 붉은 줄을 쳐야만 되겠다고 하고 또 어느 때에는 그까짓 민적등본이 다 무엇이에요, 사랑만 하면 그만이지요 합니다. 그러니 대체 이 여자의 감정을 어떻게 조리(調理)를 하여야 좋겠습니까?

B. 동경(東京) 편

(멀리 요정에서 흘러나오는 샤미센 소리)

여: 그래 말씀 좀 하여 보세요.

남: 무엇을 어떻게 말을 하라는 말이요?

여: 그래 당신은. (흐느껴 운다.)

남: 울기는 왜 울어요.

여: 여보 울기는 왜 울어? 나는 조선에서도 남경에서도 울어 본 적이 없었어요. 사랑이란 이렇게 서러운 것인 줄을 나는 몰랐어요. (흐느껴 운다.)

남: 울지 말아요. 지나가는 사람이 이상스럽게 생각지 않겠소. (퉁명스럽게) 울려거든 우리 집으로 갑시다.

여: 지나가는 사람이 이상스럽게 생각하면 어때요? 아니 세상 사람이 죄다 이상스럽게 생각하면 어때요? 아, 아, 상야공원 불인지[上野公園 不忍池, 우에노공원 시노바즈못] 사랑, 울음. 당신이 만일 조선으로 돌아가려거든 나를 데리고 가주어요. 나를 조선에서 남경으로, 상로, 동경으로 끌고 다니다가 이 꼴을 만들어 놓고 당신만 살짝 혜숙이 꽁무니를 따라 조선으로 가려고? 안 돼요. 안 돼요. (운다)

남: 아니야. 아니야. 혜숙이는 왜? 혜숙이와 나와 무슨 관계가 있

어?

여: 무엇이 어쩌고 어째요. 혜숙이 하고 관계가 없어요? 그럼 편지 질은 무슨 편지질이에요? 왜 나는 나이가 어리고 언변이 없고 연애에 재주가 없고 하니까 그 나이 많고 이무기 같고 잘 호리는 혜숙이가 정이 착착 붙지요? "혼잣말로 오, 사랑하는 당신이여! 나는 당신을 천사라고 부릅니다." 하던 솜씨로 혜숙이한 테는 무엇이라고 부른다고 하였노? 고급 천사라고! 하였나?

남: 아니야. 여보 혜숙이 알기도 당신 때문에 알았지 무어요. 언니니 동생이니 하고 동성연애니 이성연애니 하는 바람에 알았지 무어요. 아니야. 편지한 것은 책을 좀 빌려 달라는 편지야. (혼잣말로) 이거 참 큰일났네.

여: 아, 아, 남경에 공자묘(孔子廟)를 싸고도는 환락의 항(港)으로 동경에 무장야(武藏野, 무사시노)의 넓은 들로 옮기어 다니던 우리의 사랑이 기차를 타고 동해도선[東海導線, 도카이도센]으로 혜숙이와 같이 조선의 온돌방으로 돌아가는구료. 가려거든 가. 가는 사랑 붙잡으면 한숨과 눈물만 남지, 다시 돌아올 리 만무하니 가시오.

남: 아니. 여보 당신 미쳤소.

여: 여러분 지금에 나는 그이 사나이를 놓아 보냅니다. 남경에 자금산에 뒷둥, 이태백(李太白)이 묘 앞에 나의 무릎 앞에서 사랑을 빌면서 애원을 하던 이 젊은 사나이가 동경에를 오더니 다른 여자의 품 안에서 나에게 대(大)승리의 노래를 부르고 있습니다그려. 그는 부모가 시켜 준 결혼을 부인을 하였습니다. 그러고 그는 사랑은 자연이고 감정이요 낭만이라고 하면서 떠들고 돌아다녔습니다. 그리하여 그는 나를 만났습니다. 다음엔 혜숙이를 만났습니다. 그다음엔 그가 누구를 만날까요. 그러고

나는 이로부터 또 누구를 만나게 될까요? 만천하에 여성 동지시여! 이것이 사랑의 진실을 찾아가는 길일까요?

《삼천리》, 1934년 11월)

'지식'과 '돈'이 있는 홍행사가 있으면: 조선연극의 향상정화, 조선영화의 재건방책 (10)

누구십니까? 조선에 지금의 연극이 나쁘다는 분이. 대중은 좋은 것을 요구합니다. 그러나 여러분은 지금에 조선의 연극이 나쁘다고 하시니 결국은 당신네들은 당신네들이 나쁜 행동을 하고 있다는 것에 다 같이 책임을 져야 할 것입니다.

나는 학교에서나 도서관에서 책권이나 읽어 가지고 이론을 벌려 보던 때와는 좀 다른 말씀을 하겠습니다.

지금에 조선의 '연극쟁이'들더러 너 '향상'해라, '정화'해라 하면서 백년 채찍질해야 하니 되는 수작입니다……. 그들은 지금에 무슨 근거 있는 행동을 하고 있는 것입니까? 여러분도 다 아시다시피 오늘에 우리 연극쟁이들은 오늘은 동(東)으로 내일은 서(西)로 저장타령을 하면서 면면촌촌으로 돌아다니는 신세와 마찬가지입니다. 나 역시 장돌뱅이 신세를 한 2, 3년 하여 보았습니다마는 알 수 없는 일이올시다. 세상이란 참으로 불가사의예요. 우리 생각 같아서는 여러 연극쟁이들더러 "너 그렇게 나쁜 짓 하지 말아라, 나쁜 짓을 하지 않으면 내 좀 보아주지" 이렇게 말하는 이보다 "너 그러지 말아라, 내가 이리이리 하여 줄

551

터이니"하고 어느 구석에서 극장도 새로 지어지고 극단도 전속으로 서너 개 만들어 가지고 거기 '급(級)'이 좀도 다르게 마치 학교에 소학, 중학, 대학이 있는 모양으로 대중의 급을 갈라 가지고 중앙을 중심으로 하여 지방 순회를 번갈아 드나들게 하자는 말입니다. 자, 그럴 것 없이 어느 정도까지 나는 '지식'과 '돈'은 있다손 치고 흥행안을 베풀어 봅니다.

우선 경성 중앙에다가 오늘에 우리들의 생활수준보다는 좀 더 고급으로 극장을 짓습니다(그것은 왜 그런고 하니 우리들의 미래를 위한 때문입니다. 물론 금일의 경성에 우리가 만들어 놓는 극장은 모두가 수준 이하입니다) 극장을 갑을병정으로, 두세 개 만들어 냅니다. 그러면 훌륭한 배경사(背景師)도 나오고 각본도 쏟아져 나옵니다. 전문이나 대학을 졸업한 배우 지원자도 생깁니다. 그리하여 그 방식은 일정 흥행 주식회사 형식으로 통제 있게 영업을 겸한 문화 사업을 하여 나아갑니다.

다시 말하면 조선에 소규모로라도 저 오오타니 다케지로[大谷竹次郎](쇼치쿠[松竹])[129]나 고바야시 이치조[小林一三](다카라즈카[寶塚])식의 흥행사가 나오면 조선 연극에 '향상'과 '정화'가 다 거기 있다는 말씀입니다.

우리 생각엔 조선이 이만큼 '발달'이 되었으니까 이때쯤은 우리도 남과 같이 연극 문화를 수립하여 보자는 뜻 있는 이가 나을 것 같습니다마는 몇 해를 그냥 그냥 꿈만 꾸고 지나왔습니다. 돈 10만 원이나 가졌으면 조선에 경성뿐 아니라 전 조선의 흥행계를 '리드'하고 화려한 레뷰, 첨단적 시대 풍자극, 심오한 인생극(고전, 현대)이 다 그중에 있을 것이라고 봅니다마는 아직 없는 것을 보면 참으로 우리는 당하지 못할 최대의 수치를 당하고 있다는 것을 생각하게 될 때 종로의 거리를 걸으

---

129 오오타니 타케지로(1877~1969)는 1895년 교토의 유명 가부키 극장을 인수해 극장 흥행업을 시작했고, 1920년 쌍둥이 형과 함께 '쇼치쿠 키네마 합명사'를 만들면서 영화계에 뛰어들었다. 다카라즈카 가극단은 지금의 한큐 전철의 전신을 창립한 사업가 고바야시 이치조가 1913년 꾸린 음악 극단이다.

면서 얼굴에 모닥불을 붓고 두 주먹이 불끈 쥐어지는 때가 하루도 몇 번씩입니다.

여러분 생각하여 보십쇼. 우리가 마땅히 가져야 할 우리의 연극 문화가 없으면서 어찌 우리가 문화인이라고 남에게 말할 수가 있겠습니까? 가령 수전노 한 사람이 나에게 묻습니다. "그러면 그것이 기업이 되겠느냐? 이익이 남겠느냐?" 나도 이렇게 대답하겠습니다. "전당포 내는 것보다도 더 이익이 많이 남고도 민족을 위한 사업이 된다"고요. 이러한 대답이 있는데도 불원하고 "천만에" 하면서 고개를 외로 돌리면서 그것은 그뿐이올시다마는.

우리는 한 20여 년 동안이나 싸워 온 동무들이 있기 때문에 이만한 문화 수준 밑에서 일할 만한 극작가, 배경사, 배우들은 다 가지고 있습니다. 그러나 오늘날 이 모양인 것은 즉 일하는 사람, '사업가', 다시 말하면 지식 있고 돈 있는 흥행사가 없기 때문에 요 지경으로 지낸다는 것을 개탄합니다.

눈보라가 치는 깊은 겨울에는 남쪽 나라 해변으로 뱅뱅 돌고 따듯하고 더운 때에는 북쪽 나라로 떠돌아다니다가 어쩌다가 운수가 터져야 소위 중앙공연이라고 맛보게 되는데 활동사진 상설관 주인 영감 말씀 좀 들어보십시오. "활동사진을 하다가 연극을 하면 관객은 2, 3개월쯤은 견디어 낼까? 그 후에는 밑천이 짧아서 그러고 손님이 밤낮 그 손님이어서 더 올 손님이 있어야지" 합니다. 밑천이 짧다는 것은 극본이나 배우가 적게 나온다는 말인데 여기에는 그들에게 최저한도에 생활 안정만 된다면 새 사람이 자꾸 나올 것이며 손님이 적다는 말은 경성 인구가 3, 4십만이라는 말인데 이것은 전 조선에 2천만 인구를 상대로 하여 나는 이 2천만 관객을 독점할 수가 있다는 말입니다. 생각하여 보십시오. 미술, 음악 전문, 대학을 나오는 친구들이, '생활 안정'만 된다고 하여 보십시오. 지금에 헐떡이는 고군(孤軍)보다 얼마나 수가 늘 것인가?

성장의 5월 맑은 하늘 곁에서 나는 또 한 번 환상하여 봅니다. 돈 '10만 원'을 가지고 2천만 관객을 앞에다 놓고 조선의 극장 문화를 새로이 수립시킬 만한 흥행사가 없나 하고.

이렇게 되면 조선 연극의 '향상'과 '정화'는 문자 그대로 해소가 되고 맙니다. 영화의 재건 운동에 대하여는 생각하여 본 적이 없기 때문에 말씀치 못합니다.

《조선일보》, 1934년 6월 7일)

연극의 기업화

조선에 신극(新劇)이라고 들어온 지가 근 20년, 그리고 연극 운동이라고 하여 온 것이 몇 개의 '좌(座)'나 '단(團)'를 만들고 해치고 하다가 그럭저럭 근 30년을 살아왔습니다. 그것이 여지껏 계속되면서 있습니다. '집' 하나 없는 '사글세'쟁이 신세인 연극쟁이들은 괴나리봇짐 짊어지고 동리에서 마을로 '장돌뱅이' 모양으로 돌아다니니까 거리에서 흩어져 거꾸러(해산)지고 말아버리니 이래 가지고야 신극의 수립이란 당치고 않습니다. 또 방간이나 얻어 가지고 지사(志士)의 기품으로 모여 앉아 토의 또는 극본 낭독쯤 하여 가지고는 참으로 앞길이 막연합니다. 여기에는 문화와 오락과 취미를 짐작하고 흥행(기업)을 할 줄 아는 적은 범위나마 조선의 '오오타니 다케지로'이나 '고바야시 이치조'가 나와야 하겠습니다. 그리하여 집(극장)을 짓고 사람을 모으고 그러면 거기서 비로소 신극운동이 (비록 기업적이나) 생길 것이라고 생각합니다. 오늘의 영화관이 어떻게 살아가느냐 하면 그것은 영화가 이미 기업화된 까닭입니다. 그러므로 연극도 기업화되지 아니하면, 또 시키지 아니하면 도저히 '융성'이 되지 못한다는 말입니다. 그리고 지금쯤은 기업화시키면 상당

555

한 기업도 되리라고 믿습니다마는 웬일인지 이 자본주의적 기사(騎士)가 나타나지를 아니합니다. 그것은 우리가 다른 부문에 있어서도 기업이 뒤떨어지는 것과 똑같은 이유이겠지요. 모든 생산 부문과 마찬가지로 통제적 기업은 자본주의의 필연적 귀결이므로 이 연극 운동도 한 개의 시장 상품으로서 마땅히 그 '길'을 밟아야 될 줄로 압니다. 더구나 조선의 신극운동에 있어서는 같은 연극 부문의 상대적인 장해물(障害物)이 없습니다. 예(例)하면 일본의 전통적인 '가부키'가 저들의 소위 새로운 '국민극'의 수립 도정(途程)에 있어서 절대(絶對)의 피어 있는 것과 같은 그러한 적이 없는 것은 불행중행(不幸中幸)이라고도(?) 할 수가 있습니다. 조선은 좁고 바닥이고 또 '처녀지'라 한 20만 원이나 가졌으면 서울을 비롯하여 서너 처(處)의 극장이나 갖고 '극단', '연구회' 등 서너 개쯤 만들어 가지고 나아가면 거기서 좋은 것도 나오고 나쁜 것도 나올 것입니다. 그리하여 연극은 한 개의 훌륭한 기업이 되는 동시에 소위 '진정'한 '예술'의 생산도 있을 수 있다고 생각됩니다. 어떻습니까. 누구 20만 원의 자본주의적 기사가 없겠습니까?

다시 말합니다. 조선의 신극 수립은 이 자본주의적 기사가 나타나고 아니 나타나는 데 달린 것이라고 봅니다.

《조선일보》, 1935년 7월 10일)

누이 승희에게 주는 편지[130]

승희야! 지금은 밤이다. 달밤이다. 첫 겨울에 달밤이다. 초가집 이엉[131]
에 부딪는 겨울밤의 우수수하는 바람 소리에 문풍지가 운다.

　겨울이 오면 이맘때 그때 일이 생각난다. 너는 그때 일이라니 어느
때 무슨 일인가 하겠지마는 네가 열다섯 살 적 숙명여자고등보통학교
4학년 때이다. 겨울의 어느 날 추운 밤, 나는 그날 얼마 아니 되는 원고
료를 개벽사 차청오(車靑吾)[132] 씨에게서 받아 가지고 회월(懷月)[133] 군과
선술 몇 잔을 마시고 올라오는 길에 양쌀(대만미) 두 말과 팥 두 되를 사

130　원문에는 최승일의 글에 뒤이어, 「고토 형제에 보내는 글: 세계일주로 나서는 최승희」,
　　「세계적 무희 최승희에게 전하는 말」, 가이조사(改造社) 사장 야마모토 사네히코(山本實
　　彦)의 글이 실려 있다. 이 세 편의 글은 모두 1937년에 나온 최승희 자서전에 각각 「누
　　이에게 주는 편지」, 「형제에게 보내는 글」, 「최승희에게 기(寄)함」이라는 제목으로 다
　　시 실렸다.

131　짚 따위로 엮은, 초가지붕을 이는 데 쓰는 물건.

132　청오(靑吾) 차상찬(車相瓚, 1887~1946). 1920년 개벽사를 창립했으며, 《개벽》 외에도《별
　　건곤》,《혜성》,《신여성》에서 편집인을 맡았다.

133　박영희[1902~19??]. 시인이자 소설가.

557

가지고 적선동 어느 잡화상에서 검은 양말 한 켤레를 사 가지고 또 적
선탕(목욕탕) 건너 과자 가게에서 '모찌떡' 20전 어치를 사 가지고 그럭
저럭 10시나 되어 집에를 들어가니 집안이 다 고요하여 나는 들어가는
길로.

"승희야" "승희야" 하고 너를 불렀다. 그랬더니 너는 "네" 하고 일
어나면서 남폿불을 돋우는가 보더라. 아, 그때 우리는 전기도 못 켜고
남폿불을 켰었다. 어머니는 어두운 마루로 나오셔서 쌀을 받아 쌀독에
다 부으시고 우리 사남매는 남폿불 앞에 모여 앉았었다.

"영희야(나의 큰 누이동생) 너는 이 양말을 신어라. 그리고 승희! 너는
이 '모찌떡'을 먹어라."

나는 그날 밤 두 누이동생의 원을 풀어주었느니라고 생각한다.
왜? 며칠 전부터 영희는 양말이 '빵꾸'가 나서 조각을 대어 신다 못하여
한숨을 쉬이는 것을 보았고 너는 "아이 모찌떡 좀 먹었으면" 하고 생글
웃던 생각이 났기 때문이다.

"오빠 또 술 먹었구료. 오빠가 술 먹는 날이면 나는 좋은 날이야."

"왜?"

"날 뭐 사다 주니까 그렇지."

모두들 웃었다.

그러나 조금 있다가 '모찌떡'을 먹고 있던 너의 눈에서는 눈물이
도는 듯하면서

"오빠 나는 다음 달부터 학교에서 월사금을 면제해 준대. 그래서
나는 학교 뒷마당에서 한참이나 울었어."

"울기는 왜 울어. 월사금 안 내고 좀 좋으냐. 우대생이로구나. 누가
그러든."

"아이 오빠두. 성 선생(성의경 선생)이 그러셔. 그런데 자꾸만 눈물이
떨어지겠지."

"잘 울었다. 그것이 차차 세상을 알아 가는 울음이니라."

"그런데 오빠, 나는 대관절 내년에 졸업을 하면 무엇을 하면 좋겠수."

"너는 무엇을 하였으면 좋겠다고 생각이 되니?"

"음악학교."

"그렇지. 너는 노래를 잘 부르고 율동체조를 잘하겠다. 가만히 있거라. 내가 다 생각이 있다."

"무슨 생각?"

"승희야! 너 좀 들어볼래. 네가 아직 내 말을 알아들을 수가 있을라고. 그러나 오늘 내 처음으로 너한테 말하여 보지. 나는 지금 소설을 쓰고 이야기를 번역하여 어느 달에는 한 4, 5십 원의 수입도 있다. 그러나 그것을 가지고는 도저히 부모를 모시고 처자를 거느리지를 못하리라고 생각이 되니 나는 머지않아 엄청 힘든 노동을 하지 아니하면 아니 되리라고 생각이 된다. 만일 그렇게 된다면 내가 예술에 대한 노력은 적어지고 생활을 위하여 다른 '에네르기'를 짜내야 될 것이다. 그리하여 완전히 월급쟁이 살림꾼이 되고야 말 것이다. 그리고 그다음 너의 형은 사상이나 됨됨이가 남의 집 주부감이니 나는 손도 대지 않겠다. 그리고 너의 작은 오빠는 벌써 중학교에 다니는 몸으로 처자가 있다. 그런데다가 우리 집안에 돈이 없다. 그러니 졸업을 하면 그날부터 다만 몇 푼짜리 품팔이나마 하여야만 될 형편이다. 그러면 다만 나머지는 너 한 사람이다. 가만히 있거라. 사람이란 '찬스가 있는 것이다. 내년 봄을 기다리자.'"

그리하여 너는 이듬해 봄 이시이 바쿠 씨를 따라가게 된 것이었다.

3년이 지난 어느 달 어느 날 나는 너에게서 이런 편지를 받은 것을 기억한다.

"— 전략(前略) — 오빠! 저는 요사이 무용 예술이란 어떠한 것이라는 것과 예술가의 양심이라는 것을 깨달아 갑니다. 그것은 이런 데서 발견이 됩니다. 이시이 선생이 처음 독일에서 돌아와 [작곡가] 야마다 고사쿠[山田耕作, 1886~1965] 씨의 반주로 안무된 작품과 요사이 만드는 작품의 차이가 왜 그다지도 그 정신, 그 감흥이 다릅니까? 저는 차차 이시이 선생에게 환멸을 느끼어 갑니다. 요사이 그의 예술에는 시(詩)가 없어요. 그것도 무리는 아닙니다. 그는 춤을 추어서 수십 명 구(口)가 먹고 살아야 합니다. 집이 없으니 집을 지어야 합니다. 그러나 저는 인제는 더 참을 수가 없습니다. 저의 마음은 요사이 마치 관솔불과 같이 탑니다. 러시아의 제실(帝室) 무용 학교에서 우러난 전통적 무용을 부수어 버리고 민중의 힘과 노동의 시(詩)가 무용화된 예술을 보고 싶습니다. 그리고 독일의 비그만[134]의 무용, 이사도라 덩컨이나 니진스키의 음악에 종속화된 무용을 박차 버리고 무용 독자(獨自)의 생명을 가진 음악이 없는 그의 무용을 보고 싶어요. 오빠! 이것이 나쁜 생각일까요? 제게는 너무도 이른가요? 편지하여 주셔요. — 후략(後略) —"

이리하여 몇 달이 못 되어 너는 집으로 돌아와 가지고 열여덟 살 된 몸으로 노서아를 가려고 노서아 영사관에 있던 김온(金薀) 군을 통하여 노서아행을 준비하였지. 그러나 그것이 뜻과 같지 아니하여 고시정(古市町, 후리이치쵸) 언덕에다 연구소 문패를 붙이고 대담하게 안무를 하여 보았었다. 너 생각나니? 깊은 밤 고요한 방에 너는 내 앞에서 크라이슬러의 〈인디언 라멘트〉[135]를 눈물을 흘리어 가면서 안무하던 생각을. 러시아로 가려던 정열을 우리는 그날 그 밤에 〈인디언 라멘트〉 멜로디 위에다 얹었었다.

며칠 전에 나는 신문에 발표된 너의 양행설(洋行說)을 보았다. 그리고 나는 그날 밤 웬일인지 밤이 깊도록 잠을 이루지 못하였다. 그것은 아마 너무도 반갑고 기쁨을 이기지 못하여 거의 흥분까지 된 긴장된 심경에 이르기 때문이 아닌가 하고 생각한다. 그러고 일전에 나는 너에게서 이러한 편지를 받았다.

"오빠, 저는 요사이 몸 성히 잘 다니기는 합니다마는 웬일인지 때로는 공포를 느낍니다. 그것은 저의 건강입니다. 오빠는 신문이나 잡지에 난 것을 보셨겠지만 스기야마[136] 씨나 가이조[改造]사에 야마모토[137] 씨 같은 분은 저더러 보통 사람의 일하는 것 세 배는 한다고 합니다. 사실 저는 그만큼 바쁩니다. 이러다가 저는 혹시 무대 위에서 거꾸러지면 어찌하나 하고 걱정이 됩니다. 그러나 일본 전국에 가는 곳마다 환영이고 격려이니 그럴 때마다 저는 '내가 조선 사람이라'는 것이 생각될 때 한편으로 눈물겹게 기쁨을 느끼기도 하고 따라서 어떠한 일이 있든지 나는 폭탄과 같은 위대한 정열을 가졌다는 것을 그들에게 끝까지 내가 거꾸러질 때까지 보여주고 싶습니다."

이틀이 지난 후 너는 또다시 나에게 이런 편지를 주었지.

"오빠, 오빠 나의 존경하는 오빠, 기뻐하여 주십시오. 신문보다는 제 편지가 늦게 갑니다마는 저는 명년(明年) 봄에 바라고 바라던 지구의 동편에서 동편으로 일주를 하게 되었습니다. 후원이라고는 철도성 관

---

134 마리 비그만(Mary Wigman, 1886~1973). 독일의 현대무용가. 내적인 경험을 강렬히 표현하고, 음악과 무용과의 관계를 새롭게 설정하는 등 전통적인 발레와는 다른 창조적인 무용 세계를 개척했다. 반 세기 동안 활동하며 현대의 무용가들에게 결정적인 영향을 끼쳤다. 대표작으로 〈마녀의 춤(Witch Dance)〉, 〈운명의 노래(Song of Fate)〉, 〈흔들리는 풍경(Swinging Landscape)〉, 〈죽음의 춤(Dance of Death)〉 등이 있으며, 저서로 『춤의 언어(Language of Dance)』를 남겼다.

135 오스트리아 출신의 바이올리니스트 프리츠 크라이슬러(Fritz Kreisler, 1875~1962)이 연주한 대표곡. 체코 작곡가인 안토닌 드보르자크(Antonín Dvořák, 1841~1904)의 1893년 작품인 〈바이올린 소나티나 G장조(Violin Sonatina in G Major)〉로, 크라이슬러가 이를 〈인디언 라멘트(인디언 애가)〉로 불렀다.

136 스기야마 헤이스케[杉山平助, 1895~1946]. 일본의 소설가.

137 야마모토 사네히코[山本實彦, 1885~1952]. 가이조[改造]사 사장.

광국뿐입니다. 물론 물질적 후원자는 없습니다. 저는 가방 하나를 손에
다 들고 동양의 '리듬'을 몸에다 지니고서 지구를 한 바퀴 돌 작정이올
시다. 여기는 구레시[吳市]입니다. 바다에 뜬 큰 군함을 볼 때에 사람의
'힘'의 큼을 알 수가 있습니다. 그러고 함상(艦上)에 걸리어 있는 대포의
포구(砲口)는 창공을 향하여 기운차게 팔뚝질하고 있습니다. 군함은 나
라를 위하여 싸웁니다. 그러나 나는 '조선의 리듬', 크게 말하면 '동양의
리듬'을 가지고 서양으로 싸움을 건너갑니다. 아, 나는 기쁩니다. 용기
백배입니다. 그러나 한 가지 의심되는 것은 저는 제 자신이 확실히 조
선의 호흡, 조선의 '리듬'을 가지고 있는지 그것이 의문입니다. 저도 제
가 조선 사람인 바에야 조선의 혼(魂), 조선의 '리듬'은 가졌으리라고 생
각합니다마는.

　오빠, 저는 생각해요. 어떤 경우라도 민족은 망하지 아니하고 그
민족의 예술도 결단코 망하지를 않는다고요. 애급(埃及, 이집트)이 망하
였으나 그 민족과 그 민족의 예술은 망하지 아니하였으며 유대는 망하
였으나 그 민족은 망하지 아니하였습니다. ― 후략 ―"

　옳다, 그것이다. 나는 네 말에 수긍된다. 네가 한 말을 나는 일전에
《대판조일신문(大阪朝日新聞)》에서 동경의 시인 노구치 요네지로[野口米次
郎, 1875~1947] 씨와 중국의 소설가 루쉰[魯迅] 씨의 회담 중에서 발견하
였다.

　"― 전략 ― 중국이 망할지라도 국가는 망하여도 민족은 영원히 아
니 망한다."

　이렇게 그는 말하였다. 그렇다. 이제 우리 조선은 최승희라는 한
사람의 조선 민족을 세계무대에 내어놓게 되었다는 것을 너는 깊이 재
인식하여야 할 줄로 안다.

　그러고 네가 조선의 '리듬'을 어느 정도까지 가졌느냐는 것이 의
문인 줄로 아는 모양이나 나는 이렇게 생각한다. 그 언제인가 나와 너

는 이시이 바쿠 씨의 〈캐리커처〉라는 제목으로 조선 옷을 입고 추는 춤을 보고서 대단히 불유쾌하게 생각하여 곧 [연극인] 이기세(李基世, 1888~1945) 씨와 의논하여 〈가야금산조 진양중모리〉에다가 안무하여 〈우리들의 캐리커처〉라는 제목으로 너로서는 처음으로 '조선 리듬'에 춤을 추지 아니하였느냐. 그때 일반의 평판도 좋았지마는 나는 그때 "너는 조선의 딸이다" 하고 마음속으로 기뻐하였다. 왜? 너는 결코 그 때까지 조선 춤이라고는 구경도 한 적이 없었다. 그런데도 불구하고 나오는 춤가락이 다소 '템포'가 빠르고 몸 쓰는 것이 더러는 서양 기본 연습에서 우러나온 것도 있었지마는 그것이 오히려 나는 좋다고 생각되었다. 왜 그런고 하니 가부키 하면 300년 전의 가부키와 지금의 가부키 와는 그 형태가 다르다. 그것은 역사의 진화를 따르기 때문이다. 그러므로 우리가 아무리 조선 '리듬' 하더라도 500년 전 조선 '리듬'과 지금의 조선의 '리듬'하고는 알지 못할 변화가 있으리라고 믿으며 또 있어야만 될 것이라고 생각한다.

그러나 한 가지 네가 조심할 일이 있으니 그것은 요즈음 너의 명성이 세상에 떨치매 예술가로서의 가지기 쉬운 자만심, 자존심이 때로는 예술가로서 대단히 위험한 탈선을 하기 쉬운 것이니 그것을 너는 조심할 바이며 더구나 빠지기 쉬운 일이다. 우리는 과거에 그러한 예를 얼마나 많이 보았니? 너는 총명한 아이라 결코 그럴 리가 없으리라고 믿는다마는. 그리고 또 한 가지 거리끼는 일은 요사이 "최승희는 조선을 팔아먹는다" 이러한 '데마'[138]가 돈다. 이것은 가장 중대하다면 중대한 문제이니 왜 그런 '데마'가 나느냐 하면 동경에서 조선 춤을 추어서 그 것이 평판이 좋다는 말이 나자 어찌어찌해서 그런 말이 나게 된 것이라고 나는 생각한다. 그러나 예술가로서 자기 민족적 유산을 정당하게 계

---

138 선동적 소문(demagogy)이라는 뜻이다.

승하고 이해하여 그것을 예술화하는 것이 예술가의 할 일이며 큰일이라고 생각한다. 그리하여 그것이 민족 예술이 되는 동시에 또한 '인터내셔널 예술'이 되는 것이라고 생각한다.

여기까지 쓰고 나니 벌써 밤은 가고 새벽이로구나. 지금은 새벽 두 시. 나는 잠자는 어린 것들 틈에 끼어서 이 편지를 끄적거리고 있지마는 너는 지금쯤 어느 곳 어느 여관에서 찬 꿈을 이루는지. 아마도 오늘은 사국 덕도시(四国 德島市, 시코쿠 도쿠시마시)쯤 되리라고 생각한다. 아, 나는 너를 생각할 때 참으로 적막하다. 너는 "왜 적막이라니 별안간에 오빠두" 하리라마는 이 적막이란 무엇이라고 형언할 수 없는 적막이다. 이 지금의 나의 심경은 너도 모르리라. 지금에 세계를 무대로 삼고 발랄하게 진출하는 너에게 대하여 나는 왜 이러한 감정을 갖게 되느냐. 지금 이 고요한, 쓸쓸한 겨울의 새벽이라 그런지 내 마음 나도 알 수 없이 서운하다. 그뿐이랴. 언제인가 내 편지보고 네가 나한테 보낸 답장 속에 "오빠는 너무도 세속화하여 갑니다"라는 이 한 마디 나는 참으로 슬펐다. 그러나 나는 참는다. 그러고 기뻐한다. 이 형의 세속화란 내가 너와 고시정에서 무용연구소 간판을 붙였을 때, 그때 2, 3년 동안 너를 데리고 있었을 그때 나는 각오한 바이다. 그러면 그 대신 이 형은 명랑하고 상쾌하고 기쁜 감정을 어디서 보충을 하겠느냐.

그것은 네가 열여덟 살 적에 동경에서 준 편지 중에 한 구절

"이시이 선생은 요사이 그가 창작한 무용에는 시가 없어요. 그는 돈을 생각해요."

기탄없는[139] 이런 말과 또 요전에 나에게 준 편지 중에 한 마디

"나는 조선의 '리듬', 크게 하면 동양의 '리듬'을 가지고 괴나리봇짐 짊어지고 지구의 이 끝에서 저 끝까지 걸어 보렵니다."

---

139 어려움이나 거리낌이 없음.

라는 이 한 마디. 나는 이러한 기특한 누이동생을 두었다는 행복을 한없이 느끼는 것이다.

너무 길었다. 또 쓰마. 나도 늘 근심하는 것이 너의 건강이다. 그러고 어디를 가든지 아무쪼록 자중하고 겸손하여 주기를 바란다. 그러고 너는 '조선의 딸'이라는 것을 잊어서는 아니 된다.

끝으로 네가 지구를 돌아 조선을 찾아올 때엔 "무엇을 어떻게 가져 오느냐" 그것이 이 오라비에게는 큰 기대이다.

《삼천리》, 1935년 12월)

최승희 무용(崔承喜舞踊)

내가 누이동생의 춤을 구경한 지도 퍽 오래다. 이즈음 동경에 있어서 동생의 예술적 행동에 대하여 소위 '인기'는 상당한 모양이나 일부 식자 간에는 "최승희는 지금 조선을 팔고 있다" 혹은 "최승희의 조선 무용은 순수한 조선 무용이 아닌 듯싶다" 이러한 비평이 떠도는 것을 신문이나 잡지를 통하여 볼 수가 있다. 나는 여기 대해서 잠깐 입을 벌리기로 한다.

첫째, 조선을 판다는 말은 아마 '조선 춤'을 판다는 말로 해석이 된다. 이 말은 백번 천번 들어도 괜찮은 말이다. 조선 사람인 양무가(洋舞家) 최승희가 일본 내지에서 조선 춤을 추어 팔기로서니 그것이 그리 괴이한 일은 아니다. 다만 여기서 문제 되는 것은 그의 추는 조선 춤이 순수한 조선 무용인가? 그렇지 않으면 아무렇게나 조선 춤을 모르는 일본 내지 대중의 앞에서 '리듬'이나 '율동'에 있어서 일본 춤에서나 서양 춤에서 보지 못하던 무용 창작상 형식이나 조금 달리하여 일시 모르는 가운데 슬쩍 넘어가는 춤인가? 이것을 선명히 하여야 순수 불순수가 나타날 것이다.

대체 순수라는 의미가 가령 조선춤 하면 [궁중무용인] 〈봉래의(鳳來儀)〉나 〈항장무(項莊舞)〉 같은 것을 그대로 억천만대(億千萬代)를 그대로 두고 그대로 전하여 내려가는 것이 '순수'이고 그것을 춤가락이나 춤의 내각을 근대적 '리듬'이나 근대적 형식으로 해석하고 구성하여 표현한다면 그것은 '불순수'가 되는 것인지? 나는 여기에 이즈음 구주(歐洲, 유럽)의 일부 무용 비평가나 일본의 일부 무용 비평가들이 논의하고 있는 지금 세계적으로 이름을 드날리고 있는 서반아의 무용가 아르헨티나[140]의 무용을 중심으로 한 무용 비평을 잠깐 여기에 끌어다 쓰기로 한다.

지금 아르헨티나의 춤은 외국인에게는 환영을 받지마는, 서반아 본국인에게는 그의 환영을 못 받는다. 그 대신 외국인에게는 알리어 있지 아니하지마는 본국에서는 대단한 환영을 받는 아르헨티나의 후배 아르헨티니타라[141]는 무용가로 아르헨티나라고 명토는 박지[142] 아니하였지마는 그는 어느 신문 기자에게 이런 말을 한 적이 있다.

"외국인에게 보인다고 하여서 또 국제화한다고 하여서 거짓 것을 보일 필요가 무엇인가."

그러나 어느 외국의 무용 비평가는 아르헨티나의 무용을 이렇게 비평하였다.

"그의 무용은 서반아 무용으로서 순수한 것이 아니고 진정한 것이

---

140 아르헨티나 출신 스페인 무용가인 아르헨티나(La Argentina, 본명: Antonia Mercé y Luque, 1890~1936). 신고전주의 스타일의 스페인 무용을 창조한 것으로 유명하며, 일본의 전위 무용 부토[舞踏] 무용가 오노 가즈오[大野一雄, 1906~2010]에게 큰 영향을 미쳤다.
141 아르헨티니타(La Argentinita, 본명: Encarnación López Júlvez, 1898~1945). 스페인계 아르헨티나 플라멩코 무용가이자 가수였다.
142 지목해서 말함.

567

아니지마는 서반아 무용을 소재로 하여 창작한 훌륭한 예술 무용이다."

이어서 그는 순수-불순에 대하여 다음과 같이 해석하였다.

"순수 불순을 논하는 것이 비상히 곤란한 일이지마는 불가능한 일은 아니다. 이론적으로 그 전부를 해결하기는 어려운 일이지마는 본능적으로 또는 직관적으로 그 순-불순을 느낄 수는 있는 일이다. 그러나 그 무용의 순수-불순을 명료케 할 수는 있는 일이지만 그것을 가지고 곧 순수하기 때문에 좋고 불순하기 때문에 나쁘다고는 할 수가 없는 일이다. 왜 그런고 하니 양부(良否)의 판단은 그 순-불순에 있지 아니하고 그 무용이 가진 예술적 가치 판단에 있는 것이기 때문이다. 여기에서 비로소 다시금 순-불순이 문제가 되는 것이다. 또한 그와 반대로 그 무용이 훌륭하다는 상찬을 받았다고 하여서 순수 무용이 되는 것도 아니고 나쁘다고 하여서 순수 무용이 되지 못하는 것도 아니다."

동생 승희야! 너는 조선의 정서를 아니 가졌을 리가 없다. 왜 그런고 하니 나나 다른 사람이나 다 같이 너를 조선 사람이라고 부르기 때문이다. 그러므로 너는 조선의 정서를 집어넣어 가지고 전연 창작 무용을 만드는 것이 너의 사명이고 이러한 방법이 가장 세계적이 될 만한 가능성이 있는 것이다. 외국인이 보고 좋다고 하였기로서니 그것이 조선 춤이 아니라는 '민족'을 잃어버리고 '성명'을 잃어버린 춤이 될 까닭이 어디 있느냐 말이다.

배구자 악극단(裴龜子 樂劇團)

조선의 연극계에는 아직까지 완전한 한 개의 '쇼', 소위 일본 내지 말로 '견세물(見世物, 미세모노)'[143]이 없다. 그것은 우리는 극장을 갖지 못하였기 때문이다. 누구나 다 아는 바와 같이 서울만 하더라도 몇 개의 상설관만 있을 뿐이지 극장이라고는 없는 곳이다. 그러니 소위 '쇼'라는 게 생길 리가 없다. 그나마 가끔 우리가 그러한 기분을 맛보는 것은 때때 상설관의 무대를 빌려 가지고 소위 중앙 공연을 하는 몇 개의 극단의 흥행이 있을 때에 으레 구경할 수가 있는 '어트랙션', 소위 '막간'이다. 우리는 이 '막간'을 가리켜 가로되 한 개의 기형적 '쇼'라고도 부를 수가 있다. 이 '막간'의 시비는 여기서 논할 것이 아니고 도대체 현대인의 시각과 청각이란 다만 '구경거리'를 구경한다는 의미에 있어서는 유유(悠悠)하고 장한(長閑)하거나 심각하고 오묘한 것보다는 '템포'가 빠르고 변화막측(變化莫測)인 마치 만화경을 구경하는 것과 같은 그러한 순간의 자극, 찰나의 느낌이 있는 것을 요구한다. 그것은 기계문명이 우리의 생활을 지배하고 지도하기 때문이다.

시대의 첨단을 걷는 '쇼'란 곧 그 시대 풍경의 만화경이다. 풍자화, 만화화하는 것이 그 특색이며 그러므로 각종각양의 사회상이 얼크러진 한 개의 '파노라마'가 곧 '쇼'의 본질일 것이다. 그리고 그것이 한 개의 '극장 문화'를 형성하는 것이다.

위에도 말한 바와 같이 각종각양의 사회상 혹은 풍경을 풍자화, 만화화하는 것이기 때문에 그 내용에 있어서는 오로지 민중에게 퇴폐하고 야비한 '에로'감(感) 밖에는 주지 못하는 '쇼'도 섞여 있는 것은 물론이다. 어쨌든 좋은 의미의 것이나 나쁜 의미의 것이나 조선에는 '쇼'가 없다는 것만은 우리가 잘 안다. 이러한 우리 조선 연극계에 한 개의 뚜렷한 '쇼'가 나타났으니 그것은 곧 배구자 악극단의 동양극장 낙성 기념 흥행이다. 선전에는 배구자 악극단이라고 하였지마는 나는 본의는 아니지마는 그들의 모임을 악극단이라고 부르기에는 너무도 거리가 멀기 때문에 나는 좋은 의미에 있어서 배구자 '쇼'라고 부르기로 한다.

143 구경거리를 가리키는 일본어.

569

그는 10여 년 전 덴카스[天勝][144]의 앞을 떠나서 독자(獨自)의 '쇼'를 만들기에 허다한 노력과 희생을 하였지마는 당시의 모든 객관적 정세가 그를 용납하지 못하였다. 그는 눈물을 머금고 다시 일본 내지로 건너가 조선의 인정과 풍속을 무대에다 올려놓아 가지고 그것을 일본 내지 말로 소개 선양하였다. 그는 조선 옷을 입고 춘향무를 추었고 남원의 옥중(獄中) 막을 만들어 놓고 춘향전을 일본 내지 말로 하였다. 그리하여 그는 일본 내지 흥행계에 한 개의 특이한 존재로서 환영하여 그의 힘으로 경성에다 동양극장을 건설까지 하게 되었다.

그의 공이 크다 할지며 그의 힘이 장하다 하겠다. 그는 과거 조선이 가진 전설과 우화 같은 것도 각색하여 상연도 하고 현대 조선의 새로운 사회상을 묘사하여 소개도 하는 모양이다. 그리하여 조선의 '정서'와 '미(美)'를 '쇼'화하여 그들에게 소개하였다. 나는 여기에 좋은 의미로 해석하여 결코 그는 조선의 '험점'은 표현하지 아니하였으며 따라서 '불구의 조선'을 소개하지는 아니었으리라고 믿는다. 다만 동양극장 무대에 나타난 '쇼'를 내가 보고 느낀 바는 배경과 의상과 배우의 액션이 다소 조선적으로 조화되지 못한 것을 발견할 수가 있었다. 다만 좀 더 그의 '쇼'에서 아름다운 정당한 조선적 정서를 볼 수가 있었으면 한다.

그러나 우리는 이 배구자 '쇼'를 우리가 가진 한 개의 아름다운 '쇼'라고 부르기에 주저하지 아니한다.

현철(玄哲) 씨의 3담(三談)

몇 해 전까지도 어느 친구는 "조선은 '이야기'가 없는 나라"다, 이러한

---

144 배구자가 단원으로 있던 일본의 극단.

말을 한 적이 있었다. 민족이 있고 역사가 있는 이상 '이야기'가 왜 없으리오마는 그 친구의 말은 막연하나마 "이야기 그것이 예술화되고 음악화되어 대중과 생활을 같이 못한다"고 하여서 그러한 비분의 말을 던진 듯싶다.

그러나 과거의 우리는 '이야기'를 갖지 못하였던 것이 아니다. 이른바 도사리고 앉아서 하는 이야기, 사랑방 이야기, 안방 이야기, 행랑방 이야기, 마당 이야기, 얼마든지 가지고 있었으나 그것이 대다수의 민중의 앞에 나서지를 못하였던 것이었다. 그것은 이야기를 예술화하여 민중 앞에다 내건 사람이 유감이나마 한 사람도 없었기 때문이다.

그러던 것이 지금에 와서는 야담(野談), 만담을 중심으로 한 잡지가 수삼(數三) 종이 되고 전 조선 각처에서 야담 대회가 열리어 개최하게 되었으며 거기에 따라서 민중의 반향도 날마다 커지는 것도 사실이다. 그러고 조선 야담계의 발전상도 요즈음 와서는 그 속도가 여간 빠르지가 아니하다는 것이다. 이것은 확실히 대중 생활이 요구하는 '말의 예술'이 되기에 틀림이 없기 때문인 줄로 안다. (중략)

조선의 야담가. 그들은 여태까지 무슨 이야기를 하자면 그 이야기의 윤곽 또는 시종(始終)만 생각하여 가지고 민중 앞에 내어놓게 되었으니 그것은 사랑방 이야기를 그대로 목소리만 높여 가지고 무대 위에 올려놓는 것이다. 이것은 한 개의 '예술적 작품'이 아니라는 것이다. 여기에 현철 씨의 '삼담(三談)'이 등장하였으니 왈(曰) 가담(歌談), 왈 연담(演談), 왈 산담(散談), 이리하여 삼담이다. 삼담의 의의와 해석은 여기에 내가 논할 바가 아니고 현철 씨 자신에게 맡기지마는 이 삼담 역시 '마이크'를 통하여 대중에게 데뷔된 만큼 내가 그 느낀 바를 적는다면 그는 가담 〈영월단장곡〉을 한 개의 예술적 작품으로 완성하기 위하여 30분간 창연(唱演)을 목표로 하고 원고지 30매에다 그 '이야기'를 쓰고 반년 동안이나 토굴 속에서 '목'을 단련하고 몇백 번이나 그것을 읽고 외우고 하여 30매의 내용을 죄다 외워 가지고 방송을 하였다. 물론 그 반향을 여기에 쓰기에는 너무도 속(速)한 편이라 그만 두거니와 자, 얼마나 다를까? '이야기' 줄거리만 어느 서책에서 따 가지고 무대 그 자리에서 '이야기' 한 자리를 만들어 내는 분과 그 정열이 다르냐 말이다.

물론 그의 삼담은 지금 완성하려는 도중에 있으므로 그것이 어느 형식으로 완성되며 또 완성 이후의 그것이 '예술적 작품'으로 얼마만한 가치로 평가될 것이며 민중 생활에 얼마만한 반향이 있겠느냐는 것은 아직 미지수거니와 우선 '마이크'를 통하여 나온 그의 화술은 재래(在來) 사랑방 식(式) 이야기의 산만적인 것보다는 집단적이고 사람에게 느낌을 주는 정도로 말하더라도 재래 이야기의 미온적인 것보다는 훨씬 역학적이었다. 그는 확실히 조선 야담계에 한 '센세이션'을 일으키었으며 한 개의 '에포크'를 그었다.

그러나 현철 씨란 사람이 세 가지 형식의 이야기(삼담)를 다 완성시킬 수가 있을는지 거기 대해선 우리는 커다란 기대와 또한 어느 정도의 회의(懷疑)까지도 갖는 바이다.

《중앙》, 1936년 1월)

대판(大阪) '신세계(新世界, 신세카이)'[145]의 오전, 어젯밤 혼란한 꿈자리가 덜 깬 듯이 긴 한숨에 잠기어 있다.

사방 장각형(四方 長角形)의 극장 거리에는 젊은 남의 집 심부름꾼이 자전거에 기대어 서서 극장의 '표 간판'을 치어다보고 있다. '목호(木戶, 키도)'[146]에는 이 집 저 집에서 "들어오십시오, 들어오십시오" 하는 애송이 '가이드 걸'들의 쨍쨍한 목소리가 '시멘트' 바닥을 울린다. '매찰구' 앞에는 오전 10시까지 입장하시는 분에게는 일금 10전이라고 쓴 '입 간판'이 '삿쓰[셔츠]'와 사루마다[猿股][147] 바람으로' 맨발에 '게다'를 신은 나이 어린 손님에게 절을 하고 있다. 시달림과 졸음에 못 이기어 아무렇게나 '바세린'으로 화장을 지우다가 미처 덜 지워진 '도란'[148]의 남

---

145   오사카 남쪽에 위치한 번화가 이름.
146   공연장의 출입구를 뜻하는 일본어.
147   잠방이를 뜻하는 일본어.
148   Dohran. 주로 배우들이 무대 화장용으로 쓰는 기름기 있는 분의 하나로, 독일의 도란 회사 제품이 유명해 보통명사처럼 쓰인다.

저지[나머지] 흔적과 '청대'[149]가 아니 지워져서 눈두덩이 푸르등등하게 그대로 남은 단발의 걸. 꾸겨진 '유카타'를 걸치고는 비틀걸음을 치면서 극장 뒷문으로 튀어 들어가는 '데부[でぶ][150] 걸'들의 영양 부족의 얼굴. 몸뚱어리의 행진. 그들은 지금에 이 '10전짜리 손님'을 이바지하기 위하여 종종 걸음을 치는 것이다. 그리하여 그들의 대살진[151] 다리, 각선은 이 태양의 거리를 가로 건너 가지고 어두컴컴한 무대 위 '피트 라이트'의 '그린' 광선과 '스포트라이트'의 '코발트' 광선 속에서 움직이는 것이었다. 자, 지금에 우리는 이 거리를 걷고 있는 것이다.

"어디 가서 해장이나 하여야지."

하고 나는 나와 같이 이 거리를 걷고 있는 이 군에게 어떻게 아침 먹을 걱정을 하면서 오른편 바지 주머니에다 손을 넣어 보았다. 주머니 속에는 은전 100전 몇 푼이 댕그렁거리고 있다.

"글세, 아침도 아침이지마는 어디 가서 방 한 칸을 얻어야 하지 않겠나?"

그렇다. 우리는 오늘 밤부터 잘 곳이 없다. '1인당 8전'으로 아침밥을 먹고 난 우리는 간이식당 문을 나오면서 '신세계'의 뒷골목을 뒤지고 있다. '계'시(堺市, 사카이시)로 가는 전차 선로의 '답절(踏切, 후미키리)'을 건너 가지고 어디 가죽(皮革) 공장이 있는지 '소가죽' 타는 냄새와 같은 누린내가 난다. 아니나 다를까 이 좁다란 골목에는 '우내장(牛內臟)'이라고 쓴 포장(布裝)을 친 일본식 설렁탕집이 즐비하다. 우리는 반가웠다. "1인당 1숙박 20~30전"이라는 패목이 달리어 있는 '목임숙(木賃宿, 키산야도)'[152]라는 간판이 붙어 있는 집이 이 집도 있고 저 집도 있다. 그러나 우리는 좀 더 걸어 다니면서 그중에도 그럴듯한 집을 찾기로 하였다.

"여보게 저 눈 좀 보게." 이 군의 뚱기는[153] 말이다. '저 눈의' 소유자는 확실히 여자이다. 한 눈이 어찌하여 병신이 되었던지 그 여자의 왼편 눈은 잠깐 보아도 의안(義眼)이었다. 지금에 이 의안의 주인공은 우리 앞으로 걸어온다. 그는 몇 간통을 걸어가는 그 거리 속에서 느끼는 바, 그의 인상. 그는 원형의 '히사시가미[庇髪]'¹⁵⁴를 하였고 얼굴엔 분을 어찌나 발랐는지 시푸르등등하고 몸은 홀쭉한데 값은 싸나마 색채가 혼란한 '유카타'를 입고 '오비[帯, 허리띠]'를 가슴 위로 바짝 치켜 매었으며 '유카타'의 앞섬을 뒤로 제치어 머리 뒤통수로부터 등덜미까지 내려가는 선(線)이 확실히 나타났는데, 검푸르등등한 등덜미가 삼분[의 일]이나 나타났으니 이 동리 사창이나 그렇지 아니하면 '내외술집' 비슷한 '경편요리사출(輕便料理仕出)'¹⁵⁵ 집의 작부가 틀림없다.

이게 웬일일까. 그는 오고 우리는 가는 것이지마는 그는 왼편으로 오고 우리는 바른편으로 가는 것이었다마는 거리가 한 서너 간(間)쯤 떨어졌을 때 그는 갑자기 우리가 걷고 있는 편으로 건너온다. 그러더니 그는 비슬비슬 내 앞으로 걸어온다. 나는 즉감적(卽感的)으로 "왜 안 그러겠소 노류장화(路柳墻花)¹⁵⁶가 아침 해장 아니할 수 있나" 그러나 이게 웬 짓일까? 그는 내 앞으로 바짝 다가서면서 나를 껴안으려 한다. 이 군의 급히 부르는 "여보게" 소리와 함께 나는 본능적으로 몸을 홱 돌리어 저편으로 건너갔다. 사실 나는 그때 나 혼자 걸어가다가 이런 경우를 당하였더라면 기절(?)을 하였을는지도 모른다. 그다음 순간 나의 눈은 그의 눈과 마주쳤다. 그 눈, 그 의안, 박물관의 표본 동물의 그 눈이 지

---

149 화장용으로도 쓰이는 약초의 일종.
150 뚱뚱하거나 못생긴 사람을 이르는 일본 속어.
151 몸이 야위고 파리함.
152 싸구려 여인숙을 뜻하는 일본어.
153 눈치 채도록 슬며시 일깨워 줌.
154 앞머리와 옆머리를 둥글게 말아 풍성하게 보이도록 빗은 헤어스타일.
155 '간단한 요리 배달'이라는 뜻이다.
156 아무나 쉽게 꺾을 수 있는 길가의 버들과 담 밑의 꽃이라는 뜻으로, 창부나 기생을 비유적으로 이르는 말.

금의 내 앞을 가로막는다. 나는 달음질쳤다.

이 군도 달음질쳐 내 뒤를 따른다. 그 뒤에는 의안이 따른다. 그런데 이상한 일도 다 많다. 여자의 걸음으론 상당히 건각(健脚)이다. 그 비슬비슬하던 걸음걸이는 다 어디로 가고 전속력으로 우리를 따른다. 대낮에 이 괴이한 풍경. 우리는 어느 목임숙 현관으로 들어섰다. 숨이 턱에 닿아서 우리들의 창백하여진 얼굴을 본 '목임숙'의 노파는 지금 우리들이 당한 광경을 보았음인지 빙그레 웃으며 "좀 건드려 보지 않고."

초저녁 어디로부터 오는 바람인지 퀴퀴한 석탄 냄새를 안아다 내던진다. 용광로 속 같은 여름의 거리는 대낮의 고요함을 깨치고 서늘한 저녁 바람 속에서 움직이고 시작한다. 저편 과물(果物) 가게 앞에는 '훈도시' 바람으로 벌거벗은 사나이, 수박을 먹고 섰다. 좁다란 이쪽 골목에서는 조그마한 '목욕통' 한 개를 가운데다 놓고 '고시마키[腰巻, 속치마]' 바람으로 발가벗은 아낙네 어린 애기들을 옹기종기 모아 가지고 '행수(行水, 교즈이)[목물]'를 하고 있다.

우리가 있는 방(2층) 아래 좁은 골목에는 차차 왁자지껄하는 소리가 높아 간다. 내다보니 웬 여인군(女人群)에 한 떼가 몰리어 서서 떠들고 있다. 우리들은 처음엔 심상하였다. 그러나 이따금 내다보아도 그들은 헤어지지 아니하고 모여 있다. 그들은 무엇인지 이야기하면서 깔깔대고 웃으며 서로를 툭탁친다.

그러나 이게 웬일인가. 그들 중에 한 사람이 그 앞으로 자전거 타고 가는 사나이를 달음박질 쫓아가서 자전거에 매어 달리어 사나이를 끄집어내려 가지고는 무엇이라 속살거린다. 놈팽이는 손을 내어 휘두르면서 자전거를 타려고 한다. 그러나 궐녀(厥女, 그 여자)는 붙들고 놓지를 아니한다. 그리고 손가락을 둘도 폈다 셋도 폈다 하더니만 자전거를 앞세우고 옆 골목으로 사라진다.

"여보게 조선 친구, 하나 사보지."

"하나 살까 얼마나 할고."

"70전이면 족하지."

"웬 게 그렇게 싸오."

"계집애보다는 싸지."

"뭐? 그러면 계집애가 아니란 말이오."

"그럼 자넨 여태 계집애로 알았나."

"그럼."

"허허." 이런 일도 세상에 있을까? 우리는 하도 어이가 없어서 인제부터 우리들의 눈은 그들에게서 떠나지 아니하였다. 자, 그들은 물론 '유카타'를 입고 '오비'를 띄고 여자의 게다를 신고 있다. 머리는? 그들은 자세히 보니 확실히 '가쓰라[かつら, 가발]'를 썼다. '가쓰라'도 여러 종류가 누구는 단발, 누구는 '모모와레[桃割れ]'[157], 누구는 '히사시가미'. 아마 제각기 제게 어울리는 '가쓰라'를 쓰고 있는 모양이다. 그러면 '액션'은? 그들은 고개를 갸웃하고 '유카타'의 체소를 흔들면서 배틀걸음으로 요리조리 지나가는 사람들을 쫓아다니면서 졸라대는 꼴이란 아무리 보아도 옛날 유곽의 창기(娼妓)와 다름이 없다. 가만히 보면 그들은 나이 지긋한 사람이나 의복이라도 좀 깨끗하게 입은 친구면 건드리지를 아니한다. 그들의 눈앞에 나타나는 백마를 탄 젊은 기사는 협수룩한 직공복이나 노동복을 입었거나 그렇지 아니하면 자전거를 탄 남의 집 심부름꾼인 모양이다. 어떤 궐자는 벙글벙글 웃으면서 끌리어 가고 어떤 궐자는 뒤통수를 긁으면서 끌리어 간다. 그리하여 10분이나 20분이 지난 다음에 그들은 또 다시 골목으로부터 거리에 나타나서 궐자는 어디로인지 사라지고 궐녀(?)는 또 다시 자전거를 탄 기사(?)를 따라

---

157   옆머리를 뒤로 묶고 앞머리를 넘긴 일본의 전통 헤어스타일.

가는 것이었다. 귀를 기울여 궐녀들의 목소리를 듣기로 하자. 그들은 신파배우(여형[女形])의 목소리의 소유자이다. 그러나 그중에는 아무리 눈으로 보고 귀로 들어도 여자로만 생각되는 궐녀(?)가 있다. 밤 10시나 지났으리라. 별안간 창 밑으로 군중의 몰려가는 소리가 난다. 약간의 부르짖는 듯한 소리도 난다. 우리는 내려다보았다. 지금까지 몰려섰던 궐녀들의 군상이 자취를 감추었다. 흘깃 눈에 띄는 게 미처 재빨리 달아나지를 못한 궐녀 한 분이 저편 골목으로 뛰어간다. 그러나 우리는 그 골목이 막다른 골목인 줄을 잘 알고 있다. 얼마 동안이 지난 다음에 궐녀는 어떤 양복을 한 친구에게 끌리어 간다. 끌리어 가면서 그는 무엇이라고 소리쳐 지껄인다. 양복 입은 친구는 못 들은 체하고 끌고만 간다. 그는 두 손목이 함께 묶이어 있다. 이리하여 때아닌 폭풍우의 순간이 지나간 다음 그들은 어디서인지 또다시 몰려든다. 누구 입에서

"가는 놈은 가고 있는 놈은 있자."

눈썹이 없는 사람, 손톱이 없는 사람, 팔이 하나 없는데 등에다 어린애를 짊어진 여자, 절름발이 사나이, 이들은 지금의 좁다란 간이식당 속에서 웅기중기 아침밥을 먹고 있다.

"이 군, 밥은 밥인데 먹히지를 아니하네."

"그래 이 밥을 사 가지고 딴 데 가서 단둘이 먹으라고 하였으면 훨씬 맛이 있겠네."

웬 키가 호리호리한 빼빼 마른 사나이가 우리 앞으로 와서 앉는다. 그는 아직 채 덜 된 석고상의 손과 같은 두 손을 경련적(痙攣的)으로 움직이면서 된장국을 마신다. 눈과 눈이 마주친 우리는 깜짝 놀랐다. 그는 왼편 눈이 의안이다. 그는 '상고'머리를 깎았으며 콧날이 우뚝하고 광대뼈가 내밀었다. 그는 우리를 보고 모른 체한다.

"여."

하고 나는 그에게 인사를 건넸다. 그는 대답도 없이 픽 웃는다. 목덜미에는 '수분' 발랐던 자국이 그저 남았으며 눈썹을 면도질하고 마유즈미[眉墨, 눈썹 먹]로 반월형(半月形)을 그리었던 자국이 남아 있다.

"우리 있는 방에 가서 담배나 하나 태우고 가지."

식당 문을 나선 나는 이 의안에게 놀다 가라고 하였다.

"바빠서."

"바쁘긴 무엇이 바빠. 밤에나 일이 있지 아니한가."

"아니 낮에도 일이 있어."

"무슨 일?"

"노동."

"노동? 무슨 노동?"

우리는 놀랐다. 아니 우리는 확실히 긴장하였다.

"자, 같이 가서 꼭 담배 하나만 태우고 가주게."

나는 그의 손을 잡았다. 깔깔하고 차다.

"그럼 잠깐만 실례할까."

이리하여 세 사람은 맞담배를 피우고 앉아 있다.

"대관절 어제 우리를 왜 놀리었다는 거야."

"자네들 조선서 왔지."

"그래 어떻게 알았나?"

"얼굴 보면 대개 짐작이 나서 한번 놀려대 보았지."

"우리는 무서워서 죽을 뻔하였네."

"지금은 무섭지 않은가?"

"아니."

"그런데 어제는 대낮에 장사를 시작하였던가."

"응 제삼(第三) 일요일이니까."

"그런데 사내자식으로 그게 뭐야. 거, 왜 해? 붙잡혀 가지나 아니하나?"

"가끔 가지. 그러나 먹고 살려니까 할 수 없어."

"노동한다면서."

"모자라서."

"남이라 살라고."

"이 세상엔 사는 방법이 여러 가지가 있지 않아. 나는 이렇게 살아야만 돼."

"그런데 자네네는 무엇하러 여기 와 있나?"

이번엔 의안이 우리에게 묻는 말이다.

"무엇 좀 하러 왔다가 실패하고 고향에서 여비(旅費) 갖다가 돌아가려는 참일세."

"거, 그러면 꽤 군색하겠네그려. 가만히 있게. 내 수박이나 한턱낼까?"

"아니, 괜찮아. 어젯밤 도망질치는데 자네도 한몫 끼었나?"

"음."

정오 '사이렌'이 여기저기서 운다. 그는 벌떡 일어나서 나간다.

"어제 놀렸던 것 사과하기에 오늘 반나절 일은 밑졌네. 자, 가네. 또 만나세."

"노동은 무슨 노동인가!"

"응, 지붕을 잇는 기와쟁이야. 낮에는 지붕에서 일하고 밤에는 지붕 밑에서 벌이하네" 하면서 "하하하하………. 계집의 목소리로 웃으며 계집의 걸음걸이를 흉내 내면서 층계를 내려간다.

그를 보낸 우리는 네 활개를 벌리고 '다다미' 위에 드러누워서 천장을 치어다보고 담배 연기를 뿜고 있다. 그러고 두 사람은 한숨지었다.

《모던조선》, 1936년 9월)

승희 이야기

S형!

　그 애가 늦은 가을의 금강산 '로케이션'을 마치고 부랴부랴 '프린트'를 한 개 만들어 가지고 '요코하마'에서 질부환(秩父丸, 치치부마루)[158]을 타고 '아메리카'로 향하여 태평양을 건넌 지가 벌써 1년 반이나 되었습니다. 참으로 세월은 빠른 것이외다. 형도 아시다시피 동경에 있는 '아메리카' 대사관의 소개로 지나(支那, 중국)에 [경극 배우] 매란방[梅蘭芳, 메이란팡, 1894~1961]을 '아메리카'에 소개한 유명한 뮤직 매니저 '바킨스'란 사람과 1년 수입 15만 달러의 보증으로 우선 상항(桑港, 샌프란시스코)에서 제1회 공연을 하게 되었는데 이때 벌써 눈치 빠른 '미국'의 흥행회사에서는 서로 쟁탈전이 벌어졌던 것입니다. 아시다시피 '아메리카'에는 두 개의 큰 흥행회사가 있습니다. 하나는 '메트로폴리탄 뮤지컬 뷰로(Metropolitan Musical Bureau)'요, 또 하나는 'NBC'라는 흥행회사입니다. '메트로'는 저 유명한 '메트로폴리탄 오페라하우스'를 위시하

158　일본의 선박회사인 일본우선(日本郵船)이 보유하던 화객선.

여 전국에 수백 개의 대극장을 가지고 있는 회사이며 'NBC'는 전국에 라디오 방송국을 수백 개나 가지고 있는 회사입니다. '릴리 폰스'와 '그레이스 무어'[159]는 '메트로폴리탄'의 전속이고 '에르만'은 'NBC'의 전속입니다.

이 두 회사에서 서로 '바킨스'를 통하여 승희를 전속으로 초빙하려고 하였던 것입니다. 여기에 잠깐 소개할 것은 '메트로폴리탄'은 순전한 '아메리카' 사람의 경영이고 'NBC'는 유대인 계통입니다. 승희는 드디어 '메트로폴리탄'의 전속이 되어 가지고 '로스앤젤레스'를 거쳐 '뉴욕'에서 '데뷔'하였는데 '메트로폴리탄 프레젠트'로 우선 반 개년 계약을 하였던 것입니다. 그리하여 조선의 무희 최승희는 세계적 예술가와 어깨를 견주어 가지고 당당하게 '뉴욕'에서 '데뷔'하였던 것입니다. 여기에 또한 잠깐 말씀할 것은 이것도 시대가 바뀐 탓인지 예전에는 모든 무대 예술가들은 먼저 파리에서 '데뷔'를 하여야 세계적 수준에 이르렀다고 하던 것이 요즈음에는 '뉴욕'에 와서 '데뷔'를 하여야 비로소 '세계적'이라는 간판(?)을 얻게 된다는 것입니다. 그리하여 세계의 방방곡곡에서 이 등용문의 시장(?)을 동경하고 모이는 무수한 예술가들이 '브로드웨이'의 뒷골목에서 10전짜리 식당을 뒤지는 것입니다.

승희는 '뉴욕' 데뷔가 끝난 다음 그곳 비평가들의 비평을 들은 그때 더러 소개된 것도 있고 하여서 여기에는 그것을 약합니다마는 나는 그 후에 《아메리카 뮤직》잡지에서 이러한 감상문을 읽었습니다.

"지금에 세계는 무용 빈곤 시대이다. '이사도라 덩컨'[160]이 죽었고 '안나 파블로바'가 죽었고 '아르젠티나'가 죽었고 '니진스키'[161]가 죽었다. 이때에 조선의 무희 최승희가 '뉴욕'에 등장하였다는 것은 혜성과 같은 존재이다. 그는 우리들의 앞에서 환상(幻想)의 세계, 동양의 문을 열고 우리들을 들어오라고 최대의 유혹을 주었다."

S형!

사실 지금에 세계는 확실히 무용 빈곤 시대입니다. 지금에 살아 있는 사람으로 최고(最高)의 역사를 가진 사람이라고는 '비그만'과 '사카로프'[162]뿐입니다. 그러나 오호라 이들은 늙어서 인제는 제자들이나 기를 수밖에 없이 되었습니다. 그러나 나는 대담히도 말합니다. 동양무용만은 빈곤을 느끼지 않는 것입니다. 왜 어째서? 하고 형은 놀래실 것입니다. 나는 거기에 대답합니다. 인도에 '샹카르'[163]가 있고 조선에 최승희가 있다는 것입니다. 두 사람은 기이하게도 똑같이 동양의 정서를 등에다 짊어지고 세계의 무대를 전부 점령하고 있다는 것입니다.

여기에 인도무용가 '샹카르' 이야기를 잠깐 하겠습니다.

'샹카르'는 독일에 가서 '비그만'에게 서양 무용을 배웠습니다. 그는 인도에 돌아와서 신흥 서양 무용을 소개하며 오랫동안 서양 무용에 몸을 바쳤습니다. 그러나 그는 예술적으로 경제적으로 큰 곤경을 치르게 되었습니다. 그는 자기 고향에서 인도 무용을 열심히 연구하였습니다. 그리고 다시 구라파(歐羅巴, 유럽)로 건너갔습니다. 그리하여 그는 인도 춤을 추었습니다. 그는 차차 비평가들의 입술에 오르내리게 되었습니다. 그는 인도의 향불을 무대 위에 피우고 인도의 악공들에게 인도의 음악을 시키고 인도의 춤을 추었습니다. 그는 차차 제일류 '스테이지'에서 '리사이틀'을 가지게 되었습니다. 지금은 세계적 무용가로 자타가 공인하게 되었습니다. 자, 이만하면 형도 짐작하실 것입니다. 어쩌면 그렇게도 그의 밟아 온 것이 동생 최승희와 똑같습니까?

159 앨리스 조세핀 폰스(Alice Joséphine Pons, 1898~1976)와 그레이스 무어(Grace Moore, 1898~1947). 메트로폴리탄 오페라에 소속되었던 미국의 오페라 가수.

160 이사도라 덩컨(Isadora Duncan, 1878~1927). 미국의 무용수이며 현대 무용의 개척자.

161 바츨라프 포미치 니진스키(Vaslav Nizinsky, 1890~1950). 러시아의 발레 무용수.

162 알렉산더 사카로프(Alexander Sakharoff, 1886~1963). 러시아의 무용수.

163 우다이 샹카르(Uday Shankar, 1900~1977). 인도에 현대무용을 전파한 무용수.

최승희의 이야기는 시작도 하기 전에 남의 이야기를 먼저 기다랗게 늘어놓습니다마는 '샹카르'의 무용을 나는 보지도 못하였습니다. 하나 조금 더 쓰겠습니다.

　　'샹카르'의 무용은 순수한 인도 무용이 아닙니다. 그의 무용은 정확한 서양 무용 '스텝'에다가 인도 '리듬'을 실어서 반주 음악도 다시 편곡을 하여 가지고 한 개의 새로운 창작으로 '샹카르'가 세계에 내어놓은 무용이 되었습니다. 여기에 남도 〈육자배기〉[164]와 〈아이 아이 아이〉를 섞은 맛이 나는 것이며 한 지방의 민속예술이 더구나 무대예술이면 국제성을 띠어 가지고 소위 국제화한다는 것입니다. 같은 무대예술에 있어서도 연극은 그렇게 하는 것이 어려운 노릇이고 거진 불가능한 일이지마는 음악과 무용만은 능히 그러한 역할을 하게 될 수 있다고 나는 생각합니다.

　　승희도 처음에는 서양 무용을 배웠습니다. 조선에 와서 서양 춤을 추었습니다. 음악도 서양 음악이었습니다. 나는 모든 예술 중에 문학은 배우는 것이고 회화는 보는 것이지마는 음악은 듣기만 하는 것이기 때문에 남의 나라의 음악을 듣고서 좋고 나쁘다는 생각을 가지게 될 만큼 되기는 참으로 어렵다고 생각되는데 황차 이 난해(難解)의 음악에다 맞추어 추는 춤을 구경한다는 게 흥 나기가 대단 어려운 노릇이었습니다. 그러나 우리 남매는 초토항전(焦土抗戰)을 하였습니다. 그러나 우리는 지고 말았습니다. 그러나 그동안 우리 고장 음악과 우리 고장 춤을 생각하고 연구하였습니다. 사실 우리는 가여웠습니다. 원 순서대로 하자면 먼저 우리 고장 노래와 우리 고장 음악과 우리 고장 춤을 배우기도 전에 남의 나라 음악을 연구한다는 데 잘못된 것이 아닌가 하고 생각하였습니다. 그 애는 서양 무용 기본 연습에다가 조선 '리듬'을 실어 가지고 춤을 추어 보았습니다. 여기에 새로운 형식과 새로운 계승이 생기면서 잔해만 남았던 조선의 춤이 역학적으로 전개되면서 '아이디어'가 과학적으로 귀결을 지어서 재래에 희미하던 춤의 매듭을 끊고 자르기에 펙 수월하였습니다. 또한 효과적이었습니다. 죽은 스페인 무용가 '아르헨티나'는 역시 이와 같은 방법으로 스페인의 무용을 재편성(?)하여 세계의 무대를 휩쓸었던 것입니다. 이것을 스페인 사람들은 순수한 스페인 무용이 아니라고 배격한 사람도 있지마는 세계의 무용 비평가들은 그것이 정당하다고 하였습니다. 여기까지 쓰려니까 참 생각나는 일이 있습니다. 작년인가 [소설가] 한설야(韓雪野, 1900~1976) 군이 '최승희에게 주는 글'을 어느 잡지에 썼는데 최승희의 춤은 순수한 조선 무용이 아니라고 하면서 역시 이러한 문제를 논한 일이 있었습니다.[165] 그것이야 다 각각 자기 생각이 다르니까 무슨 태도로 비평을 하든지 관계가 없는 일이지마는 한 가지 고소(苦笑)를 금치 못할 구절이 생각나는 것이 있으니 그것이 무엇이냐 하면 "최승희는 춤을 출 때에 야옹 하고 사람을 노리고 잡아먹을 듯이(?) 춘다"는 구절이 기억되는데 아마 한 군은 그때 〈검무(劍舞)〉나 〈움직이는 씨스림〉 같은 춤만 보았지 〈조선풍 듀엣〉나 〈초립동〉 같은 춤은 보지 못한 듯하므로 한 마디 적어 두는 것인데 '뉴욕'의 무용 비평가들은 이렇게 또 비평하였습니다.

"참으로 최승희의 무용은 다종다양이다. 타악기로 추는 〈검무〉 같

164　전라도의 대표 민요.

165　이는 한설야가 《사해공론》 1938년 7월호에 발표한 「무용사절 최승희에게 보내는 서(書)」를 가리킨다. 그 글에서 한설야는 최승희가 "조선 고유의 춤에 의하여 그것을 현대화시켜 보려는 열의는 찬양하지만, 그러나 그 춤은 전혀 옛 조선 사람의 희화화에 지나지 않는다"고 주장하며 다음과 같이 썼다. "'승무'도 그렇고, '검무'도 그렇다. 거기서는 조선인의 특성도 찾아볼 수가 없고, 조선인의 핏줄은 더욱 찾을 길이 없다. 조선옷을 입고 조선 고유의 긴 담뱃대를 든 외국인의 모습처럼 최승희의 조선 춤이 주는 형상은 꼭 그것과 같은 것이다. 최승희의 조선 춤에도 이러한 악취미가 있음은 유감이나마 우리는 발견하지 않을 수 없는 것이며, 또 번거로이 눈에 걸려서 견딜 수가 없다. 그의 조선 춤에는 진실성이 결핍되어 있고, 그릇된 모방성이 있을 뿐이다. 따라서 최승희는 조선 춤에 정신을 집어넣어야 할 것이다."

은 씩씩한 무사(武士)의 춤도 추었다가 유연하고 호장(豪壯)한 〈신라의 벽화〉 같은 춤도 추었다가 〈초립동〉 같은 참으로 허리가 부러지게 웃기는 춤도 춘다는 것은 한 개의 큰 경이(驚異)라고 할 수 있다. 우리는 여태껏 춤을 보고서 그렇게 허리가 부러지게 웃어 본 적은 없다."

이만하면 한 군은 눈을 부릅뜨고 추는 춤 〈검무〉만을 보고 야옹 춤을 춘다고 한 것이라고 생각됩니다.

S형!

이제는 다시 승희의 무용 행각 이야기로 옮기겠습니다.

그 애가 '로스앤젤레스'에서 공연을 하는 밤에 이런 일이 생기었습니다. '로스앤젤레스'에 있는 일부의 인사들과 지나인(支那人)[166] 학생들이 남의 무용회장 입구에서 배일(排日) 마크(?)를 팔았습니다. 그러나 그것은 경찰서에서도 금할 수 없었다고 하였습니다. 파는 사람들이 자선 단원들이었기 때문이라고 합니다. 그 후에도 전화로 협박들이 들어오는 등 하여 '아메리카'의 경관이 무대 뒤 화장실을 지켜 주게까지 되었습니다. 이리하여 '메트로폴리탄'에서도 "이래서야 공연을 하기가 곤란하니까 계약을 파기하자"고 하였습니다. 사실 계약서에는 정치적 이유와 기타 불가항력에 의하여는 계약을 파기할 수가 있다는 한 조목이 들어 있었던 것입니다. 이렇게 되고 보니 자연 공연 횟수가 줄어지는 동시에 선전이 소극적이었습니다. 그러나 다행히 '뉴욕' 공연에 비평은 앞에 몇 마디 소개한 바와 같이 최고 최대의 절찬을 받았습니다. 그러자 여름이 왔습니다. 여름은 그 애에게는 휴양과 사려와 창작의 시간이었습니다. 그때 그 애에게서 이러한 편지가 왔습니다.

"…… 오빠 저는 동경 있을 때는 그들이 좋아하는 조선 춤을 발견하였습니다. 그러나 이곳에 와서는 '서양 사람이 좋아하는 조선 춤'을 발견하였습니다. 그러나 저는 정신을 차리고 있습니다. 동경에 있을 때에는 동경 사람들이 좋아하는 조선 춤을 얼마든지 영합하여 맴돌고 서양에 와서는 서양 사람들이 좋아하는 조선 춤을 얼마든지 영합하여 창작한다는 것은 한편으로 마땅한 일이라고도 생각할 수가 있으나 또 한편으로는 사도(邪道)에 빠지기가 쉽다고 생각을 하면서 조심조심합니다. 그러고 또 한 가지 절실히 느끼게 된 것은 조선 춤에 반주를 피아노로 한다는 것이 이곳 비평가들에게 문제가 되었습니다. '조선 춤을 피아노에 춘다는 것은 서양 춤을 조선 장고에 추는 것과 마찬가지가 아니냐'고 묻습니다. 이 문제도 좀 달리 생각할 수가 있지마는 일리는 있는 말이라고 생각합니다. 그뿐 아니라 조선악기를 가지고 (타악기 반주로) 추는 춤에는 재청을 하여도 피아노 반주로 추는 춤은 조선이나 일본 내지에서 좋아하던 춤도 별로 좋다는 말이 없습니다. 비평가들도 타악기를 가지고 추는 조선 춤만 가지고 비평을 합니다. ⋯⋯"

그렇습니다. 나도 이 '서양 사람들이 좋아하는 조선 춤'을 발견하고 새로이 만든 신작을 어서 보고 싶습니다. 그것을 보고서 우리는 최승희의 예술에 대한 태도를 알 수가 있다고 생각됩니다. 무턱대고 좋아한다고 영합하여 만든 것이라면 '레뷰'나 '파레'[167]와 다를 것이 무엇이겠습니까? 마치 관객을 웃기고 울리기 위하여 현실에 있거나 없거나 재미와 파란이나 많게 만드는 신파연극이나 다를 것이 없는 것이 아니겠습니까? 그 애는 웬 여름 동안 무엇인가 만들었습니다. 그리하여 이번에는 'NBC'와 하반기 계약을 하고 '뉴욕'에서 제2회 신작 발표회를 열었습니다. '프로그램'을 보니 신작이 태반이었습니다. 이것은 그 애가 '아메리카'에 가서 소위 서양 사람이 좋아하는 조선 춤을 만든 것입니다. 발표회가 끝난 다음 '뉴욕'의 무용 비평가들은 또 절대의 호평을

---

166 중국 국적을 지닌 한족, 몽골족, 터키족, 티베트족, 그리고 만주족 따위를 통틀어 이르는 말.

167 퍼레이드

주었습니다. 이리하여 그 후 나는 그 애에게서 이런 편지를 받았습니다.

"…… 오빠 '뉴욕'에서 조선의 산천, 조선의 하늘, 조선의 구름을 꿈꾸면서 〈영산회상(靈山會相)〉[168]을 듣고 조선의 민요를 들으면서 조선의 정서를 끌어안으면서 안무를 한다는 것은 한 개의 신비스러운 감정입니다. 나는 웁니다. 나는 울어요. 나는 좋아서 울어요. ……"

제2회 창작발표회까지 호평을 받음으로 같은 유태인 계통인 파리의 '뮤직 매니지먼트'에서 'NBC'를 통하여 계약하자는 청이 왔습니다. 파리를 중심으로 하여 구라파 열두 나라를 12개월간에 순회공연 하자는 의견서였습니다. 계약을 한 뒤에 승희한테서 이런 편지가 왔습니다.

"…… 오빠 기뻐하여 주십시오. 저는 '아메리카'에 와서 경제적으로는 실패를 하였지마는 예술적으로는 성공을 한 셈입니다. 다행히 비평이 좋아서 기쁩니다. 인제 내년 1월(쇼와 14년[1939년] 1월)부터는 파리에서 구라파에서의 최초의 '데뷔'를 하고 구라파 열두 나라를 순회합니다. 마치 여학교에서 배운 서양 지리를 실지 견습을 하는 것 같습니다. 오빠 돌이켜 생각하여 보면 '아메리카'에서 실패한 첫째 이유는 방해였고 둘째 이유는 동경에 있을 때 충분한 시간을 두고 '아메리카'에 향하여 선전(宣傳)이 부족하였던 것입니다. 그러나 15만 달러의 꿈만은 깨어졌지요마는 그리 실패랄 것도 없습니다. 무엇보다도 기쁜 것은 돈을 주고도 사지 못할 것은 각 방면의 호평입니다. 내년 봄을 파리에서 맞이할 것을 생각하니 참으로 기쁩니다. ……"

이리하여 그 애는 작년 12월 17일에 대서양을 건넜던 것입니다.

《여성》, 1939년 6월)

---

168   조곡 형식의 한국 전통 풍류 음악.

승희 이야기 (2) - 구라파의 승희

S형!

　승희가 태평양을 건너기는 재작년 12월 28일이었는데 미국서 대서양을 건너기는 작년 12월 17일이었으니까 딱 1년 동안 미국에 있었던 셈입니다. 미국에 있어서 승희의 활동은 소위 흥행적으로는 실패였지마는, 예술적으로는 성공이었습니다. 흥행적으로 실패를 하였다는 것은 솔직히 말하자면 돈을 많이 못 벌었다는 말이겠지요마는 이것도 여러 가지 원인이 있는 중에 가장 큰 원인으로 말하면, 첫째 선전이 부족하였다는 것보다도 통 없었다는 것입니다. 형도 아시다시피 일본 내지나 조선에서나 최승희 하면 아이들까지도 많이 알게 되었지마는 어디 미국에야 선전이 통 같습니까? 그럼에도 불구하고 우선 건너가 가지고 앉아서 선전을 시작하랴 공연을 준비하랴 하니까 그것이 늦었다는 말입니다. 매니저 '바킨스'와 '메트로폴리탄 뮤지컬 뷰로'와 정식계약을 한 것도 미국에 건너가서 된 일이고 또 '메트로폴리탄 뮤지컬 뷰로'에서 '메트로폴리탄 프리젠트'라는 '레테르'를 붙여서 전미(全米)에 보낸다고 선전을 한 것도 미국을 건너가서 시작된 일입니다. 이렇게 되고 보니 회사 사람들의 말을 들어서 옮기자면 전 아메리카 사람들이 최승희가 누구냐? 최승희를 한번 보고 싶다고 흥미를 끌게 하자면 적어도 1년은 두고 신문 잡지에 두고두고 선전을 하여야 된다고 하였습니다. 나도 과연 그것이 옳은 말인 줄로 생각합니다. 승희가 결혼 후에 첫딸까지 낳아서 민자(敏子)[169]를 업혀 가지고 늑막염이 채 낫지도 못한 채 동경으로 재출발을 떠나서 동경에 있어서 그들의 1년 동안의 생활이란 기가 막히도록 비참하였던 것입니다. 먹으려니 쌀이 없고 나가려니 전차 삯이 없었습니다. 그러나 그들은 그렇게 비참히 지나면서도 끊임없이 아무리 불리한 조건으로 조그마한 무용회라도 나와 달라는 말만 있으면 나갔던 것입니다. 그것은 경제적 조건보다도 오로지 최승희 지지자, 소위 '팬'을 얻자는 의사였습니다. 그것이 1년 동안 계속되어 가지고 1년 후에야 비로소 동경 일본 청년회관에서 제1회 창작 발표회를 가지게 되었던 것이니 동경서도 1년 동안이나 고생을 하였는데 더구나 동양인으로 미국에 가서 여간 잡지나 신문에 단기간의 선전이나 하고 대뉴욕(大紐育)에서 발표회를 한다는 것은 전혀 세계적 대회사인 '메트로폴리탄 뮤지컬 뷰로'의 간판의 힘이 아닌가 합니다. 그리하여 이러한 모험적인 흥행이었으므로 흥행적으론 실패하였으나 다행히 뉴욕에 일류 신문 잡지에 실린 무용 비평은 참으로 좋았습니다. 그뿐 아니라 '브로드웨이'에 상층 관객인 미국의 유한(有閑)마담들은 '아름다운 동양'을 보았다고 칭찬하였습니다. 아시다시피 미국에 전 재산의 십 분의 칠은 부인들의 소유입니다. 그러므로 어떤 학자는 미국의 경제계가 이렇게 나아가다가는 몇십 년 후에 미국 남자들은 돈 한푼 얻어 써 보지 못하고 그때에는 정치적으로도 중대한 변화가 생기어서 큰일이 날 것이라고 예언도 한 일이 있습니다마는 어떠한 무용회나 음악회나 새로이 나타나는 사람의 예술적 행동과 표현이 '브로드웨이'의 상층 관객인 유한 마담이나 과부 마나님의 눈 밖에 나면 그만 여지없이 일패도지입니다.

그러니까 적으나마 최승희를 흥행적으로도 구원을 하여준 사람은 즉 이 미국의 유한마담과 과부 마나님들이었습니다. 또 신문 잡지에서는 동양의 '이사도라 덩컨'이라고 떠드니까, 그 전 '샌프란시스코'에서 경쟁적으로 승희의 매니지먼트를 하려면 NBC에서도 정식으로 작년 9월 이후의 즉 하반기의 무용 공연 계약을 하고 이어서 한 계통인 불란서 파리에 본부를 둔 '올가니자숀 알티티크 안테르나쇼나르'[170]라는 긴 이름을 가진 흥행 회사와 구라파 12개국에 무용 공연을 계약하였습니다. 그리하여 앞에도 말씀한 바와 같이 작년 12월 17일에 대서양을 건너서 불란서 파리로 향하였던 것입니다.

S형!

이제부터는 승희가 구라파에 있어서 활동한 것을 잠깐 소개하겠습니다. 그 후에 이러한 편지가 왔습니다.

"…… 1월 31일 파리의 '살 플레옐'이라는 극장에서 제1회 공연을 하였는데 정원 2,700명에 파리에 제일가는 회장이었으나 만원의 대성황으로 관객이나 비평가의 평판도 좋고 예상외의 비상한 '센세이션'으로 '데뷔'를 맞았습니다. 이것은 구라파에 있어서 저의 내딛는 첫걸음이었습니다. 어쨌든 파리는 구라파에 있어서 예술의 중심지이므로 이 '데뷔'의 성공 여하가 곧 전 구주 공연의 성공 여하를 결정하는 것입니다. 이것을 다시 한 번 생각하면 아메리카에 있어서 1년 동안 공연의 경험을 가졌던 덕택이라고도 볼 수가 있습니다. 그래도 또 한 가지 최근에 있어서 구라파 예술가들의 비명(悲鳴)을 자주 듣게 되는데 이 비명이란 다른 것이 아니라 예전에는 파리에서 유명한 예술가이면 으레 미국

---

169 김민자는 예명으로 본명은 김우경이며, 최승희의 제자이다.
170 '국제예술단(Organisation artistique internationale)'이라는 뜻의 프랑스어 이름인 것으로 보인다.

에 가서도 크게 인기를 끌었던 것입니다. 그러나 요즈음 와서는 그렇지 아니하여 파리에서 실패한 예술가라도 미국에 가서 성공을 하여 가지고 파리로 돌아오면 그만 명예를 회복하게 되고 크게 인기를 끌게 되는 것이오니 즉 파리가 예전에는 예술의 중심지였고 또 세계적이었는데 인제는 그렇지 아니하여 뉴욕에서 크게 인기를 끌어 세계적이 되고 또한 파리에 와서는 대우를 받게 되었으니, 이걸로 보면 파리가 한 걸음 양보한 셈인지? 그렇지 아니하면 역시 예술도 돈이 있는 나라에 가서 행세를 하고 와야 역시 세계적이라고 떠드는지 좀 해석하기가 곤란합니다. 그러므로 파리에 뜻 있는 예술가들은 혹은 비명하고 혹은 개탄합니다. 그러므로 구라파뿐 아니겠지마는 전 구라파의 예술가들은 파리에서 성공을 하기 전에 뉴욕 '브로드웨이'에 가서 먼저 성공을 하려고 그리로 몰리는 경향이 많습니다. 그리고 '브로드웨이'에서 성공한 사람이면 파리에 와서도 문제없이 성공할 것은 물론입니다. 그러나 파리에서 성공한 사람이 반드시 '브로드웨이'에 가서 성공을 하느냐 하면 그렇지 않습니다.

오빠!

인제는 꿈에나 하고 생각하던 파리에 왔습니다그려. 교과서에서 배우고 그림엽서에서 보고 영화에서 보던 파리엘 왔습니다그려. 뉴욕에 있어서는 커다란 과학 덩어리 손에서 조그마한 인형이 왔다 갔다 하던 느낌이 여기를 오니까 좀 사람이 사는 것 같습니다. 마음 놓고 사는 것 같습니다. 어쨌든 근심하고 걱정하고 동경하던 파리에 제일보를 디디었습니다. 무사히 치르고 기쁘게 치렀습니다. 2월 6일엔 백이의(白耳義, 벨기에)의 수도 '브뤼셀'에서 제1회 무용 발표회를 하였는데 여기서는 '팔레 데 보자르'라는 국립 음악당에서 '필하모닉 소사이어티' 주최로 하였는데 여기 역시 만원의 성황이었고 2월 26일에는 남불란서에 세계적 명승지인 '칸느'의 '뮈니시팔 테아타'에서 무용 발표회를 하였고 3월 1일에는 '마르세유'의 공연을 비롯하여 계속해서 3월 중순부터 서서(瑞西, 스위스)의 '제네바' '로잔'의 공연, 월말에는 이태리의 '센트로 리리코'라고 하는 이태리 국립 '매니지먼트 뷰로' 주최로 '밀라노' '플로렌스' '로마'의 공연을 가지고 4월부터 화란(和蘭, 네덜란드)의 5개소의 공연, 월말에는 백이의의 제2회 공연과 '앤트워프' 등지의 벨기에의 3개 도시에서 무용 공연을 하였습니다.

오빠!

구라파라는 데는 퍽 좁은 곳입니다. 하룻밤 사이에 국경을 둘씩 셋씩 넘는 곳도 있습니다. 우선 이만한 공연을 마치고 요사이는 파리에 돌아와 있습니다. 앞으로도 구라파 12개국의 중요한 도시를 전부 무용 공연을 하며 돌아다니려면 아직도 앞이 창창하며 지금 겨우 시작한 셈입니다. 평판이 그중에도 제일 좋은 곳은 두 번 세 번씩 가기도 합니다.

독일 공연은 아직 날짜가 미정이오나 아마도 5월 중순쯤 되리라고 생각합니다. 그리고 '스칸디나비아'의 여러 나라와 영국 방문 공연은 그 다음이 되리라고 생각합니다. 그 외에도 구라파 각지에서 공연 신입이 들어오는데 이것을 추리고 추리어서 순서대로 계속하는 관계상 아직 전부의 일정은 모릅니다. '매니저'가 유대 사람인데 돈만 아는 고약한 사람인 줄 알았더니 그렇지 아니하고 예술도 잘 압니다. 구라파의 각 극장과 댄스홀과 요릿집 여관은 거의 다 이 유대 사람의 경영인지라 저는 유대 사람이 경영하는 극장으로, 유대 사람이 경영하는 여관으로, 전부 유대 사람이 경영하는 기관으로만 다닌 것 같습니다. 참으로 유대 사람이란 무섭고도 세계에서 큰일을 하는 민족이라고 생각합니다.

오빠!

이렇게 지극히 순조롭게 또한 예상외로 성공을 하여가는 중 4월 30일부터 5월 초순까지 백이의의 '브뤼셀'에서 열리는 제2회 세계 무용 콩쿠르에 미숙한 제가 심사원의 한 사람으로 뽑히어서 브뤼셀로 또 다시 가게 되었습니다. 아시는 바와 같이 이 제1회 '인터내셔널 댄스 콩쿠르'는 수년 전에 '빈'에서 거행되었는데 이번에는 여러 가지 사정으로 '브뤼셀'에서 개최하기로 하고 전번보다도 훨씬 대규모이어서 전 세계의 무용가가 약 2천 명이나 모이어서 각각 자기의 독특한 무용을 하여 보여서 일등상을 타게 되는데 개인뿐이 아니라 단체도 참가를 할 수가 있습니다.[171] 저도 '브뤼셀'에 가서 무용 심사를 마친 다음에는 제2회 신작 발표회를 개최하기로 되었습니다.

오빠!

우선 이만 아뢰옵고 끝으로 청이 여러 가지가 있습니다. 다름 아니라 민자 말입니다. 민자가 [무용가] 조택원(趙澤元, 1907~1976) 씨와 같이 무용 공연을 다닌다는데 그것이 정말인가요? 조선을 떠나 나올 때도 첫째 경비 문제로 못 데리고 왔는데 인제는 구라파에 있어서 자리도 잡히고 또 오늘은 '칸느' 내일은 '마르세유' 이렇게 거의 날마다 공연이 있으니까 첫째 몸이 못 견디어 나가겠습니다. 아시다시피 혼자 '솔로'를 하룻밤에 열네 개, 앵콜을 받으면 열예닐곱 개의 춤을 추노라니 몸이 견디어 나가는 수가 있겠습니까. 참으로 저를 불사조(不死鳥)라고 이곳 사람들은 부릅디다마는 어디 이래서야 견디겠어요. 또 그뿐 아니라 제일 문제 되는 것은 춤과 춤 사이에 의상을 갈아입는 시간이 퍽 더디어서 손님에게 미안하기 짝이 없습니다. 그것은 다름이 아니라 조선에 안잠자기[172] 모양으로 불란서 할머니를 한 사람 데리고 있는데 이 사람이 어디 조선 치마저고리를 제법 모양 있게 차곡차곡 개킬 줄을 압니까? 또 입혀줄 줄을 압니까? 요즈음은 좀 배운 모양입니다마는 처음엔 별별 희극이 다 생기었습니다. 그런데다가 둘이 추는 게 없고 혼자만 추니 몸이 고달프고 또 집에 와서는 어느 때는 꼭 조선 김치 깍두기가 먹고 싶은데 불란서 할머니가 어디 김치 깍두기를 담글 줄을 압니까? 이런 것 저런 것이 다 이 민자만 오면 문제가 다 해결이 되겠는데, 동경무용소를 나가서 조택원 씨와 같이 다닌다니 하는 수 있습니까? 세천 히사고[細川久子, 호소카와 히사고]라도 보내 주시면 제가 무용회에 가고 없는 동안 전화도 받고 집도 지키고 조선 음식은 못 얻어먹을망정 일본 음식이라도 얻어먹겠사오며 그러느라고 아주 집을 한 채 얻어 놓았습니다. 마침 커다란 방이 있기 때문에 그것을 연구장(研究場)으로 쓰고 있습니다. 안(安漠)[173]은 파리 와서는 몰래 청요리를 사 먹고 다닙니다. 그도 아시는 바와 같이 맵고 짠 것을 먹기 때문에 동경서도 늘 조선 음식만 만들어 먹었는데 여기 와서도 어찌도 불편을 느끼는지 좋아하는 청요리나 먹겠다고 하면서 가끔 청요리나 먹으러 다니는 모양입니다. 그러고 또 한 가지 청은 다른 것이 아니라, 떠나올 때 장만하여 가지고 온 조선 악기가 다 부서지고 깨어지고 하여서 못 쓰게 된 것이 많습니다. 그러니까 아래에 적힌 물건을 사셔서 세천이가 떠날 때 가지고 오라고 하여 주십시오. 세천이가 가지고 올 때에도 파리 일본 대사관에서 쓰는 것이라고 하고 가지고 오면 관세도 물지 않고 가지고 올 수가 있습니다. 대사관과 저희와는 벌써 다 약속을 하여 놓았습니다.

이하 물품 목록

장고 두 개(튼튼하게 새로 맞춰 보내십시오)

큰 북(大鼓) 두 개(이것도 맞춤으로)

소고(小鼓) 네 개

---

171 최승희는 이 콩쿠르의 심사 소감과 그 당시 유럽 순회공연의 소회를, 두 번째 파리 공연을 마치고 네덜란드 헤이그에서 공연 중이던 1939년 7월 1일 일본 《아사히》 신문사에 보낸 기고문에서 밝힌 바 있다. 그 편지 전문은 《춤웹진》 88집(2016.12)에 소개되어 있다. 「1939년 아사히 신문에 기고한 네덜란드에서의 최승희 편지 전문」. http://www.koreadance.kr/board/board_view.php?view_id=39&board_name=research

172 안잠자기는 남의 집에서 먹고 자며 그 집의 일을 도와주는 여성을 이르는 말이다.

173 최승희의 남편 안막을 가리킨다.

쨍과리 두 개

공작털(孔雀毛) 많이

농부 옷(農夫) 한 벌

어부 옷(漁夫) 한 벌

(어부 옷은 농부 옷과 다른 점이 있는지요)

조선 문관(文官) 옷(금관 조복)

무관(武官) 옷(갑옷투구 말고)

(농부 옷은 비올 때 입고 밭에서 일하는, 풀잎으로 만든 것)

조선 탈(《산대도감》에 쓰는 탈 열일곱 가지 중에 세 가지하고 장님 탈을 하나 만들어 보내실 수가 없을까요)

그러고 조선 음식은 제가 작작 좀 만들어 먹어보게.

고추장 된장 다 조금씩 하고 깨소금도 볶으시고 후춧가루도 빻으시고 또 건대구, 북어, 도라지, 고비하고 조선 약과하고 암치나 굴비가 나왔거든 좀 사서 이것은 때로 잘 싸 가지고 다른 궤짝에 넣어서 보내어 주시기를 바랍니다.

그러고 옷은 아버지 몸에 맞으시도록 지으시면 제 몸에도 맞습니다. …… (이하 생략)"

S형!

나는 이 부탁을 받고 지금 물건 전부를 다 준비해 가지고, 세천(細川)이의 여행권(旅行券)만 나오기를 기다리고 있습니다. (完)

《여성》, 1939년 7월)

감사의 말

나치 독일 치하 민중극을 공연하던 무명 배우 회프겐은 연극 「파우스트」의 악마 메피스토펠레스 역할로 선전부 장군의 총애를 받으면서 승승장구하고 마침내 국립극장 예술감독 자리에까지 오른다. 이 과정에서 유대인 친구를 배신하고 나치에 반대하는 아내와 헤어지고 흑인 애인을 저버리면서도 그는 자신이 비정치적인 사람이라고 믿고 싶어 한다. 변해가는 자기 모습에 내심 불안감을 느끼던 그는 장군의 명령에 따라 서게 된 스타디움에서 갑작스런 스포트라이트를 받으며 중얼거린다. "나한테 뭘 원하는 거야. 난 그저 연극배우일 뿐인데..." 대학 시절 보았던 영화 「메피스토」의 강렬한 마지막 장면은 이 책을 쓰는 동안 내 머릿속을 자주 맴돌았다. 아마도 내가 최승일에 관심을 갖게 된 이유가 「메피스토」를 좋아하는 이유와 근본적으로 다르지 않아서 그랬을 것이다.

2010년 서울대 언론정보연구소의 세미나를 계기로 이 책의 시발점이 된 논문을 쓸 수 있었다. 막연한 구상 단계였던 그 논문을 빨리 정리해 발표하도록 초청해주신 이재현 선생님께 감사드린다. 2012년 워싱턴주립대에 방문학자로 머물면서 한국학연구소에서 이 책 내용의

597

일부를 발표할 기회가 있었다. 당시 유용한 조언을 해주시고 후속 작업을 격려해주신 남화숙 선생님의 후의를 잊을 수 없다. 마감에 쫓겨 급하게 마무리한 논문을 이후 언론정보연구소의 편저서에 실으면서 다소 보완했지만, 여전히 모자란 부분이 많다는 사실은 나 자신이 제일 잘 알고 있었다. 다시 자료를 더 찾고 생각을 더 다듬어 미흡한 논문을 단행본으로 발전시켜보겠다는 계획은, 내가 하는 일이 늘 그렇듯, 매년 아주 더디게만 약간씩 진전을 볼 수 있었다. 그 긴 시간 동안 많은 도움을 준 김선기, 김정환, 김지윤, 최혁규에게 고마움을 전한다. 일본어 자료를 구하는 일에 기꺼이 애써주신 도쿄대 이민주 선생님, 귀찮은 질문에 늘 성심껏 답해주신 하루카 오노야마 선생님께도 감사드린다. 채웅준에게는 따로 고맙다는 인사를 건네고 싶다. 그는 최승일의 문장을 현대어로 옮기는 힘든 작업을 도맡아 해주었을 뿐만 아니라, 내 초고 역시 꼼꼼히 검토하고 논평해주었다. 번거로웠을 이 모든 일이 그의 공부에도 다소나마 도움이 되었길 바란다.

　이음 출판사의 주일우 대표와 편집자 강지웅, 이승연 선생님, 디자이너 권소연 선생님은 마냥 늘어지고 불어나는 원고를 끈기 있게 기다리면서 필요한 조력을 아끼지 않았다. 진심으로 감사드린다. 역사 연구에 언제나 모범을 보여주신 유선영, 백미숙 선생님, 책 출간을 응원해주신 이기형, 김용찬, 강재호 선생님, 적지 않은 분량의 원고를 다 읽고 소중한 비평을 해주신 이윤영 선생님께 이 결과물이 작은 보답이 되었으면 좋겠다. 이 책을 완성할 수 있었던 것은 사실 팔 할이 방송문화진흥회 덕분이다. 방송문화진흥회는 2013년 라디오극연구회에 대한 보고서 작업을 지원해주었고, 2020년에는 그 연속선상에 있는 이 책의 기획 역시 지원해주었다. 내게 그 지원은 당연히 경제적으로도 큰 보탬이 됐지만, 무엇보다도 마감일을 정해주었다는 점에서 결정적이었다. 한국 방송의 선구자 가운데 한 사람에 관해 제대로 기록하고 또 기억할 필요가 있다는 저술 취지를 흔쾌히 받아준 방송문화진흥회에 새삼 감사를 표한다.

언어와 신체에 장애가 있는 다노우에 고사쿠는 메이지 시대의 유명 작가 모리 오가이의 고쿠라 시절 일기 내용을 추적하고 복원하는 작업에서 자기 삶의 의미를 구한다. 소설 「어느 '고쿠라 일기'전」은 이를 위해 평생을 고투하던 고사쿠가 병사하고 몇 달 뒤에 그동안 망실된 줄로만 알려져 있었던 '고쿠라 일기'의 원본이 발견되면서 끝난다. 어떤 식으로든 역사를 쓰는 사람이라면 고사쿠와 같은 운명을 공유하지 않을 수 없다. 역사를 쓴다는 것은 결코 되돌아오지 않을 시간을 뒤쫓는 일인 동시에, 그 과거의 시간이 다양한 형식으로 되돌아올 수 있다는 가능성을 최대한 붙잡고 놓치지 않으려 하는 일이다. 그것은 또 거울을 통해서만 바라볼 수 있는 실재의 얼굴을 두려워하며 경건하게 마주하는 일이기도 하다. 그 일이 내게 늘 힘겹고 벅차다고 느끼면서도 그나마 책을 마칠 때까지 버틸 수 있었던 데는 누구보다 극회 사람들의 공이 컸다.

어쩌다 보니 학부 시절 친구들과 어울려 만들었던 단과대 극회가 올해로 35주년을 맞는다. '연극 하는 마음'을 나누며 지금까지 그 시간을 함께 지나온 사람들, 그리고 앞으로 함께 할 사람들에게 이 책을 바친다. 난 그들에게서 열정과 관용과 다양성을 배웠고, 그들과 함께라서 '종이 위의 삶'을 조금이나마 벗어나 살 수 있었다. '토굴'이란 별명을 가진 우리 극회는, 어떤 일본 다다이스트의 말을 내 멋대로 갖다 붙이자면, '사상과 감정의 공산주의'가 만들어지는 공간이다. 어떤 실패를 하더라도 그곳에 다시 기어들어 갈 수 있으리라는 믿음은 무슨 일을 할 때나 내 마음을 편안하게 해주었다.

찾아보기

라디오, 연극, 키네마
식민지 지식인 최승일의 삶과 생각
©이상길 2022

지은이 이상길

펴낸이 주일우
펴낸곳 이음
출판등록 제2005-000137호 (2005년 6월 27일)
주소 서울시 마포구 월드컵북로1길 52 운복빌딩 3층
전화 02-3141-6126 팩스 02-6455-4207
전자우편 editor@eumbooks.com
홈페이지 http://www.eumbooks.com

편집 강지웅, 이승연
디자인 권소연
마케팅 이준희, 추성욱
인쇄 삼성인쇄

처음 펴낸날
2022년 6월 30일

페이스북
@eum.publisher
인스타그램
@eumbooks

ISBN 979-11-90944-88-5 93600

값 32,000원